中央编译局文库编辑委员会

主　　任：贾高建
副 主 任：俞可平　魏海生　王学东　陈和平　杨金海
委　　员：贾高建　俞可平　魏海生　王学东　陈和平
　　　　　　杨金海　柴方国　何增科　季正聚　郗卫东
　　　　　　张文成　曹荣湘　卿学民　刘明清　薛晓源

中央编译出版社文库编辑中心编辑小组

刘明清　薛晓源　谭　洁　董　巍　贾宇琰
冯　章　苗永姝　邓　彤　侯天保　盛菊艳
李媛媛　王忠波　薛迎春　董　妍

马克思主义研究资料

第 8 卷

主　编　杨金海
副主编　冯　雷（常务）　薛晓源

《资本论》版本及传播研究

本卷主编　郑　锦

中央编译出版社

《马克思主义研究资料》顾问委员会

贾高建　俞可平　宋书声　殷叙彝　詹汝琮　张钟朴
李洙泗　冯文光　赵家祥　梁树发　郭建宁

《马克思主义研究资料》编辑委员会

主　编：杨金海

副主编：冯　雷（常务）　薛晓源

编　委（按姓名拼音排序）

陈喜贵　冯　章　黄晓武　江　洋　李百玲　李义天
李媛媛　林进平　刘仁胜　刘　英　刘元琪　吕增奎
马　瑞　苗永姝　盛菊艳　史清竹　武锡申　姚　颖
苑　洁　郑　锦　郑天喆　周艳辉

参加本卷编辑出版工作的有

王忠波　苗永姝　薛晓源

总　序

呈献给读者的这套《马克思主义研究资料》丛书，旨在服务于我国正在实施的马克思主义理论研究和建设工程，积极吸收和借鉴国外马克思主义研究成果，对改革开放以来中央编译局编译的有关国外学者研究马克思主义的成果，以及少量相关的国内学者的研究成果整理出版，为我国马克思主义研究提供基础性的参考资料。本丛书计划出版37卷，三年内陆续完成编辑和出版工作。

编译国外学者关于马克思主义的研究成果，并对相关问题展开深入探讨，是马克思主义经典著作编译研究的基础性工作。中央编译局作为马克思主义经典著作编译研究的专门机构，历来十分重视这项工作。20世纪50年代以来，特别是改革开放以来，中央编译局的同志们编译了大量国外学者关于马克思主义的研究文献，也发表了不少自己的相关研究成果。这些成果曾经在中央编译局编辑的《马列著作编译资料》、《马列主义研究资料》、《马克思主义与现实》等刊物公开发表，或在内部刊物《马克思恩格斯研究》、《列宁研究》等刊载。这些成果对于推进马克思主义经典著作的编译和研究工作发挥了重要作用，时至今日，一些学者仍然把它们当做研究马克思主义的珍贵资料。

然而，随着近年来中央实施马克思主义理论研究和建设工程的深入推进以及马克思主义学科建设的快速发展，这些研究资料的留存情况已经远远不能适应形势发展的需要了。《马列著作编译资料》和《马列主义研究资料》早已停止出版，很多人难以找到原有资料；《马克思恩格斯研究》等内部刊物刊载的文章没有公开面世，也难以为人们广泛使用；而新编译的文献资料又很零散。因而，希望中央编译局提供马克思主义研究资料的呼声越来越高。

为了继承前辈的事业，适应学界的需要，尽可能全面系统地收集整理中央编译局近几十年来编译的国外学者关于马克思主义的研究成果以及相关的国内学者的研究成果，中央编译局专门成立了《马克思主义研究资料》丛书课题组，并对该项工作提供了基金资助。课题组不仅在局内组织力量进行工作，而且争取到社会力量的支持。经过课题组同仁两年多努力，已经形成一批编辑成果，还将继续补充、完善并陆续推出。这套《马克思主义研究资料》丛书就是这些成果的集中体现。

本丛书力求体现如下四个特点，这也是丛书编辑工作所力求遵循的四条原则：第一，保证文献性。本丛书主要收集改革开放以来中央编译局刊物发表的有关马克思主义理论编译和研究方面的成果，这些刊物包括公开出版的《马列著作编译资料》、《马列主义研究资料》、《马克思主义与现实》、《当代世界与社会主义》、《经济社会体制比较》、《国外理论动态》等，也包括内部刊物《马克思恩格斯研究》、《列宁研究》、《斯大林研究》、《马克思恩格斯列宁斯大林研究》等；少量收集其他杂志发表的中央编译局学者编译或撰写的有关文章；个别收集与中央编译局长期合作的其他学者的相关文章；对所收商榷性文章涉及的其他学者的成果，也作为附文收入，以示对相关学者的尊重，也便于读者在阅读正文时参考。收集整理这些学术成果的目的主要是为学界研究马克思主义提供参考资料，同时帮助人们了解马克思主义研究的历史进程和思想脉络。因此，本丛书所收文献力求保持其历史原貌，包括其中的人名、地名、术语、引文等，都不作改动，以便读者进行文献考证之用，只对个别错漏文字等进行校正，对于文中可能产生歧义的地方，以"本丛书编者注"的方式加以说明。其中读者特别应当留意的是译名、术语的不统一问题，例如关于《马克思恩格斯全集》历史考证版，就有多种表达方式：原文版、国际版和MEGA版，其中，往往又以"老"、"新"、"MEGA^1"、"MEGA^2"、"MEGA1"、"MEGA2"等来区分历史考证版第1版和第2版。第二，突出编译性。本丛书所收文献中，以国外学者的成果为主，包括国外学者关于马克思主义经典作家的著作、思想、生平事业，乃至书信往来、工作生活等方面的研究文献，凡比较有资料价值的，均在收集之列。如上所述，国内学者的相关考证性成果，包括经典著作翻译、版本、传播、重要术语考据等文献，凡具有资料价值的，也一并收入，但这部分内容所占比例较小。第三，力求系统性。上述几十年来形成的这些编译研究资料繁茂芜杂，十分零散，使用起来很不方便，编辑整理就更为困难。为把这些宝贵文献整理面世，使之更好地发挥作用，编辑人员下了很大功夫。在收集整理中，我们力图分门别类，尽可能将同类资料按照一定逻辑顺序编排，使之呈现一定的系统性，以便读者全面掌握有关资料。第四，力争权威性。本丛书力争选编国内外在相关研究领域具有一定权威性的专家学者的具有代表性和影响力的文献。为保证文献的权威性和准确性，我们对文献的引文进行了校订，特别是对有关马克思主义经典著作的引文进行了原版原文核对，并对注释尽可能地作了规范化处理，以便读者更准确地了解引文及其出处。

基于上述考虑，本丛书的编排体系大体分四个部分。第一部分是经典著作研究，包括关于《共产党宣言》、《资本论》等手稿、创作、版本、传播诸方面的研究文献；第二部分是基本理论研究，包括哲学、政治经济学、科学社会主义以及政治学、法学等方面的研究文献；第三部分是版本和传播、编译以及生平事业研究；第四部分是国外马克思主义研究。每一部分包括若干卷。每一卷都有本卷编辑说明，对本卷编辑的思路、内容和有关技术问题作简要交代。各卷内容按照逻辑顺序进行编排，在此基础上再按照时间顺序编排。各卷内容一般要作分类，并加分类标题，以便读者阅读研究。

需要说明的是，由于本丛书是整理编辑已有的文献，而且主要限于整理编辑中央编译局学者编译和研究的部分成果，这就决定了本丛书不可避免地存在一些缺憾。一是这些文献中有的观点不一定正确。选编这些文献并不意味着编者赞同其中的观点，我们的目的仅仅在于为人们研究马克思主义提供参考资料，其中正确的思想成果可以作为我们研究借鉴的思想资源，而错误的观点可以作为我们研究批评的对象。例如，对有关马恩对立论的观点，我们是不赞成的，但为了让研究者了解、研究和批评这种观点，也收入了相关文章。所以，谨请读者在使用这些文献时注意辨别是非。二是这些文献存在质量参差不齐的情况。由于这些文章的作者、译者水平不同，写作时间、背景、针对的问题、产生的影响以及发表的刊物等不同，其质量也就有一定差别。例如，有的概念和译文在今天看来不一定科学、准确，有的文献曾经很有价值而在今天看来最多只有学术史的价值。在选编过程中，我们尽量收入那些分量较重、影响较大的文献，但为了比较全面地反映学术史的原貌并提供尽可能详细的研究参考资料，也收入了一些篇幅较短、影响不大但有一定资料或史料价值的文献。另外，有少量比较重要的文献，由于作者或译者不同意收入，也不得不忍痛割爱。三是这些文献的系统性、规范性不太强。尽管我们努力按照上述编辑原则工作，对这些文献进行了分类整理，力求全面系统地提供给读者相关方面的文献资料，但由于这些资料十分繁杂，彼此之间的关联性不强，有的方面资料较多，有的较少，且发表的刊物、时间等不同，体例也很不统一，整理起来难度极大，加之各位编者的研究角度不同，水平各异，所以，每一卷书的结构、篇章、内容、观点等都不尽相同，其规范程度也不尽一致。对本丛书存在的以上不足或缺憾，谨请读者鉴谅；对其中可能存在的疏漏和错误之处，谨请读者批评指正。

  本丛书在编写和出版过程中，得到了各个方面的大力支持。中央编译局对此项工作高度重视，始终给予鼎力支持。国家出版基金将本丛书列入 2013 年度资助项目。中央编译出版社为本丛书申报国家出版基金项目并最终立项，以及为丛书出版做了大量工作。本丛书所收文献的译者、作者和出版者，凡已联系上的，均给予我们大力支持，同意使用这些文献；对尚未联系上的，我们将尽力联系，也请相关同仁主动联系我们。丛书顾问委员会的专家对丛书的编写工作给予热情指导，编委会成员和课题组同仁为丛书的编写付出了辛勤劳动。在此一并致以衷心的谢意！

《马克思主义研究资料》
编辑委员会
2013 年 12 月 10 日

编辑说明

本卷收录的是关于马克思《资本论》及其手稿的主要内容、写作和出版情况、各种版本的翻译及传播历史等方面的研究资料。

本卷分为四个部分。第一部分"《资本论》及其手稿导读",收录5篇文章,分别阐述了《资本论》及其手稿的主要内容、学术价值、主要理论、出版情况等,以便读者能对《资本论》及其手稿的全貌有一个总体性了解。第二部分"《资本论》各种版本研究",收录了有关《资本论》第1卷德文版、法文版、英文版、日文版等不同版本的翻译出版情况及其科学价值的研究资料共24篇。第三部分"《资本论》传播史研究",收录了有关《资本论》在德国、英国、俄国、法国、日本、美国以及中国的传播历史的研究文献,共计9篇。第四部分"马克思把《资本论》通俗化的尝试",收录了约翰·莫斯特写的小册子《资本和劳动。卡尔·马克思〈资本论〉浅说》(第2版),以及两篇关于这个小册子的研究论文。

为了保持文献性,本丛书的注释基本保持原貌,不作改动;但对原注释有错误或有遗漏的,我们尽可能查阅了有关文献,作了必要的规范和完善;对有些查找不到的,保留原来的内容和格式。

目 录

《资本论》及其手稿导读 ········· 1

《马克思恩格斯全集》历史考证版第2部分：《资本论》及手稿
　　〔德〕埃·考普夫 ············ 3

马克思列宁主义理论的牢固基础
　　〔苏〕维·维戈茨基 ············ 12

试论《马克思恩格斯全集》历史考证版（MEGA²）第二部分的
　　主要内容和学术价值
　　徐　洋 ················ 31

《资本论》及其手稿研究和出版的若干情况
　　〔民主德国〕罗尔夫·海克尔 ······· 68

日本学术界近年来研究《资本论》及其手稿的概况
　　刘　焱 ················ 85

《资本论》各种版本 ············ 91

《资本论》第一卷德文第一版的产生 ······· 93

《马克思恩格斯全集》历史考证版第二部分第五卷前言 ···· 107

《资本论》第一卷德文第一版的科学价值

  张钟朴 ………………………………………………… 157

价值理论在《〈资本论〉第一版的补充和修改

  （1871 年 12 月—1872 年 1 月）》中的发展

  〔民主德国〕巴·里茨 ………………………………… 167

《资本论》德文第 2 版（1872—1873 年）的科学价值 ………… 177

尼·伊·季别尔与马克思的《资本论》第 1 卷德文第 2 版跋

  〔日〕副岛种典 ………………………………………… 212

《资本论》第 1 卷第 2 版在马克思经济理论发展史中的地位

  〔德〕尤尔根·容尼克尔 ……………………………… 216

《资本论》第一卷德文第三版的科学地位（摘译）

  〔民主德国〕海尔加·胡艾斯 ………………………… 247

《资本论》德文第 3 版（1883 年）的科学价值 ………………… 255

《资本论》第 1 卷德文第 4 版的出版史

  ——《马克思恩格斯全集》原文版第 2 部分第 10 卷前言 …… 279

《资本论》的第一个法译本

  〔法〕让·皮埃尔·勒费弗尔 ………………………… 307

法文版《资本论》的独立科学价值

  冯文光 …………………………………………………… 332

《资本论》法文版的科学价值 …………………………………… 365

关于《资本论》第 1 卷历史考证版与法文版的比较研究及评价

  〔美〕凯文·安德森 …………………………………… 391

马克思亲自校订的《资本论》第一卷法文版

  〔苏〕亚·马雷什 ……………………………………… 399

法文版《资本论》第一卷出版经过
　　冯文光　张钟朴 …………………………………………… 412
1872—1875 年《资本论》第 1 卷法文版的科学意义和翻译难点
　　〔德〕伯恩哈德·亨舍尔　韦尔讷·克劳斯
　　　　汉斯-曼弗雷德·米利茨 ………………………………… 418
马克思对法文版《资本论》第一卷第一章的修订
　　张钟朴　冯文光 …………………………………………… 439
马克思亲自修订的法文版《资本论》
　　冯文光 ……………………………………………………… 451
读《资本论》法文版第一卷的几点心得
　　冯文光 ……………………………………………………… 458
《资本论》第 1 卷法文版和德文第 4 版"生产方式"概念比较研究
　　赵学清 ……………………………………………………… 471
《资本论》第 1 卷英文第 1 版的历史
　　〔德〕W. 法尔克　F. 察累尔 …………………………… 484
马克思《资本论》第一卷的美国版《编辑说明》简介
　　刘焱 ………………………………………………………… 514
《资本论》日文新译本的特点及意义
　　〔日〕冈本博之 …………………………………………… 532

《资本论》传播史 ………………………………………… 563
《资本论》传播史和发展史之间的联系
　　〔民主德国〕汉纳斯·斯康布拉克 ……………………… 565

马克思恩格斯生平遗著流传史
　　〔德〕罗尔夫·黑克尔 ………………………………… 573
《资本论》第一卷的传播史
　　〔苏〕М.М.米哈依洛娃 ………………………………… 589
马克思恩格斯和《资本论》的翻译
　　林放 …………………………………………………… 615
《资本论》在美国的传播
　　庚欣 …………………………………………………… 635
《资本论》的通俗版和普及版
　　〔德〕罗尔夫·黑克尔 ………………………………… 645
《资本论》在世界上的传播
　　杨国昌 ………………………………………………… 656
《资本论》在中国
　　耿睿勤 ………………………………………………… 671
谈谈《资本论》在我国的传播
　　杨国昌 ………………………………………………… 678

马克思把《资本论》通俗化的尝试 ………………………… 687
资本和劳动。卡尔·马克思《资本论》浅说
　　〔德〕约翰·莫斯特 …………………………………… 689
马克思修改过的约·莫斯特小册子《资本和劳动》中
　　关于价值形式问题的论述
　　〔苏〕А.Ю.切普连科 …………………………………… 750
马克思把《资本论》理论通俗化的尝试
　　——马克思对约·莫斯特的小册子《资本和劳动》
　　第2版的修改 …………………………………………… 766

《资本论》及其手稿导读

《马克思恩格斯全集》历史考证版
第 2 部分:《资本论》及手稿*

〔德〕埃·考普夫①

一个人即便阅读了马克思和恩格斯已经出版的所有文字,也不能说他就了解了马克思和恩格斯的全部文献遗产。因为到目前为止,计划出版 114 卷的《马克思恩格斯全集》历史考证版(MEGA,以下简称《历史考证版》)第 2 版只出版了 45 卷(52 册)。尤其是迄今还有大量需要整理和编辑的摘录笔记尚未出版。

同样,至今还没有人能说,他了解马克思的主要著作《资本论》及其所有手稿。这是因为,历史考证版《资本论》部分中还有以下一些卷次等待出版:II/4.3、II/1—15、笔记部分中的 IV/25 和 IV/28(收录马克思 1877—1883 年期间的经济学文献)。

首先,我依照时间顺序来介绍一下《历史考证版》的情况。

《历史考证版》的出版准备工作是在 1917 年俄国十月革命之后,在列宁的倡议下开始的。1924 年,俄国共产党(布尔什维克)作出决定,同时出版马克思和恩格斯原文版(用多种语言写作)全集和俄文版全集。共产国际赞同这个决定,并表示给予资助。

---

* 本文选自《马克思恩格斯列宁斯大林研究》2002 年第 1 辑。

① 埃克·考普夫——原东德爱尔福特师范大学哲学系教授,现任中央编译局马列部专家。

《历史考证版》第1版于1927年开始出版，只出版了12卷，起初是在莱比锡付印，1933年德国法西斯上台之后转到列宁格勒。

苏联编辑完成了与《历史考证版》第1版同时开始的《马克思恩格斯全集》俄文第1版。

第二次世界大战结束（1945）后，苏联编辑出版了《马恩全集》俄文第2版，在此基础上，德文版（1990年以前出版43卷）、中文第1版、日文版、意大利文版和英文版（接近完成）以及其他文字的版本也相继出版。

1966年，苏共中央委员会和德国统一社会党中央委员会共同决定，利用在这期间积累的出版经验，着手进行《历史考证版》新版的编辑工作，并在这方面充分利用苏联和民主德国的物力和人力资源。新版本也是在莱比锡开始付印的。

《历史考证版》第2版共分4个部分：第1部分是除《资本论》以外的著作卷，第2部分是《资本论》及其手稿卷，第3部分是书信卷（首次发表第三者写给马克思和恩格斯的信），第4部分是摘录笔记卷。

1975—1991年出版的原计划总共约160卷（其中有40卷的内容是马克思和恩格斯在阅读其他书籍时写的旁注和注释）中的37卷（43册）。

1990年10月3日，民主德国并入联邦德国；1991年，改革政策导致苏联解体。为了继续出版《历史考证版》，在柏林马列研究院工作人员的倡议下，由民主德国科学院（这两个机构均在德国统一后被撤销）、苏共中央马克思列宁主义研究院、阿姆斯特丹国际社会史研究所以及特里尔的卡尔·马克思故居共同组建了国际马克思恩格斯基金会（IMES），基金会会址设在阿姆斯特丹。

在该机构的资助下成立了新的领导小组，修改了出版方针，将全部《历史考证版》缩减到114卷（例如删去了上面提到的收录马克思和恩格斯批注的40卷），计划2030年出齐。

1991年以后，柏林迪茨出版社还出版了《历史考证版》第1部分第20卷（I/20，内容为第一国际）和第2部分第4卷第2册（II/4.2，内容为《资本论》第3册1864—1865年主要手稿）。该出版社的多半股份为德国社民党（PDs）持有。

此后柏林迪茨出版社将《历史考证版》的版权卖给了当时隶属奥尔登堡小组的柏林科学院出版社。柏林科学院出版社出版了以下几个卷次：第3部分第10卷（III/10，1859年9月—1860年5月的书信）、第4部分第3卷（IV/3，1844年夏至1845年夏作的笔记，其中包括《关于费尔巴哈的提纲》）、第4部分第32卷（IV/32，马克思和恩格斯的藏书目录）、第1部分第14卷（I/14，1855年1—12月的著述）。也就是说，1990年以后，《历史考证版》共出版了7卷。

在德国，《历史考证版》的7个编辑组（柏林4个，图林根2个和萨克森1个）的经费来源于联邦和各州。自1990年起，那些前《历史考证版》的编辑人员在退休后一直无偿地继续这项工作，没有他们的支持，上述那些卷次是不可能出版的。

现在我们专门来看一下《历史考证版》第2部分，即《资本论》部分。在全部4个部分中，该部分可能将最早出齐全部卷次。届时，在马克思恩格斯研究与出版史上，将第一次展现马克思经济学说的发展过程，展现马克思在1848—1849年革命失败后是如何建立他的经济学说，以及如何在《政治经济学批判》（1859年）和《资本论》（1867年起直至1895年恩格斯逝世）中阐述他的学说的。严格地说，还将编辑出版马克思在1877年到1883年去世前的经济学研究成果，同时对它们进行分析和利用，这部分内容主要收入第4部分第25和28卷（IV/25和IV/28），毕竟这是马克思为完成《资本论》第2册和第3册付印稿所作的研究。最后还应当对马克思在其中阐述经济学问题的那些书信

(《历史考证版》第 3 部分）进行分析和利用。

记得恩格斯在《反杜林论》中把马克思的经济学说，尤其是发现剩余价值生产的秘密，称作是除唯物主义历史观之外的另一大发现，通过这两大发现，社会主义不再是空想，并且具有了科学性。①

简单回顾马克思在政治经济学领域的创作经过，是了解《历史考证版》中《资本论》部分的结构的最好方法。

大约从 1849 年 9 月起，马克思在伦敦恢复对政治经济学著作的系统研究，他的伦敦笔记就是证明。② 1853 年秋至 1857 年春，马克思为了养家糊口，不得不为《纽约每日论坛报》撰写文章，③ 研究工作因此曾一度中断。

1857 年 2 月，马克思恢复他的经济学研究，并鉴于日益突出的周期性危机现象以及可能由此引发的社会革命，从同年 8 月份起，写了一篇《总导言》和《大纲》（也就是他主要著作的第一个草稿，现在称之为《政治经济学批判》）④。在新的《历史考证版》中，这部著作被编在第 2 部分《〈资本论〉及其手稿》第 1 卷（共 2 册）。

马克思在这时制定了一个社会批判的计划，也于 1859 年发表："我考察［即研究］资产阶级经济制度是按照以下的次序：**资本、土地所有制、雇佣劳动；国家、对外贸易、世界市场**。在前三项，我研究现代资产阶级社会分成的三大阶级的经济生活条件；其他三项的相互联系

---

① 《马克思恩格斯全集》第 1 版第 20 卷第 30 页。
② 到目前为止，《马克思恩格斯全集》（历史考证版）已经出版的收录摘录笔记的卷次有第 4 部分第 7—9 卷。
③ 《马克思恩格斯全集》（历史考证版）第 4 部分第 7—9 卷，《马克思恩格斯全集》第 1 版第 10—12 卷。
④ 《马克思恩格斯全集》第 1 版第 42 卷或历史考证版第 2 部分第 1 和第 2 卷。

[每个社会之间的国际性联系]是一目了然的。第一册论述资本,其第一篇由下列各章组成:(1)商品,(2)货币或简单流通,(3)资本一般。"① 可能是材料丰富的原因,他没有宣布对法、道德等等的批判,而是集中精力分析、叙述和批判资产阶级社会的基础,即经济关系。

1859年,在《大纲》的材料基础上,《政治经济学批判》第1分册出版,即他的计划中的商品章和货币章。② 它被收入历史考证版第2部分第2卷。我们不能低估这部著作!在这部著作中,马克思对他所列的在原始社会解体之后、在资本主义以前的社会形态中以及在社会主义社会中曾经存在而且现在依然存在的现象,给予了合理的认识,这在政治经济学作为一门科学的历史上还是第一次。

马克思在《福格特先生》(1861年版)③ 一书中回击了对共产主义者同盟和工人革命运动的攻击,《政治经济学批判》续篇的写作因此中断。

1861年,马克思开始写《政治经济学批判》第2分册(即计划中的第三篇《资本一般》),不久以后,"誊抄"工作转化为新的研究过程。研究的结果(1863年以前)是《政治经济学批判》的第二个草稿,首次在《历史考证版》中分3卷(6册)发表。④

1863年,马克思继续进行誊抄。誊抄工作再次拓展为新的研究过程,其中,1864—1865年的研究结果,是构成第3册《总过程的形成》的篇幅巨大的主要手稿,《资本论》第3卷1894年版的付印文本就是利

---

① 《马克思恩格斯全集》第1版第13卷第7页。
② 《马克思恩格斯全集》第1版第13卷。
③ 《马克思恩格斯全集》第1版第14卷第397—754页。
④ 《马克思恩格斯全集》历史考证版第2部分第3卷第1—6册。

用了这个手稿。① 该手稿第一次发表在《历史考证版》第 2 部分第 4 卷第 2 分册。也就是说，马克思拟写了他的主要著作的第三个草稿。

除第 2 册《资本的流通过程》的第 I 稿外，历史考证版第 2 部分第 4 卷第 1 册还编辑出版了保存下来的属于第 1 册《资本的生产过程》的《第六章：直接生产过程的结果》和一些散页。

我编辑的是《资本论》第 1 册第 3 稿，这里可以给大家看一下。前 5 章是：一，货币转化为资本；二，绝对剩余价值的生产；三，相对剩余价值的生产；四，对绝对剩余价值和相对剩余价值的进一步研究；五，资本的积累。在马克思 1861 年拟写了第 1 册的第一个草稿（主要收入《历史考证版》第 2 部分第 3 卷第 1 分册）后，这 5 章似乎已接近出版要求。

1866 年秋，马克思着手完成他的著作（书名定为《资本论。政治经济学批判》）的第 1 卷②（第 1 册③）付印稿时，重新修订了 1859 年出版的《政治经济学批判》的内容，并将它作为第一章"商品和货币"。上面所列的 5 章编为第二至七章。这几章中只有几段内容是重新写的，旧的第一至五章由他本人保存。他（可能是从 1866 年 1 月底开始）给这几章增写了 55 个脚注。

至此，马克思已经发现，手稿的篇幅变得很庞大，已经过了约定的期限；出版商催他尽快交稿。马克思可能决定把第 1 册中原第六章即现在的第八章的手稿，作为第 2 册的开篇过渡性章节。新的章节从结合前面的叙述开始，这种方法论上的辩证处理，我们在《资本论》中经常看到。1867 年春，马克思把手稿送到汉堡，接着通读校样，并根据恩

---

① 《马克思恩格斯全集》第 1 版第 25 卷。
② "卷"是出版技术上的划分。
③ "册"是内容上的划分。

格斯的建议，写了"价值形式"的第二稿，作为附录①发表，并于1867年7月25日写了内容丰富的"序言"②。

用于付排的手稿作为版权证明由奥托·迈斯纳出版社保存，至少在1922年以前，它拥有该书的版权。后来，可能是在1929年，出版商的孙子把手稿转交给了柏林德国社民党档案室的一个代表。此后，手稿下落不明。1866年修订的第1册前5章收入1867年的付排稿，内容上是连贯的。通过《历史考证版》，学者们可以对马克思经济学说从开始到最后制定的发展情况进行研究。

根据恩格斯的建议，马克思在准备第1卷德文第2版时，更加细致地划分了章节。原来的"章"改为"篇"；"节"改为"章"，从第2版开始，《资本论》第1卷共计25章。③

为了解概况，我顺便提一下，《历史考证版》第2部分第4卷第3分册还包括《资本论》第2册Ⅲ和第Ⅳ稿，目前正在编辑过程中。在已经出版的《历史考证版》第2部分第5—10卷中，收入的是《资本论》第1卷德文第1版（1867年）、德文第2版（1872—1873年）、法文版（1872—1875年）、德文第3版（1883年）、英文版（1887年）和德文第4版。

目前《历史考证版》第2部分正在编辑整理以下卷次：第11卷（第2册手稿的第1和第2部分）、第12卷（恩格斯编辑整理的第2册手稿）；第13卷（1885年由恩格斯出版的《资本论》第2卷的付排稿）；第14卷（第3册马克思的手稿和经恩格斯加工整理的手稿）；第

---

① 《资本论（根据第1卷德文第1版翻译）》，经济科学出版社1987年版，第752—778页。
② 《马克思恩格斯全集》第1版第23卷第7—13页。
③ 《马克思恩格斯全集》历史考证版第2部分第6卷。

15卷（1894年由恩格斯出版的《资本论》第3卷的付排稿）。如上述卷次出版，历史考证版第2部分将有望在2010年全部出齐，届时，该部分将在历史考证版4个部分中第一个完成出版任务。

顺便提一下，我所负责的卷次是已经出版的第2部分第5卷和第8卷以及尚未出版的第15卷。通过这项工作，我认为，从社会主义社会的成功形成来看，值得我们更多地去分析利用马克思的经济学著作，比如，《资本论》第3卷和1877年以后的摘录笔记中关于未来联合社会形成的结论和提示。

《资本论》第4册是补充理论体系部分的历史部分，即历史存在的资产阶级"剩余价值理论"，在1905—1910年期间由卡尔·考茨基第一次出版，被收入《历史考证版》第2部分第3卷第2—4册。

马克思在1875年完成法文版的修订，并拟写了关于恩格斯《反杜林论》的文章后，于1877年进行了一次中期总结，列出了他已有的及尚缺的必要文献。通过研究新文献，尤其是关于贸易、银行、信贷和土地所有制及其历史方面问题的文献，马克思大约在1878年拟定了继续他的篇幅庞大的著作的计划。

我对上述这些材料的第一部分进行了辨认和编辑，这一部分将收入历史考证版第4部分第25卷。其中一些材料应引起关注，而且也应当为研究社会主义经济形态和国际关系形成方面的中国学者和政治家们所分析和利用。

我认为，如果要实现中国共产党第15届党代表大会制定的到2050年**建立社会主义的基础**的目标，就需要为制定现实战略做理论准备，也就是用20年的时间逐步完成**从社会主义市场经济向市场经济的社会主义**的转变，以便能在2050年后在已经建立的基础上形成**发达的社会主义社会**。从哲学的角度来看，这是人类四分之一人口向全新的文明社会的过渡！其前提是要有一个明智的经济政策，当然这也是从社会主义在欧洲的失败中总结出的经验。明智的经济政策是建立在有待于进一步完善的社会主义政治经济学这门科学的基础之上的，而在任何一所资本主义国家的大学里是学不到这门科学的。社会主义政治经济学的完善，包括为了中国人民的生活和发展利益而成功参与资本主义控制着的世界市场和国际贸易，都需要科学地、充分地运用马克思和恩格斯的经济学说。新的《历史考证版》将第一次从最初的提纲到最后的认识全面地展现他们的经济学说。目前，在《历史考证版》的基础上，《马克思恩格斯全集》中文第 2 版也正在进行当中。

（夏静 译）

马克思列宁主义理论的牢固基础[*]

(《马克思恩格斯全集》补卷中的马克思经济学遗产全部出齐)

〔苏〕维·维戈茨基

《马克思恩格斯全集》十一卷补卷(第40—50卷)出版了[①]。其中第四十六至四十九卷全部是经济学著作,第四十二、四十四、五十卷部分地包括经济学著作。读者得到了最丰富、最宝贵的政治经济学材料,有了深入掌握马克思的经济理论和真正创造性地运用它的新的可能。

总的说来,新发表的政治经济学著作的意义在于:(1)扩大和加深了我们对马克思经济学理论内容及其所使用的研究方法的认识;(2)可以使人全面看到马克思四十年创作伟大著作《资本论》和马克思经济理论的形成和发展的历史;(3)可以更加全面地揭示马克思主义的经济学说对于从理论上论证科学共产主义的一些基本问题的巨大作用,如像分析资本主义社会中工人阶级的状况和斗争,证明社会主义革命的必然性,科学地预测共产主义的经济。

很明显,补卷中所发表的材料只有同马克思的**整个经济学遗产**联系起来,才能正确地理解和掌握,因为只有这样才能全面了解马克思的经济理论。

---

* 本文选自《马列主义研究资料》1983年第2辑。

① 补卷中译本第45、48、50卷在排印中,其余各卷均已出版。——译者注

I

发表在补卷中的马克思和恩格斯的著作遗产,其经济部分最开头是马克思在1844年上半年写的篇幅不大的手稿:恩格斯《国民经济学批判大纲》一文摘要。①

十九世纪四十年代对于马克思和恩格斯来说,首先是创作历史过程的辩证唯物论和把它用于研究资本主义现实的时期,结果,他们制定了科学辛产主义理论的出发原理。这些原理的形成同样也是建立在马克思和恩格斯**经济学**研究的基础上的,这种研究的最初成果也包括恩格斯写于1843年末和发表于1844年的这个《大纲》。正像马克思的摘要所表明的,马克思详细地研究了恩格斯的著作,并且对于他自己研究政治经济学起了重要作用。

无论在恩格斯的著作中还是在马克思所作的摘要中,占有重要地位的是资本主义经济的中心范畴,即**价值**范畴。它是资本主义剥削机制的基础。马克思在这个时期写的《詹姆斯·穆勒〈政治经济学原理〉一书摘要》② 中,发展了恩格斯开始的对资产阶级论述价值范畴的批判。马克思注意到,资产阶级经济学家提出了价值规律,但他们歪曲了这种规律在私有制占统治条件下起作用的特性,这种规律表现为在竞争影响下价格不断地偏离价值,他们忽视了"这种规律的变化或不断扬弃,而抽象规律正是通过变化和不断扬弃才得以实现的"③。马克思批判中的有益要素在于,这种批判推动了进一步制定价值理论,这种理论必然导

---

① 《马克思恩格斯全集》第1版第42卷第3—4页。
② 《马克思恩格斯全集》第1版第42卷第5—42页。
③ 《马克思恩格斯全集》第1版第42卷第18页。

致揭示资产阶级社会中的价格形成机制，揭示价值和货币之间的内在联系。确实，在詹姆斯·穆勒一书的摘要中，马克思已经提出了货币存在的客观必然性问题："为什么私有财产必然发展到**货币**呢？"①对于这个问题，马克思在四十年代后半期，特别是在五十年代给了详尽的回答，那时马克思在经济思想史上第一次制定了货币是价值转化形式的学说，但是还在创立价值理论很久以前，马克思在《1844年经济学哲学手稿》②中第一次试图揭示资本主义剥削的内部机制。无疑，**剩余价值理论**的萌芽是同这一著名的著作（1932年才初次发表）联系在一起的。

正像马克思在《经济学哲学手稿》中所考察的，在分析资产阶级社会中工人阶级状况的时候所要阐明的基本问题，是工人创造的劳动产品同工人相异化，不属于工人，而属于资本家，"工人同**自己的劳动产品**的关系就是同一个**异己的**对象的关系"③。如果说马克思以前的社会主义者只谈资本家占有工人劳动产品时的不均衡（在这个词的正常含义上），那么马克思认为自己的任务，是阐明剥削工人的客观的合乎规律的过程（指在资本主义范围内合乎规律的过程），把这个过程看作"一种必然的发展过程"④。马克思研究了这个过程，得出结论说，为了弄清劳动产品同工人相异化，必须揭示"**劳动本质的异化**"⑤。马克思把表现为工人生产活动结果的劳动异化，叫作"劳动的自我异化"。这就使马克思能够对资本主义剥削过程暂时作最一般性的说明，指出这个过程所固有的某些重要的本质要素。而且这种说明的深刻程度能够解释今

---

① 《马克思恩格斯全集》第1版第42卷第19页。
② 《马克思恩格斯全集》第1版第42卷第43—181页。
③ 《马克思恩格斯全集》第1版第42卷第91页。
④ 《马克思恩格斯全集》第1版第42卷第89页。
⑤ 《马克思恩格斯全集》第1版第42卷第93页。

天工业发达的各资本主义国家里所发生的一系列重大过程。

剩余价值理论是马克思作为对劳动自我异化理论的进一步发展或具体化而创造的。这个理论的最初的一些要素是在四十年代后半期的一些著作中制定的，这就是《哲学的贫困》和《雇佣劳动与资本》。在《经济学哲学手稿》中得出的基本结论，即认为资本主义剥削的本质应当到生产过程中去寻找这一结论，现在有了更具体的轮廓：剥削过程是在工人和资本家之间等价交换的范围内，在价值规律的范围内实现的，因而应当在这些范围内去寻找。弄清资产阶级政治经济学的古典学派（配第、布阿吉尔贝尔、弗兰克林，而首先是斯密和李嘉图）所制定的劳动价值理论的根本意义，大大促进了这个结论的具体化。马克思在《哲学的贫困》中写道："李嘉图的价值论是对现代经济生活的科学解释。"①这样，从四十年代后半期起，斯密和李嘉图的劳动价值论就表现为马克思经济理论的**来源**。但是，深入地论证和彻底地发展这一理论，把它运用到劳动和资本的相互关系当中，把它——已经是作为马克思的剩余价值理论——从来源变为马克思主义政治经济学的有机组成部分，还有一段很长的过程。

II

在创造剩余价值理论这个马克思经济理论的基石的过程中，决定性的步骤，是在五十年代对最广泛的文献进行深刻的历史批判分析的基础上实现的。这些文献有：各种理论研究著作，英国议会的官方文件，统计资料，报刊杂志等等。《资本论》所依据的那些"堆积如山的实际材

---

① 《马克思恩格斯全集》第1版第4卷第93页。

料"①，反映在马克思从事科学活动的全部期间所写的大量笔记中。补卷中发表的属于1851年期间对李嘉图的主要著作《政治经济学和赋税原理》所作的篇幅不小的笔记，以及马克思自己的一个不大的手稿《反思》，②代表了五十年代伦敦笔记的材料。《反思》实际上是作者对当时刚刚突击读完的斯密、图克等人著作所进行的思考。在李嘉图著作的笔记中，有两个地方涉及剩余价值论的原则问题，并且是《雇佣劳动与资本》中的原理的进一步发展。其中一个地方实际上是确认劳动是"生产商品的活动"，而不是商品本身③。在这里马克思已接近于把劳动力作为工人卖给资本家的特殊商品单独分出来。另一个地方是马克思写的很长的一段评论，涉及的是资本家从无酬劳动占有的商品价位超过商品生产费用的余额的来源问题④，换句话说，涉及的是剩余价值的来源问题。马克思指出，这个余额不是在交换过程中产生的，而只是在交换过程中实现的，它的源泉"只能是工人阶级"⑤。

　　《反思》也是很重要的，它是马克思创作过程的一个明显例子，表明马克思自己的理论是如何在批判分析资产阶级经济学家的著作过程中诞生的，在这里指的是马克思的再生产理论。依靠斯密对两种贸易的划分，即《实业家》之间的贸易（斯密把实业家理解为一个国家内工商业的所有当事人）和《实业家》同消费者之间的贸易，马克思事实上得出了未来的再生产理论的某些最重要的原理：社会生产分为两个部类，即分为生产资料生产和消费品生产，以及它们相互间的联系，等

---

① 《列宁全集》第1版第1卷第121页。
② 《马克思恩格斯全集》第1版第44卷第71—163页。
③ 《马克思恩格斯全集》第1版第44卷第115—116页。
④ 《马克思恩格斯全集》第1版第44卷第139—141页。
⑤ 《马克思恩格斯全集》第1版第44卷第140页。

等。马克思在这个时期所以对再生产问题感兴趣，同他试图批判小资产阶级的经济危机理论有关，而主要是批判蒲鲁东的理论。这些理论认为经济危机是由于资本主义货币制度的"缺点"造成的。马克思在这个时期已经清楚地懂得，对经济危机的真正科学解释只能在再生产理论的基础上才能作出。

1857年7月，马克思写了一个未完成的关于庸俗经济学家巴师夏和凯里的手稿①，在其中第一次明确地划清了古典政治经济学的范围，它从十七世纪末配第和布阿吉尔贝尔的著作开始，到十九世纪三十多年李嘉图和西斯蒙第的著作完成。马克思指出，以后的资产阶级经济学家不是古典派的摹仿者，就是对古典派的反动批判者。（后来②，马克思分出一批李嘉图以后时期的资产阶级经济学家，拉姆赛、舍尔比利埃、琼斯，马克思把这些人也列入古典学派。）

1857年8月底，马克思创作了他的未来经济学著作的《导言》这一手稿。③ 马克思在其中详细叙述了他所制定的政治经济学的**对象和方法**的思想。根据他和恩格斯一道在《德意志意识形态》（1845—1846年）中阐述的思想，认为生产是生产力和生产关系的辩证统一，马克思在《导言》中写道，一定的社会生产（具体地说，资产阶级生产）是他的理论分析的对象④。这样理解生产，使马克思能够说明，资产阶级经济学家通常分开谈论的生产、分配、交换、消费是一个统一整体即社会生产的各部分。

在《导言》中，马克思还考察了从抽象上升到具体的科学方法，

---

① 《马克思恩格斯全集》第1版第46卷上册第3—7页。
② 《马克思恩格斯全集》第1版第26卷第3册第22—24页。
③ 《马克思恩格斯全集》第1版第46卷上册第18—50页。
④ 《马克思恩格斯全集》第1版第46卷上册第18、22页。

给了这种方法以辩证唯物主义的解释。马克思指出,第一,从抽象上升到具体之前——不论是整个来说,还是在上升的每一阶段上——都必须先有从具体到抽象的运动。这样,现实就表现为理论结构的起点。第二,从抽象上升到具体的过程基本上符合实际历史过程,并且最后科学地把具体再现出来。

我们看到,1857年秋马克思已经详细制定了他的未来经济学理论的方法论基础。而理论本身是在1857年10月到1858年5月期间创作的庞大手稿中论述的,这个手稿的标题是《政治经济学批判》。

在目前出版的《马克思恩格斯全集》中第一次发表了《资本论》的全部四卷(《全集》第23—26卷)。现在,随着补卷(第46—49卷)的出版,又发表了《资本论》的三个**手稿**,这就是:1857—1858年手稿、1861—1863年手稿、1863—1865年手稿(最后这个手稿只有一部分保存下来)。这些手稿的发表使人们能够真正辩证地研究马克思的经济学遗产。恩格斯曾经写过:"我们最需要的不是干巴巴的几条结论,而是**研究**。结论要是没有使它得以成为结论的发展,就毫不足取,这一点我们从黑格尔那时就已经知道了;结论如果变成一种故步自封的东西,不再成为继续发展的前提,它就毫无用处。"①

《资本论》手稿的原则特点在于,在这些手稿中首先反映出来的是对资产阶级经济所进行的创造性**研究**过程,而三卷《资本论》基本上是对在此以前已经研究出来的经济理论进行系统的科学**叙述**。马克思曾写道:"研究必须充分地占有材料,分析它的各种发展形式,探寻这些形式的内在联系。只有这项工作完成以后,现实的运动才能适当地叙述出来。"②

---

① 《马克思恩格斯全集》第1版第1卷第642页。
② 《马克思恩格斯全集》第1版第23卷第23页。

Ⅲ

1857—1858 年手稿是《资本论》的第一稿，它是马克思进行十五年政治经济学研究的成果。在这个手稿中，第一次系统地制定了马克思经济理论的基本原理，并且作为这件事的结果，提出了一系列科学共产主义理论的决定性要点。

研究商品这种资产阶级社会的经济细胞，表现为《资本论》第一卷理论结构的起点。可是在《资本论》中马克思究竟如何得出对商品的这种认识的呢？这个研究过程本身看不见了。《资本论》的第一稿则可以使人详细考察这个研究过程。

马克思在批判蒲鲁东派**货币**理论的过程中制定了自己的价值理论，这决不是偶然的事情。在对资产阶级（或小资产阶级）政治经济学进行的批判中，从而在自己的研究中（因为对马克思来说，这是二者合一的过程），马克思从外部表现进到现象的内部本质，在这里就是从货币进到价值。

马克思在这方面对于小资产阶级社会主义者的改良主义幻想所作的详细批判，是非常重要的。小资产阶级社会主义者幻想不通过革命就能从资本主义过渡到社会主义。蒲鲁东派主张，通过改革货币流通和改革银行，"通过平静的形态变化"[①]，就能够消灭资本主义的对抗性矛盾，"创造崭新的生产条件和交往条件"[②]，这种论点被马克思推翻了。蒲鲁东派提议发行能自由交换任何商品的"劳动货币"来解决商品的实现问题，解决商品的销售问题，而这是私人资本主义商品生产的条件下再

---

① 《马克思恩格斯全集》第 1 版第 46 卷上册第 106 页。
② 《马克思恩格斯全集》第 1 版第 46 卷上册第 63 页。

生产中的最复杂的问题。马克思后来写道:"把贬低**货币**和颂扬**商品**当作社会主义的核心来认真宣传……这要等**蒲鲁东**先生和他的学派来完成了。"① 所以能从理论上驳倒这种改良主义理论,是由于解决了资产阶级社会中货币的本质问题,解决了商品和货币之间必然存在联系的问题。

可以指出马克思在1857—1858年手稿中制定他的价值理论的如下各个层次:(1)马克思表明,价值决定于社会必要劳动,即"不是体现在产品中的劳动时间,而是现在所需要的劳动时间"②;价值的这种变动性已经使具有固定价值的"劳动货币"成为不可能。(2)马克思揭示了价值和价格之间必然存在的原则区别。价格作为价值的**货币形式**,除了社会必要劳动的花费以外,还反映供求的波动,因此不等于价值。按照蒲鲁东派的意见,"劳动货币"恰恰必须保证价值和价格的一致。(3)马克思把价值说成是商品的"经济性质",是商品的"交换能力","特有的可交换性"③。在现实的交换过程中,商品实现时发生商品的二重化:它的价值在货币形式上同它的使用价值分开。通过这种方式,商品作为价值时的质的同一性和商品作为使用价值时的天然区别之间的内部矛盾,得到外部的表现和解决。这样,商品价值的货币(交换)形式表现为价值的**必然**形式;这样就最终证明了企图借助"劳动货币"来直接把商品转化为货币,而不通过商品在市场上的实现过程,是一种乌托邦。(4)最后,马克思从把**商品**看作使用价值和价值的矛盾统一,过渡到生产商品的**劳动**,把这种劳动看作创造使用价值的具体(私人)劳动和创造价值的抽象(社会)劳动的统一。(上面已经指出,

---

① 《马克思恩格斯全集》第1版第13卷第76页。
② 《马克思恩格斯全集》第1版第46卷上册第78页。
③ 《马克思恩格斯全集》第1版第46卷上册第84页。

马克思在《经济学哲学手稿》中也是从考察资产阶级社会中劳动产品同工人相异化,过渡到考察劳动过程本身中的异化。)资本主义社会中劳动二重性的学说是马克思主义价值理论的基础,这种理论从根本上区别于资产阶级政治经济学古典派的价值理论。马克思后来强调说,这个学说是"对事实的全部理解的基础"①。

马克思发现资产阶级社会中劳动二重性的方法论基础,是要求在任何社会现象中,特别是在经济现象中,把它的物质内容和社会形式区分开。资产阶级政治经济学由于它固有的反历史主义,不懂得进行这种区分。马克思写道:"在政治经济学家们那里,资本的物质要素和它的作为资本的社会的形式规定性……生长在一起。"② 还在 1845—1846 年,马克思和恩格斯就运用这种方法论去对社会生产进行全面分析,把它看作生产力和生产关系的辩证统一。现在,这种方法又被马克思用来分析商品和生产商品的劳动。经济过程和范畴的社会形式,特别是商品生产和商品的社会形式,标志着完成这些过程的那种社会生产的特征,而它们的社会内容使人能够得出不同类型的生产所具有的共同标志。在资产阶级经济学家之后,蒲鲁东派也把商品的使用价值同商品的价值混为一谈,因而不懂得,商品的和创造商品的劳动的二重性,以及不能直接地(例如,通过"劳动货币")把私人劳动的产品,把使用价值,还原为社会劳动的产品,还原为价值、货币。这是由于私人资本主义生产的矛盾性造成的。由于这种矛盾性,归根到底必然导致经济危机。

商品作为物质内容和社会形式的统一,成为资本主义的"经济细胞",是马克思分析资产阶级社会的经济结构、分析资本主义关系本身、

---

① 《马克思恩格斯〈资本论〉书信集》,第 225 页。
② 《马克思恩格斯全集》第 1 版第 26 卷第 3 册第 356 页。

分析劳动和资本之间的活动交换的必要起点。在这里，分析的困难来自：**实质上的非等价交换是在等价交换的基础上实现的**，因而必须在价值规律的范围内加以说明。马克思写道：资本"**是不经交换，不支付等价物，但在交换的假象下占有他人劳动的权力**"①。1857—1858年手稿中所研究的资本主义剥削的机制，也是建立在明确划分资本主义生产过程的物质内容和社会形式之上的。马克思表明，工人和资本家之间交易的对象**并不**是工人的劳动，这种劳动是资本主义生产过程的物质内容。工人既不是生产资料的所有者，也不是劳动过程的组织者，他也不可能是这种过程及其结果即劳动产品的所有者。工人拥有的并且卖给资本家的唯一东西，是属于工人所有的**劳动能力、劳动力**。出卖这种劳动力也是资本主义生产过程的社会形式。

从方法论上说，马克思阐明剩余价值所依据的是区分劳动力商品的价值和使用价值。劳动力商品的价值决定于工人满足身体和社会（总之，精神）需要的全部生活资料②。劳动力商品的使用价值在于工人在劳动过程中能够创造超过他的劳动力价值的价值。这种超过的部分就是剩余价值。这样，马克思在严格的等价交换的范围内阐明了剩余价值。资本家占有两种形式的剩余价值：一种是绝对剩余价值，这要求最大限度地延长工作日或提高劳动强度，并且使用尽可能多的工人，另一种是**相对**剩余价值，这要求把工人再生产自己劳动力价值的必要劳动时间缩减到最低限度，并且尽量减少工人人数。③换句话说，资本主义生产方式的客观要求，是通过资本家阶级对工人阶级的全力剥削，达到社会生产的最大效果，达到生产力的最大增长。

---

① 《马克思恩格斯全集》第1版第46卷下册第46页。
② 参看《马克思恩格斯全集》第1版第46卷上册第242、243、246、247页。
③ 参看《马克思恩格斯全集》第1版第46卷下册第292页。

剩余价值学说是马克思继唯物主义历史观之后的第二大发现，1857—1858年手稿中奠定的剩余价值学说的基础，使马克思能够说明和论证资产阶级社会的经济运动规律，证明资产阶级社会必然灭亡并过渡到共产主义。同时这意味着把经济理论从本源变为对科学共产主义理论给予可靠的经济论证，这也是马克思主义的组成部分。我们来看看这种论证的一些基本要素。（1）马克思指出，资本主义剥削的增长来自资产阶级社会生产关系的本质，由此得出结论说，工人阶级从资本主义压迫下的真正解放，不可能在资产阶级制度范围内实现，为此必须进行社会主义革命。（2）马克思指出，资本主义客观上固有的加强剥削工人阶级的趋势，导致生产力的巨大进步，由此得出的结论是，在资产阶级社会内部创造和积累着未来的共产主义社会的要素，这决定着社会主义革命的**可能性**："如果我们在现在这样的社会中没有发现隐蔽地存在着无阶级社会所必需的物质生产条件和与之相适应的交往关系，那么一切炸毁的尝试都是唐·吉诃德的荒唐行为。"[①]

在资产阶级社会范围内发展起来的共产主义前提，首先是同**剩余劳动和剩余产品**的范畴相联系的，马克思把这些东西的创造称作资本的伟大的历史方面[②]。在资本主义下，剩余劳动是同对劳动的经济强制分不开的，同剥削工人阶级、同剩余劳动变为剩余价值并被资本家所占有分不开的；同时资本主义在人类历史上第一次造成了把剩余劳动用于其他目的的可能性——建立和增加潜在的**自由时间**，而这是社会全体成员合理的全面发展的基础。按照马克思的意见，共产主义的另一重要前提是发展生产力，把生产过程变成科学的技术应用，而直接的劳动则成为生产过程的次要要素。马克思指出"一般社会知识"、科学在固定资本和大

---

① 《马克思恩格斯全集》第1版第46卷上册第106页。
② 参看《马克思恩格斯全集》第1版第46卷上册第287页。

机器生产发展的过程中变成"**直接的生产力**"的趋势①。

在生产过程中直接劳动作用的消除，导致资本主义生产方式基础本身的破坏，因为这种生产方式就是建立在价值、建立在劳动时间是唯一决定性要素的基础之上的。在这里，马克思所说明的对抗性矛盾在于，资本竭力把必要劳动时间缩减到最低限度（我们已经看到，通过这种途径，相对剩余价值达到最大限度，而这是发达的资本主义时代资本利润的主要源泉），同时又把劳动当作财富的唯一尺度和源泉。② 除此之外，直接劳动越来越丧失他的私人劳动的性质③。这样，在资产阶级社会内部发展起来了"炸毁"它的经济基础的"物质条件"④。这些条件本身是发展共产主义生产方式的起点。马克思也是依据这些来科学地预测共产主义经济的。

马克思在他的经济学著作中所作的这些预测的重大特点，是它们带有最一般的性质，或是适用于整个共产主义社会形态，或是适用于这种社会形态的高级阶段。马克思自己后来把这些预测具体化了，在《哥达纲领批判》中阐述了从资本主义到共产主义的过渡时期的理论，提出了共产主义社会分两个阶段的学说，等等。

马克思在《资本论》第一稿中得出结论说（鉴于上面所说的一切，这个结论是完全合乎规律的），在共产主义社会中"财富的尺度决不再是劳动时间，而是可以自由支配的时间"⑤，这种时间表现为共产主义经济的**客观目的**。在共产主义下，代替价值规律而成为生产调节者的将

---

① 《马克思恩格斯全集》第 1 版第 46 卷下册第 219—220 页。
② 《马克思恩格斯全集》第 1 版第 46 卷下册第 219 页。
③ 《马克思恩格斯全集》第 1 版第 46 卷下册第 223 页。
④ 《马克思恩格斯全集》第 1 版第 46 卷下册第 219 页。
⑤ 《马克思恩格斯全集》第 1 版第 46 卷下册第 222 页。

是**节约时间的规律**,马克思把这称为集体生产基础上的首要经济规律①。只有最大限度地节约劳动时间,才能充分实现共产主义生产方式的客观目的:"个性得到自由发展……由于给所有的人腾出了时间和创造了手段,个人会在艺术、科学等等方面得到发展。"②

共产主义从根本上改变生产劳动的性质,把它变成"真正自由的劳动",但同时劳动也是"非常严肃,极其紧张的事情"③。马克思的这一重要原理同傅立叶的空想结论是直接对立的,傅立叶把自由劳动看作不过是一种娱乐,一种消遣。在共产主义下,劳动时间和自由时间,生产和消费,彼此之间互相影响。由于节省劳动时间和腾出自由时间,个人得到发展,而个人的发展"又作为最大的生产力反作用于劳动生产力"④。

随着马克思自己的经济学说的发展和加深,科学共产主义理论的基本要素也得到进一步的发展和论证。

IV

在1857—1858年手稿的基础上,马克思于1859年6月出版了《政治经济学批判》第一分册,其内容是价值理论和货币理论。1861年夏天,马克思着手准备这个著作的第二分册,从1861年8月到1863年7月期间,创作了篇幅巨大的手稿《政治经济学批判》,这是**《资本论》的第二稿**。马克思写作这一手稿经历了两个阶段。第一个阶段(1861

---

① 《马克思恩格斯全集》第1版第46卷上册第120页。
② 《马克思恩格斯全集》第1版第46卷下册第218—219页。
③ 《马克思恩格斯全集》第1版第46卷下册第113页。
④ 《马克思恩格斯全集》第1版第46卷下册第225页。

年8月—1862年3月）考察了与《资本论》第一卷的内容有关的问题。1862年3月，马克思转入详细地批判考察资产阶级政治经济学史——《剩余价值理论》，创作剩余价值理论是马克思写作这个手稿的第二个阶段（1862年3月—11月）。这部分手稿的内容是《资本论》第四卷即历史卷的草稿。同时马克思在这里制定了生产价格理论、生产劳动理论、地租理论、再生产和危机理论，即完成了广义的剩余价值理论的创造。此后，马克思在写作这一手稿的第三个阶段（1862年11月—1863年7月），转入考察《资本论》第三卷的内容和第一、二卷的一部分内容，即分析借贷资本和商业资本、利润、积累等等。

  从1883年马克思逝世之日起，恩格斯不止一次地打算把《剩余价值理论》作为《资本论》第四卷发表，但是没有来得及完成这件事。1905—1910年考茨基编辑出版了《剩余价值理论》，但没有把它作为《资本论》第四卷，而是作为和《资本论》平行的著作。1954—1961年这样的版本才第一次在苏联出版。《剩余价值理论》作为《资本论》第四卷发表在《马克思恩格斯全集》第二十六卷。现在《全集》补卷第四十七卷和四十八卷中又分别收入了1861—1863年手稿的开头部分和结尾部分。

  还在写作这一手稿的过程中（1862年底），马克思已经最终决定把自己的著作分四册出版，总标题为《资本论》。为实现这一决定，马克思在1863年7月或8月开始创作新的手稿。他从一开始就把这个手稿看作最后付排稿，这就是1863—1865年手稿，也是《资本论》的第三稿。这个手稿没有全部保存下来，在与《资本论》第一卷有关的部分中，我们只找到第六章《直接生产过程的结果》，这是没有收入第一卷最后的正文中去的部分（显然，马克思利用手稿其余的部分在1866—1867年期间编成了第一卷的最后正文）。此外，这个手稿还包括《资本论》第二卷的第I稿（这一部分手稿和《第六章》一道，发表在《全集》补卷第四十九卷中），另外还包括恩格斯在1894年编辑出版的第三卷的唯一的一个手稿。

写完1863—1865年手稿之后，马克思立即准备把第一卷付排。1867年9月第一卷出版了。后来马克思又整理出版了第一卷的德文第二版（1872年），第一卷的法文版（1872—1875年）。马克思逝世之后，恩格斯出版了英文版（1887年）以及德文第三版和第四版（1883年和1890年）。现在通行的《资本论》第一卷的各种译本都是以1890年恩格斯在世时的最后一个版本为依据的，因此没有把马克思在法文版中追加的一系列很有意义的补充内容包括进去。现在法文版中的这些补充内容也发表在《全集》第四十九卷中了。

最后，《资本论》第二卷也是恩格斯在1885年根据马克思在六十年代末和七十年代所创作的几个手稿编辑出版的。在这些手稿中，《全集》第五十卷发表了第Ⅱ稿（1868年底—1870年9月）的第一章和第三章，因为第二章的正文几乎全部被恩格斯收入了现在的《资本论》第二卷当中。

毫无疑问，在《资本论》第二稿和第三稿中，以及在六十年代末和七十年代的各个手稿中，随着马克思经济理论的进一步研究，考察了与资本主义对抗性矛盾的进一步发展有关的，与工人阶级的状况和斗争，与对共产主义的进一步预测有关的广泛问题。

首先，马克思在1861—1863年手稿中继续分析**劳动和资本的关系**，分析劳动力商品的价值及其货币表现——工资。马克思在这里详细地反驳了资产阶级"最低限度工资"的理论。按照这种理论，工资的量决定于工人生存身体上所必需的一成不变的生活资料的价值。然而马克思论证了资产阶级经济学家所否认的工人阶级斗争的必要性，即工人阶级为提高工资和缩短工作日而斗争的必要性。马克思在谈到劳动力价值的大小时指出："所谓的第一生活需要的数量和满足这些需要的方式，在很大程度上取决于社会的文明状况……本身就是历史的产物。"① 可见，在确定工资的数量时，也像确定劳动力的价值时一样，决不能只谈身体必需的极限，虽然上面已经指出，资本主义实际上力求把劳动力的价值和价格减少到它的最低限度。由此就得出工人阶级要不疲倦地同资本的掠夺性侵犯进行斗争的**必要性**。马克思也论证了进行这种斗争的**可能性**，指出工资的提高不会像资产阶级经济学家所断言的那样（他们今天仍然这样断言）引起价格的提高，而是使剩余价值率降低，使剥削率降低。

马克思揭示了资本主义生产方式造成工人阶级贫困化的**趋势**，其含义在于，在资产阶级社会中工人"劳动始终只是为了消费"，在一切条件下"劳动能力是工人唯一能出售的商品"②。工人阶级的反抗为剩余价值率的提高定下一定的界限，在这个意义上是与资本相对抗的客观的**反趋势**。工人阶级的实际状况是由斗争双方的力量对比形成的。

在1861—1863年手稿中，马克思第一次考察了资本主义范围内生产力提高的三个阶段：协作、分工和机器。这同时也是相对剩余价值发展的三个阶段，是资本加强剥削劳动的三个阶段。马克思特别详细地考察了机器生产对工人阶级状况的影响。随着机器的采用，开始时是绝对延长劳动时间，然后是相对延长劳动时间，即提高劳动强度，结果"脑力消耗更多，神经更加紧张，同时体力上也更加紧张"③。现代的研究者们指出，在发达的资本主义国家，劳动强度的提高既不能由工作日的少许缩短得到补偿，也不能由工资的提高得到补偿。

马克思指出，机器生产对工人阶级就业的影响是双重的，一方面使

---

① 《马克思恩格斯全集》第1版第47卷第43页。
② 《马克思恩格斯全集》第1版第47卷第128、40页。
③ 《马克思恩格斯全集》第1版第47卷第404页。

劳动力经常过剩，另一方面又不断地扩大剥削的领域。这就引起"**工人生活**的经常**波动**"①。马克思在《资本论》第一卷中继续研究了这个原理，在那里，他阐述了资本主义积累的一般规律。

马克思在1861—1863年手稿的结尾部分总结了自己对**资本主义再生产过程**的分析，制定并且详细解释了"再生产总过程的经济表"②，这个表前面还有三个草稿。这个表的名称是由魁奈著名的《经济表》引起的。这个表可以看作马克思在《资本论》第二卷手稿中制定的关于再生产的经典图式的直接前奏。马克思在1863年7月6日给恩格斯写了一封详细的信，报告了自己研究所取得的成果③。列宁把这封信作了阅读笔记，并且指出"第二卷初稿（第Ⅰ、Ⅱ部类的再生产过程等等）。很清楚！！"④。列宁在这里指出了一个事实，就是在这封信中，从而在1861—1863年的手稿中，《资本论》第二卷的中心思想已经得到反映，即关于社会生产两个部类的学说、两个部类之间相互作用的学说，再生产的条件等等。

必须注意到一个事实，就是无论在1861—1863年手稿中还是在《资本论》第二卷的两个手稿中，马克思都把消费品的生产称为社会生产的第一部类，而把生产资料的生产称为第二部类。我们知道，在现在的《资本论》第二卷中这两个部类的次序颠倒了过来。显然，这是恩格斯根据马克思留下的第二卷的最后一个手稿整理的。这样的改变所依据的是生产资料生产在再生产过程中起主导作用。

---

① 《马克思恩格斯全集》第1版第47卷第566页。
② 《马克思恩格斯全集》第48卷俄文版第160—166页。
③ 《马克思恩格斯〈资本论〉书信集》，第181—185页。
④ 列宁：《马克思和恩格斯通信集（1844—1883）提要》，1968年莫斯科俄文版第342页。

马克思在1861—1863年手稿中考察了**剩余价值转化为利润**的过程，着重指出恰恰是利润表现为资本主义生产的调节者。同时，这个范畴掩盖了资本家发财致富的真正源泉。可见，庸俗政治经济学特有的这种神秘化观念直接来自资本主义的实际。马克思写道，这种观念非常适合于资本家，"而受这同一种被歪曲了的观念束缚的雇佣工人，则只是处在这种关系的另一极上，是被压迫的一方，实践迫使他反对所有这种关系，从而反对与这种关系相适应的观念、概念和思维方式"①。马克思的这个重要结论使人看到，资本主义的剥削本质能促进工人阶级觉悟的发展，推动工人去进行反对资本统治的斗争，这是工人阶级肩负的历史使命的经济根据。

在1863—1865年手稿中，马克思在分析工人阶级在资本主义社会结构中的地位方面又前进了一大步。马克思在这里第一次阐明了，从资本主义前的剥削方式过渡到封建的剥削方式，然后过渡到劳动对资本的实际隶属，即过渡到在资本建立的自身基础上剥削劳动，过渡到大机器生产，这些过渡究竟对工人的经济状况产生怎样的影响。同时，马克思的这些理论原理具有普遍的意义，可以用来分析今天的实际情况。

马克思自己把写作《资本论》看作对党应尽的义务，认为这对工人阶级的斗争具有巨大的意义。《马克思恩格斯全集》十一卷补卷所发表的马克思的经济学遗产，无疑给我们提供了强大的科学的思想武器。

（原载《苏共历史问题》1982年第5期）

（马　今　译）

---

① 《马克思恩格斯全集》第48卷俄文版第248页。

试论《马克思恩格斯全集》历史考证版(MEGA²) 第二部分的主要内容和学术价值[*]

徐 洋

2012年8月底,随着 MEGA² II/4.3 由德国柏林的科学院出版社出版,《马克思恩格斯全集》历史考证版第二版第二部分(MEGA² II)即"《资本论》及其准备著作"部分共15卷(23册)[①]全部出齐了。这是马克思经济学著作编辑史和理论研究史上的一件大事,也是世界学术史上的一件大事。该部分出齐后不久,德国便先后举办了两场较有影响的学术研讨会,中国学者在2012年年末也举行了小型学术会议研讨《资

---

[*] 本文选自《马克思主义与现实》2013年第5期。

[①] MEGA² II/1 即1857—1858年手稿原分为2册出版,后合为1册,因此以前说23册,现在说22册;据悉,原分为6册出版的 MEGA² II/3 即1861—1863年手稿,将合为2册再版,这样 MEGA² 第二部分的总册数将减为18册。

本论》及其手稿的再研究。① 本文拟对《马克思恩格斯全集》历史考证版第二部分的主要内容和学术价值略作论述，以庆祝该部分出齐，并希望借此推进中国学者对 MEGA 和《资本论》的研究。

一、《马克思恩格斯全集》历史考证版（MEGA）的性质和概貌

《马克思恩格斯全集》历史考证版（MEGA）是"卡尔·马克思和弗里德里希·恩格斯的发表文献、手稿和往来书信的完整的、历史考证性的版本"②。《马克思恩格斯全集》历史考证版的德文为"Marx-Engels-Gesamteausgabe"（简写作 MEGA），意思就是"马克思恩格斯全集"，"历史考证版"一词系根据该版的历史渊源和版本性质加上去的。

---

① 据笔者所知，以《马克思恩格斯全集》历史考证版第二部分出齐为契机举行的比较重要的学术活动有：2012 年 11 月 2—4 日，德国柏林 MEGA 编辑促进协会举办主题为"用方法建造：卡尔·马克思《资本论》六册计划"的研讨会，包括 MEGA² II/4.3 主要编者在内的多国《资本论》研究专家与会。2013 年 1 月 31 日，国际马克思恩格斯基金会、弗里德里希·艾伯特基金会、柏林—勃兰登堡科学院联合举办主题为"卡尔·马克思的《资本论》：庆祝一项没有完成的工程的编辑的完成"的学术研讨会，《马克思恩格斯全集》历史考证版的领导人以及第二部分的主要编辑人员德、俄、日学者在会上发言。2012 年 12 月 31 日，中国 30 多位学者齐聚北京大学，参加主题为"《资本论》及其手稿再研究：文献、思想与当代性"的研讨会。

② Editionsrichtlinien der Marx-Engels-Gesamtausgabe（MEGA），Berlin，1993，S. 17.

"历史考证版全集"有其特定含义。所谓"历史",就是审查作者遗留下来的全部文献,评估它们在文本形成上的作用;所谓"考证",就是不仅将全部文献刊印出来,而且对它们进行考证性的研究和评价。① 以《马克思恩格斯全集》历史考证版为例,历史考证版性质的全集大致有以下五点特征:(1)全部发表。原则上把已知的作者写成的全部文献毫无保留地发表。(2)用原文发表。所有文献均用作者写作时使用的文字发表,不做翻译。(3)按原貌发表。所有字形字体字号、标点符号、勾画线条、段落划分、篇章结构,均遵从作为底本的手稿或刊印稿,不做变动,特别是对手稿不按内容进行编排。(4)还原历史。通过各种手段,如撰写"产生和流传"、编制校勘表、异文表、专题资料,再现作者创作这些文献的过程(包括创作源起、研究准备、文献来源、写作过程、修改过程、刊印过程、版本差异、流传过程)。(5)配上详尽资料。除第四点所列资料外,还编写极为细致的注释、人名索引、文献索引、报刊索引、名目索引,等等。《马克思恩格斯全集》历史考证版在中国曾被称为"原文版"或"国际版"。

把《马克思恩格斯全集》德文版(MEW, Marx-Engels-Werke,直译应为"马克思恩格斯著作集")同《马克思恩格斯全集》历史考证版加以对比,可以更好地理解历史考证版全集的特点。第一,德文版全集不全。马克思的多数手稿仍付阙如,更不要说笔记部分。第二,德文版需要翻译。马克思恩格斯用德文写的著作固然可以用原文发表,但他们用其他文字写的著作则要翻译成德文。第三,德文版没有完全按原貌发表。即便是德文著作,编者也对字形字体按照现代正字法做了修改。德

---

① 参看 http://de.wikipedia.org/wiki/Historisch-kritische_Ausgabe。

文版还对一些手稿按照编者理解的"逻辑顺序"做了编排,例如《德意志意识形态》、《自然辩证法》。第四,德文版不以还原文本的形成过程为目的。编者将马克思恩格斯的笔误或者刊印错误径直改正,不做说明;只有那些认为比较重要的异文或修改才在脚注中给出。第五,资料部分附在各卷后面,而且比较简略。

《马克思恩格斯全集》历史考证版最早于20世纪20—30年代在苏联由梁赞诺夫和阿多拉茨基编辑,当时的名称上冠有"历史考证版"字样。该版出版12卷13册即告中断。① 20世纪六七十年代,在苏联和民主德国两个党的中央马列主义研究院的合作下,开始编辑出版新的历史考证版性质的《马克思恩格斯全集》,编者和学术界将之视为梁赞诺夫开启的《马克思恩格斯全集》历史考证版(通称 MEGA¹)的继续,称作 MEGA²(名称上未出现"历史考证版"字样)。本文以下凡出现 MEGA 处,均指新的《马克思恩格斯全集》历史考证版。

1990年苏东剧变之后,在有关国家机构和学者的努力下成立了国际马克思恩格斯基金会(IMES),接管了 MEGA² 的编辑出版工作。国际马克思恩格斯基金会会址设在荷兰阿姆斯特丹,秘书处设在德国柏林—勃兰登堡科学院。此后,新的领导机构奉行"国际化"、"学术化"和"历史化"的原则,修改了编辑准则,调整了编辑计划,缩减了编纂规模。

MEGA² 原计划出版164卷,在国际马克思恩格斯基金会的主持下,

---

① 参看李跃群:《中央编译局马列主义文献信息部收藏的〈马克思恩格斯全集〉历史考证版书目》,http://www.cctb.net/wxzl/tsgc/201008/t20100830_23274.htm;人民出版社资料组编印:《〈马克思恩格斯全集〉的编纂工作》,1977年版第14—15页。

MEGA² 的规模缩小为 114 卷。① 在两个马列研究院主持编纂下，从 1975 年到 1993 年 MEGA² 共出版 40 卷（其中 MEGA²II/4 缺第 3 册）。从 1998 年开始，在国际马克思恩格斯基金会主持下出版的 MEGA² 为 20 卷（外加 MEGA² II/4 第 3 册）。总计出版了 60 卷。MEGA² 作为历史考证版，每一卷都分为正文卷和资料卷两本书，有的卷又细分为若干册。

MEGA² 分为四个部分，每个部分单独编排卷次。第一部分：文章、著作、草稿，可简称"著作卷"，总计 32 卷；第二部分：《资本论》及其准备著作，可简称"经济学卷"或"《资本论》卷"，总计 15 卷；第三部分：往来书信（包括马克思恩格斯的书信以及第三者给他们的书信），可简称"书信卷"，总计 35 卷；第四部分：摘录和笔记，可简称"笔记卷"，总计 32 卷。

二、《马克思恩格斯全集》历史考证版第二版第二部分的概貌

由于《资本论》在马克思主义创始人的著作中占有特殊重要的地位，MEGA² 编者专门把《资本论》及其相关著作从著作卷中抽出来，

---

① MEGA 原来计划出版多少卷，曾有多种说法。从 164 卷到 114 卷是 MEGA 编委会认可的说法。需要指出的是，MEGA 卷次的减少并不直接等于内容的减少，而毋宁说只是一种"瘦身"。主要是第四部分即笔记、摘录部分不再原样刊出马克思恩格斯做了勾画的文献的段落（有马克思恩格斯留下的阅读痕迹），而采用描述的方式反映；采用一些能够充分利用篇幅的技术手段，等等。参看周亮勋：《MEGA：前景见好，困难不少——"MEGA 编辑准则修订会议"记实》，载《马克思恩格斯研究》1992 年第 9 期；周亮勋：《〈马克思恩格斯全集〉历史考证版修改后的计划》，载《马克思恩格斯列宁斯大林研究》1998 年第 1 辑（总第 7 辑）；MEGA IV/32（Vorauspublikation）. S. 22—23。

单独设立了第二部分（MEGA²II）"《资本论》及其准备著作"。

MEGA² II 基本上按照历史（时间）顺序编排卷次，局部也结合了逻辑（内容）顺序。第二部分正文总计 15 卷 23 册，内容如表 1。

根据著作性质，这 15 卷书可分为如下三种类型：

第一种类型：马克思为《资本论》撰写的手稿。包括 1857—1867 年间撰写的以《资本论》"三大手稿"为主体的经济学手稿，以及 1867—1882 年间为《资本论》各卷撰写的经济学手稿（主要是第 2 卷、第 3 卷的手稿）。

第二种类型：马克思生前已出版的著作及其修订本、译本。主要是指《资本论》第 1 卷的三种版本，即德文第一版、德文第二版、法文版。

第三种类型：马克思逝世以后恩格斯在修订《资本论》第 1 卷时对该卷所做的修订，即体现在德文第三版、英文版、德文第四版中的工作，以及在整理出版《资本论》第 2 卷、第 3 卷过程中产生的编辑稿、编辑文稿和刊印稿。

本文以下的论述按照这三种类型展开。

三、《马克思恩格斯全集》历史考证版第二部分的具体内容和学术价值

（一）第一种类型：马克思为《资本论》撰写的手稿

马克思在《资本论》第 1 卷发表（1867 年）之前，为《资本论》撰写了三部篇幅庞大的手稿，这些手稿在马克思生前都没有发表。《资本论》第一部手稿为《政治经济学批判。1857—1858 年手稿》（学术界也简称为《大纲》），涉及后来《资本论》理论部分三卷的内容。第二

部手稿为《政治经济学批判。1861—1863 年手稿》，涉及后来《资本论》全部四卷的内容。第三部手稿为《资本论。1863—1865 年手稿》①，涉及《资本论》理论部分三卷的内容。这是马克思以《资本

---

① 习惯上将马克思1863—1865 年间为《资本论》写的手稿称为"1863—1865年手稿"（MEGA² II 的后期负责人和 MEGA² II/4.3 主要编者卡尔·埃里希·福尔格拉夫（Carl-Erich Vollgraf）博士认为"1863—1865"年手稿很可能应作"1864—1866"年手稿，见该卷《引言》第437 页，此处暂存不论），指马克思为《资本论》三册撰写的三部全稿（三个"第 I 稿"）。MEGA² 第二部分编者将这一时期直到《资本论》第 1 卷出版时的《资本论》手稿合在一起，分为三册在 MEGA² II/4 中发表。由于 MEGA² 编者20 世纪80 年代初在构想 MEGA² II/4 时对4.3 所收手稿写作时间判断的失误，把马克思本来主要写于1867 年《资本论》出版之后至1868 年底的经济学手稿判定为马克思在《资本论》出版之前撰写，结果在先期出版的 MEGA² II/4.1 和 MEGA² II/4.2 的书脊和扉页上印的时间段是"1863—1867"，但 MEGA² II/4.3 的编者经过考证确认，MEGA² II/4.3 中所收文献的写作时间一直持续到1868 年，因此 MEGA² II/4.3 的书脊和扉页上的时间段相应地也改为"1863—1868 年"。这样一来，整个 MEGA² II/4 三册的时间段均应为"1863—1868"。笔者以为，这个区间仅仅表示该卷三册所收文献的起止时间，不宜据此称马克思为《资本论》撰写了一部"1863—1868 年手稿"。在时间段标为"1863—1867"的 MEGA² II/4.1 的《导言》中，编者也说"在这几年里首先是撰写了《资本论》的第三草稿——1863—1865 年手稿"。MEGA² II/4 所收文献在时间上隔了一个标志性的事件：MEGA² II/4.1 和 4.2 中的手稿写作于1867 年9 月《资本论》第 1 卷出版之前，MEGA² II/4.3 中的多数手稿则写作于第 1 卷出版之后；这些文献的性质也不一样：MEGA² II/4.1 和 4.2 所收手稿为三个全稿（或其中流传下来的部分），MEGA² II/4.3 中的手稿只涉及部分章节，不是全稿。从时间上说，若结合 MEGA² II/4、11、14 发表的文献，把1863—1871 年这一时间段划分为1863—1865 年（三个"第 I 稿"）、1866—1867 年（第一册付排稿）、1867—1871 年（第二、三册的局部手稿和第二册"第 II 稿"）或许比较合适。

论》作为他的政治经济学著作的主标题后唯一的一次集中撰写全部三卷内容留下的手稿。马克思在1867年《资本论》第1卷付印后直到1883年逝世前夕,继续修订《资本论》第1卷,为第2卷和第3卷撰写了大量手稿。① 1857—1858年手稿和1861—1863年手稿发表较早,国内外对它们研究较多。而1863—1883年间的手稿在 MEGA² 发表之前,国内除少数专家外,多数研究者一直无缘窥其全貌,因而比较隔膜。在下面的论述中,笔者将着重介绍1863—1883年间的手稿。

表1:MEGA² 第二部分概貌

卷次	标题	出版年代	中文版ᵃ
II/1.1	马克思:《1857—1858年经济学手稿》	1976	全1/46、12(导言)
II/1.2		1981	全2/30—31
II/2	马克思:《1858—1861年经济学手稿和著作》	1980	全1/46、13(第一分册) 全2/31

---

① 著名《资本论》研究专家顾海良教授认为,马克思晚年"对政治经济学对象的认识发生了变化,他把研究对象进一步扩大为'世界历史'……马克思在他生命的最后5年留下了两部手稿,第一部是《人类学笔记》,专门研究东方社会的社会转型问题。第二部是《历史学笔记》,这是研究西欧社会怎样走向资本主义问题的。所以,认为19世纪70年代以后,马克思仅仅在写作《资本论》的第2卷和第3卷的说法,作为一种传统的观点,现在看来是有问题的"。见顾海良:《马克思的〈资本论〉及其经济学手稿》,载《武汉大学学报》2003年第6期。另外,马克思为什么要反复撰写《资本论》中的某些章节,可参看 MEGA² II 编者雷金娜·罗特(Regina Roth)博士2009年在中国所作的演讲:《审视马克思的工作室:马恩全集中的〈资本论〉及前期准备工作》(载《现代哲学》2010年第1期),其中谈到马克思工作方式的两个特征:对自己著作的"修改者"和文献资料的"收集者"。

（续表）

卷次	标题	出版年代	中文版[a]
II/3.1	马克思:《政治经济学批判（1861—1863年手稿)》第 1 册	1976	在全 1 中，1861—1863 年手稿的发表情况为：第 VI—XIV 本以及第 XV 和 XVIII 笔记本的一部分，以"剩余价值理论"为标题收入全 1/26 的 I、II、III 册；其余部分收入全 1/47、48 两卷。在全 2 中，基本上按照 MEGA² II/3.1—3.6 的顺序在全 2/32—37 中分 6 卷发表；其中全 2/32、33、34、35 已经出版。
II/3.2	马克思:《政治经济学批判（1861—1863年手稿)》第 2 册	1977	
II/3.3	马克思:《政治经济学批判（1861—1863年手稿)》第 3 册	1978	
II/3.4	马克思:《政治经济学批判（1861—1863年手稿)》第 4 册	1979	
II/3.5	马克思:《政治经济学批判（1861—1863年手稿)》第 5 册	1980	
II/3.6	马克思:《政治经济学批判（1861—1863年手稿)》第 6 册	1982	
II/4.1	马克思:《1863—1867 经济学手稿》第 1 册	1988	全 1/49（直接生产过程的结果、第二册第 I 稿），全 I /16、全 2/21（工资、价格和利润）；计划收入全 2
II/4.2	马克思:《1863—1867 经济学手稿》第 2 册	1993	全 1 未收；计划收入全 2
II/4.3	马克思:《1863—1868 经济学手稿》第 3 册	2012	全 1 未收；计划收入全 2

（续表）

卷次	标题	出版年代	中文版[a]
II/5	马克思：《资本论》第1卷1867年汉堡版（德文第一版）	1983	全1/49（《附录：价值形式》）；有中文单行本；计划收入全2
II/6	马克思：《资本论》第1卷1872年汉堡版（德文第二版）	1987	全1未收；计划不收入全2
II/7	马克思：《资本论》第1卷1872—1875年巴黎版（法文版）	1989	全1/49（片断）；有中文单行本；计划收入全2
II/8	马克思：《资本论》第1卷1883年汉堡版（德文第三版）	1989	全1未收；计划不收入全2
II/9	马克思：《资本论》第1卷1887年伦敦版（英文版）	1990	全1未收；计划不收入全2
II/10	马克思：《资本论》第1卷1890年汉堡版（德文第四版）	1991	全1/23；全2/44
II/11	马克思：《资本论》第2册1868—1881年手稿	2008	全1/50（第二册第II稿第一、三部分）；计划收入全2
II/12	《资本论》第2册恩格斯1884—1885年编辑稿	2005	全1未收；计划不收入全2
II/13	马克思：《资本论》第2卷1885年汉堡版，恩格斯编	2008	在全1/24和全2/45中，收的是1893年德文第二版

（续表）

卷次	标题	出版年代	中文版[a]
II/14	马克思恩格斯：《资本论》第3册 1871—1895年手稿和编辑文稿	2003	全1未收；计划收入全2
II/15	马克思：《资本论》第3卷1894年汉堡版，恩格斯编	2004	全1/25；全2/46

a. 为方便起见，本表将《马克思恩格斯全集》中文第1版、第2版写作"全1"、"全2"，斜线后面的数字表示卷次。"全2未出"表示已收入全1，肯定会收入全2，尚未出版；"计划收入全2"表示未收入全1，但目前计划收入全2，尚未出版。此表为笔者个人到目前为止掌握的情况。

1. 《资本论》第1卷手稿

马克思直接为《资本论》第1卷撰写的手稿，流传下来的不多，主要有《第六章直接生产过程的结果》和"《资本论》第一卷手稿其他各章的散页"[①]，中译文见《马克思恩格斯全集》中文第一版第49卷。值得注意的是，1867年《资本论》第1卷出版以后，马克思还为《资本论》第1卷留下了一些手稿，如马克思为准备第二版编制的手稿、马克思1877年为计划中的美国版准备的材料。此外，$MEGA^2$ II 在发表《资本论》第1卷各版时，还发表了马克思恩格斯相关的其他文章、手稿、笔记、札记、修改和勾画。这些材料一部分有中译文，散见于《马列著作编译资料》、《马列主义研究资料》、《马克思恩格斯研究》、《〈资本论〉研究资料和动态》，有的没有中译文。

---

① 这些文献发表在 $MEGA^2$ II/4.1。$MEGA^2$ II/4.3 新发表了一份属于第一册、本应在4.1中发表的手稿，是马克思为《资本论》第1卷撰写的有关马尔萨斯的一条评注（片断），见 $MEGA^2$ II/4.3, S. 401—403 和 S. 928—947。

2. 《资本论》第 2 卷手稿

在 MEGA²II 发表第二册手稿的相关卷次中，MEGA² II/4.1 发表 1 份论述第二册的手稿（第 I 稿），MEGA²4.3 发表 3 份论述第二册的手稿（包括第 IV 稿）和 3 份既论述第二册又论述第三册的手稿，MEGA² II/11 发表 10 份论述第二册的手稿（包括第 II 稿和第 V—VIII 稿），则马克思论述第二册手稿总计 17 份。此外，MEGA² II/11 的资料卷在第 VIII 稿的《产生和流传》中，还发表了马克思中断第 VIII 稿的写作之后于 1881 年或 1882 年写下的与《资本论》第二册直接相关的两条札记。① 如果加上这两份，那么马克思《资本论》第二册的手稿共计 19 份。② 所有这些手稿中，除了第 I 稿发表于《马克思恩格斯全集》中文第一版第 49 卷、第 II 稿第一、三部分发表于《马克思恩格斯全集》中文第一版第 50 卷，其他迄今均无中译文面世。《资本论》第二册手稿情况见表 2。

3. 《资本论》第 3 卷的手稿

在 MEGA²II 发表马克思第三册手稿的相关卷次中，MEGA² II/4.2 发表 1 份论述第三册的手稿（"主要手稿"或第 I 稿），MEGA²4.3 发表 7 份论述第三册的手稿和 3 份既论述第二册又论述第三册的手稿，

---

① MEGA² II/11, S. 1611—1612。

② 这些手稿情况很不相同，篇幅相差很大。它们有的是涉及整个第二册内容的全稿（第 I、II 稿），有的是涉及部分章节的局部稿（第 IV—VIII 稿），有的是片断稿，有的只是引文汇编或论点提要（例如恩格斯说的"第 III 稿"的部分材料），谈不上严格意义上的文稿。马克思为第三册撰写的手稿情况与此类似。另外，有的札记被当作独立文稿收入 MEGA² 正文卷，有的只是在资料卷中附带刊印。

MEGA² II/14 发表 6 份论述第三册的手稿，则马克思论述第三册的手稿总计 17 份。除"主要手稿"是全稿外，其他的只涉及部分章节，主要涉及第三册开头、剩余价值率和利润率的计算以及级差地租。这些手稿目前都没有中译文发表。《资本论》第三册手稿情况见表3。

从马克思遗留手稿的角度，可以把马克思 1863—1882 年《资本论》创作史大致分为以下 4 个阶段（为方便起见，此处使用传统说法中的罗马数字编号）：

1. 1863—1867 年，马克思创作 1863—1865 年手稿（即《资本论》理论部分 3 册的 3 个"第 I 稿"），出版《资本论》第 1 卷；

2. 1867—1871 年，马克思为《资本论》第二册、第三册撰写手稿，例如第三册的 II、III 稿，第二册的 II、IV 稿，以及同时论述第二、三册的"关于剩余价值率和利润率，剩余价值率的规律，成本价格，资本周转"；

3. 1871—1875 年，马克思为《资本论》第 1 卷德文第二版和法文版进行工作，间或为《资本论》第三册撰写手稿；

4. 1875—1882 年，马克思为《资本论》第二册、第三册撰写手稿，例如第三册的"用数学方法说明剩余价值率和利润率"，第二册的第 V、VI、VII、VIII 稿。

此处未提及《资本论》第二册"第 III 稿"，尚需略作说明。自从恩格斯在《资本论》第 2 卷序言中介绍了这个第 III 稿以来，学术界一直对该稿的存在深信不疑。可是在发表该稿材料的 MEGA² II/4.3 中，第二册第 III 稿的存在实质上被取消了。综合相关论述，其原委大致如下。1877 年，马克思在长期中断《资本论》第二册的写作之后，为了能够在较高的基础上继续撰写第二册，需要归纳整理此前的第二册各手稿的理论成就。为此，他把这些手稿按照写作时间顺序用罗马数字 I、

Ⅱ、Ⅲ、Ⅳ编了号，并撰写了一份"早期文稿中将要利用的段落"的手稿。在这份手稿中，马克思称呼自己此前的手稿时用的词是"Heft Ⅰ"和"Heft Ⅱ"等等。后人看到的马克思编号为"Ⅲ"的材料包括装在一个卷宗（文稿夹）①里的几份手稿，这个卷宗的封面上写有"属于第二册"字样。原来，马克思大概在1868年以后到1876年或1877年的某个时间，把他主要在1867—1868年期间撰写的多份手稿分别装入两个卷宗，一个卷宗封面上写有"属于第二册"字样；另一个卷宗封面上写有"属于第三册"字样。马克思在分装的时候把同时论述第二册、第三册的某些手稿拆成两部分，一部分装入"属于第二册"，一部分装入"属于第三册"。在编制"早期文稿中将要利用的段落"期间，马克思把这个"属于第二册"的卷宗标上罗马数字"Ⅲ"。恩格斯据此称这个卷宗里的文稿为第二册"Manuskript Ⅲ"，中译为第二册"第Ⅲ稿"。MEGA²编者原计划在MEGA² Ⅱ/4.3中按照这两个卷宗来编排该卷的文献。但是"两个卷宗里的内容并非一直保持原样，而且其中的次序也经马克思、恩格斯和第三者作过变动"。也就是说，我们今天看到的"第Ⅲ稿"很有可能并不是马克思当初放到"属于第二册"中的那些材料。实际上恩格斯整理马克思遗稿的时候，这个第Ⅲ稿的内容就不仅仅只涉及第二册，对此，恩格斯本人在第2卷序言中已经做了说明。因此，MEGA² Ⅱ/4.3将这两个卷宗里的手稿按照写作时间顺序发表，如果同一篇手稿被分成两部分分别装入两个卷宗，则合在一起作为一篇手稿发表。同时，由于"Manuskript Ⅲ"这一称呼"具有误导性"，MEGA² Ⅱ/

---

① 所谓"卷宗"或"文稿夹"，其实就是一般的或者较厚的书写纸，马克思用这样的纸作为一份手稿的封面，或者像第二册"第Ⅲ稿"那样，作为几份手稿的封面。

4.3 也不再使用。①

表2：流传下来的马克思为《资本论》第二册撰写的手稿概览

（根据 MEGA² II/4.1、4.3、11 制作）

序号	MEGA 标题	内容说明	写作时间ᵃ	MEGA 卷次和篇幅
1	资本论。第二册。资本的流通过程（第Ⅰ稿）	第二册全稿	1865年上半年	MEGA² II/4.1, S. 137—381
2	资本论。第二册。资本的流通过程（第Ⅱ稿）	第二册全稿	1867年秋ᵇ—1870年中	MEGA² II/11, S. 7—522
3	第二册。资本的流通过程。第一章《资本流通》开头		大概1867年10月	MEGA² II/4.3, S. 32—43
4	按主题挑选的《资本论》第二册引文摘要		可能1867年秋冬	MEGA² II/4.3, S. 44—56

---

① 参看 MEGA² II/11，S. 846—847、1323—1324，MEGA² II/4.3，S. 423、429—430。亦参看 Larisa Mis'kevic, *Marx's Manuskripte zum zweiten und dritten Buch des Kapitals von 1867/68. Ihre Anordnung und Darbietung im MEGA—Band II/4.3*, in MEGA—Studien, 2001. MEGA² II/4.3 S. 423. 马克思只对第二册各手稿标记了Ⅰ、Ⅱ、Ⅲ、Ⅳ的罗马数字，并称为"本"（Heft），而恩格斯称之为"稿"（Manuskript），并把后来的几个手稿标记为Ⅴ、Ⅵ、Ⅶ、Ⅷ稿。综合 MEGA² 相关各卷的论述，第二册Ⅰ—Ⅳ稿的写作时间应是：1865年上半年撰写第Ⅰ稿；1867年8月或9月开始撰写一份独立的研究论文，后收入第Ⅱ稿第二部分；1867年秋开始撰写属于"第Ⅲ稿"的内容，1868年春开始撰写第Ⅳ稿。关于恩格斯对"第Ⅲ稿"的论述，参看他为《资本论》第2卷写的序言（《马克思恩格斯文集》第6卷第7、9页）。

（续表）

序号	MEGA 标题	内容说明	写作时间[a]	MEGA 卷次和篇幅
5	关于剩余价值率和利润率，剩余价值率的规律，成本价格，资本周转	同时涉及第二、三册	最早1867年10—11月，可能至1868年秋—冬	MEGA² II4.3, S. 78—234
6	利润、成本价格和资本周转	同时涉及第二、三册	大概1868年6—7月	MEGA² II/4.3 S. 244—280
7	第二册。资本的流通过程（第IV稿）	第一篇、第二篇	1868年春开始，有中断，可能至1868年底	MEGA² II/4.3, S. 285—363
8	亚当·斯密《国民财富的性质和原因的研究》第一册评注性摘录	同时涉及第二、三册	大概1868年6月21—22日	MEGA² II/4.3, S. 364—382
9	资本论。第二册。资本的流通过程。早期文稿中将要利用的段落（I—IV稿）		1877年3—4月中	MEGA² II/11, S. 525—548
10	资本论。第二册。资本的流通过程。第一篇。开头（片断I）	第一篇、引言	1877年约4月中，最晚至4月19日	MEGA² II/11, S. 549
11	资本论。第二册。资本的流通过程。第一篇（片断II）	第一篇	1877年4月19日	MEGA² II/11, S. 550—555

（续表）

序号	MEGA 标题	内容说明	写作时间[a]	MEGA 卷次和篇幅
12	资本论。第二册。资本的流通过程。第一篇（第V稿）	第一篇	1876年10月底11月初—1877年1月底；1877年4月23日—7月底	MEGA² II/11, S. 556—660
13	资本论。第二册。资本的流通过程。第一篇（片断III）	第一篇	1877年10月26日	MEGA² II/11, S. 663—664
14	资本论。第二册。资本的流通过程。第一篇（第VI稿）	第一篇	1877年10月26日—11月中	MEGA² II/11, S. 665—678
15	资本论。第二册。资本的流通过程。第一篇（片断IV）	第一篇	可能1878年6/7月	MEGA² II/11, S. 679—683
16	资本论。第二册。资本的流通过程。第一篇（第VII稿）	第一篇	1878年7月初—1880年初/中	MEGA² II/11, S. 684—697
17	资本论。第二册。资本的流通过程（第VIII稿）	主要是第三篇	最早1877年2月—最晚1881年春	MEGA² II/11, S. 698—827
18	规模扩大的再生产的再生产公式		1881年7—8月	MEGA² II/11, S. 1612
19	资本的形态变化和资本的价值构成（或有机构成）		1881年或1882年	MEGA² II/11, S. 1612—1613

a. 若同一篇文献在MEGA²各卷中说法不一，则取晚出的MEGA²卷次的说法。

b. 发表第二册第II稿的MEGA² II/11确定该稿写作时间为"可能1868年初至

1870年中",而MEGA² II/4.3认为该稿开始写作的时间是1867年秋,甚至明确为1867年8—9月。

表3：流传下来的马克思为《资本论》第三册撰写的手稿概览
（根据MEGA² II/4.2、4.3、14制作）

序号	MEGA标题	内容说明	写作时间	MEGA卷次和篇幅
1	资本论。第三册。总过程的各种形式（主要的手稿或第Ⅰ稿）	第三册全稿	1864年夏—1865年12月	MEGA² II/4.2, S.1—902
2	关于剩余价值率和利润率的计算的札记（附有路德维希·库格曼的说明）		1867年4月16日—5月15日之间或者1869年9月18日—10月7日之间	MEGA² II/4.3, S.3
3	第三册。第一章。剩余价值转化为利润。利润率（第一草稿）[a]		1867年6月26—27日	MEGA² II/4.3, S.7—9
4	第三册。第一章。剩余价值转化为利润和剩余价值率转化为利润率（第二草稿）		可能1867年9月	MEGA² II/4.3, S.10—13
5	第三册。第一章。剩余价值转化为利润和剩余价值率转化为利润率（第三草稿）（第Ⅲ稿）		1867年9—10月，部分可能1868年春	MEGA² II/4.3, S.14—31
6	利润率的规律		1867年10—12月之间	MEGA² II/4.3, S.57—77

（续表）

序号	MEGA 标题	内容说明	写作时间	MEGA 卷次和篇幅
7	关于剩余价值率和利润率，剩余价值率的规律，成本价格，资本周转	同时涉及第二、三册	最早 1867 年 10—11 月，至可能 1868 年秋冬	MEGA² II/4.3, S. 78—234
8	级差地租。札记本的摘录		不早于 1867 年秋，可能 1868 年春夏	MEGA² II/4.3, S. 235—243
9	利润、成本价格和资本周转	同时涉及第二、三册	大概 1868 年 6—7 月	MEGA² II/4.3, S. 244—280
10	亚当·斯密《国民财富的性质和原因的研究》第一册评注性摘录	同时涉及第二、三册	大概 1868 年 6 月 21—22 日	MEGA² II/4.3, S. 364—382
11	第三册。第一章。剩余价值转化为利润和剩余价值率转化为利润率（第四草稿）（第II稿）		大概 1868 年春	MEGA² II/4.3, S. 383—396
12	剩余价值率和利润率的公式和计算		1871 年 2—3 月	MEGA² II/14, S. 3—7
13	剩余价值率和利润率		大概 1873 年底 1874 年初和 1875 年 10—11 月	MEGA² II/14, S. 8—18

（续表）

序号	MEGA 标题	内容说明	写作时间	MEGA 卷次和篇幅
14	用数学方法说明剩余价值率和利润率		1875 年 5 月 20 日—8 月上半月	MEGA² II/14, S. 19—150
15	级差地租和地租只是投入土地的资本的利息		1876 年 2 月中	MEGA² II/14, S. 151—152
16	剩余价值率公式和利润率公式		1877 年 3 月—1882 年底	MEGA² II/14, S. 153—154
17	关于利润率、资本周转、利息和折扣		可能 1878 年	MEGA² II/14, S. 155—162

  a. 在 MEGA² II/4.3 中发表了 4 份涉及第三册开篇的手稿，由于它们标题基本相同，为加以区别，MEGA 编者按照写作时间顺序称之为第一草稿、第二草稿、第三草稿、第四草稿。恩格斯在编辑《资本论》第三册的时候，没有利用第一草稿和第二草稿；对于他加以利用的后两份草稿，他称第四草稿为"第Ⅱ稿"，称第三草稿为"第Ⅲ稿"。恩格斯把 1864—1865 年第三册的主要手稿称为"第Ⅰ稿"，这里的罗马数字序号是接着第Ⅰ稿编排的。

  MEGA²第二部分用 6 卷 14 册的篇幅发表了 1857—1883 年间全部流传下来的《资本论》手稿。人们首先意识到，马克思直到生命终结都一直在力图完成《资本论》，尽管他同时还从事了其他多方面的研究。其次，人们第一次可以看到马克思《资本论》手稿的原样全貌，可以从总体上对马克思撰写《资本论》所取得的成果和遇到的困难做出自己的评价。以前有人认为，马克思在 1865 年底已经完成了《资本论》理论部分三册的创作，此后的工作只是对以前手稿的补充和完善。

MEGA²编者现在则确认，1865年底《资本论》三册（尤其是第二册和第三册）的"第Ⅰ稿"在结构、范畴和阐述上还有很多缺陷；从1866年准备单独出版《资本论》第一册时起，马克思实际上开始了《资本论》创作的一个崭新阶段。马克思力图结合他在第二册第Ⅰ稿中提出但尚未回答的问题，系统地阐述第二册的研究对象，写成第Ⅱ—Ⅷ稿；力图进一步丰富对第三册的中心问题——利润率、资本周转、地租——的阐述并用经验材料加以证明。① 手稿中展现的马克思的研究过程，比恩格斯编辑的刊印稿呈现出来的样子要艰苦得多，复杂得多。兹略举两例。

固定资本和流动资本这两个范畴在资本周转理论中占有极重要的地位。关于这两个范畴在马克思第二册的手稿中有一个探索的过程。在早期的草稿中，"zirkulierendes Kapital"这个词有两重甚至是三重含义。它可以表示生产过程中完全转移到产品上去的那部分生产资本（部分不变资本和全部可变资本），可以表示在流通领域活动的资本（商品资本，货币资本）即流通资本，还可以表示全部资本，即处于过程中的、执行职能的资本，因为资本总是处于运动和转化之中。此外，这个词在翻译时还是英国古典政治经济学术语 circulating capital 和法国古典政治经济学术语 avances annuelles 的对应词。在马克思的资本周转理论中，zirkulierendes Kapital 即"流动资本"的概念极为重要，不容有歧义的存在。因此马克思在后来写作第二册的手稿时曾尝试用其他术语比如 flüssiges Kapital（流动资本）或者 Betriebskapital（经营资本）来代替 zirkulierendes Kapital，还为用于表示流动资本的 Betriebskapital 一词找到另一个词 Anlagekapital（投资资本）来表示与之对应的固定资本。马克思发现流动资本的概念之所以容易引起混淆，主要是因为资产阶级经济学中往往把生产资本的流动部分和流通领域中的流通资本混为一谈。马

---

① 参看 MEGA² II/4.3，S.422，435—436。

克思在写作第Ⅱ稿时,继续研究这个问题,最后终于把这个问题讲清楚了。他写道:"固定资本和流动资本的形式规定性之所以产生,只是由于在生产过程中执行职能的资本价值或生产资本有不同的周转。而周转之所以不同,又是由于生产资本的不同组成部分是按照不同的方式把它们的价值转移到产品中去的……价值转给产品的方式……之所以有差别,又是由于生产资本借以存在的物质形态有差别,这个物质形态的一部分在形成单个产品时全部消费掉,另一部分只是逐渐消耗掉。"① 也就是说,流动资本是指生产资本中投入原料和工资等的部分,它们的价值在生产中一次全部加入到产品中,固定资本是指生产资本中投入厂房和机器设备等的部分,它们的价值不是一次而是多次逐步加入产品中。但不论流动资本还是固定资本,它们都是生产资本,和长期处于流通领域的流通资本(商品资本和货币资本)不是一回事。然而马克思没有在术语上彻底解决问题。恩格斯在编辑《资本论》第2卷的时候,创造 Zirkulationskapital 这一组合词来表示"流通资本",同时力图让 zirkulierendes Kapital 只表示"流动资本"。②

关于利润率问题,马克思在为第三册写的许多手稿中也有一个反复探索过程。在1864—1865年撰写的第三册第Ⅰ稿中,马克思给出的利润率公式为 $p' = m/C$,即剩余价值与全部预付资本之比。此后,马克思力图摆脱比较模糊的"预付资本"概念。他区分了以预付总资本为

---

① 《马克思恩格斯文集》第6卷第186—187页。
② 参看《马克思恩格斯全集》第1版第48卷第124页,第49卷第369—370页,《马克思恩格斯文集》第6卷第186—187页;MEGA² II/4.3, S. 439—440, MEGA² II/12, S. 516—519。关于恩格斯创造了"Zirkulationskapital",还可参看早坂启造:《恩格斯创造了新的术语"流通资本"》,载《国外理论动态》2005年第11期。

参照的利润率（称为 p'）和以年成本价格为参照的利润率（称为 π）。马克思认为，只有以成本价格为参照的利润率 π = m/K 才正确地反映了对劳动的剥削程度。此后他力图通过固定资本和流动资本的进一步区分，通过考察周转时间和周转次数，尽可能精确地确定在一个生产周期中"真正"有多少资本在"执行职能"，"执行职能的资本"（Das funktionierende Kapital）表示有多少资本在年产品或周产品的生产中被"真正"消费掉了。马克思的阐述表现出不断接近普通的企业经济学上的折旧和价格形成的实践的趋势，同时又没有脱离价值层次。执行职能的资本在价值上等于成本价格。也就是说，随着资本周转次数的增加，执行职能的资本（K）不断接近预付总资本（C），直至在 n 次周转之后最终与之相等。那时，这两个利润率就相等了，即 π' = p'。① 在恩格斯编辑的《资本论》第 3 卷中，马克思这些思想虽然存在，但 π' 这个符号却被删掉了。

（二）第二种类型：马克思生前已出版的著作

除了《政治经济学批判。第一分册》，这种类型主要有《资本论》第 1 卷 1867 年德文第一版、1872—1873 年德文第二版、1872—1875 年法文版。马克思自己曾在法文版的《跋》中评价法文版，说它"在原本之外有独立的科学价值"②。而学术界也倾向于认为，所有这三个版本都具有独立的科学价值。《资本论》第 1 卷德文版和法文版有中文单行本，并将收入《马克思恩格斯全集》中文第二版。《资本论》第 1 卷德文第二版没有中译本。在 MEGA 版中，编者通过各种资料详尽展示

---

① 参看 MEGA² II/4.3，S.452。
② 《马克思恩格斯文集》第 5 卷第 27 页。

了马克思对第 1 卷所做的修订，具有重要的参考价值。例如在发表《资本论》第 1 卷法文版的 MEGA²II/7 中，编者编制了一个"法译文对德文底本差异一览表"，用 166 页的篇幅展示了法文版同德文第二版的文本差异。

（三）第三种类型：恩格斯修订《资本论》第 1 卷时所做的修改和整理《资本论》第 2、3 卷遗稿时产生的编辑稿、编辑文稿和刊印稿

恩格斯在《资本论》上付出的努力和取得的成就，让我们有理由相信恩格斯的确是《马克思恩格斯全集》历史考证版第二部分的主要作者之一，也使我们有理由认为《资本论》第 2 卷和第 3 卷封面上的"恩格斯编"几个字绝不仅仅是形式上的说明。

1. 对《资本论》第 1 卷的修订

马克思逝世以后，恩格斯为《资本论》第 1 卷出版了三个版本，分别是 1883 年德文第三版、1887 年英文版和 1890 年德文第四版。如同 MEGA² 所收的第 1 卷的前三个版本一样，这三个版本同样被认为具有独立的科学价值。其中德文第三版没有中译本；英文版没有中译本；德文第四版是国际通行本，也是现行中文版的底本。MEGA 版编者通过各种资料详尽展示了恩格斯对第 1 卷的修订和翻译所做的工作，从而清晰地展示了《资本论》第 1 卷最后定形的过程。

2. 《资本论》第 2 卷的编辑稿和刊印稿

恩格斯编辑出版《资本论》第 2 卷和第 3 卷的工作完全不同于他在修订、翻译第 1 卷过程中的工作。第 1 卷有马克思编定的底本，而第 2 卷和第 3 卷则没有。

恩格斯在《资本论》第 2 卷序言中对马克思第二册手稿的状况做了描述①，由此我们可以知道，马克思的手稿是普通人不能直接阅读的材料。恩格斯也对自己的编辑方法做了说明："我只是把这些手稿尽可能逐字地抄录下来；在文体上，仅仅改动了马克思自己也会改动的地方，只是在绝对必要而且意思不会引起怀疑的地方，才加进几句解释性的话和承上启下的字句……我尽可能把我的工作限制在单纯选择各种文稿方面。"② 人们常常将这些话作为恩格斯严格遵循马克思的原始文字和写作思路的佐证加以引用。然而应该说，恩格斯有关自己编辑工作的说明是有些自谦的。如果恩格斯仅仅做了这些工作，那么马克思的那些在常人看来是一堆杂乱无章、无法直接阅读的手稿，绝不会变成一部结构合理、逻辑严整、文字流畅的著作。实际上，关于自己所做的大量工作，恩格斯在序言的另一个地方也有透露："只有第一篇和第三篇出现了实际的、不仅仅是技术性的困难；而这种困难也不小。"③ MEGA² 编者经过对比研究确认，恩格斯所做的工作大大超过了他自己在序言中所做的说明。④

---

① 《马克思恩格斯文集》第 6 卷第 3 页。
② 《马克思恩格斯文集》第 6 卷第 3—4、9 页。
③ 《马克思恩格斯文集》第 6 卷第 9 页。
④ 当然，出发点不同，对恩格斯的编辑工作的感受也有差异。有人认为恩格斯对马克思手稿的改动太多，也有人认为恩格斯过于严格地拘泥于马克思的手稿。例如韦尔纳·桑巴特谈到第 3 卷时曾认为，恩格斯在他的编辑工作中过于严谨，要是他对马克思的手稿进行内容上的加工，把它作为《资本论》第 3 卷出版，从而减轻读者的阅读负担，那就更好了。参看 Gerald Hubmann,"Unvollendete Klassiker. Editionsphilologische Konstellationen bei Marx und anderen Klassikern der Sozialwissenschaft", in Harald Bluhm, KarstenFischer, Marcus Llanque (Hg.), *Ideenpolitik. Geschichtliche Konstellationen undgegenwrtige Konflikte*, Berlin, 2011。

除了辨认字迹，进行抄写、口授和校订，恩格斯大致需要做以下几个方面的工作：选择文稿；划分篇章结构；制定编辑稿。

恩格斯要做的第一个工作是选择作为底本的文稿。马克思为《资本论》第2卷留下了十几份手稿，其任务、对象、篇幅、结构各不相同，这样就必须对它们加以仔细研究，考证它们的写作时间，比较它们的理论成就，从中选择最成熟的表述。以第一篇为例。除了选自第Ⅱ、Ⅷ稿的少数文字，这一篇按照文稿从晚到早的写作时间顺序，依次选用了第Ⅶ、Ⅵ、Ⅴ、Ⅳ稿的文字。①

作为《资本论》的一部分，《资本论》第2卷的篇章结构划分方式必须与《资本论》第1卷保持一致。但是马克思的手稿并没有做这样的划分，而且各份手稿的章节划分也有出入。因此划分篇章结构，并给篇、章、节、目确定标题的任务就落到恩格斯的肩上。

编辑稿（Redaktionsmanuskript）是 MEGA² 编者对恩格斯在马克思众多手稿的基础上编成的《资本论》第2卷具有完整结构的工作稿的称呼。这份编辑稿完整流传下来，发表在 MEGA² II/12 中。编辑稿原稿各页被折成左右两栏，左栏誊抄马克思的手稿，右栏供补充、修改、外语引文翻译和编辑使用。恩格斯一开始自己书写，后由于健康原因，从编辑稿第38页开始请奥斯卡·艾森加尔滕做助手，恩格斯口授，艾森加尔滕笔录，后来还让艾森加尔滕直接誊抄马克思的手稿。艾森加尔滕笔录或抄写之后，恩格斯进行修改和编辑。在这一过程中，恩格斯对马克思的原始文稿进行了补充、删减、合并、修改，等等。恩格斯的《资本论》第2卷编辑稿在 MEGA² 中是第一次发表。

为了全面反映恩格斯在编辑稿阶段对马克思手稿所做的修改，MEGA² II/12 的编者专门编制了三个独特的"索引"或者说"一览表"：（1）恩格斯编辑稿同马克思手稿章节划分比较（"章节划分比较"）；

---

① 参看《马克思恩格斯文集》第6卷第26—27页。

（2）恩格斯采自马克思手稿用于编辑稿的段落一览表（"出处表"）；（3）编辑稿与马克思手稿文本差异一览表（"差异表"）。恩格斯对处于编辑稿和刊印稿之间阶段的由艾森加尔滕誊清的付排稿和印刷过程中产生的校样又进行了修改。在准备《资本论》第2卷1893年第二版的时候，恩格斯对文字又做了少量修订。为反映恩格斯这两个阶段的工作，MEGA² II/13 的编者也专门编制了三个独特的资料：（1）第一版、编辑稿和第二版章节划分比较；（2）第一版与编辑稿文本差异一览表；（3）第一版与第二版文本差异一览表。因此，MEGA² II 为《资本论》第2卷提供了一幅完整的演变历史图景：马克思的手稿→恩格斯的编辑稿→恩格斯的刊印稿；而且还对其中的演变细节做了详尽的考察，并以简明的形式提供给研究者。例如，"编辑稿与马克思手稿文本差异一览表"篇幅达271页，展示了恩格斯对马克思手稿所做的非纯技术性修改，即在大小写、缩写、纯翻译等等方面以外产生意思变动的修改。①

3.《资本论》第3卷的编辑文稿和刊印稿

恩格斯编辑《资本论》第3卷的情况大体相似。恩格斯在《资本论》第3卷1894年刊印稿的《序言》中对马克思手稿的情况和自己的

---

① MEGA² II/12 的主要编者日本学者通常说恩格斯在第二册中对马克思手稿的修改是大约5000处，在该卷的《引言》中也说"在'文本差异一览表'中列举了总计将近5000处文本改动"（MEGA² II/12, S.511）。亦可参看大村泉：《〈资本论〉第2卷历史考证版的意义——恩格斯的编辑稿与MEGA²第二部分第12、13卷》，载《国外理论动态》2010年第5期。据笔者粗略统计，该"差异表"所列的条数不到4000条。但是各条情况差别很大，有的一条只展示一处（一种）修改，有的一条展示了多处（多种）修改。另外，各处修改的性质相去悬殊，有的的确是意思上的改动，有的很难说意思上有多少变化。

工作方法做了描述。① 恩格斯为《资本论》第 3 卷留下的编辑文稿同第 2 卷的编辑稿性质有所不同。第 3 卷没有类似第 2 卷的完整编辑稿的文献流传下来。MEGA² II/14 发表了恩格斯编辑《资本论》第 3 卷期间产生的 34 篇手稿、笔记、札记、提示，其中有 32 篇是第一次发表。这些编辑文稿有的是对某一篇进行编辑加工的长达好几页的材料，有的仅仅是对细节问题稍加评论的几行字。它们从各个不同的侧面生动反映了恩格斯为编辑《资本论》第 3 卷殚精竭虑工作的情形。工作的过程同第 2 卷的编辑工作类似，所不同的是由于马克思为第 3 卷只留下一部"主要手稿"和其他大多篇幅较小的手稿，所以选择底本的任务较之第 2 卷显得困难少一些。但由于第 3 卷论题更为复杂，手稿的草稿性质更为明显，恩格斯在文字编辑过程中遇到了更大的困难。MEGA² II/14 将恩格斯对第 3 卷的编辑工作做了如下分类：②

第一类：改变原文的编排
  ·划分章节
  ·调整位置
  ·把插入部分编入正文
  ·把脚注变为正文
  ·修改关于结构计划的表述

第二类：扩展原文
  ·内容上的补充

---

① 《马克思恩格斯文集》第 7 卷第 4—7 页。
② MEGA² II/14，S. 407。参看卡尔·埃利希·福尔格拉夫和尤尔根·容尼克尔：《马克思说的是自己的话？关于恩格斯编辑的〈资本论〉第三卷的基本手稿》，载《马克思恩格斯列宁斯大林研究》1997 年第 1 期第 60—61 页；罗尔夫·黑克尔：《恩格斯编辑〈资本论〉第二卷、第三卷的情况》，载《国外理论动态》2011 年第 11 期。

- 增补新出现的材料

第三类：删除一些段落

第四类：处理重复的地方

第五类：润色原文

- 分段、合并段落或增加铺垫语
- 取消着重号

第六类：订正

- 订正内容
- 统一概念术语
- 修辞改动
- 核准计算数字
- 复核、补充和翻译引文

MEGA² II/15 的编者指出，大体上说来，"没有一页马克思的手稿恩格斯是毫无改动地照搬过来的"①。为了全面反映恩格斯的编辑工作，MEGA² II/15 的编者编制了专门的三个资料：(1) 恩格斯采自马克思手稿用于刊印稿的段落一览表；(2) 恩格斯所做的重要增补一览表；(3) 未改正的笔误一览表。此外在该卷的"产生和流传"中，还详细列举比较了马克思的手稿和恩格斯的刊印稿在结构和标题方面的差异。

4.《资本论》第 4 卷的编辑文稿

恩格斯生前除了尝试让考茨基熟悉马克思的这一部分手稿外，自己也计划亲自编辑出版这一卷。他在 1894 年 10 月为《资本论》第三册撰写的《前言》中明确说道："第四册——剩余价值理论史，只要有可能，我就着手去编。"② MEGA² II/14 发表了恩格斯 1885—1894 年期间有

---

① MEGA² II/15，S. 924。

② 《马克思恩格斯文集》第 7 卷第 12 页。

关《资本论》第4卷（册）的三份手稿，其中两份是第一次发表。

四、《马克思恩格斯全集》历史考证版第二部分提供了哪些新东西？

（一）MEGA² 在编辑语文学上的成就

本文不能详尽讨论这一问题，只是想指出，MEGA² 给人的第一感受是巨大的学术冲击力。MEGA² 的读者仿佛置身于无边无际的珍宝中间，在其学术上的壮丽和纤美面前目瞪口呆。从 MEGA² 这里大概可以理解，为什么近代以来德国人占据了思想史和思想大师编辑史上的制高点。可略举一例。MEGA² II/4.3 发表了属于马克思 1863 年 "补充笔记本 A" 中的一份手稿（马克思为该笔记本编制的索引）。该手稿在正文卷中只有区区两页，但是 MEGA² 编者用了 4 页篇幅在 "产生和流传" 中详细考证该手稿的前世今生，又编写了 21 页的注释，交代该手稿每一行字的来龙去脉以及同其他文献的关系。我们能从 MEGA² 编者那里汲取怎样的学术理念，学习怎样的治学方法，值得深入思考。

（二）MEGA² II 提供的新材料

按照历史考证版的原则，MEGA² II 把流传到现在的《资本论》及其准备著作予以全部发表，其中包括随手在信札空白处或单张纸上记下的公式、札记。可以通过同《马克思恩格斯全集》中文第一版（俄文第二版）和中文第二版的比较来显示 MEGA² II 提供的新材料。

首先看中文第一版。（1）手稿。1857—1863 年间的手稿即《1857—1858 年手稿》、《1861—1863 年手稿》都收入了中文第一版。而 1863—1883 年期间的手稿，第 1 卷除了《第六章直接生产过程的结果》以及《资本论》第1卷其他各章的散页,第2卷除了第二册第I稿以及第II稿的第一、三部分,其他的手稿都没有收入。马克思逝世后恩格斯编辑出版《资本论》第2卷和第3卷的编辑手稿全部没有收入。(2)《资本论》第1卷。中文第一版只收入了1890年德文第四版的中译文,其他五个版本都没有收入(1867年德文版和1872—1875年法文版均只收了少量材料)。

再来看中文第二版。(1)手稿。中文第二版原则上将全部收入马克思撰写的《资本论》手稿。但是恩格斯的编辑稿不一定全收。(2)《资本论》第1卷。除1890年德文第四版外,第二版还计划收入1867年德文第一版和1872—1875年法文版,其他三版不收。

可以看出,中文第二版较之中文第一版在文献上更加齐备,但由于版本性质①的关系,不可能做到彻底齐全。MEGA² II提供的新材料对于深入研究《资本论》创作史具有基础性的地位。

---

① 据笔者个人理解,严格说来,《马克思恩格斯全集》中文版是一种著作集版、学习版,供研究人员和广大读者学习马克思恩格斯著作之用。中文版需要翻译,这就决定它不可能全部收入某一著作的所有版本。例如恩格斯的《资本论》第2卷编辑稿,其文字、结构同第2卷正式出版的刊印稿相差很小,中文版同时收入第2卷编辑稿和刊印稿的必要性就不大。又如《资本论》第1卷的6个版本,如果把它们都翻译成中文,那么除了结构差别(有的结构上差别也不大或者相同,如德文第二、三、四版之间),中译文难以体现文字差别,读者看到的将主要是一模一样的中文。在MEGA²中,同时收入一部著作的多个版本并非《资本论》的专利。恩格斯的《家庭、私有制和国家的起源》在MEGA² I/29卷收有1884年第一版、1892年第四版、1885年意大利文版、1888年丹麦文版、1893年法文版共五个版本。马克思恩格斯的不少其他著作在MEGA²中也同时收入多个版本。当然,即使是MEGA²,也只收录相对有独立价值的版本,而不具独立价值的版本则只在"异文表"中交代文本差异。中文版的做法则是在脚注中交代重要异文。

(三) MEGA² II 展现的新思路

第一，恩格斯编辑的刊印稿的出版不等于马克思的手稿的发表。

把 MEGA² II 发表马克思手稿的情况同《马克思恩格斯全集》俄文第二版（中文第一版）加以比较，可以看出这一点。俄文版编者在第 50 卷发表《资本论》第二册第二稿时只发表相当于第一、三篇的内容，原因是相当于第二篇的内容"经恩格斯作少量文字上的修改后，几乎全部编入现行的《资本论》第 2 卷的第二篇《资本周转》"①。马克思为第三篇留下的唯一一份后期手稿第 VIII 稿，大概也是由于同样的原因没有收入该版《全集》。据此可以推测，俄文版编者认为马克思的手稿被恩格斯编入《资本论》刊印稿，就算是发表了。但在 MEGA² II 编者看来，马克思的手稿被恩格斯采用并不等于已经发表。例如属于第 2 卷的十几份手稿，MEGA² II 指出只有第 I 稿和第 II 稿的一部分曾在俄文版补卷（第 49、50 卷）发表过，其余的在 MEGA² 中都是第一次发表。

第二，MEGA² II 使恩格斯真正成为《资本论》的第二作者。

《资本论》的作者不言而喻是马克思。至于恩格斯在其中的贡献，传统上主要从恩格斯在物质上帮助马克思生活下去，在思想、资料上帮助马克思进行写作，以及在整理出版第 2 卷和第 3 卷过程中进行艰苦细致的工作的角度来论述。以前的各种马克思恩格斯的著作集，也都只发表马克思的手稿和《资本论》各卷。MEGA² II 则发表了恩格斯作为真正作者的文献，即恩格斯在整理第 2 卷和第 3 卷过程中撰写的各种编辑文稿；不仅如此，MEGA² II 还对第 2 卷和第 3 卷刊印稿中

---

① 《马克思恩格斯全集》第 1 版第 50 卷《说明》第 I 页。

马克思的论述和恩格斯的论述（特别是恩格斯增加的文字）做了仔细区分。这样一来，恩格斯是《资本论》的第二作者这一说法就有了坚实的文献基础。① 最后，在MEGA² II/14中还发表了纯粹的恩格斯的文章，例如通常附在《资本论》第3卷之后的《价值规律和利润率》、《交易所》。

第三，MEGA² II展现给我们的《资本论》是一个未完成的开放体系。

传统上认为，《资本论》理论部分三卷是一个严整的、完成的理论大厦。《马克思恩格斯全集》俄文第二版（中文第一版）在正卷中连续发表《资本论》四卷（第23、24、25、26卷），在补卷中以修补的方

---

① MEGA² II的这一做法甚至可能对引证《资本论》第2卷和第3卷带来了"不便"：严格来讲，我们不能笼统地写"马克思说"，因为这些话有可能是恩格斯说的。当然，本文在这里主要是介绍MEGA²在马克思恩格斯著作文本研究方面的成果。同时笔者认为有三个事实值得注意：（1）马克思留下的是不完整的草稿，而恩格斯编成的是完整的著作，不对草稿进行加工是不可能的；恩格斯当然力图按照他理解的马克思的思路进行加工，这一工作在当时（甚至直到今天）只有他最合适，只有他能够做得最好。（2）《资本论》并不是马克思恩格斯唯一合作完成的著作，毋宁说他们的很多著作都是合作完成的。单独署名马克思的《哲学的贫困》、《雇佣劳动与资本》、《1848年至1850年的法兰西阶级斗争》的通行本也是经恩格斯修订的译本或版本。人们不可能完全分清《德意志意识形态》、《共产党宣言》到底哪句话是马克思的，哪句话是恩格斯的。其他很多著作或多或少有类似的情况。诚如恩格斯在《反杜林论》序言中所说："在各种专业上互相帮助，这早就成了我们的习惯。"（《马克思恩格斯文集》第9卷第11页）（3）MEGA²版同恩格斯编成的版本性质不同，任务不同。据报道，国际马克思恩格斯基金会现任主席明克勒教授曾说，MEGA² II的主要任务之一就是分清《资本论》中的内容和观点哪些是马克思的，哪些是恩格斯的。参看中国社会科学院学者访欧代表团：《访欧纪要：关于国际版〈马克思恩格斯全集〉的编辑出版情况》，载《马克思主义研究》1996年第1期。

式收入了认为比较重要的手稿或手稿中未被恩格斯采用的部分（第46、47、48、49、50卷）。可以说这体现了俄文版编者的如下思路：《资本论》是完成了的著作，应当保持其完整性和系统性；手稿只不过是对已经发表的四卷的补充。MEGA²II则基本上按照时间顺序发表了从1857—1895年马克思恩格斯流传下来的全部与《资本论》相关的材料，以具体文献和文献的编排方式告诉我们《资本论》是一个未完成的开放的体系。我们已经知道，马克思没有能够完成第二册和第三册。然而即便是第1卷（第一册），我们也可以说马克思是在不断地完成过程中。马克思生前出版过《资本论》第1卷的德文第一版、法文版和德文第二版，临终前还在编辑德文第三版。恩格斯继续马克思的工作出版了德文第三版，后来还出版了英文版和成为国际通行版的德文第四版。在这一进程中，无论是叙述结构还是阐述内容，都发生了变化。在MEGA²II这里，不仅马克思的手稿，而且马克思自己出版的刊印稿，当然还有恩格斯的编辑稿和刊印稿，都是作为未完成的《资本论》历史上的一环而出现的。

（四） MEGA² II 取得的新成果

MEGA²II在资料中，特别是在"引言"（"导言"）、"产生和流传"、"校勘表"、"异文表"、"注释"以及各个专门针对本卷编制的索引或一览表中，发表了在编辑相关卷次的过程中取得的丰富的学术成果。这里可以特别指出如下三个方面。第一，MEGA² II仔细考证了各手稿的撰写日期、创作过程。例如以前人们认为马克思在撰写了《资本论》第二册第I稿以后，接着先写的是第III稿和第IV稿，然后才写了第II稿；而MEGA² II/4.3的编者则明确指出，马克思对自己手稿所作的I、II等等的标记反映的只是这些手稿的写作时间顺序。又如，人们一直以为恩格斯为《资本论》第3卷撰写《交易所》是在该卷出版之后的1895年；而 MEGA² II/14 的编者考证后将写作时间修改为1891年或1892年。① 第二，MEGA² II 重视阐述相关手稿在整个《资本论》创作史上的地位。例如 MEGA² II/11 对《资本论》第二册的第 II 稿和第 V—VIII 稿的理论成就做了系统梳理。第三，MEGA² II 公布了不为人知的一些发现或澄清了一些聚讼纷纭的疑案。例如《资本论》第一册"第 I 稿"的去向②；恩格斯所说的第二册"第 III 稿"的真实性质；马克思在《资本论》及其手稿中对名词"资本主义"（Kapitalismus）的使用③；恩格斯在编辑第2卷的过程中创造了"Zirkulationskapital"（"流

---

① MEGA² II/14, S. 893—896. 2012年9月出版的《马克思恩格斯选集》中文第3版第2卷为经济学专卷，其中收录的恩格斯《〈资本论〉第三册增补》的题注已经做了相应修改。

② 马克思在1863—1865年期间为《资本论》理论部分三册各自创作了一个"第 I 稿"，其中第二册和第三册的第 I 稿保存下来，而第一册的第 I 稿却离奇"失踪"了。导致"失踪"这一误解的原因是以为马克思在为第一册创作了第 I 稿后，又为第一册重新"誊清"或创作了一份付排稿。MEGA² II/4.3 则明确指出："1864年的第一册第 I 稿流传下来了。"原来马克思并没有重新撰写一份付排稿，他只是在为第一册编制付排稿的过程中"辩证地扬弃了"第 I 稿：第 I 稿中感到满意的阐述，就拿出来作为付排稿；再也用不上的部分，就扔到废纸篓中去，以免混淆；以后还用得上的部分，就保留下来，例如《第六章直接生产过程的结果》；在此过程中当然要誊抄一部分手稿和新写一部分手稿。参看 MEGA² II/4.3, S. 464—467.《资本论》所有三册（卷）的付排稿送到出版社后都没有保存下来。

③ 关于马克思在《资本论》中使用名词"资本主义"的情况，MEGA² 编者在不同的场合做了回答，参看 MEGA² II/11, S. 1575；MEGA² II/12, S. 1212；MEGA² II/13, S. 645。亦可参看拙文《关于马克思著作中名词"资本主义"使用的考证》（《国外理论动态》2011年第2期），在那里笔者在国外学者研究的基础上搜罗了马克思11篇文献中14处使用名词"资本主义"的例子。

通资本")一词；恩格斯在编辑第 3 卷的过程中用后来确定的"Arbeitskraft"概念代替"主要手稿"（1864—1865 年）中的"劳动能力"（Arbeitsvermögen）概念①，等等。

（五） MEGA²Ⅱ 开启的新课题

MEGA²Ⅱ 发表的材料激起国际学术界的强烈兴趣，引发众多研究成果。就国际学术界来说，研究者首先是 MEGA² Ⅱ 相关卷次编者本人，其次是其他研究马克思、恩格斯和马克思主义的学者。从国籍来看，这些学者主要分布在德国、苏联/俄罗斯、日本。这些研究主要关注如下问题：（1）马克思创作《资本论》各手稿的过程和思路，其中的重点难点；（2）恩格斯整理编辑《资本论》的过程和思路，

---

① MEGA² II/15, S. 924. 马克思"劳动力"这一术语的定形有一个过程。在《政治经济学批判大纲》（1857—1858 年手稿）中有这样一段话："可见，很明显，工人通过这种交换不可能致富，因为，就像为了一碗红豆汤而出卖自己的长子权一样，工人也是为了一个既定量的劳动能力［的价值］而出卖劳动的创造力。"（《马克思恩格斯全集》第 2 版第 30 卷第 266 页）这句话中的"劳动能力"，原词为"die Arbeitsfhigkeit"。然而据发表《大纲》的 MEGA² II/1 的异文表 226.28，马克思此处最初写的是"die Arbeit"（劳动），随后改为"die Arbeitsvermögen"（劳动能力），最后又改为"die Arbeitsfähigkeit"（劳动能力）。在《第六章直接生产过程的结果》（1864 年），用的几乎都是"Arbeitsvermögen"；在第三册前五章（1864 年 8 月—1865 年 9 月），"Arbeitkraft"经常作为"Arbeitsvermögen"的同义词使用；在第二册第 I 稿（1865 年上半年），这一转变过程仍在继续（第一部分差不多只用"Arbeitsvermögen"，第二、三部分多用"Arbeitskraft"）；在《工资、价格和利润》（1865 年 5—6 月），只用"labouring power"；到《资本论》第 1 卷，术语最终定形为"Arbeitkraft"。参看 MEGA² II/4.1, S. 31*、S. 451、562。

其中的重点难点和得失；（3）马克思的《资本论》手稿和恩格斯的《资本论》编辑稿之间的对比研究。目前我国学术界在这几个领域基本上还处于译介阶段，有必要以 MEGA^2 II 提供的材料为出发点，展开自己的研究。

《资本论》及其手稿研究和出版的若干情况[*]

〔民主德国〕罗尔夫·海克尔[①]

1. 《马克思恩格斯全集》(国际版)的出版和《资本论》及其手稿的地位

马克思恩格斯著作的出版和传播,是国际革命工人运动越来越重要的任务和责任。苏德两国马克思列宁主义研究院共同出版的《马克思恩格斯全集》(国际版)遵循了传统的路线。总共超过100卷的国际版,首次完整地以原文再现了马克思和恩格斯全部现有的著作、书信、手稿、材料和批注。按照计划,到1985年将总共出版30卷。目前已经出版的16卷国际版向读者展现了马克思、恩格斯科学知识的丰富宝藏,向读者介绍了研究我们时代新问题时有助于创造性地运用辩证唯物主义的丰富多彩的方法论原则。

现在,这个国际版已经证明是研究和宣传马克思、恩格斯遗产的科学宝藏。它们包含着迄今尚未发表的多方面的材料,这些材料对于社会主义和共产主义建设的革命理论和实践有着巨大的现实意义。国际版的各卷也是把马克思、恩格斯的著作译成别国语言和进行科学注释的可靠基础。国际版的进一步的编排轮廓越来越清楚了——它总的来说划分为

---

[*] 本文选自《马列主义研究资料》1983年第1辑。

[①] 作者是民主德国马列主义研究院科研人员、经济学博士。

四部分：第一部分发表科学共产主义创始人的著作；第二部分包括《资本论》及其准备著作；第三部分是马克思、恩格斯的书信；第四部分各卷将发表马克思和恩格斯的笔录材料，其中大部分迄今还未曾发表过，内容包括摘记、笔记、札记和批注，等等。

国际版第二部分首次全部发表了马克思的主要著作《资本论》的形成和发展史的文献。这一部分向人们介绍了马克思勤奋地从事研究工作的完整图景，并使人们能够深入研究马克思经济理论从一个阶段到另一个阶段的整个形成过程，以及探寻这个理论的各个节或各个要素的形成过程。而要做到这一点，不仅要有马克思、恩格斯亲自整理和修改过的《资本论》所有各种版本，而且要有按年代顺序排列的详尽的手稿。

国际版的第二部分将包括20多卷或册，其中8册已经提供给读者使用了。这就是《资本论》的两个最初的草稿，即1857—1858年的《政治经济学批判大纲》、1861—1863年经济学手稿和1859年出版的《政治经济学批判》第一分册。同时，国际版的第四部分将发表1850—1853年期间写的伦敦笔记，[①] 它是马克思写《大纲》的直接的材料基础。这样，1850—1863年期间马克思的全部创作材料都收在国际版中了。

单是这一情况已经使读者可以看到国际版的另一特点，那就是它的第二部分同其他三个部分是密切相联的。篇幅很大的巴黎笔记、布鲁塞尔笔记和伦敦笔记收在第四部分中。1857年以前的其他经济学著作、草稿以及评论和经济学文章等等，收在第一部分。此外，只有充分利用包含在第三部分中的大量书信，才真正有可能分析《资本论》的产生过程。

东德和苏联的马克思、恩格斯研究人员对已经发表的第二部分的各

---

① 伦敦笔记将发表在国际版第四部分第7—10卷。

册进行了研究，取得了新的成果，这些成果主要发表在马克思、恩格斯研究专刊中。在《马克思恩格斯年鉴》第一卷中，W. 杨和 R. 尼措尔德论述了 1850—1863 年期间马克思政治经济学的发展问题。维戈茨基论述了《大纲》在工人阶级斗争中的作用。① B. 费舍尔和 J. 容格尼克论述了 1861—1863 年经济学手稿的某些问题。在《马克思恩格斯年鉴》第二卷中，H. 斯卡姆伯拉克发表了 1861—1863 年手稿研究和出版的若干问题②，B. 利茨分析了 1857—1858 年期间马克思关于生产劳动和非生产劳动的学说。在《年鉴》第三卷中，马雷什叙述了《资本论》在列宁的祖国传播的情况。

关于《资本论》产生和传播史的进一步详细的研究所取得的各项成果，发表在下面这些书刊上：（1）苏共中央马克思列宁主义研究院马恩室编的共 36 期学报；（2）德国统一社会党中央马克思列宁主义研究院出版的 10 辑《马克思恩格斯研究文集》；（3）东德哈雷马丁·路德大学马克思列宁主义学部出版的 14 辑《马克思恩格斯研究学报》；（4）莱比锡卡尔·马克思大学《马克思恩格斯研究通讯》第一辑。通过所有这些出版物，可以对马克思恩格斯研究中的所有问题展开讨论和进行交流。

2. 经济学领域中的马克思恩格斯研究

经济学领域中的马克思恩格斯研究已经有 50 多年的历史。还在 20 年代末期，已经在莫斯科开始准备出版国际版第一批书籍，并出版了《马克思恩格斯文库》的各卷。苏联的科研人员阿多拉斯基、列昂节

---

① 译文见《马列主义研究资料》1983 年第 3 辑。
② 译文见《马列著作编译资料》1981 年第 17 辑。

夫、帕什柯夫、卢森贝和罗易等人在研究马克思的经济学遗产方面有很大功劳。①

在50年代，为了研究马克思、恩格斯经济学观点的形成，人们深入到了他们的早期著作中去。在60年代，随着《马克思恩格斯全集》的出版，人们讨论的问题范围扩大了，并且在考察马克思政治经济学的形成方面，开始研究《政治经济学批判大纲》。此外，人们深入到了他们的早期著作中去。在60年代，随着《马克思恩格斯全集》的出版，人们讨论的问题范围扩大了，并且在考察马克思政治经济学的形成方面，开始研究《政治经济学批判大纲》。此外，人们还指出了马克思的学说对分析帝国主义的重要性，揭露了资产阶级对马克思学说的进攻。②

随着《马克思恩格斯全集》国际版开始出版，经济学领域中的马克思恩格斯研究集中在直接整理出来的国际版各卷的问题上。因此，关于马克思政治经济学的形成史，在同辩证唯物主义的联系中取得了新的认识。在70年代，人们的研究集中在1850—1863年期间《资本论》的形成史上。③ 这已经包括较广泛的问题：从论述马克思各个研究阶段上经济理论的成熟程度问题，直到结构问题以及《资本论》创作过程中研究方式和叙述方式的辩证法问题。

---

① 参看M. 缪勒：《苏联关于〈资本论〉创作史的某些研究成果》，载《苏联和东德马克思恩格斯研究和出版史论文集》，1978年柏林版。另外参看H. 德罗拉、J. 容格尼克、M. 缪勒：《苏联科学界对〈资本论〉创作史的研究》，载《经济科学》，1975年第7期。

② 参看R. 德鲁贝克、I. 陶别尔特：《马克思恩格斯研究和出版的成果》，载《历史科学》杂志1970年专刊。

③ 参看W. 杨、R. 尼措尔德：《1850至1863年期间马克思政治经济学的发展问题》，载《马克思恩格斯年鉴》，1978年柏林版，第1卷。

对马克思1850至1863年期间经济学创作的研究，促进了在整个马克思理论的产生方面取得许多新的研究成果。同时可以越来越清楚地看到，马克思在恩格斯的支持下做出了多么大的贡献，因为他为工人阶级的历史使命从经济理由上做了科学的论证。

然而，在70年代资产阶级马克思学的营垒中，时髦的做法是对马克思创作的这个发展时期进行学究式的解释并加以歪曲。从某种程度上说，这个时期的经济理论的非常复杂的发展问题，竟在一些精心制造的名词的掩护下被说成是与阶级斗争无关的、孤立的科学方法论问题。把英明的科学家同革命者分裂开来，而这种革命者的毕生事业本来是要帮助工人阶级觉悟到自己的世界历史使命。马克思在1859年致魏德迈的一封信中指出："我希望为我们的党取得科学上的胜利。"① 由于创作了《资本论》，马克思终于实现了这个纲领。

对资产阶级政治经济学的成果进行清理，是马克思研究过程的一切阶段的重要标志。批判资产阶级政治经济学是马克思研究方式的主要支柱之一。批判资产阶级经济理论，同时也就是批判资本主义生产关系，因为这种生产关系反映在资产阶级经济学的范畴中。

在伦敦笔记中，马克思仔细地把各个经济学流派关于政治经济学基本问题的观点和概念作了笔记。他特别注意的是货币理论。那些未加批注而摘录下来的经过选择的片断，清楚地表明了马克思特有的识别能力。此外，除了这些摘记以外，还有马克思自己观点的叙述，例如，第一次发表的手稿《反思》和《金条。完整的货币体系》就是如此。②

这批包括24个笔记本总计1250页的手稿，是1850—1853年期间

---

① 《马克思恩格斯〈资本论〉书信集》，第143页。
② 《反思》译文已发表在《马列著作编译资料》1978年第1辑。《金条。完整的货币体系》将发表在国际版第4部分第7卷。

进行紧张研究的成果。这些手稿是1857—1858年马克思为了自己理解而写的《政治经济学批判大纲》的基础。1857—1858年手稿发表在国际版第二部分的开头，国际版的这一部分包括的是《资本论》的直接准备著作。《大纲》这部著作在马克思主义史上占有特殊的地位。在这部著作中，马克思制定了他的价值理论，并在此基础上制定了剩余价值理论，从而完成了他的第二个伟大发现，这一发现同唯物主义历史观一道使社会主义从空想变成了科学。

马克思恩格斯研究者们的最新著述①，反映了这部手稿对于当前政治经济学讨论的问题具有极高的价值。当前讨论的问题包括政治经济学的对象和方法；研究方法和叙述方法；政治经济学各个范畴如价值、货币、剩余价值、生产价格、利润和地租等的产生过程。

马克思在《大纲》中叙述到最后部分时终于认识到，系统地解剖资本主义生产关系的出发点不是价值关系，而是作为这种关系的物质承担者的商品。由于发现商品是资本主义的经济胞，准确地分析资本主义生产方式的道路就被打开了，因为商品已经在萌芽状态中包含着资本主义社会的矛盾。在这种认识的基础上，马克思充实了他的商品理论和货币理论，这些理论也是1859年出版的《政治经济学批判》这一著作的内容。这一著作是《资本论》前两个手稿之间的联结环节。在国际版第二部分第二卷中发表了这一著作，并且还发表了其他材料、计划草稿以及恩格斯写的书评。这样，人们就可以详地探索马克思主义的这一基本著作的产生过程。

---

① 参看维戈茨基：《〈政治经济学批判大纲〉中研究方法和叙述方法的交织》，载《马克思恩格斯研究学报》，1979年哈雷版第9期。H. 李希特尔：《政治经济学批判大纲是工人阶级经济理论的宝库》，载《经济科学》，1978年第7期。W. 杨：《国际版第二部分第一卷第一册书评》，载《马克思恩格斯年鉴》，1978年柏林版第1卷。

马克思的新认识在 1861—1863 年手稿《政治经济学批判》中得到了发展，这一手稿现在第一次全部以原文发表在国际版中。在这部手稿中，马克思完成了他的剩余价值理论，制定了平均利润和生产价格的理论，制定了剩余价值的各种特殊形式即产业利润、地租、商业利润和利息的学说，还探讨了再生产和危机理论的本质要素。此外，1863 年 1 月的计划草稿表明，正是在写作这一手稿的过程中产生了《资本论》的最终方案。苏联和东德的马克思恩格斯研究人员对于 1850 至 1863 年期间马克思政治经济学的发展的研究，证明这个阶段对于马克思主义史和现实问题具有重大的理论意义。

许多研究政治经济学的马克思列宁主义科研人员都着重指出，必须更深入地探索马克思的工作和研究方法，并在这方面写出了大量论述政治经济学方法论的文章。① 马克思的研究成果和手稿在国际版第二部分的发表，以及所有摘记、批注和旁注在第四部分的发表，有助于把马克思的研究方法和叙述方法再现出来。

马克思在《资本论》第一卷第二版跋中告诉读者，在"辩证方法"和"我个人对这种方法的运用"之间没有任何区别。马克思的创作活动是辩证方法在经济研究领域中的具体化。马克思着重指出："当然，在形式上，叙述方法必须与研究方法不同。研究必须充分地占有材料，分析它的各种发展形式，探寻这些形式的内在联系。只有这项工作完成以后，现实的运动才能适当地叙述出来。这点一旦做到，材料的生命一

---

① J. 阿巴金：《社会主义政治经济学的方法》，载《经济科学》，1974 年第 1—2 期。N. W. 切森：《论政治经济学的方法》，载《莫斯科大学学报》（经济学），1975 年第 6 期。W. 维戈茨基：《卡·马克思政治经济学创作的研究方法和叙述方法的辩证统一以及列宁对它的创造性运用》，载《马克思恩格斯研究文集》，1978 年第 3 期。

旦观念地反映出来，呈现在我们面前的就好像是一个先验的结构了。"①

把经济学笔记和手稿同三卷《资本论》加以比较就可以看出，在笔记和手稿中，研究过程表现得比较突出，而在《资本论》中，马克思则是把成熟的经济理论加以科学地叙述。关于这种情况，杨和尼措尔德写道：在《政治经济学批判大纲》和1861—1863年经济学手稿中"研究过程还没有结束，在这些著作中，马克思政治经济学的产生过程还在继续。它们直接表明了马克思研究政治经济学的创作过程"②。按照他们的意见，1850至1858年期间的大量笔记本和摘录本提供了马克思特有的研究方法的概貌，马克思就是用这种方式去探寻资本主义生产方式的运动规律。这种根本性的评价是马克思恩格斯研究者普遍承认的。人们从这些看法出发，来研究从抽象上升到具体的辩证唯物主义方法，分析马克思在处理他所特别关心的研究对象时遵循的逻辑和历史的关系。③

由于马克思把从抽象上升到具体的方法运用到经济研究当中，终于能够对现实的资本主义生产关系得出广泛的认识。马克思在1857年8月写的《导言》中说明了他的政治经济学的方法："具体之所以具体，因为它是许多规定的综合，因而是多样性的统一。因此它在思维中表现为综合的过程，表现为结果，而不是表现为起点，虽然它是实际的起

---

① 《马克思恩格斯全集》第1版第23卷第23—24页。

② W. 杨、R. 尼措尔德：《1850至1863年期间马克思政治经济学的发展问题》，载《马克思恩格斯年鉴》，1978年柏林版第1卷。

③ E. 阿特曼：《论马克思〈资本论〉中的逻辑和历史方法》（载《德国哲学杂志》，1980年第10期）。C. 法比因肯：《从具体上升到抽象和从抽象上升到具体——不可分解的唯物辩证统一》，载《马克思恩格斯研究学报》1980年哈雷版第11期。W. 杨、D. 诺斯克：《从抽象上升到具体是科学上正确的方法吗？》，载《马克思恩格斯研究学报》，1980年哈雷版第11期。

点，因而也是直观和表象的起点。在第一条道路上，完整的表象蒸发为抽象的规定；在第二条道路上，抽象的规定在思维行程中导致具体的再现……其实，从抽象上升到具体的方法，只是思维用来掌握具体并把它当作一个精神上的具体再现出来的方式。但决不是具体本身的产生过程。"① 从这一前提出发，马克思进一步得出结论说："因此，把经济范畴按它们在历史上起决定作用的先后次序来排列是不行的，错误的。它们的次序倒是由它们在现代资产阶级社会中的相互关系决定的，这种关系同表现出来的它们的自然次序或者符合历史发展的次序恰好相反。问题不在于各种经济关系在不同社会形式的相继更替的序列中在历史上占有什么地位。"②

马克思关于研究方法和叙述方法的这些论述是分析马克思的笔记和手稿的某种指南。关于伦敦笔记（1850—1853 年）研究中提出的问题，即从抽象上升到具体的过程是否也是研究方式的实现这个问题，W. 杨和 D. 诺斯克通过研究概括地回答说："认为从具体上升到抽象是研究方式不同于叙述的特有标志，这种广泛流行的看法从考察再现出来的马克思的研究过程中并没有得到证实……当马克思把他的方法叫作从抽象上升到具体的方法时，他指的是总过程，既包括研究也包括其中的叙述，而且，在一定的场合，在这种从抽象上升到具体的总过程内部（因而也是从属于这个总过程的）也使用从具体过渡到抽象的方法。"③

1857—1858 年和 1861—1863 年的两个经济学手稿，以及《资本论》结构计划的展开过程，也反映了马克思为精确表述整个资本主义生

---

① 《马克思恩格斯全集》第 1 版第 46 卷上册第 38 页。
② 《马克思恩格斯全集》第 1 版第 46 卷上册第 45 页。
③ W. 杨、D. 诺斯克：《卡·马克思在 1850—1853 年伦敦笔记中研究方法的发展问题》，载《马克思恩格斯研究学报》，1979 年哈雷版第 7 期。

产关系的内在结构而作的努力。在写作《资本论》第一个草稿时,研究成分还十分醒目,但是自从发现商品是政治经济学的出发范畴以后,马克思就着手对资本主义的运动规律作系统的表述。在这方面,马克思于1861—1863年完成的这一基本著作的第二稿具有特别重要的意义。这一手稿近年来首次以原文形式发表于《马克思恩格斯全集》国际版第二部分第三卷,共分为6册。

马克思根据自己的经济学著作的写作计划草稿,首先继续进行论述商品和货币的第一分册的写作,后者于1859年以《政治经济学批判》的名称发表。马克思在第 I—V 和第 XIX 以至第 XX 笔记本中研究了以下问题:(1)货币到资本的转化;(2)绝对剩余价值;(3)相对剩余价值。从第 XX 笔记本开始,到第 XXI—XXIII 笔记本为止,马克思还探讨了后来的《资本论》第一卷中所包含的全部余下的问题。在第 XVI—XVII 笔记本中以及部分地在第 XVII 笔记本中,曾涉及第三篇《资本和利润》的某些问题。从前,在这 23 本内容丰富的手稿中,只有《剩余价值理论》(第 VI—XVIII 笔记本)曾发表在《马克思恩格斯全集》第 26 卷(I—III 册)之中。

今天,马克思恩格斯研究者在探讨 1861—1863 年手稿中以往未曾发表过的各个笔记本时,都把注意力集中于手稿中所包含的新的理论认识和马克思经济理论的精确化过程。他们首先探索两类问题:第一,分析劳动和资本之间的关系;第二,详细考察绝对剩余价值和相对剩余价值的生产。

马克思在 1857 年到 1863 年所进行的研究,以一个重要的思想为基础。马克思从认识论的原理出发,认为必须严格区分"资本一般"和资本的"现实"运动。从这一认识出发,马克思在这一期间最终表述了《资本论》的结构计划,并在 1861—1863 年经济学手稿中加以证实。M. 缪勒在他的考察中强调指出,这一方法论原则是马克思在政治经济学领域中所作出的全部重要发现的基础。① 可见，马克思的经济学说在1861—1863 年间的合乎逻辑的发展，证明这一方法论原则产生了丰硕成果。这一发展是马克思所阐述的唯物主义抽象法的体现，是这一方法所特有的尊重现实并反映出最深刻党性的性质的体现。

马克思在构思他的经济学著作的最初形式时，曾强调一般、特殊和个别这三者的统一这一根本的方法论思想。随着价值和剩余价值理论的完成，马克思进一步完善了这一思想，同时使一般、特殊和个别这三者的统一趋于具体化。剩余价值作为一般的东西，以各种不同的、特殊的表现形式而出现，这样一来，剩余价值的源泉就变得神秘化了。

价值和剩余价值作为一般的、基本的形式，是从理论上反映资本主义制度的逻辑的和事实的出发点。把商品看作出发范畴并规定为使用价值以及特别是交换价值，这对于揭示资本主义生产方式的运动规律具有重大的方法论意义。只有采取这种方法才能科学地阐明资本概念，指明剩余价值的真正源泉。研究马克思恩格斯的人员在考察 1861—1863 年经济学手稿方面所取得的这些研究成果，使上述论断更加突出，并推动人们进一步去分析马克思的这 23 本内容丰富的笔记本。②

近几年来，经济学领域中的马克思恩格斯研究工作集中于《资本论》形成过程的一个新的重要阶段。1863—1867 年经济学手稿、《资本论》全三卷的第三稿以及《资本论》第一卷德文版的不同版本，现在

---

① 参看 M. 缪勒：《通向〈资本论〉的道路。论马克思的资本概念在 1857—1863 年的发展》，1978 年柏林版。

② 还可参看 W. 杨：《资本主义政治经济学出发概念在马克思〈资本论〉准备材料中的发展过程》，载《我们党赢得了一个胜利》，1978 年柏林版；M. 缪勒：《论马克思〈政治经济学批判〉手稿（1861—1863 年）最后写作阶段的特征》，载《马克思恩格斯研究文集》，1979 年第 5 辑。

行将直接摆在读者面前。因此,马克思在1857—1858年和1861—1863年经济学手稿中以及直到《资本论》出版时为止所取得的研究成果,会变得越来越清楚。

1863—1867年经济学手稿在此以前从未以原文形式发表。在苏联出版的《马克思恩格斯全集》第四十九卷和第五十卷中,收入了手稿的内容丰富的若干部分,特别是《第6章。直接生产过程的结果》以及《资本论》第二卷的手稿。在对材料进行初步整理时,首先面临的任务是对手稿各部分的形成进行仔细的分期。在这方面,人们已取得令人信服的和可靠的成果,对这一手稿的形成时间作出新的划分,即划定为1863—1867年这一期间,而从前在各种教科书中通常是被划定为1863—1865年这一期间。①

同《资本论》第二卷有关的,有七个经马克思标明编号的手稿。其中第Ⅲ、Ⅳ和Ⅱ(按时间顺序)手稿是于1863—1867年形成的。这些手稿的发表使人们可以看到,甚至《资本论》第二卷也不是那么"简单的",该卷的形成也属于马克思为说清楚问题和达到高度的理论明确性而作的努力的一部分。同这一手稿一起首次发表的还有第三卷的草稿,后者是恩格斯于1894年编辑出版的第三卷的基础。这一草稿的发表,清楚地显示出恩格斯在编辑该卷和对该卷论题进行理论加工方面所作的巨大贡献。

《资本论》第三卷出版后便遭到资产阶级经济学家的拼命攻击。他们妄图虚构《资本论》第一卷和第三卷之间、马克思和恩格斯之间的矛盾。现在人们争论得最多的是恩格斯的"历史主义"。按照资产阶级

---

① 参看 W. S. 维戈茨基、R. 米斯凯维奇、M. W. 切尔诺夫斯基、A. J. 切普林科:《关于马克思1863—1867年著作的分期》,载《马克思恩格斯年鉴》,1982年第5卷。

马克思学的说法，恩格斯的所谓"历史主义"同马克思关于《资本论》中的概念的辩证叙述的观点以及特别是同马克思的价值理论是大相径庭的。资产阶级马克思学的倾向是一清二楚的：他们说什么马克思是在范畴本身的逻辑展开中分析这些范畴的，而恩格斯则按照历史解释这些范畴。他们特别举出恩格斯关于价值规律和平均利润的关系的观点，把这当作"恩格斯的历史的价值论概念"的例证。本来，恩格斯是在《价值规律和利润率》一文中表述他的这一观点的。问题在于，恩格斯认为，价值范畴和生产价格范畴的更替以及两者的相互关系，完全是由下面这种情况决定的：价值规律在其"纯粹形态"上只是在资本主义以前的商品生产中发生作用，而在资本主义生产关系下，价值规律让位于平均利润规律。

可见，如果说人们从前责难马克思在《资本论》中运用了错误的基本原理，那么，今天人们却把马克思主义政治经济学的"庸俗化者"的帽子扣到恩格斯的头上。从这一观点出发，人们竟得出这样的结论：恩格斯在政治经济学领域中坚持"庸俗的历史主义"，在哲学中坚持"进化论"，并且据说正是后者成了德国社会民主党的机会主义领袖们的世界观基础，成了第二国际领袖们炮制修正主义的帝国主义理论的方法论基础。[①]

马克思《资本论》全部手稿以及各卷的各种版本的首次全文发表（收入《马克思恩格斯全集》国际版第二部分），证明在这些手稿的所有形成阶段上，以及在这些手稿的所有传播阶段上，马克思和恩格斯的观点都是一致的，并且证明马克思主义可以战胜一切马克思学的歪曲而

---

① 参看 H. J. 施泰因贝格：《社会主义和德国社会民主党。第一次世界大战前党的意识形态》，1969年汉诺威第2版；H. H. 保罗：《马克思、恩格斯和第二国际的帝国主义理论》，1978年汉堡版。

显示出自身的强大生命力。

这一简短的回顾，说明现在在研究和出版马克思著作方面已取得多么巨大的成果。毫无疑问，为纪念马克思逝世一百周年而将重新出版《资本论》第一卷德文第一版，这将是科学上的一件大事。

3. 国际版第二部分发表《资本论》第一卷的意义

国际版第二部分收入了《资本论》第一卷德文第一版、第二版和第四版，法文版和英文版。各种版本的重新发表（第三版作为第二版的异文刊出），是具有国际意义的一件大事，因为即使某些重版也被认为具有珍贵的藏书价值。

《资本论》这部马克思主义基本著作曾受到列宁的极大注意。他把《资本论》评价为一部具有空前说服力的著作，把马克思的经济学理论看作是马克思的学说的极深刻的、极全面的和极详细的证明和运用。在列宁看来，《资本论》是当代政治经济学领域中的最伟大著作，他认为对现存的、历史上一定的社会的产生、发展和衰亡过程的研究，正是马克思的经济学说的内容。

列宁多次强调说明马克思在《资本论》中所阐述的资本主义的两大本质特征，其一就是：商品生产成为生产的普遍形式。在各不相同的社会生产组织下，产品都可采取商品的形式，但是只有在资本主义生产方式下商品才成为劳动产品的普通形式，才不是例外现象、个别现象或偶然现象。资本主义的第二大特征就在于：人的劳动力也采取商品形式。这样，列宁就把注意力引向政治经济学及其方法问题的本质方面。把《资本论》第一卷各种版本作一比较，就可以看到，在把资本主义商品表述为第一篇的最恰当的对象的过程中，马克思曾有过重要修改，并高度评价了这一科学成果。他说："古典政治经济学的根本缺点之一，就是它始终不能从商品的分析,而特别是商品价值的分析中,发现那种正是使价值成为交换价值的价值形式。恰恰是古典政治经济学的最优秀的代表人物,像亚·斯密和李嘉图,把价值形式看成一种完全无关紧要的东西或在商品本性之外存在的东西。"①

价值形式的分析对于考察商品具有特别重要的意义,对此马克思在1867年6月致恩格斯的信中曾这样写道:"在第一次(由敦克尔出版)的论述中,只是当价值表现已经以发展的形式即作为货币表现出现时,我才对价值表现作应有的分析,从而避免了阐述中的困难。"同时马克思指出,他为《资本论》第一版的出版已将这一篇重新作了改写,对商品二重性的分析以及对物化在商品中的劳动的二重性的分析,在叙述上作了改善,并尽可能做到了通俗易懂。在准备付印第一卷的过程中,论述价值的篇章也成了马克思同恩格斯、库格曼交换意见的题目。他们两人向马克思指出了理解上的困难之处并要求他改进该篇的叙述,建议他一方面可采取进一步划分章节的办法,另一方面"可以把这里用辩证法获得的东西,从历史上稍微详细地加以证实","用历史方法向庸人证明货币形成的必然性并表明货币形成的过程"。马克思在1867年6月22日回答恩格斯时指出:"至于说到价值形式的阐述,那么我是既接受了你的建议,又没有接受你的建议,因为我想在这方面也采取辩证的态度。这就是说:第一,我写了一篇附录,把这个问题尽可能简单地和尽可能教科书式地加以叙述,第二,根据你的建议,把每一个阐述上的段落都变成章节等等,加上特有的小标题。我要在序言中告诉那些'不懂辩证法的'读者,要他们跳过x—y页而去读附录。"于是就出现了一种奇特的局面:在第一版中,价值形式在第一章中作了阐述以后,又用一篇专门的附录作了阐述。这种

---

① 参看《马克思恩格斯全集》第1版第23卷第98页。

双重叙述是库格曼建议马克思做的,因为库格曼曾告诉马克思,大多数读者要求有一个关于价值形式的更带讲义性的补充说明。

自然,这样的叙述方式要求马克思在1872年出版第二版时重新进行改写。马克思为写作这一部分而进行的大量工作,构成一批内容丰富的手稿。① 在改写过程中,马克思以上述附录中所作的价值形式分析为依据。他更认真地实现了恩格斯的建议,采用一种讲义式的叙述方式,以帮助读者克服一开头就遇到的困难。他没有过分突出叙述中过渡段落的辩证性质和黑格尔式的叙述方法。从这个角度来看,一切经过马克思亲自修订的《资本论》,版本及其异文,以及至今尚未发表过的各种手稿部分,对于探讨方法论问题都将具有特别重要的意义。②

《资本论》形成史材料在《马克思恩格斯全集》国际版第二部分中的全部整理发表,以及收入国际版第四部分中的各种摘录笔记和批

---

① 在苏共中央马列研究院中央档案馆和阿姆斯特丹国际社会史研究所里存有一批同马克思写作《资本论》第一卷有关的手稿,其中包括:1.《马克思。第一卷第一章前三篇片断》(为第一版所作的补充);2.《对第一卷德文第一版的补充稿和修改稿》;3. 经马克思修改过的第一版自用本;4. 标有编者提示的供美国英文版使用的第一卷几个样本。

② 围绕《资本论》第一卷第一版所作的价值形式分析这一论题,近年来发表了以下一些论著:W. P. 施克列多夫:《马克思〈资本论〉第一版中的价值形式研究》,载《莫斯科大学学报》(哲学),1976年第6期;A. W. 耶尔马科娃:《马克思〈资本论〉中的商品价值形式分析的逻辑方法和历史方法》,载《哲学》杂志1977年第2期;A. J. 切普林科:《约·莫斯特的经马克思修订的〈资本和劳动〉中关于价值形式问题的论述》,载《马克思诞生一百六十周年纪念文集》,苏共中央马列研究院编,1978年莫斯科版;J. I. 格鲁鲍夫斯基:《论马克思〈资本论〉中政治经济学理论的出发点》,载《政治经济学》,1977年明斯克版第5期;R. 赫克尔:《马克思〈资本论〉第一版中价值形式的若干问题》,载《马克思恩格斯研究学报》,1979年哈雷版第8期。

注材料，即反映研究过程的各种文献材料的整理发表，不仅是更进一步研究马克思主义基本著作的依据，而且也为批驳资产阶级马克思学的歪曲意图提供了多方面的根据。同时，掌握了这些材料，就可以对马克思主义政治经济学形成史方面的各种新老争论问题作出有科学根据的回答。

(本文原载民主德国《德国哲学杂志》1982年第4期，原标题为《马克思〈资本论〉及其手稿的出版》)

(仲杨 译)

日本学术界近年来研究《资本论》及其手稿的概况*

刘 焱

日本东北大学（仙台）的大村泉教授于 1998 年 7 月 22 日在中央编译局的学术交流会上概括地介绍了日本学术界近年来研究《资本论》及其手稿的情况。现将他的介绍综述如下。

一

大村教授介绍说，经过近年来日本学者和西方学者的研究发现，迄今对马克思 1861—1863 年经济学手稿的编辑存在两个问题。第一个问题是，《马克思恩格斯全集》历史考证版（MEGA）的编者认定这部手稿中的第 3 章《资本和利润》的写作时间是 1862 年 12 月，即认为这部分手稿写于《剩余价值理论》之后，而日本学者经过考证认为，这一部分手稿的写作时间应是 1861 年 12 月到 1862 年 1 月，即写于《剩余价值理论》之前。后来，这一订正被广大的研究者所接受。这样一来，人们对《剩余价值理论》就有了新的认识，即《剩余价值理论》的写作是以马克思关于利润和平均利润的积极理论成果为前提的，因此《剩余价值理论》是作为"剩余价值—利润（包括地租）"学说史而展开

---

* 本文选自《国外理论动态》1998 年第 11 期。

的，而不是像以前理解的那样，只是作为单纯剩余价值的学说史而展开的。第二个问题是，关于《（r）机器》这部分手稿的写作。过去普遍认为，这部分手稿是被《剩余价值理论》插在中间分成两个时期写的，MEGA版的原编者就是采用这种判断的。日本学者吉田文和等人提出了另一种见解，认为《（r）机器》这部分手稿是在《剩余价值理论》之后连续写成的。因为这时一系列的规定都已在理论上得到了发展，而这些发展是在《剩余价值理论》中完成的。关于1861—1863年手稿编辑问题的争论，除了以上两个问题之外，三宅义夫还在1994年撰文论述了《剩余价值理论》所应包括的范围问题。他认为《收入及其源泉》这部分手稿是属于生息资本理论和商业资本理论的一个环节，把这部分手稿编在《剩余价值理论》中是不妥当的，从《剩余价值理论》的旧的考茨基版本开始以及其后来的版本，都把这部分手稿包括在《剩余价值理论》的范围内，但这是不正确的。

二

在MEGA版中发表《资本论》第1、2、3卷的各版的正文时，必然引发这样两个争论：第一，究竟《资本论》第1卷的哪个版本是马克思的"最后的决定性版本"；第二，《资本论》三个卷次的手稿是按怎样的顺序写成的。关于第一个问题，MEGA版编者认为，《资本论》第1卷第3版应是马克思"最后的决定性版本"，因为它虽然是经恩格斯之手出版的，但它是按照马克思留下来的手稿出版的。日本学者和一部分西方学者对此提出了异议。原因在于，1877年阿·左尔格曾计划在美国出版《资本论》第1卷的美国版，马克思给左尔格写了一份《编辑说明》，其中指出将来出版《资本论》美国版时，哪些地方应按照马克思自己修改过的法文版的正文修改。恩格斯在经手出版《资本论》第 1 卷第 3 版时，不知道有这个《出版说明》，也没有加以利用。后来，恩格斯在编辑《资本论》英文版和第 4 版时，知道了马克思写的这个《编辑说明》，并部分地采用了其中的内容。根据这样的历史事实，日本学者和一部分西方学者认为，把《资本论》第 1 卷第 3 版视为马克思"最后的决定性版本"是不妥当的，如果"未能实现的美国版"真的实现了，才能看成是"最后的决定性版本"。既然计划中的美国版未能实现，那么应把《资本论》第 1 卷第 3 版、英文版和第 4 版都视为"在一定程度上的最后的决定性版本"。关于第二个问题，日本学者和一部分西方学者经过研究认为，《资本论》第 2 卷第 I 稿和第 3 卷的"主要手稿"是互相交错着写的。大谷祯之介以逆向推论法认定，第 2 卷第 I 稿是在写作第 3 卷"主要手稿"中的"平均利润"之后，并在写作"商业资本"之前写成的。MEGA 版的编者们虽然采纳了这个意见，但关于这个问题的细节，现在仍在争论之中。

三

据大村泉教授介绍，马克思写的《资本论》第 3 卷的"主要手稿"发表后，这个"主要手稿"和恩格斯编辑出版的《资本论》第 3 卷之间存在的许多重要差别成了近年来学术界热烈争论的问题。日本学者们也参与了这方面的争论。恩格斯在《资本论》第 3 卷的《增补》中，把他编辑第 3 卷的方针说成是："编成一个尽可能真实的版本，即尽可能用马克思自己的话来表述马克思得出的各种新成果"（《马克思恩格斯全集》第 25 卷第 1005 页）。但如果客观地把马克思的手稿和恩格斯的版本对比一下，那么可以说恩格斯的版本中有将近 1/3 的正文不是马克思手稿的原文。人们根据这种对比，对恩格斯的功过进行了热烈争论。有人攻击恩格斯偏离了马克思，有人则加以反驳，充分肯定恩格斯的功绩,指出马克思的手稿是未完成稿,恩格斯的版本是完成的著作,恩格斯不单纯是《资本论》第3卷的"编者",而且是这一卷的"著者"。攻击恩格斯的人一方面承认马克思的手稿是一份未完成稿,另一方面又莫名其妙地把马克思的手稿视为已加工完成的定稿,反过来否定恩格斯编辑整理的功绩,这是非历史的态度。这方面的争论现在仍在继续中。

双方争论的具体内容大体如下。有人指出,恩格斯在编第3卷第1篇时改变了马克思手稿中原来的理论构成,第1章《成本价格和利润》和第2章《利润率》都不是马克思手稿的原样。在第2章中恩格斯删除了马克思手稿中的"成本价格"理论,采用了另一手稿中的《补遗》,改变了手稿的考察顺序,试图以此来同马克思手稿中的"从剩余价值率转化为利润率中得出剩余价值转化为利润"这种转化论的方法相一致。但与此相反,人们明确指出,这种转化论只是在以后才有可能产生。有人认为恩格斯的处理是正确的,有人则持相反的看法。

关于第3卷第2篇,争论的焦点在第8章和第9章。第8章的末尾涉及的是周转对利润率的影响。恩格斯在这个地方将马克思手稿中的"总流通时间"改成了单纯的"周转时间"。日本学者指出,当周转涉及对利润率的影响时,"周转"的含义应是"总周转"。

恩格斯对第3篇第15章第3节的编辑,引起了学者们热烈的讨论。这一节涉及的是资本的绝对过剩引发危机的问题,即因高积累使工资猛涨引发危机的问题。在理论界,危机论者往往把重点放在商品过剩的理论上,往往忽视工资上涨引发危机的问题。在恩格斯未采用的马克思手稿中,马克思通过伴随"相对过剩人口的减少"而使资本得以累积,把引起"资本的绝对过剩生产"理解为现实过程,明确指出"相对过剩人口的减少"即"工资上涨"是"构成危机的一个因素"。

第 4 篇考察的是商业资本理论。恩格斯的版本是把运输业和保管业排除在作为流通过程中延长了的生产过程之外的。但在马克思的手稿中，保管业和商品分配的各种可能形态都是属于"零售业"的课题。恩格斯版本的做法值得讨论。

第 5 篇是生息资本理论。恩格斯把这一部分划分成 11 章，对各章分别加了标题，把马克思手稿中的附注和摘录也都提升为正文。这样一来，使人感到追寻马克思原手稿中的思路非常困难。恩格斯在这一篇的编辑中变动了有关手稿的考察对象的关键词，以致有人产生误解，以为这一篇有两项内容，即第 21—24 章考察"生息资本理论"，第 25 章以后考察"信用制度理论"。在马克思的手稿中明确写明，对信用制度的分析是在《资本论》的范围之外的。但在这里恩格斯加了一个副词，变成对信用制度的"详细"分析是在《资本论》范围之外的。① 恩格斯版第 28 章以后考察的对象在马克思手稿中明确指出是"生息资本本身"，可是这句名言被恩格斯改为："和生息资本本身相联系来考察信用"②。从马克思的手稿才可以明确看出，整个这一篇都是对"生息资本理论"的论述。

第 7 篇第 48 章《三位一体的公式》中，恩格斯把马克思的手稿编颠倒了一页。在恩格斯版中加了一个编者注："［这里，手稿缺了对开纸一页］"③，其实这一页并没有缺，而是被恩格斯编到这一章的开头去了。

---

① 《马克思恩格斯全集》第 1 版第 25 卷第 450 页。
② 《马克思恩格斯全集》第 1 版第 25 卷第 498 页。
③ 《马克思恩格斯全集》第 1 版第 25 卷第 930 页。

《资本论》各种版本

《资本论》第一卷德文第一版的产生[*]

《资本论》是卡尔·马克思的主要著作,马克思为它花费了40年的时间。1843年马克思在巴黎开始系统地研究政治经济学。其初步成果就是《哲学的贫困》、《雇佣劳动与资本》和《共产党宣言》等著作。1848年革命失败后,马克思流亡伦敦,重新开始了经济学研究,作了大量的读书笔记,并先后写成了1857—1858年经济学手稿和1861—1863年经济学手稿。在此基础上,开始了《资本论》的写作。1863年5月29日马克思写信给恩格斯说:"现在当我的工作能力有所恢复的时候,我想最后卸下这个包袱,把政治经济学**誊清**付印(并作最后润色)。"[①]

在马克思完成他的著作《资本论。政治经济学批判》的誊清稿的过程中,1861—1863年经济学手稿是他的最重要的写作基础。他首先通读整个手稿,在页边作了勾划和批注,如"利润"、"再生产过程"、"积累",以此表明需要在相应篇章使用的段落。给个别句子和词加上着重号。在页边用号码标出一些举例说明的顺序。

---

[*] 本文选自《马列主义研究资料》1987年第4辑。

原题注:本文是《马克思恩格斯全集》新国际版第2部分第5卷关于《资本论》第1卷德文第1版产生过程的说明。——编者注

[①] 《马克思恩格斯〈资本论〉书信集》,人民出版社1976年版,第178页。

要把第一册《资本的生产过程》誊清稿的产生情况明确地完整地描述出来，至今还是不可能的。因为保留下来的1863—1867年时期的全部手稿或残稿都没有作者注明的日期，付印用的手稿还未能发现。

1885年5月5日恩格斯在他为《资本论》第二卷德文第一版写的序言中作出这样的评价：1861—1863年手稿中的第1—220页（第I—V本）和第1269—1472页（第XIX—XXIII本），是"论述《资本论》第一卷中……所研究的各个题目"的"现有的最早文稿"。随后关于1861—1863年手稿恩格斯继续说道："按照时间的顺序，接下去是第三卷的手稿。这个手稿至少大部分写于1864年和1865年。马克思在基本上完成这个手稿之后，才着手整理1867年印行的第一卷。"①

1863年初，马克思为第一册《资本的生产过程》拟定了一个计划，打算在《导言：商品，货币》后面写八章：1. 货币转化为资本；2. 绝对剩余价值；3. 相对剩余价值；4. 绝对剩余价值和相对剩余价值的结合；5. 剩余价值再转化为资本。原始积累。威克菲尔德的殖民学说；6. 生产过程的结果；7. 剩余价值理论；8. 关于生产劳动和非生产劳动的理论。②

马克思1863年8月15日写给恩格斯的信中说："我的工作（整理手稿，准备付印），一方面进行得很好。我觉得这些东西在最后审订中，除了一些不可避免的 G—W 和 W—G 以外，已经变得相当**通俗**了。"③马克思这里所指的最有可能是《货币转化为资本》章中的一些段落，

---

① 《马克思恩格斯全集》第1版第24卷第4页。
② 《马克思恩格斯全集》第1版第26卷第1册第446页。
③ 《马克思恩格斯〈资本论〉书信集》，人民出版社1976年版，第185页。

这些段落在后来出版的书的第107—117页①。马克思要为他的著作付印一部誊清稿，他坚持这样作的一段时间里写作的手稿，至今发现的只有个别的页，这些页的页码是24、25、96—107、259和260，编码是连贯的，每一章中都有删去的地方（很可能是为了计划中的"最后润色"）②。24和25页的正文和脚注的内容有一部分逐字地又出现在德文第一版的135—139、292和293页上。在遗留下来的第96—107页上马克思论述了直接生产过程的问题，后来在第一版中在第187—204页论述剩余价值率和工作日问题时，在第281—290页论述剩余价值率和剩余价值量问题时，都以不同的形式又谈及了这些问题。稍后一些时间，不迟于1865年底，马克思决定把上面说的第96—107页并入当时计划写的第六章《生产过程的结果》中。在遗留下来的第259和260页上所阐述的计件工资问题，经过修改又出现在第一版第540—548页上。③ 但是所有这些片断都没有像马克思1863年年中所计划的那样成为1867年付印的誊清稿的组成部分，不论是正文还是脚注，马克思都再一次进行了加工。

从1863年秋开始，马克思由于处理母亲去世的事情到大陆去了一趟，由于建立和领导国际工人协会以及自己生病，在长达一年多的时间里，他不得不经常中断写书的工作。

写作付印的誊清稿的过程，突然变成了一个新的研究过程。马克思遗留下来的个别页第379和380页以及遗留下来的页码为441—495的

---

① 这里指《资本论》德文第1版的页码。参看《马克思恩格斯全集》第1版第23卷第167—177页。

② 《马克思恩格斯全集》第1版第49卷。

③ 参看《马克思恩格斯全集》第1版第23卷第604—612页。

手稿《第六章。直接生产过程的结果》①就证明了这一点。在这些片断中脚注没有连贯的编码；缺少对材料"在为了付印而最后加工的时候"如何重新编排所加的提示（见手稿《第六章……》第441页），这说明马克思在写这部分手稿时自己已经明确，这期间他没有再为第一册的付印誊清稿进行工作。马克思继续紧张地撰写他的著作，特别是在1861至1863年手稿中阐述得不够的那些部分。他附带研究了大量的经济的和技术的著作，其中有关于农业的著作、关于信贷和货币流通问题的著作、统计材料、议会文件、工业中使用童工的官方报告、关于英国无产阶级的生活条件的著作等等。

这个时期还必须找到出版商。1865年1月30日威廉·施特龙写信通知马克思："我对于和奥·迈［斯纳］的会晤并不是不满意的……目前取得的成果是，他说出版你的著作他将感到很高兴……按入股的原则出版，他就不要求事先看稿子。"1865年2月9日签订了第一个合同，同日威廉·施特龙就把它寄给了马克思。1865年3月21日出版商奥托·迈斯纳从汉堡写信给马克思说，随信附上"作了所希望的修改的合同"。还说，"我完全省去看稿子的时间，只是请您尽可能做到，不要迟于在年内开始印刷，否则我们就不能在1866年前将书印出来"。预定《资本论》同时分两卷出版，总篇幅约五十印张。

从第一册"誊清稿"转向对资本的进一步考察，是同大约从1864年年中至1865年底对《资本论》第三册和第二册的初步编辑加工工作结合在一起的。②这个写作时期还有一些书信。如1865年5月9日马克思写给恩格斯的信说："希望我的书（尽管多次间断）能在9月1日以

---

① 《马克思恩格斯全集》第1版第49卷。
② 《马克思恩格斯全集》新国际版第2部分第4卷。

前彻底完工。事情很顺利，虽然我还没有完全恢复健康。"① 1865 年 7 月 31 日马克思写信给恩格斯说："至于说到我的工作，我愿意把全部真情告诉你。再写三章就可以结束理论部分（前三册）。然后还得写第四册，即历史文献部分；对我来说这是最容易的一部分，因为所有的问题都在前三册中解决了，最后这一册大半是以历史的形式重述一遍。但是我不能下决心在一个完整的东西还没有摆在我面前时，就送出任何一部分。不论我的著作有什么缺点，它们却有一个长处，即它们是一个艺术的整体，但是要达到这一点，只有用我的方法，在它们没有**完整地**摆在我面前时，不拿去付印。"② 恩格斯的回信没有发现。1865 年 8 月 5 日马克思写信给恩格斯，又谈到同一件事的实际情况："你信中谈到'艺术作品'的那部分我感到很有趣。你还是没有懂我的意思。整个问题在于，是把一部分手稿誊写清楚寄给出版商，还是先把整个著作完成？由于许多原因，我宁愿选择后者。就**工作本身**而言，这样做一点也没有浪费时间，但是，出版工作当然是耽搁了一下；另一方面，如果开始付印，现在就不能有任何间断。此外，尽管注意到温度表的度数，工作进展得还是非常快，其他人就是丢开一切艺术上的考虑也未必能够如此。再加上规定我要以 60 个印张为最大限度，因此我绝对有必要把整个东西放在面前，以便知道，要压缩和删节多少才能在给我指定的数量范围内均衡地和匀称地阐述各个部分。"③

很明显，马克思还在对第三册手稿进行加工时——如 271、415 和 454 页上的有关提示所表明的——就作出决定，第一册开头不仅有一个

---

① 《马克思恩格斯全集》第 1 版第 31 卷第 119—120 页。
② 《马克思恩格斯〈资本论〉书信集》，人民出版社 1976 年版，第 196 页。
③ 《马克思恩格斯〈资本论〉书信集》，人民出版社 1976 年版，第 196—197 页。

简短的导言，而且还有整个一章论述商品和货币。

1865年11月，最迟是在1866年1月初，马克思重新开始准备付印的誊清稿。1865年11月20日马克思要求恩格斯向他提供关于一个工人每周平均纺多少纱的材料，另外还说，"我在得到这些详细情况以前，就无法着手抄写第二章"①。可见，马克思面前摆着他的**最初**计划中的第二章。事实上我们在德文第一版第186页《绝对剩余价值的生产》一章中看到了补加的这方面的叙述。

1866年1月13日马克思写给约·菲·贝克尔的信中说：他必须"誊写1200页手稿"②，1866年1月15日给路德维希·库格曼和给威廉·李卜克内西的信也是满怀信心，表示希望他能够在1866年3月亲自去汉堡把第一卷手稿的誊清稿送往出版社。1866年2月10日马克思写信告诉恩格斯，自1月1日肝痛消失后他的工作已有出色的进展。"真正理论部分我无法推进。脑力太差，对此不能胜任。因此我对《**工作日**》一节作了历史的扩展，这超出了我原来的计划。我现在'加进去的'是对你的书到1865年止的（**简略的**）补充……"③ 马克思说的"加进去的"大概指德文第一版第212至279页一些片断④，可见这些片断产生于1866年1月和2月初。第一版第222和223页⑤提到1866年1月5日农业工人的群众大会，提到1月13日的《工人辩护士报》和1月20日的《雷诺新闻》，这些情况也证明了这一点。

1866年2月13日马克思告诉恩格斯，他的主要著作理论部分，即

---

① 《马克思恩格斯〈资本论〉书信集》，人民出版社1976年版，第198页。
② 《马克思恩格斯全集》第1版第31卷第494页。
③ 《马克思恩格斯〈资本论〉书信集》，人民出版社1976年版，第199页。
④ 参看《马克思恩格斯全集》第1版第23卷第272—334页。
⑤ 参看《马克思恩格斯全集》第1版第23卷第282和283页。

第一、第二和第三册，于 1865 年 12 月底已经"完成"，但是手稿就其现在的形式来看，只有马克思本人才能编纂出版，他正好于 1866 年 1 月 1 日开始"誊写和**润色**"，在他又生病之前工作进展得"非常迅速"。在信中又向恩格斯重提他 2 月 10 日提出的请求，让给他寄一本约翰·瓦茨的书，"因为我现在已经写到关于机器的一章了"。① 这个时候，马克思至少已经写完了《货币转化为资本》和《绝对剩余价值的生产》，这两章在《相对剩余价值的生产》章之前，马克思在后面这一章中有四处提到了《机器和大工业》。

从 1866 年 3 月 11 日起，马克思在马尔吉特休养了一个月。

1866 年 7 月 7 日马克思在信中告诉恩格斯："我现在在顺便研究孔德，因为对于这个家伙英国人和法国人都叫喊得很厉害。使他们受迷惑的是他的著作简直像百科全书，包罗万象。但是这和黑格尔比起来却非常可怜（虽然孔德作为专业的数学家和物理学家要比黑格尔强，就是说在细节上比他强，但是整个说来，黑格尔甚至在这方面也比他不知伟大多少倍）。"② 在德文第一版第 314—315 页脚注 22a 中也包含有同样的思想。因此可以认为，这个脚注至迟写于 1866 年 6 月初。

1866 年 8 月 23 日马克思写给库格曼的信中说："至于这部著作，我并不设想在 10 月以前能把第一卷（现在共分三卷）的稿子送到汉堡去。我一天只能做几小时的有效工作，否则身体就立刻感到不舒服……"③

1866 年 10 月 13 日他告诉库格曼："我的情况（由于身体情况和日常生活中的事情，工作老是被打断）迫使我只好先出版**第一卷**，而不是

---

① 《马克思恩格斯〈资本论〉书信集》，人民出版社 1976 年版，第 201 页。
② 《马克思恩格斯全集》第 1 版第 31 卷第 236 页。
③ 《马克思恩格斯全集》第 1 版第 31 卷第 523 页。

像我起初设想的那样两卷一起出版。而且现在看来总共可能有三卷。

全部著作分为以下几部分：

第一册。资本的生产过程。

第二册。资本的流通过程。

第三册。总过程的各种形式。

第四册。理论史。

第一卷包括头两册。

我想把第三册编作第二卷，第四册编作第三卷。

我认为在第一册中必须从头开始，也就是必须把我从敦克尔那里出版的书加以概括而编成专论商品和货币的一章。我所以认为需要这样做，不仅是为了叙述的完整，而且是因为即使很有头脑的人对这个题目也了解得不完全正确。显然，最早的叙述，特别是关于**商品的分析**，是不够清楚的。"①

根据至今了解到的事实还不能肯定，马克思这时是否已经写好了新的第一章《商品和货币》，从上述信件来看很有可能写好了。因此，从内容来看马克思已经指明，商品是资本产生的前提。

1867年3月很可能马克思的誊清稿进行到第一版的第638页②，就像那里的脚注100所表明的。在此以前，在第一版第385—484、486—492、565和636页③上，马克思已经——至少在脚注中——对1866年的事实和材料进行了加工。

---

① 《马克思恩格斯〈资本论〉书信集》，人民出版社1976年版，第204—205页。

② 参看《马克思恩格斯全集》第1版第23卷第714页。

③ 见《马克思恩格斯全集》第1版第23卷第435—538、542—549、635和712页。

看来——从材料出处注明的日期推论——属于这个创作时期遗留下来的还有如下一些没有编页码的分散的手稿页：脚注75—77、关于西里西亚被弗里德里希二世占领以前德国东部圈地的描述（摘引古斯达夫·弗莱塔格的书《德国人民生活的新状况》）、论述农民和手工业者受剥削的正文、脚注79以及《煤矿工人》篇。① 所有这些文稿只有弗莱塔格书的摘录被收入最后的稿本中。这种看法是从同第一版718页脚注220②的内容对照得出的。在付印的最后文稿中，马克思或者使用新的叙述代替了其他材料，或者用几句话在正文中说明事实情况。这从第548及以下各页、599—630、691—702以及652—657页③可以看出。

1867年3月底马克思的第一册誊清稿进展到一个段落，相当于后来第一版第657页。在第一版第676和684页，马克思叙述了《童工调查委员会第6号报告》中的事实，这份报告最初发表于1867年3月底。在第一版第697和757页马克思援引了《工厂视察员报告。1866年10月31日》，这份报告最初于1867年在伦敦公布，他还引用了1867年3月在白金汉郡举行的罢工。在第一版第661、666和707页马克思提到詹姆斯·罗杰斯的《英国的农业史和价格史》，这本书是马克思1866年12月17日写信请求恩格斯给他弄到的。

至迟在1867年初马克思决定，第一卷只收入第一册，第二册先不出。这时他才完成了第一册付印稿的誊清和"润色"。出版商等待稿件已经很久了。当时马克思同意第一册单独出版，这一册可以包括达成协

---

① 见《马克思恩格斯全集》第1版第23卷第49页。
② 参看《马克思恩格斯全集》第1版第23卷第801页。
③ 参看《马克思恩格斯全集》第1版第23卷第670及以下各页、674—706、768—784以及728—733页。

101

议的计划中的两卷的第一卷的篇幅，即大约 25 印张。但是它的篇幅实际上要大得多。在写完第六章《直接生产过程的结果》之后，很可能是在他写作第三册的手稿时，也就是大约在 1865 年上半年，马克思有一个 149 页稿本的初稿①可用于第二册。但是，遗留下来的大量的第二册文稿表明②，马克思认为这部手稿不适于付印。由于决定第二册不再纳入第一卷，与此相联系，《直接生产过程的结果》章也决定从第一卷中抽出。这一章约有 1/3 的内容叙述的是向第二册的过渡。当马克思决定不再把第二册放入第一卷时，他认为对原来的《第六章》作一个简短的概括就够了，这个简短的概括印在第一版第 756 页上。为使读者易于接受思想上的联系，易于理解从第一册向第二册的过渡，马克思可能打算把第一册的结果放在第二册开头（类似他在《资本论》第三册开头所作的那样）。

1867 年 4 月 2 日马克思写给恩格斯的信中说："我下决心，只要不能够告诉你书已经完成，就不写信给你。现在已经写好了。"同时马克思估计，他的手稿"大概在 25 个印张以上"。③

1867 年 4 月 10 日至 12 日，马克思乘船赴汉堡，把他的手稿送交出版商奥托·迈斯纳。1867 年 4 月 13 日马克思写给恩格斯的信谈到了这件事："手稿便立即送往他的出版社，锁在保险柜里。几天之内就要开印并且会印得很快。……他现在想把书分成**三卷**出版。尤其是，他反对照我原来打算的那样缩减最后一本书（**历史文献部分**）的篇幅。"④ 马

---

① 见《马克思恩格斯全集》第 1 版第 49 卷。
② 见《马克思恩格斯全集》新国际版第 2 部分第 4 卷。
③ 《马克思恩格斯全集》第 1 版第 31 卷第 283 页。
④ 《马克思恩格斯〈资本论〉书信集》，人民出版社 1976 年版，第 208 页。

克思在第 XXII 页第一版序言中预告了整个著作分为三卷四册这种划分。1867 年 4 月 16 日手稿被寄往莱比锡奥托·维干德的印刷所。4 月 16 日至 5 月 14 日前后马克思到汉诺威,在库格曼家里作客。4 月 29 日维干德开始排字;马克思在自己生日那天,即 1867 年 5 月 5 日,在汉诺威收到《资本论》的第一批校样进行校对。马克思在他的 1867 年日历上每次都记下正文或脚注的最后几个字,这样每个印张寄走之后在下几个印张来时好联结起来。

1867 年 5 月 7 日马克思从汉诺威写信给恩格斯说:"要在这里等到全书印完,是不可能的。第一,我担心,书印出来会比我原先估计的厚得多,第二,他们没有把原稿退给我,因此,许多引文,特别是有数字和希腊文的地方,我只好查对留在家里那份手稿……"① 6 月 22 日马克思在给恩格斯的一封信中又写道,他在手稿中提到了霍夫曼的分子理论②,他 1865 年在伦敦曾听过霍夫曼关于这方面的讲演。马克思又途经汉堡返回伦敦,1867 年 5 月 19 日抵达伦敦。

1867 年 6 月 1 日奥托·迈斯纳登出广告,预告《资本论》将于 7 月份出版。

马克思在汉诺威逗留期间,库格曼向他建议,写一篇附录,比较通俗地论述价值形式问题。这件事从马克思 1867 年 7 月 13 日给库格曼的信中可以看出。恩格斯——他也从马克思那里得到校样——1867 年 6 月 16 日也向马克思提出过类似的带有详细说明的建议。他说,马克思掌握许多关于价值形式的材料,"你一定能就这个问题写出很好的补充

---

① 《马克思恩格斯〈资本论〉书信集》,人民出版社 1976 年版,第 211—212 页。

② 参看《马克思恩格斯全集》第 1 版第 23 卷第 342、343 页。

论述，从而用历史方法向庸人证明货币形成的必然性并表明货币形成的过程。

你造成了一个很大的缺陷，没有多分一些小节和多加一些小标题，使这种抽象阐述的思路明显地表现出来。这一部分你应当用黑格尔的《全书》那样的方式来处理，分成简短的章节，用特有的标题来突出每一个辩证的转变，并且尽可能把所有的附带的说明和例证用特殊的字体印出来。这样，看起来就可能有点像教科书，但是对广大读者来说要容易理解得多。"①

至迟在1867年6月27日马克思写完了关于价值形式的附录，它印在第一版第764—784页。然后在同一天他就把"这一附录的结构——章节和标题等等"②告诉了恩格斯。7月13日马克思写给路德维希·库格曼的信中说，他"两天前"已把附录寄到莱比锡去了。

1867年7月25日马克思最后在序言上签了字。③

1867年8月1日和9日莱比锡《德国书报业行市报》刊登了奥托·迈斯纳的广告，其中声称："收到的预订八月份出版的著作**《资本论》**的**有约束力**的订单出乎预料的多……使我不得不对寄发每一份新书采取严格限制。"

1867年8月16日马克思告诉恩格斯，他刚刚校完最后一个印张（第49印张），而且序言也已校完于昨日寄回。

8月奥托·迈斯纳单独到莱比锡维干德处，让他印一份有大量序言

---

① 《马克思恩格斯〈资本论〉书信集》，人民出版社1976年版，第213—214页。
② 《马克思恩格斯〈资本论〉书信集》，人民出版社1976年版，第220页。
③ 见《马克思恩格斯全集》第1版第23卷第13页。

摘录的内容广泛的四页宣传材料，以便寄往报纸编辑部。1867年8月24日马克思致恩格斯的信中也谈到了这个情况。序言的摘录发表在如下期刊和报纸上：9月4日柏林《未来报》，9月6日柏林《社会民主党人报》，9月7日伦敦《蜂房报》，9月13日《汉堡消息报》，9月14日《海尔曼。伦敦德文周报》，9月27日那不勒斯《自由和正义》，9月第9期和10月第10期日内瓦《先驱》，10月1日巴黎《法兰西信使报》，10月13日布鲁塞尔《自由报》，1868年1月4日和11日莱比锡《民主周报》，1568年2月24日晚版《汉堡交易所报》。

1867年9月14日，《资本论》第一卷出版的消息由官方发表在莱比锡每日（星期日除外）出版的《德国书报业行市报》上。《德国书报业出版消息栏》的广告是由莱比锡的"J. G. 欣利希图书公司"提供给《行市报》广告部的。截至19点收到的广告要编入下下一期。为14日发表《资本论》第一卷出版的简讯，欣利希图书公司至迟必须在9月12日发出有关的报道。在此之前，莱比锡的奥托·维干德印刷所必须把书送到欣利希图书公司，为《行市报》提供的广告册也必须已经编完。因此人们可以认为，卡尔·马克思的《资本论》第一卷是在1867年9月11日出版的。

《资本论》第一卷出版得"很简陋"（用行话说，就像用线串起来的毛装书），只用了黄色的纸封面，标价3塔勒10新格罗申（$3\frac{1}{3}$塔勒）。封面上的书名字样和白色扉页上的字样不同。黄色封底上，奥托·迈斯纳刊登着他的出版社的出书广告。

《资本论》第一卷的手稿显然在印刷完毕后由维干德寄回汉堡奥托·迈斯纳出版社。手稿在那里存档——作为版权凭证。出版社拥有版权至少到1922年，这一点从那一年出版的全部三卷《资本论》的版本看得出来。后来，可能是1929年，《资本论》出版者的长孙奥托·海因利希·迈斯纳在柏林把手稿转交给德国社会民主党档案馆的一位代表。第二次世界大战期间，注有日期和收件人姓名的移交单据，在1943年汉堡出版社遭到轰炸时被毁。手稿后来又经历了什么样的道路，它是否还存在，在什么地方，至今不得而知。

[原载《马克思恩格斯全集》新国际版第2部分第5卷附卷（略有删节）]

（王全民 译）

《马克思恩格斯全集》
历史考证版第二部分第五卷前言^{*}

本卷收入的是1867年汉堡奥托·迈斯纳出版社出版的马克思《资本论。政治经济学批判》第1卷第1版。

《资本论》是马克思主义的主要著作。马克思主义正是通过这部著作获得了牢固的科学基础和不容置辩的理论依据。这个无与伦比的科学贡献的本质在于,马克思在唯物主义历史观的基础上阐述并完整地制定了剩余价值理论。他的认识和发现,得出了关于国际工人阶级的历史作用和关于人类社会的共产主义未来的革命结论。

《资本论》各卷加在一起也是马克思毕生事业的顶峰。马克思通过这部著作完成了社会科学的一场革命。《资本论》融入了马克思和恩格斯此前所获得的并曾在许多著作中叙述过的丰富的理论认识和革命经验;这部著作把他们的整个理论提高到了崭新的和新质的层次。在《资本论》中,"马克思主义已经具有全副理论武装"。①

马克思表述了《资本论》全部著作的科学目的,并提出了"**揭示现代社会的经济运动规律**"②的任务。唯物史观和对唯物辩证法的经典运用使马克思能够把资本主义社会形态的发展理解为一种自然历史过

---

* 本文选自《马克思恩格斯列宁斯大林研究》2001年第4辑。
① 《列宁全集》第2版第4卷第150页。
② 《资本论》第1卷德文第1版中译本第4页。

程。他认识到了从资本主义生产方式的表面现象所看不到的并且在其深层发生作用的动力和规律，它们适用于资本主义所有历史阶段。马克思从理论和方法上批判地和革命性地证明，资本主义制度的固有规律产生出客观上所不可逾越的和资本主义所无法解决的矛盾。马克思在《资本论》中揭示了资产阶级和无产阶级存在不可调和的矛盾的经济原因，并"阐明了无产阶级在整个资本主义制度中的真实地位"①。他论证说，无产阶级本身就是资本主义发展的产物，它在资本主义中成长、接受纪律教育、并在不断的阶级斗争中形成并组织起来，它是一种超越资本主义社会的社会力量，它的历史使命是要通过革命行动消灭资本主义社会，夺取政权并成为统治阶级。工人阶级将运用政权建立共产主义社会。

马克思的这一认识为工人阶级的解放斗争提供了锐利的理论武器。恩格斯是这样赞誉《资本论》的意义的："自地球上有资本家和工人以来，没有一本书像我们面前这本书那样，对于工人具有如此重要的意义。"②

马克思科学地证明，资本主义社会形态将以它自然过程的必然性产生出自我毁灭的手段，同时也产生出共产主义社会形态的形成要素。③他由此推论出社会主义社会和共产主义社会的基本发展趋势和特征。

《资本论》在分析资本主义生产方式时所运用的方法，对于研究任何一个社会有机体、任何一个社会制度都具有普遍意义。它是科学研究人类社会的过去、现在和未来发展过程的钥匙。理论和方法的统一是《资本论》思想的影响和生命力所在。它使列宁能够依据《资本论》的认识，分析资本主义的帝国主义发展阶段和共产主义的初级阶段，并且

---

① 《列宁全集》第 2 版第 23 卷第 48 页。
② 《马克思恩格斯全集》第 1 版第 16 卷第 263 页。
③ 《资本论》第 1 卷德文第 1 版中译本第 480 页。

对马克思主义理论作了进一步的重要发展。

马克思的科学贡献的伟大之处在于,他把社会分析所不可动摇的真实内容同分析所得出的革命结论完美地统一起来。《资本论》的出版具有世界历史意义,因为它含有对共产主义历史规律性的全面论证。

这部著作的写作必须具备一定的历史前提。写作首先需要的是一个足够成熟的资本主义发展阶段,以及相应的无产阶级的形成。无产阶级产生于产业革命时期,它和资产阶级之间的阶级斗争开始爆发并且越来越激烈。早在19世纪30年代和40年代,无产阶级就已经出现,如今它显然已是一个独立的社会阶级,有着自己的政治要求。阶级斗争的水平要求有可能并有必要制定工人阶级的科学世界观。

当马克思于19世纪40年代开始研究经济学理论时,有好几个欧洲国家的资本主义发展已很先进。但是,资本主义的"典型场所"是英国;因为这里的资本主义矛盾暴露得最为明显,而且这里的阶级斗争也发展得最快。

马克思研究他的经济学理论是顺应了国际工人阶级迫切的客观需要。在反动时期之后在德国和其他国家成立的诸多工人协会中,资产阶级和小资产阶级思想是主流。这些协会的主要目的是要让无产阶级的阶级斗争失去革命趋势,平息无产阶级的一切不满和愤怒,缓和它的要求,把运动引到并保持在有利于资本的安全轨道上。相反,马克思写《资本论》的目的则是要给予日益增强的工人运动一个有牢固科学基础的革命斗争的战略和战术;并且要抵制一切资产阶级思想的影响。

《资本论》最后也是最重要的写作阶段在时间上恰好和马克思在国际工人协会中的活动相吻合。所以他利用一切可能,让工人阶级及其领导们意识到他们所肩负的历史使命,并把科学社会主义和工人运动结合起来。一方面,他运用他从经济学研究中获取的认识和结果,并不懈地宣传它们。另一方面,他以概括而又非常具体的形式把他在第一国际工作时所获得的实践斗争经验写进《资本论》。所以说，在《资本论》第1卷出版之前，马克思就已经在为传播他的思想做准备，同时他的写作也从中收获颇丰。《资本论》第1卷的出版持续地推动了工人运动的高涨。

无产阶级政治经济学这个革命学说是马克思几十年潜心研究的结果，它阐释了资本主义社会形态的形成、生存和灭亡过程。为了科学论证工人阶级的历史任务，马克思对全部经济科学进行了批判性研究，吸收了大量的经验材料。他在40年代和50年代所做的大量的摘录笔记、《经济学哲学手稿》、《哲学的贫困》和《雇佣劳动与资本》已经表明，马克思是如何搜集详细材料和探寻理论阐述的"内在联系"的。他由此找到了他后来的价值理论和剩余价值理论的主要出发点。

马克思主要著作的决定性写作阶段开始于1857年夏天写作《政治经济学批判大纲》，马克思本人把它当作自己主要著作的最初手稿。该手稿不仅包含了他的价值理论，而且还有他对纯粹形态的剩余价值的发现。这里已经出现了那个三篇结构的划分，即资本的生产过程、资本的流通过程、资本和利润，它从此给资本主义经济运动规律的研究和论述打上了烙印。基于在即将发生的危机之后将是一次革命这样的认识，马克思从他所进行的批判中得出了基本结论，并论证了共产主义社会形态的物质前提、轮廓和目标。

马克思在即将完成《大纲》（《政治经济学批判（1857—1858年手稿）》，下同。——译者注）的时候，开始在它的基础上撰写他本打算分几个分册出版的著作的付印稿。1859年6月中旬，《政治经济学批判。第一分册》出版。它的《序言》含有对唯物史观的概括而又经典的论述。除货币理论以外，该书主要包含了马克思对价值理论的初次论述。

1861年8月至1863年7月，马克思写成了《政治经济学批判》手稿。这部手稿起初是被作为《政治经济学批判》第二分册的誊清稿，可是它越来越多地呈现出研究性手稿的特征，并且该手稿的完成在某种程度上也包含有马克思本人的理解过程。在这个手稿中不仅有诸如相对剩余价值、平均利润和生产价值、地租和利息这样的重要的新理论要素，此外还形成了再生产理论和危机理论的基本观点。在这几年里，马克思还完成了他的著作的最终的结论计划。1861—1863年手稿所以具有重要意义，还因为它论述了剩余价值的批判史，即被马克思视为《资本论》第4册手稿的《剩余价值理论》。

在六年的时间里，写作《资本论》的一切基本的前提条件就这样形成了。但这并不仅仅表明马克思对理论内容和结构的思考在某种程度上告一段落，而且他还第一次明确地将著作的最终名称确定为《资本论》。《政治经济学批判》只当作副标题。① 1863年8月至1865年12月，马克思终于完成了《资本论》所有三个理论册的草稿。

马克思在1866年1月上旬开始写《资本论》第1卷时，已经有了大量完整的研究材料，他在这些材料中已经解决了自己所提出的伟大任务：分析资本主义生产方式和与之相适应的生产关系，并揭示资本主义的运动规律。在他写《资本论》第1卷时，所有这些材料都发挥了作用。但是《资本论》第1卷的直接基础是由1863—1865年手稿所形成的第1卷文稿。这个文稿没有都保存下来，现存下来的只有未被马克思收入第1卷付印稿中的标题为《第六章。直接生产过程的结果》的那一部分。② 马克思肯定写过这么一个第1卷的草稿，但我们并不清楚它

---

① 马克思1862年12月28日给库格曼的信，见《马克思恩格斯全集》第1版第30卷第636页。
② 《马克思恩格斯全集》历史考证版第2部分第4卷第1册，中文第1版第49卷第3—145页。

的具体内容和结构。然而，我们却可以比较准确地说出第1卷草稿的篇幅，因为上面提到的《第六章》是从第441页开始的，页码是马克思亲自编写的。马克思在写现已遗失的这个手稿时主要利用了两个材料：一个是《政治经济学批判。第一分册》1859年柏林版①，只是被用于第1章《商品和货币》；一个是写于1861年至1863年的《政治经济学批判》手稿第I—V笔记本和第XIX—XXIII笔记本，② 在1861—1863年的这部分手稿中，《资本论》第1卷的所有理论问题，从货币转化为资本到积累过程，都已写成了详细的草稿。恩格斯甚至说，手稿的这个部分是《资本论》第1卷"现有的最早文稿"③。

  但是，对于《资本论》第1卷的最终文本来说，《资本论》第2卷和第3卷的草稿④，也具有重要意义。尤其是这些草稿的主要部分中对属于第3卷问题的利润、利息和地租所作的非常成熟和更加有条理的论述，是《资本论》第1卷所必不可少的。马克思在此前的几年里，至少是在写《剩余价值理论》期间（实际上是在和资产阶级的利润、地租和利息理论进行理论辩论）坚定地认识到，他在其他几个理论卷（至少是草稿）尚未完成之前绝不会着手出版第1卷。他在写第3卷期间写信给恩格斯说，他的著作在可以出版之前必须已是一个"辩证地分解了的"和"完整的"整体。⑤ 他非常正确地认识到所有资产阶级经济

---

  ① 《马克思恩格斯全集》历史考证版第2部分第2卷第95—245页，第2版第31卷第411—582页。

  ② 《马克思恩格斯全集》历史考证版第2部分第3卷第1—328页和第1889—2384页，见第1版第47、48卷。

  ③ 恩格斯《〈资本论〉第2卷1855年汉堡版序言》，见《马克思恩格斯全集》第1版第24卷第4页。

  ④ 《马克思恩格斯全集》历史考证版第2部分第4卷。

  ⑤ 《马克思恩格斯全集》第1版第31卷第135页。

学家共有的主要错误在于，他们没有把剩余价值纯粹地作为独立于具体形式之外的剩余价值来研究，而是直接分析利润、地租或利息。① 这反过来说明，马克思的认识是，首先要阐述剩余价值本身，而且一定是在《资本论》第1卷中论述，而不是在没有这个基础的情况下就阐述自己的利润、利息和地租理论。只有这样，他才能避免犯理论错误，并在最终论述纯粹剩余价值理论时，能考虑到通过分析剩余价值的特殊形式可能获得的新观点。

马克思本人反复多次地证明了上述事实：《资本论》第1卷有多处特别提示参阅"第3册"，这些提示出现的情形总是：马克思认为有必要绝对保持第1卷的抽象层次，但是为了更便于理解其中的某一论述，就要附带提示一下这种情况在资本主义社会的表面现象中是如何表现的，也就是说，它在"行动者"的头脑中是如何或多或少地被颠倒的。反过来，《资本论》第2卷的手稿中，尤其是第3卷的手稿中也有多处提示参阅第1卷。马克思给出提示一般总是在如下的场合，即他认为有必要让读者在读到关于资本和剩余价值具体形式的论述时、记起它们的纯粹形态以及共同的唯一源泉即劳动的时候。

《资本论》第2卷和第3卷手稿的形成史同第1卷第1版手稿的形成史之间的密切联系还有一个方面的意义，即对理解马克思《资本论》各个部分之间的内在统一和理论完整性所具有的重要意义。这指的是在马克思的叙述方法中占重要地位的各个不同抽象层次的辩证关系。认识《资本论》第1卷是理解第2卷和第3卷绝对必要的前提。不过，从根本上说，反之情况亦然。另一方面，第1卷和第3卷之间的区别是显而易见的。但是这两卷论述的本质上是同一对象，所不同的只是概括程度、抽象层次和角度。

---

① 《马克思恩格斯全集》历史考证版第2部分第3卷第2册第333页。

所以说,《资本论》第 1 卷 1867 年版是马克思写作全部四卷的结果。他在出版第 1 卷之前,先完成了全部四卷的草稿。这在内容上和方法论上都具有重大意义。《资本论》全部四卷具有内在统一性,并互为条件。因为《资本论》所要反映的对象是一个总体。四卷《资本论》的内在统一表现为各卷叙述的辩证形式,以及各卷在内容上的相互关联。

这表现在《资本论》理论部分的三卷并不是叙述上的简单排序,而是突出了不同的抽象层次。虽然每一卷都是在论述经济学范畴的一个相对完整的领域,但是,所有三卷的结构都是按辩证法依次排列的。对《资本论》的整体认识是全面理解各卷论述的专题所必不可少的条件。

但是,第 1 卷在《资本论》所有各卷不可分割的统一性中占有特殊地位。其特殊地位表现在多个方面。《资本论》第 1 卷是全部《资本论》的理论基石,因为它充分揭示并论述了资本主义的一般本质。正如恩格斯所说,它的论述对象是"资本主义生产过程本身作为直接生产过程……撇开了这个过程以外的各种情况引起的一切次要影响"。①

马克思从唯物主义历史观的基本论点出发,即从生产决定社会生活的一切方面,而且也是资本主义社会经济形态的基础这种论点出发,来开始分析资本的生产过程。这里分析的是资本主义生产机制中的本质过程,是同这种生产在资本主义社会表面现象中的相反表现相对立的。用列宁的话说就是,马克思在第 1 卷描述了"工人进入资本主义工厂……工厂剥夺剩余价值、奠定整个资本主义剥削制度的基础、造成少数人致富而群众受压迫的资本主义社会"②。揭示资本主义实际现象中所掩盖的剥削本质,使人们能够科学地理解资本主义社会形态。所以说,《资

---

① 《马克思恩格斯全集》第 1 版第 25 卷第 29 页。
② 《列宁全集》第 2 版第 37 卷第 124 页。

本论》第 1 卷是一个"完整的部分"。①

《资本论》第 1 卷在各卷整体结构中占有特殊地位的另一个原因是，马克思从他的关于工人阶级历史作用和资本主义必然被共产主义替代的经济学理论中得出了革命政治的结论。通过揭示剩余价值生产的机制和发现剩余价值规律，马克思极其深刻地认识到了资本主义的剥削本质，能够彻底地揭示由此产生的资产阶级和无产阶级之间的对抗性矛盾，确定资本的意义和用途是价值自行增殖，同时论证了资本在客观上被迫进行积累，并由此推导出资本主义积累的历史趋势。通过论证剩余价值的生产和占有是资本主义生产方式的基本规律，马克思阐明了无产阶级的阶级状况在资本主义社会制度下不可能从根本上得到改变。无产阶级是生产资料的非所有者，总得出卖他的劳动力商品，所以它是整个资本家阶级永久的剥削对象。《资本论》第 1 卷由此做出论证，指出旨在消灭资本主义、建立没有剥削的社会的政治阶级斗争是必然的。

《资本论》第 1 卷研究了纯粹形态的剩余价值。这是理解《资本论》第 3 卷中所论述的剩余价值特殊形式的一个必要前提。明确区分剩余价值及其特殊形式对于认识资本主义的本质具有决定性意义。资产阶级政治经济学正是由于没能区分它们而遭到失败的。

一切决定资本主义社会形态的本质和发展，在《资本论》第 1 卷中都已经作了论述，其中有价值规律、资本主义基本规律即剩余价值规律以及资本主义积累规律。之所以能够这么说，是因为《资本论》第 1 卷揭示了这些规律赖以存在的内在矛盾的形成、发展、消除以及重新确立。更具有重要意义的是，《资本论》第 1 卷论证了生产的社会性和私人资本主义占有之间的对抗性矛盾，它后来被恩格斯称作是资本主义的

---

① 马克思 1868 年 10 月 7 日给尼·弗·丹尼尔逊的信。见《马克思恩格斯全集》第 1 版第 32 卷第 551 页。

基本矛盾。这个矛盾是资本主义社会形态一切其他矛盾的基础。资本主义的基本矛盾(《资本论》第1卷探讨了它的发展)从原因上揭示了资本主义的历史性。《资本论》第1卷从基本矛盾的发展、从由此派生的矛盾以及由此产生的阶级斗争已经得出了那些由全部《资本论》著作所得出的结论。马克思在第1卷的末尾非常明确地表述了决定一切的革命结论。从这个革命结论推论出,资本主义将由于资本主义生产内在的发展规律的发展而被共产主义替代,所以说,这个革命结论在一定程度上是此前全部阐述的结果。① 马克思在《资本论》第1卷中运用剩余价值理论极其深刻地论证了,完成这项事业并建立没有剥削的共产主义社会的将是工人阶级。他在该卷中不仅突出了要求工人阶级完成它的世界历史使命的那些要素,而且还突出了使工人阶级能够胜任这种使命的那些要素。

《资本论》第1卷1867年第1版是《马克思恩格斯全集》历史考证版第2部分的主要文献。它是马克思对资本主义社会制度所进行的全部研究的成果,它本身包含了马克思的资本主义分析的经典叙述,而且后来对马克思经济学理论的所有加工和完善,无论是涉及马克思和恩格斯生前一直在为之工作的第1卷的其他版本和译本,还是第2卷和第3卷,都是以这个第1卷为出发点的。

马克思在《资本论》第1卷第1版的序言中简明扼要地向读者介绍了研读的总的方向,并强调了在思想上汲取它的丰富多彩的内容时应当始终予以考虑的几个普遍适用的要点。

马克思的理论具有国际性、全球性的意义和普遍适用性,它在全世界范围内都是适用的。英国只是马克思研究的典型,但是《资本论》并不仅仅适用于英国资本主义,而且还适用于作为国际历史现象

---

① 《资本论》第1卷德文第1版中译本第730—731页。

的一般资本主义。由此已经可以看出，马克思对资本主义所作的分析不仅仅是针对16世纪以来表现形式各异的资本主义制度的历史，而且还延伸到了资本主义社会形态的整个历史进程；对此，马克思作过明确强调。①

不同国家或不同历史时期的资本主义的不同发展水平，并不影响他的理论的适用性。马克思非常清楚地认识到资本主义制度尚存的巨大发展潜力；资本主义制度的发展使它的各种矛盾产生了新的表现形式、新的运动形式（马克思本人，尤其是恩格斯，已经开始对它们进行分析），并逐渐向垄断过渡。但是这种形式上的区别并不影响马克思的资本主义理论的普遍适用性。

马克思还向读者介绍了他的主要方法论原则。他把自然科学研究和社会科学研究的过程进行了比较。他认为，二者的共同之处在于，它们都力求以尽可能纯粹的形式研究它们的研究对象，并且尽可能免受干扰。所以，马克思选择了英国。二者的主要区别在于，对社会经济形式的分析既不能用显微镜，也不能用化学试剂。马克思断言，"二者都必须用抽象力来代替"。② 马克思认为重要的是，《资本论》第1卷的读者永远不要忘记这一点，因为读者在第1卷会遇到他在资本主义表面世界从未看到的很多东西。

政治经济学是一门有党性的科学。它永远代表着一个阶级的利益。但是，马克思还指出，支持无产阶级就必然意味着科学分析要客观；也就是说，当他也不用玫瑰色描画资本家和地主的时候，他所分析的根本不是个人，因为"我的观点是：社会经济形态的发展是一种自然历史过程。不管个人在主观上怎样超脱各种关系，他在社会意义上总是这些关

---

① 《资本论》第1卷德文第1版中译本第2—3页。
② 《资本论》第1卷德文第1版中译本第2页。

系的产物"①。

由此得出结论：资本主义社会制度具有历史必然性，而且和其他任何一种社会形态一样，它"还是既不能跳过也不能用法令取消自然的发展阶段"②。但是，它并不是永恒的或不可改变的，它"不是坚实的结晶体，而是一个能够变化并且经常处于变化过程中的机体"③。从历史结果来看，这关系到资本和劳动的现存关系的变革。资本主义有一个历史界限，界限的另一边就是共产主义社会。

马克思认为有必要在序言中对第一章作一些解释。他的目的是要在《资本论》全部著作的这个最难理解的理论部分中（他在写该部分的付印文稿时下了很大功夫）尽可能使叙述清楚，并在逻辑上使某些非常抽象的叙述保持整体上的通俗易懂。由于当时对价值原理已经有非常先进的阐述，所以对价值形式的第二次叙述只得作为该卷的附录，仅此一点就说明，马克思的第一个文稿是不完善的，这一点他本人也意识到了。

从读者角度考虑，马克思特别注重对第一章的理解。所以说，至关重要的事情是，如何阐述整个学说的基础。一方面，马克思提出无产阶级政治经济学，以反对整个国际资产阶级经济科学界和舆论界，并希望借此引起热烈而又具批判性的反响。另一方面，《资本论》的主要读者是工人阶级及其领导，其中首先是当时还处在资产阶级和小资产阶级意识影响之下的德国工人运动，但是它最先进的部分正准备建立一个群众性革命政党。在这个过程中，《资本论》在客观上起了促进作用，并具有纲领性的意义。

上述观点对于从理论和方法论上评价和分析第一章的叙述具有重要

---

① 《资本论》第 1 卷德文第 1 版中译本第 4 页。
② 《资本论》第 1 卷德文第 1 版中译本第 4 页。
③ 《资本论》第 1 卷德文第 1 版中译本第 5 页。

意义。马克思只是把他的《政治经济学批判。第一分册》1859年版的文稿作为第一章的系统材料。《第一分册》已经包含了《资本论》第1卷论述商品、价值和货币的全部基本理论内容,不过,马克思还是明确强调说:"叙述方式也改进了。"① 而且这是从整个第1卷的意义上来说的。第一章的理论更加深化,论题更加扩展,更加强调政治,更具攻击性,论据更加牢靠,论证的资料更加翔实,而且语言风格更加精确清晰。尤其是"前书只是略略提到的许多论点,这里都作了进一步的阐述"。②

由于1861—1863年手稿中也没有这一章的草稿,所以可以肯定的是,马克思在完成了《资本论》的这第二个草稿之后,已经作好了全面的理论准备,要以更加完善的形式,把商品、价值和货币作为阐述资本、剩余价值、工资和积累的前提和基础来写。叙述的起点范畴是马克思在1858年经过长期研究思考发现的,它就是商品,商品在某种程度上是资本主义机体的细胞,是整个制度的数量众多的最小组成部分。此前,马克思曾多次尝试用其他范畴作为起点,他逐渐认识到,他不能直接从资本关系和剩余价值生产开始。理论阐述的观点不仅要符合逻辑原则,也必须符合历史原则,而且不能用以后才论述的内容来作为前提。它不能是利润、工资和地租,也不能是资本和劳动的关系,正如马克思最终所认识到的,它更不能是货币和价值。资产阶级财富的要素形式是商品。因此,理论阐述的起点范畴必须是商品。马克思在完成《大纲》时得出了这一认识,并以这一认识开始写《政治经济学批判。第一分册》1859年版,他还以这个思想开始了《资本论》第1卷的写作。

---

① 《资本论》第1卷德文第1版中译本第5页。
② 《资本论》第1卷德文第1版中译本第1页。

从历史上看，商品生产并不是在资本主义中才出现的，但是商品生产在资本主义中才成为统治一切的生产形式，才决定并渗入一切社会关系，在资本主义中，一切都成为商品。分析商品为马克思的价值理论提供了真正的理论基础。

马克思在分析商品时不仅介绍了这样的认识：在社会的这个"细胞"即单个商品中包含资本主义生产的矛盾性，而且还论证说，"通过最简单的形式即商品形式，阐明了资产阶级生产的特殊社会的，而决不是绝对的性质"①。

因此，资本主义商品生产根本不是所有社会生产的完全正常或自然的形式，它只表示一个特定的、必然的、在某个发展阶段上才存在的生产方式。按照规律，在它后面出现的就是共产主义。这个认识对于确定工人阶级斗争的目标具有重要意义，因为"内部联系一旦被了解，相信现存制度的永恒必要性的一切理论信仰，还在现有制度实际崩溃以前就会破灭"（马克思1868年7月11日给路德维希·库格曼的信②）。

马克思认为，商品是使用价值和交换价值的对立统一。同时，生产商品的劳动具有二重性，它是具体劳动和抽象劳动的统一。提出商品和生产商品的劳动具有二重性的学说，是马克思的一项重要的科学贡献。这个学说是由马克思创立的，是他对政治经济学进行革命变革的一个重要因素。对资本主义生产方式的理解就是以这个学说为基础的，它是"理解政治经济学的枢纽"③。由此特别可以看出马克思和他的科学前辈们在价值理论上所存在的一般的质的区别。

---

① 马克思1859年7月22日给恩格斯的信，见《马克思恩格斯全集》第1版第29卷第445页。

② 《马克思恩格斯全集》第1版第32卷第542页。

③ 《资本论》第1卷德文第1版中译本第15页。

马克思分析了包含在商品中并产生价值的劳动的特性。他由此得出结论：交换价值是人的即生产者的社会关系。但是，在资本主义制度表面现象中，社会关系则表现为相反的形式，即物的关系，因为："私人生产者是通过他的私人产品，即通过物才发生社会联系的。因此，他们的劳动的社会关系不是作为他们劳动中人和人的直接社会关系存在和表现的，而是作为人们的物的关系或物的社会关系存在和表现的。物作为社会的物最初的和最一般的表现就是劳动产品转化成商品。"① 也就是说，通过研究商品和以发达的分工为前提的商品世界，马克思获得了如下认识，并在《资本论》第1卷中作了介绍：商品交换是一个过程，是在物的交换尤其是私人生产者的产品交换的外壳下进行，表现为生产者的相互联系也就是特定的社会生产关系。

马克思在把劳动作为价值实体进行分析并把劳动时间确定为价值尺度之后，给自己提出任务，即还要首次对商品的价值形式进行彻底的研究和论述，也就是从它的形成一直发展到货币形式。他认为这个任务的关键在于，指出价值形式、价值实体和价值量之间的内在必然联系，并证明价值形式是由价值本性产生的。② 马克思只可能在认识到商品包含劳动二重性的基础上指出并证明上述联系，这也正是在马克思之前没有人能够作这种分析的原因所在。但是马克思现在也必须这样做，因为没有价值形式及其发展史就不可能充分理解货币形式，最终也理解不了商品的资本形式。

《资本论》第1卷第一次全面阐述了价值形式的发展，这是一个巨大的科学成果。马克思认为资产阶级古典政治经济学的一个根本缺点是，"它始终不能从商品的分析，而特别是商品价值的分析中，发现那

---

① 《资本论》第1卷德文第1版中译本第47页。
② 《资本论》第1卷德文第1版中译本第42页。

种正是使价值成为**交换**价值的价值**形式**……这不仅仅因为**价值量**的分析把他们的注意力完全吸引住了。还有更深刻的原因。**劳动产品的价值形式是资产阶级**生产方式的最抽象的,但也是最一般的形式,这也就使资产阶级生产方式成为**一种特殊的**社会生产类型,因而同时具有历史的特征"①。马克思本人在《政治经济学批判》中还回避了这种全面叙述的困难;他在那里只是把货币表现作为最发达的和最终的价值表现来论述。

马克思、恩格斯和库格曼曾经就《资本论》第1卷中价值形式分析的第一种文本交换看法,库格曼曾要马克思重写第一章(恩格斯1867年6月16日给马克思的信和马克思1867年6月22日给恩格斯的信)。② 这个问题的第二种文本被作为附录发表在书中。

这两种文本之间的重大区别在于叙述的形式。这个附录除了有更深的理解之外,还包含了更严格的叙述逻辑。正文中的论述着重于从商品的内在矛盾来阐述价值形式。附录中的第二种论述更多地是从现象上来反映出整个交换过程的客观矛盾。马克思在附录中省去了正文中与黑格尔有关的内容。

《资本论》第1卷第1版中对价值形式所作的第一次全面分析的意义在于,马克思取得了使他的价值理论更加完善和完整的认识上的进步。马克思运用商品交换彻底完整地叙述了资本主义生产方式的最一般的社会关系,所以说,在把资本主义生产方式作为整体进行研究的过程中,马克思的这些论述是一个里程碑。马克思通过价值形式分析第一次从逻辑和历史上科学地解释并论证了货币的形成。

虽然马克思在第1版中对价值形式这个题目进行适当叙述的全部工

---

① 《资本论》第1卷德文第1版中译本第42—43页脚注24。
② 《马克思恩格斯全集》第1版第31卷第307—309页和第310—313页。

作还没有完全结束,但是这种分析的巨大贡献并没有因此而逊色。说这方面的工作没有结束,其证据就是马克思在准备第2版时对整个第1篇、尤其是对价值形式的叙述重新进行修改的大量手稿中,有很多经过反复涂改的文字。最后还有《资本论》第1卷第2版中的最终文本也证明了这一点。①

马克思通过分析价值形式,并与此相衔接,阐述了他对商品拜物教性质的深刻思考。正是这个形式即商品的价值形式,"用物的形式掩盖了私人劳动者的社会关系以及私人劳动的社会规定;而不是把它们揭示出来"②。而且这里还证实了他的发现,即资产阶级生产关系的本质和现象是颠倒的,人的日常观念认为表面上控制着人的物,比如商品、货币、资本等等具有超自然的固有权力和力量。马克思把"商品的神秘性"定义为"商品拜物教",认为它"来源于:在私人生产者面前,他们的**私人劳动**的社会规定表现为**劳动产品的社会的自然规定性;人们的社会生产关系**表现为物彼此之间和物与人之间的**社会关系**"③。

对商品的拜物教理论的阐述贯穿于马克思经济学理论的整个形成过程,因而也是他进行的资产阶级政治经济学批判的不可分割的组成部分。马克思力求研究并批判地确定资本主义的社会关系以及由此产生的资产阶级意识。自从在《大纲》中发现劳动二重性和纯粹形态的剩余价值以来,马克思对他的商品拜物教的论述达到了在质上的更高水平;他能从资本主义私有制基础上进行的交换价值的生产出发,论证这种物化现象的客观必然性。④ 马克思在研究资本主义前的生产方式时终于证

---

① 见《马克思恩格斯全集》历史考证版第2部分第6卷。
② 《资本论》第1卷德文第1版中译本第47页。
③ 《资本论》第1卷德文第1版中译本第47页。
④ 《马克思恩格斯全集》历史考证版第2部分第1卷第1册第90—91页。

明，社会现象的物化只有在资本主义的条件下才可能占统治地位。① 这一认识在《资本论》第 1 卷中从根本上得到了深化和丰富。做到这一点，马克思所依据的是其中劳动不具备彼此独立的私人商品生产者的形式的两个模式。第一个模式是资本主义以前或非资本主义的条件下，即"孤岛上的鲁滨逊"，第二个是资本主义以后或社会主义条件下，即一个"自由人联合体，他们用公共的生产资料进行劳动"。② 由此，马克思对商品拜物教作了更深刻的解释，并作了具体历史排序。马克思在《资本论》后来的所有手稿以及《资本论》第 1 卷中都运用了这个思路。

不过，在《资本论》第 1 卷叙述商品拜物教性质之前还存在更进一步的思考和认识。从《大纲》开始，马克思始终把分析经济关系和范畴同批判它们的物的表现形式结合起来，这些物的表现形式不但控制着人们的日常意识，而且控制着资产阶级经济学理论。这种理论和思想上的颠倒以及资产阶级的阶级立场，成为资产阶级经济学的客观认识的障碍，资产阶级经济学没有能够掌握物质内容和社会形式的辩证关系，因而不能认识资本关系的历史性质。要是说正如马克思所认识到的，这概括了资产阶级经济学全部的本质特征，那么马克思对资产阶级经济学的历史功绩则有着很不相同的评价，他阐述了庸俗经济学和资产阶级古典经济学在理论上和方法论上的对立。斯密、李嘉图以及其他人曾经作过一些重要而且也颇有成果的尝试，他们试图通过经济关系的表面现象深入其本质，获得了引人注目的科学成果，成为马克思的理论起点。这些成果达到了资产阶级认识可能性的极限；在决定性问题上，即在资本

---

① 《马克思恩格斯全集》历史考证版第 2 部分第 1 卷第 2 册第 378 页以及以下几页。

② 《资本论》德文第 1 版第 1 卷中译本第 44 页。

主义社会的历史观和历史排序问题上；这些成果只停留在初始阶段。所以说，马克思对资产阶级经济学的两个对立流派的详尽定义和他对商品拜物教的论述被放在一起，这并非巧合。①

另外，马克思在《资本论》第 1 卷中对商品拜物教的系统论述，还依据了他在 1864—1865 年之间在《资本论》第 3 卷草稿中所总结的研究和认识。他在该草稿中概括了在资本主义现实和资产阶级经济学理论中掩盖了资产阶级经济制度在生产领域和流通领域中的一切关系（从商品开始，通过货币和资本直到生产过程、利润、利息和地租的神秘化）的所有拜物教形式。但是，马克思一再指出事情的核心，即错误地把资本理解为一个具有自行增殖的自然特性的东西。也就是说，马克思在写第 1 卷以前，已经研究了拜物教的所有方面，甚至为《资本论》所有三卷拟订了相关论述的职能和位置。第 1 卷关于商品的那一章因此成为商品和价值范畴的本质的经典论述，这些论述始终是同对它们的物的假象的批判和解释结合在一起的。

接着，马克思在这个牢固的理论基础上，在第 1 卷中转而论述资本的形成。他第一次论述货币转化为资本是在 1857—1858 年的《大纲》②中。马克思对资本形成的研究持续到 1861 年，在论述的内容和形式上，他都使他的研究成果得到精确化。《资本论》第二个手稿（1861—1863 年手稿）③ 中，已经包含了从各个基本点展开的对资本形成的论述。1861—1867 年，马克思着手完善这项研究，要得出关于从简单流通过渡到资本流通的更广的逻辑结论。马克思在《资本论》第 1 卷第 1 版中第一次提供了货币转化为资本的完整的付印用的文稿。1861 年的相关

---

① 《资本论》德文第 1 版第 1 卷中译本第 45 页。
② 《马克思恩格斯全集》历史考证版第 2 部分第 1 卷第 1 册。
③ 《马克思恩格斯全集》历史考证版第 2 部分第 3 卷第 1 册。

手稿的正文中引文出处较少，与此相比，第 1 版中的完善论述则提供了大量脚注，它们相当于对历史文献进行评价。这些脚注中的大量说明不仅表明了某些思想和认识是由哪些作者第一次表述的；而且还证明了马克思对所论述的问题重新进行了深入的批判研究。

商品流通的最高产品即货币，是马克思在逻辑上阐述资本和剩余价值的历史出发点和逻辑出发点。马克思比较了简单商品流通的公式（W—G—W）和直接表现在流通中的资本的公式（G—W—G′）。前一个公式的内容和目的是使用价值，流通只具备形式上的特征，后一公式是：购买商品为的是以更高的价格出售，也就是要获得一个差额。马克思由此发现区分简单流通和资本的一般本质的客观标准：公式 G—W—G′是"直接在流通领域内表现出来的资本的总公式"。① 为了开拓通向科学的剩余价值理论的道路，马克思提出了一个创造性的问题："要从商品的使用上取得交换价值，我们的货币所有者就必须幸运地在流通领域内即在市场上发现这样一种商品，它的使用价值本身具有成为交换价值源泉的特殊属性，因此，它的实际使用本身就是劳动的物化。从而是价值的创造。"②

马克思在《大纲》中已认识到劳动能力就是这种特殊的商品，并由此找到了剩余价值理论的钥匙。他在 1861—1863 年手稿③中用成熟的形式合乎逻辑地把劳动能力商品纳入资本生产过程的结构之中。这一论述在第 1 版中得到改进，术语更加准确。马克思起初用"劳动力或劳动能力"的表述把两个概念等同起来。马克思第一次使用劳动力这个概念是在他的报告即 1865 年的《工资、价格和利润》中。虽然他在第 1 卷

---

① 《资本论》第 1 卷德文第 1 版中译本第 125 页。
② 《资本论》第 1 卷德文第 1 版中译本第 137 页。
③ 《马克思恩格斯全集》历史考证版第 2 部分第 3 卷第 1 册。

中也把这两个概念等同起来，但是他现在几乎只用劳动力这一个术语。马克思选择劳动力这个术语无疑是概念更加准确，马克思以此说明，劳动力不仅仅是一种"能力"，而且表现为一种"作用"，它被工人积极地支出和实现，被资本家积极地利用和消费。

马克思明确地说，劳动力作为商品的出现是资本主义生产方式不同于迄今一切生产方式的一个重要标志。它的载体即工人可以自由支配劳动力，但是，由于劳动力是他惟一的所有物，所以他在经济上被迫按价值出售劳动力商品。在这个雇佣工人个人自由的现象背后，隐藏着他绝对依赖于资本的本质。

和资产阶级古典政治经济学的工资基金理论家们以及蒲鲁东和拉萨尔的观点不同，马克思所理解的劳动力商品的价值不是一个趋向于维持生存的绝对最低额的确定的量，他明确地说："因此，和其他商品不同，劳动力的价值规定包含着一个历史的和道德的因素。"① 马克思以此回答了尤其是在国际工人协会中激烈讨论的关于工会斗争的意义和可能性的问题。马克思在《资本论》第1卷深化了他在报告《工资、价格和利润》中已经介绍给第一国际主要成员的那个学说，现在他让整个工人运动都了解，工会要求提高工资和其他经济待遇的斗争不仅是合理的，而且对于有效地阻止资本对劳动力的支付低于其价值的趋势来说，也是必要的。马克思通过自己的著作彻底地说明了工会在阶级斗争中的作用、地位和任务。

和其他商品一样，资本家在按价值购买劳动力的同时获得了使用它的使用价值的权利。然而，劳动力的使用价值就是劳动本身。所以，马克思就和读者一道离开这个"嘈杂的"和"有目共睹的"流通领域，跟随货币所有者和劳动力所有者"进入门上挂着'非公莫入'牌子的

---

① 《资本论》第1卷德文第1版中译本第142页。

隐蔽的**生产场所**",因为在这里,"不仅可以看到**资本是怎样进行生产的**,还可以看到**资本本身是怎样被生产出来的**。**赚钱的秘密**最后一定会暴露出来"。①

虽然马克思在《大纲》中已经用劳动过程和价值增殖过程的统一解决了资本主义生产过程的基本问题,并且1861—1863年手稿中的论述开始取得成熟的形式,但是马克思在《资本论》第1卷第1版中还是力求获得前后一致的推论。这种努力表现在,马克思把这部分论述收入了《货币转化为资本》章,多次回到同样的问题上来,并且从细节上深化了这些问题。第1卷的这段论述的篇幅被浓缩至原来的三分之一。和1861—1863年手稿相比,从《资本论》第1卷的深入准确的经典论述可以看出,马克思1863年重新彻底地研究了生产力的发展。因为1861—1863年手稿中还没有关于劳动过程的完整论述。在《资本论》第1卷中,马克思从术语上最终把劳动对象、劳动资料和劳动确定为劳动过程的几个简单要素。

在劳动过程中,生产者通过他的生产劳动,借助于劳动资料,把劳动对象转化为一个对自己有用的产品。马克思在论述到这个问题时第一次提出了资本主义劳动过程的两个特殊性。一是:"工人**在资本家的监督下劳动**,他的劳动属于资本家……"而另一个是:"**产品是资本家的所有物**,而不是直接生产者工人的所有物。"② 一个社会劳动过程的成果被私人资本主义所占有。马克思继续指出,资本主义的价值形成过程成为价值增殖过程,因为资本家让雇佣工人劳动超过他支付给工人等价物的那一点以上。劳动过程的简单要素再次表现在价值增殖过程中,并且具有特殊的地位:"可见,工人保存被用掉的生产资料的价值,或者

---

① 《资本论》第1卷德文第1版中译本第142页。
② 《资本论》第1卷德文第1版中译本第157页。

说，它们作为价值组成部分转移到产品上去……是由于这种追加劳动的**特殊的有用性质**。"① 这个组成部分被马克思称之为不变资本（C）。

在1861—1863年手稿中，价值通过具体劳动转移到生产资料上去的观点还没有完全形成。② 但是，当马克思以生产资料的价值通过有用劳动再现在产品中这一点来作为出发点时，他已经接近于最终的表述了。③ 不过，准确的论述是在《资本论》第1卷才完成的。雇佣工人通过他的劳动的具体性质把不变资本的价值转移到产品的价值中去，同时他又通过他的劳动的抽象性质"生产"出他自己的"劳动力价值的**等价物**"。④

可见，资本主义赚钱的秘密在于，资本家让雇佣工人超过必要的工作日，无偿地进行劳动。从本质上说，一切剩余价值（m），都是无偿地被资本家占有的剩余劳动。"**资本的这两个组成部分，从劳动过程的角度**看，是作为客观因素和主观因素，作为生产资料和劳动力相区别的；从**价值增殖过程的角度看**，则是作为不变资本和**可变**资本相区别的。"⑤

马克思把资本划分为不变资本和可变资本（c＋v），这具有原则性的意义。它使马克思能够解决在他之前的所有经济学家们没有能解决的政治经济学的一系列重要的理论问题，比如剩余价值率、相对剩余价值、资本的有机构成、资本主义人口规律、资本主义积累的绝对的一般规律、社会总资本的再生产、资本的流通、平均利润和生产价格、利润

---

① 《资本论》第1卷德文第1版中译本第173页。
② 《马克思恩格斯全集》历史考证版第2部分第3卷第1册第81和155页。
③ 《马克思恩格斯全集》历史考证版第2部分第3卷第1册第110页。
④ 《资本论》第1卷德文第1版中译本第182页。
⑤ 《资本论》第1卷德文第1版中译本第183页。

率趋向下降的规律、绝对地租。

在这里,马克思的政治经济学和资产阶级政治经济学存在着一个界限,因为资本的两个组成部分的构成(c+v)无可辩驳地证明了工人阶级和资本家阶级之间的阶级对立是不可逾越的。由此可以清楚地看到,劳动力商品是一切剩余价值的惟一源泉。马克思第一次解决了在不违反价值规律的情况下如何能形成剩余价值的问题。由此得出结论,剥削雇佣工人是资本主义生产关系的本质,它在资本主义制度范围内是绝不可能消亡的,只有通过无产阶级的革命才能被消灭。

马克思剩余价值规律的发现具有划时代意义。剩余价值规律是资本主义的基本经济规律,它决定了资本主义生产方式的内在联系。资本主义的其他一切经济规律的内容和作用都是建立在这个规律基础上的。

区分不变资本和可变资本使马克思不仅能够论证剩余价值是由资本的哪个组成部分产生的;而且这样的区分还创造了通过剩余价值率准确确定剥削程度的前提条件。剩余价值率是剩余价值和可变资本之比,相当于剩余劳动和必要劳动之比。"因此,剩余价值率是劳动力受资本剥削的程度或工人受资本家剥削的程度的准确表现。"[1] 此处(这也可以作为《资本论》第1卷中大量类似情况的一个例子)可以说明,马克思在他的研究视野中是如何保持第1卷和第3卷的密切联系,并使之有益于读者:没有一个资本家是以预付的可变资本来计算他每日的赢利,而是和他所预付的总资本相比来计算赢利的。资本家要求从预付总资本中得到利润。马克思在联系剩余价值的阐述时提示说:"当然,不仅剩余价值同直接产生它并由它来表示其价值变化的那部分资本的比率具有重大的经济意义,而且剩余价值同全部预付资本的比率也具有重大的经

---

[1] 《资本论》第1卷德文第1版中译本第191页。

济意义。因此我们将在第 3 卷中详细讨论后一比率。"①

剩余价值率的核心问题在《大纲》中已经得到阐述。而 1861—1863 年手稿则是研究并叙述了剩余价值率的所有理论问题。② 从《资本论》第 1 卷关于绝对剩余价值的那一章中可以看到剩余价值率分析的完善论述。

资本的目的是"谋取利润的无休止的运动"③，只有通过不断的日益加强的剥削才能实现。资本主义社会中出现的多种剥削形式都可以归结于马克思所发现的两个基本方法，即绝对剩余价值的生产和相对剩余价值的生产。马克思在《大纲》中虽然对整个问题已有认识，但是没有加以阐述，和《大纲》不同，《资本论》后来的草稿则包含了解决绝对剩余价值④和相对剩余价值⑤的所有基本理论问题的内容。而且这里的论述也已经很成熟，在第 1 卷中采用的是论述的最终形式。此外，材料的范围大大扩大了，尤其是对理论所作的历史说明和通过多种多样的实例所作的说明。

在《资本论》第 1 卷中，马克思对剩余价值生产的两种方法的论述是依次分别进行的，并通过对比来给它们下定义："我把通过延长工作日而生产的剩余价值，叫做绝对剩余价值；相反，我把通过缩短必要劳动时间、相应地改变工作日的两个组成部分的**量的比例**而生产的剩余

---

① 《资本论》第 1 卷德文第 1 版中译本第 188 页。
② 《马克思恩格斯全集》历史考证版第 2 部分第 3 卷第 1 册第 149—158 页、第 205—206 页。
③ 《资本论》第 1 卷德文第 1 版中译本第 122 页。
④ 《马克思恩格斯全集》历史考证版第 2 部分第 3 卷第 1 册第 149—211 页。
⑤ 《马克思恩格斯全集》历史考证版第 2 部分第 3 卷第 1 册第 211—228 页和第 6 册第 1895—2207 页。

价值，叫做相对剩余价值。"① 正如马克思所特别强调的②，尽管绝对剩余价值的生产在资本主义早期和形成阶段直至工业革命时期都占支配地位，并且相对剩余价值一直是发达资本主义的特征，直到资本主义灭亡，但是在资本主义的所有阶段上，这两种方法总是同时并列出现。

绝对剩余价值是资本主义生产的基础，是相对剩余价值的历史的和理论的出发点。马克思把工作日作为分析绝对剩余价值的核心。在1861年至1867年期间，马克思反复研究了工作日的理论和实践问题。但是对工作日的全面历史分析是在《资本论》第1卷第1版中进行的。

争取缩短工作日的斗争问题在成立于1864年的国际工人协会的讨论中起到了重要作用。一场争取法定工作日的运动开始在德国工人阶级中展开。因此，马克思在《资本论》第1卷中大大扩充了对工作日的论述，并列举大量的历史事实和令人震惊的实例来说明，18世纪和19世纪初工作日的无限延长怎样削弱和破坏了雇佣工人的劳动力。在争取缩短工作日的斗争中，工人阶级组织起来了。

马克思解释说，不存在确定工作日长度的经济规律。③ 工作日在一定的身体和道德界限内是工人阶级和资本家阶级之间的斗争目标，主要取决于阶级之间的力量对比："所以，在资本主义生产的历史上，**工作日的正常化过程表现为规定工作日界限的斗争，这是全体资本家即资本家阶级和全体工人即工人阶级之间的斗争。**"④

马克思认为，争取缩短工作日的斗争不仅是维持劳动力所不可缺少的事情，而且也是培养阶级意识并使工人能够组织成为阶级的一个重要

---

① 《资本论》第1卷德文第1版中译本第295页。
② 《资本论》第1卷德文第1版中译本第488页。
③ 《资本论》第1卷德文第1版中译本第209页。
④ 《资本论》第1卷德文第1版中译本第209页。

问题。为此，他们需要"个人受教育的时间，发展智力的时间，履行社会职能的时间，进行社交活动的时间，自由运用体力和智力的时间"，即一切被资本视为"纯粹身体"① 并因而必定迫使工人去斗争的必要的东西。

正如马克思所预言的，尽管资本家反对，但缩短工作日的趋势仍然是决定性的。资产阶级经济学家和社会改良的经济学家试图通过工作日在历史进程中已经缩短的这个事实证明，绝对剩余价值已经消失。但是，绝对剩余价值是资本主义生产的一般基础，因而只可能随着资本主义的灭亡而消失。工作日的绝对延长是绝对剩余价值最突出的形式，但不是惟一的形式。从根本上说，凡是超过现有必要的工作日的那种剩余价值就是绝对剩余价值。它也会通过工人人数即工人人口的增加而增加。② 绝对剩余价值的增加不仅是粗放的，也是集约的。资本竭力要让雇佣工人的劳动强度超出社会平均的劳动强度，因而单个资本的价值产品"随着它的强度同社会的正常强度的偏离程度而变化"③。它对剩余价值生产所发生的影响是和延长工作日一样的。

在论述了绝对剩余价值的问题之后，马克思接着从历史和逻辑方面阐述了相对剩余价值理论。资本主义社会开始在自身基础上发展时，尤其是产业革命的缘故，相对剩余价值的生产很快就成为剩余价值生产的典型方法。这个时期的特征是机器大生产，它包含了直到今天还在持续的、很矛盾但又保持发展趋势的技术进步的过程，技术进步的过程意味着劳动生产率的不断增长。这个过程同时也是准备新的更高的共产主义生产方式的基本内容。

---

① 《资本论》第 1 卷德文第 1 版中译本第 241 页。
② 《资本论》第 1 卷德文第 1 版中译本第 287 页。
③ 《资本论》第 1 卷德文第 1 版中译本第 499 页。

马克思研究了资本主义生产率增长的三个历史阶段，即简单协作、工场手工业分工以及机器大工业。他说，资本主义技术进步的结果是剥削程度的提高，因为，在现有的工作日中，必要劳动如果减少的话，那么同时就增加了剩余劳动。也就是说，被资本家占有的无偿劳动越来越多。这完全符合资本主义尽可能多地生产剩余价值的基本规律。"资本主义生产过程的动机和决定目的，是**资本**尽可能多地**自行增殖**，也就是尽可能多地生产剩余价值，因而也就是资本家尽可能多地剥削劳动力。"① 剥削问题绝不是道德问题，而是贯彻资本主义规律的问题。没有剥削的资本主义在理论上和实践上都是荒谬的。因为，无论"工人的需要水平提高或下降"，也就是说，无论是国家与国家有什么不同，或时代与时代有什么不同，反正都是一样的。"工人需要水平的变化问题，和劳动能力的市场价格升至降至这个水平之上或之下是一样的⋯⋯不影响它和资本的一般关系。"② 而且，劳动力和资本的一般关系在资本主义的所有发展阶段上都是相同的，也就是说，资本家无偿占有工人的劳动。与之相应，资本主义历史发展中的技术进步带来的是剥削的不断加强：在新创造的价值中，资本占有者的份额总是在不断增加，而工人在他所创造的新价值中所占的份额则一直在下降。

马克思在1861—1863年手稿中特别深入地研究了相对剩余价值生产的问题。证明这一点的是，起初马克思在写第Ⅴ笔记本时认为这个题目已经解决和完成，可是在该手稿第ⅩⅨ笔记本中他再一次研究了这个题目。马克思在第ⅩⅨ笔记本中第二次对这个题目进行研究时，特别分析了作为相对剩余价值最重要的生产方法的机器的资本主义应用。1863年初，他发现，机器不仅可以从资本主义自行增殖过程的角度来

---

① 《资本论》第1卷德文第1版中译本第313页。
② 《马克思恩格斯全集》历史考证版第2部分第3卷第1册第39页。

考察，而且也可以把机器在劳动过程中的职能作为相对剩余价值的生产方式来研究。同时，更让他感兴趣的是，工厂制度对工人阶级的劳动和生活条件的影响。① 这次新的研究过程以及对他的研究成果的叙述都被直接写进了《资本论》第 1 卷。和《资本论》的第二稿相比，成熟著作即《资本论》第 1 卷的正文在叙述上更加完善，叙述的题目也更广。

为了国际工人运动的实际需要，马克思在第 1 卷中分析工业时详细研究了正在形成的现存制度的变革趋势，以及新社会的形成要素。他既指出了工厂制度在资本主义条件下所具有的潜能，也特别指出了在克服工厂制度的资本主义利用之后所具有的潜能。

也正是工人阶级的直接利益，促使马克思在第 1 卷中第一次详细分析了工厂法不仅对改善工人状况，而且还对加速工业革命所产生的重要作用。随着由此引起的资本主义生产关系的快速发展，工人阶级的数量也在增长，他们的集中和组织性都在加强。马克思由此指出了当时资本主义的最新发展趋势，为无产阶级斗争指明了主要方向。

在准备《资本论》的那些年里，马克思对应该如何尤其是应该在《资本论》整个结构中的什么地方论述工资的看法，有一个比较长的发展过程，而且其间也有所变化。起初，在 1858 年他的著作的计划草稿中，关于雇佣劳动的论述曾预计是一个独立的单册的内容，其中应该论述劳动力商品的价值在形式上转化为工资、劳动力商品的价值的具体变化和波动。在写作 1861—1863 年手稿的过程中，马克思形成一种看法，并在 1863 年做出了成熟的决定，即把劳动能力商品的本质表现纳入资本册中加以论述。叙述方案的这个重大的变动是和马克思对"资本一般"这个概念的看法的改变密切有关的。他越是深入政治经济学的本质

---

① 《马克思恩格斯全集》历史考证版第 2 部分第 3 卷第 5 册编者写的《前言》第 21—26 页。

性的细节问题，就越发感觉到这个范畴在内容上的狭窄，并且越加认为在叙述资本时理解本质和现象的关系是必不可少的。

马克思关于叙述工资问题的计划构想是在若干年的时间里逐渐形成的。到《资本论》第1卷文稿为止的马克思的基本认识历程如下：马克思在《大纲》中计划只从剩余价值源泉这个基本职能、资本的直接对立面以及资本的必要条件来论述雇佣劳动，并撇开一切表现形式。这完全符合"资本一般"的构想。

《大纲》表明马克思放弃了最低工资的观点；他是随着劳动力商品的学说的发展而放弃这个观点的。在1861—1863年手稿中，虽然马克思还是提到了"最低限度的工资"，但是他在这里更多地是在阐述一个国家的文明状况对必要生活资料的规模所产生的影响。在这里，他把劳动力商品的价值转化为工资问题纳入研究之中。这是具体研究绝对剩余价值和相对剩余价值所不可缺少的。马克思一方面从未明确放弃过写一本关于雇佣劳动的单册的计划；但是随着研究和叙述的进展，这些问题越来越多地被纳入第1卷的研究。论述工资及其形式对于从逻辑上和历史上全面叙述资本关系是绝对必要的。由于工资在习惯意识中的反映是错误和歪曲的，所以叙述劳动力价值的表现形式是必要的。同时，资产阶级古典政治经济学由阶级所决定的根本的认识局限也被揭示出来。把一个历史和道德因素明确确定为影响劳动力价值高低的要素，这就意味着彻底脱离了其他一切把工资作为最低生存收入的观点。这对更加深刻地论证工会进行经济斗争的必要性也具有很大意义。马克思工资理论最早的成熟叙述是在《资本论》第1卷中。不过，这些叙述还只是作为第5章《对绝对剩余价值和相对剩余价值生产的进一步考察》中的第4节《劳动力的价值或价格取得工资这种转化形式》。在第2版中，马克思才把它作为独立的一篇。

在发现了商品的二重性、生产商品的劳动二重性、区分不变资本和可变资本并研究了纯粹形式的剩余价值之后，马克思在《资本论》第1卷中第一次系统地完整地叙述了他的积累理论。叙述的高潮是对资本主义积累一般规律的表述及其历史趋势的叙述。

马克思逻辑论证思路的核心可以简明地描述为：资本主义生产方式在其自身的基础上，随着积累而发展。雇佣劳动和资本之间的对抗关系总是不断地被再生产出来。资本主义生产方式的基本矛盾不断加深。尽管存在抵抗这种矛盾的趋势，但是工人阶级在资产阶级社会中的社会地位仍然不断下降。无产阶级形成并组织为这个社会的革命阶级，逐渐显示出能够通过社会主义革命消灭人对人剥削的能力。同时，随着资本的积累，向一个新的社会制度过渡的物质条件正在形成和发展，这个新的社会制度建立在生产资料社会所有制的基础之上、并在全社会范围内有计划地为其所有成员的利益而进行生产，新社会的这个物质前提的基本要素是：高水平的生产力、不断增长的生产社会化、劳动过程的协作形式的发展、对科学进行有意识和不断扩大的技术应用、只能共同使用的劳动资料及其经济化以及经济生活的国际化。

马克思研究了剩余价值重新转化为资本并论证说，扩大再生产中的新资本总是他人无酬劳动的体现。商品生产所有权规律转变为资本主义占有规律。在资本主义发展过程中，一切资本都表现为雇佣工人的无酬劳动，即便是资本的所有者在开始时花费的是自己的劳动，最初的资本也早就被消费光了，不复存在了。与此相应，支付给资本主义的工人的只是他们的一部分劳动成果，可变资本只是工人生活资料基金的一种特殊历史形式。但是，即使是工人的个人消费也和生产性消费一道成为资本主义再生产过程的组成部分，并且随着剩余价值的再生产，资本关系也总是在不断地被再生产出来。

马克思认为积累是对资本主义条件下资本对工人实行不断扩大的统治的那种对社会财富的占有。资本积累可以提高对劳动力的需求，并提高工资，但是，工资相对于积累来说是从属的可变的东西，积累总是在按照资本增殖的需要进行。工资的变化不可能危及资本主义的剥削制度，因为工资的发展从属于资本主义剥削的发展。提高劳动生产率和资本生产资本的一切方法，都是和资本最低额的扩大、资本的积聚和集中以及资本有机构成的提高结合在一起的。积累的另一个必然结果是相对过剩人口的形成。这是资本主义生产的一个必要因素，是周期性发展的条件，是跳跃式地发展单个生产领域的条件，是资本在周期性发展各个阶段上对付工人阶级的强制手段。

马克思在《大纲》中已经开始对特殊的资本主义人口规律、包括"产业后备军理论"进行科学阐述和论证。他在《大纲》中已经写道："因此，资本的趋势也是：既增加劳动人口，又把劳动人口的一部分不断地变成过剩人口，即在资本能够利用他们之前先把他们变成无用的人口。"① 马克思在这里表述了他后来的产业后备军理论的一个重要的起点论题。

在这个基础上，马克思的人口理论在1861—1863年手稿的所有三个明显不同的写作阶段上都有显著的精确化。马克思在该手稿中的叙述越来越接近《资本论》第1卷中资本主义人口规律的阐述。

资本把大量可供支配的劳动力保持在"储备"状态②，直到它能够实现利用它们。马克思论证说，产业后备军的形成是资本扩大再生产的一个必要条件。③ 马克思在1861—1863年手稿中也已经认识到：在积累中，雇佣工人的就业状况表现出两个互相对立的趋势。"这是两个不断交叉的趋势：一是利用尽可能少的劳动，生产出同等数量或更多的商

---

① 《马克思恩格斯全集》第2版第30卷第377页。
② 《马克思恩格斯全集》历史考证版第2部分第3卷第6册第2242页。
③ 《马克思恩格斯全集》历史考证版第2部分第3卷第3册第1178页。

品，生产出同样多或更多的纯产品、剩余价值、纯收入；二是利用尽可能多的工人（虽然在他们生产的商品数量中的比例要尽可能小），因为所使用的劳动量在生产力的某个阶段上增加剩余价值量和剩余价值产品量。一个趋势使工人失业，人口减少；另一个趋势是再次吸纳他们，增加绝对工资。因此工人的命运总是摇摆不定，可是他们从未摆脱过这种命运。"① 至于哪一种趋势是决定性的，这取决于当时资本的增殖需要。

所以说，工人阶级的生存越来越没有保障，这是资本主义积累的必然表现。马克思的这一认识是科学地论证工人阶级历史使命的一个重要因素。

《资本论》第1卷第一次以成熟和系统的形式论述了资本主义的人口规律。马克思阐明，特殊的资本主义人口变动是由资本主义生产方式的经济运动规律造成的。在积累过程中，尽管可变资本绝对增长，但是它和不变资本部分的比例则不断减少。由此产生"**相对的，即超过资本增殖的平均需要的，因而是过剩的或剩余的工人人口**"②。

随着资本关系的扩大和发展，"资本对工人的更大的吸引力和更大的排斥力互相结合的规模不断扩大……因此，在工人们生产出资本积累的同时，工人人口也以日益扩大的规模生产出使他们自身成为相对过剩人口的手段。这就是资本主义生产方式所特有的人口规律，事实上，每一种特殊的、历史的生产方式都有其特殊的、历史地起作用的人口规律"③。马克思在这里论证了人口规律由历史和社会决定的特征，并由此为分析批判那些大多以一般和永恒的人口规律为出发点的资产阶级人口理论，作出了一个重要的方法论提示。

---

① 《马克思恩格斯全集》历史考证版第2部分第3卷第3册第1189页。
② 《资本论》第1卷德文第1版中译本第602页。
③ 《资本论》第1卷德文第1版中译本第603—604页。

《大纲》和1861—1863年手稿中提到的产业后备军的作用，在《资本论》第1卷中得到了详细的阐述。马克思断言，产业后备军的形成不仅是积累的必然产物，也是"**资本主义生产方式存在的一个条件**"①。另一方面，它也是资本家对工人阶级不断增强剥削服务的。资本积累"一方面扩大对劳动的需求，另一方面又通过'游离'工人来扩大工人的供给，与此同时，失业工人的压力又迫使就业工人付出更多的劳动，从而在一定程度上**使劳动的供给不依赖于工人的供给。劳动供求规律在这个基础上的运动成全了资本的专制**"②。

　　马克思在《资本论》第1卷中第一次阐明了相对过剩人口的各种不同形式。他把这些形式分别称为是流动的、潜在的和停滞的形式。③他把过剩人口的特殊形式、最底层称为赤贫。④

　　马克思通过1861—1863年手稿获得了很多新的发现，并认识到作为著作结构要点的"资本一般"这个概念以及与此相关的"资本一般"和资本的具体运动形式之间的严格区分，对于从抽象上升到具体地从逻辑上叙述资本主义生产方式的经济运动规律来说是过于狭窄了，《资本论》第1卷的积累理论就是他在获得上述认识之后拟定的《资本论》核心结构的一个基本要素。

　　通过《资本论》第1卷的积累理论，马克思以一种特别给人印象深刻的方式实现了整个《资本论》特有逻辑和历史相统一的原则。他很有说服力地阐述了资本主义积累的历史趋势，从生产关系的统一及其形成、发展和衰亡的过程中研究了基本的客观生产关系，并且通过历史

---

① 《资本论》第1卷德文第1版中译本第604页。
② 《资本论》第1卷德文第1版中译本第613页。
③ 《资本论》第1卷德文第1版中译本第614页。
④ 《资本论》第1卷德文第1版中译本第617页。

实例论证了逻辑推论。大量的历史实例本身就是逻辑叙述的一个重要因素，具有重要的方法论意义。马克思由此再次强调指出，在分析资本积累对工人状况的影响时不能只从工资相对较高的工人出发，还必须考虑到决定工人阶级状况的多种因素，必须把较长的时期包括其中出现的危机作为研究的基础。

马克思在如此系统和逻辑地叙述了资本主义扩大再生产的机制之后，得以表述资本主义积累的一般规律来作为他的积累理论的顶点："**社会的财富即执行职能的资本越大**，它的增长的规模和能力越大，**从而工人人口的绝对数量和他们的劳动生产力越大**，相对剩余人口或产业后备军也就越大。**可供支配的劳动力同资本的膨胀力**一样，是由同一些原因发展起来的。因此，产业后备军的相对量和财富的力量一同增长。但是同现役劳动军相比，这种后备军越大，常备的剩余人口或这样的工人阶层也就越多，他们的贫困同他们所受的劳动折磨成反比。最后，工人阶级中贫困阶层和产业后备军越大，官方认为需要救济的贫民也就越多。这就是**资本主义积累的绝对的、一般的规律**。像其他一切规律一样，这个规律在实现中也会由于各种各样的情况而有所变化。"①

在《资本论》第1卷第1版中，马克思第一次使积累和再生产理论，连同从它们得出的革命理论，达到了如此完整和系统的地步。但是做到这一点的前提条件，是从《资本论》的一切前期准备工作中获得的。

《大纲》中已经包含的马克思积累理论的重要组成部分是如下的认识：剩余价值重新转化为资本的这种积累，从根本上不同于原始积累；没有积累，资本就不可能是生产的基础；② 随着积累，资本在物质上和

---

① 《资本论》第1卷德文第1版中译本第618页。
② 《马克思恩格斯全集》第2版第30卷第434页。

价值上都在增长,由此形成生产剩余价值的前提条件;① 受资本压榨的雇佣工人的剩余劳动构成积累的一个界限;② 工资相对于资本积累和资本的价值增殖的需要来说是一个从属的量;③ 随着扩大再生产和积累,新的资本从一开始就是剩余价值的体现,并且商品生产的所有权规律转化为资本主义占有规律。④

但是《大纲》中还没有把这些因素结合成为一个有机整体。它们大多是在阐述其他问题时所加的注解和简短的插入说明。尤其让马克思感到难以决定的是,按照他当时的计划草案,积累理论应该被放在著作的什么位置。

1861—1863年手稿已经包含了马克思再生产和积累理论的所有基本要素。它们散见于该手稿的各个不同部分。不过,同时也有集中的叙述,也就是在"剩余价值重新转化为资本"这一部分。马克思在这一部分中还详细分析了社会总资本的再生产和流通。这个理论的所有基本要素在这里都有阐述,而且也已经统一为一个整体。这样,1861—1863年手稿就准备了有关这个问题的相对独立的阐述,而后来在《资本论》中得到了最终的叙述:即雇佣劳动和资本之间的对抗关系是怎样不断更新和深化的,以及社会总资本的再生产和流通是如何进行的。

马克思还在1861—1863年手稿中阐述了资本主义生产的历史趋势,阐述的内容已经非常接近《资本论》中的叙述。尤为值得注意的是,

---

① 《马克思恩格斯全集》第2版第30卷第359—361页。
② 《马克思恩格斯全集》第2版第30卷第344—345页。
③ 《马克思恩格斯全集》第2版第30卷第317—319页。
④ 《马克思恩格斯全集》第2版第30卷第449—450页。

这一类的阐述被放在对托马斯·霍吉斯金①和理查·琼斯②的评价中。

马克思在1861—1863年手稿中阐述了他的积累理论，并把它纳入理论整体，由此在认识上所取得的进步，是向《资本论》中资本主义生产方式的发展规律的最终文稿的方向迈出的重要一步。

与阶级关系在自身基础上的再生产相联系，出现了资本主义积累的历史形成和历史趋势问题。但是，对资本关系的历史形成问题的回答从本质上不同于该范畴发展的逻辑顺序，即直至资本主义积累的一般的、绝对的规律的那种顺序。因此，对所谓的原始积累（亚当·斯密称为"预先积累"）的分析表现出一个极其多变的过程，就并不令人惊异了，与此有关的还有这个过程在体系中的地位及其排列问题。在《大纲》和《七个笔记本的索引》中，以及在1859年或1861年的计划草稿中，马克思初次尝试把这个问题加以排列和进行结构划分，这是这个过程的开始；接着，这个过程在《资本论》的第2个和第3个草稿的几个中间段中继续发展。这些尝试反映出当时马克思着手确定积累这个特殊的研究对象的范围和界限时的认识水平。

马克思在对资本范畴进行历史唯物主义研究的过程中，很早（1844年）就意识到一个事实，即资本的循环最初不可能是它自身的结果。资产阶级经济学未能走出用资本的概念解释价值的概念、又用价值的概念解释资本这样一种"循环论证"，因为他们不是从历史的立场出发。为了打破这种恶性循环并说明价值的产生在历史上也是先于资本的，马克思研究了现实历史和理论史。

在1857—1858年的研究水平和所掌握的相应的研究和叙述方法（正如他在《大纲》的《导言》中对研究和叙述所作的构想那样）的水

---

① 《马克思恩格斯全集》历史考证版第2部分第3卷第4册第1447、1450页。
② 《马克思恩格斯全集》历史考证版第2部分第3卷第5册第1857页。

平上，马克思还没有能最终明确原始积累篇的全部内容和位置，正像其他范畴上也有这种情况一样。但是此时，马克思有一点肯定是明确的：叙述不能从原始积累开始；起点范畴的问题当时差不多已经解决，即起点范畴必须是发达资本主义的一个简单的和一般的范畴，绝不能是资本主义前史。马克思起初是在流通过程的问题范围内论述原始积累的。

在1861年中以前的叙述草稿中还没有出现论述积累的篇章，但从1861年夏天开始，原始积累的论题和后面第六章的其他组成部分的联系变得密切起来。例如，马克思当时对资本积累及其历史前提、对这个研究对象的逻辑和历史的辩证关系的认识有了本质上的进步。他在补充1861年夏的计划草案时明确表明了他的意图，即"不仅要说明资本怎样生产，而且还要说明资本本身怎样被生产出来，即资本自身的起源"，它们的"出发点当然属于资本主义前的某个社会生产阶段"。[①] 在计划的著作中把积累和原始积累放在同一篇中论述的打算，是在1863年之前的研究过程中确定的，这可以从马克思对该范畴对立统一的内容的确定日渐成熟得到证实。[②] 此外，马克思要在资本的生产过程中叙述积累和原始积累的意图越来越明确，也就是说要把它们收入《资本论》第1卷。

对比《资本论》第1卷和1861—1863年手稿中关于原始积累理论的阐述内容可以认定，后者已经包含了原始积累理论的基本观点。在阐述再生产的最后即"β）所谓的原始积累"和"增补"中，马克思分析了那些必须历史地设定为资本运动前提的基本条件。[③]

---

① 《马克思恩格斯全集》第2版第32卷第355页。
② 《马克思恩格斯全集》历史考证版第2部分第3卷第4册第1404、1450页。
③ 《马克思恩格斯全集》历史考证版第2部分第3卷第6册第2280—2379页，参看第1版第48卷第98—122页。

马克思是如何在1861—1863年手稿中初步论述原始积累理论，以及1867年以前这些论述是如何完善的，这些都很清楚地表明，研究和叙述在他这个时期的写作中结合得是多么紧密。大量的历史研究和论述使马克思能在1867年成熟地叙述表明资本主义是客观必然的经济社会形态的历史过程。《资本论》第1卷原始积累篇正是在这一点上远远超出了1861—1863年手稿中的准备性论述。同时，从1867年第1卷中该理论的完善形式可以看出，马克思不断地通过他在写1863—1865年手稿的同时、甚至是在写第1卷研究过的经验材料来补充他的论述。

对于把原始积累、包括其历史外延部分收入《资本论》第1卷，以及它与1861—1863年手稿相比在数量上的剧增和内容上的丰富，都不能单从历史例证的角度来作出评价。相反，可以断言，这些范畴的逻辑顺序必须同它实际的历史起源结合起来，否则对研究对象的考察和叙述就失去了历史方向。纯粹逻辑既解释不了资本关系的历史延续性，也揭露不了资产阶级关于资本的产生和存在方式的神秘论。

马克思在当时对问题尚不很明确和不很精细的情况下，以英国这个典型实例，指出了创造双重自由的雇佣工人所具有的暴力性。他驳斥了资产阶级对资本主义土地所有者和工业资本家形成的虚伪解释。对资本主义形成时期原始积累的描述打破了资产阶级的那些幻想，揭露了说什么工业资本家的形成源于他的节省这种童话，相反，马克思提出，在这个过程中起着根本作用的是"背信弃义、贿赂、残杀和卑鄙行为"，还有部分地建立残忍的暴力基础上的方法："美洲金银产地的发现，土著居民的被剿灭、被奴役和被埋葬于矿井，对东印度进行的征服和掠夺，非洲变成商业性地猎获黑人的场所：这一切标志着资本主义生产时代的曙光。这些田园诗式的过程是**原始积累的主要因素**。"[①] 而且马克思对

---

① 《资本论》第1卷德文第1版中译本第720—721页。

这个形成过程进行了概括:"如果货币'来到世间,在一边脸上带着天生的血斑',那么,**资本**来到世间,从头到脚,每个毛孔都滴着血和肮脏的东西。"① 马克思由此无情地揭露了从封建社会没落到资本迅速聚集的那个实际的社会经济和政治机制,并把暴力描绘成新制度的助产婆和一种经济力。

在积累篇历史部分的最后,马克思合乎逻辑地把从资本积累得出的结论同从资本的历史起源得出的结论以及通过确定研究对象的界限而得出的结论结合起来,并从中推导出资本主义积累的历史趋势。资本主义私有制是对建立在个人劳动基础上的私有制的否定。但是,资本主义生产方式的运动规律即剩余价值,从它自身方面来说会合乎规律地达到这样一点,这时,资本关系对于生产资料的集中程度和劳动的社会化程度来说变得过于狭窄了。于是,资本主义生产方式由于一种自然过程的必然性,产生出对自身的否定。否定的结果和历史产物就是共产主义社会。它的发展建立"在资本主义时代的成就的基础上,**在自由劳动者的协作的基础上和他们对土地及靠劳动本身生产的生产资料的公有制上**"②。

从贯穿整个《资本论》的这个关于未来的观点出发,《资本论》中完成了对共产主义是人类社会的未来的科学论证。《资本论》中对共产主义的论证,一方面是通过发现资本主义运动规律导致和迫使的发展趋势和方向进行的,另一方面是通过直接论述共产主义社会形态的各个基本标志和特征进行的。《资本论》中多次出现的这个超越了资本主义形态的概括性的关于未来的观点,从一开始就对确定工人阶级夺取政治权力的斗争目标、战略和战术具有重要意义。这个观点的意义和实用性在

---

① 《资本论》第 1 卷德文第 1 版中译本第 728—729 页。
② 《资本论》第 1 卷德文第 1 版中译本第 731 页。

无产阶级革命的历史准备阶段大大地增强了。如果说整个《资本论》是列宁关于帝国主义的理论和方法论基础，那么对于列宁和布尔什维克党来说，新社会的那些基本原则就是建设未来和建立新国家和新社会的基础的重要出发点。在全世界从资本主义过渡到社会主义的这个时期，这些原则越来越引起人们的关注。

马克思在《资本论》中论述了资本主义的基本矛盾是怎样客观必然地把这个制度引向它的极限，以及这个社会是怎样同时为社会主义创造了物质前提。但是这个旧的社会的末日不会自行到来，马克思一直反对与此相应的各种形式的"崩溃论"。过渡到一个新的社会只可能是一个历史行为的结果。从马克思的经济学理论，也就是从《资本论》得出的最重要的结论是：工人阶级在他们的革命政党的领导下自觉地进行无产阶级革命的必要性。

工人阶级夺取政治权力并把最重要的生产资料转成社会财产，是实施共产主义社会基本原则、实现历史发展过程中的主要目标的决定性前提。《共产党宣言》就已经包含有这个思想。马克思在《资本论》中全面论证了这个论点，并把共产主义定义为"以每个人的全面而自由的发展为基本原则"的社会。① 一切社会任务的确定都必须从这个基本原则出发，为了实施这个原则，就要采取社会变革的一切措施。

在这一点上，马克思从没有幻想过共产主义通过无产阶级接管权力就会出现。他没有任何空想和对奇迹的幻想，尤其是在这个问题上。所以在写作《资本论》第1卷的前前后后，他的整个著作都贯穿着对如何向共产主义社会客观发展所进行的思考。马克思在《对德国工人党纲领批注》② 中对这个问题作了经典论述，他从原则上描述了共产主义社

---

① 《资本论》第1卷德文第1版中译本第565页。
② 《马克思恩格斯全集》第2版第25卷第8—33页。

会形态的两个阶段的特征。但是共产主义所不可缺少的基础,马克思是在《资本论》中论述的。《资本论》包含了共产主义第一个阶段的一个深刻特征。马克思把这个社会阶段描述为"一个自由人联合体,他们用公共的生产资料进行劳动,并且自觉地把他们许多个人劳动力当作一个社会劳动力来使用……这个联合体的总产品是社会的产品。这些产品的一部分重新用作生产资料。这一部分依旧是社会的。而另一部分则作为生活资料由联合体成员消费。因此,这一部分要在他们之间进行**分配**。这种分配的**方式**会随着社会生产机体本身的特殊方式和随着生产者的相应的历史发展程度而改变。仅仅为了同商品生产进行对比,我们假定,每个生产者在生产资料中得到的份额是由他的**劳动时间**决定的。这样,劳动时间就会起双重作用。劳动时间的社会的有计划的分配,调节着各种劳动职能同各种需要的适当的比例。另一方面,劳动时间又是计量生产者个人在共同劳动中所占份额的尺度,因而也是计量生产者个人在共同产品的个人消费部分中所占份额的尺度。在那里,人们同他们的劳动和劳动产品的社会联系,无论在生产上还是在分配上,都是简单了的"①。

此外,这里已经包含了这样一层意思,即资本主义所特有的本能的和混乱的生产发展,将被按照社会及其每个成员的利益而实行的被一切经济部门有计划按比例的劳动分工、有意识的经营管理、社会监督以及可支配的再生产过程的形态所替代。从一个这样组织起来的生产出发,将产生出按照与资本主义完全对立的原则进行的分配。

马克思在《大纲》中已经解释说,所有的经济都归结于时间经济,并仅限于此。资本主义生产也有这个特点,概括地说,这只是对追求人类劳动生产率不断提高的另一种表现。但是对于整个共产主义形态,对

---

① 《资本论》第1卷德文第1版中译本第45—46页。

于它的两个阶段来说，马克思把这种现象称为一种"规律"；因为无论是社会还是个人的全面发展、它的活动和它的享受都取决于时间的节约。所以，马克思认为时间的节约"在共同生产的基础上仍然是首要的经济规律"，他还用一句话特别地加以强调："这甚至在更高得多的程度上成为规律。"①

由于工业和科学的发展，由于它们的结合，这个要求将会在越来越大的程度上得到满足。在共产主义中，科学本身将是无限的生产力，如果说资本主义的典型生产方式是机器大生产，那么共产主义的典型生产方式也是如此，但是是在自动化生产的更高质的层次上。当前的社会发展阶段一方面表明，自动化生产和科学的统一给社会主义和共产主义创造的是怎样一个无法预见的生产率前景；另一方面表明，生产力的这个发展阶段虽然在当今资本主义的条件下得到利用，但是这种利用却伴随有社会的和政治的火山喷发，也就是灾难，例如前所未有的产业后备军的增长，因此，资本主义生产关系对于社会生产力的这种革命发展趋势来说，早已经是太狭隘了。

在进一步研究时间问题以及它对新社会的意义时，马克思还研究了劳动时间和非劳动时间即闲暇时间的关系，他首先断定，劳动的特征将发生彻底的改变。

在资本主义下终生成为局部工人的那些人只接受过有限的必要培训并且人格原本就受到扭曲，他们是机器的附属物，经常从事相同的单个工序。在新的社会发展中，将从这些人身上逐渐地，虽不是立即地，但却是有计划并且有意识地产生全面发展的人格。这是一个和逐渐缩短劳动时间一样漫长的历史过程。马克思强调说，劳动是人类生活的一个永恒的自然条件，是一种必然性。自由王国"存在于真正物质生产领域的

---

① 《马克思恩格斯全集》第 2 版第 30 卷第 123 页。

彼岸"。无论是从质还是量的角度来说，劳动时间的领域和闲暇时间的领域以及它们的相互关系都在共产主义中自行改变。马克思对这个问题的看法是，"事实上，自由王国只是在由必需和外在目的规定要做的劳动中终止的地方才开始"。① 在共产主义社会的发展中，劳动越来越少地由必需和外在目的来决定，它越来越成为生活的第一需要。劳动时间越来越短，闲暇时间越来越长，但是二者的界限是活动不定的。

　　马克思从共产主义的基本原则出发，从全面发展的人格出发，在《资本论》中最终对新社会中的教育作了基本的说明。在第1卷分析大工业时，马克思较为详细地研究了现有制度的变革趋势和新社会的教育因素。他指出了尚处于资本主义条件下的工厂制度的潜力，尤其是工厂制度在排除资本主义应用之后的潜力。在这个问题上，他非常重视生产劳动和教育相结合的观点；其中，他写道："从工厂制度中萌发出了**未来教育**的幼芽，未来教育对所有已满一定年龄的儿童来说，就是**生产劳动同智育和体育**相结合，它不仅是提高社会生产的一种方法，而且是造就全面发展的人的惟一方法。"② 马克思更加明确地描述了这个发展趋势，这种发展趋势在对立统一中既包含破坏因素也包含建设因素，这要看是针对旧的制度即资本主义制度而言，还是针对新的制度即社会主义制度而言："如果说，工厂法作为从资本那里争取来的最初的微小让步，只是把初等教育同工厂劳动结合起来，那么毫无疑问，工人阶级在不可避免地夺取政权之后，将使理论的和实践的工艺教育在工人学校中占据应有的位置。同样毫无疑问，生产的**资本主义形式**和与之相适应的工人的经济关系，是同这种变革酵母及其目的——消灭旧

---

① 《马克思恩格斯全集》第1版第25卷第926页。
② 《资本论》第1卷德文第1版中译本第466页。

分工——直接矛盾的。"①

马克思关于家庭进入社会过程尤其是关于由人（男性和女性）组成的企业职工的构成问题，也有类似的看法。在资本主义中"造成毁灭和奴役的祸根"的东西，在共产主义中将发生彻底的变革，也就是"反过来变成人类发展的源泉"。②

所以，马克思不仅从总体上把共产主义描述为资本主义运动规律的发展趋势和发展方向，而且还对没有剥削的社会的突出特征作了基本阐述。社会主义的社会实践充分证明了马克思的这一科学预见，并在它的发展过程中创造性地运用了这一预见，并使之具体化，在社会生活的各个方面大大丰富和扩充了这一预见。

整个《资本论》是一部方法论的杰作。恩格斯早在1859年就已经写道："马克思对于政治经济学批判就是以这个方法作基础的，这个方法的制定，在我们看来是一个其意义不亚于唯物主义基本观点的成果。"③ 马克思在这里和在早期的著作中，通过批判研究黑格尔的辩证法，发展了他自己的方法并加以应用，这就是唯物辩证法。而马克思在《资本论》中成功地把唯物辩证法发展成为叙述资本主义生产关系的一整套方法，并运用这个方法，以完善的形式使这个社会形态的经济结构和唯物辩证法本身的结构显现出来。这项创造工程一方面表现为克服黑格尔辩证法的消极面保存积极面，另一方面表现为把辩证的方法和唯物主义结合起来，以便探寻资本主义的运动规律，马克思的这个伟大的思想贡献使列宁得出了重要论断："虽说马克思没有遗留下'逻辑'（大写字母的），但他遗留下《资本论》的逻辑……在《资本论》中，唯物

---

① 《资本论》第1卷德文第1版中译本第471页。
② 《资本论》第1卷德文第1版中译本第473页。
③ 《马克思恩格斯全集》第1版13卷第532页。

主义的逻辑、辩证法和认识论[不必要三个词：它们是同一个东西]都应用于一门科学，这种唯物主义从黑格尔那里吸取了全部有价值的东西并发展了这些有价值的东西。"①

从恩格斯和列宁对马克思唯物辩证法的意义所做的评述中可以得出一个基本结论：马克思只有在唯物主义历史观的基础上并运用辩证的方法，才可能写出《资本论》，揭示资本主义的一般运动规律，确定资本主义社会的历史地位，并论证工人阶级的历史使命。但是，结果不仅实现了马克思进行研究的本来目的，即创立了一套关于资本主义社会形态的真正的和无可争辩的理论，而且还有所超越：唯物史观是普遍适用的，并在《资本论》中无论是就人类社会的过去还是未来而言都得到了最终的证实。而且，唯物辩证法的方法表明，它也适用于研究和分析任何一个人类社会。马克思由此为全世界无产者留下了一笔宝贵的遗产：即用来开启科学探索进入新社会的道路、分析这种社会本身、研究和认识它的规律性，以及认识并有计划地推动社会未来发展的可能性的钥匙。社会主义社会在世界上存在了60多年，就是这个趋势的深刻的证明。

马克思在《资本论》中运用的方法是以唯物辩证法的基本思想为出发点，也就是必须把世界以及它的各个部分作为各个过程的整体去理解。辩证法的研究对象是发展中的各个客体，它们彼此间如此构成，以至于各个不同方面和因素的相互作用作为矛盾而决定着发展。这样的总体或整体就是必须用辩证的方法加以研究的那个对象。发现经济社会形态是这样一些整体或总体，这是极其重要的科学史的贡献。因此，正如列宁所论证的，对这样一个社会形态即资本主义的研究把唯物史观也提

---

① 《列宁全集》第2版第55卷第290页。

高到了一个经科学证明的理论高度。①

马克思在《资本论》中把资本主义生产关系中各个发展因素就其基本特征之间的联系进行了概念上的正确描述，这个概念描述的本身是完善的，呈现为一个概念总体，而马克思有理由把他的《资本论》称作"艺术的整体"②。

总体的思想是一切辩证哲学的共同点。马克思的方法与众不同之处在于它具有唯物主义的特征，这个唯物主义的特征同时又证明了它的科学性。马克思在每一次强调黑格尔对辩证法的制定所做出的贡献时，总是突出自己的方法和黑格尔的方法的对立之处。

和马克思的方法所具有的唯物主义特征直接相关的是逻辑和历史的统一，而唯心主义辩证论者则没有可能阐明二者的统一。在唯物辩证法中，逻辑表现为被反映的、思想中的、集中于合乎规律的内容中的历史。所以说《资本论》并不是人为的构建物，它是对资本主义现实运动的逻辑表述。

这种经唯物主义证实的逻辑和历史的统一，以多种方式贯穿于整个《资本论》中：逻辑展开阐述的目的是要揭示资本主义的运动规律，而不是停留在意识所能感知的社会表象上。相反，社会形态的表象和本质之间是对立的。但是这些对立同时也相互为中介。也就是说，马克思的任务是要从逻辑上论证资本主义生产关系的统一和对立、现象和本质。马克思从客观现实出发，首先分析了他作为逻辑阐述的起点范畴的商品。在进一步的逻辑分析和综合中，在整个抽象过程中，马克思都没有失去和现实历史的联系，这些现实历史在许多地方论证了、支持了或解释了逻辑阐述。

---

① 《列宁全集》第2版第1卷第112页。
② 《马克思恩格斯全集》第1版第31卷第135页。

在逻辑研究和叙述的最后，又出现了资本主义生产关系的现实，但是是从生产关系的联系中来理解的，是通过其本质来认清的，并且是通过其直至必然解体为止的发展特征而作为客观的有规律的东西加以论证的。

这就意味着，马克思的从抽象上升到具体的方法也是逻辑和历史建立在唯物主义基础上的统一的表现。从较少发展的抽象上升到更多发展的具体，之所以是正确的科学方法，是因为资本主义生产关系的总体本身就是从简单发展到复杂，从低级发展到高级的。但是，由于这是发展的一个普遍的基本特征，所以从抽象上升到具体的方法也是一个普遍的方法，它并不局限于对生产关系的研究和论述。

唯物辩证法包含对发展原因的揭示和对发展过程的分析。马克思在《资本论》中指出，从简单到复杂的普遍的发展道路是以矛盾的发展为基础的，发展的源泉和动力是："一种历史生产形式的矛盾的发展，是这种形式瓦解和改造的惟一的历史道路。"[1]

马克思早就阐述并运用过唯物的矛盾辩证法。它在《资本论》中以完善的形式得到了模范的运用。这种矛盾辩证法同资产阶级古典经济学家的做法有着根本的区别，因为他们否认矛盾的客观必然存在。但是，这种矛盾辩证法也不同于反动的小资产阶级浪漫派对矛盾的态度，他们虽然反映了矛盾，但是不理解矛盾的必然发展，为了回避资本主义的矛盾，他们想使社会发展退回到小生产。最后，这种辩证法不同于黑格尔通过中介"解决"矛盾的方式，即把对立双方加以综合，这在黑格尔那里表现为调和。

马克思在《资本论》中反映了矛盾在客观社会发展中的运动、解

---

[1] 《资本论》第1卷德文第1版中译本第471页。

决和消除。正如马克思所断言的,资本是"活生生的矛盾"①,因为用资本的特征不仅可以论证生产的特殊局限,也可以论证超越每一局限的相反趋势。②

就现象来说,对立双方、过程或趋势是独立存在的,其本质恰恰在于它们的相互作用,但是这些相互关系并不是彼此无关的,而是相互关联,彼此"斗争",于是就只能发展。马克思正是这样阐述了交换过程发展的基础,他的出发点是,"商品的交换过程包含着矛盾的和互相排斥的关系。我们刚才考察的商品的发展,并没有扬弃这些矛盾,而是创造这些矛盾能在其中运动的形式。一般说来,这就是解决实际矛盾的方法。"③ 这恰好表明了马克思在分析商品交换和价值形式的发展时对唯物辩证法的经典运用。

马克思运用矛盾辩证法具有一般方法论的特征,即他把辩证法这个统一体的基本规律作为分析和叙述的工具。各个要素的发展即矛盾双方的发展起初是量的发展。在某一点上,最终超越现有的形式,并产生出一个辩证否定旧质的新质。同样,新质也有矛盾,起初也是在量上发展,依此类推。整个过程是在一个基本矛盾发展的基础上进行,这个基本矛盾的依次确立和消除,贯穿于整个现象的发展中。在方法论上运用辩证法的基本规律包含着根据研究对象的特征去运用其他方法或原则。像质或量的分析这样一些辩证方法,可以用数学的方法以及其他的方法得到补充。因此,像马克思在《资本论》中进一步发展和运用的唯物辩证法,就表现为一般哲学方法和各门科学方法对它的必要补充加在一起而形成的多种关系,当然,后者可能会因研究对象的不同而不同。但

---

① 《马克思恩格斯全集》第 2 版第 30 卷第 405 页。
② 《马克思恩格斯全集》第 2 版第 30 卷第 395—396 页。
③ 《资本论》第 1 卷德文第 1 版中译本第 70 页。

是，由于一切研究对象都具有一般的本质特征，所以唯物辩证法作为最一般的哲学方法，是每一项科学研究的必要因素。马克思在《资本论》中阐述了唯物辩证法的一般特征。

综上所述可以看出，《资本论》第1卷第1版是一个长期的、费尽心力的和非常复杂的思想发展过程。马克思经济学理论即无产阶级政治经济学的研究和论述，从开始时的设想，经过不断提高认识的阶梯，达到了完善。马克思本人曾经说过，这部著作必须以一个整体呈现在读者面前，所以我们目前所作分析的目的是要概括性地和以大的轮廓来描绘这部著作形成的真实图景。马克思对社会科学的巨大贡献，一方面在于"通过批判使一门科学第一次达到能把它辩证地叙述出来的那种水平"①。另一方面就在于这个论述本身。这个论述是经典的；也就是说，是真实的、全面的、无可辩驳的和可以应用的，并且它本身具备发展的潜力和动力。马克思的理论不仅经受住时间和实践标准的检验，而且还和世界的社会发展同步前进。

（原载《马克思恩格斯全集》历史考证版第2部分第5卷）
（夏静 译）

---

① 《马克思恩格斯全集》第1版第29卷第264页。

《资本论》第一卷德文第一版的科学价值*

张钟朴

中央编译局翻译的《资本论》第一卷德文第一版中译本（全称《资本论（根据第一卷德文第一版翻译）》），在该书出版一百二十周年（1987年）之际，由经济科学出版社出版了，这是我国理论界的一件喜事。从此，我国不但有了根据世界通行的《资本论》第一卷德文第四版和法文版翻译的两种译本，现在又有了《资本论》的第三种译本，即根据1867年出版的《资本论》最初版本翻译的译本。这无疑为我们研究马克思的经济理论提供了更方便的条件。

《资本论》是马克思竭尽毕生精力写成的伟大著作，但在他生前却未能全部出齐。他只在1867年出版了第一卷的德文第一版，然后以分册形式出版了经过修改的德文第二版（1872—1873年）和经过再次详细修订的法文版（1872—1875年）就与世长辞了。恩格斯根据马克思遗留的大量手稿和资料，不但整理出版了《资本论》的第二卷和第三卷，而且按照马克思的遗愿经过修改出版了第一卷的第三版（1883年）和第四版（1890年）。经过恩格斯最后编辑确定下来的第四版，成了全世界通行的版本。我国过去的郭王译本和目前通行的《马克思恩格斯全集》版中译本，就是以第四版为基础的。去年出版的这个德文第一版中译本则是反映了马克思在世时的最初版本的原貌。由于《资本论》第

---

* 本文选自《理论月刊》1988年第4期。

一卷以后的各版经过多次修改，因此德文第一版和后来的一些版本差别很大，不但篇章结构不同（第一版只有六章，通行的第四版是七篇二十五章，法文版是八篇三十三章），而且理论的论述也有许多不同。德文第一版的科学价值在于：一方面，书中有些理论论述在以后的版本中或是没有保留下来，或是做了修改，但原有的论述对说明某一问题，对学习马克思的理论和方法仍然很有价值。把书中的某些论述和以后版本中的相应论述互相参照阅读，可以加深对某些理论原理的理解。另一方面，把第一版和以后的版本加以对照，可以看清马克思和恩格斯在以后版本中所做的修改，从而可以更好地了解马克思经济理论的不断发展和完善的过程，对学习革命导师的革命理论和严肃认真的科学态度大有帮助。下面就第一版在这两方面的意义简略地谈一下我个人的管见。

德文第一版中包含有关于价值形式问题的两种论述，其一是在论述商品和货币的正文中为"懂得辩证法的"读者写的论述，其二是听从库格曼和恩格斯的建议，为"不懂辩证法的"读者写的教科书式的论述，包括在第一版的"附录"中。目前我们在《资本论》的通行版本中读到的，是马克思把以上两种论述合并在一起进一步修改了的第三种表述。而第一版中原来的两种论述仍然保持着独立的科学价值，特别值得注意的是第一版正文中关于价值形式的论述，可以说，是马克思运用辩证法分析问题的杰作。

马克思的《资本论》体系区别于古典经济的最重要的标志之一，就是他首次揭示了价值形式的秘密，从而实现了商品和货币理论发展中的质的飞跃。但是，价值形式是从分析作为资产阶级财富的元素形态的商品内在矛盾得出的，使用的是经马克思改造过的黑格尔的辩证法，所以很难理解。马克思自己在第一版的"序言"中就说："对价值实体和价值量的分析，我已经尽可能做到通俗易懂。对价值形式的分析则不一样。它是很难理解的，因为辩证法比在最初的叙述（指1859年《政治经济学批判》中的叙述。——本文作者注）中强烈得多。"① 这种分析的特点，是严格地从商品内在的矛盾来论述价值形式的发展，没有加进任何历史说明，完全用抽象力来把握每一种形式，关键的地方还使用了黑格尔辩证法的术语。特别值得注意的是，这种分析中根本没有提到货币价值的形式，而是代之以"第四种形式"为标题内容。另外，"一般的相对价值形式"则被称为"第三种，即相反的或倒转过来的第二种相对价值形式"。② 这些都是和"附录"以及第二版中的论述不同的，但这却是辩证分析所要求的。

在抽象分析中，"简单的相对价值形式"实际是从无数多种多样的商品交换关系中抽出来的一种最简单的关系，即一种商品对另一种商品的关系。"扩大的相对价值形式"则是由许多简单的相对价值形式组成的，是一种商品对整整一系列商品的关系。而把这种扩大的相对价值形式倒转过来，就成了其他一切商品对一种商品的关系，后者即一般等价物。那末，一种商品（例如麻布）是怎样变成一般等价物的呢（第三种形式）？马克思说："它先是把它的价值表现在一种个别商品上（第一种形式），然后是依次相对地表现在其他一定商品上（第二种形式），这样，倒转过来，其他一切商品就把自己的价值相对地表现在麻布上（第三种形式）。"③

当然，从理论上说，在商品世界中，一种商品麻布可以这样，其他所有的商品也都可以这样，它们都可以变成一般等价物。这样就开始过渡到第四种形式。在第四种形式中遇到了二律背反，每一种商品都可以成为一般等价物，又都可以具有一般相对价值表现，但一种商品不可能

---

① 《资本论》德文第 1 版中译本第 1 页。
② 《资本论》德文第 1 版中译本第 33 页。
③ 《资本论》德文第 1 版中译本第 41 页。

同时既是前者又是后者，一般等价形式和一般相对价值形式是互相排斥的。"一般等价形式始终只适用于一种商品而与其他一切商品相对立，但是它适用于任何一种商品而与其他一切商品相对立。"① 对价值形式进行辩证分析只能得到这样的结果。它为货币的产生建立了理论前提，但没有直接得出货币。这就是第一版正文中价值形式分析的特点，但这是符合严格的辩证法的论述。那么货币是怎样出现的呢？货币是在分析交换过程的时候才出现的。马克思说："只有社会活动才能使一种特定的商品成为一般等价物。因此，其他一切商品的社会的行动使一种特定的商品分离出来，通过这种商品来全面表现它们的价值。"②

恩格斯曾建议马克思把价值形式的分析写得更通俗易懂些，请他多分一些小节和多加一些小标题，写得像教科书那样。同时还提出"可以把这里用辩证法获得的东西，从历史上稍微详细地加以证实，就是说，用历史来对这些东西进行检验"。③ 马克思回答说："至于说到价值形式的阐述，那么我是既接受了你的建议，又没有接受你的建议，因为我想在这方面也采取辩证的态度。这就是说：第一，我写了一篇附录，把这个问题尽可能简单地和尽可能教科书式地加以叙述；第二，根据你的建议，把每一个阐述上的段落都变成章节等等，加上特有的小标题。我要在序言中告诉那些'不懂辩证法的读者'，要他们跳过 x—y 页而去读附录。"④ 在这个"附录"中，除了写得像教科书那样较通俗易懂，没有使用辩证法的术语以外，最大的特点是把"第四种形式"改成了"货币价值形式"，货币的论述被提前了，但理论却比较容易懂了。不过马

---

① 《资本论》德文第 1 版中译本第 42 页。
② 《马克思恩格斯全集》第 1 版第 23 卷第 104 页。
③ 《马克思恩格斯〈资本论〉书信集》，第 213 页。
④ 《马克思恩格斯〈资本论〉书信集》，第 215 页。

克思并没有用历史的事实来证明辩证法获得的结果,这是"附录"不同于以后版本中价值形式的地方。

在德文第二版中把上面这两种论述合并在一起加以改写时,马克思进一步听从了恩格斯的建议,在理论叙述中加进了历史事实作为类比。例如,在谈到简单价值形式时写道:"很明显,这种形式实际上只是在最初交换阶段,也就是在劳动产品通过偶然的、间或的交换而转化为商品的阶段才出现。"① 在谈到扩大的价值交换形式时写道:"扩大的价值形式,事实上是在某种劳动产品例如牲畜不再是偶然地而已经按照习惯同其他不同的商品交换的时候,才出现的"②,如此等等。这些历史例证的插入固然方便了读者对理论的理解,但是辩证法不再像第一版中那样强烈了,并且往往会使人产生一种误解,仿佛价值形式所分析的是资本主义以前的商品生产,而不是资本主义商品的内在矛盾的表现。因此,第一版中关于价值形式的论述仍保持其独立的科学价值。

其次一个问题,是研究雇佣几个工人才会变成资本家。我国理论界有人有一种看法,认为按照马克思的说法,一个业主雇佣8个以上工人,就会变成资本家。这种看法来源于马克思在《资本论》第一卷第九章中的一段论述。马克思考察剩余价值率和剩余价值量时得出结论说,不是任何一个货币额或价值额都可以转化为资本,相反,这种转化的前提是一个商品所有者手中必须拥有一定数量的货币额。那么,货币的最低限额究竟要多大呢?马克思明确指出,在资本主义的不同阶段上,或在一定发展阶段上的不同生产部门中,由于特殊的技术条件各不相同,所需要的这个最低限额是不同的。③

---

① 《马克思恩格斯全集》第1版第23卷第81页。
② 《马克思恩格斯全集》第1版第23卷第81页。
③ 《马克思恩格斯全集》第1版第23卷第341—342页。

为了说明这个道理，马克思举了几个具体数字的例子。他假定在工作日为 12 个小时，必要劳动时间为 8 小时，剩余劳动为 4 小时的情况下，一个雇主必须雇用 2 个工人，才能靠每天占有的剩余价值来过工人那样的生活（因为 2 个工人提供的剩余价值是 8 小时，相当于一个工人的必要劳动时间）。在这种场合，他的生活目的只是维持生活，而不是增加财富。"而在资本主义生产下，增加财富是前提。为了使他的生活只比一个普通工人好一倍，并且把所生产的剩余价值的一半再转化为资本，他就必须把预付资本的最低限额和工人人数都增加为原来的 8 倍"。①也就是说，工人数量要增加为 8 人。理论界某些人的说法大概就是从这里来的。但是，马克思这里的论述有两个假定的条件。第一，假定工作日为 12 小时，必要劳动 8 小时，剩余劳动 4 小时；第二，假定剩余价值的一半用消费，一半用于积累，同时假定雇主比工人过好一倍的生活。只要这些条件中的一项发生变化，所需雇用工人的人数也必然变化。因此，我们不能拘泥于具体数字，而应了解马克思理论的实质。

在《资本论》德文第一版中却有关于这个问题的一般原理的明确论述，这些论述在以后的版本中可惜没有保留下来。在那里马克思说："资本主义生产实际上是在同一个资本同时雇用较多的工人，因而劳动过程扩大了自己的规模并提供了较大量的产品的时候才开始的。只有在工人人数多到足以使他们生产的剩余价值量可以使雇主免除劳动的时候，雇主才会成为名符其实的资本家。"②这段论述回答了究竟雇用几个工人才能成为资本家的问题。这也表明了第一版的价值。

对《资本论》中有些争论的问题，也可以从第一版中得到重要启发。在通行的《资本论》第一卷第二十三章中资本主义积累的一般规

---

① 《马克思恩格斯全集》第 1 版第 23 卷第 342 页。
② 《资本论》德文第 1 版中译本第 302 页。

律被表述为:"社会的财富即执行职能的资本越大,它的增长的规模和能力越大,从而无产阶级的绝对数量和他们的劳动生产力越大,产业后备军也就越大。可供支配的劳动力同资本的膨胀力一样,是由同一些原因发展起来的。因此,产业后备军的相对量和财富的力量一同增长。但是同现役劳动军相比,这种后备军越大,常备的过剩人口也就越多,他们的贫困同他们所受的劳动折磨成反比。最后,工人阶级中贫苦阶层和产业后备军越大,官方认为需要救济的贫民也就越多。"① 这段话中关键的一句话"他们的贫困同他们所受的劳动折磨成反比",在马克思亲自校改过的《资本论》法文版中是"他们的贫困同劳动折磨成正比"。② 从此,"正比"和"反比"之争就开始了。人们按照各自的理解,有的认为德文版中的"反比"正确,例如,法国社会出版社 1962 年出版的法文版就把这句话按德文版改成了"反比",并注明"正比"是译者鲁瓦翻译时的"笔误"。相反,有人认为法文版中的"正比"正确,例如,《马克思恩格斯全集》俄文版第二十三卷的编者把这句话改为"他们的贫困与现役劳动军的劳动折磨成正比"③,并注明这是根据马克思校订过的法文版更正的。限于篇幅,我们不能在此详加讨论。但把这句话中的两个"他们"理解为两种内容,把后一个"他们"理解为"现役劳动军"却是不对的。如果我们查对一下,马克思最初写成的第一版,这句话前后的说法是:"但是同现役劳动军相比,这种后备军越大,常备的过剩人口或这样的工人阶层也就越多,他们的贫困同他们所受的劳动折磨成反比。"④ 这里多一句"这样的工人阶层",是"常备的过剩人

---

① 《马克思恩格斯全集》第 1 版第 23 卷第 707 页。
② 《资本论》法文版中译本第 687 页。
③ 《马克思恩格斯全集》第 1 版第 23 卷俄文版第 659 页。
④ 《资本论》德文第 1 版中译本第 618 页。

口"的同位语。而如果译得死一点,"常备的过剩人口"就是"他们的贫困同他们所受的劳动折磨成反比的工人阶层"。第一版中的这几个字直到德文第三版才消失,所以按照德文第一版就不可能产生俄文版编者那样的理解。总之,对照第一版中原有的论述,可以加深我们对马克思理论的正确理解。

至于把第一版和以后的版本加以对照,可以看出马克思经济理论的不断发展和完善的过程,也是表明第一版的科学价值的一个重要方面。在这方面,德文第一版中文译本的译者为了方便读者,凡是以后版本中在篇章结构和内容意思上做了较大修改的地方,尽量加了译者注,全书共加译者注约五百五十多处。凡是以后版本中没有修改的地方,中译文和通用版的中译文是一样的,把两种译本相对照,就可以看出修改来。现在我仅把以后各版中最重要的修改提示一下。

德文第二版的修改是马克思在1871年下半年至1872年期间进行的,这时距1867年的第一版已过去四年多。马克思修改第二版时考虑如何使他的理论适应工人运动的需要,他不但把章节分得更细更分明了,理论上也做了不少修改。马克思自己在第二版跋中关于内容的修改写道:"第一章第一节更加科学而严密地从表现每个交换价值的等式的分析中引出了价值,而且明确地突出了在第一版中只是略略提到的价值实体和由社会必要劳动时间决定的价值量之间的联系。第一章第三节(价值形式)全部改写了……第一章最后一节《商品的拜物教性质及其秘密》大部分修改了。第三章第一节(价值尺度)作了详细的修改……第七章,特别是这一章的第二节,作了很大的修改。"① 除马克思提到的这些修改之外,值得提出的有:马克思在"劳动过程"的论述中严格区分了"劳动"和"劳动过程"这两个概念的

---

① 《马克思恩格斯全集》第1版第23卷第14页。

内容；在论述手工业和机器大工业时，严格划分了"工艺"和"技术"，而在第一版基本上都用"工艺"这个术语，同时还区分了"生产资料"和"生产条件"；在资本积累和原始积累部分，增加了工人阶级状况、爱尔兰农业和苏格兰等地农民被剥夺的新材料。总的说来，"工资"以后的各章修改之处明显减少，可能是第二版付印时间迫近所致。但紧接着在法文版和以后的德文第三版中，这些章却做了相当多的修改。

第三版是马克思逝世的当年，1883年底由恩格斯整理出版的，距第二版已经过去十年。马克思在世时留下了大量的材料，指明哪些地方怎样修改，哪些地方参照法文版等等。恩格斯基本上是按照马克思生前的遗愿修改的，恩格斯在"第三版序言"中对此做了说明。第一章中关于从商品交换价值引出商品价值的论述，修改得更加严密了。在机器大工业部分，增加了新材料，进一步完善了对资产阶级"补偿理论"的批判，扩大了关于"生产劳动"的定义。大大充实了关于"工资的国民差异"这一章。第七篇"资本的积累过程"中修改和补充最多，对资本有机构成作出了全面科学的定义；用不同的术语严格区分了资本"积聚"和"集中"；对现代工业周期和相对过剩人口的各种存在形式作了补充和修改；进一步增加了爱尔兰农村状况的材料；原始积累部分增加了银行、国债、税收制度所起的聚敛财富的巨大作用等内容。恩格斯在第三版中增加了一些很重要的注释，特别值得提出的有，例如，他用化学例子说明了量变到质变的规律；他根据人类学研究的最新成果，说明人类是从氏族发展到家庭，而不是像马克思原来的正文中说的，人类是从家庭发展到氏族等等。

德文第四版是由恩格斯编定并于1890年出版的标准版本。恩格斯在"第四版序言"中把他进行的修改作了说明。归纳起来包括三方面：第一，"根据再一次对照法文版和根据马克思亲手写的笔记，我又把法文版的一些地方补充到德文原文中去"。第二,"我还补加了一些说明性的注释,特别是在那些由于历史情况的改变看来需要加注的地方",如指明了资本主义垄断组织"托拉斯"的出现等。第三,书中的引文都同原著文字进行了核对。这样,恩格斯编定的第四版成为世界通用的版本。

纵观以后各版中的这些修改,可以看出几种情况。有的理论论述改得更加科学和准确了,有的随着客观情况的改变而在理论上进行了新的概括,有的修改则是为了工人阶级和广大群众容易理解而进行的。凡此种种,都可以依据第一版和以后版本的对照而弄清楚其来龙去脉,从而有助于我们更好地掌握马克思的经济理论和辩证方法。

价值理论在《〈资本论〉第一版的补充和修改（1871年12月—1872年1月）》中的发展[*]

〔民主德国〕巴·里茨[①]

《资本论》第一卷德文第2版在《马克思恩格斯全集》MEGA版第二部分第六卷发表，确定了价值理论从第一版到第二版修改的特点。因此，手稿《资本论》第一卷的补充和修改（1871年12月—1872年1月）》除了有助于了解它起作用的历史原因外，它本身证明是很有价值的。通过它可以明显看出，马克思在第二版跋中描述为重点的第一章中的修改是如何进行的。以下对这个问题的叙述也详细论述了为编辑第二部分第六卷而提出加以讨论的手稿写作的前几阶段的几个中期结果。[②]

通过分析手稿首先可以确定，马克思改写第一章是按时间顺序从分析价值形式开始的，确切地说，是从第一章第三节（A）中第二点开始的。因而把取消第一版正文和附录中关于价值形式的双重叙述作为改写

---

[*] 本文选自《马列主义研究资料》1989年第2辑。

[①] 作者是民主德国马列主义研究院马恩室研究人员，哲学博士。本文脚注中的"《马克思恩格斯全集》MEGA版"简称原文版。——译者注

[②] 参看巴·里茨：《〈资本论〉第1卷德文第2版的准备工作对马克思恩格斯研究的意义》和《马克思在第一国际的活动和〈资本论〉第1卷第2版》。上述文章载于《马克思恩格斯研究论丛》柏林版第16辑第155—160页，第18辑第106—112页。在原文版的编辑工作中确认，马克思为准备出第2版而写的手稿也是法文版的原始材料。最后编辑确定的标题也考虑了这一事实。

的最直接原因也是有道理的。

这两篇论述的共同点和区别何在呢？对此，马克思有几点说明，在资料中也有各种研究观点和认识。我们是从这一点考虑的：无论是正文还是附录都从逻辑关系上复述了价值形式的发展。每个叙述都紧扣价值形式的客观实际发展过程中的规律性，这个规律性决定各个不同发展程度的必然顺序。相反，它们忽视了这种规律性在各个历史过程中的发展。① 正因为如此，马克思把"这个问题"② 叙述了两遍，就像他在给恩格斯的信中提到的那样。

正文和附录的本质区别在于叙述方法不同。马克思复述了商品的使用价值和价值之间矛盾的发展直至处于各种不同的相关体系的商品和货币的二重性。在正文中，价值形式是从相对价值形式即商品形式的角度叙述的，并且是"着重从商品的内在矛盾阐述的"③ 一个处于相对价值形式的商品与另一个充当等价物的商品相比，它的内在矛盾表现为外在的矛盾。作为价值实体的表现的、相对价值形式的质的内容应当通过复杂的哲学的反思来理解。价值形式由价值的本性发展而来，它的形成发展证明"**价值形式**产生于价值概念"④。叙述是在一个高度一般化阶段进行的。分析的角度表现在正文的结构中和特定发展形式的名称上（**第一种形式**：第一种或简单的相对价值形式；**第二种形式**：第二种或扩大的相对价值形式；**第三种形式**：第三种即相反的或倒转过来的第二种相对价值形式，**第四种形式**：一般等价物的特殊相对价值形式）。

---

① 参看古德伦·利希特：《规律性和历史过程。逻辑的和历史的》，1985年柏林版第45页。
② 参看《马克思恩格斯全集》第1版第31卷第311页。
③ 原文版第2部分第5卷《前言》第25页。
④ 《资本论》经济科学出版社1987年版，第42页。

在附录中，马克思从价值形式（商品形式和货币形式）的角度进行研究，他较多地从矛盾的现象上反映了全部交换过程的客观矛盾。① 这种联系从经验上看是不难理解的。两个商品，一个处于相对价值形式，另一个处于等价形式，它们的价值表现的外在矛盾被归因于商品的内在矛盾。表现出来的矛盾的发展被看作是本质的矛盾，它的形成发展同时还证明价值形式与价值概念相符合。② 分析角度的改变表现在附录的结构中和特定发展形式的名称上（第一，简单价值形式；第二，总和的或扩大的价值形式；第三，一般价值形式；第四，货币形式）。

由于这两种叙述形式非但互不排斥，反而互相补充，马克思打算将它们合并。手稿《补充和修改》证明，第二种叙述吸收进了第一种叙述的部分，证明马克思一开始就按照附录的相关体系为整个叙述确定了篇章结构的严格的逻辑。

叙述最终在许多问题上都有新的理解。那么，两篇文章的修改在手稿中因此而表现出哪些基本特点呢？首先可以说，马克思力图使思路清晰，尽量使用通俗易懂的、较少哲学的一般的和较多经济学的具体的表达方式以及鲜明的对比。手稿的最开头包含许多尝试，对于这种方式马克思并不满意。

从手稿中价值理论的发展来看，第二个重要的基本特点是，在改写简单价值形式时，关于生产者对劳动的特定社会关系的发展已经主要包括在关于商品与商品的物的交换关系的论述之中。在这之前，这种做法对于这个理论要素还只是设想。通过这个论述可以在关于简单和一般价值形式的修改中较完全地理解价值关系的本质特征，也就是理解那些使价值关系区别于生产者与劳动的其他历史关系的特征。第一个特征是在

---

① 参看原文版第 2 部分第 5 卷《前言》第 25 页。
② 《资本论》经济科学出版社 1987 年版，第 772 页。

劳动产品的交换中表现为价值对象性的社会关系的物化。第二个特征是抽象劳动作为不等同的私人劳动与社会总劳动的必然的等同关系。在这一方面，马克思深入周密地思考了价值的本质（或它的理论反映即价值概念）和价值形式的发展之间的辩证法。

第二个基本特点突出地反映在一般价值形式的改写中，这个修改是马克思继简单价值形式的改写之后进行的。（关于扩大的价值形式在文字上稍加修改后便直接从附录吸收进第二版）。在草稿（B）关于一般价值形式的变化了的性质的论述中①，马克思既论述了一般价值形式在社会范围内的发展趋势，又运用他的使用价值和价值、具体劳动和抽象劳动以及私人劳动和社会劳动、价值实体、价值量和价值形式（相对的和等价的）的辩证法，透彻地论述了一般价值形式中不同于个别的（偶然的）或特殊的（地方的）价值形式的质的变化。马克思强调，在第一种形式和第二种形式中"劳动产品通过偶然的、间或的交换而转化为商品"，或者"已经是经常地……交换"，"价值形式的生产"还是**"单个商品的私事"**②，"把商品变成价值的那种劳动的抽象人类性质"才"有限地表现出来"③。因此可以说，劳动产品在"作准备的发展阶段"④通过交换才成为商品。

---

① 参看原文版第 2 部分第 6 卷第 25—32 页。中译文见《马列主义研究资料》总第 56 辑第 2—9 页。

② 所有引文参看原文版第 2 部分第 6 卷第 26 页。中译文见《马列主义研究资料》总第 56 辑第 4 页。

③ 参看原文版第 2 部分第 6 卷第 28 页。中译文见《马列主义研究资料》总第 56 辑第 5 页。

④ 原文版第 2 部分第 6 卷第 26 页。中译文见《马列主义研究资料》总第 56 辑第 3 页。

相反，"现实的价值形式"①的新的性质通过价值等式的联系表现出来。"一个商品的**一般相对价值形式**只有通过商品世界的共同活动才得以实现。"在一般等价物中商品具有"一般价值形态"，它的价值实体取得了"**同一的社会外壳**，因而，形成价值的劳动的特殊性质才取得相应的表现"②。马克思还提到这里"间接"地说出了所有商品的一般等价物，因为所有商品都是价值的承担者，并且实现于其中的具体的私人劳动是抽象的社会劳动。③ 这样一来，商品的独立价值形态的特点是，它在劳动体已经被作为价值生产出来的情况下，事实上是发展了的或者说成熟的价值关系的表现。④ 简单地说，马克思在没有被吸收进第二版并且研究风格的特点越来越明显的草稿（B）中，比在第一版中更彻底地考察了一般价值形式的"结构"或者说"框架"。马克思更深入地说明了不同的具体的私人劳动的等同性质，这个性质告诉我们，在商品生产中"**劳动的一般的人类的性质形成劳动的特殊的社会的性质**"⑤。

从价值形式和价值关系⑥的最初的研究的接近结束的部分在内容上的平行和手稿文字上的极大改动可以看到，正是这些促使马克思进一步

---

① 原文版第2部分第6卷第26页。中译文见《马列主义研究资料》总第56辑第3页。

② 所有引文参看原文版第2部分第6卷第27页。中译文见《马列主义研究资料》总第56辑第5页。

③ 参看原文版第2部分第6卷第28页。中译文见《马列主义研究资料》总第56辑第6页。

④ 参看原文版第2部分第6卷第31页。中译文见《马列主义研究资料》总第56辑第7—8页。

⑤ 原文版第2部分第6卷第34页。中译文见《马列主义研究资料》总第56辑第13页。

⑥ 参看原文版第2部分附卷第958页27、32—28、8的修改B_1—B_5。

深入思考系统地叙述这个范畴的几个问题。这一点首先以草稿的方式写在两个插入部分里。插入部分紧接在草稿（B）稿本中一般价值形式的变化了的性质的分析之后，但是被放在粗体方括号内。第一个插入部分中安排了"关于商品的**末段**"①，也就是写第一章第四节论拜物教的性质。其中通过历史的对比指出，"由于隐藏在不同劳动产品中的劳动的等同性质"②，劳动的抽象性质在商品生产中形成劳动的特殊的社会性质。

在第二个插入部分中③，马克思考虑到价值和价值形式在价值理论中的连贯关系，考察了作为私人商品生产者的劳动的等同社会形式的抽象劳动的本质特征。

马克思要解决如下问题："商品只有互相发生**关系**才获得**价值表现**（价值形式）。因此，一个商品的**价值表现**始终只存在于它同另一商品的价值关系中。这是为什么呢？商品的一切价值形式所共有的这种特点是怎样从价值概念中产生出来的呢？"④

为了回答这个问题，马克思首先扼要概括了价值的"最初"的引论，我们认为就是第一版开头的抽象过程。对此，马克思接着说明："这样，上衣和麻布⑤作为价值各自被归结为**人类劳动一般**的化身。但

---

① 原文版第 2 部分第 6 卷第 29 页。中译文见《马列主义研究资料》总第 56 辑第 7 页。

② 参看原文版第 2 部分第 6 卷第 28—29 页。中译文见《马列主义研究资料》总第 56 辑第 6 页。

③ 参看原文版第 2 部分第 6 卷第 29—32 页。中译文参看《马列主义研究资料》总第 56 辑第 7 页。

④ 原文版第 2 部分第 6 卷第 29—30 页。中译文见《马列主义研究资料》总第 56 辑第 7 页。

⑤ 在《资本论》第 1 卷各版中价值概念实际上是从其他商品例如小麦和铁的交换关系中引出的。

是，在这样归结时人们忘记了：没有任何一个物品本身单独地是**这样的价值对象性**，相反，只有当上衣和麻布共有的东西是对象性时，它们才是这样的物品。（……）它们也只有作为社会关系（在社会关系中）才具有这种社会对象性。"①马克思由此为系统的叙述草拟了一个要点："包含在价值概念中的对象性。"只有这样，劳动产品的价值存在才能出现。②

马克思在上述引文中精确叙述了价值对象性的社会的性质之后继而叙述价值实体和价值量（关于价值量在较后的地方进行了研究）：商品的价值"作为这样的**对象性**就与同一**单位**发生关系，它们被归结为抽象人类劳动，只要这种劳动被看作它们**共同的单位**，被看作在不同的商品体中显得各不相同的**社会实体**。因此，它们都是相对地被表现出来，即**相对地被表现为人类劳动，表现为形成商品的社会劳动**"③。马克思由此对他为系统叙述价值和价值形式的关系而草拟的要点概述道："由于商品的**价值**只是商品同作为商品的共同实体的**劳动的关系**，或者说是它们作为这一共同实体的表现的**相互关系**，所以，商品的这种价值也只能出现在它与另一个充当价值的商品所发生的关系中，或者说只能出现在不同商品之间的**价值关系**中。因此，价值表现只能**在不同商品的关系**中找到，或者说商品只能在**不同商品的关系**中获得价值形式。这告诉我

---

① 原文版第 2 部分第 6 卷第 30 页。中译文见《马列主义研究资料》总第 56 辑第 8 页。

② 参看原文版第 2 部分第 6 卷第 32 页。中译文见《马列主义研究资料》总第 56 辑第 10 页。

③ 原文版第 2 部分第 6 卷第 30 页。中译文见《马列主义研究资料》总第 56 辑第 8 页。

们，价值形式是怎样从价值本身的天性中产生的。"①

两个草拟的要点成为第二版中科学而严密地引论价值的基础。为了清楚地表述内容上的相似，我们指的是说明系统地叙述价值的草稿和价值形式的最初的分析之间存在的相似之处，人们应当这样对马克思在第二个插入部分中想要解决的问题提问：必须已经进行了哪几步理论上的阐述来说明价值，才能由此合乎逻辑地引出价值形式？那么回答是，价值必须通过从一般价值形式的分析得出的那种作为全面的社会关系的发展了的形态反映出来。

第二个插入部分在提出草拟要点后中断了，草稿（B）也就此中断。手稿写作的第一阶段就此结束。可以把手稿中科学而严密地引论价值的草稿看作是较复杂的辩证法渗透价值形式的分析的一个重要成果。为写第二版而起用这个草稿所作的修改与其他修改有的是在手稿的后两个写作阶段完成的，有的是以其他形式完成的。

那么，手稿"补充和修改"的草拟要点在第二版中是怎样得到运用的呢？

第一个要点说明：对象性包含在私人生产者的商品价值的本性中。与此相应，马克思在第一章第一节中先于价值实体的引论具体地表述了劳动产品的价值存在，②并且结合价值形式进一步加以说明。这个抽象

---

① 原文版第2部分第6卷第31页。中译文见《马列主义研究资料》总第56辑第9页。
② 参看《马克思恩格斯全集》第1版第23卷第50—51页和《资本论》经济科学出版社1987年版，第11—13页。

在第一版中明显是结合价值形式的分析才进行的。①

第二个要点说明：商品与作为劳动的特殊社会形式的抽象劳动的关系包含在私人生产者的商品的价值中。这个关系代表价值的本性。马克思已经按照这个逻辑把这一点吸收到第一章第一节中引论价值的最初几个步骤中，这一点即把体现在商品中的具体的有用劳动归结为等同的或抽象的人类劳动，也就是人类劳动力的消耗，② 这个归结在第一版中是结合价值形式的分析才说明的。③ 这样一来，两版中价值实体的性质的描述在价值量的叙述上有区别。价值实体在第一版相应的地方被确定为劳动一般的、并且是简单平均劳动的化身。相反，在第二版中是物化的抽象劳动，耗费的劳动力。价值实体的确切的社会规定又构成明确突出价值实体与价值量的社会本性的关系的前提。反之，把劳动包括复杂劳动归结为简单的平均劳动，构成价值实体和价值量的质和量的媒介的特殊问题。因此，这个问题不再被放在叙述价值量之前说明，④ 而是在叙述了这个前提之后并且在考察劳动的二重性的同时加以说明的。⑤

通过我们到此为止所谈的手稿的草拟要点的起用，完全表明科学而严密地引出了价值，马克思在第二版跋中把这说成是第一章第一节中不同于第一版的重要的修改。

---

① 参看《资本论》经济科学出版社1987年版，第25及以下各页和第756及以下各页。

② 参看《马克思恩格斯全集》第1版第23卷第50—52页和《资本论》经济科学出版社1987年版，第11—12页。

③ 参看《资本论》经济科学出版社1987年版，第25—26、756—757页。

④ 参看《资本论》经济科学出版社1987年版，第11—13页。

⑤ 参看《马克思恩格斯全集》第1版第23卷第57—58页。

还应补充一点：马克思认为手稿中价值量的规定更加清楚地表明："在价值概念中商品的价值关系已经提前表现出来了，或者说，商品在它们的价值对象性中**一开始**就不只是被归结为抽象人类劳动，而且也被归结为作为它们**单位**的抽象人类劳动，归结为作为劳动的一定社会形式的抽象人类劳动，不只是它们的实体，而且是它们作为商品与商品共有的实体。"① 这一确定形成构思的基础，在这个基础之上，价值实体和由社会必要劳动时间决定的价值量的规定之间的联系被明显提了出来。价值的质的和量的规定在第二版中通过平均必要劳动时间的社会尺度并且还通过社会平均劳动力的尺度互相联系。②

可见，为了从内容上评价马克思在第一章第一节做的两个专门的修改，可以从手稿"补充和修改"的考察得出：两个修改的共同基础是深刻认识了作为劳动的社会形式的抽象劳动的性质。这是同较深刻地理解了价值对象性、价值实体和价值量的社会本性分不开的。第二版中结合这些认识进一步阐述了价值理论。第一章第一节中改变了的抽象过程的重要例子已在上文中提出过。

（原载民主德国《马克思恩格斯研究论丛》，第 23 辑第 26—33 页）

（卢晓萍 译）

---

① 原文版第 2 部分第 6 卷第 30—31 页。中译文见《马列主义研究资料》总第 56 辑第 8—9 页。

② 参看原文版第 2 部分第 6 卷第 4 页。另参看《马克思恩格斯全集》第 1 版第 23 卷第 51—52 页。

《资本论》德文第 2 版(1872—1873 年)的科学价值*

《资本论》第 1 版出版于 1867 年，这在科学社会主义和国际工人运动史上是一个突出的事件。随着《资本论》的发表，马克思揭示了"现代社会的经济运动规律"，① 开创了一个把科学社会主义和工人运动融合在一起的新阶段。② 随着《资本论》的发表。马克思为工人阶级的解放斗争提供了重要的理论武器。为了使这一著作能够越来越好地完成这一使命，马克思直至生命的最后都致力于使这一著作在形式上和内容上不断完善。因此当恩格斯看了《资本论》第 1 版的校样后，马克思请他把所有的要求和批评都写下来，因为他"预期迟早会出第 2 版的"。③ 为了出第 2 版，马克思对第 1 版进行了全面的修改。

1871 年，有了再版《资本论》第 1 卷的必要。出版第 2 版符合国际工人运动的需要。在某种程度上与具体的历史形势和第 1 版 5 年来的

---

* 本文选自《马克思恩格斯研究》1991 年总第 5 期。

原题注：《马克思恩格斯全集》原文版第 2 部分第 6 卷全文发表了《资本论》德文版第 2 版（1872—1873 年奥·迈斯纳出版社版）。同时还发表了马克思的两个手稿：(1)《〈资本论〉第 1 版的补充和修改（1871 年 12 月—1872 年 1 月）》(2)《〈资本论〉第 1 卷第 2 版介绍》。本文是原文版第 2 部分第 6 卷前言的摘录。

① 《马克思恩格斯全集》第 1 版第 23 卷第 11 页。
② 参看《马克思恩格斯全集》原文版第 2 部分第 5 卷前言。
③ 《马克思恩格斯全集》第 1 版第 31 卷第 331 页。

传播史有关。1867—1872年这一时期的特点,表现为工人运动的高涨。在北德意志联邦和后来的德意志帝国的建立的推动下,60年代和70年代初,德国极其迅速地实现了资本主义工业化以及伴随而来的生产和资本的积聚与集中。在"德国经济繁荣年代",股份公司迅速增加。随着资本主义工业化的加速,工人阶级的数量增加了。这加强了它的积聚过程。正如当时越来越多的罢工运动所表明的,资产阶级和工人阶级之间的阶级斗争尖锐化了。这个越来越迫切的问题以及工人运动的发展所提出的一些疑问,需要从理论上加以解释并在工人运动中得到理解。这时对德国工人运动和国际工人运动来说主要有两起重要的政治事件,这两起政治事件的结果对《资本论》第1卷德文第2版的出版也产生了一定的影响:1869年社会民主工党的成立(爱森纳赫派)和1869年的巴黎公社。

爱森纳赫党的成立为工人运动与科学社会主义的结合创造了一个新的局面,同时形成了一个更加广阔的传播马克思理论的基础。另一方面,党的意识形态的巩固要求进一步接受工人阶级科学世界观的思想。

随着巴黎公社的成立,"工人阶级反对资本家阶级及其国家的斗争……进入了一个新阶段……具有世界历史意义的新起点毕竟是已经取得了。"① 主要的任务是建立"大批由无产阶级组成的社会主义政党"。② 这一任务的解决,在客观上对意识形态的理论工作提出了更高的要求。同时,巴黎公社"到处对加强革命的社会主义宣传起了推动作用"。③ 这也适用于《资本论》的创作。1871年,第1版的销售量显著上升,到年底几乎售卖一空。巴黎公社丰富了科学社会主义关于社会主

---

① 《马克思恩格斯全集》第1版第33卷第210—211页。
② 《列宁全集》中文第1版第19卷第290页。
③ 《列宁全集》中文第1版第17卷第125页。

义革命、无产阶级国家和创立工人阶级革命政党的原则。在国际工人运动中接受和运用与此有关的认识是一个重要的任务，《资本论》第 1 卷的再版适合于促进这一过程。第 2 版的准备工作和出版的时期，正好是运用和实现国际工人协会伦敦代表大会上（1871 年）具体化了的工人阶级斗争的政治原则的年代。德国的工人运动担负了特殊的责任，因为巴黎公社失败后，国际工人运动的重心转移到了德国。可见，接受马克思主义、击退德国工人运动中的资产阶级意识形态具有重大意义。爱森纳赫党为出版马克思和恩格斯的著作、掌握他们的思想作了多方面的努力，在当时，出版了《法兰西内战》和《论住宅问题》，再版了《共产党宣言》和《德国农民战争》。出版《资本论》第 1 卷第 2 版也包括在这一进程中。它有助于推动国际工人协会和爱森纳赫党的意识形态工作和理论工作的繁荣。理解这一著作，对于同无政府主义和改良主义的观点进行意识形态的论争具有重要的意义。1872 年出版了《资本论》的俄译本，法文版也在开始出版，这样，传播和获得马克思思想的基础在国际上大大地扩大了。

《资本论》出版和传播 5 年之后。马克思得以在第 2 版《跋》中断言：“《资本论》在德国工人阶级广大范围内迅速得到理解，是对我的劳动的最好的报酬。”① 自 1867 年以来，接受、理解和应用《资本论》的思想是在同资产阶级和小资产阶级意识形态的不断论争中实现的。这是一个合乎规律的但并非毫无问题的过程。从《国际工人协会成立宣言》开始，国际工人协会的纲领性文件中就记录了对马克思主要著作的认识。在洛桑代表大会（1867 年）、布鲁塞尔代表大会（1868 年）和巴塞尔代表大会（1869 年）的决议中已经提出了废除生产资料私有制的要求，工会经济斗争的任务和工会的作用已包含在日内瓦代表大会

---

① 《马克思恩格斯全集》第 1 版第 23 卷第 15 页。

（1866年）的决议中了。这样，国际工人协会为在德国工人运动和国际工人运动中接受《资本论》的思想创造了条件，德国代表在布鲁塞尔代表大会上提出的决议也有助于此。这项决议建议工人学习《资本论》，并鼓励把它翻译成其他文字。但是，要使工人及其领袖熟悉《资本论》的理论，还要作很大的努力。资产阶级与小资产阶级的观点仍旧在工人中广泛传播并深深地扎下了根。

爱森纳赫党的成立为掌握和应用《资本论》的思想创造了新的起点，其决定性的动力来自阶级斗争的实践。

早在这一政党形成的最初几年中，作为理论源泉的《资本论》对获得关于阶级斗争基本问题的正确观点就起了重要的作用。这一点特别是从为制订马克思主义的工会政策而作的种种努力中可以看到。还在1869年之前，《资本论》就已推动了工会运动的发展。正如1866年美国的情形一样，从法律上限制工作日是70年代初德国工会斗争的重点。在这种形势下，工人运动的领导力量获得了马克思在《资本论》中表述的为正常工作日而斗争的理论根据，并把这一理论根据介绍给工人阶级。在1871年社会民主工党德累斯顿代表大会上通过了关于法定正常工作日的决议，这样，爱森纳赫党在接受《资本论》思想这一方面迈出了一大步。

同德国相比，到1872年为止，《资本论》对其他国家的工人运动的影响自然没有那样强烈。在这些国家，《资本论》的影响主要是通过国际工人协会的大会决议实现的，在这些决议中，对《资本论》的认识找到了入门的途径。此外，《资本论》的影响还通过报刊上的评论而产生。

除了德国，《资本论》的影响在俄国最大。历史形势把解决社会发展亟待解决的问题提上了日程。在这种形势下，人们对西欧进步思潮极感兴趣，《资本论》在革命民主主义的知识分子中引起了强烈的反响，报纸和杂志上展开了深入的讨论。1872年春出版了《资本论》俄文译本,受到了马克思的赞扬。

马克思把《资本论》第2版称作"修订版"。① 这一版本的特点表现为对著作进行了更详细的分篇并且在内容上进行了修改。正文的修改表明,马克思的经济学理论反映了一个发展过程,是一个完整的整体,这一理论的进一步发展是没有完结的。正文的修改和结构的完善一方面决定于内在的理论上的原因,这一原因是由理论发展的规律性引起的。例如,内在的完整性要不断完善。另一方面,对正文和结构的修改是由外在的原因引起的,其中主要是从第1版的传播史中得出的,即必须考虑到工人运动范围内的理解,考虑到小资产阶级社会主义者对《资本论》的反应以及资产阶级对这一著作的攻击等情况,来修改这一版本。资产阶级的攻击主要是针对价值理论及其同马克思经济学理论的其他组成部分的联系,针对《资本论》中应用的辩证法,他们把这种方法同黑格尔的方法等量齐观。在第2版《跋》中,马克思直接或间接地指出了对第1版的修订产生过影响的一些重要方面。② 社会的发展和阶级斗争的实践也促使修订正文。最后,导致正文和结构的变动的,是马克思自我批评的精神。各个原因对著作的外部结构的变动和正文的发展都产生了不同程度的影响。

篇章结构的变动是第2版的一个特点,它在一定程度上也表现出研究方法和叙述方法的发展过程,这一发展过程并没有以第1版的出版而结束。这一著作的内部构造即结构从本质上说没有改变,只有第1章《商品》是个例外。"书的外部结构"作了修改,③ 这主要是为了促进工

---

① 参看《马克思恩格斯全集》原文版第2部分第6卷第59页。
② 参看《马克思恩格斯全集》第1版第23卷第14、24页。
③ 《马克思恩格斯全集》第1版第31卷第329页。

人阶级接受和理解《资本论》。它表明马克思不断努力，力求尽可能易懂地阐述他的研究结果。自从《政治经济学批判。第1分册》这一著作出版以来，这一点是显而易见的。

尽管《资本论》第1版迅速得到德国工人阶级最先进代表的理解，但正如《〈资本论〉第1卷第2版介绍》中的论述所表明的，对这一著作的篇章结构仍有批评意见。① 首先是恩格斯，他在《资本论》出版之前就指出章节划分不充分，并建议马克思进一步划分各章节。②

《资本论》第1卷的内容以及内部结构和它的外部结构之间有着密切的联系。在这一著作中，借助于经济学概念和范畴，资本主义生产过程从抽象上升到具体地得到了阐述。对此起决定作用的范畴，例如商品、价值、货币、资本、剩余价值、劳动力商品、价值增殖过程、不变资本、可变资本、剩余价值率、绝对剩余价值、相对剩余价值、工资、再生产、资本的积累和有机构成等等，构成第1卷的内部结构，决定章节的划分。内容和结构必须在书的外部结构中得到反映，这一点在第1版中就有所表现。③ 然而第2版表明，要更明确地表现这一点还是有可能的。

章节划分对理解《资本论》的内容和方法具有重要意义。从这一点出发，马克思显然承认恩格斯与此有关的提示是合理的，并加以实现。使他更加坚定地这样作的原因，是因为在对《资本论》的各种评论中，几乎都没有考虑到"这部书中的三个崭新的因素"④，即分析纯粹形态的剩余价值、论述生产商品的劳动的二重性以及把工资描写为

---

① 参看《马克思恩格斯全集》原文版第2部分第6卷第55页。
② 参看《马克思恩格斯全集》第1版第31卷第329—330页。
③ 《资本论》第1版中译本，经济科学出版社1987年版，第1—3页。
④ 《马克思恩格斯全集》第1版第32卷第11页。

"隐藏在它后面的一种关系的不合理的表现形式"。①

马克思对全书的章节划分作了改进。② 个别章节得到了进一步划分，目录更加详细了。③ 这样，内容和从抽象上升到具体的方法在外部结构中的反映比在第1版中更加清楚了。认识过程的决定性的枢纽点和对《资本论》的根本认识都更清楚地表现在标题中了。从外部可以更明显地看出，从简单的范畴中如何引申出较发展的范畴，以及两者之间的媒介是什么。

与第1版相比，第2版中的某些篇在章节划分方面作了很大的修改。第1篇《商品和货币》就属于这种情况。这是"最困难的，因为它是政治经济学的最抽象的部分"④，但同时，它对理解整部著作具有决定性的意义。因此，马克思也对其外部结构作了修改，以便使这一部分的理解变得容易些。与第1版中的第1章相适应的部分，在第2版的第1篇中划分为3篇。第1节《商品》在第2版中是独立的一章，分为4节。这样，分析商品时的最重要的枢纽点也就第一次更加清楚地在外部表现出来了。

在篇章结构方面作了重大修改的，还有考察工作日的部分和考察相对剩余价值生产的部分。⑤

第2版是《资本论》篇章结构最后形成过程中的决定性的一步。

---

① 《马克思恩格斯全集》第1版第32卷第12页。

② 参看《马克思恩格斯全集》原文版第2部分第6卷第1124—1131页。

③ 《马克思恩格斯全集》原文版第2部分第6卷第711—719页；参看《马克思恩格斯全集》第1版第23卷第I—VIII页。

④ 《马克思恩格斯全集》第1版第29卷第554页。

⑤ 参看《马克思恩格斯全集》原文版第2部分第6卷第1126—1128页。

《资本论》法文版中又作了若干进一步的修改。① 这涉及各章的划分以及一些标题。后来出的德文版基本上都采用了第 2 版的篇章划分。

第 2 版作为修订版的特点,表现为一系列内容上的修改,这些修改主要集中在第 1 篇《商品和货币》和第 7 篇《剩余价值率》中。个别的修改则"全书各处都有"②。马克思指出,由于时间关系,他不能彻底地修改全书。③

正文的修改具有不同的特点。它们涉及各个观点和概念的精确化和丰富化,以至某些理论要素的进一步发展,因此既包括理论方面的叙述,也包括经验方面的叙述。此外还有大量的文体上的修改,其中也包括外来术语的翻译。

第 2 版中修改的一个特点,是增加了比较多的新脚注。按照这一方法,出现在第 1 版脚注中的那些观点数量更多了。就它们的方法论作用来说,例如,这正好证明,叙述中的不断发展的总体是以社会实践为基础的。某些新增加的脚注是为了专门指出资本主义社会形态的特征,另外一些脚注是为了把 1867 年至 1872 年间的新的历史资料和统计资料补充进来。这一点主要表现在第 13 章《机器和大工业》中。

在内容上最重要的修改表现在第 1 篇《商品和货币》中,这表明第 2 版中商品与价值的理论有了进一步的发展。修改第 1 版第 1 章《商品和货币》的起因,是由于在正文和附录中存在着价值形式的双重叙述。此外还由于其他的情况。

《资本论》第 1 卷第 1 版出版后,马克思的战友和通信的朋友中只有少数人,例如尼·弗·丹尼尔逊和齐·迈耶尔。承认第 1 章的叙述比

---

① 参看《马克思恩格斯全集》原文版第 2 部分第 7 卷。
② 《马克思恩格斯全集》第 1 版第 23 卷第 14 页。
③ 参看《马克思恩格斯全集》第 1 版第 23 卷第 14—15 页。

1859年出版的著作《政治经济学批判。第1分册》有所改进。而这些朋友中的很多人，例如路·库格曼、威·李卜克内西和卡·济贝耳等，则进行了同志式的评价，指出商品和价值分析不易理解。马克思显然很认真地接受了这些提示，它们促使马克思对这一部分进行了修改。欧·杜林、卡·律斯勒、莫·赫斯、弗·阿·朗格等人的观点也受到重视。马克思认识到有必要进一步论述他对所提出的一些问题的观点。还在1871年12月至1872年1月为第2版进行彻底修改之前，他就在给朋友和战友的信中说明了他的一些有关这一方面的思考和新的认识。①

马克思进一步强调了价值实体和价值量的客观性，这样，他就驳斥了那些认为他的价值理论具有思辨性的诬陷。这一点是通过解释价值实体和价值量与社会劳动和总劳动的联系而实现的。为了反对把他的价值理论同资产阶级古典政治经济学等同起来，马克思强调指出了作为理解工人阶级政治经济学的枢纽点的具体劳动和抽象劳动之间的矛盾。他还强调指出价值理论与《资本论》中其他理论组成部分的联系。马克思反对把他的理论和方法归结为黑格尔的理论和方法的那些观点，他强调两者的对立。黑格尔认为，思维过程是"现实事物的创造主"，而在马克思那里，"观念的东西不外是移入人的头脑并在人的头脑中改造过的物质的东西而已"②。同时，马克思也评价了黑格尔辩证法的积极因素。

马克思对第1版第1章进行修改的进一步的原因，是为了讲清楚他对这些问题的观点。除了这一传播史上的原因外。还要加上在撰写手稿《〈资本论〉第1版的补充和修改》③时由于理论发展的逻辑所决定的原

---

① 《马克思恩格斯全集》第1版第32卷第11—15、540—541页。
② 《马克思恩格斯全集》第1版第23卷第24页。
③ 马克思手稿《〈资本论〉第1版的补充和修改（1871年12月—1872年1月）》中译文见《马列主义研究资料》1989年第1、2辑（总第55、56辑）。

因。它们主要是由于修改第 1 版价值形式分析的两种论述而引起的。

《补充和修改》这一手稿表明,马克思在修改商品和价值分析时做了深入的研究。手稿中阐述了一些重要的认识,这些认识包含了对价值理论的进一步发展。最初为第 2 版而写的这个手稿也成了法文版译文依据的原始材料,① 在撰写这一手稿时,马克思形成了一个重要的认识:反映在价值理论中的规律性的客观性质,可以通过更细致地理解价值实体、价值量和价值形式的社会性质来进一步加以证实。马克思所以得出这些结论。首先是因为对价值形式分析进行修改,此外,《补充和修改》还表明,通过第 1 章章节结构的变化,精确地突出了理解价值理论的各个枢纽点。

马克思在第 2 版《跋》中指出的第 1 章中的重要修改包括,更加科学而严密地"从表现每个交换价值的等式的分析中引出了价值"②。此外,在第 1 版中只加以暗示的价值实体同价值量决定于社会必要劳动时间之间的联系得到了明确的强调。

最先提到的改进表现在下列修改中:马克思在分析规定价值实体和价值的交换价值等式时,比在第 1 版中更详细地反映了抽象过程的各个步骤。此外,还更精确地说明了对于理解价值由劳动时间和抽象劳动的质决定所必需的那些主要观点。③

第一个观点,即在论述价值量之前就说明价值实体的特征,这在两个版本中迥然不同。在第 1 版的有关地方,价值实体被规定为物化劳

---

① 参看《马克思恩格斯全集》原文版第 2 部分第 6 卷第 734—735 页。
② 《马克思恩格斯全集》第 1 版第 23 卷第 14 页。
③ 参看《马克思恩格斯全集》第 1 版第 13 卷第 18 页和第 26 卷第 3 册第 146—147 页。

动，而且是简单平均劳动。① 而在第 2 版中，价值实体被规定为物化的抽象劳动。② 第二个观点涉及把劳动（也包括复杂劳动）归结为简单平均劳动。在第 1 版中，这一观点还在论述价值量之前就进行了说明，③ 而在第 2 版中，这一观点是在分析了价值量这个前提之后，而且是在考察劳动的二重性时才出现的。④

对价值实体作出精确的规定，是明确强调价值实体与价值量由社会必要劳动时间决定之间的联系的前提，这一点在手稿《补充和修改》中就已提出来了。⑤ 修改得更加清楚的是，价值实体，从而价值量，所涉及的是抽象劳动。也就是说，涉及的是"相同的人类劳动，是同一的人类劳动力的耗费"。⑥ 马克思进一步证明，"体现在商品世界全部价值中的社会劳动力……虽然它是由无数单个劳动力构成的，"⑦ 都被看作是同一的人类劳动力。但是，单个劳动力仍必须具有平均劳动力的性质，起着这种社会平均劳动力的作用。⑧ 在这一阐述中，商品的质的规定（按照这一规定，抽象劳动是价值的共同的、社会的实体。）通过量的规定得到了更清楚的说明，因而，"单个人的人类劳动力……被看作是社会劳动力的一部分，因此这种劳动力耗费的尺度不是在单个劳动力中去寻找，而是在它们作为社会劳动力的组成部分的关系中去寻找。"⑨

---

① 参看《资本论》第 1 版中译本，经济科学出版社 1987 年版，第 12 页。
② 参看《马克思恩格斯全集》第 1 版第 23 卷第 51 页。
③ 参看《资本论》第 1 版中译本，经济科学出版社 1987 年版，第 12 页。
④ 参看《马克思恩格斯全集》第 1 版第 23 卷第 57—58 页。
⑤ 参看《马列主义研究资料》1989 年第 1 辑第 2—3 页。
⑥ 参看《马克思恩格斯全集》第 1 版第 23 卷第 52 页。
⑦ 参看《马克思恩格斯全集》第 1 版第 23 卷第 52 页。
⑧ 参看《马克思恩格斯全集》第 1 版第 23 卷第 52 页。
⑨ 《马列主义研究资料》1989 年第 2 辑第 9 页。

在手稿《补充和修改》中，强调价值实体同价值量的联系，是同更详细地考察价值对象性和考察作为劳动的社会形式的抽象劳动结合在一起的。① 马克思认为，价值对象性已经在商品被归结为作为它们单位的抽象人类劳动中表现出来了，但在价值量的规定中，它表现得"更清楚"②，因为价值量是通过社会必要劳动时间来计算的。马克思指出，价值对象性是一种社会的对象性，不是劳动产品本身，而是只有在它们的相互的社会关系中才具有这种社会对象性。同时，马克思放弃了这样的表述："人类劳动的对象性，必然是抽象的对象性，是观念的物。"③因为这会引起人们怀疑价值理论的唯物主义性质。

通过对价值实体和价值量的补充说明，马克思指出了社会劳动和社会必要劳动时间是因私人交换而自发形成的。对价值量和价值实体的社会性的更详细的理解，使马克思能够说明在劳动产品普遍表现为商品的情况下劳动时间按比例分配这一普遍规律的特殊实现形式。马克思在1868年7月11日致库格曼的一封信中通过引述这一普遍规律，再次指出了在价值理论中叙述的合乎规律性的联系的现实性。

马克思把对劳动二重性的分析看作是他书中最好的地方，④但是只有少数人认识到这一基本要素及其意义。马克思考虑到这一点，他在第2版中把商品这种使用价值与价值的对立统一体向生产商品的劳动的二重性的过渡，加上了第1章第2节的小标题。这样就突出了工人阶级的政治经济学的质的新起点。工人阶级的政治经济学分析了处于萌芽状态的，即处于具体劳动和抽象劳动的矛盾之中的资本主义生产关系的历史

---

① 《马列主义研究资料》1989年第2辑第9页。
② 《马列主义研究资料》1989年第2辑第8—10页。
③ 《资本论》第1版中译本，经济科学出版社1987年版，第25页。
④ 《马克思恩格斯全集》第1版第31卷第331页。

性。对劳动二重性的研究，由于作出新的概括性的规定而更加丰富了。① 其中"人类劳动力的耗费"② 被表现为抽象劳动和具体劳动对立统一的共同特征和共同包含的要素。通过这两个概念与这同一实际表现的明确联系，马克思既精确地阐明了这两个概念的相互关系，又精确地阐明了这两个概念与它们所反映的现实性的关系。法文版中对这一概念规定作了补充，那里既从第 1 版也从第 2 版中引用了相应的话。

手稿《补充和修改》反映了一些概念规定的完善过程。这些定义在第 2 版中进一步得到补充。在第 2 版中，马克思第一次指出同一的人类劳动或抽象的人类劳动的特点是生理学意义上的人类劳动力的耗费，③ 这样就进一步指出了在这一历史的社会的抽象中得到反映的物质基础。

通过在第 1 章中所作的修改，马克思也对价值理论被歪曲成黑格尔式的非现实的杜撰作出了反应。这种歪曲最初是由杜林谨慎地说出来的，后来别的人也抓住不放。马克思在第 1 版第 1 章中卖弄起黑格尔的表达方式④为这种歪曲提供了把柄。在第 2 版中，马克思努力克服与黑格尔表达方式的联系，他用政治经济学的概念代替了哲学的术语。但是，正如对价值形式分析作的修改所表明的，这与马克思辩证法的减退并没有联系。

在第 1 版中，马克思把价值形式分析的任务表述如下："如果我们知道使用价值和交换价值是什么，我们就会发现，第一种形式是使任何劳动产品……表现为商品，即表现为**使用价值和交换价值的对立统一的**

---

① 《马克思恩格斯全集》第 1 版第 23 卷第 60 页。
② 《马克思恩格斯全集》第 1 版第 23 卷第 52 页。
③ 《马克思恩格斯全集》第 1 版第 23 卷第 24 页。
④ 《马克思恩格斯全集》第 1 版第 31 卷第 331 页。

最简单、最不发展的方式。同时我们也就很容易看出……**简单的商品形式**，为获得它的完成的形态……即为获得**货币形式**所必须经过的**一系列形态变化**。"① 在第2版中，对价值形式分析的任务加强了政治经济学方面的论证。指出"探讨商品价值关系中包含的价值表现，怎样从最简单的最不显眼的样子一直发展到炫目的货币形式"，② 因而这指的是对货币之谜的解答。马克思接受了恩格斯和库格曼的意见，他们曾指出过第1版中的价值形式分析不易理解，并且建议起草一个附录。③ 在附录中，马克思力图"把这个问题尽可能简单地……加以叙述"。④ 马克思把对价值形式分析的双重叙述看作是暂时的解决办法。在第2版中，这种双重叙述被放弃了。

第1版中的两种论述都从理论上再现了价值形式发展的逻辑联系。重大的区别在于，马克思证明商品使用价值与价值之间的矛盾向二重化为商品和货币发展所采用的论述体系是不同的。"在正文中更多的是从商品的内部矛盾出发来阐述价值形式。"⑤ 此外在正文中，相对价值起先还不依赖于它的形式，而是从量的方面来考察的。⑥ 在附录中，对商品使用价值与价值之间的矛盾运动的分析主要是通过两个商品的关系及其在交换过程中的表现来进行的，这一联系更容易为经验所接受。在附录中更清楚地表明了，简单价值表现的分析具有重要意义，它是理解货币形式的关键问题。这一叙述除了更加容易理解外。结构和分段具有严

---

① 《资本论》第1版中译本，经济科学出版社1987年版，第778页。
② 《马克思恩格斯全集》第1版第23卷第61页。
③ 《资本论》第1版中译本，经济科学出版社1987年版，第752—778页。
④ 《马克思恩格斯全集》第1版第31卷第311页。
⑤ 《马克思恩格斯全集》原文版第2部分第5卷第25页。
⑥ 参看《资本论》第1版中译本，经济科学出版社1987年版，第23页。

谨的逻辑性的优点。

由于价值形式分析的两种论述不能并存，因此马克思最初打算把这两种论述统一起来。《补充和修改》这一手稿在《相对价值形式的内容》这一节中（按时间顺序来说，修改就是从这一节开始进行的），包含有把这两种论述统一起来的多次尝试。① 但是这些尝试并没有得出令人满意的结果。在后来的修改过程中，马克思更加以条件联系、结构和附录的章节划分为准则。他的愿望主要是更明确地突出价值形式分析的阐述角度，突出商品的价值与使用价值的辩证对立的展开。抛弃掉与黑格尔的联系，更加合乎逻辑地运用辩证法。对交换过程中价值表现的两极展开的研究，重新处于中心点，这一发展关系的本质的内在联系和表现形式也以同样的方式得到研究。马克思并不限于把简单价值形式的特点表现为未扩大的形式，把一般价值形式的特点表现为扩大了的形式。马克思用关于价值形式的社会对象性是在交换过程中出现的并以逐步增强的形式这样的论述，对第 1 版中的论述作了补充，这样，他就完善了第 1 版中的论述。② 同时他还考虑到，相对价值形式和等价形式是发展着的社会矛盾的两极，它的真正的承担者是越来越频繁地进入交换关系的社会成员。正如马克思所强调的，随着总和的价值形式的出现，两个商品所有者之间的偶然关系被扬弃了。他指出，随着物化在劳动产品中的劳动的相等同。抽象社会劳动的关系如何作为直接社会形式而形成，最后，这种劳动物化地表现为货币。结果。马克思能够更加深刻地揭示价值的社会性。

修改得更清楚的是，"商品的价值只是商品同作为商品的共同实体

---

① 参看《马列主义研究资料》1989 年第 1 辑第 11—12 页。
② 参看《马列主义研究资料》1989 年第 1 辑第 11—12 页。

的**劳动的关系**"，① 因而只能表现在商品与商品的关系中。因此，在价值中，商品"都是相对地被表现出来，即相对地被表现为人类劳动。表现为形成商品的社会劳动"②。马克思认识到有必要在价值形式分析中进一步考虑到这样一个方面，即在价值概念中，同其他劳动产品的关系不只是前提，而且必须得到表现。③ 这种认识是把价值对象性表现为特殊社会对象性的理论上固有的起点。马克思在第 1 章第 3 节开头对此进行了探讨。与《补充和修改》这一手稿相比，马克思在第 2 版中论述《相对价值形式的内容》这一节时更进一步强调了价值对象性问题。

手稿中已经写了关于《一般价值形式》和《1. 价值形式的变化了的性质》这一主题的新的表述。④ 与第 1 版相比，在这种价值形式中表现出来的崭新的发展阶段得到了全面的论述。商品的社会存在出现在一般价值形式即社会通用的形式中。在这种意义上，马克思把简单的价值形式和扩大的价值形式说成是"为现实的价值形式作准备的发展阶段"。⑤

第 1 版至第 2 版中价值理论的进一步发展在于，更详细地论述了价值实体、价值量和价值形式的社会性，这意味着私人生产者与社会总劳动的特殊社会关系的某些方面通过价值实体、价值量、价值形式和商品拜物教范畴而得到了反映，在这一基础上，完成了第 1 章的在很多方面都是比较新颖的论述。

在第 2 版中，价值与作为价值表现形式的交换价值在概念上得到了

---

① 《马列主义研究资料》1989 年第 2 辑第 8 页。
② 《马列主义研究资料》1989 年第 2 辑第 8 页。
③ 参看《马列主义研究资料》1989 年第 2 辑第 10 页。
④ 参看《马列主义研究资料》1989 年第 2 辑第 11—13 页。
⑤ 参看《马列主义研究资料》1989 年第 2 辑第 3 页。

更彻底的划分。显然，马克思是在手稿《补充和修改》中修改价值形式分析时认识到需要进行这种划分的。同时代的庸俗经济学家错误地从交换比例中引申出价值与价值量，① 并混淆了价值量和相对价值、价值和等价物，② 马克思在手稿中进行的对这些庸俗经济学家的分析可能使他认识到，用交换价值代替价值是成问题的，因为那样的话，用交换价值代替一定量的价值或价值量也一定是正确的了。他在研究价值量的变化对相对价值量的运动的影响时，在分析约·布罗德赫斯特时，可能已经注意到这一结果。③ 把价值量和相对价值量纳入交换价值的概念中，这会使马克思的理论中（潜伏着）对交换价值作出互相矛盾的论述的危险。

马克思力图在第2版全部正文中把交换价值与价值区分开，因此，例如，第1版中的注释"如果我们以后对'价值'这个词不作进一步的规定，那就总是指**交换价值**"，④ 对第2版来说已没有必要了。但是马克思指出，他有时把价值作为价值量的同义词来使用。⑤

《补充和修改》这一手稿表明马克思力图更严谨地区分交换价值和价值。如果说在这一手稿中给第1章第1节加的标题还是《**商品的两个因素：使用价值和交换价值**》，⑥ 那么，第2版中的标题却是《商品的两个因素：使用价值和价值（价值实体、价值量）》。马克思最初给第1章第3节加的标题是《**价值形式**》，后来他把这一标题改为《价值形式

---

① 参看《马列主义研究资料》1989年第1辑第14页。
② 参看《马列主义研究资料》1989年第1辑第23页。
③ 参看《马克思恩格斯全集》第1版第23卷第69页。
④ 《资本论》第1版中译本，经济科学出版社1987年版，第12页。
⑤ 参看《马克思恩格斯全集》第1版第23卷第68页。
⑥ 《马列主义研究资料》1989年第1辑第1页。

或交换价值》。①

第 2 版《跋》中指出，对商品拜物教的论述"大部分修改了"②。正如马克思所了解到的，这一理论因素对于解释资本主义中颠倒了的意识形式的客观制约性的意义还没有充分地反映出来。显然，这也是对这一论题作很大修改的原因之一。

马克思在第 1 版中揭示了颠倒和物化社会关系的经济基础，并把在扩大了的商品形式中固定下来的假象描述为"对于这个历史上一定的社会生产方式的生产关系来说……有社会效力的、因而是客观的思维形式"③。商品拜物教的概念第一次出现在附录中。④

第 2 版中用一小节的篇幅对商品拜物教进行了论述，强调它是理解资产阶级颠倒了的社会关系的意识形式的枢纽和商品分析与价值形式分析的精髓。马克思通过手稿《补充和修改》，用他的《政治经济学批判。第 1 分册》中的思想来充实论证，用新的证据来丰富论证，通过更改正文顺序来完善论证。商品拜物教作为一种表现资本主义生产关系特征的客观的思维形式更进一步突出了，这是更具体地理解作为社会对象性的价值实体、价值量、特别是价值形式的社会性的结果，这也丰富了对商品拜物教理论的唯物主义的论证。在第 2 版中，私人生产者与社会总劳动的关系被理解为资本主义中受客观制约的错误意识的经济基础。⑤ 马克思更细致地研究了作为商品拜物教起因的私人劳动与社会劳动之间的矛盾。

---

① 《马克思恩格斯全集》原文版第 2 部分第 6 卷。
② 《马克思恩格斯全集》第 1 版第 23 卷第 14 页。
③ 《资本论》第 1 版中译本，经济科学出版社 1987 年版，第 47 页。
④ 《资本论》第 1 版中译本，经济科学出版社 1987 年版，第 764—766 页。
⑤ 参看《马克思恩格斯全集》第 1 版第 23 卷第 92—93 页。

他把商品拜物教的特征表现为客观的思维形式，在这一思维形式中，资本主义生产关系的本质模糊不清地表现出来。"商品形式的奥秘不过在于：商品形式在人们面前把人们本身劳动的社会性质反映成劳动产品本身的物的性质，反映成这些物的天然的社会属性，从而把生产者同总劳动的社会关系反映成存在于生产者之外的物与物之间的社会关系。"① 马克思解释说，商品拜物教不是来源于价值决定的内容，而是来源于劳动产品作为商品的形式，这样他就进行了具体的历史的分类研究。这一分类研究在第2版中更进了一步。在第1版中提到的各个例子中，② 劳动不具有独立的私人商品生产者的形式，在第2版中，马克思给这些例子补充了一些历史事例。③

列宁的论断符合商品拜物教理论，他认为马克思在《资本论》中，"虽然他完全用生产关系来说明该社会形态的构成和发展，但又随时随地探究与这种生产关系相适应的上层建筑"④。

在第3章《货币或商品流通》中，特别是对《价值尺度》的阐述，在内容上进行了修改。马克思在《跋》中自我批评地作了评价，认为这一部分在第1版中是根据1859年出版的《政治经济学批判。第1分册》的提示来论述的，不够严谨，因此，在出第2版时，必须认真修改。⑤

马克思特别强调了货币的价值尺度的职能，他第一次把这一职能表

---

① 参看《马克思恩格斯全集》第1版第23卷第88—89页。
② 参看《资本论》第1版中译本，经济科学出版社1987年版，第45—46页。
③ 参看《马克思恩格斯全集》第1版第23卷第23—95页。
④ 《列宁全集》中文第2版第1卷第111页。
⑤ 参看《马克思恩格斯全集》第1版第23卷第14页。

现为基本的职能。① 在第1章中对价值实体的更精确的规定也导致了对作为价值尺度的货币作出更精确的规定。② 对正文的一系列修改是按照更彻底地从抽象上升到具体的原则进行的，这样，阐述的内在逻辑就完善了。与第1版相比，③ 马克思首先分析了价格的决定性的方面，强调了货币执行价值尺度的职能与货币执行价格标准的职能之间的区别，然后他才论述价格变动问题和货币标准问题。对《政治经济学批判。第1分册》来说，某些方面的阐述得到了补充。马克思解释说，"价值尺度的二重化是同价值尺度的职能相矛盾的"④，并更详细地论证，货币的价值变动并不影响货币执行价格标准的职能。⑤

关于第1版第2章《货币转化为资本》，恩格斯认为，"问题的关键"⑥ 就在这一章，这一章是从下列角度来修改的：对马克思来说，重要的是要更清楚地表现 W—G—W 和 G—W—G′ 这些循环的内容。他强调指出，简单商品流通是"达到流通以外的最终目的，占有使用价值，满足需要的手段"⑦。这样，他在内容上更确切地规定了简单商品流通的重要特征。在第1版中，他还把使用价值说成是"外来的限制"⑧。通过对正文的这一修改，突出了简单商品流通的目的即消费。马克思明确地谈到了在这一循环过程中具有不同形式的自行增殖的价值，⑨ 并且

---

① 参看《马克思恩格斯全集》第1版第23卷第112页。
② 参看《马克思恩格斯全集》第1版第23卷第116页。
③ 参看《资本论》第1版中译本，经济科学出版社1987年版，第62—63页。
④ 《马克思恩格斯全集》第1版第23卷第114页。
⑤ 参看《马克思恩格斯全集》第1版第23卷第116页。
⑥ 《马克思恩格斯全集》第1版第33卷第465页。
⑦ 《马克思恩格斯全集》第1版第23卷第173页。
⑧ 《资本论》第1版中译本，经济科学出版社1987年版，第120—121页。
⑨ 《马克思恩格斯全集》原文版第2部分第6卷。

特别指出了商品形式的作用,① 这样,与第 1 版相比,资本循环的特点更明确了。

马克思力求进一步强调资本主义生产方式的特殊性,并着重指出揭示劳动力的商品性质对资本主义分析的重要性。因此,他在一个包含在第 2 版手稿中的补充脚注②中明确指出,劳动力转化为属于工人的商品以及劳动转化为雇佣劳动是资本主义阶段的特征。此外,他还指出了这一实际情况与劳动产品的商品形式的普遍化之间的规律性联系,③ 这样也就指出了价值理论与经济学理论其他部分的联系。马克思对准确地刻画劳动力商品的买和卖的特征特别重视,为了不在无意之中支持某些自由幻想,他不再把劳动力买方和卖方称作"自由产物",④ 而是称作"最后结果"。⑤ 马克思可能想通过正文的这一修改来表现卖方的自由只是表面的自由,因为实际上,这是一种经济强制力量的关系。马克思合乎逻辑地先提出前提,然后说出结果,这样他就完善了叙述的内在逻辑。

第 2 版第 3 篇《绝对剩余价值的生产》的各个部分也有不同程度的修改。

根据 19 世纪 40 年代获得的认识,即人对自然的研究,也就是说,获取自然的东西以满足人类需要,构成历史的主要内容。马克思在各个创作阶段都极其重视这一问题。在《资本论》第 1 卷第 1 版中有一个对劳动过程所有观点的总阐述,然而在第 2 版中认识又进了一步。在第 2

---

① 《马克思恩格斯全集》原文版第 2 部分第 6 卷。
② 参看《马克思恩格斯全集》第 1 版第 23 卷第 193 页。
③ 《马克思恩格斯全集》第 1 版第 23 卷第 193 页。
④ 《资本论》第 1 版中译本,经济科学出版社 1987 年版,第 147 页。
⑤ 《马克思恩格斯全集》第 1 版第 23 卷第 199 页。

版中，马克思使劳动一般要素的规定更精确化了："劳动首先是人和自然之间的过程，是人以自身的活动来引起、调整和控制人和自然之间的物质变换的过程。"① 但在第 1 版中还这么写着："劳动过程首先是人和自然之间的过程。"② 通过修改，人类劳动比劳动过程的特殊要素更明确了，人在这一过程中的积极作用得到了强调。在以后的一系列论述中，马克思用"劳动"代替了"劳动过程"，这样，第 2 版中对劳动和劳动过程的区分就更严格了。马克思可能认识到，随着把劳动过程的特征表现为人和自然之间物质变换过程的特殊条件，劳动过程的三个要素就很快被提出了，劳动在物质变换过程中的特殊作用因而表现得不够清楚。在第 2 版中，劳动在人和自然之间的物质变换过程中的作用得到更明确的规定，这样就更容易理解马克思分析过的劳动和劳动过程在社会和工艺方面的发展的规律性。通过修改，有一点得到更进一步的强调，即劳动实现了人和自然之间的自然联系，是劳动过程的主导要素。

由于物质变换过程中还有其他活的有机体与自然并存，因此，必须抓住人类劳动的特性。劳动的特点表现为确立目标并用合适的手段争取达到这一目标。这样，劳动就表现为确立劳动过程各个要素的统一这样一种因素。在劳动过程的概念中反映了劳动、劳动资料和劳动对象三者总和的变动的统一。通过进一步强调劳动与劳动过程的区别，马克思更明确地指出了是什么随着劳动力的活动而进入人、劳动资料和劳动对象之间的相互关系中，并把这一相互关系表现为特有的人类劳动过程。

在这一部分中得出的劳动定义与第 1 章中的一致，而且在内容上有了进一步发展。在那里，劳动的特点表现为"使特殊的自然物质适合于

---

① 《马克思恩格斯全集》第 1 版第 23 卷第 201—202 页。
② 《资本论》第 1 版中译本，经济科学出版社 1987 年版，第 48 页。

特殊的人类需要的、有目的的生产活动"。①

第 7 章《剩余价值率》"作了很大的修改"。② 这既有内在的理论上的原因，也有外在的原因。在修改时，马克思显然也依据了如下情况，即对剩余价值率的理解对理解资本主义剥削的实质，从而对工人阶级的实际斗争具有重大意义。因此马克思能够从列·弗兰克尔的一篇文章中得知，甚至战友们对这个问题也有些误解。弗兰克尔曾把机器的磨损看作是剩余价值的一部分。③

马克思更精确地阐明了这样的论断，即剩余价值率是"劳动力受资本剥削的……程度的准确表现"，④ 他指出，"剩余价值率虽然是劳动力剥削程度的准确表现，但并不是剥削的绝对量的表现"。⑤ 这一重要的补充是在《资本论》俄文译者之一洛帕廷的建议下完成的。马克思特别指出，价值创造是"劳动力转化为劳动"，⑥ 这么做可能是为了明确地同资产阶级的资本观点划清界线，因为价值创造只是从可变资本部分出发的。马克思使有关剩余价值率的生动例子准确化了，因为这对理解理论上的阐述很重要。⑦

总的来说，《产品价值在产品相应部分上的表现》这一节的论述更加简洁、明了了。马克思认为这一论述对理解再生产过程很重要。此外，在分析庸俗经济学家纳·威·西尼耳时，马克思认为重要的是揭示

---

① 《马克思恩格斯全集》第 1 版第 23 卷第 56 页。
② 《马克思恩格斯全集》第 1 版第 23 卷第 14 页。
③ 参看《马克思恩格斯全集》第 1 版第 32 卷第 464 页。
④ 《马克思恩格斯全集》第 1 版第 23 卷第 244 页。
⑤ 《马克思恩格斯全集》第 1 版第 23 卷第 244 页。
⑥ 《马克思恩格斯全集》第 1 版第 23 卷第 246 页。
⑦ 《马克思恩格斯全集》第 1 版第 23 卷第 257 页。

出西尼耳在反对缩短劳动时间的论证中的不一致和不彻底，促使马克思这么做的还是洛帕廷。

为了彻底地区分物质内容和社会形式，马克思把"代表剩余价值的那部分产品"①称为剩余产品，这就充实了对剩余产品的论述。这样，他就强调了它在资本主义中的历史特殊性。

分析绝对剩余价值的中心是工作日。1867年后，马克思能够相信，对工作日的认识在工人运动中产生了效果，并且被运用于为争取正常工作日而进行的斗争中。为了进一步推动对这种阐述的理解，马克思也在章节划分中强调了这一章的重点问题，例如工作日的界限，资本对延长剩余劳动时间的追求，争取正常工作日的斗争史等等。

与第1版相比，第2版第8章在内容上只作了很少的修改。对规定工作日长短变动的界限的阐述，具有理论意义和实践意义。在第1版中，马克思提到了"在绝对的身体界限和或多或少相对的社会界限之内"②的变动，相反，在第2版中，只提到了"在身体界限和社会界限之内"③的变动，显然他想强调。身体界限也不是绝对的界限，因为它同样取决于不同的情况。这也与下面这一句话相一致："这两个界限都有极大的伸缩性。"④正如马克思在1867年12月12日柏林《未来报》副刊第291期上发表的《剽窃者》一文中表明的，这里的修改可能也是受全德工人联合会大会上讨论工作日时对《资本论》认识的某些错误解释的影响所致。

第2版第4篇《相对剩余价值的生产》除了章节划分上有很大变动

---

① 《马克思恩格斯全集》第1版第23卷第257页。
② 《资本论》第1版中译本，经济科学出版社1987年版，第206页。
③ 《马克思恩格斯全集》第1版第23卷第260页。
④ 《马克思恩格斯全集》第1版第23卷第260页。

外，正文的内容也有变动。在对章节划分进行修改时，马克思接受了恩格斯的"题目分得更细一些，主要部分更强调一些"①的观点，马克思彻底地实现了这一提示。正如第12、13章所表明的，通过对外部结构的更详细的划分，重要的内容和阐述的内在联系都清楚地在外部表现出来了。这主要是内容和方法论研究的结果，因为马克思已经解释过第1版第4章中章节划分不充分的原因，即他认为"找到这些东西的本身即它们的联系"②是不容易的。在章节划分上修改最多的是第13章《机器和大工业》。在这里，马克思显然是以这一章的高度认识价值为依据的。这一部分分析了与资本相适应的相对剩余价值的生产方法，全面地叙述了工人在资本主义机器生产中的地位，揭示了资本主义社会彻底变革的因素。机器的资本主义应用的重要观点，作为认识过程的概括的结果在各个标题中确定了下来。

相对剩余价值理论在某些点上得到了充实和精确化。特别是诸如"技术"和"工艺"以及"技术的"和"工艺的"这些对于分析相对剩余价值来说不可缺少的概念，就是如此。马克思高度重视这些问题。③在第1版中，除少数例外，马克思运用的是"工艺"和"工艺的"概念，他经常从与"技术"和"技术的"概念相同的意义上来运用这些概念，这也是因为马克思不仅把"技术"这一术语理解为劳动资料，而且把它看作与生产的程序方面有关。

在第1版中，马克思已经提出了工艺学的确切定义。④在第2版中马克思第一次更准确地区分了"技术"和"工艺"以及"技术的"和

---

① 《马克思恩格斯全集》第1版第31卷第330页。
② 《马克思恩格斯全集》第1版第31卷第331页。
③ 参看《马克思恩格斯全集》第1版第23卷第350页。
④ 参看《资本论》第1版中译本，经济科学出版社1987年版，第469页。

"工艺的"这些术语，这两个概念得到了更进一步的划分。这样，马克思就考虑到了"技术"这一术语越来越多地贯彻在科学中的过程，完善了他的概念体系。从这时起，"技术"和"工艺"之间的相互关系更明确地表现出来了，马克思把工艺这一术语限制在现代科学的范围内。① 他越来越用技术这一术语来说明人类创造的劳动资料。由于更明确地区分技术和工艺的结果，在很多地方，"工艺的"被改为"技术的"。这样，马克思就指出，带有这样的限定语的事情都应从由劳动工具引起或决定的意义上来理解。这样的修改涉及这一卷的各个部分，这就使得在阐述工场手工业和分工时的一些细节问题更精确化了。②

在第2版中，马克思第一次提到了劳动的技术性质③和"劳动过程的技术条件"，④ 这就更精确地表明，劳动的内容和劳动条件受到劳动资料决定性的影响。

可能是与修改技术和工艺的概念用法有联系，马克思在某些地方更精确地区分了生产资料和生产条件。当除了劳动资料和劳动对象外，还包括其他的生产条件时，马克思就使用生产条件这一概念。

马克思强调指出，商品的实际价值是商品的社会价值，⑤ 这样，对理解相对剩余价值和超额剩余价值来说，个别价值与社会价值之间的重要联系就得到了精确的表现。

为了理解作为相对剩余价值的最重要的生产方法的机器，马克思极其重视对工业革命起点的分析。作为考证性检查的结果，马克思在阐述

---

① 参看《马克思恩格斯全集》第1版第23卷第533—534页。
② 参看《马克思恩格斯全集》原文版第2部分第6卷。
③ 参看《马克思恩格斯全集》第1版第23卷第225页。
④ 参看《马克思恩格斯全集》第1版第23卷第237页。
⑤ 参看《马克思恩格斯全集》原文版第2部分第6卷。

机器发展时又作了一些精确的说明。为了特别强调他的机器规定具有的新质，以区别于当时流行的定义，他把这些流行的定义中缺少的"历史的要素"①，即具体的历史形式的机器规定，表现为决定性的形式。② 马克思还只是提到"历史的要素"，这样，就使这一论述有局限性。马克思作这样的修改，可能是为了在表现机器的历史发展及其理论反映的不连续性因素的同时，也表现连续性的因素，尽管如此，马克思机器定义中的崭新观点还是清楚地表现出来了。在这一方面。马克思强调说明了工具机必然使蒸汽机创造出来，③ 这样，他也就明确地说明了工业革命中工具机的出现和蒸汽机的出现之间的相互关系，这就使工具机对蒸汽机的出现所发生的影响得到了更精确的规定。

显然，由于国际工人协会中对机器的资本主义应用的后果进行的讨论，马克思认为有必要明确指出，"在共产主义社会，机器的作用范围将和在资产阶级社会完全不同。"④ 机器在共产主义社会中的应用所以能够扩大，是因为它的使用只被"看作使产品便宜的手段"。⑤ 通过对机器在无剥削的社会中的作用的论述，马克思又增加了一个重要的观点，丰富了包含在第 1 版中的对共产主义社会形态的基本特征和特点的认识。

叙述工厂制度对理解机器的资本主义应用所产生的作用有很大的认识价值。从这一点出发，马克思使涉及工厂分工特点的论述更精

---

① 《马克思恩格斯全集》第 1 版第 23 卷第 409 页。
② 参看《资本论》第 1 版中译本，经济科学出版社 1987 年版，第 353 页。
③ 参看《马克思恩格斯全集》原文版第 2 部分第 6 卷。
④ 《马克思恩格斯全集》第 1 版第 23 卷第 431 页。
⑤ 《马克思恩格斯全集》第 1 版第 23 卷第 430 页。

确了。①

第 1 版第 5 章《对绝对剩余价值和相对剩余价值的进一步考察》在内容上只作了很少的修改。在第 2 版第 15 章《劳动力价格和剩余价值的量的变化》中对理解工资变动来说较重要的阐述中，更确切地表述了劳动生产力的变化如何对剩余价值和劳动力价值发生作用，② 以及这一变化怎样使社会的劳动强度提高。③

在第 2 版中，马克思关于工资在他的著作总结构中的地位的考虑结束了。在第 1 版中，对工资的分析是第 5 章《对绝对剩余价值和相对剩余价值生产的进一步考察》的组成部分，而在第 2 版中，对工资的分析构成了独立的一篇。这一叙述方式是一种补充的办法，为的是强调指出，对作为劳动力价值或价格的转化形式的工资的论述，属于这一著作的基本要素，对揭露剥削关系极为重要。对正文的一些修改也是为此服务的。这样就更明确地强调了资本与劳动之间的交换在感觉上为什么以与其他商品的买和卖相同的形式表现出来。④

第 2 版第 7 篇《资本的积累过程》只作了某些内容上的修改。这一部分在法文版中则改动很大，丰富了积累理论。

对技术和工艺之间的更精确的区分，使得某些主要涉及资本主义积累一般规律即积累理论的核心的论述更确切了。这一分析中的决定因素是资本构成及其在积累过程中的变化。在法文版中，马克思第一次对资本有机构成作了精确的规定。正如在第 1 版中那样，在第 2 版中，

---

① 参看《马克思恩格斯全集》原文版第 2 部分第 6 卷。
② 参看《马克思恩格斯全集》原文版第 2 部分第 6 卷。
③ 参看《马克思恩格斯全集》原文版第 2 部分第 6 卷。
④ 参看《马克思恩格斯全集》原文版第 2 部分第 6 卷。

《1863—1865年经济学手稿》中获得的关于资本构成的认识还没有在每一场合充分地表现出来。但是对正文的一些修改表明,马克思认为更精确地叙述这一问题很重要,因此,他在第23章的开头把"资本的工艺构成"①改为"资本的构成"②,以此强调指出,后来的研究不仅仅涉及资本构成的一个方面。他进一步强调了积累过程中资本有机构成不断变化的重要观点。③

正如马克思在1868年至1870年间为《资本论》第2册写的第Ⅱ草稿中所做的,④他考虑到了作为资本主义经济生活中新现象的股份公司的迅速发展,在阐述中谈到了联合的资本家。⑤对正文的某些修改旨在更明确地强调资本主义生产方式的特点。这样,马克思就明显地对那些允诺工人改善他们在资本主义制度内的社会地位的资产阶级社会改革理论和社会改革纲领的不断传播作出了反应。他明确地强调指出,工资的提高丝毫不能改变资本主义生产的基本性质。⑥马克思更清楚地表现了人口自然增长和产业后备军的必然性之间的关系。⑦

对爱尔兰的阐述构成第23章的结尾,在这一阐述中,马克思说明了资本主义积累的一般规律是如何在一个受殖民压迫的农业国中实现的。好几种情况对修改第1版这一部分起了决定性的作用:恩格斯关于

---

① 《资本论》第1版中译本,经济科学出版社1987年版,第586页。
② 《马克思恩格斯全集》第1版第23卷第672页。
③ 参看《马克思恩格斯全集》原文版第2部分第6卷。
④ 参看《马克思恩格斯全集》原文版第2部分第2卷。
⑤ 参看《马克思恩格斯全集》原文版第2部分第6卷。
⑥ 参看《马克思恩格斯全集》原文版第2部分第6卷。
⑦ 参看《马克思恩格斯全集》原文版第2部分第6卷。

"对材料加工太少"① 的提示;爱尔兰问题对工人阶级解放斗争的不断发展的理论意义和实际意义;马克思和恩格斯对爱尔兰问题的广泛研究等等。1867年和1869年,爱尔兰人民的解放斗争达到了高潮。

对马克思来说,重要的首先是:通过对最新材料的分析来证明国民经济发展的根本趋势,并进一步注视这种趋势。这些发展趋势之一,是爱尔兰1846年随着谷物法的废除而引起的农业制度的变革,把耕地改为牧场,以及强行驱逐爱尔兰的农场主。马克思指出,这一趋势在继续着。② 在论述爱尔兰农业工人的工资关系时,他引用了选自1870年的原始资料,这一原始资料证实了他在第1版中的论述。③ 这一问题的重要性促使马克思附加指出参看《资本论》第3卷中对这一问题的论述。④ 与第2版相比,法文版中又作了修改,这些修改表明,可能是由于时间的关系,马克思当时未能更多地修改关于爱尔兰的一节。

在第1版中,马克思对资本原始积累的过程作出了成熟的论述,还在第1版中就表明,与《1861—1863年手稿》相比,这项研究由经验材料得到了补充。在第2版中马克思继续进行了这一研究。

总而言之,通过采用追加的历史材料,马克思充实了对在资本主义社会的形成过程中起作用的一些事实的论述,这主要表现在对农民的剥夺过程⑤和对19世纪占统治地位的剥夺方法⑥的论述,表现在惩治被剥

---

① 《马克思恩格斯全集》第1版第31卷第340页。
② 参看《马克思恩格斯全集》第1版第23卷第768页。
③ 参看《马克思恩格斯全集》第1版第32卷第462页。
④ 参看《马克思恩格斯全集》第1版第23卷第780页。
⑤ 参看《马克思恩格斯全集》原文版第2部分第6卷。
⑥ 参看《马克思恩格斯全集》原文版第2部分第6卷。

夺者的血腥立法上。① 通过这一方式，补充了对原始积累的暴力性和掠夺性的论证。

在分析历史过程时，马克思总是以当时已达到的发展水平为基础的。从这一角度出发，他采用了英国工会立法的新成果。② 这表明了马克思经济学理论与工人阶级斗争的实际需要之间的密切联系。关于原始积累的阐述，在法文版中再一次进行了修改。

在第1版中，马克思在阐述殖民理论时加了一段结束语，在结束语中他概括了未被采用的选自《1863—1865年经济学手稿》的第6章《直接生产过程的结果》的内容，并强调指出，资本主义生产的结果是"孕育着剩余价值的商品"。③ 这些阐述的目的是为了说明从直接生产过程到流通过程的过渡，即资本的总循环。马克思大概觉得不久要出版第2卷即第II册《资本的流通过程》，因此他也把这些阐述写了下来。但是他在1872年认识到，这一出版推迟了。然而，向第2卷过渡的思想并非绝对必要，因为《资本论》第1卷和第2卷各自都是一个独立的整体。在第II册《资本的流通过程》的开头指出了资本的一般公式，这是与《资本论》第1卷的联结点。写于1868年和1870年间的第2卷的第II草稿证明了这一点。这些情况可能促使马克思在第2版中删去了第1版中的结束语。

第2版《跋》在马克思主义史上占有重要的位置。在这里马克思简要地总结了资产阶级政治经济学的历史。他概略地叙述了科学、阶级斗争和意识形态以及理论和实践之间的关系，评价了国际上对出版第1

---

① 参看《马克思恩格斯全集》原文版第2部分第6卷。
② 参看《马克思恩格斯全集》第1版第23卷第808—810页。
③ 参看《资本论》第1版中译本，经济科学出版社1987年版，第743页。

版的反响，用简短的语句刻划出了他运用在《资本论》中的辩证法的特征。

在1867年至1872年间，马克思极其留心地注视着人们就《资本论》发表的意见。在他作出的评价中，他集中评价了对唯物辩证法的辩论，这主要是因为他的战友们对《资本论》中应用的方法理解有困难。然而，历史起点是统治阶级在意识形态方面改变了对黑格尔及其历史成就的态度。随着《资本论》第1卷的出版，围绕着辩证法展开了争论。资产阶级意识形态的攻击主要是针对辩证法的，因为"按其本质来说，它是批判的和革命的"①，他们首先使用的、有意识地进行歪曲的方式就是把黑格尔的方法同马克思的方法等同起来。马克思强调了他的方法与黑格尔的方法之间存在原则的对立，从而对此进行了驳斥。马克思理论所达到的成熟程度使这样作成为可能和必要。马克思为辩证法辩护，并令人信服地阐述了唯物主义地解释世界与辩证法之间不可分割的统一。在这个意义上，他明确指出了他的方法的唯物主义基础。②

在《跋》中，马克思第一次明确地阐述了他对研究方法和叙述方法的理解，以便反驳错误地把严格的现实主义的研究方法和"德国辩证法的"叙述③对立起来，以及把辩证法归结为黑格尔采用的叙述模式的做法。对资产阶级社会进行解剖的研究和叙述经过了不同的发展阶段。在这些阶段中，马克思加深了他对资产阶级社会划分的认识，完善了关于他的著作中范畴结构的想法。在所有阶段中，在统一的认识过程中具有形式上区别的研究和叙述之间有着密切的相互影响的关系。在马克思

---

① 《马克思恩格斯全集》第1版第23卷第24页。
② 《马克思恩格斯全集》第1版第23卷第24页。
③ 《马克思恩格斯全集》第1版第23卷第24页。

那里，研究总是为叙述而准备的。

马克思对研究方法和叙述方法的区分并不是指两种不同的认识方法，区分的目的在于证明，这是唯物辩证法的各个方面。作为总过程的从抽象上升到具体的方法既包含研究又包含叙述，从具体向抽象的过渡也包括在这一过程中。由于要研究和叙述的对象在客观上按辩证规律不断发展，因此，研究方法和叙述方法都具有辩证性。马克思强调指出，它们形式上的区别只是唯物辩证法范围内的区别，强调形式上的区别是为了证明研究方法和叙述方法的内在统一。

马克思认为研究的专门任务，是"充分地占有材料，分析它的各种发展形式，探寻这些形式的内在联系"①。这一认识活动是叙述的前提。在叙述中，资本主义生产关系在精神上的再现也从抽象上升到具体地进行着。在这里，并不是每个研究阶段和每种研究方法都单独地表现出来。就这一点来说，研究和叙述之间存在着形式上的区别。通过指出这一区别，马克思驳斥了把他的方法与黑格尔的方法等同起来的做法，并指出《资本论》决不是"一个先验的结构"。②

马克思方法论的发展始终是在对黑格尔辩证法的批判的分析中进行的。马克思评价了黑格尔对制定辩证法的成就，指出了他的认识局限，并把自己的方法同黑格尔的方法区分开来。《跋》是这一过程的顶点。

马克思在19世纪40年代对黑格尔的法哲学进行了批判，这样，他开始了把黑格尔辩证法倒转过来的过程。从客观上说，重点首先是批判唯心主义，此后不久，在继续批判唯心主义的同时，强调黑格尔辩证法

---

① 《马克思恩格斯全集》第1版第23卷第23页。
② 参看《马克思恩格斯全集》第1版第23卷第23页。

的合理内核成为重点。在《德意志意识形态》中，揭示了黑格尔唯心主义的国民经济的根源，同时，辩证法也以新的方式得到了分析。把黑格尔辩证法倒转过来的过程包括了对辩证规律和范畴的重新制定，这表现为"把黑格尔辩证法的合理形式运用于政治经济学"。①

对马克思来说，在50年代和60年代制定经济学时，首要的事情是建立一个范畴体系，这只有通过对唯一地以黑格尔逻辑学形式存在的科学体系进行批判的改造才有可能做到。在这种意义上，马克思强调指出，黑格尔的《逻辑学》在"材料加工的**方法**上"帮了他很大的忙。②在对黑格尔逻辑学进行批判加工的过程中，马克思更深入地发掘了黑格尔逻辑学的合理内核，并创造性地以它为起点，他把这个合理内核看作是黑格尔发现的辩证规律，是认识的方法。

作为唯心主义者，黑格尔采取了从概念到现实的途径。对他来说，思维是辩证过程的主体，然而他"在概念的辩证法中天才地猜测到了事物……的辩证法"。③

《资本论》的结构虽然与黑格尔《逻辑学》中的思维运动相似，但存在着原则的区别。黑格尔认为思维是"现实事物的创造主"④，而马克思研究的是不以思维为转移但却由思维反映出来的对象的本质，从这里表现出马克思辩证法的唯物主义特点，这样马克思的辩证方法就从根本上与黑格尔的方法区别开来。在这种意义上，马克思认为特别重要的是，强调他的方法与黑格尔的方法之间的世界观的对立。只有彻底地把

---

① 《列宁全集》中文第1版第38卷第190页。
② 《马克思恩格斯全集》第1版第29卷第250页。
③ 《列宁全集》中文第1版第38卷第290页。
④ 《马克思恩格斯全集》第1版第23卷第24页。

唯物主义运用于社会分析，把唯物主义与辩证法有机地结合起来，他才能够揭示资本主义的运动规律。

辩证法和唯物主义地解释世界的统一构成马克思方法论的新质，它是完善经济学理论的基础。这一完善过程是在《资本论》第1卷各版次和各版本中进行的。德文第2版是通向这条道路的重要一步，它是《资本论》第1卷德文第1版和法文版之间的连接环节，具有独立的科学价值。

（摘译自《马克思恩格斯全集》原文版第2部分第6卷前言）

（裘挹红 译　张钟朴 校）

尼·伊·季别尔与马克思的《资本论》第1卷德文第2版跋*

〔日〕副岛种典①

马克思在《资本论》第1卷第2版跋中提到两位俄国经济学家：尼·加·车尔尼雪夫斯基和尼·伊·季别尔。为了纪念季别尔（生于1844年）逝世100周年，我于1988年撰写了题为《杰出的俄国经济学家——尼·伊·季别尔》一文，发表在日本著名的马克思主义经济学研究与教育杂志《经济》1988年12月第296期上。我在撰写这篇文章的时候遇到下面这种不可忽视的情况：季别尔在其专题著作的第2版中不仅删去了马克思在跋中引用的文句，而且用明确的有重要内容的措词代替那些文句。

马克思在跋中所引用的季别尔的专题著作，是作为学位论文撰写的，于1871年发表。原标题是《大卫·李嘉图的价值和资本的理论的最新补充和解释。论批判经济学研究》，后来季别尔用《马克思的经济学理论》这个总标题在《言语》杂志上发表了4篇文章。1885年他发

---

* 本文选自《马克思恩格斯研究》1993年总第14期。

① 作者系日本爱知大学退休教授，于1989年7月23日逝世。日本东北大学教授大村泉把本文从日文译成德文。作者于1989年5月委托他翻译，然而由于他工作太多，只是在逝世前译文才得以完成。译者感到遗憾的是，作者未能对现有的译稿进行审阅。

表其专题著作的第 2 修订版。他还在其中加进上面提到的 4 篇文章和另外一篇题为《评资本积累的理论兼驳马尔萨斯的理论》的文章，并将标题改为《大卫·李嘉图和卡尔·马克思对社会经济学的研究——论批判经济学研究》。同时他还将第 1 版的正文作了重要的修订，对文章中的一些地方作了更正。

马克思在跋中引用的文句收在第 4 章《卡尔·马克思的价值和货币理论》中，这一章在加工时作了根本的修改。

由我审阅的《大卫·李嘉图和卡尔·马克思》的版本，是 D.I. 罗森堡负责编辑，苏联科学院经济学研究所于 1937 年出版的，这是科学院版。除第 2 版的 523 页正文以外，它还包括在第 1 版中用小号字印刷的 22 页正文。如果我们将它们比较一下，就能从中清楚地看到科学院版的改进情况。此外，一共有 22 页的人名索引，对我们来说也很有教益。

我认为，季别尔在准备第 2 版时对上面提到的第 1 版第 4 章作了两处重要的修订：

第一，第 1 版第 4 章从第 154 页到第 164 页除开头以外的全部正文都被季别尔用《资本论》第 2 版第 1 章《商品》的全部译文代替了。尽管《资本论》的译文在俄国是第一个外文版，但译文是以德文第 1 版为基础的。也许季别尔认为，更重要的其实是使俄国的读者接受《资本论》第 2 修订版第 1 章的正文，因为这一章修订得非常有条理而且在内容上也很重要。① 尽管他的译文并非在所有方面都令人满意，例如，

---

① 参看《马克思恩格斯全集》历史考证版第 2 部分第 6 卷，还可参看罗尔夫·黑克尔、尤尔根·容尼克尔、艾克·科普夫的文章《谈谈〈马克思恩格斯全集〉历史考证版中〈资本论〉第 1 卷研究和出版的某些问题》，载《无产阶级》杂志 1991 年卷第 3 期，第 496—510 页。

他把"Wert"（价值）一词译成"LIEHHOCTb"（价格），而依我之见，这是不可避免的，因为当时俄国的经济学刚刚产生。

第二，季别尔根据前面提到的译文对马克思关于价值和货币的理论表明了自己的想法。这就是对正文真正的修订。例如，第 1 版从 166 页到 170 页的正文就完全改变了。毫无疑问，在这里他发展了马克思的货币理论。同时他根据马克思《政治经济学批判》（1859 年）中的货币理论和其他一些材料对古典经济学和后来的庸俗经济学作了评注。我认为，这是第 2 版最重要的修订。季别尔极有说服力地提出，马克思的经济学说是独一无二的科学的经济学说。下面的这段引文使他的信念更为明确："鉴于货币交换本性的问题如此混乱的状况，马克思的思想上极为鲜明而深刻的关于这个主题的著作，无疑应当受到集中的关注。但是，令现代政治经济学惭愧的是，在整整四分之一个世纪里，随着这部著作（《政治经济学批判》1859 年）的问世，在报刊上竟未表现出任何认真地估量其优点的意图，尽管当时几乎每天都在不断地对这个问题提出各种极其荒谬的观点。"

季别尔在第 1 版一个 10 行之多的段落里用马克思在跋中引用的文句总结了马克思货币理论的发展。然而，不仅在总结中，而且在以后为其它理论任务制定的暂时规定中，他都使我们确信马克思经济学理论的科学效用，他说："谈到马克思的价格①理论和他的整个货币理论，那么我们认为，其中包含了下面一些重要的科学的新论点，这些论点使李嘉图的理论有了更全面更完善的形式，也就是用一些新的论据证实了李嘉图理论的可靠性。"

在第 1 版里，紧接着前面引用的段落，是以"经济学家的学说……"

---

① 此处原文为 LIEHHOCTb（价格），本文作者在前面已经指出，季别尔不准确地把德文 Wert（价值）译为俄文 LIEHHOCTb（价格）。——译者注

这句话开头的另外一段，虽然从这里直至第 2 版第 4 章的末尾，季别尔没有作什么修订，但值得注意的是，他对在以上阐述之前的一段作了重要的修订。他在此指出：

"现在我们转到比较评价马克思的价格和货币理论，一方面评价与他的理论相应的李嘉图学派的理论，另一方面是为了有可能正确地判断，马克思的研究在实质上构成的不是别的什么东西，而是感谢古典经济学家们惠赐的那些科学基本原理的进一步的历史发展，这一发展以最新社会经济研究成就而丰富起来。"

我在准备纪念季别尔逝世 100 周年的文章时发现前面提到的在其主要著作第 2 版对第 1 版作出的不可忽视的修订。尽管与马克思跋中的引文相应的俄文原文收在《马克思恩格斯全集》历史考证版第 2 部分第 6 卷（资料卷）的注释[①]中，但是在这里，《马克思恩格斯全集》历史考证版的修订者们并没有对季别尔在第 2 版中用明确的有重要内容的措词代替马克思引用的文句这一情况发表见解。我认为，就此作一点提示对读者是很有意义的。

[原载《马克思恩格斯研究论丛》（柏林）1992 年新续篇（2）]

（邢艳琦 译 单志澄 校）

---

① 参看《马克思恩格斯全集》历史考证版第 2 部分第 6 卷第 1623 页。

《资本论》第1卷第2版在马克思经济理论发展史中的地位*

〔德〕尤尔根·容尼克尔

分析的理论和方法论前提

出版《资本论》第1卷的不同版本一度曾是《马克思恩格斯全集》历史考证版第2部分科学研究工作和出版工作的一个重点。1983年历史考证版第2部分第5卷发表了这部著作1867年的德文第1版,接着在1987年历史考证版第2部分第6卷发表了这部著作的德文第2版。截止到1991年历史考证版陆续发表了这部著作的德文第3版、第4版以及法文版、英文版。

在此之前,对马克思恩格斯的研究集中注意的是马克思主要著作第1版出版以前经济理论的成熟过程。而在此之后,人们则要分析《资本论》第1卷各个版本的出版过程,并且详细确定各个版本在马克思经济理论的发展史中的地位和价值。毫无疑问,这部著作以及马克思的研究方法和叙述方式定会给我们留下深刻印象。本文要阐述的对象是德文第2版。

按照从起源研究的方法,要确定第2版的地位,就应该从第1版中经济理论已经达到的状况出发。同时,要把后来几个版本的改动也考虑

---

* 本文选自《马克思恩格斯列宁斯大林研究》1999年第3辑。

在内。两个相互有关的任务是我们考虑的中心：一是从内容上来分析对正文所作的改动，以及它们如何纳入《资本论》第1卷其他版本的正文阐述中，二是揭示对正文所作改动的原因。要完成这两个任务，必须注意几个基本的前提：**第一**：马克思主义的理论是发展的理论。这一点自然也适用于马克思的经济理论，马克思的经济理论是研究随着历史发展而不断变化的事物的理论。毫无疑问，《资本论》第1卷第1版的问世表明马克思的研究过程达到了一定高度，但并不意味着达到了终点。

第二：虽然在第2版中所作的改动**不是像**在《资本论》第1版中那样，是对所研究的事物进行**最初的阐述**，但是这些改动的内容仍然属于马克思主义理论的基本内容，因为它在不断地认识和接受生产方式发展中的一些新的现象、阶级斗争的经验和一些科学知识。同时马克思为了全面论证无产阶级的历史任务这一他所追求的目标，他对资本主义的经济运动规律作了深入的研究和阐述。关于这一点从《资本论》第1卷的几个版本的发展中基本上就能看出来。

第三：对第1版和第2版之间正文改动进行分析以及对改动原因进行的研究，也属于作为一个理论体系的马克思主义的发展规律的基本内容，这也适用于马克思主义的政治经济学。这里包括，马克思主义的发展是由内在的和外在的关系，由科学内含因素和科学外延因素决定的。因为这些因素在现实中是紧密联系在一起的，所以这样的划分也是相对而言的。从整体结构的意义来看，这样的划分在现代文献中也还是被肯定的。在研究理论史的时候考虑这样的划分将会对马克思主义理论的发展有较深的认识。

社会经济条件和社会利益对科学发展和理论发展具有一定的影响。作为理论体系的马克思主义的发展，包括马克思的经济学理论在内，同样也是这样。科学内在因素的影响会对科学发展的相对的固有规律性起作用。有人依据政治经济学的历史曾列举过这种固有规律性的几个方面。毫无疑问，马克思的政治经济学的发展有其内在的逻辑。当然，这只有在社会经济条件和社会利益的基础上才能理解，而这些社会经济条件和社会利益是马克思研究工人阶级的政治经济学的基础。此外，也要注意到马克思主义发展中的各主要组成部分的相互关系。

《资本论》第1卷在整个《资本论》体系中占有特殊地位，所以搞清楚马克思在1867年以后是怎样完善这一卷的，从而怎样完善他的经济学理论的情况具有特别重要的意义。要研究这个问题，使用前面提到的方法即划分内在的和外在的因素是很必要的。它能弄清对马克思经济理论的发展起"推动作用"的各因素。

《资本论》第1卷第2版是在1872—1873年出版的，也就是在第1版问世五年以后出版的，马克思为此做了许多准备工作。"修订第2版"这个提法就已经表明，这一版在《资本论》第1卷的几个版本中和在经济理论发展中占有重要地位。尽管这样，还需说明的是，由于时间的原因，马克思没有可能把所有新的认识都纳入这一版中。

关于正文改动的原因

显然，马克思称之为"修订"版的第2版章节划分得更细了，并且内容上作了改动。不单是阐述更完善了，而且能"达到更好的效果"。我们首先从较一般形式来探讨正文改动的原因。作这样的探讨有助于得出结论，使我们知道正文改动和结构完善的真正内在和外在的原因。在内容上对正文进行的改动反映了经济理论的发展。随着内在的和外在的原因的揭示，前面提到的科学内含因素和科学外延因素也就得到了反映。这些因素是从第1版到第2版经济理论发展的条件。那些符合理论发展的内在逻辑并能发挥其作用的因素就是内在因素，比如，内在完整性的完善，消除逻辑上的矛盾。换句话说，这是从认识发展本身产生的动力。这一点从马克思所做的工作中也可以看得出来,已经得到的认识总要反复进行自我检验,甚至还要被拿去与资产阶级经济学家的观点进行争论。这方面的一个例子就是在第2版中对价值和交换价值之间的区别在术语上进行了更彻底的区分。很明显,马克思曾面临这样的问题:把价值量和相对价值量置于交换价值概念中就会得出与交换价值相矛盾的陈述。这里就涉及一个认识上的提高问题,提高的结果就是在理论上达到了内在的完整性。

马克思运用的从本质上对政治经济学进行批判的研究方式也反映在他对政治经济学的研究中。在1867年至1872年期间马克思的主要工作是进一步加工《资本论》第2卷和第3卷。可以肯定,对这些文献的研究对《资本论》第1卷的正文的阐述也有一定的影响。因此,1867年以后,《资本论》三个理论卷的工作有着一种相互间的影响。此外,马克思从他的那些战友那里得到了对《资本论》这部文献的评论,他考虑了这些意见并部分地在他的主要著作中直接或间接地加以运用。

当然,理论上的发展也受到一系列外部因素的影响。这些外部因素主要有:资本主义生产方式的发展,阶级斗争的实践以及由此产生的种种问题,与非无产阶级关于工人阶级社会解放的各种观点进行争论的必然性。显然,有人提出的"理论形成和政治实践的联系"这一看法对理解《资本论》的发展史也同样有意义。从这个角度看,马克思在国际工人协会中的积极活动肯定也能启发他去对正文进行改动。毫无疑问,1867年至1872年间资本主义发展中和阶级斗争形势下出现的变化对《资本论》第1卷的表述所以没有产生根本性的影响,是因为与《资本论》的抽象论述有关。

除了上面提到的原因,对第2版中正文阐述和结构上的变化还有一个重要影响,那就是第1版问世后的传播和反应。要说清楚这是内在的还是外在的因素不太容易。但在大多数情况下把这种反应产生的影响看作是内在因素。然而从理论和实践之间的相互关系来看，这种反应也可以是外在因素。总的说来可以认为，经济学的发展史和1867年以后的传播史是一种相互影响的过程。

马克思很注意并且详细分析了《资本论》第1版以后的反应和作用。朋友们和战友们对这本书的看法、这本书中的观点在工人运动中的接受情况以及资产阶级思想家对这部著作的攻击，所有这些都促使马克思去修改正文并对价值规律和辩证方法作进一步的研究，这些对理论发展都具有一定意义。这一点也表明了马克思主义发展的规律性，即马克思主义是在同它的理论对手的争论中发展起来的。本文在这里对第1版的传播史所产生的影响不作深入的阐述，因为在别的文章中已经谈过。

在对从第1版到第2版的正文阐述和理论发展的原因的一般分析中，可以看到马克思主义发展的规律性的作用。从原则上说这也涉及第1版的传播史。事实上这表现了一种内在原因和外在原因以及内在因素和外在因素之间的紧密联系，以致有时候很难探讨和说清楚某些正文改动的原因。尽管如此，这样做是合乎目的的，因为它能深入研究《资本论》第1卷的发展史。上面提到的各种原因对这部著作的结构变动和正文阐述以及理论发展具有不同的影响。

篇章结构的意义

毫无疑问，篇章结构的变动或者说"这本书的外部安排"是第2版的一个重要特征。说"外部安排"决不能仅看作是一个次要的问题，好像仅仅是章节、标题的构成问题。篇章结构的变动反映的是叙述方法的发展。这个过程在1867年还没有结束。

在评价这些变动时，一定要弄清楚这里所说的篇章结构和马克思这部主要著作的内在构造或者说总体结构之间的区别。至少不能认为，从第1版到第2版的篇章结构变动是这部著作的总体结构的改变，后者包括内在构造的改变。因为总体结构是以理论要素为基础的，是由被研究的对象决定的，是不能随意改变的。事实上这部著作的内在构造——除第1章《商品》外——从根本上说没有变化，但是篇章结构确实有了明显的修改。这样做的目的是为了让《资本论》在工人运动中更容易被理解和接受。

《资本论》第1卷的内容、内在构造和外部安排之间有着不可分的联系。在这部著作中，通过经济的概念和范畴，通过从抽象上升到具体，在逻辑和历史的统一中，资本主义生产过程作为精神上的具体被再现出来。这些很规范的范畴构成一个独立的圆圈，它们是：商品、价值、货币、资本、剩余价值、劳动力商品、价值增殖过程、不变资本、可变资本、剩余价值率、绝对剩余价值、相对剩余价值、工资、再生产、积累和资本的有机构成。它们深刻影响这部著作的内在构造，并从根本上决定它的篇章结构。这一点在《资本论》第1卷第1版的标题和章节安排上已经能看出来。当然，在第2版中这方面变得更加清楚。

对这部著作的外部安排进行变动的决定性原因来自恩格斯，他认为，把一章中的标题分得更细一些，把主要部分更强调一些是合适的。在第1版出版以后也有一些对结构方面的批评性意见。此外，人们对第1版"这部书中的三个崭新的因素"[1]，即纯粹形式的剩余价值、生产商品的劳动的二重性和工资这种"隐藏在它后面的一种关系的不合理的表现形式"[2] 几乎没有反应。

马克思在对第1版进行加工的时候考虑了恩格斯的意见，即外部安排对理解《资本论》的内容和方法显然是有帮助的。这里还必须指出，

---

[1] 《马克思恩格斯全集》第1版第32卷第11页。
[2] 《马克思恩格斯全集》第1版第32卷第12页。

第1版的不尽完善的篇章结构有可能也存在内容方面的原因。恩格斯对第4章《相对剩余价值的生产》提出的意见是，这一章只用四个小标题分开，而且"思想进程经常被说明打断"[①]。马克思对此是这样解释的，在这一章"我是费了很大力气才找到这些东西的本身即它们的联系的"[②]，从这里也可以看出结构不完善的一个原因。在表述方面要解决的问题是，如何能使上面说的联系在外部看得清楚。从这一点上来看，各篇、章的小标题的选择和设置就具有重要作用。这些小标题的措词不是偶然的，因为在这里从抽象上升到具体必然反映在逻辑和历史的统一中。在第2版中在这方面取得的改进不可忽视。

马克思使这整个一卷的外部安排更清楚了。因为这外部安排是叙述方法的一个组成部分，人们有理由说，通过把内在构造和外部安排之间的联系明确地表现出来，第2版在这方面更完善了。认识过程的一些关键点和理解《资本论》的内容的一些重要概念用小标题点出来了。这样，这部著作的内容以及从抽象上升到具体的方法在外部安排中都有了反映。第2版中在外部安排的结构方面最明显改善的地方是《商品和货币》篇。现在分析的过程从外部就可清楚地看到。"表现在商品中的劳动的二重性"这一提法是马克思这部著作的又一"崭新的因素"，也被清楚地表现出来了。从外部安排角度来看，对工作日的研究和对相对剩余价值的生产的研究这些内容也划分得更细了。

概括起来可以说，第2版虽然不是《资本论》第1卷在确定篇章结构方面的最终阶段，但也是决定性阶段。关于章的划分的几处改动还延用到法文版中，马克思显然是把这种划分作为最终的方案，并且把它译成了法文，在后来的版本中基本上保持了第2版的方案。

---

① 《马克思恩格斯全集》第1版第31卷第329—330页。
② 《马克思恩格斯全集》第1版第31卷第331页。

从德文第1版到德文第2版的正文的发展

第2版作为"修订版"的特点主要就是对这部著作的内容的改动。毫无疑问,最明显的叙述的改进是在第1篇《商品和货币》中和第7章《剩余价值率》中。对个别内容的一些小的改动则遍及全卷。此外,许多修辞方面更完善了,马克思尽可能用通俗易懂的分析来表述他的研究成果。正文内容上的许多改动对研究经济学理论的发展具有特别的意义。当然,为了掌握这种发展过程的不同方面,需要一种独特的方法。因为这种方法在下面的研究中将起重要的作用,所以对此作一些解释是必要的。

为了理解马克思主义和它的组成部分在质和量的方面的发展,要使用一些在写文章时常用的概念,比如进一步阐述、充实、具体化、精确化等。我们认为,在分析《资本论》第1卷的几个版本的经济学理论的发展时这些概念也可以使用。然而就这方面来说,这些概念也提出了几个问题,因为在这里不断完善的阐述不能和1867年以前即马克思得出政治经济学的决定性发现时相比。

在概念上确定经济学理论在质和量方面的发展,也和任何一门科学一样,要区分经验的还是理论的看法是很重要的。经验和理论涉及思想活动中两个相对独立的领域,作为理论陈述所能表述出来的东西,是由经验决定的。另一方面,理论的任务是阐明经验所肯定的东西。在认识过程和科学发展中,经验知识和理论知识是紧密结合在一起的,它们之间出现无数次的转化。马克思在1867年以后进行的经验研究和理论研究的统一也与此相符。经济学理论的发展也是在这里只是简单提到的这种关系中进行的。在使用"进一步阐述"、"充实"、"具体化"、"精确化"这些概念时必须考虑到这些情况。

我们先来谈"**进一步阐述**"这个概念。在文献中会存在尽可能地先后一致地阐述,以便能理解在理论陈述领域的认识上的进步。因此,进一步阐述这个概念标志着马克思主义的组成部分和理论要素在理论形成过程中的质的进步。因为一种理论借助于范畴、规律和经验的陈述来反映一个客观事实的一定范围,如果客观范围的一种较准确的、较完善的和较深的表象可以被确定下来,那么只有这时才能谈得上理论的进一步阐述。它包括,客观范围在这之前没有被理解的关系和过程现在得以反映出来。"进一步阐述"还包括理论在内部完整性方面和逻辑前后无矛盾方面的进步。

使用"**充实**"这个概念是学者施瓦布的意见,他认为,这个概念就现存事物的提高和增加而言首先指量的过程,从而能在经验的和理论的陈述中使用。为了表明经验陈述的增加,使用充实这个概念是必需的。就经济理论的经验事实方面来看,"充实"包括增加来自社会实践(主要是经济领域的)和资产阶级政治经济学以及其他专门学科的新的事实和论断,就像《资本论》中所做的那样。就理论方面来看,这个概念可理解为理论阐述方面的量的增加。

使用"**具体化**"这个术语来表示理论阐述的一定方面存在着某些困难,因为这个术语在科学文献中有着不同的含义。这里所说的它的含义,不是指从抽象上升到具体时的那种具体。从理论阐述角度来理解——就像在历史考证版很多卷的前言中所特别指出的——它是就下面这个意义而言的,即强调理论的运用,强调依据重要的实际事实来阐明和解释理论。

我们认为,使用"**精确化**"这个概念显然是非常有意义的,特别是在要对事实真相提高认识的时候,即某种在开始时还不详尽或不全面的论述通过准确的和补充的规定使之更加完善,或者也可以说是限制或扩大该论述的有效范围。精确化这个概念对这种论述在科学上的正确与否不作评判。因此，这里也可以用修正这个概念。

可见，第2版中的正文改动遍及理论的和经验的陈述范围。就像下面要指出的，它们既包含一定理论要素的进一步阐述，也包含个别论述和概念的扩充和精确化。

在第2版中增加了许多新的脚注。一般来说，人们会看到，这些脚注在马克思的著作中起着不同的作用，其中就有方法论指导意义的作用，可以清楚地表明马克思描绘的展开实践中的整体。这种情况在第1版中就存在，但在第2版中更加突出了。还有许多摘引自科学史的注解使正文内容更加充实了。

此外，马克思还运用辩证唯物主义方法，在他的主要著作的新的版本中补充了从1867到1873年间的历史材料和统计资料，这些大多以新增加的脚注形式出现。这里还包括资本主义生产方式在这几年中的发展的几个方面。

涉及面最广和在内容上最有意义的正文改动是在第1篇《商品和货币》中。商品和价值理论在第2版中是通过对价值实体、价值量和价值形式的社会性的深入论证而得到进一步阐述的。这一版本在马克思经济理论发展史和在《资本论》第1卷的各种版本中的地位，首先也是由此决定的。在本文中只能简短地就最重要的观点作些论述。

修改第1版中第1章《商品和货币》的出发点，是由于在正文和附录中对价值形式作分析时存在着双重论述，这在第2版中是必须要改正的。进行这种修改的推动力是第1版问世后的反应，并且像马克思在手稿《〈资本论〉第1卷的补充和修改（1871年12月—1872年1月）》中指出的，[①] 这些推动力从根本上说也是由内在理论的原因产生的。马克思认为，通过详细地证明价值实体、价值量和价值形式的社会性，可

---

① 《马克思恩格斯全集》1987年历史考证版第2部分第6卷。

以更深入地证明在价值理论中反映出来的规律性的客观性。这一点是用下面的方式来实现的：在从交换价值的等式中得出价值时，价值实体作为对象化的抽象劳动被确定，而不只是像在第1版中那样作为对象化劳动被确定。对价值实体的社会性的特别强调，是通过与社会必要劳动时间决定的价值量的直接联系而实现的。这一点首先通过分析社会劳动力和个人劳动力之间的联系再次呈现出来。

对价值实体和价值量的社会性进行的详细研究，是与更深入地分析价值对象性和把抽象劳动作为劳动的社会形式来分析结合在一起的。在论述价值对象性时应该证明，这里涉及的是劳动产品只有在互相关系中才具有一种社会的对象性。它在价值量的规定上尤其表现得明显，因为价值量是由社会决定的。不过在对象性中价值关系的物质性也得到了表现。随着对价值实体和价值量的社会性的全面论证，在资本主义商品生产条件下劳动时间如何按比例分配这个一般规律，也更清晰地显现出来。

从对价值形式的分析所作的改动中可以看到，马克思对每一处改动都花了心血，他力求用政治经济学概念替换哲学术语。这表现在从内容上放弃了原来借用的黑格尔的表达方式。从第1版附录的结构出发，在第2版中商品的价值和使用价值之间的矛盾的展开更明显地得到了强调。这一点尤其适用于对一般价值形式的分析，在那里证明，随着交换的展开和对象化在劳动产品中的劳动的等同，于是形成了把抽象劳动作为直接形式的劳动这样一种关系。在这个意义上，一般价值形式就成为社会承认的价值形式。在研究简单价值形式时首先认识到的是价值对象性。其最终结果就是较全面地把握价值关系的本质特征。

在马克思对商品分析和价值形式分析所作的许多改动方面，我们必然还能发现那些有关商品拜物教阐述的改动。可以清楚地看到，私人劳动和社会劳动之间的矛盾是商品拜物教产生的原因，私人生产者与社会总劳动的关系是资本主义中客观存在的错误认识的经济基础。这样，商品拜物教就被强调为资本主义生产关系的客观思维形式，它的历史地位加深了，叙述的内在结构整个来说也改进了。

马克思根据《政治经济学批判。第一分册》这个小册子中的认识，对价值尺度的阐述进行了加工。他这样做的原因首先是由于他的自我批评的态度。很明显，价值尺度职能在货币职能中具有特别的意义，马克思把它称为"第一职能"，并且指出了在哪一种属性上货币是价值尺度。这样，这些论述的理论范围充实了。通过接受上面提到的小册子中关于价值尺度职能的几种观点，比如价值尺度二重化的作用，货币的价值变换的结果，使分析更趋完善。此外，马克思还指出，对货币职能的理解是理解货币本质所不可缺少的。

关于货币转化为资本的分析，对于理解什么是资本，资本是怎样产生的这些问题至关重要。也许正是从这一点出发，马克思才对正文作了许多改动，对此起决定作用的是前面提到的内在原因，这里首先是马克思的自我批评态度，动力可能还有来自人们对第1版的反应。因为甚至连狄慈根都曾认为，第1版中把资本说成物。

马克思强调货币作为货币和货币作为资本这两种形式在流通形式中的差别，并把它看作是揭示作为关系的资本所必不可少的。这也是针对资产阶级政治经济学散布的把资本看作是一种物的观点而必需加以澄清的。正文改动在于更明确地强调流通形式的不同内容。例如特别突出了消费是简单商品流通的目的。为了确定作为资本的货币流通的特征以及资本的本质，马克思把资本说成是自行增殖的价值，它在 G—W—G 的循环中具有各种不同的形式，而且还特别指出了商品形式在这个过程中的作用，因为不采取这种形式，货币就不能成为资本。这一点对接着要进行的分析，即劳动力商品的买卖是很重要的。

马克思关于劳动力商品的发现在很大程度上是揭示资本主义特性的

钥匙。也许是为了强调这一特性,马克思指出了劳动力会转化为商品,以及由此产生的雇佣劳动形式是资本主义社会形式的典型特征。马克思还揭示了劳动力转化为商品和劳动产品的商品形式的普遍化之间密不可分的联系。同时他提醒大家注意价值理论同其他理论要素的各种关系,并且通过分析雇佣工人产生的历史原因,为详细阐述原始积累奠定了基础。显然,进行这一充实的意义,可通过以下背景来认识,即关于出卖劳动力商品的认识虽然在德国工人运动的领导层中,比较快地被接受了,但马克思揭示的劳动力商品的在世界观方面的意义还远没有在工人全部范围内被理解。例如,卡·奥·施拉姆就认为,只需要一个能保证工人获得他们创造的剩余价值的较大份额的强有力的立法,就可以改变整个社会关系。总之,通过上面所提到的改动,有关的阐述在理论观点上更充实了。

马克思对第1版第3章《绝对剩余价值的生产》的各个部分都进行了程度不同的加工。

早在40年代,马克思和恩格斯就在人与自然,即在一定社会形式中为了人的需要而占有自然界这种关系中看到了历史的主要内容,而且在后来的所有创作时期对这个问题都予以高度重视。这一点在《资本论》第1版关于劳动过程这一部分的最后阐述中得到了反映。但是在第2版中,一般意义的劳动的范畴得到了更明显的精确化,这是在此之前在文献中从未有过的事情。"劳动首先是人和自然之间的过程,是人以自身的活动来引起、调整和控制人和自然之间的物质变换的过程。"①在第1版中,在这个地方"劳动"还是使用"劳动过程"这一术语。这里表明,这里的论点通过精确化的定义而得到了完善。在许多场合马克思都用劳动替代了劳动过程。马克思对此作改动的原因是由于第1版

---

① 《马克思恩格斯全集》第1版第23卷第201—202页。

问世后的反应,这是人们都不知道的。很多人认为改动有其内在原因。也许马克思已经认识到,通过把劳动过程定义为物质变换过程的条件,劳动过程的所有要素就都已包括在内,而就这点来说,劳动的独特作用没有得到足够的强调。

在与科学和技术的快速发展结合在一起的关于人类劳动问题的讨论这种背景下,正文的这些改动肯定不仅仅出于对理论史的兴趣。劳动问题在今天的阶级争论中起着越来越重要的作用。通过这些改动对人类劳动有了更精确的表述,即人类劳动是劳动过程的特征,是人与自然之间物质变换过程的独有的条件,而且还特别强调了人类在这一过程中的积极作用。同时还明确指出,劳动既不等同于作为整体的劳动过程,也不等同于人的一般物质变换过程。没有劳动就没有社会与自然之间的物质变换。马克思对劳动和劳动过程之间的区别给予了高度重视,这一区别对理解技术进步的本质,理解人的劳动职能转化为技术手段都是很重要的。只有从这一角度出发,才能科学地阐述技术的作用。

通过这次改动,对这一点也看得更清楚了,即《资本论》中阐述的劳动和劳动过程的社会和工艺方面的发展是劳动的抽象定义的前提。马克思明确指出,人用来引起、调整和控制与自然的物质交换的手段,就是劳动,从而,劳动是劳动过程的主导要素。劳动过程这个概念就是劳动、劳动工具和劳动对象在它们的运动中的统一,而劳动这个概念则相反,是活的劳动力进入这个过程。

在第5章中对劳动所下的定义与在第1章所说的内容是完全一致的,只是对它作了进一步阐述。在第2版中对劳动过程所作的阐述在第3版和第4版中都原样保留了下来。

正如已经提到的,有关剩余价值率的论述有很大的改动。显然,内在理论的原因和外在的原因起着很重要的作用。就外部的原因来说,随着劳动强度越来越大的剥削方法的不断出现,反对剥削加深和争取正常工作日的斗争越来越成为阶级斗争的主要内容。为了从理论上理解这个问题，关于剩余价值率的认识就具有重大的实践意义。这一观点在马克思修改时也起了一定的作用。此外马克思认识到，就连在战友们当中对剩余价值和剩余价值率的认识也有不很清楚的地方。例如，莱奥·弗兰克尔把机器的磨损看作剩余价值的一部分，并把"利润"和"一般杂费"混为一谈。①

关于剩余价值率的分析，逐点都充实了，许多论点更加完善了。马克思认为，剩余价值率虽然是剥削程度的准确表现，但并不是"剥削的绝对量"②的表现，由此，剩余价值率的理论陈述更充实了，叙述的内在完整性也更完善了。尽管增补这些内容是由于俄文版《资本论》的翻译造成的，阿尔伯特·谢夫莱的意见也许起了一定的作用。他说，在任何情况下，剩余价值率都不是劳动剥削程度的准确表现。

区分了可变资本和不变资本，才能理解剩余价值的生产，驳斥资产阶级的错误观点。也许为了强调这种区分的重要性，并指出剩余价值只有通过转化为劳动力的可变资本才能产生，所以马克思指出，价值创造就是"劳动力转化为劳动"③。新价值形成这个问题用这种方式就得到了阐明。与此有关的一些改动在《2. 产品价值在产品相应部分上的表现》这一小节中也可以看到。在这个对于理解再生产理论并非毫无意义的部分中，价值转移和新价值形成问题也在理论上得到了准确的阐述，这是通过明确说明必要劳动时间和可变资本以及剩余劳动、剩余产品和剩余价值之间的联系来阐述的。

---

① 《马克思恩格斯全集》第1版第32卷第464页。
② 《马克思恩格斯全集》第1版第23卷第244页。
③ 《马克思恩格斯全集》第1版第32卷第242页。

一个内在的原因，即彻底贯彻把物质内容和社会形式区分开这个方法上的原则，显然促使马克思在一个重要方面对剩余产品的规定加以充实，他补充说，"剩余价值表现在"① 部分产品中。由此，剩余产品在资本主义关系中的历史特性得到了强调。

工作日是分析绝对剩余价值的中心点，在第2版中对工作日的论述只作了较小的改动。篇章划分更细了，结果，在内容上重要的一些观点，如工作日界限的规定，资本对剩余价值的追求，争取正常工作日的斗争的各历史阶段等等，都突出出来了。

在分析绝对剩余价值的最后引出的剩余价值率和剩余价值量的论述，只是在法文版中才有明显的改动，使其在阐述的内在逻辑上更趋完善。

相对剩余价值的生产是发达的资本主义生产剩余价值的典型形式。因此，马克思一直很重视对这个问题的研究。尽管如此，第1版中的有关论述——正如指出的——受到了恩格斯的批评性评论。对这部分所作的许多改动也决定了第2版在马克思经济理论发展史中的独特地位。这些改动涉及章节的划分和正文的阐述。经过这些改动，马克思使相对剩余价值理论的几个观点更加充实和更精确化了。

通过更细的划分章节和突出主要的篇章，有关相对剩余价值的阐述具有了更好的陈述力。这主要指的是对机器这个生产相对剩余价值的最重要的手段的论述，这个部分在第1版中根本没有划分小节。修改以后，叙述的内在逻辑从外部也可以看得出来了，由于思路经常被这一部分中的例证所打断，这种修改是很重要的。现在，资本主义使用机器的

---

① 《马克思恩格斯全集》第1版第32卷第250页。

一些最重要观点在第 13 章中作为小标题得到了强调。

在第 2 版中，对"技术"和"工艺"以及"技术的"和"工艺的"这些概念都作了精确的规定，这也具有一种特别的意义。因为在分析相对剩余价值等等方面这些概念具有重要地位。马克思赋予技术和工艺的意义决不是一种工艺史观的表现，那是部分马克思的批评者怀着对生产力和生产关系的辩证关系加以歪曲的目的强加给他的。相反，其意义出自对唯物史观的认识："各种经济时代的区别，不在于生产什么，而在于怎样生产，用什么劳动资料生产。"①

马克思在第 1 版中除了少数几处例外，主要使用了"工艺"和"工艺的"这种概念。他在书中沿用了德国工艺学家约翰·贝克曼（工艺学科学的奠基人）和约翰·亨利希·莫里茨·冯·坡珀的说法。马克思依据这些说法，把工艺概念精确化了，并揭示了工艺对社会进步的意义。在马克思那里，工艺不仅是限于生产工艺和操作工艺的范围内，而且归根到底与人的社会生活关系的各个方面都有联系。贝克曼和坡珀使用的"一般工艺"的概念既包括手工工人从事他们的不同工作时所遵循的意图，也包括他们进行工作的基础和他们为达到自己的目的而使用的手段。马克思在大多数情况下还是主要使用"工艺"这个概念，这个概念在马克思那里有时也作为技术的同义词来使用。除此之外，马克思沿用的是 19 世纪上半叶的说法。

在第 2 版中，马克思第一次准确地区分了"技术"和"工艺"、"技术的"和"工艺的"这些概念，尽管同义词的使用还没有完全消失。显然马克思考虑到了这样一个事实，即随着机器的大量出现，在

---

① 《马克思恩格斯全集》第 1 版第 23 卷第 204 页。

19世纪下半叶技术（今天人们所使用的意义上的技术）这个术语已被广泛运用，从而形成了概念体系。当然一些外部的原因也导致了这种区分。马克思把工艺概念严格限制在现代科学的范围内。这样，"技术"和"工艺"就明确地区别开了。马克思用技术这个概念主要表示人在与自然界的关系中所创造的手段。从这种区别出发，"工艺的"这个术语在许多场合被"技术的"术语替代了，这样，这个术语所形容的事物就表示是由劳动工具决定的东西，或者说，是通过劳动工具得出来的东西。在一些场合"工艺"概念被"技术"取代了。考虑到关于"工艺"和"技术"的关系的讨论，《资本论》第2版中这些至今几乎还未被注意的正文改动就具有了特别的意义。有人断言，马克思使用的"工艺"这个词经常是与"技术"这个词具有相同的意思，这种断言是不准确的。从第2版开始，马克思已经使用"技术基础"，"劳动的技术性质"和"劳动过程的技术条件"这些概念，这样，他就比较明确地指出了劳动手段的作用。

使用现实的经验材料来充实资本主义机器生产的某些观点，这是阐述相对剩余价值的特点。例如，这指的是下面这样一些基本的发展规律的作用，如工人被机器所替代，工人受的剥削越来越重。

各个地方所作的改动在大多数场合都有其内在原因，关于这些改动可以指出：在阐述协作时，马克思把从许多劳动力的共同作用中所产生的生产力的论述精确化了，他把"机械力量"这个术语改成了"社会力量"或"力量"这样的术语①。这样，相应的说法就成为：协作是一

---

① 马克思：《资本论》（根据第1卷德文第1版翻译），经济科学出版社1987年版，第307、308页。

种群体的力量。

关于分工和工场手工业的论述的改动是与区别使用"技术"和"工艺"这两个概念密切相联的。由于使用生产过程的"技术基础"、"技术必要性"和"技术规律"这些术语,生产的工具因素的作用得到了较好的表述。

第13章《机器和大工业》中的论述也进一步精确化了。这涉及到对工业革命起点的研究,对于了解资本主义独特生产方式的发展来说,马克思认为这个问题具有根本性意义。马克思认为,从经济学角度来正确地说明机器,就是要加进马克思所说的历史要素,赋予机器以具体历史形式,在这一规定上,可以说机器就是工作机。这是一种崭新的见解,因为这个概念规定包含了人与劳动工具之间的变化了的职能划分,马克思在机器定义中更精确地说明了历史要素的地位,他不再把历史要素看作是"决定性的东西"。[①] 也许马克思认为,就机器定义而言,把这个要素加进来就足以与资产阶级经济学家、工艺学家和数学家的观点相区别了。有助于说明这一点的是,有人认为从数学角度看把杠杆、斜面、螺旋、楔等等称为机器是正确的,马克思对此未加评价。

马克思详细阐述了工业革命中工具机和蒸汽机的产生之间的联系,这些观点与1861—1863年手稿中的认识是一致的。他不再把蒸汽机产生的必然性直接与可能性联系在一起,这显然是因为他自己认识到,必然性不会自动地把可能性包含在内。后者产生于科学和技术前提的成熟。

---

① 马克思:《资本论》(根据第1卷德文第1版翻译),经济科学出版社1987年版,第353页。

在第 2 版中，马克思第一次指出了机器在共产主义社会中的发展前景，并且认为，与资本主义社会相比，那时可能使用机器的范围更宽了，因为那时机器只是"使产品便宜的手段"①。这样，他就在理论上充实了从社会形式观点进行的对机器的分析，也使第 1 版中有关共产主义社会的本质特征的阐述又增加了一个方面的内容。也许这样修改除了内在原因即努力使阐述更趋完善以外，还存在着外在原因。其一，是因为第一国际布鲁塞尔大会对资本家使用机器的后果进行了讨论，在社会民主党人报的文章中谈到了机器在改变了的社会关系下的作用问题。其二，是因为马克思遭到资产阶级书刊的批评，说他仅仅描述现代工业的"负面"。谢夫莱在谈到机器使工人得到解放时说道，马克思"没有提到可行的对付弊端的积极办法"。最后，在关于工厂的阐述中，马克思针对工厂分工的特点，对某些工种作了较准确的说明。② 在法文版中，马克思补充了工人和机器之间斗争的论述以及有关补偿理论的论述。

第 5 篇《绝对剩余价值和相对剩余价值的生产》与第 1 版相比，没有作重大改动。这部分直到法文版才进行了明显的加工。只有在阐述"劳动力价格和剩余价值的量的变化"时马克思较准确地说明了劳动生产率的变化对劳动力价值和剩余价值的影响，还指出了提高社会劳动强度的条件。对于这些修改来说，除了马克思的自我认识以外，或许争取正常工作日的斗争的许多认识也起了一定作用。

在工资的论述方面第 2 版具有特别的意义。在这里，马克思关于工资在他的著作总结构中的地位的考虑得出了最终结论。在第 1 版中，工

---

① 《马克思恩格斯全集》第 1 版第 23 卷第 430 页。
② 马克思：《资本论》（根据第 1 卷德文第 1 版翻译），经济科学出版社 1987 年版，第 404、405 页。

资还是第 5 章的一个组成部分（这也许是由于理论史的原因），而在第 2 版中，工资的论述成为独立的一篇。这或许是为了强调，把工资理解为劳动力价值或劳动力价格的转化形式对揭示资本主义剥削机制的面纱具有决定的意义，把工资作为"隐藏在后面的一种关系的不合理的表现形式"属于"资本"的"崭新的要素"①，就像上面已经提到的那样。在法文版中，马克思根据价值规律的变化补充分析了各国的工资差异。

对《积累》篇的彻底修改只是到法文版中才实现，不过在第 2 版已经能够看出进行这种修改的意向了。在第 2 版中，由于内在的和外在的原因所决定，除了增加了一些经验材料以外，正文也进行了一些修改，使论述更精确化了。在某些情况下，这些改动是因为要严格区分"技术"和"工艺"而造成的。在论述资本主义积累的一般规律这个积累理论的核心问题时，资本的有机构成和它在积累中的变化是研究的中心。虽然在法文版中才对"有机构成"下了最终的定义，但是在第 2 版中已表现出马克思正努力对这个问题在概念上作准确的表述。几乎在第 23 章一开头，"资本的工艺构成"就被"资本的构成"所代替了，这就更清楚地强调了后面要研究的中心所在。此外，更加突出了对发达的资本主义来说具有典型意义的有机构成的变化，还批评了亚当·斯密所认为的随着资本的积累会增加对劳动的需求的观点。正像马克思必须靠自我批评来认识那样，他在第 1 版的这个地方同样谈到了资本在既定的技术基础上的积累。

从一些章节中可以看出，马克思努力要强调资本主义生产方式的独特性质，这也许除了内在原因外还有外在原因，因为当时出现了很多资

---

① 《马克思恩格斯全集》第 1 版第 32 卷第 12 页。

产阶级社会改良理论和使工人运动偏离革命道路的纲领。因此马克思指出，雇佣工人生活条件的或多或少的改善决不会改变这种生产方式的基本特性。在这方面马克思明确表示，资本主义生产方式为了它的自由发展必须有一支独立于人口自然增长的产业后备军。

70年代初股份公司迅速增加并在经济生活中发挥着越来越大的作用，由于这些外在的原因，显然使分析更加精确化，马克思论述了信用对资本积聚的作用，除了提到单个资本家，还提到联合的资本家，所有这些都表明第1版的阐述被精确化了。在第2版和后来的版本中，关于相对过剩人口的分析和关于资本主义积累的一般规律的描绘几乎都未加修改地保留了下来。

马克思在第2版中开始对爱尔兰这个受殖民压迫的农业国实行资本主义生产关系的论述进行再加工，并在法文版中继续加工。对这部分有决定作用的是恩格斯的批评性提示①以及1867年以后爱尔兰问题对工人阶级的解放斗争的巨大意义，所以有关爱尔兰的论述很受重视，马克思，特别是恩格斯在那些年对这个问题进行了深入研究。他们钻研了有关爱尔兰的最新文献，并且相互交换看法，在第一国际中宣传他们的认识。在第1版中揭示的社会经济方面的根本发展趋势通过研究新的统计材料更加充实了，并指出了它们的持续不断的后果。这就是：随着谷物法的废除，首先耕地变成了牧场，紧接着爱尔兰租地农民被驱逐。② 这些情况从有关爱尔兰农业工人工资的描述中也能看到。③ 马克思在《资

---

① 《马克思恩格斯全集》第1版第31卷第340页。
② 《马克思恩格斯全集》第1版第23卷第768页。
③ 《马克思恩格斯全集》第1版第23卷第777页。

本论》第 3 卷中还会谈到农业工人和小租地农民的状况。① 当然，他在法文版中已经对此作了详细阐述。

第 1 版中对资本关系在历史上的形成过程所作的完整的阐述是以经验材料的不断增加为前提的，这一点可以从与 1861—1863 年手稿的比较中得到证明。这一工作在 1867 年以后通过研究新文献继续进行。正如在第 2 版中对历史材料的选择和分类所表明的，马克思首先充实了那些在资本主义社会的形成过程中起作用的事实。这正是以马克思的研究思路为基础的方法，即从结果中来考察运动过程。通过经验材料增加了许多事实，其中有生产者与土地相分离，禁止剥夺小租地农民和农民的法律毫无结果的原因。弗兰西斯·培根对此曾补充说，法律是要阻止臣民处于奴隶地位。② 在 19 世纪盛行的剥夺方法还有血腥立法，对此马克思增加了许多有关惩治被剥夺者的方式和数量的历史材料。③ 借助这些论据，马克思进一步证明了原始积累的暴力性和掠夺性。

马克思在分析历史过程的同时注意到了工人阶级的利益问题，他研究了最新的、在 1871 年取消的有关工联的法律。④ 对在法律上承认了工联所作的评价又一次可以看出马克思赋予工会的地位。依据在同一年取消的补充法律，即以新的形式重新出现的结社法，马克思证明了资产阶级法律的阶级性。马克思从实践和政治的意义上阐述了工人阶级的斗争，从而论述了立法的目的是为了压低工资。正是通过在法文版中的再次修改，才使有关原始积累的论述具有了最终的形式。

---

① 《马克思恩格斯全集》第 1 版第 23 卷第 780 页。
② 《马克思恩格斯全集》第 1 版第 23 卷第 788 页。
③ 《马克思恩格斯全集》第 1 版第 23 卷第 799—804 页。
④ 《马克思恩格斯全集》第 1 版第 23 卷第 809 页。

关于第二版跋

第2版在马克思经济理论发展史中的地位在很大程度上也是由这一版的跋决定的。在这里,马克思第一次对资产阶级政治经济学的决定性发展阶段作了简明扼要的阐述。与此同时勾画出了科学、阶级斗争和意识形态之间以及理论和实践之间的种种关系。马克思运用辩证的方法第一次清楚地说明了研究方法和叙述方法问题。一方面是马克思理论已达到的成熟程度,另一方面是社会的形势,这两方面使对上述论题的论述在跋中成为可能和必要。

1870—1871年出现的在意识形态发展中的转折点,首先是以巴黎公社为标志的。当时要求快速发展德国的和国际的工人运动的呼声很高,要求进行社会改革,从而使阶级斗争成为社会的紧迫的事情。在日益激烈的反对科学社会主义的意识形态斗争中,资产阶级政治经济学,在德国首先是讲坛社会主义,扮演了重要角色。很显然,正是在这个背景下,马克思分析了经济基础的发展与政治和意识形态的阶级斗争之间的关系。在那个时代,资产阶级理论家对19世纪政治经济学的发展所作的贡献是可想而知的。

依据恩格斯所作的评价①,马克思对德国政治经济学的特点作了根本性的说明,并揭示了它独特的发展的原因。由此马克思得出结论,德国经济学家在资产阶级经济学的衰落时期,也同在英国古典经济学时期一样,他们始终"只是学生、盲从者和模仿者,是外国大商行的小

---

① 《马克思恩格斯全集》第1版第13卷第524—528页。

贩"①。通过这些阐述证明，政治经济学作为一门科学只有从无产阶级——代表历史进步的阶级——的阶级立场出发，才能继续发展，而工人阶级的政治经济学表现了一种崭新的质。这样，马克思就确定了由他创造的理论在政治经济学史中的地位，同时也驳斥了试图把他的理论降到李嘉图的水平的说法。

在跋中，马克思通过揭示科学、阶级斗争和意识形态之间的联系，利用研究经济理论得出的结果集中进行了意识形态批判。例如，他在谈到英国的政治经济学的发展时指出："只要政治经济学是资产阶级的政治经济学……那就只有在阶级斗争处于潜伏状态或只是在个别的现象上表现出来的时候，它还能够是科学。"② 李嘉图对阶级对立的公开承认确定了资产阶级政治经济学作为科学的认识界限。李嘉图学派的解体意味着，李嘉图以后的资产阶级经济学转到了庸俗经济学的水平。这样，政治经济学在李嘉图以后——安·埃·舍尔比利埃、乔·拉姆赛和理查·琼斯除外——就丧失了它的科学性。对此有决定性影响的是，随着资产阶级取得政权（在法国是七月革命，在英国是1832年的选举法改革），资产阶级和无产阶级之间的阶级斗争公开爆发了。马克思把1830年看作是重大的转折。在一定程度上可以说是一个转折点。其标志就是庸俗经济学得到了发展，经济学的本质分析和科学的理论趋于结束了。这里涉及的是一种——现在还可以这样说——不可逆转的过程。自阶级斗争公开爆发以来，资产阶级政治经济学的任务首先是为资本主义进行辩护，并否认它的内在矛盾。庸俗经济学"也就有意识地越来越成为辩

---

① 《马克思恩格斯全集》第1版第23卷第18页。
② 《马克思恩格斯全集》第1版第23卷第16页。

护论的经济学"①。

马克思在《德意志意识形态》中就曾谈到，一个阶级的客观发展水平和一种科学的社会理论可能达到的程度之间具有规律性的联系，在这里他论述了这种联系。资产阶级的阶级利益越是与社会进步阶级的普遍利益发生矛盾，科学阐述社会关系整体的利益就越是不可能。根据马克思列宁主义对意识形态的理解，从马克思的阐述中可以得出结论，科学和意识形态是一致的，为了实现一个阶级的利益，对社会现实的科学认识是绝对必需的，社会关系应该达到必要的成熟程度，科学才能适应这种需要。

在庸俗经济学的发展中，马克思特别提到了尚具有一定的科学意义，而且是政治经济学体系的建造者之一的英国经济学家约翰·斯图亚特·穆勒的特殊地位，他试图"调和不能调和的东西"②，穆勒符合资产阶级的已经改变了的利益的要求。资产阶级除了需要认识资产阶级社会的有效的联系以外，还需要一种反无产阶级的理论。穆勒在他的主要著作《政治经济学原理》（1848年）中试图对那些19世纪下半叶资产阶级所面临的问题作出解答。对此马克思的研究首先是论证穆勒理论的辩护作用，他的理论的中心点是，分配关系是历史的，而生产关系则不是。从资产阶级社会主义吸收了基本思想的穆勒体系试图通过改变分配来改良资本主义，以便用这种方式把工人阶级长期束缚在资本主义制度中。这一观点使穆勒成为社会改良主义的开拓者。在资产阶级改良运动日益盛行的情况下，马克思的迫切任务显然是，明确揭示穆勒思想对革

---

① 《马克思恩格斯全集》第1版第26卷第3册卷第558页。
② 《马克思恩格斯全集》第1版第23卷第18页。

命的工人运动发展的危害，并消除其影响。

马克思通过详细阐述李嘉图以后的政治经济学中的两个流派，即公开的辩护理论和妥协理论（穆勒），完成了对资产阶级政治经济学史的论述。正因为有了对这个论题的深入研究（特别是在1861—1863年手稿中），马克思才能在跋中用简练的形式对资产阶级政治经济学史的重要阶段作出全面概括（古典——解体——庸俗化）。借助于这些论述，马克思用通俗易懂的方式指出了理论和实践、社会存在和社会意识、基础和上层建筑之间的关系。

在跋中，马克思以简短的形式首次提出了他的辩证方法，并阐明了与黑格尔的辩证法的不同之处，同时指出了黑格尔在抵制资产阶级进攻方面的功绩。马克思阐述这些内容有两方面的原因，一是他的战友们对在《资本论》中使用的方法在理解上有困难，二是许多资产阶级和小资产阶级理论家把马克思的辩证法和黑格尔的辩证法混为一谈。把两种方法等同起来是一种直到今天仍存在的为批评马克思而大量使用的手段。从世界观方面来看，马克思进行阐述的历史背景是，1870年以后资产阶级的意识形态特别明显地越来越放弃资产阶级古典思想家对合理的自然认识和历史认识以及社会形成的要求，并且对资产阶级古典哲学和黑格尔的历史功绩予以否认。此外，这一过程的重要特征是：进步概念倒退了，历史被非理性化了，社会发展从而社会规律被否定了，理解问题的科学世界观被有意识地放弃了。

扬弃黑格尔的资产阶级意识形态是为了在马克思主义中保存他的辩证方法。马克思阐述辩证法的目的不仅仅是为了反驳资产阶级的攻击，这些阐述还具有世界观方面的作用，也就是指出了，黑格尔的进步的遗产在工人阶级的科学理论中被保留下来了。此外，这些阐述还证明了唯物主义和辩证法之间的不可分割的统一。

马克思第一次正确地论述研究方法和叙述方法的关系是同指明唯物主义和唯心主义的辩证法之间的对立紧密地联系在一起的,他的目的是为了反驳人们对严格的现实主义的研究方法和黑格尔的叙述之间进行的错误区分,而且阐明了他自己的方法。马克思清楚地看到,要理解他的抽象方法必须有一定的前提,以避免人们把他的方法等同于黑格尔的方法。因为这个问题的研究方法和叙述方法之间有差别……马克思曾提到这种差别。事实上,马克思克服黑格尔的唯心主义是与对研究方法和叙述方法的新的理解结合在一起的。在黑格尔的逻辑学中研究过程完全等同于叙述逻辑。马克思虽然认为研究和叙述有紧密的联系,但是叙述逻辑不能完全归结为研究逻辑。与黑格尔相反,在马克思那里,研究的对象从抽象上升到具体时不是产生出来的东西,而是被反映出来的东西。从它们的完成的形式看,《资本论》中的叙述事实上具有一种先验的构造的外观。为了扬弃这种外观,被叙述的理论必须从它的形成来考察。对此,马克思指出了研究方法和叙述方法之间在形式上的差别。这差别在于,研究的每一个步骤并不都能在叙述中得到反映,同时马克思还论证了研究和叙述的内在统一,论证了这样一个事实,即它的形式差别就是唯物辩证法的原则统一中的差别,也就是在一个统一的认识过程中的差别。这包括,充分地占有材料,分析它的各种发展形式和探寻其内在联系,这些都是最终进行叙述的前提。① 从马克思的分析中可以知道,从抽象上升到具体的方法作为整个过程不仅包括研究也包括叙述。因此,不仅叙述具有辩证的性质,而且研究方法也具有辩证的性质。

---

① 《马克思恩格斯全集》第 1 版第 23 卷第 23 页。

马克思分析了他的方法与黑格尔的方法之间的关系，其目的不仅是要强调黑格尔的积极的因素，而且还要与黑格尔划清界线，以及强调他自己的辩证法的唯物主义本质。这种划清界线贯穿于马克思理解这个方法的发展中，就这方面而言，这个跋无疑达到了顶点。

马克思理解这个方法的根本性意义是在40年代前半期批判了黑格尔的国家观点和矛盾的辩证法，主要是批判唯心主义观点和建立唯物主义论点。因此，也就引出了马克思把黑格尔的辩证法称为"倒立着的"① 那种说法。这一复杂过程并不只是归结为冲破唯心主义体系，它也包含着对辩证法的范畴和规律的新的研究。证明这一点的是，马克思把黑格尔辩证法的合理形式运用于政治经济学中。这倒立着的过程的关键阶段随着写作《德意志意识形态》就从根本上结束了。这时候黑格尔辩证法的合理内核即辩证法的基本规律和认识途径也被揭示出来了。随着在50年代和60年代对政治经济学研究的系统化，马克思又开始着手制定经济科学的范畴体系问题。要解决这个问题，只有批判地研究现有的有关科学体系的逻辑学材料，在这方面只有黑格尔的《逻辑学》才适用。② 在对黑格尔的《逻辑学》进行再一次研究的过程中，马克思更深刻地领悟了其中的合理内核，并把它作为叙述政治经济学方法的原则，对此，马克思曾说道，黑格尔的《逻辑学》"在材料加工的方法上帮了我很大的忙"③。

虽然在《资本论》的写作过程和黑格尔的《逻辑学》（从现象到本质、到表象、到现实）的思想过程之间确实存在相似的地方，但也存在

---

① 《马克思恩格斯全集》第1版第23卷第24页。
② 《马克思恩格斯全集》第1版第13卷第531页。
③ 《马克思恩格斯全集》第1版第29卷第250页。

根本的差别。正如马克思所说，黑格尔认为，思维是"现实事物的创造主"①。而马克思则确认了观念过程与物质过程，主体辩证法与客体辩证法的真正关系，并且扬弃了思维的绝对性。马克思认为，思维的任务是把独立于思维而存在的对象借助于范畴而反映出来，这在《资本论》中涉及从抽象上升到具体的资本主义生产关系时表现为逻辑和历史的统一。在这里，马克思的辩证法的唯物主义性质显示出来了，当然马克思的辩证法与黑格尔的辩证法在原则上是不同的。他们在世界观的看法方面是对立的，马克思称自己的方法与黑格尔的"**截然不同**"②。马克思认为，特别重要的是要揭示辩证唯物主义方法的新的质，这种质存在于对世界的唯物主义解释和辩证的观察方式的不可分割的统一中。如果离开物质基础，辩证法的任何原则都会被颠倒。我们认为，这个跋的重要意义就在于，证明了唯物主义辩证法在世界观方面的意义以及整个工人阶级的科学理论的新的质。在巴黎公社为无产阶级和资产阶级之间的阶级斗争开创了一个新时代之后，上面这些问题是与工人运动所面临的任务紧密相联的。革命的工人政党的建立和巩固要求进一步具备和实行科学的世界观。在哥达的党的统一大会以后，杜林的观点在党内影响很大，从这点就可以看出来，实行科学的世界观是多么必要。恩格斯在《反杜林论》中又研究了这个跋中的中心论点并进行了进一步的论述，这不是偶然的。这不仅涉及科学社会主义与它的来源的关系，而且也证明了马克思主义理论的极为深刻的科学性。

---

① 《马克思恩格斯全集》第 1 版第 23 卷第 24 页。
② 《马克思恩格斯全集》第 1 版第 23 卷第 24 页。

虽然《资本论》第1卷第2版不是马克思亲手修改的最后版本，但是这一版所作的修改证明，这一版本是《资本论》第1卷达到完善程度的重要一环，它具有独特的科学价值。

（原载《马克思恩格斯年鉴》，柏林狄茨出版社1989年版第12卷）

（章丽莉 译）

《资本论》第一卷德文第三版的科学地位（摘译）*

〔民主德国〕海尔加·胡艾斯①

《马克思恩格斯全集》（国际版）的原则，是尽量把经典著作从最初稿起直到最后定稿加以发表。在实现这项原则时，往往也会发生问题。例如，究竟应当刊印《资本论》第一卷的哪些德文版，就属于这一类的问题。关于这方面的基本设想，国际版的前言是这样说的："《资本论》第一卷在国际版中将占好几卷的篇幅。除了1867年的德文第一版以外，接着将刊印包含有作者本人作过重要修改和补充的一些版本。其中包括1872年的德文第二版，马克思在这一版中作了许多修改和补充，而且全书的结构也有重大的改变。还有一卷是1872—1875年出版的法文版。在这一版中马克思作了许多修改和补充，这些修改和补充有一部分被收进德文第三版和第四版。再往后的一卷是1887年的英文版……关于德文第三版，只把它当中的一些异文登在资料附册中。恩格斯编辑修订的《资本论》第一卷德文第四版（1890年）则将全文刊印，这一版直到今天仍然是各国出版时依据的标准。"②

这种设想是以恩格斯的有关说法为依据的。恩格斯在《资本论》第一卷德文第三版的《序言》中写道："他（指马克思——作者）只作

---

* 本文选自《马列主义研究资料》1985年第4辑。
① 作者为民主德国高等教育学院马列主义学部助理研究员。——译者注
② 国际版《前言》，载国际版第1部分第1卷第41—42页。

了一些最必要的修改，只把当时出版的法文版……中已有的增补收了进去。"① 从这以后，根据以上这些说法，人们多少都明确地认为，德文第二版是马克思亲手修订过的《资本论》第一卷的最后一个德文版本（第三版是马克思逝世大约一年以后出版的）。例如，考茨基1914年出版的《资本论》人民版就是以1872—1873年的德文第二版为基础的。他论证采用德文第二版为基础时说："已经发现的一些缺陷向我表明，第二版应当成为出版正文的基础，而不是以后的版本。"② 1969年以来乌尔施坦出版社多次出版的《资本论》第一卷学习版也沿用这种说法。那里写道："在《资本论》这四册书中，只有一册是马克思本人亲自完成的，这就是《资本论》第一卷，它在1867年出版了第一版，在1872年出版了第二版。"因此，这个版本以"1872年的第二版"正文为基础，并且把第三版和第四版中的异文放在脚注中。③

把第四版作为独立版本收在国际版中，这是毫无疑义的，因为它是马克思主义的两位奠基人最后的手笔。不言而喻，服务于革命的工人运动的版本应以第四版为基础，以便把马克思和恩格斯留下来的所有科学知识和进一步发展了的思想运用到实践中去。

至于德文第三版，那必须肯定如下事实：1881年10月22日，出版商奥托·麦斯纳通知马克思说，第二版已经售完，④ 因此必须开始准备德文第三版。1882年和1883年许多不同的书信表明，准备第三版的工作进行到了怎样的程度。恩格斯在1882年11月写信给左尔格说："他（指马克思——作者）到威特岛的文特诺尔去了……如果条件允许，他

---

① 《马克思恩格斯全集》第1版第23卷第30页。
② 考茨基编：《资本论》，1914年斯图加特版第1卷，第XIV页。
③ 卡尔·柯尔施为《资本论》1909年乌尔施坦出版社版第1卷写的《序言》。
④ 《马克思恩格斯全集》第1版第35卷第235、238页。

将在那里很好地从事第三版的工作。"① 由于马克思长期生病，准备新版的工作被拖延下来。在马克思逝世前四个星期，恩格斯告诉伯恩施坦说，第三版因马克思生病而被拖延下来。②

1883年3月14日马克思逝世以后，恩格斯承担了准备德文第三版的全部工作。恩格斯在给劳拉·拉法格的一封信中，也像他曾告诉给左尔格的那样，指出还必须用法文版中的论述来补充。③ 恩格斯在1883年6月25日给左尔格的信中告知，《资本论》第三版要求他做大量的工作。在他手头有一个本子，"马克思在上面注明了要根据法文版进行的修改和补充，但是这一切细致的工作还要去做"④。显然，这项工作就是把1872年至1875年法文版中的修改和补充加到德文第三版中去。因此，恩格斯明确指出，法文版是加工第一卷德文第三版时的决定性基础。此外，他还强调指出，在进行这项工作的时候必须非常认真负责，他写道："因为法译本和德文版相比，有些简化，而马克思是从来不会这样用德文写作的。"⑤ 恩格斯在加工德文第三版时，依据的是马克思的三个手稿，这就是《资本论》第一卷德文第一版、德文第二版和法文版。

从时间顺序来说，法文版是在德文第二版之后于1872年至1875年期间出版的，关于法文版，马克思写道："它仍然在原本之外有独立的科学价值，甚至对懂德语的读者也有参考价值。"⑥ 它和德文第二版相

---

① 《马克思恩格斯全集》第1版第35卷第393页。
② 《马克思恩格斯〈资本论〉书信集》，人民出版社1976年版，第407页。
③ 《马克思恩格斯〈资本论〉书信集》，人民出版社1976年版，第416页。
④ 《马克思恩格斯〈资本论〉书信集》，人民出版社1976年版，第417页。
⑤ 《马克思恩格斯〈资本论〉书信集》，人民出版社1976年版，第417页。
⑥ 《马克思恩格斯全集》第1版第23卷第29页。

比，并不单纯是一个外文的译本，而是代表马克思经济学完善过程的一个崭新阶段，法文版在巴黎公社失败以后出版，是为了抵制在法国广为流传的蒲鲁东的思想。关于这个问题，马克思在1867年5月1日给毕希纳的信中写道："我认为，使法国人摆脱蒲鲁东用对小资产阶级的理想化把他们引入的谬误观点，是非常重要的。"① 在法文版中，以及后来在德文第三版中，首先对第一卷的后半部进行了彻底的加工。德文第二版包含了马克思关于价值理论的新论述。马克思在修订法文版时把工作集中在剩余价值理论和资本积累理论上。这也影响了德文第三版。

即使列出德文第二版和第三版相对比的详细清单，也很难弄清恩格斯进行的独立工作。在正文中，只有少数地方注明了"编者注"的字样，这是恩格斯着重注明的地方。明确指出采自法文版的地方，读者在第三版中只能找到一处，这就是第十四章《绝对剩余价值和相对剩余价值》中的一个地方。显然，恩格斯作出这一说明是为了让人注意到，追加的这段关于约·斯图亚特·穆勒的话和马克思对这个问题的分析，是第一次在法文版中增加的，并且是把法文版中的论述译成德文的。② 如果想从这方面来考察，同德文第二版相比，马克思在法文版中的修改究竟有多少收进了德文第三版，那就必须把第二版和第三版加以对比。而且很明显，大量修改过的段落和补充是马克思在法文版中完成的。这些地方是按照马克思的指示和说明，由恩格斯以后加到德文第三版中的。这些地方在德文第三版中都没有专门注明。

恩格斯承担的进一步任务在于，把法文版出版以后的八年间或德文第二版出版以后的十一年间人类所取得的新认识，加到德文第三版中

---

① 《马克思恩格斯全集》第1版第31卷第546页。
② 《资本论》第1卷德文第3版第529页（参看《马克思恩格斯全集》第1版第23卷第566页）。

去。例如，恩格斯补充了关于两位化学家罗朗和热拉尔在分子理论研究中所作的贡献的判断。①

在另外一个地方，马克思直到德文第二版中的说法是："在家庭内部，随后在氏族内部，由于性别和年龄的差别，也就是在纯生理的基础上产生了一种自然的分工。"② 恩格斯在这个地方作了一个校正："第3版注：后来对人类原始状况的透彻的研究，使作者得出结论：最初不是家庭发展为氏族，相反地，氏族是以血缘为基础的人类社会的自然形成的原始形式。由于氏族纽带的开始解体，各种各样家庭形式后来才发展起来（弗·恩·）。"③

恩格斯力求排除研究《资本论》时可能遇到的不明确之处。根据这种考虑，他认为必须详细地解释一下"马力"的概念。④ 其次，在德文第三版中，恩格斯还指出了马克思分析别人说法的方式和方法。马克思在第十六章的一开始，引用了洛贝尔图斯的著作《驳李嘉图的地租学说，对新的地租理论的论证》（1851年柏林版），他接着写道："关于这一著作，我以后还要谈到。该著作提出的地租理论虽然是错误的，但它看出了资本主义生产的本质。"恩格斯在这里加了补注说："从这里可以看出，只要马克思在前人那里看到任何真正的进步和任何正确的新思

---

① 《资本论》第1卷德文第3版第306页（参看《马克思恩格斯全集》第1版第23卷第343页）。

② 《资本论》第1卷德文第3版第353页（参看《马克思恩格斯全集》第1版第23卷第389—390页）。

③ 《资本论》第1卷德文第3版第306页（参看《马克思恩格斯全集》第1版第23卷第389—390页）。

④ 《资本论》第1卷德文第3版第393—394页注（109a）（参看《马克思恩格斯全集》第1版第23卷第426页）。

想,他总是对他们作出善意的评价。"① 同时,恩格斯认为有必要把马克思在 1872—1873 年期间作出的对洛贝尔图斯的评价加以限制,因为在这期间发现的洛贝尔图斯的书信表明,马克思最初作出的这个评价不得不打折扣。

恩格斯所加的最后一个注,在第二十三章《资本主义积累的一般规律》的第三节《相对过剩人口或产业后备军的累进生产》中,马克思在那里写道:"资本积累最初只是表现为资本的量的扩大,但是以上我们看到,它是通过资本构成不断发生质的变化,通过减少资本的可变部分来不断增加资本的不变部分而实现的(77c)。"恩格斯在德文第三版中增加了马克思自用本中的一段话,这段话显然同后来在第三卷中讨论的利润理论有关。恩格斯加的这段话是:"(77c)第 3 版注:在马克思的自用本上,此处作了如下的边注:'为了以后备考,这里应当指出:如果扩大只是量上的扩大,那末同一生产部门中,较大和较小资本的利润都同预付资本的量成比例。如果量的扩大引起了质的变化,那末,较大资本的利润率就会同时提高'(弗·恩·)。"②

因此,可以断言,恩格斯在加工整理《资本论》第一卷德文第三版时首先看到了如下的重点:首先,他要考虑到马克思自己在自用本中的说明和亲口对他谈过的意见。他的进一步的任务是考证租批判性地处理正文,必要时,由于这期间的一些事情已经发生变化,就要把马克思原来的说法加以修订。③ 恩格斯在进行这项工作时的小心谨慎态度,反

---

① 《资本论》第 1 卷德文第 3 版第 543 页(参看《马克思恩格斯全集》第 1 版第 23 卷第 581 页)。

② 《资本论》第 1 卷德文第 3 版第 645 页(参看《马克思恩格斯全集》第 1 版第 23 卷第 690 页注 [77c])。

③ 《马克思恩格斯〈资本论〉书信集》,第 416 页。

映在他自己写的德文第三版的序言中:"在这第三版中,凡是我不能确定作者自己是否会修改的地方,我一个字也没有改。"① 因此,只有正文中要求恩格斯必须加以补充的地方,他才加注作了说明。

除了科学价值之外,《资本论》第一卷德文第三版在十九世纪末具体的阶级斗争中也具有重要地位,特别是在实行反社会党人法的情况下。1883年在哥本哈根召开的党的秘密代表大会提出了加强马克思主义思想进攻的任务。在这个时期出版了恩格斯的著作《社会主义从空想到科学的发展》和新版《共产党宣言》,恩格斯题名为《马尔克》的小册子对于在农村居民中进行宣传鼓动工作起了很大作用。1884年初出版了《资本论》第一卷德文第三版,它是这次新的思想进攻中的最重要著作。《资本论》和1885年出版的《反杜林论》新版,是工人阶级用来反驳机会主义思想和资产阶级政治经济学,揭露它们对革命斗争的危险性的科学武器。因此,《资本论》第一卷德文第三版不仅是马克思主义经济理论完善过程的路标,同时也是批判资产阶级政治经济学的基础。在德文第三版的基础上,后来编辑出版了英文版和德文第四版。在这些工作中,恩格斯也是坚决继承了马克思的遗产,并且除了科学工作外,他始终考虑到工人阶级直接的阶级斗争的需要和推动工人运动前进。

概括起来,《资本论》第一卷德文第三版的科学地位如下:

上述说明使我们不得不修改历来的说法,即认为第一卷德文第二版是马克思最后的手笔的说法。我认为,我们可以把德文第三版视为马克思的最后一版,因为马克思在德文第二版自用本和法文版中作的几乎所有的修改,以及恩格斯所加的说明,都包括在这一版本中了。

第三版同第二版相比,所包括的内容上的修改,比第四版同第三版

---

① 《马克思恩格斯全集》第1版第23卷第31页。

相比的修改要多得多。第三版也包括了法文版中所进行的工作。

然而,如果不是恩格斯进行了大量的工作,把马克思为准备一个新版本所打算进行的修改都考虑吸收进来,那么马克思的主要著作的进一步发展的这些事实,几乎就不为工人阶级和进步社会所知了。

这些事实理所当然地要求修改国际版第二部分的原定计划,这就是不应只把德文第三版的异文放在资料附册中,而是应当把它作为国际版第二部分中独立的一卷刊印出来。

(原载民主德国马列主义研究院《学报》,1983年第14期)

(京祚 译)

《资本论》德文第 3 版（1883 年）的科学价值*

《资本论》第 1 卷德文第 3 版是作为"增订版"出版的。恩格斯在他写的序言中强调指出，马克思想"把……原文大部分改写一下，把某些论点表达得更明确一些，把新的论点增添进去，把直到最近时期的历史材料和统计材料补充进去。由于他的病情和急于完成第 2 卷的定稿，他放弃了这一想法。他只作了一些最必要的修改，只把当时出版的法文版……中已有的增补收了进去"①。马克思逝世后，恩格斯在编辑这一版时，以包含有马克思亲笔提示的德文第 2 版和法文版文本为依据，凡是他不能肯定"作者自己是否会修改的地方"②，他一个字也没有改。德文第 3 版中内容上的修改基本上是以法文版为基础的。前两篇中的少数的修改采自德文第 2 版的马克思自用本。

德文第 3 版修改的重点是论述资本积累过程这一篇。恩格斯强调指出，这一部分在前一个版本中还没有修改过。③ 马克思在第 2 版中开始的把概念精确化的过程仍在继续进行着。属于这一方面的，例如，把"交换价值"的意思改为"价值"，把"工艺的"改为"技术的"。采

---

* 本文选自《马克思恩格斯研究》1991 年总第 7 期。

① 《马克思恩格斯全集》第 1 版第 23 卷第 30 页。

② 《马克思恩格斯全集》第 1 版第 23 卷第 31 页。

③ 参看《马克思恩格斯全集》第 1 版第 23 卷第 30 页。

自法文版的修改有助于进一步完善对资产阶级社会经济运动规律的阐述。因此，德文第3版遵循的是马克思的想法。

马克思生前关于《资本论》第1卷德文第2版如何修改，曾留下一个《编辑说明》。① 1877年当左尔格在美国筹备翻译出版《资本论》时，马克思转抄给左尔格，这就是人们所知的《资本论》第1卷美国版《编辑说明》。② 出美国版的计划未能实现。马克思去世后，左尔格在1886年初又把这个《编辑说明》寄还给恩格斯，供他参考。在德文第3版中，恩格斯并没有全部吸收马克思写在这个《编辑说明》中的有关正文改动的所有提示。恩格斯在美国版《编辑说明》的页边上对此已经加以注明。马克思在《编辑说明》中也同样记录了从法文版中采用的一些新章节。然而德文第3版的章节划分仍然按照德文第2版，法文版中修改过的段落并不都是为新版准备的。德文第2版的《编辑说明》明确地表现出了马克思在1877年是如何全副精力地考虑德文第2版和法文版的论述，从而使法文版中的修改可以供以后的各个版本参考和吸收。

德文第3版包含了恩格斯作的一些说明，这些说明均由恩格斯注明

---

① 《马克思恩格斯全集》原文版的编者注释，大约在1877年9月，马克思收到左尔格从美国来信，告知他正筹备将《资本论》第1卷译成英文在美国出版。马克思把德文第2版中需要修改的地方和应吸收法文版的论述的地方，先在两种版本中划下来，然后写成一份《关于〈资本论〉第1卷德文第2版修改的编辑说明》。以此为基础，给左尔格写了《关于〈资本论〉第1卷美国版修改的编辑说明》。（参看原文版第2部分第8卷第7—36页）。

② 关于美国版《编辑说明》的情况，请参看《马列主义研究资料》1983年第4辑。其中列举的重要修改的地方共119条，51条是德文本身需修改者，68条是应按法文版修改者。恩格斯在页边空白处有的地方注明"已改"，有的地方注明"未改"字样。（参看《马克思恩格斯全集》第1版第23卷第31—32页）。

D. H.（"编者"的缩写）字样。其中，恩格斯研究了生产力和自然科学发展的一些新方面。因此，他运用了一些选自《自然辩证法》的研究成果。表明这一点的有关于分子说的发展[①]和蒸汽马力[②]的数学计算所作的补充。[③] 此外，恩格斯还利用了他在自己的著作《马尔克》中有关14至16世纪德国自由农民发展为依附农的描述，[④] 来说明马克思关于罗马尼亚各州农奴制度的论述。[⑤] 此外，恩格斯还对文体进行了一些修正，对外文术语，特别是英文术语进行了翻译，改正了印刷错误。可能早在1873年底，恩格斯就记录下了一些必需进行的修改，并寄给了马克思。[⑥]

恩格斯在一篇较短的序言中指出了德文第3版中的修改。此外，他还说明了曾引起资产阶级经济学论争的马克思的引证方法。他强调指出，《资本论》中的引证"只是为了确定：一种在发展过程中产生的经济思想，是什么地方、什么时候、什么人第一次明确地提出的"[⑦]。他接着写道，从"经济科学的历史"中摘引下来的引证只是"正文的注解"[⑧]。在这个意义上，马克思在法文版中又作了一些补充，这些补充也已被采纳到第3版中。这主要涉及同约·斯·穆勒、比·约·蒲鲁东和托·罗·马尔萨斯等人的经济学观点进行的进一步论争，但也强调指

---

① 参看《马克思恩格斯全集》第1版第23卷第343页。
② 参看《马克思恩格斯全集》第1版第23卷第426页。
③ 参看《马克思恩格斯全集》原文版第1部分第26卷第180—181、212—218页。
④ 参看《马克思恩格斯全集》第1版第19卷第364—365页。
⑤ 参看《马克思恩格斯全集》第1版第23卷第265页。
⑥ 参看《马克思恩格斯全集》原文版第2部分第8卷第3页。
⑦ 《马克思恩格斯全集》第1版第23卷第32页。
⑧ 《马克思恩格斯全集》第1版第23卷第32页。

出了重农主义者在经济理论史上的成就，特别是评价了弗·魁奈的《经济表》。

由于马克思想通过引证来说明"经济理论中各个比较重要的成就"①，因此他几乎没有理由引证德国的经济学家，卡·海·洛贝尔图斯是个例外。关于他，马克思在过去的全面研究的基础上在《剩余价值理论》中解释说，尽管洛贝尔图斯的地租理论有错，但他已"看出了资本主义生产的本质"②。恩格斯在德文第3版中不得不对这一肯定的评价打一个折扣，这是因为70年代末以来，历史学派在反对马克思主义的斗争中试图把死后的洛贝尔图斯说成是"经济社会主义的李嘉图"③，把他说成是第一个科学社会主义者，马克思都没有超过他。同时还出版了洛贝尔图斯的遗著，其中包括一些信件。在这些信件中，洛贝尔图斯本人认为，马克思在剩余价值理论上是以他为依据的。因此有必要驳斥这些观点。恩格斯在第3版中补充道："洛贝尔图斯致鲁道夫·迈耶尔的书信的发表，使马克思的上述赞许不能不打一个相当的折扣。"④ 恩格斯还在致奥·倍倍尔的信中就已经指出："洛贝尔图斯……几乎发现了剩余价值的踪迹，但是他没有再向前走。"⑤ 这是因为他不能够在价值规律的基础上解释资本和劳动之间的交换。恩格斯利用机会，在《社会主义从空想到科学的发展》一书中把马克思的剩余价值理论的基础阐述为工人阶级的思想武器。他不仅在《资本论》第1

---

① 《马克思恩格斯全集》第1版第23卷第32页。
② 参看《马克思恩格斯全集》第1版第23卷第581页。
③ 阿道夫·瓦格纳《序言》，参看《斐·拉萨尔致洛贝尔图斯－亚格措夫书信集》1878年柏林版第7页。
④ 《马克思恩格斯全集》第1版第23卷第581页。
⑤ 《马克思恩格斯全集》第1版第35卷第416页。

卷德文第 3 版中，而且还在第 2 卷序言（1885 年）和《哲学的贫困》德文第 1 版（1884 年）中，坚决反对历史学派对洛贝尔图斯的崇拜。

德文第 3 版扉页上标明的"增订版"这些字样主要是指各篇中所作的一系列修改，这些修改使经济学理论的各个概念和论述更为精确、更为丰富了。内容的修改重点虽然主要是在第 7 篇，但在其他地方，理论方面的论述和经验方面的论述也都有所修改。

第 1 篇《商品和货币》中只作了少量内容上的修改。这些修改所依据的是马克思大概早在 1877 年夏天在德文第 2 版的自用本中就已写成的对第 1 章开头的补充。在这一时期，马克思研究了资产阶级和小资产阶级的价值观点，其中有欧·杜林、伊·伊·考夫曼、卡·克尼斯等人。① 后来，恩格斯就这些修改写道："《资本论》第 3 版中关于交换价值和价值的新材料，是来自马克思补写的手稿；可惜这种补充写得很少，而且是在病中费了很大气力写成的。马克思用了很长时间寻求一个正确的表述，并做了多次修改。"②

马克思认为，在一开始分析商品时，就可以在文字上作些修改，来改进对"使用价值"概念的论述。这涉及的是使用物品满足人类需要的特性。③ 马克思所以要进行这些修改，也许归因于当时他对克尼斯的著作《货币和信贷》第 1 卷的研究。马克思在自己用的克尼斯写的这本书中，主要是在克尼斯详细考察马克思价值理论的《货币》一篇④中，划了一些线条。马克思把从这本书中得出的表现为克尼斯价值观核心的下列引文告诉给恩格斯："不同种类的使用价值的彼此相等，只有

---

① 参看《马克思恩格斯全集》第 1 版第 34 卷第 59—67 页。
② 《马克思恩格斯全集》第 1 版第 38 卷第 241 页。
③ 参看《马克思恩格斯全集》原文版第 2 部分第 8 卷第 855—858 页。
④ 参看卡尔·克尼斯：《货币和信贷》，1873 年柏林版第 1 卷第 117—125 页。

把它们化为一个共同的使用价值才能解释。"① 这样，克尼斯就用一个使用价值理论同马克思的价值理论对立起来了。可见，马克思在德文第 2 版自用本中写的表述，显然是为了把使用价值的特点同价值实体明确地区分开，以便强调价值规定的客观性。

这个问题也表现在德文第 3 版的另一个地方。这就是与使用价值的交换比例有关的地方，那里加了一段话："某种一定量的商品，例如 1 夸特小麦，同 x 量鞋油或 y 量绸缎或 z 量金等等交换，总之，按各种极不相同的比例同别的商品交换。因此，小麦有许多种交换价值，而不是只有一种。既然 x 量鞋油、y 量绸缎、z 量金等等都是 1 夸特小麦的交换价值，那么，x 量鞋油、y 量绸缎、z 量金等等就必定是能够互相代替的或同样大的交换价值。由此可见，第一，同一种商品的各种有效的交换价值表示一个等同的东西。第二，交换价值只能是可以与它相区别的某种内容的表现方式，'表现形式'。"② 而马克思在德文第 2 版中写的是，交换价值必然"具有可以与它的这些不同的表现形式区别开来的内容"③。

在马克思论述价值理论基础的第 1 篇中，所作的修改涉及的是价值与使用价值、价值与交换价值的关系的更精确论述。显然，他对资产阶级反对他的价值论述的那些论证的研究，促使他作出了这种修改。这一研究使他认识到，哪里还需要使表达方式更加精确，以免被歪曲和误解，首先应该使客观的价值理论同资产阶级和小资产阶级经济学家的主观的价值论述划清界限。

第 2 篇《货币转化为资本》中的修改是马克思写在德文第 2 版的自

---

① 《马克思恩格斯全集》第 1 版第 34 卷第 61 页。
② 《马克思恩格斯全集》第 1 版第 23 卷第 49 页。
③ 《马克思恩格斯全集》第 1 版第 23 卷第 49—50 页。

用本上的,为的是以后采纳在法文版中得到更简洁的表述的一段话。德文第 2 版的自用本①和加在其中的两张纸条②表明,马克思想更生动地说明在简单的商品流通中价值的形式转化。马克思断定,在商品流通中,价值在商品所有者手里保持不变,"起初表现为他的商品的形式,然后是该商品转化成的货币的形式,最后是由这一货币再转化成的商品的形式"③。通过对物化的社会劳动的形式转化的这一叙述,更进一步强调了研究对象不是交换价值,而是价值在商品—货币—商品的形态变化中的运动。流通中的这种位置变换并不会使价值量发生任何变化。

篇幅很大的第 3 篇《绝对剩余价值的生产》所揭示的是剩余价值生产的实质。马克思显然觉得,这一篇的叙述内容和叙述形式非常成熟,因为他只打算作极少的改动。④ 德文第 2 版有一页上指出的三处修改,涉及的是对劳动过程和价值增殖过程中一个劳动小时的实体规定。⑤ 在剩余价值生产中,劳动小时意味着,生命力在某一时间内的耗费⑥成为作为劳动支出进入价值形成过程中的耗费的社会劳动的标准。此外,马克思在这里补充说,原料和产品在价值形成过程中必然与从本来意义的劳动过程的角度考察时是不同的,因为原料吸收了一定量的劳

---

① 马克思在《资本论》德文第 2 版的自用本上,在不同的时期写下了许多修改方案,供以后的版本修改时参考。据《马克思恩格斯全集》原文版编者考证,修改方案主要是马克思在 1873 年前后,和在 1877 年前后写下的。此处所指第 2 篇的修改方案,参看同上,《马克思恩格斯全集》原文版第 2 部分第 8 卷第 862—863 页。

② 参看《马克思恩格斯全集》原文版第 2 部分第 8 卷第 173—174 页的插图,这两张纸条上写的是有关第 4 章《货币转化为资本》的某些修改方案。

③ 参看《马克思恩格斯全集》第 1 版第 23 卷第 180 页。

④ 参看《马克思恩格斯全集》原文版第 2 部分第 8 卷第 7—8 页。

⑤ 参看《马克思恩格斯全集》第 1 版第 23 卷第 214—215 页。

⑥ 参看《马克思恩格斯全集》第 1 版第 23 卷第 214 页。

动,变成了棉纱,这是"因为劳动力以纺纱形式耗费并加在原料中了"①。通过这一修改,明确地说明了:原料的质的变化是在劳动过程中实现的,一个产品是由具体劳动创造的。从价值增殖的角度来看,进入产品的劳动是抽象劳动。与此相联系,马克思对具体劳动的说明更精确化了,他把"实际劳动"改为"有用劳动",②把"劳动力被消耗"改为"劳动力被有用地消耗"。③

第4篇《相对剩余价值的生产》中最重要的修改是第13章《机器和大工业》。马克思在这一章中详细地分析了生产力的发展趋势。他在德文第2版中强调指出了资产阶级社会中工厂制度的巨大潜力,但也指出,在共产主义社会中运用机器能够有完全不同的作用范围。④ 马克思广泛地研究了各个国家的工厂立法,并打算在准备第3版时考虑写入其最新的变化。恩格斯受马克思的委托,曾请求爱·伯恩斯坦把瑞士和德国最新的工厂法提供给他,⑤ 也证实了这一点。显然,马克思是要分析俾斯麦的社会立法的原因和作用,以便广泛地支持德国社会民主党为争取工人阶级的权利而进行的斗争。

在法文版中,马克思主要在《工人和机器之间的斗争》和《补偿理论》这些部分中作了修改。按照他的提示,⑥ 这些修改也应该采纳到德文第3版中。例如,马克思举了一个历史事例来说明英国棉纺织工业的技术发展和1861年至1865年美国南北战争之间的联系。补充的统计

---

① 参看《马克思恩格斯全集》第1版第23卷第215页。
② 参看《马克思恩格斯全集》原文版第2部分第8卷第808页。
③ 参看《马克思恩格斯全集》原文版第2部分第8卷第808页。
④ 参看《马克思恩格斯全集》第1版第23卷第431页。
⑤ 参看《马克思恩格斯全集》第1版第35卷第388—392页。
⑥ 参看《马克思恩格斯全集》原文版第2部分第8卷第8—9页。

资料①证明，随着从美国进口的棉花的减少，这一工业部门的就业工人人数也减少了。同时，加工棉花的机器继续发展。这样，在南北战争结束后，就可以看到一个积聚过程，它保证了英国在世界市场上的竞争能力。马克思证实了工人阶级的贫困随着机器的进步越来越严重。

在德文第3版中，马克思扩大了与许多资产阶级经济学家，例如詹·穆勒、约·雷·麦克库洛赫等人代表的补偿理论进行论争的论据。这些人断言："所有排挤工人的机器，总是同时地而且必然地游离出相应的资本，去如数雇用这些被排挤的工人。"② 马克思强调指出："机器本身对于把工人从生活资料中游离出来是没有责任的。"③ 对资本家来说，"机器除了资本主义的利用以外不可能有别的利用"④。如果说在一些部门中采用机器导致工人减少，那么，这在其他部门就可以使就业工人增加。"不过，这种作用同所谓的补偿理论毫无共同之处。"⑤ 当生产通过使用机器而得到扩大时，资本就不再以原来的数额与劳动力交换了，也就是说，可变资本转变成了不变资本。马克思证明，在所有的情况下，在机器生产中就业的工人总是少于应用机器所排挤的工人，因为被解雇的工人的工资额在机器的形式下表现为：机器生产所必需的生产资料的价值、机械工人的工资和剩余价值。马克思指出，被资产阶级经济学家说成是对工人的补偿的可以重新就业的情况是对工人的"极端可怕的鞭笞"。⑥ 在这里，他已经指出了资本主义积累的一般的、绝对的

---

① 参看《马克思恩格斯全集》第1版第23卷第475页。
② 参看《马克思恩格斯全集》第1版第23卷第479页。
③ 参看《马克思恩格斯全集》第1版第23卷第483页。
④ 参看《马克思恩格斯全集》第1版第23卷第484页。
⑤ 参看《马克思恩格斯全集》第1版第23卷第484页。
⑥ 参看《马克思恩格斯全集》第1版第23卷第482页。

规律,这一规律在第 7 篇中得到了论述。同时,马克思在德文第 3 版中明确反对资产阶级经济学家的如下论断,即硬说什么揭示资本主义条件下的机器的应用是反对社会进步。①

在第 5 篇《绝对剩余价值和相对剩余价值的生产》中,主要是第 14 章《绝对剩余价值和相对剩余价值》中的一些论述增补了一些选自法文版的片断,从而使这些论述更加充实和精确了。属于这一方面的,还有一个关于总体工人概念的补充片段。在德文第 2 版中,马克思从脑力劳动和手工劳动在劳动过程中的原始结合出发,就它们的起源进行了表述:后来它们分离开来,"直到处于敌对的对立状态。产品从个体生产者的直接产品转化为结合劳动人员的共同产品"。② 在第 3 版中,马克思补充说,产品转化为"社会产品,转化为总体工人的共同产品"。③

总体工人的概念虽然不是新的,它同前几版一样,也是从分工的角度来看的,但是在第 3 版中,这一概念也被用到了生产的成果、资本主义的产品和生产劳动的规定上。"为了从事生产劳动,现在不一定要亲自动手;只要成为总体工人的一个器官……就够了。"④ 通过这一论述,总体工人的概念在理论上扩大了。生产力的发展和机器的出现扩大了生产劳动的特点,单个工人被社会工人排挤,因此,总体工人是不断发展的社会分工的结果。马克思在前几版中就已经指出:"生产劳动的概念"缩小了,工人单是进行生产已经不够了,他生产剩余价值。⑤ 现在通过上述的补充,马克思终于得出了总体工人这一概念的社会内容。

---

① 参看《马克思恩格斯全集》第 1 版第 23 卷第 484 页。
② 参看《马克思恩格斯全集》原文版第 2 部分第 8 卷第 880 页。
③ 参看《马克思恩格斯全集》第 1 版第 23 卷第 556 页。
④ 《马克思恩格斯全集》第 1 版第 23 卷第 556 页。
⑤ 参看《马克思恩格斯全集》第 1 版第 23 卷第 556 页。

接着，马克思比过去更简明地描述了绝对剩余价值与相对剩余价值的相互关系。绝对剩余价值的生产构成"资本主义体系的一般基础"①，而"相对剩余价值的生产使劳动的技术过程和社会组织发生了革命"②。在德文第 2 版中，马克思把"商品生产的一般条件"作为分析剩余价值的前提。③ 相反，他在德文第 3 版中则强调指出，生产工人的概念包含"一种特殊社会的、历史地产生的生产关系"。④ 这样，马克思就明确地指出了作为剩余价值生产的前提的劳动的社会性。

在德文第 3 版中，在阐述剩余价值两种形式的结尾处，补加了一个理论史的插论，这就是从法文版中移来的穆勒关于剩余价值起源的说明。⑤ 1868 年，穆勒的著作《政治经济学原理及其对社会哲学的某些应用》出了再版，它不仅仅在英国得到了广泛传播。在德国，穆勒的观点主要被讲坛社会主义者所接受。⑥ 因此可以说，这本书的再版是在法文版中与穆勒进行论争的诱因之一。恩格斯特别强调了《资本论》法文版中"关于穆勒的评语"⑦ 的意义。马克思也多次指出这一段话的重要性，⑧ 他在 1878 年 11 月 28 日致丹尼尔逊的一封信中，建议把这些论述采纳到以后的俄文版中。⑨

---

① 参看《马克思恩格斯全集》第 1 版第 23 卷第 557 页。
② 参看《马克思恩格斯全集》第 1 版第 23 卷第 557 页。
③ 参看《马克思恩格斯全集》原文版第 2 部分第 8 卷第 880 页。
④ 参看《马克思恩格斯全集》第 1 版第 23 卷 556 页。
⑤ 参看《马克思恩格斯全集》第 1 版第 23 卷第 563—566 页。
⑥ 参看《马克思恩格斯全集》第 1 版第 23 卷第 18 页。
⑦ 参看《马克思恩格斯全集》第 1 版第 33 卷第 105 页。
⑧ 参看《马克思恩格斯全集》第 1 版第 34 卷第 117 页。
⑨ 参看《马克思恩格斯全集》原文版第 2 部分第 8 卷第 881 页。

马克思首先指出了李嘉图学派的成就。这一学派"公开宣称"① 劳动生产力对剩余价值的形成具有重要意义。但是，马克思不得不有所保留地指出，这一学派没有论证剩余价值的起源。对马克思来说，这后来关系到论证资产阶级政治经济学的衰亡过程。在大·李嘉图以后的半个世纪，穆勒出现了，他是这样来得出"利润"这一概念的：食物、衣服、原料和劳动资料等存在的时间比生产它们所需要的时间长，② 利润来源于超过工资总额的部分。穆勒忽视了这样的经济关系，即工人向资本家预付了自己的劳动，而利润必然是按照预付资本总额来计算的。因此，穆勒倒退到了"那些最先把李嘉图学说庸俗化的人"③ 的观点。

在第 15 章《劳动力价格和剩余价值的量的变化》中，马克思研究了剩余价值率和利润率的联系。他在德文第 2 版中还指示参阅第 3 册，他将在那里说明，"同一个剩余价值率可以表现为极不相同的利润率，而不同的剩余价值率在一定情况下也可以表现为同一利润率"④。而在德文第 3 版中，他则用一个事例说明了利润率和剩余价值率之间的区别。⑤ 由于利润率取决于剩余价值同总资本的比率，而剩余价值率只取决于剩余价值同可变资本的比率，因此很显然，"利润率还取决于对剩余价值率不发生任何影响的一些情况"⑥。这一说明把马克思的分析同他的前人们特别是李嘉图的理论区别开了。李嘉图从不"研究剩余价值

---

① 参看《马克思恩格斯全集》第 1 版第 23 卷第 564 页。
② 参看《马克思恩格斯全集》第 1 版第 23 卷第 564 页。
③ 参看《马克思恩格斯全集》第 1 版第 23 卷第 564 页。
④ 参看《马克思恩格斯全集》第 1 版第 23 卷第 572 页。
⑤ 参看《马克思恩格斯全集》第 1 版第 23 卷第 572 页。
⑥ 参看《马克思恩格斯全集》第 1 版第 23 卷第 572 页。

本身"。马克思在德文第3版中补充说,李嘉图"不认识工作日长度的变化,也不认识劳动强度的变化,因此在他看来,劳动生产率自然就成了唯一可变的因素"①。马克思的历史功绩在于,他是阐述剩余价值和剩余价值率的第一人。

在第6篇《工资》中,第20章《工资的国民差异》按照马克思的提示,根据法文版进行了扩展和补充。② 马克思首先详细地研究了价值规律在世界市场上的变化,他从社会必要劳动时间决定价值尺度出发,指出各个国家的平均劳动强度不同。在相同的时间里,在劳动强度较高的国家中生产出的表现为货币的价值高于劳动强度较低的国家。马克思认为,各国的平均数"形成一个阶梯,它的计量单位是世界劳动的平均单位"。③ 资本主义生产发展水平的差别使不同国家中在相同劳动时间里生产出的商品数量不同。这一发展的结果是出现了"不同的国际价值",④ 它们在世界市场上表现为不同的价格。这些联系也相应地影响了国民工资:"所以,货币的相对价值在资本主义生产方式较发达的国家里,比在资本主义生产方式不太发达的国家里要小。由此可以得出结论:名义工资,即表现为货币的劳动力的等价物,在前一种国家会比在后一种国家高。"⑤ 这样,马克思就直接以价值规定为起点,精确地说明了价值规律在世界市场上如何发生变化。他在德文第3版的一个脚注

---

① 参看《马克思恩格斯全集》第1版第23卷第572页。
② 参看《马克思恩格斯全集》原文版第2部分第8卷第11页。
③ 参看《马克思恩格斯全集》第1版第23卷第614页。
④ 参看《马克思恩格斯全集》第1版第23卷第614页。
⑤ 参看《马克思恩格斯全集》第1版第23卷第614页。

中①有所保留地强调指出,对不同的生产部门的生产率产生影响的各种情况将在其他地方即第 3 册②中进一步研究。

与德文第 2 版相比,第 7 篇《资本的积累过程》在德文第 3 版中有很大变化。德文第 2 版修改的《编辑说明》告诉我们,马克思为了出版法文版,对这一篇作了很大修改,重要的修改在以后的德文版中应该考虑吸收。正如恩格斯所强调的,德文第 1 版中对积累的叙述"间或有不足之处,因为个别重要论点只是提了一下"③。马克思也多次指出法文版第 7 篇中的修改的重要性。④

积累理论同价值理论和剩余价值理论一样,是马克思政治经济学的组成部分,它在资本的生产和作为《资本论》第 2 卷研究对象的社会总资本的再生产之间建立了联系。论述积累的起点是商品的流通。"必须出售这些商品,把它们的价值实现在货币上,把这些货币又重新转化为资本,这样周而复始地不断进行。这种不断地通过同一些连续阶段的循环,就形成资本流通。"⑤ 在第 3 版中作了这样的补充:在《资本论》第 1 卷中分析积累过程的一个重要前提是"资本是按正常的方式完成自己的流通过程的"⑥。马克思相应地考察了"积累过程的简单的基本形式",抛开了"掩盖它的机构的内部作用的一切现象"。⑦

---

① 参看《马克思恩格斯全集》第 1 版第 23 卷第 614 页。
② 参看《马克思恩格斯全集》原文第 2 部分第 4 卷第 2 分册。
③ 《马克思恩格斯全集》第 1 版第 23 卷第 31 页。
④ 参看《马克思恩格斯全集》第 1 版第 34 卷第 117、168—169 页。
⑤ 参看《马克思恩格斯全集》第 1 版第 23 卷第 619 页。
⑥ 参看《马克思恩格斯全集》第 1 版第 23 卷第 619 页。
⑦ 参看《马克思恩格斯全集》第 1 版第 23 卷第 620 页。

第 21 章论述简单再生产。在这一章中采用了法文版的一些段落，这些段落使正文有所变动，① 但也使正文精确化了。马克思以资本主义生产过程中劳动产品和劳动本身的分离为出发点。② 简单再生产的结果是不断重新生产出这种分离，也就是说，资本主义的生产关系不断更新，"一方面是资本家，另一方面是雇佣工人"③。因此，工人的状况在再生产过程中并没有改变，因为"工人不断地像进入生产过程时那样又走出这个过程——是财富的人身源泉，但被剥夺了为自己实现这种财富的一切手段"④。这样，马克思就强调指出，工人自己并不能从他的劳动成果中获利。因此，马克思在德文第 3 版中着重指出，"工人消费"有"两种"，⑤ 即"完全（第 2 版为"根本"）不同的"⑥ 个人消费和生产消费。马克思强调了物质财富转化的范围，并把这一范围扩大到与价值增殖手段并存的资本家的消费品。⑦

在第 22 章《剩余价值转化为资本》中，整个第 1 节《规模扩大的资本主义生产过程》几乎都是新的论述。⑧ 在本章开始处提出积累这一概念以后，马克思首先从单个资本家的角度研究了剩余价值再转化为资本，同时又条理清楚地加以论述。扩大再生产的实质得到了更精确的阐述。

---

① 参看《马克思恩格斯全集》原文版第 2 部分第 8 卷第 889 页。
② 参看《马克思恩格斯全集》第 1 版第 23 卷第 626 页。
③ 参看《马克思恩格斯全集》第 1 版第 23 卷第 634 页。
④ 参看《马克思恩格斯全集》第 1 版第 23 卷第 626 页。
⑤ 参看《马克思恩格斯全集》原文版第 2 部分第 8 卷第 889 页。
⑥ 参看《马克思恩格斯全集》原文版第 2 部分第 8 卷第 889 页。
⑦ 参看《马克思恩格斯全集》第 1 版第 23 卷第 626 页。
⑧ 参看《马克思恩格斯全集》原文版第 2 部分第 8 卷第 891—893 页。

随着法文版中较长的一个片断被吸收进第3版,对西斯蒙第的积累分析的批判也吸收进来了。西斯蒙第的著作在法国得到广泛的传播。马克思赞赏他的认识,即扩大再生产是资本主义特有的,由于扩大再生产,简单再生产发生了变化并变成"螺旋形了"① 然而马克思认为,西斯蒙第的错误在于他没有研究"收入转变为资本"② 的物质条件。纳·威·西尼耳的禁欲论的错误观点也是以此为基础的。禁欲论的出发点是,资本家只有通过个人节俭和禁欲才得以扩大他的生产,因此他也有权享受生产成果。马克思写道,这种假定好像真的是符合资本家的原始资本的情况似的,但是不符合追加资本的情况。"它的生产过程我们是一清二楚的。这是资本化了的剩余价值。"③ 在德文第3版中得到修改的一些片断中,马克思明确地强调指出,"资本主义生产方式的内在规律"迫使资本家,只能靠累进的积累来扩大资本。④

马克思专门用一小节论述了资产阶级政治经济学(亚·斯密、大·李嘉图、托·罗·马尔萨斯、约·斯·穆勒)关于"规模扩大的再生产的错误见解"。⑤ 在德文第2版的自用本⑥和对《资本论》第1卷进行修改的《编辑说明》⑦ 中,马克思重新写了一段开场的话,这些话在德文第3版中被用来说明资产阶级经济学家的愿望。在资产阶级经济学看

---

① 参看《马克思恩格斯全集》第1版第23卷第637页。
② 《马克思恩格斯全集》第1版第23卷第637页。
③ 参看《马克思恩格斯全集》第1版第23卷第638页。
④ 参看《马克思恩格斯全集》第1版第23卷第649—650页。
⑤ 参看《马克思恩格斯全集》第1版第23卷第645页。
⑥ 参看《马克思恩格斯全集》原文版第2部分第8卷第893—894页。
⑦ 参看《马克思恩格斯全集》原文版第2部分第8卷第13页。

来，具有决定性重要意义的是，"宣布积累资本是每个公民的首要义务，并谆谆告诫人们，如果把全部收入吃光用尽，而不把其中相当的一部分用来雇用追加的生产工人，让他们带来的东西超过他们耗费的东西，那就不能积累"①。资产阶级的再生产理论主要以斯密的教条为基础，按照这一教条，"商品的价格由工资、利润（利息）和地租构成"②。在同资产阶级的再生产理论进行论争中，马克思指出，斯密的观点是把积累"仅仅看成剩余产品由生产工人消费"③。这一观点被以后的一切经济学家所重复。④马克思在前几版中就已经指出了这一情况，并且指示参阅第2册的第3章。他在第3版中则用简短的几句话说明了斯密为什么在困难开始的地方中止了他的研究。主要问题在于弄清所有单个资本和年生产的各个组成部分的运动联系，即理解"社会财富的流通"，⑤这个任务马克思后来在第2册中完成了。

马克思在法文版中把这一节加以扩展。他在此强调指出了重农主义者的伟大功绩。他们"在他们自己的《经济表》中，首次试图对通过流通表现出来的年生产的形式画出一幅图画"⑥。马克思第一次评价了他们的科学成就。1877年3月7日，马克思在致恩格斯的一封信中把法文版中的这一片断转交给恩格斯，来充实他的《反杜林论》的理论

---

① 《马克思恩格斯全集》第1版第23卷第645页。
② 《马克思恩格斯全集》第1版第23卷第648页。
③ 《马克思恩格斯全集》第1版第23卷第646页。
④ 《马克思恩格斯全集》第1版第23卷第647页。
⑤ 《马克思恩格斯全集》第1版第23卷第648页。
⑥ 《马克思恩格斯全集》第1版第23卷第648页。

论述。①

在第 22 章的后面一节即第 4 节中,马克思分析了几种同剩余价值分为资本和收入无关、但决定积累量的因素。在这一方面,马克思解释了工资对积累率的影响。如果降低工资,那么工人的必要消费基金就转化为资本的积累基金。②马克思加了一个补注,从而说明了当时英国资本的目标不再是大陆的工资,而是"中国的工资"了,即被压迫国家中工人的工资,也就是说降低本土的工资水平。③由于"世界市场的竞争"越来越激烈,因此出现了显著的工资差异,这一工资差异是由于不同的劳动生产率而产生的。因此,马克思在德文第 3 版中指出了把工资差异用作提高剩余价值生产的一个重要手段的趋势。

第 23 章《资本主义积累的一般规律》的重点,是对资本主义中工人状况的详细分析。被重新采纳到第 3 版中的这一章的导论性的话确定了研究的对象,即研究资本的增长如何"对工人阶级的命运"④产生影响。最重要的因素是资本构成及其在积累过程中的变化。第 2 版中只提到了价值构成和技术构成的区分,⑤在德文第 3 版中,马克思在法文版的基础上把"资本有机构成"的经济实情看作数和量方面的辩证统一。他把有机构成确定为:由资本技术构成决定并且反映技术构成变化的价值构成。⑥同时马克思指出,在进一步考察积累过程时,有机构成应该

---

① 参看《马克思恩格斯全集》原文版第 1 部分第 27 卷第 1003 页。
② 参看《马克思恩格斯全集》第 1 版第 23 卷第 658 页。
③ 参看《马克思恩格斯全集》第 1 版第 23 卷第 659 页。
④ 参看《马克思恩格斯全集》第 1 版第 23 卷第 672 页。
⑤ 参看《马克思恩格斯全集》第 1 版第 23 卷第 682—683 页。
⑥ 参看《马克思恩格斯全集》第 1 版第 23 卷第 672 页。

被看作是一个国家的社会资本的构成，资本主义生产的发展水平表现在资本有机构成中。通过修改，这些重要的经济学范畴得到了进一步的发展。

马克思在第23章第1节中叙述了在资本构成不变的情况下对劳动力的需求能够随积累的增长而增长，从而能使工资提高。从德文第2版到第3版的叙述变化表明，对马克思来说，重要的是更明确地表述这样的思想："因为雇用的工人一年比一年多，所以迟早必定会出现这样的时候：积累的需要开始超过通常的劳动供给，于是工资提高。"① 通过对这一片断的修改，在同等条件下，也就是说，在不妨碍积累的进展的情况下，就有可能提高工资。但是，一旦积累减少，资本主义生产过程的机制就引起下列变化："劳动价格重新降到适合资本增殖需要的水平，而不管这个水平现在是低于、高于还是等于工资提高前的正常水平。"② 这样，马克思就指出了积累的进展与可变资本的相对减少有联系。马克思根据法文版，在德文第3版中采纳了进一步的结论。③ 由于斐·拉萨尔的"铁的工资规律"的影响，资本、积累和工资率相互依赖性的问题在工人运动中起了一定的作用。马克思没有直接谈拉萨尔，但他解释说，这种关系无非表现为未支付报酬的、转变为资本的劳动同为推动追加资本所必需的追加劳动之间的关系。工资率受资本主义制度的限制，因为扩大再生产必须得到保障。可见，扩大再生产是由资本积累决定的现象。

---

① 《马克思恩格斯全集》第1版第23卷第673页。
② 《马克思恩格斯全集》第1版第23卷第680页。
③ 参看《马克思恩格斯全集》原文版第2部分第8卷第904页。

根据《编辑说明》，第23章第2节应该完全按照法文版翻译。① 不过，恩格斯对此补充说，这"只是对开头和插入的段落"② 而言，"开头"必须加以修改，因为资本有机构成的定义③在德文第3版中成为总资本的起点。

马克思在这一部分中指出，随着积累的不断增长，不变资本同可变资本之间的比率发生了有利于不变资本的变化。他解释说，尽管可变资本相对减少，但它的绝对量却能够并且必定会增加。资本主义中积累不断增长的结果是可变资本的绝对增长，从而是工人阶级数量的增长。马克思强调指出了资本有机构成由于技术进步和劳动生产率的提高而增长的规律性。

在德文第1版和第2版中，马克思在内容上确定了资本积聚与集中的过程，但他仍用积聚的概念来说明这两个过程，既用这一概念来说明单个资本的增长，④ 又用来说明"分散的单个资本的吸引"⑤。为了在概念上更清楚地区分这两个过程，马克思在法文版中采用了"集中"这一术语，这是政治经济学的范畴体系的一次重要的扩展。这一点在德文第3版中通过采用这两个概念也反映出来了。

在第23章最后一部分中，法文版的一些片段被补充到论述爱尔兰的一节中。这主要是选自《济贫法视察员关于爱尔兰农业工人工资的报

---

① 参看《马克思恩格斯全集》原文版第2部分第8卷第15页。
② 《马克思恩格斯全集》原文版第2部分第8卷第31页。
③ 参看《马克思恩格斯全集》原文版第2部分第8卷第904页。
④ 参看《马克思恩格斯全集》第1版第23卷第685—686页。
⑤ 参看《马克思恩格斯全集》原文版第2部分第8卷第905页。

告》(1870年都柏林版)①中的材料。马克思早在1870年4月就对此进行了研究,1870年4月14日,马克思写信给恩格斯说:"《济贫法视察员报告》很有意思。……但是,总的说来,证实了我在论爱尔兰的一节里所说的,工资的增加远远赶不上生活资料价格的上涨,秋收季节等等除外,尽管移民国外,但农业工人的相对过剩是确确实实存在的。"②此外,他请恩格斯提供更详细的有关爱尔兰的情况,因为他要不断研究爱尔兰问题。恩格斯在1870年4月15日作了答复。但是由于时间关系,马克思未能把这些说明采用到德文第2版中,结果这些说明在法文版中才第一次发表。

马克思在他对爱尔兰济贫法视察员报告的评论中指出,与1846年以前相比,农业工人和小农场主的状况大大恶化了。他把这同农业革命,主要是"耕地变成牧场,采用机器,最严格的节约劳动"③联系起来。其结果之一是出现了作为资本主义再生产的重要前提的相对过剩人口。马克思在对爱尔兰和英格兰进行比较时指出,劳动力的游离进程尽管形式不同,但在两地都在发生。这也同时表明,经济规律,例如资本主义积累的一般规律,是按照国民的特殊性而得到贯彻的。

第24章《所谓原始积累》是从简要地总结资本主义生产关系的基础及其历史发展开始的。在德文第3版中,马克思充实了他"对工人和工业资本家的形成的叙述"④。他强调指出:"资本主义社会的经济结构

---

① 参看《马克思恩格斯全集》第1版第23卷第773—777页。
② 参看《马克思恩格斯全集》第1版第32卷第462页。
③ 参看《马克思恩格斯全集》第1版第23卷第775页。
④ 参看《马克思恩格斯全集》原文版第2部分第8卷第928页。

是从封建社会的经济结构中产生的。后者的解体使前者的要素得到解放。"① 这样就得出一个起点,为的是能够在这一章中论述封建社会形态向资本主义社会形态的发展,分析对此产生影响的各个因素。这一部分中的修改旨在完善对"产生雇佣工人和资本家"② 的发展过程的叙述。

原始积累的历史开始于对农村居民土地的剥夺。为了更好地说明这一过程,德文第3版中扩充并补充了一些事例,例如,苏格兰高地的例子生动地表明,究竟是通过何种手段和方法把土地耕作者从土地上驱逐出去的。

在德文第3版中,马克思扩展了那些关于国内市场发展的段落。他指出,使小农转变为雇佣工人以及他们的生活资料和劳动资料转变为资本的物质要素,同时也创造了国内市场。只有通过消灭农村家庭手工业,一个国家的国内市场才能达到使它成为资本主义生产方式的坚固基础的规模。③

根据马克思的指示,在分析工业资本家时,首先把法文版中关于税收在原始积累中的作用的详细描述吸收到了德文第3版中。④ 马克思开始认识到,由于国债制度,工业资本家的产生是与资本财富的形成紧密相联的。他论证道:"公债成了原始积累的最强有力的手段之一。"⑤ 在这方面,马克思把借贷表现为资产阶级国家的特性。在这里,马克思虽

---

① 参看《马克思恩格斯全集》第1版第23卷第783页。
② 参看《马克思恩格斯全集》第1版第23卷第783页。
③ 参看《马克思恩格斯全集》第1版第23卷第816页。
④ 参看《马克思恩格斯全集》原文版第2部分第8卷第938页。
⑤ 《马克思恩格斯全集》第1版第23卷第823页。

然没有研究资本的变化了的形式,如商业资本和银行资本,或信用的作用,但这里第一次叙述了它们的起源。显然,马克思也利用了他的《1863—1865年手稿》中应属于第3册的论述。在这一手稿中,马克思在论述商人资本的历史和生息资本在资本主义之前的历史的章节中,详细地研究了资本的这些形式的起源以及它们的本质。① 马克思虽然没有先写第3册,但他利用解释公债的机会,指出了它们同股份公司、银行业、国际信用制度和保护关税制度的联系。尤其要指出的是,一个国家的现代化的税收制度,是国债制度的一个重要补充。公债要求提高税收,并导致最必需的生活资料的物价上涨,这并不是"一件偶然的事情,倒不如说是一个原则"②。提高税收不仅对雇佣工人的状况有破坏性的影响,而且还有助于"对农民、手工业者,一句话,对一切下层中产阶级分子的暴力剥夺"③。

马克思充实了他对资本主义积累的历史趋势的阐述。他的出发点首先是,资本主义生产的规律促进劳动过程的协作形式得到发展,在工艺上自觉地应用科学,有计划地共同利用土地,把劳动资料转化为只能共同使用的劳动资料,有效地使用生产资料。马克思在德文第3版中补充说,因此,"各国人民日益被卷入世界市场网,从而资本主义制度日益具有国际的性质"④。马克思解释说,资本主义国际化是资本扩张的一个结果。

在第25章中,马克思研究了"现代殖民理论"的若干问题:在德

---

① 参看《马克思恩格斯全集》原文版第2部分第4卷第2分册。
② 参看《马克思恩格斯全集》第1版第23卷第825页。
③ 参看《马克思恩格斯全集》第1版第23卷第825页。
④ 参看《马克思恩格斯全集》第1版第23卷第831页。

文第 2 版中，马克思论述了从欧洲到美国的移民浪潮，从而指出，资本主义在美国东部地区继续发展，"虽然工资的下降和雇佣工人的从属关系还远远没有降到欧洲的标准水平"。① 德文第 3 版吸收了法文版中的认识，即资本主义生产在美国"这个大共和国""飞速地"发展。此外，马克思指出，南北战争后，美国的发展与资本的不断集中有联系，这一发展将导致在美国的移民具有与他们本国的同胞相同的生产关系。

如上所述，《资本论》第 1 卷德文第 3 版内容的变化表现为：所有各篇中的一些论述和概念更加精确和丰富了，某些理论论述得到了进一步发展，这主要表现在论述资本积累过程的一篇中。同时，某些资产阶级和小资产阶级经济学家的观点得到了更深入的研究，收入了新的经验材料，从而使德文第 3 版在科学地阐述资本主义生产过程方面达到了更高的水平，为在工人运动中贯彻和掌握马克思主义，特别是马克思的经济学理论，作出了重大的贡献。

(原载《马克思恩格斯全集》原文版
第 2 部分第 8 卷第 17—35 页)

(裘挹红 译　张钟朴 校)

---

① 参看《马克思恩格斯全集》第 1 版第 23 卷第 843 页。

《资本论》第 1 卷德文第 4 版的出版史

——《马克思恩格斯全集》原文版第 2 部分第 10 卷前言*

本卷收入马克思的著作《资本论。政治经济学批判》第 4 版,它经恩格斯审阅和编辑于 1890 年由汉堡奥托·迈斯纳出版社出版。至此,收在《马克思恩格斯全集》原文版第 2 部分中的《资本论》第 1 卷、所有草稿以及所有经作者审阅的第 1 卷其他各版和各种译本的那部分就结束了。1889 年 10—11 月恩格斯完成了正文部分,1890 年 11 月初,《资本论》第 1 卷的第六个经作者审阅的文本的出版,标志着马克思和恩格斯最终完成了这部著作的理论工作和出版工作。

19 世纪 90 年代,自由竞争的资本主义正在向垄断资本主义过渡。德国已成为一个经济强国,在世界工业生产中仅次于美国和英国而居第三位。在大银行的决定性影响下,垄断尤其在原料工业、生产资料工业和军火工业中得到了顺利发展,资产阶级的经济实力也随之增长。伴随着生产力迅速发展的是自然科学的繁荣以及生产、科学和技术之间日益紧密的结合。大资产阶级和容克地主阶级尽管存在着权力的政治上的分歧,但他们作为革命的工人运动和社会主义的敌人,结成了阶级联盟。尽管如此,德国工人运动包括社会民主党在内在 1890 年已成为全国所有其他社会力量必须重视的政治力量的因素。在《资本论》第 1 卷第 4 版出版前两个月,反社会党人法废除了,这样阶级斗争的新条件产生

---

* 本文选自《马克思恩格斯研究》1992 年总第 11 期。

了。经过12年的地下活动，德国社会主义工人党壮大了，已发展成为一个群众性的政党，而且马克思主义在党内赢得了越来越大的影响。该党在欧洲工人运动中也起着重要的作用。

《马克思恩格斯全集》原文版发表的《资本论》全部材料，可以从思想史上再现一个重要的科学认识过程的多样性和复杂性。这一重要科学认识过程的一部分由《资本论》第1卷的发展史组成，而这一发展史是在四个德文版本、法译本和英译本中完成的。①

1867年出版的《资本论》第1卷，是马克思在第1册出版之前写作这部著作的所有以草稿形式存在的四册书所取得的成果。全部四册书构成内在的统一，相辅相成，而第1册则是整部著作的一般基础和理论基础。整部书与第1卷的以前各草稿相比已大大成熟。

马克思之所以能揭示资本主义社会形态的经济运动规律，只因为他是以唯物历史观作为基础并贯彻始终地运用了辩证的方法。他的研究成果不仅表现在《资本论》中，而且超出了它的范围。对分析人类社会来说，唯物历史观证明是普遍有效的，唯物辩证法证明是普遍适用的。

《资本论》第1卷包含着马克思对资本主义的分析的理论基础，包含着对资本主义生产过程的研究。这一卷是和第2、3卷紧密相联的，这不仅是出于内在的逻辑性和理论的整体性的原因。马克思的叙述方法受到不同抽象层次的辩证法的影响。出于这个原因理解第1卷是理解第2、3卷的绝对必要的前提。三卷之间的区别是显而易见的，但在本质上它们研究的对象是同一的。特殊之处在于不同的一般化程度和各自的抽象层次。《资本论》各卷的内在统一在于要反映的对象的整体性并表

---

① 德文第1版，1867年汉堡版；德文第2版，1872年汉堡版；法文版，1872—1875年巴黎版；德文第3版，1883年汉堡版；英文版，1887年伦敦版；德文第4版，1890年汉堡版。

现在辩证的叙述形式中。

随着《资本论》第1卷第1版的出版,研究过程基本上结束了,但叙述过程还没有结束。马克思不断地进行工作,使正文精确化,其根本原因是他在不断地检验对资本主义社会发展的认识,影响某些正文改动的是重要政治事件,例如1869年德国社会民主工党的成立和1871年的巴黎公社。① 随着工人运动的发展,同时要求科学地论证社会主义的认识,这是马克思为什么加强和各式各样的社会主义构想进行论战的原因之一。马克思继续进行研究,利用科学的文献和统计资料,这反映在他对个别段落、篇、章的修订以及他的这部著作的章节划分的改进中。经过这些修改马克思达到一个目的,就是使他的理论更能为读者尤其是工人所理解。马克思为无产阶级的利益而实现的政治经济学的革命变革,必须更清楚地为人们所认识和运用。虽然他一方面写道,科学中的革命从来就不可能真正通俗易懂,② 但另一方面又强调,《资本论》需要在工人运动中迅速得到理解,因为"内部联系一旦被了解"③,一切理论信仰在实际崩溃以前就会破灭。"统治阶级的绝对利益就是把这种缺乏思想的混乱永远保持下去"④,而马克思关心的是把他的理论和无产阶级运动迅速地结合起来。

对正文的发展来说,马克思从他的著作的影响史中得到的建议也同样重要。他的那些专心研究《资本论》并从中得出了工人运动斗争的结论的朋友们和战友们的提示,使马克思受到了多方面的启发。尤其是恩格斯和库格曼对此起了特殊的作用。第2版出版之后,路·库格曼和

---

① 参看《马克思恩格斯研究》,1992年第5辑第111页。
② 参看《马克思恩格斯全集》第1版第30卷第637页。
③ 参看《马克思恩格斯全集》第1版第32卷第542页。
④ 参看《马克思恩格斯全集》第1版第32卷第542页。

奥古斯特·盖布高兴地肯定，这本书已得到修订，更易懂，章节划分也更细致。①

马克思也同样注视并分析资产阶级政治经济学和小资产阶级社会主义的代表人物对他的著作的反应。同时，他既认真地对待对《资本论》的新的理论性质的明显的无知，也认真地对待对他的论述的每一个直接批评。马克思在进行修订工作时考虑到，约翰·斯图亚特·穆勒和比埃尔·约瑟夫·蒲鲁东的思想在工人运动中还一直发生着影响。这就促使他通过修订工作更明确地突出他的价值理论和剩余价值理论与主观唯心主义的价值观之间的本质区别。他用准确的表述、新的脚注和评价特别是通过改进章节划分明显地突出了与主观唯心主义的价值观在世界观、理论和政治上的重大区别。

马克思修订《资本论》第1卷的工作从内容上看可以分为三个阶段。在第一阶段，他大体上只能为出版德文第2版修订了第一篇《商品和货币》，因为时间紧迫，出版商奥托·迈斯纳催他迅速交稿，因为第一版已售罄。但马克思此时正忙于准备法文版，还要完成国际工人协会的各项任务。② 第二阶段是与法文本的翻译工作联系在一起的。法文版的特点是对整卷书作了大量的内容上的编辑加工，并对资本的积累过程一篇作了彻底的修订。随着法文版的修订，马克思也就基本上完成了制定自己的价值理论、剩余价值理论和积累理论。法文版中重大的改动，马克思记在德文第2版和法文版的自用本中，并为了以后的翻译和出版新的德文版的使用，归纳在一张表中。这是第三个修订阶段的起点。在由马克思开始、恩格斯完成的德文第3版的编辑工作中，法文版中的这些段落被广为采纳。当时恩格斯不想改动那些他不能确切知道马克思也

---

① 参看《马克思恩格斯全集》原文版第2部分第6卷第1121页。
② 参看《马克思恩格斯全集》原文版第2部分第6卷第1115—1116页。

会改动的语句。在审阅英译文和准备德文第 4 版时他也是这么处理的，第 4 版几乎只包含对正文修辞方面的改动，和恩格斯在脚注里所作的补充说明。

所有三个阶段中所作的正文修改，其目的都在于：根本改进章节划分和使这部著作更易理解，完善叙述的内在逻辑，通过更精确地叙述自己的科学的基本立场更尖锐地批判资产阶级的政治经济学。这些方面是通过获得新的认识和新的经验材料和统计资料而达到的。

《资本论》第 1 卷的章节划分在第 2 版中有很大的不同。这一点在《商品和货币》篇中尤为明显。分析的过程通过标题就已经清楚地表现出来。例如用一个单独的标题使人们注意"理解政治经济学的枢纽"，即"体现在商品中的劳动的二重性"。①

内容丰富的第四章《相对剩余价值的生产》在第 1 版中只有四个标题。此外，思想进程经常被离题的、妨碍理解的说明打断。恩格斯向马克思指出，有必要将这一章划分得更细一些，主要部分更强调一些。② 在第 2 版中外部结构分得更细致了，因而原来的第四章也划分得精密了。这样，这一章的下列要点被突出了：取决于生产力发展程度的资本主义生产方式的产生，生产方法的变革以及资本主义生产力发展的消极后果，即社会的不安定、劳动强度的提高、劳动时间的延长等等。

因此，第 2 版中章节划分的改变并不仅仅表现为形式上的改进。在《资本论》中所运用的并在跋中所描述的方法，在逻辑和历史的统一中从抽象上升到具体的方法，和马克思的根本性的新发现一样，在章节划分中表现得更明显了。

在法文版中，章的划分和标题的设置有了更大的变动。例如《所谓

---

① 参看《马克思恩格斯全集》第 1 版第 23 卷第 54—55 页。
② 参看《马克思恩格斯全集》第 1 版第 31 卷第 329—330 页。

原始积累》一章构成了独立的一篇。这就突出了这一部分对叙述资本主义生产方式的产生和历史界限的相对独立的意义，同时也使人更易于深入理解整部著作。像经过部分改动的标题表现的那样，马克思在法文版中致力于尽最大的可能在标题中准确地把握各有关篇章的内容。

无疑，马克思把法文版的章节划分看作以后各种译本的基础。在他1877年拟定的"《资本论》第1卷美国版编辑说明"① 中明确强调指出，要按照法文版进行章节划分。在英译本中恩格斯就遵循了这一指示。在德文第3、4版中，除了唯一的一个例外都保留了德文第2版的章节划分。

马克思在《资本论》第1卷的各个版本和译本中进行的修订及其相应的正文修改清楚地指明了内容上的三个重点：价值理论、剩余价值理论和积累理论。

马克思始终对制定和叙述价值理论赋予很大的意义。价值理论中的一些重要因素，如生产商品的劳动二重性，在1859年的著作《政治经济学批判。第一分册》和以后的经济学手稿等中就已得到阐述。在《资本论》第1卷德文第1版中马克思已能以关于商品是出发范畴的可靠认识为依据，已能阐述商品价值的实体和商品价值量。不过在第1版中他还没有为叙述价值理论首先是价值形式找到最终的形式。

就研究货币的起源来说，对价值形式的分析在质上是新的。马克思强调，古典资产阶级政治经济的根本缺点之一，就是它始终不能从商品的分析和商品价值的分析中发现价值的形式。② 在第1版中马克思分析了价值形式。不过读者看到的是两种文本——一种在正文中，一种在一

---

① 参看《马克思恩格斯全集》原文版第2部分第8卷第25—36页。中译文参看《〈资本论〉研究资料和动态》第5集，江苏人民出版社1984年版。

② 参看《马克思恩格斯全集》第1版第23卷第98页。

个专门的附录中。第 1 版中的这两种文本的区别既在于外部结构上，也在于叙述本身。在正文中价值形式是从商品的内在矛盾中加以着重阐述的。在附录中价值形式被安排成带讲义式的，就是说首先是用分得很细的小节来论述的。①

马克思为德文第 2 版重新撰写了论述价值形式的章节，并大大改写了论述商品拜物教和论述价值尺度的章节。这样在第一篇《商品和货币》中对价值理论的叙述就得到了明显的改进。

在第 2 版中价值实体由抽象劳动决定这个更精确的定义，是更明确地突出价值量和社会必要劳动时间之间的关系的前提。这个阐释是既和对价值对象性又和对抽象劳动的更详细的考察结合在一起的。马克思认为，价值对象性已在商品被归结为抽象的人类劳动这个劳动的统一性中表现出来。新的概括性的规定丰富了对劳动的二重性的研究。

因此，从第 1 版到第 2 版的价值理论的进一步发展，在于更彻底地强调了价值实体、价值量和价值形式的社会性质。这包括私人生产者与社会总劳动的特殊社会关系的某些方面通过上述范畴而得到了反映。②这一理论发展是如下一点的基础，即：在第 2 版中还改动了论述商品拜物教性质一节，由此强调了这个理论要素对解释资本主义制度下颠倒了的意识形式的客观局限性的意义。

《资本论》第一篇中的修改对更好地理解整部著作非常重要。《资本论》的基本论述对马克思主义在德国工人运动中的传播有着十分重要的意义。起领导作用的社会民主党人认识到，有必要弄清楚像商品、价值、劳动力价值工资、剩余价值和资本这样一些《资本论》的经济范畴，同时在与工人阶级斗争（例如争取正常工作日的斗争）的实际问

---

① 参看《马克思恩格斯全集》原文版第 2 部分第 5 卷第 25*页。
② 参看《马克思恩格斯研究》1992 年第 5 辑第 123 页。

题紧密联系中宣传这些范畴。

马克思和恩格斯宣传《资本论》的努力反映在许多方面，他们除了批判小资产阶级社会主义者的价值理论的各种观点外，还想驳斥19世纪70年代工人报刊上发表的对劳动价值理论的错误的解释。在他们的支持下和通过党报上展开的详细讨论，马克思主义关于价值及其对于理解资本关系、对于剩余价值理论的原则性意义的观点越来越为人所接受。

剩余价值理论在第1版中得到全面而详细的论述，在以后的版本中这方面只作了很少的改动，这一事实也证明这一理论已经成熟了。正文的改动在这里也是由于马克思力求使叙述更易理解，提高理论的内在逻辑性，补充历史资料和统计资料。这样做的结果是使个别的论述和概念更加精确和幸富了。这个过程始于第2版，在法文版中基本上结束。法文版正文的重要改动根据马克思的指示吸收在德文第3、4版中了。

首先可以肯定，剩余价值理论中使马克思理论的质上的新东西更加清晰并具有特殊的世界观意义的一些方面表达得更加明确了。这一点对劳动力商品来说是绝对适合的，由于发现了劳动力商品，马克思证明了剩余价值是在价值规律的基础上产生的，从而揭露了资产阶级社会的"核心"[1]。正是在这个意义上第2版强调指出，资本主义时代的特点是，劳动力转化为归工人所有的一种商品，劳动转化为雇佣劳动。[2]

马克思在法文版中同约翰·斯图亚特·穆勒的辩论针对的也是这个方面，穆勒对资产阶级的社会关系开始进行批判，但这种批判还是片面的，辩论正是由于他对剩余价值的产生的反历史的解释而引起的。这样一来，马克思不仅强调了他在《哲学的贫困》中对蒲鲁东关于劳动剩

---

[1] 参看《马克思恩格斯全集》第1版第20卷第223页。
[2] 参看《马克思恩格斯全集》第1版第23卷第193页。

余的论点的批判并使之具有理论史上的现实意义。他对穆勒的批判同时也是驳斥了卡尔·亨利希·洛贝尔图斯、欧根·杜林等人的类似的反历史的考察方式。这类解释阻碍了人们去认识资本主义生产的特殊性,阻碍了人们去看到资本主义生产力发展和相对剩余价值生产的历史发展的原因。这段重要的论述还从法文版中吸收进了德文第3版。第2版还从世界观的意义上使劳动的概念更精确了,并把劳动和劳动过程更严格地区分开来。马克思强调劳动是劳动过程的积极因素,并更加明确地规定了劳动在人和自然之间的物质变换过程中的作用。

有关剩余价值率论述的部分也是马克思在第2版跋中着重修改的地方。马克思在他的著作《政治经济学批判(1861—1863年手稿)》中就已强调了剩余价值率在理论上和实践上的意义,认为它是剥削程度的准确表现。不过他在第2版中对此加以限制,认为剩余价值率不反映剥削的量:"例如,假定必要劳动=5小时,剩余劳动=5小时,则剥削程度=100%,……但是如果必要劳动=6小时,剩余劳动=6小时,剥削程度仍然是100%,剥削量却增加了20%。"[①] 对这个情况的考虑为进一步完善剩余价值理论作出了贡献。马克思还强调了这一理论的唯物主义性质,他指出,价值创造在于劳动力转变为劳动。因此他就使人们特别注意到了他发现的可变资本和不变资本之间的区别的意义。

虽然在第1版中一个稳定的范畴体系就已经建立起来了,但马克思还在继续完善这一体系,并注意科学上新的认识。对于剩余价值理论来说,这一点表现在"技术"和"工艺"以及"技术的"和"工艺的"这些概念上。第2版更准确地区分了"技术"和"工艺"包括"技术的"和"工艺的"这些术语,同时考虑到了科学上对"技术"这一术语的运用。在那些需要的地方,"工艺的"被改为"技术的"。以后版

---

① 《马克思恩格斯全集》第1版第23卷第244页。

本中保留下来的这些修改，使对分析相对剩余价值的细节问题的阐释精确化了。

生产力的迅速发展以及与此相联的一方面资本主义生产关系的新的规模和另一方面提出改革构想的庸俗经济学的进一步发展，使马克思深化了他在法文版中和资产阶级的补偿理论的争论。① 他着重指出，机器的作用，被说成是对工人阶级的补偿，实际上对工人阶级来说是最可怕的灾难，并阐明了它与资本主义积累的一般规律的联系。② 同时，他在第2版的一个注中指出了机器在共产主义社会的作用。③ 此外，他在法文版中关于资产阶级社会变革酵母的论述增加了只有在这个版本中才有的重要认识。他强调，由于资本主义生产的社会无政府状态，经济进步将导致社会的贫困。④ 与此相联系，与唯心主义的社会主义观点的争论也变得更尖锐了。⑤

随着生产力的发展，社会总体工人的结构也在变化。马克思在法文版中更加强调总体工人这个概念反映的社会组成部分，这样就从生产劳动及其产品的意义上丰富了总体工人的概念。正文的这一改动在德文第3版中也沿用了。

马克思在第2版中通过对章节划分的改动，突出了对工资的分析，

---

① 参看《资本论》第1卷法文版，中国社会科学出版社1983年版，第444—451页。

② 参看《资本论》第1卷法文版，中国社会科学出版社1983年版，第447页。

③ 参看《马克思恩格斯全集》第1版第23卷第431页。

④ 参看《资本论》第1卷法文版，中国社会科学出版社1983年版，第500页。

⑤ 参看《资本论》第1卷法文版，中国社会科学出版社1983年版，第501页。

从而揭露了剥削关系,这样就更明显地说明,对工资的分析属于《资本论》中的"崭新的因素"①。如马克思不得不着重指出的那样,这一点几乎没被注意到。在法文版中通过对正文的一系列重要的修改他更全面地强调了工资是一个隐藏在它后面的一种关系的不合理的表现形式,马克思经济学理论中质上新的东西也得到了更清楚的表达。

第1版中对积累理论的叙述,在恩格斯看来有不足之处,个别重要论点只是提了一个。② 在第2版中只作了很少的改动。而在法文版中马克思彻底地修改了这一篇。

马克思分析了简单再生产,以此揭穿了资本主义生产的表面形式,庸俗经济学的教条正是从这些表面形式中推导出来的。马克思详细地论证说,简单再生产经过一段时间后把每个资本都转化为资本化的剩余价值,工人的社会状况在这个过程中没有变好,这样,对简单再生产的分析就深化了。工人"是财富的人身源泉,但被剥夺了为自己实现这种财富的一切手段"③。

在论述扩大再生产方面马克思在法文版中比在第2版中更加深刻地证明,资本主义的占有方式来源于商品生产的规律,随着资本主义商品生产的发展,这些规律必然转变为资本主义占有规律。这样做的目的在于,为法国的读者更彻底地驳斥蒲鲁东的小资产阶级社会主义观念。在这方面马克思强调了经济规律的客观性质,强调资本进行累进积累的强制性。

正文中具有重要理论意义的修改,以及叙述上的改进,突出地说明对资本主义积累的一般规律的分析,积累理论的核心。这一分析是从精

---

① 参看《马克思恩格斯全集》第1版第32卷第11页。
② 参看《马克思恩格斯全集》第1版第23卷第31页。
③ 《马克思恩格斯全集》第1版第23卷第626页。

确地规定研究对象、从资本增长对工人阶级状况的影响开始的。在这个分析中具有特殊意义的是资本的有机构成。从第 2 版的某些正文修改出发,马克思着手研究在《资本论》(1863—1865 年经济学手稿)中所作的资本的技术构成和价值构成之间的区别,并把资本的有机构成描述为由资本的技术构成决定并且反映技术构成变化的价值构成。这个规定是资本有机构成这一重要的经济范畴的进一步发展。

就与积累联系在一起的资本积聚和资本集中来说,马克思在第 1 版和第 2 版中尽管在内容上把两者区分开来,但只使用了"积聚"的概念。这样也就从概念上准确地区分了不同的情况并完善了范畴体系。[①] 这样做的原因在于,19 世纪最后 30 多年在西欧和美国已显著增强的资本主义生产关系有了进一步的发展。这特别具体地表现为股份公司的形式。同时,马克思的论述也有助于同资产阶级社会主义构想进行论战。另外,马克思还研究信用制度和股份公司在集中过程中的新作用。[②]

在法文版中,马克思在论述产业后备军时描述了由于可变资本的相对减少和总资本的增加而引起的不同的组合,这样就更详细地研究了总资本的增长和它的可变组成部分的增长之间的联系。

另外,从这些论述中可以清楚地看出,法文版比德文版在更多方面论证了剩余价值规律和积累之间的联系。这样就更清楚地表明了资本主义积累是剩余价值规律在起作用。这显然也属于马克思提出的改进了的叙述。

积累理论的一个不可缺少的组成部分是对把资本主义描述为客观上

[①] 参看《资本论》第 1 卷法文版,中国社会科学出版社 1983 年版,第 663 页。

[②] 参看《资本论》第 1 卷法文版,中国社会科学出版社 1983 年版,第 664—665 页。

必然的社会经济形态的那些历史过程的分析。在第2版中马克思补充了原始积累具有暴力性质的证据。法文版中的修改还使其他一些观点在理论上表达得更透彻，从而得到完善。所以在这个版本中马克思根据各社会经济形态按有规律的顺序发展的观点，特别强调了资本主义的产生，并详细地论述了双重自由的雇佣工人和产业资本家的产生。

剥夺农村居民的土地是原始积累的基础的论述得到了极为重要的精确的表达。在第1版和第2版中马克思曾说，这种剥夺在不同的国家通过不同的阶段，只有英国才具有典型的形式。[①] 在法文版中马克思显然是根据70年代初对俄国农业状况所作的研究的印象修正了这一认识的。在这里他强调说，这种剥夺先是在英国彻底完成的，而西欧其他一切国家都正经历着同样的运动。[②] 所以马克思把这一运动的历史必然性"明确地限于西欧各国"[③]，正如他在1881年3月8日给维拉·伊万诺夫娜·查苏利奇的信中所说的那样。这就表现出理论的进一步发展。这一段在法文版中是《原始积累的秘密》一章的组成部分，按照马克思的指示，在翻译和出版新的《资本论》第1卷时应该考虑这一点。[④] 然而这里所作的修改在德文第3、4版中没有被采纳。

其次，马克思在法文版中更详细地描述了国债制度和税收制度作为原始积累的主要因素的意义和它们之间的联系，这样就扩展了对国家权力在从封建的生产方式转变为资本主义的生产方式的过程中所起作用的论述。这方面在第1、2版中仅仅作了提示。

---

① 参看《马克思恩格斯全集》第1版第23卷第784页。
② 参看《资本论》第1卷法文版，中国社会科学出版社1983年版，第770页。
③ 参看《马克思恩格斯全集》第1版第35卷第160页。
④ 参看《马克思恩格斯研究》1992年第7辑第160页。

对资本主义积累的历史趋势的叙述结束了《资本论》第 1 卷。法文版丰富了这一研究的一些方面。这首先涉及在这部分中占有中心位置的所有制问题。马克思在这里让人注意私有制的生存条件和不同性质并加强与蒲鲁东的小资产阶级社会主义构想的论战。①

如果我们能一般地确定,马克思在法文版中已经充分考虑到世界经济的趋势的话,那么,他对资本主义积累的历史趋势的阐述就构成了这方面的顶点。马克思把"各国人民日益被卷入世界市场网"② 看作是由资本的集中推动的社会化的必然结果。

自从《资本论》法文版之后,马克思就力求在这部著作以后的每一个版本中都吸收新的科学成果。马克思三个手写的文献首先证明了这一点,这是 1877 年秋他在有可能出版《资本论》第 1 卷美国版时写的。它们包含了详细的说明,哪些地方不应采纳德文第 2 版,而应采纳法文版。在美国出版的设想落空了;但马克思的"修改意见表"不久之后就成了确定德文第 3 版正文的权威性文献。③ 恩格斯在德文第 3 版序言中写道:"马克思原想把……原文大部分改写一下,把某些论点表达得更明确一些,把新的论点增添进去,把直到最近时期的历史材料和统计材料补充进去。由于他的病情和急于完成第 2 卷的定稿,他放弃了这一想法。他只作了一些最必要的修改,只把当时出版的法文版……中已有

---

① 参看《马克思恩格斯研究》1992 年第 6 辑第 137—140 页。
② 参看《马克思恩格斯全集》第 1 版第 23 卷第 831 页。
③ 参看《马克思恩格斯全集》原文版第 2 部分第 8 卷第 7—36 页。这三份文献分别为:1. "《资本论》第 1 卷第 2 版修改意见表";2. "《资本论》第 1 卷美国版编辑说明草稿";3. "《资本论》第 1 卷美国版编辑说明";其中,"修改意见表"和"编辑说明"在德语中为一个词,因"美国版编辑说明"已约定俗成,故沿用。

的增补收了进去。"① 《资本论》德文第 3 版中一些重要的正文改动，按照马克思的书面指示，是以法文版为依据。这些改动也有助于在《资本论》第 1 卷德文版中更完善地叙述资产阶级社会的经济运动规律。不过在这个版本中没有采纳马克思标出的所有修改意见。这一点恩格斯在"《资本论》美国版编辑说明"②所作的批注中提到过。与此相对，第 3 版在脚注中收入了一些恩格斯的补充，并说明是恩格斯补充的。

随着《资本论》第 1 卷德文第 3 版的出版，正文内容上重大的修改基本结束了。马克思逝世于 1883 年，恩格斯出版的第 3 版就在一定程度上实现了作者对这部著作最后的愿望。对在这之后出版的两个版本，即英文版和德文第 4 版，恩格斯都把忠实于马克思的原文作为最高的准则。

《资本论》第 1 卷的第一个英文版本由赛米尔·穆尔和爱德华·艾威林根据德文第 3 版译出，由恩格斯作为编者最后定稿。英文版几乎没有作内容上的修改。译文方面的某些偏差，是由于为保持作者语言和修辞上的原来特色用一种外语再现马克思的原文的困难，还由于准确地翻译经济概念和范畴的困难。法文版已经证实，在这里不能过分逐字逐句地进行翻译。

尽管如此，恩格斯着手这一任务时对自己是非常严格的。这一点可以从他对弗里德里希·阿道夫·左尔格 1866 年春寄给恩格斯的那份"《资本论》第 1 卷美国版编辑说明"的利用中看出来。在恩格斯把大多数马克思在这份说明中提到的指示补进德文第 3 版之后，他认为现在有理由稍加克制。他在英文版序言中说明他的处理方法的理由，在提到左尔格寄给他的"编辑说明"时说："手稿提出，还有一些地方应该按

---

① 参看《马克思恩格斯全集》第 1 版第 23 卷第 30 页。
② 参看《马克思恩格斯全集》原文版第 2 部分第 8 卷第 25—36 页。

照法文版进行补充；但是因为这份手稿是早在马克思对第3版作最后指示的前几年写的，所以我不敢随便利用它，除非在个别情况下，并且主要是在它有助于我们解决某些疑难问题的情况下才加以利用。"① 英文版包含了一些来源于那份"编辑说明"而另一方面德文第3版又没有收入的文句。与第4版不同的是，英文版采用了法文版的章节划分，所以也分为8篇33章。英文版总体上再现了编辑工作的高质量，这一点在核对原始资料和订正德文第3版的材料方面表现得尤为明显。

1889年9月初，恩格斯收到出版商的消息，说有必要出版《资本论》第1卷的新版。首先恩格斯在1889年10月和11月初为出版第4版审阅了第3版的正文。他主要的愿望是"尽可能把正文和注释最后确定下来"②。如同英译本一样，他认为自己的任务不是在正文中插进自己对资本主义最近发展的论述，而仅仅是力求完成这部著作的一个最后定本。恩格斯在第4版序言中说明了他所作的一些工作：根据法文版作了五处较大的正文改动。有些地方使语言表达现代化了。原始资料经过核实或改正；在这里恩格斯依据的是英文版，爱琳娜·马克思—艾威林曾为英文版作过相应的核对。一些英国作者的引文是马克思根据法文引用的，在第3版以前一直如此，这一版是根据英文原文引证的。另外在第3章中补入了小节标题"1. 劳动过程"和"2. 价值增殖过程"。恩格斯还对他当时正在紧张工作的《资本论》第3卷作了更具体的指示。

恩格斯为第4版所作的序言的主要部分是简要地叙述多年来以路约·布伦坦诺和后来塞德莱·泰勒为一方和以马克思恩格斯和爱琳娜·马克思—艾威林为另一方的一场论战。1872年3月布伦坦诺写匿名文章指责马克思歪曲地引证了威廉·格莱斯顿1863年4月6日在下院的

---

① 参看《马克思恩格斯全集》第1版第23卷第34页。
② 参看《马克思恩格斯全集》第1版第23卷第38页。

预算演说中的话。马克思当时就已拒绝并驳斥了这一指责。他曾把亨利·罗伊的著作《兑换理论。1844年的银行法令。滥用金属货币原则导致通货贬值》(1864年伦敦版)用作资料来源。1877年和1883年格莱斯顿和泰勒又公开谈起这件事,目的是企图再次怀疑马克思在科学上的正确性。恩格斯根据事实反驳了这一指责。在第4版出版之后布伦坦诺企图再次攻击马克思。恩格斯的著作《布伦坦诺 contra 马克思。关于所谓捏造引文问题。事情的经过和文件》1891年在汉堡出版之后,布伦坦诺不得不有所收敛。

恩格斯为第4版撰写了13条注释的补充,每一条都注明是第4版加的。他在序言里说明,"由于历史情况的改变看来需要加注"①。在有些地方,这些注释的意义却超出了这个目的。恩格斯扩展了论商品的第1章的一段正文,使读者能更好地了解马克思所理解的商品是什么,即"不是由生产者本人消费的产品"并非就是商品(例如中世纪的农民向封建主或教会缴纳的什一税就是如此),而是一种商品只有和另一种商品进行交换才表现为商品。② 在同一章中——和英文版一样——他还指出了一个有趣的情况,即英语有个优点,它有两个不同的词表达劳动,创造使用价值并决定质的方面的劳动叫作 work,创造价值并只计算量的劳动叫作 labour。③ 为了说明世界货币的问题,恩格斯为马克思对金银比价的论述增加了一个很长的补注。他说,银的价值相对于金来说在过去几年一直在跌落而且还在继续跌落,他阐释道,这是两种金属的生产方法改变的结果,生产银所需要的劳动比起金来一直在减少。他估计,

---

① 《马克思恩格斯全集》第1版第23卷第38页。
② 参看《马克思恩格斯全集》第1版第23卷第54页。
③ 参看《马克思恩格斯全集》第1版第23卷第60页。

银在世界市场上将越来越失去它的货币属性。恩格斯的预言被证实了。① 马克思在1867年曾断定，美国仍然是欧洲的殖民地，对此恩格斯在20年后补充说，美国自那以后已发展成为世界第二工业国。② 恩格斯在后面的一个很长的注中具体地概括了自从《资本论》第1卷第1版出版以来英国工厂立法的一些重要的变化和改革。③

从70年代末开始，恩格斯就极为关注发达资本主义国家中到那时为止普遍占统治地位的自由竞争在逐渐发生转变，以及在资本集中的过程中资本主义生产方式的垄断形式在产生。他在一些著作中表达了关于这方面的意见，例如在《资本论》第3卷的增补中，尤其是在《1891年社会民主党纲领草案批判》中。恩格斯在写这些文章时有一种清楚的认识，后来列宁着重指出，他"抓住了对现代资本主义的理论评价中最主要的东西，即资本主义转化为垄断资本主义"④。

可是恩格斯觉得没有必要把他1890年显然已经很先进的关于资本主义垄断化过程的认识写进《资本论》第4版，始终忠实于发表马克思的原文这个原则。只是在马克思自己表达了一个来自法文版的类似思想的地方恩格斯才谈到了这个问题。马克思在第23章中谈到资本集中时写道："在一个生产部门中，如果投入的全部资本已溶合为一个单个资本时，集中便达到了极限。"⑤ 恩格斯在脚注中补充道："英美两国最新的'托拉斯'已经在为这一目标而奋斗，它们力图至少把一个生产

---

① 参看《马克思恩格斯全集》第1版第23卷第163—164页。
② 参看《马克思恩格斯全集》第1版第23卷第495页。
③ 参看《马克思恩格斯全集》第1版第23卷第550页。
④ 《列宁全集》中文第2版第31卷第64页。
⑤ 《马克思恩格斯全集》第1版第23卷第688页。

部门的全部大企业联合成一个握有实际垄断权的大股份公司。"①

恩格斯在第 4 版中补充吸收了德文第 3 版没有收入的法文版中的一些文句。② 与此相对,他既没有在第 3 版中也没有在第 4 版中吸收马克思在他的"修改意见表"中指示要收入的法文版的其他地方。这些地方大多数是马克思在法文版中相对于德文第 2 版所作的修改的地方,③但马克思没有在"修改意见表"中指示要将它们收入《资本论》以后的版本。

本卷④包括单独列出的一份"德文第 3、4 版未收入的法文版正文的文句表"⑤,而不管这些文句是否已经包含在"《资本论》第 1 卷第 2 版修改意见表"⑥ 中。连同"法文译文与德语原文的差异表"⑦ 一起,就可以随时重新列出法文版和德文第 1 版之后的各个版本之间的区别所在,以及哪些段落只包含在法文版中。

大多数未吸收的段落都是那些专门为法国读者而作的表述和阐述,它们与使用者的经验和知识有关并提高了可读性。有些地方使理论的表达精确化了。它们包括对政治经济学的概念和范畴的更详细的解释和补充说明以及对理论史的资料的补充。⑧ 例如马克思补充说明了货币形

---

① 《马克思恩格斯全集》第 1 版第 23 卷第 688 页。
② 参看《马克思恩格斯全集》第 1 版第 23 卷第 38 页。
③ 参看《马克思恩格斯全集》原文版第 2 部分第 7 卷第 768—933 页。
④ 指《马克思恩格斯全集》原文版第 2 部分第 10 卷。——译者注
⑤ 参看《马克思恩格斯全集》第 1 版第 10 卷第 732—783 页。
⑥ 参看《马克思恩格斯全集》第 1 版第 8 卷第 5—36 页。
⑦ 参看《马克思恩格斯全集》第 1 版第 7 卷第 768—933 页。
⑧ 参看《资本论》第 1 卷法文版,中国社会科学出版社 1983 年版,第 609、774 页。

式①和劳动过程②这样一些概念。有些地方扩充了当时在法国广为流传的蒲鲁东的观点的论战。

这些正文改动在法文版中并不是均匀分布的。第1章中的改动特别少，尽管在这里有些与德文第2版相比无疑有了改进。例如在叙述等价形式的特点时章节划分更严格而且还以德文第1版附录中的相应文本为依据。为了论证为什么"较高级的劳动总是要转化为社会平均劳动"，马克思在法文版中阐述价值形成过程时解释说，极其不同的商品价值到处都无差别地表现为货币，因此光是这些价值所代表的不同种的劳动就已化为一定量的简单劳动。③ 第9章在第3、4版中几乎完全和在第2版中一样，而在法文版中这一章的开头部分却经过了彻底的改写，内部结构也得到了改善。④ 从这儿还可以知道马克思是如何努力使正文变得更通俗易懂的。相对于第2版的第14、15和16章来说，可以看出这几章也对正文作了进一步的修改。⑤ 值得注意的是，法文版第25章⑥（德文第2版相对应的是第23章）改动很大，而许多正文内容上的差异，恩格斯在德文第3、4版中没有加以考虑。这里也涉及法文版中补充的大

---

① 参看《资本论》第1卷法文版，中国社会科学出版社1983年版，第48页。
② 参看《资本论》第1卷法文版，中国社会科学出版社1983年版，第166页。
③ 参看《资本论》第1卷法文版，中国社会科学出版社1983年版，第187页。
④ 参看《资本论》第1卷法文版，中国社会科学出版社1983年版，第300—304页。
⑤ 参看《资本论》第1卷法文版，中国社会科学出版社1983年版，第523—526、540—542、582—557页。
⑥ 参看《资本论》第1卷法文版，中国社会科学出版社1983年版，第666—683页。

约 30 个脚注，它们是用来解释正文或补充资料的。

在论述绝对剩余价值和相对剩余价值的生产、工资以及资本的积累这几篇中，法文版的许多扩充涉及工人阶级的社会状况，其中包括妇女劳动和儿童劳动。一些对工人运动具有重要意义的问题如劳动力商品的价值转化为工资和工资的国民差异得到了进一步的阐释。

在法文版中马克思在研究绝对剩余价值和相对剩余价值的生产的结尾部分更详细地研究了劳动生产率对剩余价值的影响。在这里他着手研究的是一个过去就与蒲鲁东辩论过的问题。① 与蒲鲁东和洛贝尔图斯不同，他强调，社会生产关系对劳动生产率水平和剩余产品量和剩余价值量起着决定性的作用。这也决定了他对劳动力价格和剩余价值在量上的变化的叙述。此外，他在法文版中还补充解释了劳动生产率和劳动强度对绝对剩余价值和相对剩余价值之间的比例的影响，② 使读者能更好地理解这个工人运动的经济斗争的重要问题。

前面已经提到，在法文版的积累一篇中马克思继续进行从德文第 2 版开始的正文修改。这一篇中大量的正文改动，在德文第 3、4 版都没有采纳。值得一提的是第 23 章中的第 3 节《相对过剩人口或产业后备军的累进生产》，它的开头部分完全是重新撰写的。马克思在 "《资本论》第 1 卷美国版编辑说明" 中也指出了这一点。恩格斯在审阅这份手稿时就着重指出这一节的这个改动在德文第 3 版中 "没有照办"③。

马克思在法文版这篇的开头部分就提到社会资本的运动怎样决定雇

---

① 参看《资本论》第 1 卷法文版，中国社会科学出版社 1983 年版，第 525 页。

② 参看《资本论》第 1 卷法文版，中国社会科学出版社 1983 年版，第 540—541 页。

③ 参看《马克思恩格斯全集》原文版第 2 部分第 8 卷第 32 页。

佣工人阶级的命运的问题。① 马克思通过引用不同生产部门的例子,更全面、更清楚地推导出可变资本的相对量累进减少的规律。这是从生产力发展过程中客观地得出的。马克思在研究了资本有机构成不变的情况下资本主义积累的过程之后,转而分析资本有机构成提高的情况下的积累过程。科学技术的进步导致了总资本中不变资本部分的增加。结果是有机构成中可变资本部分减少。

接着马克思开始详细地探讨影响工资基金并决定工人阶级状况的可变资本部分减少的各种不同情况。第一,如果可变资本的相对量的减少同总资本的增加成反比例,那么工资基金不变。第二,如果可变资本的相对量减少的程度大于总资本增加的程度,那么,尽管预付资本绝对增加了,但工资基金绝对减少。第三,如果可变资本的相对量减少的程度小于总资本增加的程度,那么,尽管工资基金的相对量减少了,但却会绝对增加。②

往下,马克思强调,从社会积累的观点来看,社会总资本的这些不同的组合会以各种方式在不同的条件下经历各个生产阶段。这个规律作用的结果是形成相对过剩人口:"因此,可变资本相对减少以及对劳动的相对需求相应减少的规律所引起的不可避免的结果是:可变资本按越来越小的比例的绝对增长,对劳动的需求按越来越小的比例的绝对增长,最后,作为补充的是相对过剩人口的生产。"③

"德文第3、4版未收入的法文版正文的文句表"中提到的例子不

---

① 参看《资本论》第1卷法文版,中国社会科学出版社1983年版,第667页。

② 参看《资本论》第1卷法文版,中国社会科学出版社1983年版,第667页。

③ 《资本论》第1卷法文版,中国社会科学出版社1983年版,第671页。

仅证实了马克思对法文版倾注了大量的心血,而且还证实了法文版在原文版之外有独立的科学价值。① 这份表例举的许多段落突出地说明,法文版在《资本论》第1卷正文的演变过程中占有关键性的位置。恩格斯在德文第3版序言②及1886年4月29日给弗里德里希·阿道夫·左尔格的信中,也读到了他是怎样对待马克思就第1卷的正文修改所作的指示的:"手稿上的意见大部分就是马克思在第3版付排本上所写的那些意见。其他一些意见主要涉及对法文版的增补,我没有全部采用:(1)因为第3版的工作进行得晚得多,因而对我具有决定性的意义;(2)因为马克思当时考虑到书要在美国翻译,他无法关照,因此他宁愿让一些困难的地方根据简化了的法文本正确地译出来,而不愿根据德文本译错了,这个考虑现在已经成为过去。虽然如此,我还是从中吸收了一些很有益的指示,这些指示将来对于德文第4版也是有用的。"③

早在《资本论》的产生过程中,马克思和恩格斯恰恰就已对如下经济理论问题热烈地交流过思想,如货币流通问题,剩余价值理论的一些观点,折旧问题,资本主义企业日常经营的实际问题等等。因为恩格斯在曼彻斯特欧门-恩格斯公司工作了几十年,他具有关于资本主义企业内部的经营活动的第一手知识。他的经验和具体知识对马克思来说常常是一种重要的帮助,能使他更切近地阐释理论上的个别难题和提供实际的例子。例如,1867年初恩格斯写信给马克思谈到英国棉纺织业的严峻形势,并描述了工人反对一些想降低工资的工厂主的斗争。④

---

① 参看《资本论》第1卷法文版,中国社会科学出版社1983年版,第839页。
② 参看《马克思恩格斯全集》第1版第23卷第31页。
③ 《马克思恩格斯全集》第1版第36卷第467—468页。
④ 参看《马克思恩格斯全集》第1版第36卷277、282页。

在第 1 卷出版之前，恩格斯曾应马克思的恳求阅读了校样，并告诉他自己的批评意见。恩格斯证明自己是奠定政治经济学基础的理论家，因此他的意见对马克思来说价值最大。当这部著作出版时，恩格斯和他的朋友们、战友们一起掀起了一场旨在普及和宣传《资本论》的有影响力的运动。

不论在马克思生前，还是在逝世之后，恩格斯都为完成和出版《资本论》作出了巨大成就。恩格斯自始至终参与了这部著作的产生过程，参与了理论的发展和形成以及这部著作的出版工作，他作出了自己的科学功绩，他进行审定和批评，给马克思提出理论和实际的建议，最后对这部著作全部三卷书进行了创造性的编辑工作。恩格斯在这部马克思主义的主要著作中所起的作用在许多方面都是重要的，并且对马克思来说是不可缺少的。

1883 年恩格斯出版了第 3 版，同时关怀英译本的完成，在他准备第 1 卷第 4 版的时候，他正埋头编辑《资本论》第 3 卷，所以他能够在第 4 版中更确切地指出该参阅这一卷的地方。1885 年他已出版了第 2 卷。1894 年，他逝世的前一年，出版了《资本论》第 3 卷。

总而言之——在马克思占首要地位的前提下——马克思主义的主要著作《资本论》的三卷书是科学社会主义的两位创始人马克思和恩格斯毕生共同劳动的成果。

在马克思和恩格斯共同努力使不同版本的《资本论》进一步完善的 20 年中，《资本论》在阶级斗争的纲领上的指导和实际工作的领导方面的影响越来越大——当然不能没有他们的影响——然而德国和国际工人运动中杰出的代表人物起着越来越独立的作用。

由于这本书在社会民主工党内部和全德工人联合会的成员们之间日益广为阅读和讨论，得到传播和普及，它就成为这两个组织 1875 年在哥达联合的不无重要的因素。《资本论》第 1 卷在 1875—1878 年的 3 年时间里，在德国工人运动的领导层中越来越被承认为是对政治经济学的科学阐述。掌握理论和个别组成部分的过程非常复杂，是在与传统的或新的资产阶级和小资产阶级的构想（例如国家资产阶级的思想）的斗争中进行的。马克思主义在1878年以前就已在德国无产阶级及其革命的政党的阶级斗争的理论、纲领和实践中确立了牢固的地位。

马克思主义，其中包括《资本论》中的思想，与革命工人运动的结合的连续性在反社会党人非常法颁布的前几年中曾一度受到干扰，但基本上没有中断。80年代初，德国社会民主党的马克思主义力量在实际阶级斗争中加强了对这部主要著作的掌握。1883年春召开的哥本哈根代表大会掀起了在党内积极开展传播马克思主义的高潮，从而提高了马克思主义的影响，从1883年起，出版了大量的马克思主义的著作，其中就有马克思和恩格斯著作的新版本，特别值得一提的是《资本论》第1卷德文第3版。在和拉萨尔主义的观点和国家社会主义的观点的论战中，《社会民主党人报》和1883年创办的党的理论机关刊物《新时代》起了重要作用。

德国社会民主党越来越善于向党员灌输马克思主义的观点。在这方面成为重点的是如下这些问题：资本主义社会形态被共产主义形态所代替的规律性，工人阶级由于革命性的变化夺取政权的必要性，与农民的联盟问题，反对德国军国主义的斗争，把《资本论》的学说运用于争取八小时正常工作日和有效的劳工保护法的斗争。

资产阶级的理论家们在这些年里从他们方面加强了反对马克思主义的传播的斗争。当社会民主党尽管有非常法而增强了的时候，他们的攻击日益嚣张。这里需要着重指出的是年轻历史学派的代表对《资本论》的批评和边际效用理论的发展。唯物史观和唯物辩证法也越来越遭到攻击。同时天主教和基督教对马克思的批判也增加了。

社会民主工党通过对建立在科学基础上的《资本论》的思想进行

深入的研究，到 90 年代初在理论和政治上达到了高度的成熟阶段，这就为当时其他国家工人运动提供了榜样。1891 年德国社会民主党，爱尔福特纲领用《资本论》第 1 卷和马克思、恩格斯其他著作中的学说论证了党的目标。

早在《资本论》第 1 卷德文第 1 版出版时就已显示出了值得注意的国际影响。许多欧洲的报刊登载《资本论》的预告，预先登载序言，发表评论，特别在俄国、法国、英国和意大利更是如此。德文版影响了许多欧洲国家中马克思主义力量同正在形成的工人运动中出现的资产阶级和小资产阶级观点的论战，其中包括同政府主义和蒲鲁东主义的论战。国际工人协会 1886 年布鲁塞尔代表大会决定，将《资本论》翻译成其他文字，这个决定推进了这一过程。第一个译本是 1872 年俄文译本，接着 1872—1875 年出版了法文版，1884—1890 年波兰文译本，1886 年出版了一个不完整的西班牙文译本；1894 年荷兰文第 1 分册问世。另外还有一些《资本论》删节本和独立的系统的论述，它们的作者是：约翰·莫斯特（德文，1873 年和 1876 年），卡洛·卡菲埃罗（意大利文，1879 年），斐迪南·多梅拉·纽文胡斯（荷兰文，1881 年），加布里埃尔·杰维乐（法文，1883 年），卡尔·考茨基①（德文，1887 年——被翻译成多种外文），爱德华·艾威林（英文，1892 年）。

《资本论》的思想财富在欧洲得到传播，在 80 年代和 90 年代影响了逐渐形成的工人政党的纲领和政策。

特别是俄国表现出了对西欧进步的思想精神财富的很大兴趣。无论是在俄罗斯革命民主主义知识分子中间，还是在一部分民粹派中间，《资本论》都受到了欢迎，并在那时的刊物中引起热烈的讨论。自 80 年代以来，在那时沙皇帝国非俄罗斯地区，进步人士也对马克思的这部

---

① 参看《马克思恩格斯全集》原文版第 2 部分第 10 卷第 708—709 页。

著作很感兴趣,例如,在波罗的海地区,在高加索、白俄罗斯、乌克兰和波兰,不久以后在莱比锡印刷的波兰文译本也颇有影响。俄文版还在保加利亚和奥匈帝国的斯拉夫地区得到了传播。

《资本论》法文版对法国工人运动的发展意义巨大。在1878年,里昂工人代表大会上代表们讨论了科学社会主义的内容,从而削弱了蒲鲁东主义的地位。一年之后,马赛工人代表大会上马克思主义已取得了很大的成功:宣布生产资料社会化是政治斗争的目标,决定建立一个革命的工人政党,在马克思和恩格斯的参与下,1880年哈佛尔代表大会通过了法国工人党的纲领。在努力贯彻这个纲领和随之而来的党内关于年轻的党的政治方面的讨论中,马克思的经济学说起到了决定性的作用。法文版的影响遍及罗曼语地区。它为科学社会主义先是在欧洲的广大地区后在法国的海外地区的传播作出了贡献,它本身也有好几个版本。1886年出版的意大利文译本就是以它为基础的。

1887年出版的英译本,光是由于它能传播到大不列颠内外广大的英语区,就具有了特殊的意义。它把马克思的经济学说带到了美国。不过英国工人运动中对他的思想的研究远较德国和法国复杂。当时还没有一个革命的政党。《资本论》英文版出版时,社会主义工人运动在发生根本的变化。除了激进的、基督教社会主义的、自由主义和工联主义的思潮外,社会主义——其中也包括马克思主义——的信念赢得了一定影响,尽管这种社会主义信念还没有组织形式而且是相互矛盾的。

这就是《资本论》第1卷的发展史,为此马克思和恩格斯奋斗了20多年,也由此作出了巨大贡献,同时值得注意的还有它在19世纪末之前的工人运动中传播和发生影响的过程。所以,恩格斯1886年在《资本论》英译本序言中着重指出:"本书所作的结论日益成为伟大的工人阶级运动的基本原则,不仅在德国和瑞士是这样,而且在法国,在荷兰和比利时,在美国,甚至在意大利和西班牙也是这样;各地的工人阶级都越来越把这些结论看成是对自己的状况和自己的期望所作的最真切的表述。"①

(原载《马克思恩格斯全集》原文版
第 2 部分第 10 卷第 11*—36*页)

(蔡长缨 译 周亮勋 校)

---

① 《马克思恩格斯全集》第 1 版第 23 卷第 36 页。

《资本论》的第一个法译本*

〔法〕让·皮埃尔·勒费弗尔①

《资本论》第一卷的法文译本是继1872年问世的丹尼尔逊、柳巴文和洛帕廷俄文译本之后出版的第二个外文译本,也是马克思在世时出版的最后一个译本。在以后,相继出版的外文译本年代顺序依次是:波兰文译本(1884—1890年),丹麦文译本(1885年),西班牙文译本(1886年,由巴勃罗·科雷亚和萨弗里利亚翻译),意大利文译本(1886年,由杰罗拉诺·博卡尔多翻译),最后,是英文译本(1887年,由赛米尔·穆尔、爱德华·艾威林和恩格斯翻译)。法文译本是经过马克思亲自修改的唯一译本。

在《资本论》法文版的翻译和修改过程中,马克思艰苦备尝。当时,第一国际在法国的活动较之在其他地方更为具体,法国的首都又爆发过巴黎公社运动,在这样一个国家里,蒲鲁东有很大影响,马克思就是打算带着《资本论》去参加法国的理论和政治论战的。在法国,最初这场大辩论是以二十年前用法语对蒲鲁东进行第一次论战作为开始的,到了1857年,当马克思开始撰写《政治经济学批判大纲》(1857—1858年经济学手稿)时,辩论重又开始,后来,马克思重写有

---

* 本文选自《马列主义研究资料》1984年第3辑。
① 作者是法国高等师范学院教员,1983年9月出版的《资本论》法文新译本的主编。本文摘自作者为该书撰写的导言。——译者注

关商品与货币的前几章时，辩论又时有发生，马克思的《资本论》对于这场旷日持久的辩论来说，是一个结论。

最早被物色的几个译者

1862年，当《资本论》暂时还只有已发表的《政治经济学批判》（1859年邓克尔出版社出版）的前两章和以1861—1863年手稿的前五本为内容的未来的《资本论》第一卷初稿时，马克思就已经注意物色译者，准备把它译成法文本了。但是，这个计划耽搁了五年，直到《政治经济学批判》的续篇付印时，才得以付诸实行。1867年5月1日，马克思从他暂居的汉诺威亲自把《资本论》第一卷的手稿交付汉堡的出版商迈斯纳之后，又"不揣冒昧"写信给路德维希·毕希纳，以学者和革命党人的身份对他表示信任。

在当时，路·毕希纳较之其兄格奥尔格·毕希纳更负盛名，因为格奥尔格早于1837年故世，其著作已被人们遗忘，马克思对他也素无所闻，而路·毕希纳则因其生理学和物理学著作具有反宗教及维护达尔文学说的特点而在德国颇具声望。耐人寻味的是，马克思为了物色《资本论》的译者，竟会以学者和革命党人的双重名义向毕希纳求教。这也许是马克思出于打听将德文原著译成法文有关情况的需要，才去结识这位出版商的，因为这位毕希纳不是别人，正是当时出版哲学著作的权威，赫赫有名的巴耶尔，其时他正同拉德朗日合作出版贝纳尔和韦拉合译的黑格尔法文版著作。马克思在给毕希纳的信中最后谈到的一点完全流露了急于看到法文版《资本论》的心情。他对路·毕希纳说："我认为，使法国人摆脱蒲鲁东用对小资产阶级的理想化把他们引入的谬误观点，是非常重要的。不久前在日内瓦召开的代表大会上，以及在我作为国际工人协会总委员会委员同巴黎支部的联系中，经常遇到蒲鲁东主义的最恶劣的后果。"① 看来毕希纳在复信中对这一要求没有给予答复。1867年11月,维·席利告诉马克思:莫·赫斯已同一个法国人合作开始翻译《资本论》,而且赫斯还有意为《资本论》在《法兰西信使报》撰写书评。② 马克思得悉这个情况后,改变了原来的设想。于是席利与著名地理学家埃利塞·勒克律的兄弟埃利·勒克律进行了洽谈。埃利·勒克律表示同意接受译书的委托,并开始动手翻译。但是,由于对法译本的搞法有不同考虑(第二帝国末期与马克思非常接近的赫斯主张搞成一个缩写本),又由于埃利索酬过高,③ 而且他与巴枯宁分子过从甚密,因此这项工作很快便停下了。马克思的这个设想一直持续到1869年初。早在1867年11月底,恩格斯就曾向马克思提出:在同"老莫泽斯"和蒲鲁东派的《法兰西信使报》打交道时要留一手。马克思在给维·席利的信中④实施了恩格斯的计划和建议,并提出在发表赫斯将要译出的摘要之前预先发表一篇关于价值理论的导言,"因为在这个问题上蒲鲁东把人们的头脑搞得十分混乱"。与此同时,马克思还在考虑物色其他的译者。

1868年初,找到的第一个人选就是波兰人约·茨韦尔查凯维奇,又名卡尔德(1832—1869年)。此人是约·菲·贝克尔的朋友,曾参加过1863年的起义,后来移居日内瓦,是第一国际会员。茨韦尔查凯维奇自告奋勇承担法译本工作,似乎他还能在日内瓦找到几个出版商。马

---

① 《马克思恩格斯全集》第1版第31卷第546页。

② 维克多·席利致马克思(1868年2月7日),并见《马克思恩格斯全集》第1版第32卷第124页。

③ 埃利·勒克律要三千至四千法郎,其中还不包括付给赫斯的稿酬在内。见《马克思恩格斯全集》第1版第32卷第28—29页。

④ 马克思致维·席利(1868年4月30日)。

克思对提出的这个人选很重视,希望能借此给赫斯施加一些压力,以促使赫斯加快进度。马克思请他的夫人燕妮把茨韦尔查凯维奇的建议转告席利,①并请燕妮写信给贝克尔,婉转地告诉他:翻译事宜由维·席利经手。

1868年底,又物色到第二个人选,这就是克列芒斯·鲁瓦埃(1830—1902年)。此人系《经济学家》报女记者,达尔文《物种起源》第一个法译本(1862年,该书在巴黎出版时加了一个四十五页的序言)的译者。1868年12月,拉法格与克·鲁瓦埃进行面谈后,劝马克思不要委托她从事《资本论》的翻译工作。这样做的意图与争取毕希纳协助的意图中间可能有着某种联系。

最后一个人选虽然没有得到人们的重视,但是非常重要的。1869年10月马克思把翻译《资本论》的工作委托给了沙尔·凯累尔(1843—1913年)。此人是瑞士公民,巴黎联合会(国际)会员。凯累尔当时正为出版商巴耶尔翻译医学文献。1869年10月至12月,他似乎已将《资本论》原版的前三章译成了法文。马克思就他的译文在几个词的译法上谈了一些很有趣的意见。②凯累尔虽具有某种丰富的直感(比如他提出把"Verwertung"["价值增殖"]译为"survaluation"["增值"]),但他却看不出这些重要概念的哲学含义,比如,"prozeß"["过程"]一词,马克思劝他不要译成"phénomène"["现象"],最好译成"procès",如果找不到另外的词,就统统译成"mouvement"["运动"]。据劳拉·马克思说,到1870年4月,凯累尔已译完《资本论》近四百页,其中一部分可能已交付排版。③可是,两年以后,当马克思

---

① 《马克思恩格斯全集》第1版第32卷第25、678页。
② 《马克思恩格斯全集》第1版第32卷第623页。
③ 《马克思恩格斯全集》第1版第33卷第413页。

打听这项工作的情况时,听说只译了二百页。不管是多少页,反正凯累尔是搁下了《资本论》的翻译,译起《路易·波拿巴的雾月十八日》这部政治性更为直接的著作来。以后,凯累尔积极参加了公社,1871年10月因在街垒战中负伤,离开巴黎前往巴塞尔,打算在那里编写《资本论》缩写本。最后,终于加入了巴枯宁派。凯累尔与马克思一家始终保持着联系,马克思一家对这个十分讨人喜欢的、满腔热情的、聪明但又可怜的年轻人一直抱有好感。① 后来,凯累尔化名雅克·蒂尔邦发表了几本工人诗集。

最后,在介绍马克思为物色译者而进行的最后的也是最满意的尝试之前,还要提一提曾经翻译过《资本论》第一卷开头部分的维克多·雅克拉尔(1843—1903年)和他的妻子安娜·科尔文(1843—1889年)。雅克拉尔是一个持布朗基观点的年轻医科学生,以家庭教师的职业谋生,曾参加过巴黎公社运动,所译的《资本论》译稿以及其他文稿统统落入了凡尔赛警察之手。自从《资本论》德文第一版问世以后,雅克拉尔就开始把它译成法文,他的翻译工作似乎也引起了马克思不小的关注。1872年底,即鲁瓦动手翻译《资本论》的几个月之后,甚至在法文版第一分册出版后,马克思仍在设法寻找雅克拉尔的译稿。② 这一事实表明,马克思与鲁瓦在工作上还有一些为难之处。当马克思得悉出版商莫·拉沙特尔其人的时候,物色译者以及同译者的关系问题也就改变了性质。

---

① 《马克思恩格斯全集》第1版第32卷第687页。
② 安娜·科尔文致马克思(1872年11月12日),该信引自安娜·乌罗耶娃《一部不朽的著作》,1969年莫斯科版。

出版商拉沙特尔

莫里斯·拉沙特尔的政治品格和为人对于《资本论》法译本的出版命运不是无关紧要的。拉沙特尔的父亲是帝国的男爵、上校，因此，拉沙特尔（1814—1900年）承袭了这一爵位和从军的志向。早年求读于圣西尔军校，但对旅行和政治的浓厚兴趣使他放弃了军人生涯。他因擅自开办圣西门学校首次被判刑后，于1843年在巴黎开设了一家书店和出版社，出版了一部舆论为之哗然的《自圣·皮埃尔至格雷古瓦十六时期历任教皇史：犯罪、谋杀、监禁、弑君、通奸、乱伦》，继而出版了欧仁·苏的《民众的谜》，以及亚历山大·杜马的《罪恶昭彰》。1848年以后，拉沙特尔作为出版商出版了一部卷帙浩繁的《世界辞典》，这部具有进步的反教权倾向的辞典对"社会主义"、"德意志"、"哲学"、"泛神论"等词条的表述与1840—1860年时期革命者的表述在思想上相当接近。他因出版了这部颠覆性的词典，被拿破仑三世的法庭缺席判罪。同期，他在纪龙德创立了一个法伦斯泰尔式的公社。拉沙特尔在流亡西班牙之后，于1864年又回到巴黎领导国际开办的书店，并参与了革命诗集《调皮鬼》、《蝉》特别是费力克斯·皮阿的《战斗》以及《复仇者》的编辑。以后，拉沙特尔因参加公社并担任公社社员第四营营长，受到凡尔赛当局的严密追捕。他在千钧一发的时刻逃脱了就地处决（他的出纳员却惨遭枪决）①，流亡到西班牙的圣塞瓦斯田，在那里同马克思的女婿萍水相逢。拉沙特尔在西班牙一直居住到1874年，以后又亡命于欧洲其他几个城市，比利时、瑞士以及圣雷莫等地，

---

① 拉沙特尔致马克思（1872年11月29日）。拉沙特尔与约瑟夫·鲁瓦致马克思的信件均未发表，有关引文摘自马克思、恩格斯、列宁研究院掌握的复制件。

直到1879年因大赦才又回到巴黎，最后在波尔多当了酒类批发商：一个地道的老好人。

《资本论》法文版的出版问题是拉法格与拉沙特尔在1871年12月寓居西班牙时早就商妥的。[①] 但是，拉沙特尔却与鲁瓦素昧平生。

拉沙特尔是一个富有同情心，有贵族性格，但又忠于革命信念的冒险者，同时也是一个有点古怪的书商和苛求的经纪人，特别是他力求更有利的投资条件，而拉法格只得就马克思仅能拿出两千法郎作为著作出版的预付款项进行艰苦的谈判。马克思对事先订好的合同条款作了几处更改后，于1872年2月正式在合同上签了字，同年5月，拉法格支付了谈妥的两千法郎的预付款。

出版合同签订之前，物色译者的问题似乎已经得到解决，因为马克思在1871年12月就已把需译的手稿寄给了鲁瓦，并在1872年2月函嘱鲁瓦把已译好的部分径直寄往巴黎。

虽然一切决定都是迅速甚至仓促作出的，但还是受到邮递速度的影响，因为在伦敦、波尔多、巴黎、马德里和圣塞瓦斯田之间当时还没有电话联系。第一个向拉法格提到鲁瓦姓名的，似乎是费尔巴哈的朋友，记者兼诗人路德维希·帕弗，此人是拉法格在1867年世界博览会上结识的。帕弗认为他自己翻译《资本论》力不胜任，建议拉法格求助于鲁瓦，因为鲁瓦在几年以前（1864年）曾发表了费尔巴哈的两卷著作的译本，并计划动手翻译第三卷，同时附上作者的思想介绍。

在1871年12月整整一个月的时间里，马克思都在设法同凯累尔重

---

① 龙格致马克思（1872年1月13日）。另见《马克思恩格斯全集》第1版第33卷第677页。

新取得联系,① 马克思始终认为凯累尔还在翻译《资本论》,甚至认为他已取得了很大的进展。但是,正准备出版的《资本论》第二版相对来说会使凯累尔前功尽弃,因为凯累尔的译文,特别是已译出的部分,也就是说,《资本论》的开头部分是根据初版翻译的,在这样一种情况下,马克思不能与凯累尔一道把这项工作继续下去,对于马克思来说是不会不引以为憾的。总之,马克思同鲁瓦的联系是通过沙尔·龙格,可能还有在伦敦避难的鲁瓦的朋友爱德华·瓦扬建立起来的。② 据瓦扬说,鲁瓦过去曾译过费尔巴哈的著作,现在可能已经动手翻译《资本论》了。但是,此时是否委托鲁瓦来翻译尚在两可之中,因为马克思在1871年12月18日给劳拉·拉法格的信中写道:"法文版的**译者**自然应该根据校订过的德文版翻译(我将把经过修改的旧版本寄给他)。妈妈正在打听凯累尔的下落……如果不能(及时地)找到他,那我们要将此事委托给翻译费尔巴哈著作的译者。"③ 马克思在寄出这封信以后,继续打听了一阵凯累尔的下落,并在12月底把经修改的德文版第二版手稿的前二百八十页寄给了鲁瓦。

约瑟夫·鲁瓦

关于鲁瓦其人,长期来我们一无所知或知之甚少,这种情况部分地是由于马克思后来很少提到过他,另一方面也是因为马克思对他有些敬而远之所致。鲁瓦从来没有进过马克思家的大门。

---

① 凯累尔致列奥·弗兰克尔(1871年10月12日),凯累尔致马克思(1871年10月12日、12月2日)。

② 龙格致马克思(1872年1月13日)。

③ 《马克思恩格斯全集》第1版第33卷第365页。

鲁瓦1830年9月12日生于纪龙德的巴莱，其父弗朗索瓦·鲁瓦是面包师，母亲的名字是玛丽·加松。鲁瓦是阿坤廷农村的一个家族，是该地区的大姓之一。1843年，鲁瓦在巴莱读中学时，结识了奥古斯特·罗雅尔教授以及他后来的朋友与合作者瓦扬和龙格。1850年前后，鲁瓦获得了文学业士和理学业士学位。1861年，鲁瓦开始翻译费尔巴哈的著作，两年后，即1863年初，从事记者活动时，因拿破仑二世的政权维护者控告他犯有颠覆罪，被判处两个月的监禁并课以一千法郎的罚款。① 鲁瓦是瓦扬的朋友，而瓦扬这个当时艺术中心学校毕业的二十四岁的年轻工程师又充当了鲁瓦与费尔巴哈之间的联系人。② 这两个人由于在很多方面具有共同的进步思想而志同道合，他们钦敬蒲鲁东、费尔巴哈、李特列。蒲鲁东去世时，瓦扬函告费尔巴哈：鲁瓦曾托他把《基督教的本质》一书带给蒲鲁东，蒲鲁东看后对费尔巴哈的著作和鲁瓦的译文大加称赞。③ 前文已经说过，鲁瓦曾想撰文阐述费尔巴哈的思想。④ 同样，鲁瓦在1880年似乎也为《正义报》写过两篇评价李特列的文章，马克思认为，这两篇文章已超过以前发表过的所有评价李特列的文章。⑤ 在瓦扬和鲁瓦看来，因为李特列表现出反宗教的精神，因而也就代表了实证主义可以得到挽救的革命倾向。⑥

鲁瓦在这个时期表现出来的某些特点在翻译《资本论》的过程中

---

① 爱·瓦扬致费尔巴哈（1865年2月17日）。该信存于慕尼黑大学图书馆。
② 爱·瓦扬致费尔巴哈（1864年5月6日）。
③ 爱·瓦扬致费尔巴哈（1865年2月17日）。
④ 约·鲁瓦致费尔巴哈（1865年1月8日）。
⑤ 《马克思恩格斯全集》第1版第34卷第476页；另见《马克思的女儿们》，1979年巴黎版，第167页。鲁瓦曾答应为这家杂志撰写一篇有关《资本论》的文章。
⑥ 爱·瓦扬致费尔巴哈（1865年6月16日）。

也得到了充分的表现。

首先，鲁瓦往往不知去向，就连同他通信的人也不知他的行踪。① 1865年1月8日，鲁瓦在给费尔巴哈的信中说："这两个月来，为了避开种种烦恼，我手持步枪，像野人一样在沼泽地和灌木丛中生活。我完全失去了对时间的感觉，我忘记了一切，甚至忘记必须遵守的最起码的和引起人们好感的礼节，但是我不想对你谈那些使你感到乏味的事情……"尽管鲁瓦似乎不常收到来信，可是他与信差已经发生过几次纠纷。

其次，鲁瓦对出版商深怀戒心。最后，他答应的交稿时间往往不能信守。尤其是他承诺的费尔巴哈著作第三卷译本久久不能问世。②

从鲁瓦与费尔巴哈通信到1871年底，在这个时期内鲁瓦似乎打算与瓦扬结伴作一次旅行，因为瓦扬已到海德堡开始进修医学，③ 而罗雅尔和一个名叫雷伊的人也在那里。然而，这四个人1868年春在费尔巴哈家中商定的旅行并未成行。④ 1869年底，瓦扬在维也纳度过了一年后，一回到杜宾根，就向费尔巴哈转达了他的朋友"罗雅尔、雷伊、鲁瓦以及其他几个对你十分钦佩但又不认识你的人"的问候。以后，瓦扬回到巴黎参加公社运动，最后流亡伦敦。这封信中透露的几个迹象表明，鲁瓦在这个时期可能到了德国，而且与参加革命运动的人来往很多。因为龙格早在《左岸》编辑部就与罗雅尔相识，所以他在1871年12月与鲁瓦的会面很可能是通过罗雅尔等人介绍的。

鲁瓦在翻译《资本论》期间，在波尔多曾几易住所。他没有固定

---

① 爱·瓦扬致费尔巴哈（1865年8月12日）。
② 爱·瓦扬致费尔巴哈（1865年10月27日）。
③ 爱·瓦扬致费尔巴哈（1865年10月27日）。
④ 爱·瓦扬致费尔巴哈（1867年12月22日，1868年3月22日）。

的职业，除了一千五百法郎的稿酬外，生活来源全靠零星工作和家庭教师的报酬。据1876年波尔多市教师档案记载，鲁瓦的职业是巴莱中学英语德语教师，年薪一千五百法郎。在此期间，他与卡尔卡松的一个姑娘埃利萨·维罗邦结了婚，为此与家庭发生了纠纷。1873年初，他有了第一个孩子。鲁瓦与马克思只见过一面，那还是在很久以后，1882年8月马克思前往洛桑，中途在阿尔让特伊他女婿龙格的家里落脚时会见的。① 在马克思给恩格斯的信中曾提到过这次出乎意料的会面。马克思谈到鲁瓦是一位不速之客，不过，他还是在花园里冒着寒意以礼相待了这个人。三年以后，保尔·拉法格第一次见到了鲁瓦，当时鲁瓦刚刚丢掉了他在部里的差事（什么部，人们不得而知），但他很想了解《资本论》以后的出版情况。鲁瓦告诉拉法格，他有翻译《资本论》第二卷并为第二卷撰写导言的愿望，同时也有可能找到出版商。②

以后，鲁瓦的下落就无人了解了。据恩格斯说，好像他已译完了《家庭、私有制和国家的起源》一书的第五章和第九章。1893年，法国社会党人创办的《新纪元》周刊第2号登载了他这两章的译文。③

1916年12月29日，鳏居的鲁瓦在巴黎朗布托大街四十三号寓所逝世。讣告上写的职业是翻译家。

马克思对鲁瓦所以保持着距离，原因十分简单：起先马克思认为鲁瓦具有德译和英译的能力；工作效率极高；在翻译《资本论》的过程中，从不因公社政治活动的失败而退缩，最后，在翻译新黑格尔主义的著作方面有独到之处；是一颗不可多得的明珠，可是，最后马克思失望

---

① 《马克思恩格斯全集》第1版第35卷第82页。
② 保·拉法格致恩格斯（1885年2月27日）。
③ 《恩格斯与保尔·拉法格、劳拉·拉法格通信集》，人民出版社版第3卷，第169页。

了。最初的热情没有维持多久：马克思，他身边的人以及在伦敦熟谙法语的朋友，还有出版者在系统地读了前几章译文之后，所抱的热情颓然消失了。

难处理的各种关系

在这里，我们还要谈一个人们很少谈及但又是相当棘手的问题。自从出版的《资本论》法文版第一分册签署上约瑟夫·鲁瓦大名的那日起，如果不想使以后的翻译受到影响，那就只有硬着头皮让鲁瓦继续译下去，想另换译者是不可能的，因为对译文的质量要求伸缩性是很大的，一般来说，在十九世纪，译文与原著相距甚远，即使论述比较严格的哲学著作也是如此。如果马克思把鲁瓦在1861年至1864年翻译的费尔巴哈著作同1850年艾韦贝克发表的译文加以对照，大概也深有同感。尽管马克思过去有过用法文出版《哲学的贫困》的经验，可是只有在修改《资本论》译稿之后，他才真正显示出他那判别译文细微差别的才能。总的看来，我们可以说，在十九世纪后三分之一的时间里，马克思和恩格斯主要的精力用于翻译哲学著作，他们在国际的支持下，在准确严格地阐明工人运动必不可少的思想团结战略抉择的愿望推动下，译著的数量之大，种类之多，都是令人瞩目的。

与展现在我们面前的《资本论》法译本比较，鲁瓦的译稿已经面目全非了。因为他的译稿业已经过马克思的反复修改，也许还经过其他一些读过译稿的人（马克思曾有机会向他们征求过意见），尤其是龙格（1872年，马克思去牛津时也跟他商讨过）、拉法格、瓦扬、燕妮·马克思等人的修改。① 总之，从送给利沙加勒的第一分册上马克思亲自修

---

① 《马克思恩格斯全集》第1版第33卷第539页。

改的几个例子看，可以认为，凡经马克思修改的地方往往是更加完善的。

今天，可供我们判断马克思在多大范围和什么性质上对译稿作了修改和反复阅读的那些文件（译稿和清样）已经找不着了。马克思给鲁瓦的信件也没有保留下来。相反，鲁瓦和拉沙特尔给马克思的信件却保存完好。这些信件为我们提供了有关鲁瓦的生活和工作条件，有关《资本论》第一卷的翻译进度和出现的问题以及有关拉沙特尔的编辑思想和政见等大量令人感兴趣的说明。因为这些信件不可能都公诸于世，所以我们按时间顺序简要叙述如下。

鲁瓦致马克思的第一封信[①]时间是1872年2月2日。这封信是在1871年12月马克思连续两次给他寄去正在印刷的《资本论》第二版抄本开头部分之后不久的一封复信。信中告诉马克思，他已与出版商拉沙特尔在合同上签了字。鲁瓦还说，他阅读马克思的手迹并不费力，因而德文版清样可不必寄来云云。对于工作困难，信中口气相当乐观。鲁瓦甚至还向马克思提出，将他的译稿直接寄给印刷厂主，那样，"如果你还有要修改之处，在清样上改起来要方便一些……"

后来，鲁瓦大概是根据清样翻译的。1872年3月，《资本论》第二版开始印刷（三千册），3月至5月，马克思开始复校。1872年4月，马克思把第二版校样四十二页寄给迈斯纳，6月底，二读清样结束。同年7月，德文版第二版首批出版，同时，法文版头几分册清样打完，不过直到1873年5月才装订成书。

马克思一接鲁瓦来信，随即将合同文本寄给拉沙特尔。2月17日，拉沙特尔复信，要拉法格同译者联系，以便译书立即开始[②]。这封复信

[①] 约·鲁瓦致马克思（1872年2月2日）。
[②] 拉沙特尔致马克思（1872年2月17日）。

语气十分庄重，拉沙特尔向马克思倾吐了流落异国者所具有的手足之情。此外，他还提醒马克思要特别慎重，对于正在进行的《资本论》法文翻译工作要保守秘密。这封信，拉沙特尔使用的是化名：西班牙圣塞瓦斯田，勒孔特先生，后来，他给马克思的信使用的名字是白恩士太太。

在下一封信里，拉沙特尔正式谈到《资本论》的翻译问题之前，先又重复了以上三点。也许是出于经验之谈，或许是对译者情况一无所知，拉沙特尔提出了与鲁瓦相反的程序：鲁瓦提出把他的译稿寄给在伦敦的马克思，而不是寄给在巴黎的印刷厂主拉羽尔，这样做是"为了你能收到法文译稿，以保证译文更符合你的思想"。同样，拉沙特尔说明，一俟分册打出清样并经作者付印后，他立即向译者支付稿酬。商定的稿酬是第一卷为一千五百法郎。

于是，马克思又与鲁瓦进行联系，此时，鲁瓦正因得不到马克思和龙格的消息焦急不安①，译者在得到准信之前，业已辍笔。马克思再次与鲁瓦联系不但依靠信件，而且还由拉法格来负责转达。鲁瓦在致马克思的第二封信中，有两点颇耐人寻味。②

首先，鲁瓦在信中对德语中专门术语的翻译和系统性谈了一些相当中肯的意见，他说："由于法语起源于拉丁语，因而有些词所表达的意义虽然相近，然与日常听到的和看到的并不相同。因此，它们在语言中并没有概念上的关系，从这个观点说来，德语更为优越"；鲁瓦接着说明德语中重复强调的成分远多于法语，而"我们不能随心所欲地把一些词硬按上去"。最后鲁瓦要求马克思请他的朋友瓦扬——鲁瓦对他似乎十分信任，而瓦扬本人也熟谙德语——将开头部分（序言和第一章）

---

① 拉沙特尔致马克思（1872年3月12日）。
② 约·鲁瓦致马克思（1872年3月14日）。

的译文再看一遍。信中还说，他将重读一遍译文，并且每隔十天给拉沙特尔寄去六十页译稿。

信中令人感兴趣的第二点是鲁瓦谈到他在初读《资本论》时对有关蒲鲁东注释的一点看法，他说："我并不认为对蒲鲁东所作的注释会影响到你的书的销售；但我还是准备从你向我指出的另一条理由出发去修改它。从注释所占地位看，可能会使读者产生不快，因为读者会对注释感到莫名其妙。由于他们在阅读开头部分时不得要领，可能会陷于苦思冥想，甚至会立即寻找理由来反驳你……注释前面这几页正文对于读者理解注释的涵义是很不够的。我想会有不少读者并不知道你的第一部著作①，而且这样的人在法国也不是少数。"

鲁瓦谈的是他对法国读者的感受……但也是自己的切身体验，因为他自己对蒲鲁东就抱以同情，而且也从未读过马克思的《政治经济学批判》，他在上面提到的大概就是这部著作。

从以后的几封信来看，关于蒲鲁东的问题已经不复存在了，而译文的文体问题却越来越大。此时，《资本论》法文版第一分册因马克思像的镌版而延迟了印刷，为一个字也收不到而焦急的拉沙特尔终于在1872年4月29日告诉马克思他已收到了第二分册的译稿。② 拉沙特尔对译稿很不中意，以致他在指出译稿中若干毛病的时候，竟断言鲁瓦不是法国人，他说："因为译者不是法国人，所以他不可能了解我国语言某些词的意义，我认为他在序言中所用的几个术语应当用与阐述主题有关的其他术语来代替。亲爱的先生，如果你同意的话，我将继续加以校正，除非你另作修改。"

看来，拉沙特尔把他对译稿的不满也告诉了鲁瓦本人，因为从鲁瓦

---

① 原文如此，系指马克思1859年《政治经济学批判》。——译者注
② 拉沙特尔致马克思（1872年4月29日）。

在1872年5月致马克思的第三封信中可以看出①，他除了告诉马克思他已迁居（从波尔多市孔迪拉克街6号迁至拉福里·蒙巴顿街33号）以及他已同埃利萨·维罗邦在4月份结婚之外，对拉沙特尔那种出版商的怪癖及其"吹毛求疵"的毛病大加揶揄，接着，又谈到了文体问题。他说："我认为，你把你的著作译文的前几百页清样交给瓦扬较为妥当，此事前函似乎提过。这几百页法文清样由你和我之外的另一个什么人来读一遍更为合适。按照法语特征，译文也许过于拘泥——我是说，有时没有摆脱——原文；不过我想除了内容本身的困难以外阅读起来并没有什么困难。"这时，鲁瓦已经译完了第一篇，并打算动手写马克思要求他写的几页前言，以及一个百十页的小册子，这个小册子将随不久出版的最后一个分册同时出版。

几天以后，1872年5月4日，拉沙特尔再次向马克思谈到译文问题："我把刚从巴黎（可能是印刷厂主拉羽尔）收到的信中一小段话转告你，以说明对有些段落感到译者文体不尽得当的并非仅我一人。"②信中还谈到了头年3月瓦扬在布朗基（"可怜而又可爱的布朗基！"）的陪同下，光临他在波尔多的"寒舍"这件有趣的事情，同时还就马克思批评蒲鲁东的著作再版的时机问题表示了几乎否定的看法。拉沙特尔认为这个问题宜更加审慎，以免引起当局的注意，他说："在《资本论》即将全部出版之际，请暂缓出版这部著作。"次日，拉沙特尔可能在阅读第一章后深受启发，他对《资本论》大加赞扬（"我极为幸运地……"）之后，竟对马克思说道：甚至那些没有价格的使用价值（如水，等等）有朝一日也会有一种价格，如果某个路特希尔德

---

① 约·鲁瓦致马克思（1872年5月2日）。
② 拉沙特尔致马克思（1872年5月4日）。

决定把它们垄断起来的话。①

1872年5月8日，鲁瓦给马克思写了第四封信。鲁瓦对排字工人的疏忽大加抱怨，同时还指出，既然他手头有了原文清样，就大可不必为翻译的"进度"担心了。鲁瓦在信中表示了一个译者完全正当的愿望：要求得到未经马克思修改的清样。拉沙特尔和马克思的批评触动了鲁瓦，不过，看来马克思的看法很有分寸，而且谨慎，而拉沙特尔给马克思的信中对鲁瓦的口气更加直截了当，咄咄逼人。拉沙特尔在1872年5月8日致马克思的信中，一口拒绝让鲁瓦为第一分册写导言，②他的理由是第一分册业已排版，他所需要的是作者的传略。从拉沙特尔的这封信和以后的几封信中可以看出他对译者的某种厌烦情绪。后来，马克思终究也未能避免得了这位勒孔特先生的抱怨，此人抱怨作者修改得太多，直到第三次清样打出来还在修改。5月30日，拉沙特尔在收到和校完三、四分册的第二次清样之后，大发雷霆。他说："我已请求印刷厂主更换排字工人，要他给我们安排一些技术最熟练的工人。但是文体的毛病和毫无意义的空话还是译文中的问题；可是译者一口咬定是排字工人看错了他的笔迹。我看译文还亟待改进。为了避免这类麻烦，请你告诉鲁瓦先生将他的抄稿直接寄给你……我向你指出，在已修改过的两个分册中，尚有七处毫无意义的空话使我感到刺眼；其他的废话和文体错误通篇俯拾即是。你对译稿的修改是**绝对必要**的。"③ 在鲁瓦翻译《资本论》期间，也就是说，直到1873年底，拉沙特尔的来信始终喋喋不休地抱怨，最终连马克思也承认，拉沙特尔对前几个分册的意见是有道理的。

---

① 拉沙特尔致马克思（1872年5月4日）。
② 拉沙特尔致马克思（1872年5月8日）。
③ 拉沙特尔致马克思（1872年5月30日）。

翻译《资本论》的第一个阶段结束时，出版了第一辑五个分册。每一分册有八大页，每页双栏排印。《资本论》第一卷共有九辑，四十四个分册。

第一辑出版的时间是1872年9月17日。从这日起至10月12日，除向《激进报》提供八千五百套以外，还在公共市场上售出五百六十套。10月23日，拉沙特尔催促马克思及时交付修改稿件及校对清样，以免出版脱节，给正在出版的著作带来严重后果。① 同天，拉沙特尔又写信给拉法格，告诉他用什么办法可以获得《资本论》法文版第一辑，并写了几行有关鲁瓦的话："译者鲁瓦先生最近来函就前几分册译文的不足之处向我说明原因，他向我谈起巴耶尔出版的一本黑格尔著作，他说，这本书手稿的字迹就**很难辨认**。

按照鲁瓦先生的说法，德文原著有时是不能译成法文的，很不幸，在《资本论》的前几个分册中也发生了同样的事情。我承认，不少段落的意思我还没有弄清，甚至认真读了三遍之后，依然如此。我看八、九两个分册似乎已驱散了乌云，我们马上就会看到光明。——至关重要的事就是出版……"②

可能在1872年10月底，马克思决定向安娜·科尔文打听她过去翻译的《资本论》译稿。11月12日，安娜·科尔文复函称："十分遗憾，我不能把译稿寄给你，因为译稿已不在我手中，唯一的一份早已落入凡尔赛警察之手。另外，这份译稿还是照第一版译的，想来对你不见得会有用处。"安娜·科尔文此时正在同安德烈里夫合作，为一家蒲鲁东派的刊物撰稿。③

---

① 拉沙特尔致马克思（1872年10月23日）。
② 拉沙特尔致拉法格（1872年10月23日）。
③ 见安娜·乌罗耶娃：《一部不朽的著作》，第129页。

后来，问题性质发生了变化。随着翻译的进展，译者对原文理解得更加准确，翻译工作也进行得更加顺利。但是，在物质方面还是出了不少麻烦：同印刷厂主，或马克思与鲁瓦之间的联系条件极差；由于混乱而造成事倍功半的结果；彼此间长期不通音讯，等等。拉沙特尔对此大为恼火，特别是对鲁瓦极为不满，并把支付稿酬用来作为向鲁瓦施加压力的手段。有时，拉沙特尔阅读了《资本论》中的几页以后，情不自禁地拍案叫绝，他在1872年12月10日致马克思的信中写道："你写了一本多么出色的书啊，真是使人受益非浅！"另外，拉沙特尔给马克思的信中，有时对凡尔赛当局的政策大发牢骚。他一再向马克思建议，把没有公开发表过的政治纲领作为附件，附在拉沙特尔本人根据埃·苏文章撰写的作者传略后面。1873年1月17日，第二辑五个分册出版了。可是第一辑销售的情况却很不景气，拉沙特尔在1872年12月19日写信给马克思说："亲爱的先生，我有义务提请你注意当前的情况，以便你考虑防止出现同样的不幸。这部书只有在它完成的时候，才会出现转机，目前，我将暂时压缩一下印刷的数量……"① 到了1873年初，情况似乎有所好转，拉沙特尔也变得比较乐观起来，因为出到第四辑以后，他看到地平线上已出现了革命形势。他写道："通过巴黎传来的电讯，我们得悉在马德里已宣告成立了共和国。

这里也会出现真正的共和国，联邦共和国！公社的和联邦的共和国！

有朝一日还会出现遍插红旗的世界共和国。"② 可是，这种光明却是短暂的。3月，印刷厂主发出警告，他的每一句话都加上了着重号："《资本论》几乎不能如常印刷，我们一直没有稿子，手头上只有零星

---

① 拉沙特尔致马克思（1872年12月29日）。
② 拉沙特尔致马克思（1873年2月14日）。

的一点,这样下去,这本书怕十年也完不了,而且销路也会断绝,因为现在订户都在抱怨这本书出版时间间隔太长。"① 所以会出现这种情况,在拉沙特尔看来,过错全在于译者。② 1873年3月16日,拉沙特尔写信给马克思,建议马克思采取断然措施,以更换译者给鲁瓦以威胁。他在信中写道:"我已付给鲁瓦先生七百法郎作为五辑(每辑五个分册)的译酬,我想已经付排的有二十一二个分册,因此,付给他的钱大体相当。如果鲁瓦先生不想继续翻译下去,或因事务繁忙,不能从事这项工作,那么,这笔余款准备用来支付给你新物色到的译者……"③ 这一段话很可能是在拉沙特尔与恩格斯在作者传略问题上发生误会的情况下写的。确实,鲁瓦没能如期交稿,加之因迁居(新住址是波尔多市坎康斯广场里士利攸咖啡馆),人们与他联系不上。可是,1873年3月26日,鲁瓦给马克思写了回信,这封信颇能引起人们的恻隐之心,信中说,他现在手头很拮据,他的妻子在十分困难的条件下生了一个小女儿,他的花销很大,不得不自己动手做饭,还要挤出一点译书的时间去干别的事,加之作为一个译者,得到的报酬特别低。他说:"只要我一交稿就能拿到稿酬,我保证又快又好地完成翻译。可是拉沙特尔给我的答复是:只能在付印时才付给我稿酬。"④

从送出译稿到付印所需的时间来看,可以想见,鲁瓦从他付出艰苦的劳动到出版商补偿他的劳动力,中间经历的时间真是太长了。当鲁瓦译到计时工资与计件工资那些篇幅时,他对受剥削的无产者的心情才算真正地有了体会。此外,尽管拉沙特尔也有人之常情,可是他还是忽略

---

① 拉羽尔致拉沙特尔(1873年3月10日)。
② 拉沙特尔致马克思(1873年3月12日)。
③ 拉沙特尔致马克思(1873年3月16日)。
④ 约·鲁瓦致马克思(1873年3月26日)。

了把印好的几辑寄给鲁瓦。因此，鲁瓦在信中说道："关于我们的事，既然你的书印出之后，我连一辑也没有收到，那么，我丝毫不认为需要加快进度。我着急的倒是要得到这些书，以便送给那些每天向我打探并准备进行积极宣传的人。拉沙特尔先生的来信使我惊奇不已，他说因为我的拖延而影响了销售……"① 对于不能及时交稿和译文质量问题，鲁瓦也提出一些诸如工作条件太差、时间零散和不固定等理由。

不久以后，正像他在给马克思的信中所说，他病倒了，他的工作也受到了影响，而且由于邮递中的问题，误期的问题更加突出。② 不过，鲁瓦说将在规定的期限内赶完第六篇（《工资》），以便在他写信之日的后天寄出。马克思在收到这封信之前，就给鲁瓦寄去了《雾月十八日》和《政治经济学批判》，以及拉沙特尔声称已寄给鲁瓦的《资本论》的各个分册。

鲁瓦写了最后一封信之后，几个人之间很长一段时间未通音讯。1873年12月24日，住在布鲁塞尔的拉沙特尔打破了沉寂，他的信带来了《资本论》销售和印刷的坏消息。③ 信中写道："你的书一册也销不出去，原因在于各辑出版间隔时间太长。印刷的一千册样书几乎都堆在书库里。"这回，马克思成了拖延的负责者了。鲁瓦在1873年11月或12月得到了拖欠他的稿酬，马克思在伦敦也收到了全部译稿。马克思对于这次拖延说了两条原因，一是因为生病，二是译稿从头到尾需要改写。不过，还要加上第三条，那就是德文第二版出版后，马克思又开始为1874年初出版第二卷而工作。④ 拉沙特尔的来信虽比过去有所通融，

---

① 约·鲁瓦致马克思（1873年3月26日）。
② 约·鲁瓦致马克思（1873年5月8日）。
③ 拉沙特尔致马克思（1873年12月24日）。
④ 《马克思恩格斯全集》第1版第33卷第629—630页。

但还是三番两次委婉地要求马克思把修改工作交由瓦扬、劳拉·拉法格或龙格等人来做。他在1874年6月24日写信给马克思说:"由于鲁瓦先生的译稿还有许多不能令人满意的地方,因此,在校正译文时,如果他们不在,我还可以向你提供帮助。"① 人们对《资本论》要求很迫切,而且希望能全部得到。可是,就在《资本论》即将出版的时刻,法国政府委派了一名法定管理人主管拉沙特尔在巴黎开设的书店,这样,最后的几个月就更加困难。看来这些困难一度使拉沙特尔对马克思著作通俗易懂的看法产生了动摇:"你的书超出了一般读者的理解能力,在法国工人的教育程度低于德国工人的情况下,我实在担心他们不能领会这部著作。虽然我校过清样,拜读过你的大作,但也不能理解。我的理解能力虽属平常,但我敢说广大读者理解这部论著的能力未见得比我高,如果你仍然用一般人不能接受的语言来阐述的话……"②

然而,他在出版的前夕,又收回了这番话,他说:"我对最后几个分册(三十六至四十)非常满意,工人们能理解书的意思,文章适合所有人的接受能力。"③ 但是,由于技术原因和法定管理人的蓄意阻挠,《资本论》的出版又拖延下来。凯(法定管理人的名字)早在8月底就同意出版,④ 到了12月,拉沙特尔已看出"这种同意只不过是凡尔赛保守派的许诺"。⑤ 实际上,《资本论》法文版直到1876年初才问世,而且在完成以后,它的发行又遭到书商的破坏。1879年6月,拉沙特尔遇赦回到巴黎,他最关心的问题之一就是打听《资本论》的库存情

---

① 拉沙特尔致马克思(1874年6月24日)。
② 拉沙特尔致马克思(1875年2月15日)。
③ 拉沙特尔致马克思(1875年5月4日)。
④ 拉沙特尔致马克思(1875年9月26日)。
⑤ 拉沙特尔致马克思(1875年12月28日)。

况。他写信给马克思说:"我已遇赦回到巴黎,我既不后悔,也未屈服。我过去是,现在还是君主、教士和各种流弊的敌人,是贫民的朋友,仅此而已……""以前所印一千套最后几个分册现在还剩下三百套。在过去的六年里,我们只售出了六、七百套,这是一个可悲的结果……"

在这封信的结尾,拉沙特尔无意中以一种不近人情的口气告诉马克思,他开始"出版拉萨尔的著作,这部书是马隆在一个德国朋友的帮助下翻译的"。就我们所知,这是拉沙特尔写给马克思的最后一封信。

今天,我们很难想象得到当年翻译《资本论》时的工作条件。刚开始进行这项工作时,还做不到一次复写两份,燕妮·马克思在信中为此也发过怨言。拉沙特尔还得从马克思利用过的原版著作中核对引用的资料。《资本论》的译稿要在伦敦的马克思,圣塞瓦斯田的拉沙特尔,以及巴黎的印刷厂主拉羽尔手中依次传递,而这些译稿都得用手抄写。

除了这些困难,马克思还得抱病过问第一国际生活中发生的一切问题。同时,在法文版翻译工作开始的时候,他又要为《资本论》的第二版作准备。

我们已经看到,马克思在1872年同时进行着两项工作:直接校对、修改鲁瓦的译稿,以及修改第一版,为第二版作准备。两个文本所以会存在不少差别,部分原因在于这两项工作是交错进行的,从理论讲,这两个文本也是同时写成的。在整个过程的每一阶段(为鲁瓦准备原本,为迈斯纳校对清样,对鲁瓦寄来的译稿进行校改,校对印刷厂主寄来的清样),马克思都做了一些改动,引起印刷厂主很大的不快。在各个不同的阶段,许多作者总会在分工范围内进行一些简短的修改,而对于马克思来说,这种分工却助长了一种不能提倡的倾向,那就是一直不停的改写,涂改。

《资本论》法译本共出版四十四个分册(每个分册八页),分为九辑(每辑五个分册)出售,每辑封面都印有新图饰。第二辑至第六辑于1873年出版，后三辑于1875年出版。每辑（五个分册，共有双栏排印版面四十大页）售价五十生丁，全套平装本五法郎，精装本六法郎。为避免超支，马克思准备的索引未能编入。

拉沙特尔最后还是放弃了为马克思撰写传略的想法。起初，他曾通过劳拉·拉法格提出这个要求，后来，在1873年，又向恩格斯再次提出。恩格斯回答说，马克思的传略实际上牵涉到党的历史，当拉沙特尔说明情况的时候，这篇传略已经开始撰写了。于是，拉沙特尔与恩格斯产生了严重的误会。拉沙特尔不想为撰写马克思传略再向哪个人支付稿酬，他向恩格斯详尽说明了他的出版事业宗旨的"战斗性"高于"营业性"……于是，恩格斯建议拉沙特尔采用法国《画报》刊载过的马克思传略，并建议不要创办拟由马克思来领导的周刊，而去写一部共产党的历史。拉沙特尔谢绝了这个建议，他解释说，这是不可能的，因为他受到了引渡的威胁。① 最后，《资本论》出版时附上了马克思在1873年3月18日致拉沙特尔的信，以及一帧作者的铜版像，这张近影使得马克思阖家开颜。1875年4月28日，马克思写了一篇简短的《跋》，对译者鲁瓦"非常认真"的工作态度加以赞扬，同时也对他进行了不直接的批评。拉沙特尔对鲁瓦过于讨价还价也毫不客气地进行了指责。

《资本论》的开本与路易·勃朗的《法兰西革命史》同样大小。拉沙特尔并没有正式预告它的出版，而是通过散发内容简介的途径发行。他把宣传《资本论》的广告印在《教皇史》一书的封面上。前面已经说过，《资本论》在第一次印刷时，印刷量很小，销售量也很有限。到了1885年，除了第二版出的千余册样书外，进步书店"悄悄"再版了五千册。这次再版作了某些变动，并改动了德文序言的日期。②

---

① 拉沙特尔致恩格斯（1873年2月14日，3月16日）。
② 安娜·乌罗耶娃：《一部不朽的著作》，第148页。

自从《法兰西信使报》刊载了《资本论》序言摘要（1867年第106号），以及布鲁塞尔的1867年第15号《自由报》转载了序言全文之后，法国的读者就知道《资本论》德文版本的存在。① 但《资本论》与法国读者见面，看来经历了很长的时间。

以上就是《资本论》第一个法文译本出版的简要情况和条件。从所花费的时间看，这个译本在马克思的眼里不会不把它当作第一卷的一个特别版本，一部原著来等同看待。自1844年以来，马克思就不停地从事这部巨著的写作和改写，1867年出版的第一个德文版本就部分地经历过这种不断重新开始的过程，我们设想，要是马克思从事英译本校对的话，他也可能继续改写这部著作的。

（原载法国《思想》杂志第233期）
（刘经浩 译）

---

① 安娜·乌罗耶娃：《一部不朽的著作》，第158页。

法文版《资本论》的独立科学价值[*]

冯文光

马克思在一八七五年四月二十八日写的《资本论·法文版跋》中说:"不管这个法文版本有怎样的文字上的缺点,它仍然在原本之外有独立的科学价值。"① 这里所说的"原本"是指德文第二版。一八七二年出版了《资本论》第一卷德文第二版,约瑟夫·鲁瓦根据这个版本译成法文。由于鲁瓦译得太死,马克思"不得不对法译文整段整段地加以改写,以便使法国读者读懂"②。因此,法文版同德文第二版之间就有了很大的差别。首先,法文版全书的篇章结构有了新的划分,由德文第二版原来的七篇二十五章改为八篇三十三章,三分之一以上的篇、章、节标题做了改动。此外,法文本同德文第二版相比,在内容上也有了很多的改动。内容上的改动总括起来有以下几个方面:理论上的修改、补充,文字论述的改善,名词术语的通俗化;有些地方还补充了历史材料和统计资料,增加了说明性的注释。从全卷来看,改动最多的是论述商品和货币的第一篇和论述资本积累的第七篇。

当一八八一年十月出版商迈斯纳通知马克思准备德文第三版时,马克思曾打算根据法文版的改动出一个全新的德文版本,但那时马克思的

---

[*] 本文选自《中国社会科学》1983 年第 3 期。
① 《资本论》第 1 卷,人民出版社 1975 年版,第 29 页。
② 《马克思恩格斯〈资本论〉书信集》,第 324 页。

健康状况已经使他不能再做这件工作了,况且他那时还急于要完成《资本论》第二卷的定稿。于是,马克思改变了想法,打算把法文版中的内容补充进德文第二版,在此基础上出第三版。马克思没有实现这一计划就逝世了,这一工作是由恩格斯来完成的。恩格斯在准备德文第三版和第四版时把法文版的许多修改吸收进去了。这里自然地会提出这样一个问题:法文版《资本论》第一卷同德文第四版《资本论》第一卷相比,是否还具有马克思所说的"独立的科学价值呢"?从译校法文版《资本论》的情况来看,法文版同德文第四版依然存在着很多的差别。本文的目的就是从马克思在法文版中对德文第二版进行的修改而后来又未被德文第三、四版所吸收的内容中,列举出一些实例,进行初步的探讨和分析,以表明法文版与德文第四版相比仍然具有独立的科学价值。因此,法文版中已为德文第三、四版所吸收的内容,本文就不再涉及了。

以下分若干题目论述。

一、价值和交换价值

对于马克思在《资本论》中所说的商品二重性或二因素是一回事还是有所区别,经济学界历来有着不同的看法。一种看法认为,商品的二重性是指使用价值和交换价值,商品的二因素是指使用价值和价值。另一种看法认为,二重性或二因素是一回事情。从法文版的修改情况来看。后一种看法是有道理的。

《资本论》第一卷(德文第二版)开篇第一章第一节的标题是:"商品的两个因素:使用价值和价值(价值实体,价值量)"。法文版把这一标题改为:"商品的两个因素:使用价值和交换价值或价值本身(价值实体,价值量)"。法文版的这一改动,一方面反映了第一节的论述次序,先是分析使用价值,进而分析交换价值,接着从交换价值中引出价值；另一方面，体现了简便的做法，马克思曾经指出，在了解了交换价值和价值的区别之后，说商品是使用价值和交换价值就没有害处，"而只有简便的好处"①。

应该指出，法文版中并没有在所有提到"使用价值和价值"的地方都改成"使用价值和交换价值"，这两种提法在法文版中同在《资本论》第一卷的几个德文版本中一样，也是并用的，但从若干处改动来看，马克思在法文版中是倾向于恢复商品是"使用价值和交换价值"的提法的。

下面举两个例子并对照德文第一版和第二版的相应地方来说明法文版的这种修改。

《资本论》第一卷第一八二页上说："但是，人们购买商品不是付二次钱：一次是为了它的使用价值，一次是为了它的价值。"这句话中的"价值"在德文第一版中是"交换价值"，在德文第二版中改为"价值"，也就是说，在这里德文第二版与第四版是相同的。法文版在德文第二版的基础上把这句话中的"价值"又改回为"交换价值"，后来的德文第四版并没有吸收这一改动。

第二个例子见《资本论》第一卷第二一一页："正如商品本身是使用价值和价值的统一一样，商品生产过程必定是劳动过程和价值形成过程的统一。"同前一个例子一样，这个例子中的价值在德文第一版中是交换价值，在德文第二版中改为价值，法文版又改回为交换价值，后来的德文第四版没有吸收法文版的这一改动。

从上面两个例子中可以明显地看到，马克思在德文第一版中谈到商品的二重性或二因素时倾向于用"使用价值和交换价值"；在德文第二版中又倾向于用"价值"这一术语来代替"交换价值"，但与此同时他

---

① 《资本论》第 1 卷，人民出版社 1975 年版，第 75 页。

指出，在认识交换价值和价值的区别的基础上说商品是使用价值和交换价值就没有害处。

但是，不能由此得出结论说：由于马克思在《资本论》第一卷德文第二版中倾向于把第一版的"使用价值和交换价值"改为"使用价值和价值"，所以马克思只是在第二版中才区分了交换价值和价值。早在一八五七——一八五八年的《政治经济学批判大纲》中，马克思就在实质上发现了劳动的二重性，从而区分了交换价值和价值。他在这部著作中写道："一定的劳动时间物化在具有特殊属性并与需求发生特殊关系的一定的特殊商品中；而作为交换价值，劳动时间必须物化在这样一种商品中，这种商品只表现为劳动时间的份额或数量而同劳动时间的自然属性无关，因而可以变形为——即交换成——体现着同一劳动时间的其他任何商品。"① 在这里，生产价值和剩余价值的劳动的质的方面被揭示出来了，价值和剩余价值的源泉得到了科学的说明。虽然马克思仍然使用了"交换价值"这一术语，但"交换价值"在这里是作为抽象劳动的结晶"价值"来使用的。可见，在这部手稿中，价值和交换价值已经真正区别开来，它们作为术语的并用只是一个形式上的问题了。

在马克思的一八五七——一八五八年手稿以后的经济学著作中，"交换价值"和"价值"这两个术语常常还是并用的。在谈到商品的二重性或二因素时，马克思有时说"使用价值和交换价值"，有时说"使用价值和价值"，并没有绝对地作出区分。从前面提到的法文版的几处修改来看，商品的二重性或二因素是一回事情。

---

① 《马克思恩格斯全集》第1版第46卷上册第115页。

二、简单劳动、复杂劳动和非熟练劳动、熟练劳动

经济学界有的同志认为,简单劳动和复杂劳动是一组概念,非熟练劳动和熟练劳动是另一组概念,这两组概念是并列的。另外有一些同志则认为,这两组概念是一回事,简单劳动就是非熟练劳动,复杂劳动就是熟练劳动。

我们只要看一看法文版的几处修改,就可以对这一问题得出明确的答案。

德文第二版第一八六页原文是:"较高级劳动和简单劳动、熟练劳动和非熟练劳动的区别,一部分是根据单纯的幻想,或者至少是根据早就不现实的、只是作为传统惯例而存在的区别……"① 法文版改为:"复杂劳动和简单劳动、熟练劳动和非熟练劳动之间的区别,常常是根据单纯的幻想……" 法文版中的括弧是马克思自己加的。

德文第二版第十九页的原文是:"比较复杂的劳动只是**自乘的**或不如说**多倍的**简单劳动,因此,少量的复杂劳动等于多量的简单劳动。"② 法文版改为:"复杂的劳动(熟练劳动)只是简单劳动的乘方或不如说是自乘的简单劳动。" 这里的括弧也是马克思在法文版原文中加的。

这两个例子表明,马克思在法文版中是把熟练劳动当作复杂劳动的同义语使用的。

前面所说的两种不同意见实际上是例一中的那段话的不同理解,从

---

① 《资本论》第1卷,人民出版社1975年版,第224页注(18)。德文第1、4版中的这段文字同第2版。

② 《资本论》第1卷,人民出版社1975年版,第58页。德文第1、4版中的这段文字同第2版。

德文所有各个版本来看,"较高级劳动和简单劳动,熟练劳动和非熟练劳动"既可以理解成是并列的两组概念,也可以理解成一组概念的两个表现方法。马克思在法文版中把"熟练劳动和非熟练劳动"用圆括号括起来,这样就排除了两组概念并列的可能。此外,在这段话下面几行以后还有这样几句话:"另一方面,剪毛工人的劳动虽然体力消耗大,而且很不卫生,但仍被看作'简单'劳动。而且.不要以为所谓'熟练劳动'在国民劳动中占着相当大的数量。"这几句话在德文第一版、第二版和第四版中是完全相同的,但法文版不同,它把"所谓'熟练劳动'"改成"所谓的高级劳动",并在高级二字后面用尖括号括起"熟练"二字,以此说明高级劳动。这样就更进一步证明了,高级劳动、复杂劳动、熟练劳动是一回事情,并没有什么区别。

三、社会平均劳动和生产金银的劳动

在法文版中,马克思对德文第二版《资本论》第一卷第五章最后一段话作了若干修改,而且增加了一大段论述。全段文字如下:"另一方面,当问题涉及价值生产时,较高级的劳动总是要化为社会平均劳动,例如一日复杂劳动化为两日简单劳动,如果某些有修养的经济学家反对这种'武断的言论',现在用一句德国谚语来说,他们是只见树木不见森林!他们指责这是分析的诡计,但他们所指责的恰恰是在世界各地每个各地每个角落里天天都在发生的过程,极其不同的商品价值到处都无差别地表现为货币,即表现为一定量的金或银。因此,这些价值所代表的不同种的劳动,已经按不同的比例化为唯一的、同种的普通劳动即生产金银的劳动的一定量。"这一大段没有被德文第四版吸收的文字,是很有意义的。我们在这里可以看到,社会平均劳动以及金银的价值尺度职能得到了具体而形象的表述。

计量商品的价值大小的，是生产该商品时所花费的社会必要劳动时间。这就是说，生产价值的有效劳动是社会平均劳动。社会上存在的各种不同复杂程度的劳动都必须化为社会平均劳动即简单劳动，才能加以计量。但是，社会平均劳动或简单劳动都是抽象劳动，因此都带有抽象的性质。为了更进一步说明社会平均劳动或简单劳动，马克思在法文版中把它们同生产金银的劳动等同起来。复杂劳动化为社会平均劳动或简单劳动，也就是化为生产金银的劳动。社会平均劳动所实现的价值就是这种劳动在同一时间内所生产的金量。关于这一点，我们还可以看一看法文版对德文第二版的另外两处修改。

德文第二版第一五八页原文是："假定半天的社会平均劳动又表现为3先令或1塔勒的金量，那末1塔勒就是相当于劳动力日价值的价格。"法文版改为："假定6小时的半个劳动日平均生产的金量是3先令或1埃巨，那么1埃巨的价格就表现了劳动力的日价值。"

德文第二版第一七八页原文是："在劳动力出卖时，曾假定它的日价值=3先令，在3先令中体现了6个劳动小时，而这也就是生产出工人每天平均的生活资料量所需要的劳动量。"[①] 法文版改为："在劳动力出卖时，曾假定它的日价值=3先令，——体现着6个劳动小时的金量——因此，为生产出每天维持劳动者的平均生产资料量需要劳动6小时。"

我们从法文版的以上修改中可以看到：一方面，社会平均劳动或简单劳动具体化了，变得更容易理解、更容易捉摸了；另一方面，马克思着重强调了金银的价值尺度职能。

---

① 《资本论》第1卷，人民出版社1975年版，第215页。德文第1、4版中的这段文字同第2版。

四、个人使用价值和社会使用价值

马克思在《资本论》德文第二版第一卷第一五五页上着重说明了资本主义商品经济中使用价值的特征形式。他写道:"一个物可以有用,而且是人类劳动产品,但不是商品。谁用自己的产品来满足自己的需要,他生产的就只是使用价值,而不是商品。要生产商品,他不仅要生产使用价值,而且要为别人生产使用价值,即生产社会的使用价值。"[1]法文版对这一段话的修改不大,主要是在"他生产的就只是使用价值"中的"使用价值"前面加上"个人的"三个字。然而,我们从这一修改中却可以得到很多的启示。

第一,马克思在这里把个人使用价值和社会使用价值作为一组对立的概念来使用。个人使用价值不能成为商品,社会使用价值才能成为商品。洛贝尔图斯曾指责马克思,说他把交换价值同使用价值对立起来,从而把历史概念同逻辑概念对立起来。在洛贝尔图斯看来,交换价值是在一定的历史时期产生的,因此是一个历史的概念,而使用价值(包括个人的使用价值和社会的使用价值)却是一开始就有的。人在任何状态下都要吃喝等等,也就是要到自然界中找自己所需要的东西,把一定的外界物当作"使用价值",因此洛贝尔图斯把使用价值称作"逻辑的"概念,这种指责十分荒唐。首先,使用价值决不是一个逻辑概念。人通过实践占有自然界,从自然界获取自己生存所需要的东西,因此人与自然的关系是一种实践的关系,不是纯理论的、逻辑的关系。其次,社会使用价值决不是一开始就有的,它同样也是一个历史的概念。洛贝尔图

---

[1] 《资本论》第1卷,人民出版社1975年版,第54页。德文第1、4版中的这段文字同第2版。

斯在这里把商品的社会使用价值变成了社会使用价值一般，强加于马克思，然后再指责马克思。洛贝尔图斯不懂得，个人的使用价值是为个人而生产的，原始人用来击落果实的树枝具有使用价值，但不是社会的使用价值。只是在生产发展的一定阶段上，随着产品交换的发展才出现社会的使用价值。这时的使用价值是为交换而生产的。在市场上的价目表中，每一种商品既是使用价值，是铁、棉纱、粮食等物，是与其他商品在质上不同的物，但与此同时又是交换价值，表现为价格，表现为与其他商品在质上相同而在量上不同的东西。商品是使用价值和交换价值的统一，这是非常清楚的事实。而洛贝尔图斯却胡说什么"逻辑的"对立。马克思在《评阿·瓦格纳的〈政治经济学教科书〉》一文中明确指出了洛贝尔图斯的错误根源："在这里，只有在洛贝尔图斯和他的同类的德国学究教授们那里才有'**逻辑的**'对立，他们不是从'社会物'、'商品'出发，而是从价值的'概念'出发……"①

第二，把个人的使用价值和社会的使用价值对立起来，有助于我们更好地理解马克思的研究对象。使用价值是不是马克思的研究对象，对这个问题长期以来有着不同的理解。瓦格纳认为，马克思主张"使用价值"应该完全从"科学"中抛开。马克思对此指出："这一切都是'胡说'。"② 马克思在批判了瓦格纳的谬论以后说："在我看来，使用价值起着一种与在以往的政治经济学中完全不同的重要作用；但是——这是必须指出的——使用价值始终只是在这样一种场合才予以注意，即这种研究是从分析一定的经济结构得出的，而不是从空谈'使用价值'和'价值'这些概念和词得出的。"③ 我们从以上关于个人的使用价值和社

---

① 《马克思恩格斯全集》第1版第19卷第419页。
② 《马克思恩格斯全集》第1版第19卷第412页。
③ 《马克思恩格斯全集》第1版第19卷第414页。

会的使用价值的分析中可以看到，在马克思的研究中受到注意的是社会的使用价值，而不是个人的使用价值。社会的使用价值是从分析一定的经济结构得出的概念。作为商品这个使用价值和交换价值的统一体中的使用价值，是马克思研究的对象的组成部分。这种使用价值在马克思的研究中是起了很大作用的。例如，马克思在分析商品时考察了商品的二重形式，即使用价值和交换价值，进而论证了生产商品的劳动的二重性；在分析价值形式时，一种商品的价值通过另一种商品的使用价值表现出来；尤其重要的是，马克思在发现劳动二重性的基础上论证了剩余价值的起源是劳动力特有的使用价值。这些情况表明，使用价值就其作为与交换价值组成的统一体的一个方面来说，是马克思考察的对象。马克思在一八五七——一八五八年手稿中写道："政治经济学所研究的是财富的特殊社会形式，或者不如说是财富生产的特殊社会形式。财富的材料，不论是主体的，如劳动，还是客体的，如满足自然需要或历史需要的对象，对于一切生产时代来说最初表现为共同的东西。因此……只有当这种材料为形式关系所改变或表现为改变这种形式关系的东西时，才列入考察的范围。"① 上述的社会使用价值已经为形式关系所改变，本身具有一定的形式规定性，并且在商品、货币、剩余价值生产的分析中都起着不可缺少的作用，因此它是政治经济学的研究对象。

五、关于物质生产力、社会关系和人的意识的关系

马克思主义的历史唯物主义认为，在整个社会生活中，起决定作用的归根到底是物质生活的生产和再生产，或者说，起决定作用的归根到底是经济条件：在生产力和生产关系之间以及物质生活条件和思想领域

---

① 《马克思恩格斯全集》第1版第46卷下册第383页。

之间的关系中，生产力和物质生活条件是起决定作用的，是第一性的。在马克思恩格斯那时，他们的论敌总是把历史的创造归结于个人的意志。从最终结果来看，历史事件是从许多个人的意志的相互冲突中产生出来的，但是正如恩格斯指出的那样，"其中每一个意志，又是由许多特殊的生活条件，才成为它所成为的那样"①。个人的意志归根到底是由生活条件所决定的。马克思恩格斯在反驳他们的论敌时始终强调了这一原则。

马克思在亲自修订的法文版《资本论》中，对原来提到生产关系同生产力发展水平相适应的地方作了修改，这些修改突出地强调了物质生产力水平决定社会关系，决定政治关系，从而也强调了物质生产和社会关系的变革会引起人的意识的变革的思想。下面我们结合法文版中修改的实例来加以说明。

一、在生产力的发展水平和生产关系之间，前者产生并决定后者。马克思在一八五九年写的《政治经济学批判序言》中有一句很有名的话："人们在自己生活的社会生产中发生一定的、必然的、不以他们的意志为转移的关系，即同他们的物质生产力的一定发展阶段相适合的生产关系。"②后来，马克思在《资本论》德文第二版第一卷中把"同他们的物质生产力的一定发展阶段相适合的生产关系"改成了"一定的生产方式以及与它相适应的生产关系"③。法文版《资本论》中对这句话又作了进一步的修改，改成为"一定的生产方式以及从这种生产方式中产生的社会关系"，这里所说的"一定的生产方式"就是指物质生产

---

① 《马克思恩格斯〈资本论〉书信集》，第501页。
② 《马克思恩格斯全集》第1版第13卷第8页。
③ 《资本论》第1卷，人民出版社1975年版，第99页。德文第1、4版中的这段文字同第2版。

力的一定发展阶段,"产生"就是指"决定"。关于这一点我们可以通过法文版的另一处修改得到说明。《资本论》德文第二版第一卷第五七页上有这样一段话:"这些古老的社会生产机体……存在的条件是:劳动生产力处于低级发展阶段,与此相应,人们在物质生活生产过程内部的关系,即他们彼此批次之间以及他们同自然之间的关系是很狭隘的。"① 法文版把这句话修改为:"劳动力生产力处于低级发展阶段。是这些古老的社会机体的特征,因而……决定了人们之间的关系以及人们同自然之间的关系的狭隘性。"

二、生产力的一定发展水平不仅产生出一定的社会关系,而且还产生出一定的政治关系。《资本论》德文第一版序言中有这样一段话:"除了现代的灾难而外,压迫着我们的还有许多遗留下来的灾难,这些灾难的产生是由于古老而陈旧的生产方式以及伴随着它们的过时的社会关系和政治关系。"这段话在德文第二版和第四版中都没有改动。法文版把这段话修改如下:"……这些灾难的产生,是陈旧的生产方式还在苟延残喘、而且与这种生产方式相伴随的还有它所产生的过时的社会关系和政治关系。"我们在这里可以明显地看到,法文版中的这段话同原来的阐述差不多,所不同的是法文版特意加上了"还有它所产生的"几个字。显然,马克思的这一修改不是无关紧要的,其用意就在于强调社会关系和政治关系都要由物质生产力的发展水平来决定这一历史唯物主义的原理。

三、物质生产和社会关系的变革引起人的头脑的变革。马克思在《资本论》德文第一版第一卷第五〇九页上的一个脚注中说:"把纳·威·西尼耳在1863年的演说和他对1833年工厂法的痛骂比较一下……

---

① 《资本论》第1卷,人民出版社1975年版,第96页。德文第1、4版中的这段文字同第2版。

就可以清楚地说明，大工业发展到一定水平是如何通过物质生产方式和社会生产关系的变革而使人的头脑发生变革的。"① 马克思在法文版中再一次强调了物质生产产生社会关系的历史唯物主义原理。法文版中的这一段话是："……就可以清楚地说明，大工业发展到一定水平时能够在多大的程度上使物质生产以及从这种物质生产中产生的社会关系发生变革，从而同样地使人的头脑发生变革。"

从法文版中以上三个修改的例子来看，马克思非常强调物质生产力的第一性作用。但是决不能由此得出结论说，在历史事件中经济因素是唯一的决定因素。马克思这样做是有其历史原因的。恩格斯在一八九〇年九月二十一〔——二十二〕日致约瑟夫·布洛赫的信中说："青年们有时过分看重经济方面，这有一部分是马克思和我应当负责的。我们在反驳我们的论敌时，常常不得不强调被他们否认的主要原则，并且不是始终都有时间、地点和机会来给其他参与交互作用的因素以应有的重视。"恩格斯在同一封信中还提到，政治等等的前提和条件以及人们头脑中的传统也起着一定的作用。由此可见，马克思在法文版中强调生产力的第一性作用，是为了说明社会生活中起决定作用的归根到底是经济的因素，是为了使人们在分析历史事件时能牢记这一原理。但是，在历史事件中起作用的不仅是经济因素，而且还有阶级斗争、国家、意识形态等等因素。因此，在研究具体的历史时期时不可忽视其他一切因素间的交互作用，否则，"把理论应用于任何历史时期，就会比解一个最简单的一次方程式更容易了"。②

---

① 《资本论》第1卷，人民出版社1975年版，第530页。德文第1、4版中的这段文字同第2版。

② 《马克思恩格斯〈资本论〉书信集》，第500页。

六、关于生产方式

长期以来，人们对生产方式这一术语有着不同的理解，大体来说有如下几种不同的意见：第一种意见认为，"生产方式"是指生产关系；第二种意见认为，"生产方式"指生产力与生产关系的对立统一；第三种意见认为，"生产方式"是指用什么工具进行生产；第四种意见认为，"生产方式"既指劳动方式，也指生产的社会形式；第五种意见认为，"生产方式"是生产力和生产关系的中间环节。

马克思在亲自校订法文版《资本论》时，多处对德文第二版中的"生产方式"作了改动。为了理解"生产方式"的含义，在这里首先有必要列举一些法文版修改的例子。

一、德文第二版跋的原话是："在资本主义生产方式的对抗性质在法英两国通过历史斗争而明显地暴露出来以后，资本主义生产方式才在德国成熟起来……"① 法文版改为："当资本主义生产在德国成熟时，阶级斗争已经在英国和法国明显地表现出对抗的性质……"

二、德文第二版第三六九页为："在资本主义生产方式的社会中，社会分工的无政府状态和工场手工业分工的专制是互相制约的……"② 法文版改为："如果说资产阶级社会的特点是社会分工的无政府状态和工场手工业的专制，那么，反过来我们又会在……"

三、德文第二版第三九六页为："在纸张的生产上，我们可以详细而有益地研究以不同生产资料为基础的不同生产方式之间的区别，以及

---

① 《资本论》第1卷，人民出版社1975年版，第18页。
② 《资本论》第1卷，人民出版社1975年版，第359页。德文第1、4版中的这段文字同第2版。

社会生产关系同这些生产方式之间的联系……"①法文版把这一段话改为:"在纸张的生产上,我们可以详细而有益地研究以不同生产资料为基础的不同生产方式之间的区别,以及生产的社会条件同生产技术工艺之间的关系。"

四、德文第二版第三九八—三九九页为:"一个工业部门生产方式的变革,必定引起其他部门生产方式的变革……但是,工农业生产方式的革命……因此,撇开已经完全发生变革的帆船制造业不说,交通运输业是逐渐地靠内河轮船、铁路、远洋轮船和电报的体系而适应了大工业的生产方式。"②这段话中四次出现了"生产方式"。法文版保留了前两个"生产方式",把"工农业生产方式的革命"改为"工农业的革命",把"适应了大工业的生产方式"改为"适应了大工业的要求"。

五、德文第二版第五〇七页为:"同时,工厂法的这个部分清楚地表明,资本主义生产方式按其本质来说,只要超过一定的限度就拒绝任何合理的改良。"③法文版改为:"同时,工厂法也表明,超过一定的限度,资本主义制度就不会允许任何合理的改良。"

六、德文第二版第七六九页为:"劳动对资本的从属只是形式上的,就是说,生产方式本身还不具有特殊的资本主义的性质。"④法文版改为:"生产技术方式还没有特殊的资本主义性质,所以劳动对资本的从

---

① 《资本论》第1卷,人民出版社1975年版,第418页。德文第4版中的这段文字同第2版。

② 《资本论》第1卷,人民出版社1975年版,第421页。德文第1、4版中的这段文字同第2版。

③ 《资本论》第1卷,人民出版社1975年版,第528页。德文第1、4版中的这段文字同第2版。

④ 《资本论》第1卷,人民出版社1975年版,第809页。德文第4版中的这段文字同第2版。

属只是形式上的。"

七、德文第二版第七八二页为："但所有这些方法都利用国家权力，也就是利用集中的有组织的社会暴力，来大力促进从封建生产方式向资本主义生产方式的转变过程，缩短过渡时间。"① 法文版改为："……从封建经济制度向资本主义经济制度的转变过程……"

从以上的例子中可以看到，"生产方式"大致有两方面的含义，一是指某种生产（形式）、某种社会制度或经济制度，二是指生产技术工艺或生产技术方式。

此外，我们还可以看到，马克思在《资本论》第一卷中使用"生产方式"这一术语时是指劳动的生产条件，包括技术条件和社会条件。例如，德文第二版第三二一页上的一大段论述很明确地指出了这一点。其中谈到资本为了生产相对剩余价值，只延长工作日就不够了，还"必须变革劳动过程的技术条件和社会条件，从而变革生产方式本身……"② 法文版更明确地改为："这时它需要改造技术条件和社会条件，即生产方式。"

七、关于《资本论》的研究对象

马克思在《资本论》第一卷的第一版序言中说："我要在本书研究的，是资本主义生产方式以及和它相适应的生产关系和交换关系。"这句话涉及《资本论》的研究对象问题。如何理解这句话，尤其是如何理解其中的"生产方式"，在经济学界存在着不同的意见。概括说来，

---

① 《资本论》第1卷，人民出版社1975年版，第819页。德文第1、4版中的这段文字同第2版。

② 《资本论》第1卷，人民出版社1975年版，第350页。

主要有三种不同意见:"生产方式"指生产关系;"生产方式"指生产力;"生产方式"指生产力和生产关系的统一。

从法文版《资本论》来看,这句话中的"资本主义生产方式"就是指资本主义生产。在法文版中,"资本主义生产方式"有时被保留下来,有时被改为"资产阶级社会"和"资本主义制度";有时被改为"资本主义生产",而且在许多场合,"资本主义生产方式"和"资本主义生产"是同时并用的。在上面那句话后面紧接着的一句,在德文第一版、第二版和第四版中都是:"到现在为止,这种生产方式的典型地点是英国。"法文版在这里不是说"这种生产方式的典型地点是英国",而是说"英国是这种生产的典型地点"。因此,根据法文版对"资本主义生产方式"这一用语的多处改动,可以把德文第一版序言中的那段话理解为:马克思在《资本论》中要研究的是"资本主义生产以及和它相适应的生产关系和交换关系"。

关于资本主义生产,马克思指出,它"实质上就是剩余价值的生产,就是剩余劳动的吸取"①。在《资本论》第三卷中,马克思更详细地规定了资本主义生产,他指出:资本主义生产有三个主要事实:"1. 生产资料集中在少数人手中,因此不再表现为直接劳动者的财产,而是相反地转化为社会的生产能力……2. 劳动本身由于协作、分工以及劳动和自然科学的结合而组织成为社会的劳动……3. 世界市场的形成。"② 资本主义社会中人与人之间的关系、阶级与阶级之间的关系正是在这三个主要事实的基础上展开的。这些事实同从这些事实中产生的关系之间有着不可分割的联系。离开对这些事实的考察,也就是说,离开对这些事实的集中表现即剩余价值生产的考察,要阐明资本主义生产关系也就不可

---

① 《资本论》第 1 卷,人民出版社 1975 年版,第 295 页。
② 《资本论》第 3 卷,人民出版社 1975 年版,第 296 页。

能了。因此，从德文第一版序言中的那句话中不能得出结论说，《资本论》的研究对象仅仅是资本主义社会的生产关系。

任何生产都需要一定的技术条件和社会条件，资本主义生产也是这样，这些条件在资本主义生产中被改变了，变成了资本剥削剩余价值的手段；与此同时，这些条件反过来也会对资本的剥削发生影响。从这一意义上来说，生产力也应该列入《资本论》的考察范围。

八、货币价值、商品价格、货币流通量的变化

流通手段量的变化是由货币本身引起的，但引起这种变化的不是货币作为流通手段的职能，而是货币作为价值尺度的职能。在论述这一原理时，《资本论》第一卷德文第二版第九七页上写道："光是商品价格同货币价值成反比例地变化，然后是流通手段量同商品价格成正比例地变化。"① 法文版把这段话修改为："在这些场合首先是货币价值发生变化。然后是商品同货币价值成反比例地变化，而最后是流通货币量同商品价格成正比例地变化。"这段话的修改主要在于强调了"首先是货币价值发生变化"，从而也就更突出了货币的价值尺度职能引起流通手段量变化的思想。

德文第二版说"先是商品价格同货币价值成反比例地变化"，意思不明确，甚至还可能产生错误的理解。商品价格同货币价值成反比例变化可以有两种情况，或者是商品价格的提高或下降，引起货币价值的下降或提高，或者是货币价值的提高或下降，引起商品价格的下降或提高。如果从前一种情况出发来理解问题，就有可能割断货币的价值尺度

---

① 《资本论》第1卷，人民出版社1975年版，第137页。德文第1、4版中的这段文字同第2版。

职能同流通手段量的变化之间的联系。

李嘉图认为,金银的价值最终取决于采掘这种金属并把它运到市场所需要的总劳动量。但是他同时又认为,在流通领域中,货币价值不是由劳动时间来确定的,而是由供求规律来决定。在他看来,流通领域中的货币量是一定的,货币的价值取决于货币量和商品量的比例。如果生产的金量增加,流通中的金量超过了这一比例,金就会贬值,商品价格就会提高。又由于他把纸币与金属货币等同起来,他从另外的出发点回到了货币数量论,得出了这样一个公式:由于流通领域中纸币过多,货币价值会下降,商品价格会提高。按照李嘉图的这一公式,首先是流通领域中纸币量发生变化,通过中间环节货币价值的变化,最后导致商品价格变化。马克思在批判货币数量论基础上得出了完全不同的认识,首先是货币价值变化。中间环节是商品价格的变化,最后才是流通货币量的变化。法文版的上述改动确切地反映了马克思的这一观点。

九、比较价值

马克思在《资本论》第一卷德文第二版第九八页指出,如果价值尺度本身的价值降低,那么首先会影响在贵金属产地同贵金属相交换的那些商品的价格,"可是,通过商品间的价值关系,一种商品会影响别一种商品,于是这些商品的金价格或银价格会逐渐同商品价值本身所决定的比例趋于一致,直到最后所有的商品价值都相应地根据货币金属的新价值来估价。"① 这一段话以及紧接它的上下文的意思可以归纳为:金产地金的价值下降→金产地的商品价格提高→别地方的商品价格也随

---

① 《资本论》第1卷,人民出版社1975年版,第137—138页。德文第1、4版中的这段文字同第2版。

之提高→商品的金价格按照商品与金相比而言的价值改订→商品价格普遍改订到什么程度，实现商品价格总额的金属数量就增加到什么程度。在金价值、商品价格、流通金属数量的这种变化系列中，商品金价格按照商品与金相比而言的价值改订这一环，就是上面那句引文"这些商品的金价格或银价格会逐渐同商品价值本身所决定的比例趋于一致"所说的意思。但是，德文第二版中这样表述并不是很清楚的，因此，马克思在法文版中对这段文字作了修改。法文版的这段文字如下："一种商品通过它同别一种商品的价值关系会逐渐地对别一种商品发生影响；商品的金价格或银价格会逐渐同商品的比较价值保持平衡，直到最后所有的商品价值都根据货币金属的新价值来估价……"

法文版用"商品的比较价值"来代替"商品价值本身所决定的比例"，显然清楚易懂得多。这是法文版《资本论》第一卷中唯一使用"比较价值"这一术语的地方。这个术语是从李嘉图那里沿用下来的。李嘉图把由劳动时间决定的价值叫做绝对价值，或价值一般，把商品的表现在别一个使用价值上的交换价值叫做比较价值或相对价值。原来金1＝商品1，后来金的价值下降，于是金2＝商品1，这就是说，商品的交换价值或者比较价值提高了。在这里说"商品的比较价值"、交换价值或相对价值都是一个意思。但是，因为马克思在法文版中还常常用"交换价值"这一术语表示"价值"，所以用"比较价值"就更恰当一些。

十、关于亚细亚生产方式

自从马克思在《政治经济学批判》的序言中指出"大体说来，亚细亚的、古代的、封建的和现代资产阶级的生产方式可以看作是社会经济形态演进的几个时代"以来，人们一直在探讨亚细亚的生产方式究竟是什么社会。

《资本论》第一卷德文第二版第五六—五七页上有这样一段话："在古亚细亚的、古希腊罗马的①等等生产方式下，产品变为商品、从而人作为商品生产者而存在的现象，处于从属地位，但是共同体越是走向没落阶段，这种现象就越是重要……这些古老的社会生产机体比资产阶级的社会生产机体简单明了得多，但它们或者以个人尚未成熟，尚未脱掉同其他人的自然血缘联系的脐带为基础，或者以直接的统治和服从的关系为基础。"②法文版把这一段话改为："在古亚细亚的，一般说来古代世界的生产方式下，产品变为商品，只起从属的作用，但是随着共同体接近于解体，这种作用越来越重要。……这些古老的社会机体在生产方面比资产阶级社会简单明了得多，但它们或者以个人——可以说历史尚未割断把它同原始部落的天然共同体联系在一起的脐带——尚未成熟为基础，或者以专制制度和奴隶制度的条件为基础。"

法文版在"古代世界"前面加了"一般说来"，后面取消了"等等"字样。这一改动引起了学术界的争论。苏联的马雷什由此得出结论说："可见，第一，马克思把古亚细亚的生产方式看作整个古代世界的组成部分，第二，马克思取消了'等等'这样的猜测性字眼，从而肯定只有在古代，共同体还没有解体时，用于交换的产品才作为例外现象而存在。"③日本的林直道则得出了相反的结论，他认为在"古代世界"后面取消了"等等"字样，这句话就变成了并列的两类生产方式，一

---

① 原文是 antik，亦译"古代的"。

② 《资本论》第1卷，人民出版社1975年版，第96页。德文第1、4版中的这段文字同第2版。

③ 马雷什：《马克思亲自修订的〈资本论〉第1卷法文版》，载《马克思主义形成与发展史料》，1959年莫斯科版。

类是古亚细亚的生产方式，另一类是古代的生产方式。他认为，"或者以个人尚未成熟为基础"，指的就是古亚细亚的生产方式，它是原始共同体；而"或者以专制制度和奴隶制度的条件为基础"，指的则是"以古代世界的生产方式为代表的各种生产方式"①。

马克思在《资本论》第一卷德文第二版第十三章《机器和大工业》中曾以造纸业为例来说明不同的生产方式之间的区别。他说："在纸张的生产上，我们可以详细而有益地研究以不同生产资料为基础的不同生产方式之间的区别，以及社会生产关系同这些生产方式之间的联系，因为德国旧造纸业为我们提供了这一部门的手工业生产的典型……而现代英国提供了自动生产的典型。此外，在中国和印度，直到现在还存在着这种工业的两种不同的古亚细亚的形式。"② 在法文版中，这段话的最后一句被改成："……我们在印度和中国还可以看到这种工业的不同的原始的形式。"可见，在马克思看来，这句话中的古亚细亚形式就是原始的形式。这种原始的形式有什么特点呢？我们可以在马克思经常谈到的原始的印度公社③中找到这些特点，概括起来就是：生产资料公有制，个人尚未脱离同氏族或公社联系在一起的脐带。由此可见，上述林直道的意见是符合马克思的原意的。

关于这个文题，我们还可以看一看《资本论》第一卷第三七一页上关于不同的几类协作形式的论述。在那里，协作被分为三类。第一类

---

① 林直道：《〈资本论〉法文版的科学意义》（见《经济学译丛》1979年第10期）。

② 《资本论》第1卷，人民出版社1975年版，第418—419页。德文第1、4版中的这段文字同第2版。

③ 参看《资本论》第1卷，人民出版社1975年版，第99、371、396—397页。

是人类文化初期的协作,或者印度公社农业中的协作,其基础是"个人尚未脱离氏族或公社的脐带";第二类是"在古代世界、中世纪和现代殖民地偶而采用的大规模协作","以直接的统治关系和从属关系为基础,大多数以奴隶制为基础"。第三类是资本主义协作。毫无疑问,这里的第一类协作中所说的"个人尚未脱离氏族或公社的脐带",就是指前述古亚细亚生产方式中的"个人尚未成熟",第二类协作中所说的"直接的统治关系和从属关系"就是指前述古代世界中的"专制制度和奴隶制度"。

根据法文版的修改和《资本论》第一卷的论述,我们是否可以这样认为:古亚细亚社会是在人类文化初期出现的一种以公有制为基础的、个体尚未割断同母体的联系的原始共同体。

十一、关于未来社会的必要劳动

《资本论》第一卷德文第二版第五四九—五五〇页上有一段话谈到了未来社会的必要劳动:"如果整个工作日缩小到这个必要的部分,那么剩余劳动就消失了,这在资本的制度下是不可能发生的。只有消灭资本主义生产形式,才允许把工作日限制在必要劳动上。但是,在其他条件不变的情况下,必要劳动将会扩大自己的范围。一方面,是因为工人的生活条件日益丰富,他们的生活需求日益增长。另一方面,是因为现在的剩余劳动的一部分将会列入必要劳动,即形成社会准备基金和社会积累基金所必要的劳动。"① 法文版把这段话改为:"工作日的这个必要的但能缩减的部分形成工作日的绝对界限,这个界限在资本主义制度下

---

① 《资本论》第 1 卷,人民出版社 1975 年版,第 578 页。德文第 4 版中的这段文字同第 2 版,德文第 1 版中的这段文字与第 2、4 版只有个别用词的差别。

是不可能达到的。一旦资本主义制度被消灭，剩余劳动就会消失，整个工作日就可以限制在必要劳动上。但是不应忘记，现在的剩余劳动的一部分，即形成社会准备金和社会积累基金的部分在这种场合将会被看作是必要劳动，而现在的必要劳动量仅仅限于为自己的雇主生产财富的雇佣劳动阶级的生活费用。"

在这段话中，法文版的修改可以归纳为两点，（一）明确指出剩余劳动在资本主义制度被消灭以后就会消失；（二）指出资本主义制度中剩余劳动的一部分在未来社会将会被看作是必要劳动。

社会主义社会是否还存在剩余劳动，这个问题在经济学界是有争论的。一种意见认为，在社会主义社会里仍然存在着剩余劳动一般，因为马克思恩格斯曾把剩余劳动一般看作是"一切社会生产方式所共有的基础"①。另一种意见认为，剩余劳动是历史范畴、剥削范畴，马克思恩格斯虽然谈到一切社会都有剩余劳动一般的存在，但应以《资本论》第一卷的论述为准。持有以上两种不同意见的同志都引用了第一卷中的上述那段话，都有自己的解释和结论。一种意见认为马克思的那段话是针对资本主义社会必要劳动和剩余劳动的特殊形式说的，是从工人的角度出发说的，讲无非是对剩余劳动无偿占有的消灭，它的对抗形式的消灭，而不是剩余劳动一般本身被消灭。另一种意见认为，根据马克思的那段话，在社会主义社会里已经不存在剩余劳动，既然没有剩余劳动，也就绝不能使用作为资本主义经济本质特征的剩余价值范畴。前一种意见认为马克思所说的"剩余劳动就会消失"并没有否认剩余劳动一般的存在，这是正确的。但是这种剩余劳动一般在社会主义社会里是否要称为社会主义剩余劳动，这就值得商榷了。这种剩余劳动一般在奴隶制下表现为榨取剩余劳动本身，没有必要称为奴

---

① 《资本论》第3卷，人民出版社1975年版，第990页。

隶制剩余劳动；在封建制下采取了地租的形式，也不一定要称为封建的剩余劳动；在资本主义形式下，剩余劳动一般表现为与工人的必要劳动相对而言的剩余劳动；在社会主义条件下，剩余劳动一般也应该有它的表现形式。但不管具体的表现形式如何，都将像法文版所指出的那样"被看作是必要劳动"。

十二、关于暴力的一段名言的改动

《资本论》第一卷德文第二版第七八二页上有一段关于暴力的名言："原始积累的不同因素，多少是按时间顺序特别分配在西班牙、荷兰、法国和英国。在英国，这些因素在十七世纪末系统地综合为殖民制度、国债制度、现代税收制度和保护关税制度。这些方法一部分是以最残酷的暴力为基础，例如殖民制度就是这样。但所有这些方法都利用国家权力，也就是利用集中的有组织的社会暴力，来大力促进从封建生产方式向资本主义生产方式的转变过程，缩短过渡时间。暴力是每一孕育着新社会的旧社会的助产婆。暴力本身就是一种经济力。"① 法文版把"暴力是……助产婆"一句改为"暴力是每一个临产的旧社会的助产婆"。无疑，法文版把这句名言表述得更科学了，因为只有孕妇临产的时候才能给予助产。换句话说，只有革命条件成熟的时候，才能通过暴力来为新社会催生。

在第一版序言中，马克思曾谈到，一个认识到本身运动与自然规律的社会不能用法令取消自然的发展阶段，"但是它能缩短和减轻分娩的痛苦"。

---

① 《资本论》第1卷，人民出版社1975年版，第819页。德文第4版中的这段文字同第2版，德文第1版中的这段文字与第2版只有个别用词的差别。

法文版的这些改动更精确地表述了马克思关于社会变革过程的思想：一个社会不可能越过自己的各个发展阶段，但是这些阶段可以缩短，社会的变革要有暴力作为催生婆，但可以减轻分娩的痛苦；只有在新社会出生的条件成熟时才可用暴力来为之催生。

十三、关于一种商品固定为货币的论述

马克思在《资本论》第一卷德文第二版第二章《交换过程》中，分析了商品的使用价值和交换价值之间的矛盾在交换中是如何展开的，并且随着这种矛盾的展开，商品也就转化为货币。在这之后，马克思对商品向货币的转化，作了一段总结性的说明。

德文第二版第六五页中写道："货币结晶是交换过程的必然产物，在交换过程中，各种不同的劳动产品事实上彼此等同，从而事实上转化为商品。交换的扩大和加深的历史过程，使商品本性中潜伏着的使用价值和价值的对立发展起来。为了交易，需要这一对立在外部表现出来，这就要求商品价值有一个独立的形式，这个需要一直存在，直到由于商品分为商品和货币这种二重化而最终取得这个形式为止。可见，随着劳动产品转化为商品，商品就在同一程度上转化为货币。"①

在法文版中，这段话作了多处修改，关键的是最后一句话的修改："……交易的需要本身迫使人们赋予这一对立以躯体，要求产生一种可以感觉到的价值形式，这个需要一直存在，直到由于商品分为商品和货币这种二重化而最终取得这个形式为止。可见，随着产品向商品的普遍转化的完成，一种商品向货币的转化也就完成了。"

---

① 《资本论》第1卷，人民出版社1975年版，第105页。德文第4版中的这段文字同第2版，德文第1版中的这段文字与第2版不同。

德文版强调的是一个过程，说的是在交换过程中，劳动产品越来越具有商品性质，商品就越来越转化为货币。法文版强调的则是，只有在产品普遍转化为商品的时候，一种商品才固定为货币。这里补加的"普遍"二字是关键。产品普遍转化为商品的时期也就是真正的商品生产的时期，即劳动产品从一开始就是为了市场而生产的那一时期，即第一章第三节所分析的商品具有一般价值形式的时期。

另外，《资本论》第一卷德文第二版第三七—三八页上有这样一段话："在一切社会状态下，劳动产品都是使用物品，但只是历史上一定的发展时代，也就是使生产一个使用物所耗费的劳动表现为该物的'对象的'属性即它的价值的时代，才使劳动产品转化为商品。由此可见，商品的简单价值形式同时又是劳动产品的简单商品形式，因此，商品形式的发展是同价值形式的发展一致的。"[①] 法文版把这段话中的"劳动产品转化为商品"改为"劳动产品普遍转化为商品"。这里所说的普遍转化同前面谈到的一样，也是指商品具有一般价值形式的时期。马克思在《哲学的贫困》中曾指出交换经历了三个发展时期，最初人们只是交换剩余物，这时的价值形式是偶然的。第二个阶段是一切产品都纳入商业范围的阶段，这时产品一开始就是为市场而生产的。第三个阶段是普遍贿赂、普遍买卖的时期。这里的第二个阶段就是劳动产品普遍转化为商品的时期。

法文版加上"普遍"二字，其意义就在于说明：商品早就存在，有商品也就有货币。但商品形式和货币形式都有一个发展过程。只有到了一定的时期，商品的价值形式和货币才取得完成的形态。

---

① 《资本论》第1卷，人民出版社1975年版，第76页。德文第4版中的这段文字同第2版。

从以上的分析可以看到，马克思所说的"商品形式的发展是同价值形式的发展一致的"，不仅是纯逻辑的推论，而且也表示了逻辑和历史的一致。

十四、对重农学派的评价

在政治经济学史上，重商主义是一种大约流行于十五至十八世纪欧洲许多国家的经济学说，也是当时在封建制度下正在上升的资产阶级利用它来加速资本积累的政策。按照重商主义的看法，财富只产生于流通领域，利润的唯一来源在于对外贸易。重商主义是对现代生产方式的最早的理论探讨，但它只是抓住了现象。真正的现代经济科学是从重农主义开始的。因为重农主义认为财富的源泉在于土地，从而把研究从流通领域转到了生产领域。特别是由于法国的魁奈等人制定了社会再生产的《经济表》，使法国的经济思想在政治经济学史上闻名于世。可以说，魁奈的重农主义学说是从重商主义到亚·斯密的过渡阶段。但是，重农主义者的后继者，资产阶级古典经济学的杰出代表亚·斯密等人，在再生产问题上反而不如前人。马克思在法文版中始终注意对重农主义作出应有的评价。

在《商品拜物教》一节的最后，有一段话在德文第二版中原来是这样写的："由于商品形式是资产阶级生产的最一般的和最不发达的形式……因而，它的拜物教性质显得还比较容易看穿。但是在比较具体的形式中，连这种简单性的外观也消失了。货币主义的幻觉是从哪里来的呢？是由于货币主义没有看出：金银作为货币代表一种社会生产关系，不过采取了一种具有奇特的社会属性的自然物的形式。而蔑视货币主义的现代经济学，一当它考察资本，它的拜物教不是也很明显吗？认为地租是由土地而不是由社会产生的重农主义幻觉,又破灭了多久呢?"①法文版对这段话作了带有理论意义的修改并扩充了论述:"在我们的社会中,劳动产品所具有的最普遍的、最简单的经济形式是商品形式,所有的人都很熟悉这种形式,谁也没有从中看出什么诡诈的地方。现在我们来看看其他比较复杂的经济形式。例如,重商主义的幻想是从哪里来的呢?显然是从货币形式赋予贵金属的拜物教性质中来的,而大力夸耀自己的独立思考和不倦地重复对重商主义拜物教的乏味的嘲笑的现代政治经济学,不也同样受到了假象的欺骗吗?它的头一个教条不就是:物(例如劳动工具)按其本性是资本,如果要想揭示它们的纯社会性质,那就是犯了违犯自然罪吗?最后,在许多方面非常卓越的重农学派,不也是以为地租不是从人那里取走的贡赋,相反,是自然本身给予所有者的礼物吗?"

在这段话中,法文版的修改主要表现在:一,把"货币主义"改成了"重商主义",这是很合理的。"货币主义"只是"重商主义"的早期阶段,"重商主义"可以包括"货币主义",并且它自己也陷入同样的拜物教。二,法文版具体讲清楚了每个流派的拜物教内容。三,马克思在德文版中没有给重农主义应有的评价,只是指出了他们的拜物教也是刚刚破灭不久。法文版则不同,马克思不仅指出了重农主义陷入的拜物教的内容,而且还给了重农主义以应有的评价。

马克思在法文版的另一处地方也给了重农学派以很高的评价。德文第二版的第二十二章第二节的最后几句话原来是这样:"在本书第二卷第三篇中,我将分析实际的联系。在那里将可以看到,亚·斯密传给他的所有追随者的教条使政治经济学甚至不能理解社会再生产过程的基本

---

① 《资本论》第1卷,人民出版社1975年版,第99—100页。德文第4版中的这段文字同第2版。

机制。"马克思在法文版中删掉了这几句话,重新写了如下一段话:"要是我们只考察年生产基金,每年的再生产过程是很容易理解的。但年产品的各个组成部分都必须投入商品市场。在这里,个别资本的运动和个人收入的运动交错混合在一起,消失在普遍的换位中,即消失在社会财富的流通中,这就迷惑了观察者的视线,给研究工作提出了极其复杂的问题。重农学派最大的功劳,就在于他们在自己的《经济表》中,首次企图在年产品离开流通的形式上说明年产品的再生产的情况。他们的阐述在许多方面比他们的后继者更接近真理。"① 这段话中的最后一句没有被德文第四版所吸收,其中的后继者显然是指资产阶级古典经济学的杰出代表亚·斯密等人。"更接近真理"是指在剩余价值的起源问题上,重农学派在许多方面比亚·斯密等人更正确一些。一八七七年三月七日,马克思在给恩格斯的信中谈如何批判杜林时引用了上面那段话。马克思在信中说:"我当然不想把我自己认为重农学派是**资本和资本主义生产方式的**最早有系统的(不像配第等只是偶然的)**解释者**这一观点直接告诉这个人。在我有可能详细阐明这个观点之前,完全明确地把它讲出去,那就会被形形色色的下流作家接过去并加以歪曲。正因为如此,我在寄给你的评述中没有谈及这一点。

但是,看来这并不妨碍在答复杜林时引用**《资本论》**的下述两段话。我引用的是法文版,因为这里不像在德文原本中那样一笔带过。"② 马克思接着在信中引用了前面已经引过的关于《经济表》的话,还引用了法文版中关于生产劳动的定义的论述。从以上情况来看,我们可以说,马克思在法文版中给了重农学派以更高的评价。

---

① 法文版《资本论》第258—259页。后来的德文第3、4版吸收了法文版中的部分论述。

② 《马克思恩格斯全集》第1版第34卷第41页。

十五、对蒲鲁东的评价

马克思在《资本论》第一卷中直接提到蒲鲁东的地方约有七处。其中有几处关于蒲鲁东社会主义性质问题的论述,在法文版中被修改了。

例一:《资本论》第一卷德文第二版第四五页第24注甲有这样一段话:"对于把商品生产看作人类自由和个人独立的顶峰的小资产者一来说,去掉与这种形式相联系的缺点,特别是去掉商品的不能直接交换的性质,那当然是再好不过的事。蒲鲁东的社会主义就是对这种庸俗空想的描绘;我在别的地方曾经指出,这种社会主义连首创的功绩也没有。在它以前很久,就由格雷、布雷以及其他人更好地阐述过了。"① 法文版把这段话修改如下:"商品的这种不能直接交换的性质,是资产阶级经济学家看作人类自由和个人独立的**顶峰**的现实生产形式的主要缺点之一。为了克服这个障碍,人们做出了许多徒劳的、空想的努力。我在别的地方曾经指出,在蒲鲁东以前,就已经有布雷、格雷等人进行过这种尝试。"

在这一修改中,对蒲鲁东社会主义的评价似乎在口气上缓和了。另外,法文版中还有几处把蒲鲁东的名字去掉。例如,德文第二版第二十二章《剩余价值转化为资本》中的脚注第23中的一段话原来是这样写的:"商品生产在某个发展阶段上必然会成为资本主义商品生产,——而只是在资本主义生产方式的基础上,商品才会成为产品的一般的、占统治地位的形式,——同样,商品生产的所有权规律也必然会转化为资

---

① 《资本论》第1卷,人民出版社1975年版,第84页。德文第4版中的这段文字同第2版。

本主义的占有规律。因此，蒲鲁东想通过他宣布永恒的商品生产所有权规律有效来消灭资本主义所有制，对他的这种机智不能不感到惊讶！"在法文版中，马克思对这段话作了修改并移进了正文，把蒲鲁东的名字改为"某些社会主义学派……"由此国外有一种意见认为，法文版的这些修改"对于理解马克思对蒲鲁东及其学派的态度，具有一定的意义"。言外之意，似乎马克思改变了对蒲鲁东所持的严厉的批判态度。其实，这种意见只是看到了表面现象。在例一中，对蒲鲁东的口气虽然有所缓和，但是应该看到，这只是为了照顾法国读者的感情。实质上，这里把"小资产者"改为"资产阶级经济学家"，并不是一种态度上的缓和，相反，可以理解为马克思对蒲鲁东及其理论的更深刻的揭示。关于这一点，我们可以引用另一个例子。

例二：《资本论》第一卷德文第二版第六五页第40注说："依此我们可以判断小资产阶级社会主义的滑头了。小资产阶级社会主义既想使商品生产永恒化，又想废除'货币和商品的对立'，就是说废除货币本身，因为货币只是存在于这种对立中。这么说，我们同样也可以废除教皇而保存天主教了。关于这个问题见我的《政治经济学批判》第61页及以下各页。"①法文版把这个注改成这样："我们可以根据这一点来评价资产阶级社会主义。资产阶级社会主义既想使商品生产永恒化，又想废除'货币和商品的对立'，就是说废除货币本身，因为货币只是存在于这种对立中。关于这个问题详见我的《政治经济学批判》第61页及以下各页。"

这段话中的资产阶级社会主义显然是指蒲鲁东社会主义，而不是指英国的一些社会主义者的理论，因为后者既要求废除货币，也要求废除

---

① 《资本论》第1卷，人民出版社1975年版，第105页。德文第4版中的这段文字同第2版。

商品,并同商品一起废除资产阶级的生产方式。而蒲鲁东社会主义则不同,马克思指出:"把贬低**货币**和颂扬**商品**当作社会主义的核心来认真宣传,从而使社会主义变成根本不了解商品和货币的必然联系,这要等**蒲鲁东**先生和他的学派来完成了。"①

从以上二个例子中可以明确这样一点,即马克思在法文版《资本论》中把蒲鲁东社会主义改称成了"资产阶级社会主义"。

---

① 《马克思恩格斯全集》第 1 版第 13 卷第 76 页。

《资本论》法文版的科学价值*

《资本论》第 1 卷法文版是从 1872 年到 1875 年在巴黎由莫里斯·拉沙特尔出版的。约瑟夫·鲁瓦受马克思的委托完成了把 1872 年出版的《资本论》德文第 2 版译成法文的任务。马克思对这个版本进行了通篇修订,从而使经济理论更充实,译文更准确。马克思把法文版《资本论》看作在原文版之外有独立科学价值的著作,是对懂德语的读者也有吸引力的作品。因此,他在 1875 年 4 月 28 日写于伦敦的《致读者》跋文中这样说:"不管这个法文版本有怎样的文字上的缺点,它仍然在原本之外有独立的科学价值,甚至对懂德语的读者也有参考价值。"①

对《资本论》第 1 卷法文版的修订显示了马克思科学创作活动的一个重要阶段。法文版《资本论》的出版标志着马克思经济学说发展中的一个重要进步。

与德文第 2 版相比,法文版中的变动包括内容的增加、删减或新的论述,因此决不仅仅是补充新的统计材料、新的论据、资料等等。有一部分理论分析是第一次出现在法文版中的。就因为这个特点,所以法文

---

* 本文选自《马克思恩格斯研究》1991 年总第 6 期。

原题注:本文是《马克思恩格斯全集》原文版第 2 部分第 7 卷前言,标题是我们加的,翻译时略有删节。——编者注

① 《马克思恩格斯全集》第 1 版第 23 卷第 29 页。

版具有独立的科学价值。马克思把几处在这里第一次进行的理论分析看得非常重要,以致他竭力主张在以后译成其他语种时,以及在德文再版时,都要收进这些内容。但是,恩格斯在出德文第3版和第4版时只从法文版中翻译了一些较为重要的地方,因此,马克思的修订只有在法文版中才能看到全貌。

第1卷法文版就科学和政治方面来说在《资本论》的许多不同版本系列中起着特殊的作用。分析法文版对发掘马克思和恩格斯著作的理论财富和革命力量具有重要意义。如果要研究《资本论》的产生、发展和传播,就必然要把1872年到1875年出版的法文版作为基本因素来考虑。

马克思主张尽可能扩大《资本论》的影响,所以他非常关心把这部著作翻译成其他语种出版。法国的政治状况,首先是蒲鲁东主义对法国工人运动和国际工人运动的影响,以及在蒲鲁东思想基础上建立起来的巴枯宁的社会学说,都使马克思感到,有责任使法文译本具有特殊的地位。而且,法语对所有罗曼语各国具有重要意义,马克思和恩格斯在1862到1863年就曾计划把1859年出版的《政治经济学批判》一书译成法文出版。早在1867年,他们就致力于《资本论》第1卷的翻译工作。马克思在1867年5月1日写给路德维希·毕希纳的信中这样写道:"我到德国来,是为了把我的著作《资本论。政治经济学批判》的第1卷交给在汉堡的我的出版商奥托·迈斯纳先生……我想等书在德国出版后,再用法文在巴黎出版。我不能亲自前往巴黎——至少这是不安全的……我认为,使法国人摆脱蒲鲁东用对小资产阶级的理想化把他们引入的谬误观点,是非常重要的。不久前在日内瓦召开的代表大会上,以及在我作为国际工人协会总委员会委员同巴黎支部的联系中,经常遇到蒲鲁东主义的最恶劣的后果。"①

从这一时期马克思的其他一些谈论中，我们也可以知道。他看到了法文版《资本论》在与蒲鲁东主义涉及世界观的争论中所具有的政治作用。此外，法文版产生于这样一个时期——巴黎公社的经验正开始在法国工人运动中起作用，法国的社会主义者开始成为一个独立的工人党。这也是具有重要意义的。巴黎公社证明了马克思的认识，即打碎资产阶级国家机器是建立无产阶级专政的不可避免的前提。70年代初的历史事件要求无产阶级建立革命的群众性政党，要求工人阶级同农民和城市中产阶层结成联盟。随着巴黎公社的出现，国际工人运动史的一个新阶段开始了，这个新阶段是工人阶级为进行重大阶级斗争作的准备。巴黎公社的历史经验推动了马克思主义的进一步发展和它在工人运动中的广泛传播。

40年代初蒲鲁东以批判财产垄断开始登场，他凭幻想来解释李嘉图的价值理论，寻找资本主义和共产主义之间的"第三条道路"。他对生产者与生产资料的分离进行了批判，试图把小生产者从资本的压迫下拯救出来。蒲鲁东认为，私有财产就是对无产者创造的剩余价值的不合法的占有。他把一个非现实的改革纲领宣传成摆脱社会危急状态的出路。马克思早在他1847年夏天出版的单行本《哲学的贫困》中就广泛阐述了自己的符合社会发展规律的唯物主义学说，通过论战反驳了蒲鲁东主义。马克思指出，蒲鲁东提出的在资本主义关系范围内消除资本主义的消极的计划，是不现实的改良主义思想。

《资本论》第1卷是又一次反对蒲鲁东的错误、不利于无产者解放的观点的有效手段。马克思在1859年2月1日致约瑟夫·魏德迈的信中已经指出：他的著作《政治经济学批判·第1分册》中的"商品章"

---

① 《马克思恩格斯全集》第1版第31卷第545—546页。

和"货币或简单流通章"也是针对蒲鲁东的学说的,"同时,在这两章里从根本上打击了目前在法国流行的蒲鲁东社会主义,它要保存私人的生产,……但是不要货币。共产主义必须首先摆脱这个'假兄弟'。"①

马克思在他的主要著作中对资本主义的客观规律进行的分析是成熟的。他在《资本论》第1卷中通过剩余价值理论表明,蒲鲁东的以下论题是荒谬的,即资本家在一定点上就不再能实现剩余价值了,因为工人仅能买回他创造的达到他的工资水平的产品。马克思在《资本论》中指出,并不是像蒲鲁东认为的那样,群众的消费不足不可能造成财产垄断,而是资本主义中存在着引起社会革命的充满矛盾的运动规律。马克思用科学的看法取代了蒲鲁东幻想通过直接劳动产品来解决社会问题的设想。马克思认为,当代社会的资本主义剥削是固有的,不消除私人占有生产资料就不可能消灭剥削。

蒲鲁东认为资本主义剥削的原因在于流通领域中进行的过程;他认为,货币资本是金融家向手工业者和小商人施加压力的真正源泉。他建议,给生产资料提供无息贷款,这样可以消除小生产者对商业资本和高利贷资本的依赖性。蒲鲁东相信,通过他提出的这种信贷改革,资本主义社会就能通过和平的途径转化为一个合理的制度;他企图实现合作社运动,建立一种小股份的"人民银行",并对劳动时间价值进行不用货币的交换。这个银行在短短几个月内就破产了。

所有这些改良性建议使工人阶级迷失了方向,并使他们离开了有组织的阶级斗争。后来,蒲鲁东又宣传劳动阶级和中产阶级之间的合作,从而使自己在观点上接近了他在40年代初还反对的资产阶级庸俗经济学的若干理论概念。

恩格斯在1872至1873年发表在《人民国家报》上的《论住宅问

---

① 《马克思恩格斯全集》第1版第29卷第554页。

题》这篇文章中，把蒲鲁东称为小资产者。恩格斯认为，蒲鲁东渴望这样一个世界，在其中有着"永恒公平"，在其中每个人应当"用自己的产品换得自己劳动的十足收入、自己劳动的十足价值"。"因此，整个蒲鲁东主义都渗透着一种反动的特性：厌恶工业革命，时而公开时而隐蔽地表示希望把全部现代工业、蒸汽机、纺织机以及其他一切伤脑筋的东西统统抛弃，而返回到旧日的可靠的手工劳动上去。"①

如果说蒲鲁东的改革思想是一种小资产阶级生活方式的理想化的话，那么，他的关于同中产阶级结盟的观点则很接近于在法国流传很广的巴师夏的思想。巴师夏宣扬资产阶级和无产阶级之间的阶级和谐。除了巴师夏之外，还有让·巴·萨伊，他为这个制度进行辩护的生产要素学说也具有很大的影响。

《资本论》给法国读者提供的不仅是对蒲鲁东主义的批驳，而且，马克思在他的著作中还批判了资产阶级经济学家的理论概念，他还揭露了资产阶级庸俗经济学。资产阶级在法国取得政权以后，庸俗经济学的理论流传得更广了。自此，法国的资产阶级理论家就更加想在理论上为现存制度进行辩解。奥古斯特·孔德用来自哲学观点的实证主义为资本主义社会提供了一套辩护理论。与此相应的还有，资产阶级经济学家把在法国流传很广的古典资产阶级经济学庸俗化了，最后完全抛弃了这个学说。资产阶级政治经济学的一般庸俗化过程通过法国社会中的尖锐矛盾特别清楚地表现了出来。革命的群众运动和对资本主义的全面的批判——不仅在空想社会主义的观点中而且在小资产阶级浪漫主义观点中反映出来——使得具有保守倾向的资产阶级经济学家完全拒绝激进的资产阶级经济学。

在法文版中，马克思首先对约翰·斯图亚特·穆勒的观点给予了极

---

① 《马克思恩格斯全集》第1版第18卷第246—247页。

大注意，超过了已经出版的《资本论》第1卷德文版。马克思在法文版第16章中追加了同穆勒的论战，恩格斯在后来出的德文版中收进了这些内容，并在脚注中写道："以上各段是按照《资本论》法文版翻译过来的。"① 这些段的内容都是与穆勒关于剩余价值的起源的观点展开的论战，穆勒的观点来自他的著作《政治经济学原理》（1844年伦敦版）。我们从马克思对与穆勒的著作有关的改动所作的提示中可以知道，他认为法文版中追加的内容具有特殊意义。例如，马克思在1875年2月11日致彼得·拉甫罗维奇：拉甫罗夫的信中就有这样的提示。②

资产阶级经济学家，例如李嘉图，不去追究剩余价值的起源；而是把它看作社会生产的一种自然的形式，他只是对决定剩余价值量的原因感兴趣。马克思就是从这些问题开始研究的。然而，在李嘉图以后半个世纪，出现了穆勒，他认为利润来自如下原理，即食物、衣服、原料和工具存在的时间比生产它们所需要的时间长。利润与交换、买和卖没有关联。穆勒把利润说成超过工资总额的余额。但他忽视了利润是针对预付资本总额来计算的。联系穆勒的观点，马克思还对补偿理论进行了探讨，并用一个专门的小标题把这部分单列出来。

马克思在法文版中与马尔萨斯的论战更尖锐了。德文第2版在一个脚注中就有马克思与马尔萨斯的《人口原理》（1789年伦敦版）这本书的论战，马克思认为他这本书是剽窃来的。③ 马克思在法文版中指出了马尔萨斯的这本书被英国统治阶级用来反对法国革命（1789—1795年）的影响。

此外，法文版中删去了几个历史人物，这些人大多是德国读者感兴

---

① 参看《马克思恩格斯全集》第1版第23卷第566页脚注。
② 参看《马克思恩格斯全集》第1版第34卷第117页。
③ 参看《马克思恩格斯全集》第1版第23卷第676页。

趣的（比如马丁·路德和斐迪南·拉萨尔），增加了几个在法国特别出名的作者（比如列·西蒙·德·西斯蒙第和康斯坦丁·贝魁尔）。值得注意的是，马克思在法文版中探讨资本主义再生产理论时高度评价了重农主义者的理论功绩。① 后来，在1877年春，马克思在为恩格斯的《反杜林论》写的那部分论述中，详细总结了重农学派在论述社会总资本的再生产和流通时所提出的图表。②

马克思希望法文版能得到尽可能广泛的传播，并更好地发挥作用。因此，马克思不仅决定以通俗的版本形式分册出版，而且努力把难懂的原文改得更加容易理解，此外，他还关心该书在印刷方面的事宜。

马克思在法文版中对篇章结构作了重新安排。在一定程度上从这种变动中也可以看出马克思研究方法和叙述方法的发展过程。③ 在德文第1版出版以后，恩格斯就曾向马克思建议，修改这本书的外部结构，并建议在出英文版时题目要分得更细些，主要的部分要更加强调。④ 马克思接受了恩格斯的建议，并且在德文第2版的修订中就实施了，为的是使大家更容易理解《资本论》的内容和方法。随着法文版的出版，这本书的结构达到了更完善的程度。德文第2版分7篇25章，法文版分8篇33章；而且部分章中的小节和标题也作了改动。有几章的内部结构作了很大变动。例如，马克思修改了《剩余价值率和剩余价值量》这一章的结构，以便明显地改进逻辑论述结构。在法文版中《所谓原始积累》一章变成了独立的一篇，即第8篇《原始积累》。

---

① 参看《资本论》第1卷法文版，中国社会科学出版社1983年版，第621页。
② 参看《马克思恩格斯全集》第1版第20卷第266—274页。
③ 参看《马克思恩格斯全集》原文版第2部分第6卷前言第17页。
④ 参看《马克思恩格斯全集》第1版第31卷第329—330页。

把德文第2版和法文版加以对比,在内容上也有很大的不同,尤其是后面的一些章节更是如此。

马克思对论述《商品拜物教性质及其秘密》的第1章第4小节作了明显的修改。阐述简化了,对几个定义的论述更精确了,某些难理解的内容作了进一步的解释。由此,复杂题材的表达也全部成为可理解的了。通过某些句子的删减,法文版的行文在本质上更紧凑了,例如第24章第3小节《剩余价值分为资本和收入。节欲论》就作了这样的修改。如果剩余价值量已知,积累量很显然取决于剩余价值分为积累基金和消费基金,分为资本和收入的量,对这个问题的论述德文第2版中有一段较长的话,这段话在法文版中被紧缩而简练地表达出来。关于一个国家可供支配的财富或者会转化为资本,或者可能作为奢侈品而花费掉的论述,被简短地概括为决定积累量的资本家的意志行为。

马克思特别在法文版的后半部分插入和补充了许多内容。对《资本的积累过程》这一篇进行了全面的修订。除了《资本的积累过程》,即法文版第23—25章(在德文第2和第3版中是第21—23章)作了很多修改以外,还有第11章(在德文第2和第3版中是第9章)《剩余价值率和剩余价值量》也作了很多修改。

马克思部分地通过对正文表述的简化,部分地通过对正文进行各种不同方式的补充,重新表述了一些思路。马克思通过对译文的修改和通过书信给了译者许多指点,在这些指点范围内,译者仍有很大的独立创造的活动余地。从与译者——无论是早已开始翻译的沙尔·凯累尔,还是约瑟夫·鲁瓦——的通信中可以清楚地看到,他们对某些问题有不同看法,他们让马克思在信中给他们出点子。

马克思把法译文与原文进行了对照,最初的法译文并不完全符合他的心意。鲁瓦在翻译时是按原文逐句直译的,这显然对理解内容造成困难,鲁瓦在1872年3月14日和5月2日致马克思的信中也认识到了这一点。但是，由于要译的内容是《资本论》这样的著作，阐述的是科学领域的新大陆，所以翻译本身也会遇到问题。关于发挥革命作用的一门科学的复杂性，以及语言上某些术语的确切翻译问题，恩格斯后来在《资本论》第1卷英文版序言中都谈到了。他写道："大多数有疑难问题的句子，我们也参考了法文本，因为他指出了，原文中某些有意义而在翻译中不得不舍弃的地方，作者自己也是打算舍弃的。可是，有一个困难是我们无法为读者解除的。这就是：某些术语的应用，不仅同它们在日常生活中的含义不同，而且和它们在普通政治经济学中的含义也不同。但这是不可避免的。一门科学提出的每一种新见解，都包含着这门科学的术语的革命……不言而喻，把现代资本主义生产只看作是人类经济史上一个暂时阶段的理论所使用的术语，和把这种生产形式看作是永恒的最终阶段的那些作者所惯用的术语，必然是不同的。"①

马克思使用的一些新概念，如"剩余价值"、"价值增殖"等，译成法文时都遇到一定困难。马克思曾和译者们反复讨论过这些问题。

还有一个在翻译中出现困难的例子，就是马克思经常使用的、出现在许多场合的词"过程"的译法问题。19世纪在法语中还没有与这个词完全相应的词。马克思在1869年10月18日致保尔·拉法格和劳拉·拉法格的信中对这个词如何译作了指点。② 鲁瓦的翻译是按照马克思的指点进行的。第1卷的标题《资本的生产过程》，鲁瓦译成《资本主义生产的发展》。相反，在其他一些地方有时采用"运动"这个词，有时"过程"这个词找不到直接相同意义的词，如在翻译标题"交换过程"时，鲁瓦选择的法文是"交换"。有几个概念由于找不到意义相应的词就省略了"过程"这个词，因为动名词（如"生

---

① 《马克思恩格斯全集》第1版第23卷第34—35页。
② 参看《马克思恩格斯全集》第1版第32卷第623页。

产")除了具有结果的意思外也有过程的意思。在《绝对剩余价值的生产》这一篇中的头一章,从上下文意思来看不允许法文中避开"过程"这个词,标题《劳动过程和价值增殖过程》,在这里译法就有些变化,译为《使用价值的生产和剩余价值的生产》,这就是说,这里用"生产"代替了"过程",几个辩证的联结起来的概念的抽象规定被这两个要素的具体内容的描写代替了,而没有改变正文的结构。作为人和自然之间的劳动规定,在翻译时是这样解决的,劳动是"发生在人和自然之间的行为"。只是在阐述劳动过程的要素时才使用了"劳动过程"这个概念,并加了脚注。① 这些例子都是当时不同语言含意发展的重要证明。

在把原文译成其他文种的翻译中出现的另一个问题是简易化问题,译者总是倾向于通过翻译使论述"较易读懂",使较难的原文简易化,这特别表现在,有的原文是复杂难懂的,而译出的文字却是简单易读的。在德文本《资本论》译为法文本的过程中也存在这个问题。在某种方式上马克思接受和同意了这些地方的表述,比如他在1878年11月15日致俄文本译者尼古拉·弗兰策维奇·丹尼尔逊的信中写道:在法文本的表述上我有时候迫不得已使阐述"简化",这就是说,使行文变得浅显了。

法文版中有几处的阐述精确化了,比德文版更简明扼要了。这一点在论述价值的形式变换时尤其明显。在德文第2版中有这样一段话:"同一价值,即同量的物化社会劳动,在同一个商品所有者手里,交替地表现为他的商品的形式,然后是该商品转化成的货币的形式,最后是

---

① 参看《资本论》第1卷法文版,中国社会科学出版社1983年版,第165—166页。

由这一货币再转化成的商品的形式。"① 在法文版中这段话是："同一价值，即同量的物化社会劳动，总是在同一个交换者手里，虽然这个价值交替地表现为他自己的产品的形式、货币的形式和别人的产品的形式。"② 随着这个有细微差别的概念的使用，马克思彻底地强调，在考察物化社会劳动的形式变化时，阐述的对象不是以前已经论述过的价值的表现形式，即交换价值，而正是在商品流通中发生商品—货币—商品这种形态变化的价值。

由此他强调指出，价值量在形态变化中不发生变化。在法文版中劳动量的"量"字作了特别强调，为的是说明价值量不变。通过正确论述交换价值问题——较明确地阐述交换价值与使用价值以及商品价值的关系——对价值实体的分析有了更固定的轮廓。马克思后来还反复研究过交换价值和价值之间的关系问题。恩格斯在1891年12月27日因德文第3版的问题致卡尔·考茨基的信中写道：马克思用了"很长时间寻求一个正确的表述，并做了多次修改"。③

马克思把论述精确化的另一个例子，是他对他的一个劳动小时的实体的阐述作了补充说明。通过添加"例如一劳动小时，即纺纱工人的生命力在一小时内的耗费……"④ 他指出，应该联系剩余价值生产来趣解劳动小时，并强调，从价值增殖、剩余价值生产的角度来看，劳动过程中工人生命力在一定时间和耗费成为耗费的社会劳动的尺度，这种耗费的社会劳动是作为劳动支出进入价值形成过程的。

---

① 《资本论》第1卷德文第1版，经济科学出版社1987年版，第127页；《马克思恩格斯全集》第1版第23卷第180页。
② 《资本论》第1卷法文版，中国社会科学出版社1983年版，第141页。
③ 《马克思恩格斯全集》第1版第38卷第241页。
④ 《资本论》第1卷法文版，中国社会科学出版社1983年版，第177页。

对价值形成过程中的原材料和产品的论述完全不同于从真正劳动过程的观点来论述的原材料和产品，法文版在提到这个事实时很明显地与劳动过程期间的劳动支出等同起来，因为原材料过去吸收的劳动量和现在耗费的劳动量同样多："我们将看到，现在不仅劳动的作用，而且生产资料和产品的作用也改变了。"① 在这里论述劳动时涉及的并不是纺纱工人的具体劳动，而是涉及劳动力的耗费，不过是以纺纱作例子而已，对此，马克思在沙文版中删掉了"纺纱劳动"这个词，并代之以更确切的表达"因为工人的活的力量耗费在纺纱的形式中了"。这样，解释得就更清楚了。② 在把价值形成过程和劳动过程作比较时，马克思在谈到劳动力在这个过程中被耗费时加了"有用的"③ 这个词，由此他强调，价值形成过程是以进行有用的劳动，以生产使用价值的劳动过程为前提的。

马克思在法文版中进一步分析了把表面现象作为依据的资产阶级"补偿理论"，这种理论认为，机器排挤人的劳动力，然而机器又可以使资本游离出来让同样数目的工人就业。马克思在以前的版本中已经指出了这个理论的辩护意图，并举了壁纸业的例子分析指出，所发生的不是资本游离出来，而是资本被束缚住。在使用机器的扩大生产中，资本不再以最初的水平与劳动力相交换，因为可变资本现在转化为不变资本了。在法文版中马克思加上了这样的思想，即使雇用熟练技能的工人（在所举的例子中是雇用机械工人代替被解雇的壁纸工人），工人的数目也在绝对减少；解雇的工人的工资额现在分解为生产资料的价值、熟练技能的工人的工资和剩余价值。此外，机器还可以长期使用，不需

---

① 《资本论》第 1 卷法文版，中国社会科学出版社 1983 年版，第 178 页。
② 《资本论》第 1 卷法文版，中国社会科学出版社 1983 年版，第 182 页。
③ 《资本论》第 1 卷法文版，中国社会科学出版社 1983 年版，第 182 页。

替换。

马克思在法文版中透彻地揭示了与资产阶级经济学家的乐观态度正好相反的资本主义的现实。马克思认为，机器使受支配的劳动力的数目增加了，而所谓对于工人阶级来说表现为补偿的这一点，实际上是对工人的最可怕的惩罚。

第5篇《绝对剩余价值和相对剩余价值的生产》在法文版中篇名有所变化，译为《对剩余价值生产的进一步研究》，在这一篇中有些重要的改动。阐述是以与以前版本不同的前言的形式开始的，简短地回顾了《劳动过程和价值增殖过程》章中的一段话。首先值得注意的是，马克思在法文版中扩大了总体工人这个概念。德文第2版中是这样论述的：最初，劳动过程把脑力劳动和体力劳动结合在一起，"后来它们分离开来，直到处于敌对的对立状态。产品从个体生产者的直接产品转化为……结合劳动人员的共同产品"①。在法文版中这个地方，马克思作了补充，总体工人的产品是这样变成的："一旦个人的产品转化为社会的产品，转化为集体劳动者的产品……"② 接着补充写道，为了从事生产劳动，现在不一定要亲自动手，只要成为总体工人（集体劳动者）的一个器官，完成他所属的某一种职能就够了。来自物质生产的质的生产劳动的最初规定对于作为总体性来考察的总体工人来说也始终是适用的，但对于集体中的单个工人来说是不适用的。

"总体工人"这个概念马克思在论述协作工场手工业和机器的作用时已经反复使用，为的是说明分工的作用。在德文第2版中马克思把社会总劳动看作是私人劳动的一个总和。③ 这个概念在法文版中是作为

---

① 《马克思恩格斯全集》第1版第23卷第555—556页。
② 《资本论》第1卷法文版，中国社会科学出版社1983年版，第523页。
③ 参看《马克思恩格斯全集》第1版第23卷第89页。

"私人劳动"的对立概念"社会劳动"再现的。在好几章中"总体工人"都是作为"结合劳动人员"的同义词使用的，这在法文版中译为"集体劳动者"。马克思使用这个概念，为的是说明从事一个产品生产的所有工人是一个整体，因此是指在协作和技术分工条件下进行生产的一个企业的全体工作人员。结合的总体工人构成工场手工业中的活的机构，是由从事局部工作的工人组合在一起构成的一个新的质的表现。这种组合与生产技能的需求相符；总体工人是一个由局部工人结合起来的工人。许多局部工人的结合使劳动效率大大提高；结合使资本获得更大的社会生产力，同时也使工人的个人生产力减少。因此，马克思使用这概念是为了指出，协作和机器是怎样通过社会工人排挤单个工人的。机器从根本上改变了总体工人或者说结合劳动人员的构成，分工大大扩展了。结合的总体工人或社会的劳动人员是进一步分工的产物。马克思对总体工人的分析比以前更精确，内容更扩大了。在德文版中马克思使用这概念仅仅与分工的作用联系起来。法文版《绝对剩余价值和相对剩余价值》章中出现的这个概念在使用上扩宽到生产的结果，即产品，同时充分强调了包括所有附属职能在内的总劳动过程。在规定生产劳动时，马克思着眼于生产的总结构。这个概念的意义在于取得了较强的社会内容，而不同于主要从生产技术上来考察。

在分析工资的国民差异时，马克思作了另外一种重要的补充。这里论述问题的出发点是决定劳动力价值量的各因素的变化。马克思在德文第 2 版中研究的是不同的工资对世界市场的影响，他写道，强度较大和效率较高的国民工作日在世界市场上得到较高的货币表现。因此，劳动的绝对货币价格在一个国家可以比较高，虽然工资与剩余价值相比较低。① 在法文版第 22 章中，马克思进一步探讨了这个思想。他认为，在

---

① 参看《马克思恩格斯全集》第 1 版第 23 卷第 614 页。

一个国家内，如果劳动强度超过国民平均强度，也就是说，超过中等劳动强度，劳动强度就会改变价值的尺度，但是，在世界市场上还应指出另外一种作用。因为中等劳动强度变换着出现在不同的国家，这就产生了一个国民平均的阶梯。结果是，强度较高的国民劳动强度生产出更多的价值，表现为更多的货币。资本主义生产的发展水平决定超过国际水平的劳动强度和劳动生产率。劳动强度较高的国家在相同时间里比劳动生产率较低的国家生产出更多的价值。各国的不同的发展导致不等的国际价值，在世界市场上表现为不同的价格。马克思从而使价值规律变形的论述更精确了，因为在世界市场上生产效率较高的劳动被看作强度较高的劳动。

马克思在《资本的积累》篇中取得了重要的认识上的进步。他的积累理论和价值理论、剩余价值理论一样是马克思主义政治经济学的基本组成部分，他的积累理论包括他对资本的生产过程的表现和社会总资本再生产之间的联系的认识。马克思在法文版中，关于资本的积累过程这一篇加了一个改写的导言。德文第2版中相应的内容是一个对前面的论述，即对剩余价值的生产和剩余价值的实现所作的一个简短的概括。马克思指出，对资本的积累过程必需的流通过程将在这部著作的第2卷中阐述，很明显，这里的意思是，第2卷的出版还要等相当的时日。

在法文版中，第7篇的导言一开始就特别提出资本经历的各个阶段，并对这些阶段作了简短的表述。同时马克思强调了市场的作用。马克思在开始分析资本的积累过程时就已经强调了流通的意义，强调了资本家被迫出卖他的商品和把实现的大部分货币再转化为资本的意义。这样，马克思从一开始就强调指出，后面将要进行的对积累过程的分析是以资本流通过程的一般进程为前提的。

在法文版中，马克思对简单再生产所作的论述精确化了。他回顾了第2篇开头有关货币转化为资本的论述。通过对行文的补充和修改措词,马克思更强调了资本主义生产的连续性,并使生产消费和劳动过程之间的联系更明确了。马克思在法文版中这样写道:"劳动者的消费有两种。在生产行为中,他通过自己的劳动消费生产资料,以便把生产资料转化为价值高于预付资本价值的产品。"① 他对行文也作了某些修改,例如对个人消费的论述作了补充说明,这样,使分析达到了更全面和更连贯的程度。

马克思指出,生产过程使货币转化为资本并使生产关系保持下去。在德文第 2 版中已经包含如下看法,即认为生产过程使货币转化为资本,使生产资料转化为增殖价值的资料。现在马克思又提出了物质财富的转化,而且还把转化范围扩大到资本家的个人享用品上。马克思原来关于工人在生产过程之后仍处于与以前同样地位的认识,在法文版中得到了补充,他指出,工人虽然是财富的源泉,但是工人自己却不能从这个财富中得到好处。②

通过对剩余价值转化为资本的分析所作的修订,马克思更强调了经济规律的客观性。受致富欲支配的资本家,被迫不断扩大他的资本。如果资本家要想保持住资本,他就必须屈从于竞争压力。马克思强调说,在货币贮藏者那里表现为个人狂热的那种东西,在资本家那里成为社会机制的作用,竞争迫使资本家去扩大资本,去实行"累进的积累"。③ 这样,马克思就进一步扩展了这些思想。"累进的积累"这种说法被吸收到了后来的版本中。

---

① 《资本论》第 1 卷法文版,中国社会科学出版社 1983 年版,第 599 页。
② 参看《资本论》第 1 卷法文版,中国社会科学出版社 1983 年版,第 599 页。
③ 参看《资本论》第 1 卷法文版,中国社会科学出版社 1983 年版,第 622—623 页。

马克思在某些章节作了明显的修改，如在论述不相应增加不变资本部分就能更充分使用劳动力这个问题时就作了明显修改。他分析说，这种使用劳动力的方式可以通过不同途径进行，如可以增加工人的人数，延长劳动时间，或者提高劳动强度。在所有这些情况下，由于劳动力具有弹性，不变资本部分无须按同样的比例增加，资本的积累就会扩大。马克思写道，在采掘业中，无须以相同的比例追加劳动资料，就有可能追加使用劳动。资本一旦合并了劳动力和土地，就会获得一种扩张的能力，这种能力使资本的积累要素扩展到超出它本身的量所确定的范围、即超出它的生产资料的价值和量所确定的范围。①

在法文版中，马克思对资本主义积累一般规律的分析是以前言形式开始的，这一章论述的是资本增长对工人阶级命运产生的影响。马克思指出，研究这个问题的最重要因素，是资本的构成和它在积累过程中所发生的变化。此外，他认为，资本的构成要从双重角度来看，即从它的价值关系方面和从它的技术和物质的构成方面来看。然后马克思对资本有机构成的理解作了一个简明扼要的解释。②

在德文第2版中，马克思对资本的有机构成下定义只是在较后面的地方进行的。在法文版中，马克思就资本有机构成作了新的表述，而且位置也提前了，这不应仅仅看作是在形式上叙述方法的改进，而且也应看作是对这个重要经济范畴的进一步发展。在德文第2版中，马克思是把它作为不变资本部分和可变资本部分之间的构成，作为投资在生产资

---

① 参看《资本论》第1卷法文版，中国社会科学出版社1983年版，第637页。

② 参看《资本论》第1卷法文版，中国社会科学出版社1983年版，第648页。

料和劳动资料上的价值部分之间的关系下定义的,而没有把它明确说成是资本的技术构成和价值构成之间的相互关系。

马克思在德文第 2 版中批判了亚当·斯密在分析中把生产资料量和劳动力之间的不变关系看作是一个定理。① 在法文版中马克思又前进了一大步。他不仅强调指出,这个关系在积累进程中发生了重要的变化,而且明确论证了,由资本技术构成决定并因而反映技术构成变化的资本价值构成是资本的有机构成。"从在生产过程中发挥作用的物质方面来看,每一个资本都分为生产资料和活的劳动力,这种构成是由所使用的生产资料是和为使用这些生产资料而必需的劳动量之间的比率来决定的。前一种资本构成是价值构成,后一种资本构成是技术构成。最后,为了表明二者之间的密切的相互关系,我们把由资本技术构成决定并因而反映技术构成变化的资本价值构成,叫做资本的有机构成。"② 这些是德文第 2 版中还没有包含的明确定义,在这之后,马克思又指出:各单个资本的构成是相互不同的,各单个资本构成的平均数就是一个生产部门的总资本的构成。用这种方法就能得出整个生产部门的平均构成,从而得出一个国家的社会资本的构成。

接着马克思论述了在资本构成保持不变的情况下,对劳动力的需求增加与积累之间的关系,马克思通过多处补充和修改使法文本的论述更充实了。例如,在《资本主义积累的一般规律》这一章中(其中他也论述了积累进程中可变资本部分的相对减少),马克思探讨了如下情况,即资本的积累需求会引起对劳动力的同样需求,会出现工资的提高。而

---

① 参看《资本论》第 1 卷德文第 1 版,经济科学出版社 1987 年版,第 594 页。

② 《资本论》第 1 卷法文版,中国社会科学出版社 1983 年版,第 648 页。

且他还补充指出，如果这些前提成为一种持续的现象，也就是说，如果对工人的需求没发生变化仍在增加，那么，就会出现上述情况。①

马克思在论述工资和资本积累之间的相互联系问题时有一个重要补充。通过与所谓的人口自然规律进行的争论，马克思使这个问题更明确了。资本、积累和工资之间的相互关系问题在工人运动中起着重要作用。马克思没有直接针对那位用"铁的工资规律"教条制造了许多混乱的拉萨尔，而是解释说，资本、积累和工资率之间的关系无非是转化为资本的无酬劳动和对于追加资本来说必需的追加劳动之间的关系。②他指出，工资的提高被限制在资本主义制度不受侵犯，而且能保证进行扩大再生产的界限内。

在法文版第25章中，马克思第一次阐述了"资本有机构成"这一经济范畴的规律性，分析了资本在量的构成和质的构成上的辩证统一。同时他强调了在积累增长情况下资本有机构成增长的规律性，对此他指出，不变资本部分与可变资本部分相比不断增长的规律由商品价格的比较分析所证实了。稍后，他又补充了如下思想，即积累的增加决不排斥可变资本部分的绝对增加。③

马克思在法文版中正确区分了资本"积聚"和资本"集中"这两个概念。"资本积聚"概念马克思在他的著作《政治经济学批判（1861—1863年手稿）》中就已经使用了，此外在论述与分工有关的地

---

① 参看《资本论》第1卷法文版，中国社会科学出版社1983年版，第649页。

② 参看《资本论》第1卷法文版，中国社会科学出版社1983年版，第657页。

③ 参看《资本论》第1卷法文版，中国社会科学出版社1983年版，第660页。

方也使用过这个概念。相反,"资本集中"这个概念最初不是彻底地作为不同的范畴来看的,而是作为资本主义生产的许多结果现象中的一个来看的,①或者,在另一个地方,是作为小资本家受到大资本家吞并而产生的大规模资本来看的。②

在德文第2版中马克思曾使用"积聚"这个概念来说明各分散的资本的相互吸引,马克思在那里写道:"这已不再是生产资料和对劳动的支配权的简单的、和积累等同的积聚。这是已经形成的各资本的积聚,是它们的个体独立性的消灭,是资本家剥夺资本家,是许多小资本变成少数大资本。"③而在法文版的这个地方,马克思加了"集中"这个概念:"这个对立的运动不再是与积累等同的积聚,而是根本不同的过程,是把不同的积累和积聚点结合在一起的吸引,是已经形成的各资本的积聚……总之,这是本来意义的集中。"④后来,马克思用"集中"概念代替了部分"积聚"概念,这是马克思依据他所说明的独特过程的性质来定的。准确地区分"资本积聚"和"资本集中"概念之间的差别,成为后来从理论上分析资本主义的垄断阶段时探讨帝国主义问题的一个重要出发点。

法文版中标题为《原始积累》这一篇的某些章节,包含一些很值得注意的补充说明。马克思在这里进一步论述了生产者和生产资料相分离的历史过程,他阐述道,资本主义社会的经济结构是从封建社会的经济结构中产生的。他详细叙述了封建社会的解体怎样解放了资本主义要

---

① 参看《马克思恩格斯全集》第1版第47卷第214页。
② 参看《马克思恩格斯全集》第1版第26卷第3册第344页。
③ 《马克思恩格斯全集》第1版第23卷第686页。
④ 《资本论》第1卷法文版,中国社会科学出版社1983年版,第663页。

素，直接生产者即工人，变成了雇佣劳动者即劳动力的自由卖者。与此同时，新获得解放的人被剥夺了生产资料，他们在封建社会制度中的生存保证也被剥夺了。工业资本家不仅必然排挤行会的手工业师傅，而且也必然排挤占有财富源泉的封建主。①

马克思强调指出，各国的原始积累史表明，原始积累在各国是有差别的，并且以不同的顺序经历了各个阶段。马克思在《资本论》中是以英国的发展作为解释范例的。但他也指出了其他国家的历史进程，例如提到了资本主义生产最早发展的意大利。他在法文版的一个有关脚注中探讨了农奴解放的问题，其结果是自由的无产者流入城市。他也发现，自15世纪末以来世界市场的革命产生了一场方向相反的运动，城市工人大批地被赶往农村，在那里进行耕作生产。②

马克思在研究关于农村人口被剥夺土地的问题上，表述了资本主义各种关系形成中农村的社会发展，这样也就揭示了原始积累的一个独特方面。法文版在论述原始积累的秘密这个问题时作了多处修改。在这里具有特别意义的是对生产者与生产资料分离的问题所作的补充说明。在德文第2版中马克思对这个问题是这样说的："对工人的土地的剥夺形成全部过程的基础。因此，我们必须首先考察这一点。这种剥夺的历史在不同的国家带有不同的色彩，按不同的顺序通过不同的阶段。只有在英国，它才具有典型的形式，因此我们拿英国作例子。"③ 在法文版中，马克思通过对这个社会过程的一般性质的提示补充了如下一段。首先在

---

① 参看《资本论》第1卷法文版，中国社会科学出版社1983年版，第769页脚注。
② 《资本论》第1卷法文版，中国社会科学出版社1983年版，第770页脚注。
③ 参看《资本论》第1卷德文第1版，经济科学出版社1987年版，第689页。

英国以彻底的方式进行的对农民的剥夺是一个在西欧其他国家同样经历的运动："这种剥夺只是在英国才彻底完成了。因此英国必然在我们的概述中占着主要的地位。但是，西欧的其他一切国家都正在经历着同样的运动，虽然因环境不同而具有不同的地域色彩，或者局限在较窄的范围内，或者特征不是那么明显，或者过程的顺序不同。"①

1881年2月维拉·伊万诺夫娜·查苏利奇给马克思写了一封信，在信中她请求马克思就俄国农村公社和俄国历史发展前景发表看法。马克思在1881年3月8日的回信中就是以《资本论》法文版中这段话作为回答的。马克思在70年代增加了对俄国问题研究的兴趣，经过研究他提出，他所表达的历史运动的必然性只限于西欧各国，它们明显地不同于通过农村公社来维持生存能力的俄国，农村公社有可能成为俄国社会的再兴起的一个基地。

在致维拉·查苏利奇的信中提到的那段话之所以值得特别注意，是因为它仅仅在法文版中才有，而在后来的德文版中没有被吸收进去。相反，其他有些补充的内容，在《资本论》后来的版本中则吸收进去了，例如马克思在论证资本家对农村的变化过程感兴趣时增加的内容。他在法文版中补充说明了，新土地贵族现在是新银行巨头，金融显贵和支持保护关税制度的大手工工场主的自然盟友。②

马克思在研究资本主义租地农场主和工业资本家的产生时作了多处补充。最突出的是对税收作用所作的补充。这个补充说明的出发点是：通过国债制度形成的资本财富，在工业资本家产生时起了重要的作用。

---

① 《资本论》第1卷法文版，中国社会科学出版社1983年版，第770页。
② 参看《资本论》第1卷法文版，中国社会科学出版社1983年版，第779页。

因为国家有债务业务，政府就要担负特别的支出。每年偿还利息的支出必须通过国家收入来补偿，这样，现代的税收制度就成了国债制度的一种必要补充。马克思在法文版中强调，由于债务积累就要强迫增税，为了开支，经常要借新债："因此，一开始就以对必要生活资料的课税（因而也是以它们的昂贵）为轴心的现代财政制度，本身就包含着税收自行增加的萌芽。过重的课税并不是一件偶然的事情，而是一个原则。"① 马克思认为，这个增税原则不仅对雇佣工人的状况，而且对下层中产阶级的所有成员的状况都有破坏性的影响，是对农民和手工业者的暴力剥夺，从而在财富资本化和剥夺群众中起了重要作用。马克思对税收制度的作用的这个论证，在揭示原始积累的源泉方面是一个重要补充。②

在关于资本主义积累的历史趋势的阐述中，马克思围绕一个重要方面对随着资本集中出现的各种转化过程作了补充说明。他认为，通过资本主义生产规律的作用，劳动协作、有意识的把技术运用于科学、有计划的利用土地、合理使用劳动资料和节省生产资料，都有了发展。他还补充说："……各国人民日益被卷入世界市场网，从而资本主义制度日益具有国际的性质。"③ 这样马克思就表明了，资本主义国际化是资本扩张的结果。

马克思在法文版中通过进一步利用统计材料和英国济贫法视察员的报告，使《资本论》第 1 卷的内容更丰富和更富有现实意义。从济贫

---

① 《资本论》第 1 卷法文版，中国社会科学出版社 1983 年版，第 818 页。
② 参看《资本论》第 1 卷法文版，中国社会科学出版社 1983 年版，第 819 页。
③ 《资本论》第 1 卷法文版，中国社会科学出版社 1983 年版，第 826 页。

法视察员们的报告中摘引的材料内容尤其丰富,这是马克思用来论证爱尔兰无产阶级的贫困状况的。根据这些材料,马克思指出了劳动市场上的没有保障和无规则性,失业现象经常重复出现和长期持续,这都是济贫法视察员们的报告中所反映的。

从马克思在法文版中对《资本论》第 1 卷的修改中可以得出这样的结论:随着法文版的出现,这部著作在理论分析上达到了一个新的质的阶段,也完全证实了马克思的说法,即《资本论》法文版具有独立的科学价值。①

正像本文开始时已经提到的,此后马克思一直在努力使这部著作后来的每一德文版或其他语种的版本,都能吸收法文版的新的科学成果。他作了许多让人参照这个法文本的提示。马克思在 1878 年 11 月 15 日致丹尼尔逊的信中告诉他,在着手俄文第 2 版的工作时应如何对待法文版。马克思把法文版看作是《资本论》后来版本的样板,这从德文第 3 版的准备工作中可以看出来。关于这一点恩格斯在序言中写道:"马克思原想把第 1 卷原文大部分改写一下,把某些论点表达得更明确一些,把新的论点增添进去,把直到最近时期的历史材料和统计材料补充进去。由于他的病情和急于完成第 2 卷的定稿,他放弃了这一想法。他只作了一些最必要的修改,只把当时出版的法文版中已有的增补收了进去。……在马克思的遗物中,我发现了一个德文本,其中有些地方他作了修改,标明何处应参看法文版;同时还发现了一个法文本,其中准确地标出了所要采用的地方。"②

在为出《资本论》美国版作准备工作时,马克思在 1877 年 9 月 27

---

① 参看《马克思恩格斯全集》第 1 版第 23 卷第 29 页。
② 《马克思恩格斯全集》第 1 版第 23 卷第 30 页。

日致弗里德里希·阿道夫·左尔格的信中表示,他同意在参照法文版的前提下由卡尔·丹尼尔·阿道夫·杜埃把《资本论》译成英文,他写道:"在翻译时除了德文第2版以外还必须参照法文版,因为我在法文版中增加了一些新东西,而且有许多问题的阐述要好得多。"① 马克思在1877年10月19日致左尔格的信中写道:"亲爱的左尔格:随信寄上手稿,给**杜埃**翻译《资本论》时用。在手稿中,除了德文本中的某些改动以外,还指明了在哪些地方应当用**法文版**代替德文版。"②

然而,法文版在理论史上的意义不仅仅在于它是连接德文第2版和第3版的中间一环。它的最突出的贡献是,对讲法语的国家,进一步说,对整个讲罗曼语的国家的工人运动的发展起了重要作用。它对在世界更大范围内传播科学社会主义作出了贡献,它还推动许多社会主义的作者把它作为基本依据来阐述马克思的经济理论,例如加布里埃尔·杰维尔在巴黎出版了《资本论》第1卷的通俗本。在法文版出了再版本以后,在1886年出了以法文版为基础的《资本论》的意大利文版。

《资本论》第1卷译成法文是实现国际工人协会决议的重要的一步,该协会在1868年布鲁塞尔大会上曾建议把《资本论》译成其他语种。

马克思的学说在法国社会主义者中引起了巨大的反响,这一点从法国工人运动的发展就能看出来。在1878年里昂的工人大会上代表们讨论了科学社会主义的意义,从而强调了法国工人运动的进步,当时蒲鲁东主义还一直在对法国工人运动施加坏的影响。一年后,在马赛大会

---

① 《马克思恩格斯全集》第1版第34卷第273页。
② 《马克思恩格斯全集》第1版第34卷第280页。

上，马克思主义已经有了巨大成功，生产资料的社会化已成为目标，并已决定成立工人革命党。1880年在哈佛尔大会上在马克思和恩格斯的协助下接受了法国工人党起草的纲领。在努力贯彻这个纲领和后来党内为这个年轻党的政治方向展开的争论中，马克思的经济学说都起了无可估量的作用。《资本论》第1卷法文版对在法国以及其他国家的社会主义者中传播马克思主义起了重要作用。

（原载《马克思恩格斯全集》原文版第2部分第7卷第11—37页）

（章丽莉 译　张钟朴 校）

关于《资本论》第1卷历史考证版与法文版的比较研究及评价*

〔美〕凯文·安德森

马克思的《资本论》第1卷德文第4版（1890）的新编历史考证版（《马克思恩格斯全集》历史考证版第2部分第10卷）① 已于1991年出版，这在马克思主义研究中确实是出版史上的一件大事。已作为新编历史考证版的一部分而出版的马克思经济学著作序列中的《资本论》第1卷的其他版本与第10卷一起，为学者们提供了由马克思或恩格斯编辑的《资本论》第1卷的所有版本：1867年德文第1版（《马克思恩格斯全集》历史考证版第2部分第5卷），1872年德文第2版（《马克思恩格斯全集》历史考证版第2部分第6卷），1872—1875年法文版（《马克思恩格斯全集》历史考证版第2部分第7卷），由恩格斯编辑的1883年德文第3版（《马克思恩格斯全集》历史考证版第2部分第8卷），由恩格斯编辑的1887年英文版（《马克思恩格斯全集》历史考证版第2部分第9卷），以及最后由恩格斯编辑的1890年德文第4版（《马克思恩格斯全集》历史考证版第2部分第10卷）。此外，这些卷次的最后一卷的资料卷表明，恩格斯并没有把一些对1872—1875年法

---

* 本文选自《马克思恩格斯列宁斯大林研究》2001年第2辑。

① 马克思《资本论》第1卷1890年汉堡版（柏林狄茨出版社1991年版）。此后直接指《马克思恩格斯全集》历史考证版第2部分第10卷的正文。

文版第 1 卷来说很重要的句子收入 1890 年他编辑的"最终"版本。

像罗曼·罗斯多尔斯基这样的学者都探讨过马克思的经济学理论从未发表的《政治经济学批判（1857—1858 年手稿）》到完善的《资本论》第 1 卷的发展过程。同样，众所周知，自 1883 年马克思逝世后，恩格斯将马克思的手稿合编为《资本论》第 2 卷和第 3 卷，这曾使一些像罗莎·卢森堡这样的人对恩格斯的编辑方法表示怀疑。鲜为人知的事实是，从 1867 年第 1 版到 1872—1875 年法文版，马克思曾对第 1 卷本身做过许多修改，恩格斯在这里也作出了一些重要的编辑决定。新编历史考证版让我们了解到了较之以往任何时候都更加详尽的情况。从 1867 年到 1875 年的一些修改和扩充的至关重要的实例可以证明，在 1867 年版中，还没有单独论述商品拜物教的章节。后来被纳入那一章的其中一些材料是著作开头对商品的论述的一部分，另一些则收在资料卷里的。在 1872 年的德文版中有单独论述拜物教的章节，它所包含的大量材料在 1867 年的版本中根本找不到。后来，在 1872—1875 年的法文版中，尽管这只是译文版，马克思还是在很大程度上修订了整个正文，他增加了一些句子并且对材料做了某些调整。《资本论》第 1 卷的新编历史考证版在资料卷里收入了大量材料，这些材料说明了从一个版本到另一个版本马克思修改了哪些段落，这个版本全新地揭示出马克思阐发其最伟大的理论著作的过程。

在确定 1890 年德文第 4 版时——1883 年德文第 3 版是 1872 年德文版稍作修改后的再版——恩格斯声明，他已经仔细看过经过马克思之手的所有三个版本，并且编入了法文版的一切要点。他在 1890 年德文第 4 版的序言中叙述了自己为最终确定这个版本所付出的努力。① 自从 1890 年版问世以来，大多数学者，包括马克思主义的和非马克思主义的学

---

① 《马克思恩格斯全集》第 1 版第 23 卷第 38 页。

者，都把它看做《资本论》第 1 卷的定稿版本。例如，路易·阿尔都塞在他为 1969 年重印的 1872—1875 年法文版所写的序言中就持这种看法，他在序言中说，读者还可以查阅由恩格斯审定的德文"原版"。①第 1 卷的一个新的英译本于 1976 年出版，厄内斯特·曼德尔作序，序言中说，这个版本是根据恩格斯编的 1890 年版而编辑的、首次出现在英语世界的一个完整、准确的版本。② 在法国，最负盛名的加利马尔出版社在大部头丛书《七星诗社》中不断重印马克西米利安·吕贝尔编辑的马克思《资本论》1872—1875 年法文版，把它作为定稿版本，③ 与此同时，为了纪念马克思逝世 100 周年，法国共产党的出版社于 1983 年将恩格斯的 1890 年版重新译成法文，声明他们现已修订出第 1 卷的定稿版本。④

问题的关键在于，恩格斯在他编的 1890 年德文第 4 版中并没有把法文版的所有重要材料都收录进去，而这个法文版是马克思亲自为出版商准备的最后一个版本。过去几年来，像马克西米利安·吕贝尔和拉

---

① 见路·阿尔都塞为马克思《资本论》第 1 卷（巴黎 1969 年版）所作的序言。阿尔都塞是非常反对黑格尔学派的，因此他力劝读者略过第一章关于拜物教的论述。还可以参看马克思和恩格斯于 1870—1873 年间的书信，见《马克思恩格斯全集》（纽约国际出版社 1975 年版）第 44 卷（见《马克思恩格斯全集》中文第 1 版第 33 卷）。这些书信经常流露出马克思对法文版以及恩格斯对德文版的偏爱。

② 马克思《资本论》第 1 卷，本·福克斯译，伦敦—纽约 1976 年版。

③ 见马克思《经济学著作》第 1 卷定稿版，由马克西米利安·R. 吕贝尔作序并作注，巴黎加利马尔出版社 1963 年版。上述巴黎 1969 年版由阿尔都塞作序，并仍在法国出版。

④ 见马克思《资本论》第 1 卷，由让-皮埃尔·勒费弗尔负责译自德文第 4 版（巴黎 1983 年版）。该版最近由法兰西大学出版社再版。

雅·杜纳耶夫斯卡娅①这样的学者都指出了这些不相符合之处,而《资本论》第1卷德文第4版的新编历史考证版则明确断言,恩格斯要么是未注意到,要么是有意忽略了马克思的法文版中存在的大量关键异文。历史考证版在其庞大的资料卷里是通过题为《德文第3版和第4版与法文版异文对照表》这一部分来处理这个问题的②。遗憾的是,这相当简略的标题没有指明是谁作出决定"不收录"这些段落的。

现在,我来列举几处被恩格斯以及后来的《资本论》第1卷的编者们从法文版中删略的要点:

(1)在论述"人类与自然的关系"的一段中,根据德文第4版编译的英文版的正文是这样的:

"当他③通过这种运动作用于他身外的自然并改变自然时,也就同时改变他自身的自然。**他使自身的自然中蕴藏着的潜力发挥出来,并且使这种力的活动受他自己控制。**在这里,我们不谈最初的动物式的本能的劳动形式。"④

在1872—1875年法文版中,同样是这一段,读起来却略有不同:

---

① 关于吕贝尔的论述,见他为1963年《七星诗社》版马克思著作所作的注释。关于拉雅·杜纳耶夫斯卡娅的论述,见《巴黎公社阐明并深化了〈资本论〉的内容》,载于她的《马克思主义与自由》纽约1958年版第92—102页,以及她后来写的《〈资本论〉:1875年法文版第1卷的重要性》,见她的《罗莎·卢森堡,妇女解放与马克思的革命哲学》新泽西1982年版第139—152页。

② 《马克思恩格斯全集》历史考证版第2部分第10卷第732—783页。

③ 在不同的德文版的这一段中,马克思运用的是德文词汇"人类"(Mensch),今天译为"人类"较译为"他"或"人"更好。

④ 马克思《资本论》第1卷1976年版第283页,黑体字系本文作者所加。另见《马克思恩格斯全集》历史考证版第2部分第10卷第162页;《马克思恩格斯选集》第2版第2卷第177页。

"当他通过这种运动作用于他身外的自然并改变自然时,也就同时改变他自身的自然,**使自身的自然中沉睡着的能力发挥出来。**在这里,我们不谈劳动的尚未脱离纯粹本能形式的原始状态。"①

在此我认为,马克思在后来的法文版中删去了早先德文版中关于人类征服自然的必然性的一些措辞,而代之以强调与自然的更加紧密的相互作用关系的措辞。②

(2)在众所周知的有关工业社会与非工业社会的关系的段落中,以德文第4版为基础的英文版讲道:

"**工业较发达的国家**向**工业较不发达的国家**所显示的,只是后者未来的景象。"③

有些人攻击《资本论》第1卷是一本宿命论的著作,他们在解释这段话时,暗示马克思认为所有的人类社会都将不得不走上这条唯一的发展道路,即19世纪资本主义的英国的发展道路。④ 不过,请注意这同一段落在法文版中是如何写的,在法文版中,马克思清晰地阐明了自己的观点:

"**工业最发达的国家**向那些就**工业规模来说跟在后面的国家**所显示

---

① 马克思《经济学著作》,黑体字系本文作者所加。中文见马克思《资本论》中国社会科学出版社1983年版第165页。

② 克·阿瑟在他的《〈资本论〉:译文述评》一文中对这一段作了不同的阐述,它首次引起了我的注意。载《科学与社会》1990年第54年卷第2期。

③ 马克思《资本论》第1卷1976年伦敦—纽约版第91页,黑体字系本文作者所加。另见《马克思恩格斯全集》历史考证版第2部分第10卷第8页;《马克思恩格斯选集》第2版第2卷第100页。

④ 例如,见英国社会学家泰·尚宁编:《马克思与俄国道路》,纽约每月评论出版社1983年版。

的，只是后者未来的景象。"①

在这里，一个国家追随另一个国家的发展道路的思想，仅限于那些朝着工业化方向前进的国家。马克思时代的非工业社会，像俄国和印度，现在看起来已被排除在外，它们有其他的道路可以选择。

(3) 在一段相当长的对世界市场的论述中，以德文第 4 版为基础的英文版，探讨了资本在使英国的工资降低到当时较低的法国的水平时所起的作用，这个论断是围绕着竞争观念而展开的，今天，这个论断已为我们所熟知：

"我常引用的一个 18 世纪著作家、《论手工业和商业》的作者〔约翰·肯宁安——本文作者注〕声称，英国的重大历史任务是把英国的工资降低到法国和荷兰的水平，他不过是泄露了英国资本灵魂深处的秘密。例如，他天真地说：'如果我们的穷人〈称呼工人的术语〉想过奢侈的生活……他们的劳动就必然昂贵……'〔……〕这篇文章的作者接着〔就法国工人——本文作者注〕说道：'而且他们喝的只是白水或者清淡饮料。因此他们实际上花的钱极少……这种状况当然很难达到，但并不是不能达到的，法国和荷兰已经存在这种状况，就令人信服地证明了这一点。'〔**这里增加了一个段落**〕20 年后，一位名列贵族的美国骗子本杰明·汤普森（又称朗姆福德伯爵）遵循着同一博爱主义的路线，使上帝和人都大为满意。"②

在法文版中，马克思没有修改上述这一节，但他在这一节中增加了

---

① 马克思《经济学著作》第 1 卷吕贝尔版第 549 页，黑体字系本文作者所加。马克思《资本论》第 1 卷法文版中译本第 2—3 页。

② 马克思《资本论》第 1 卷，1976 年伦敦—纽约版第 748—749 页。另见《马克思恩格斯全集》历史考证版第 2 部分第 10 卷第 538—539 页；第 1 版第 23 卷第 658—659 页。

整整一个段落,他不仅把这些问题与欧洲联系起来,而且将这些问题与中国联系起来:

"今天,由于资本主义生产的发展把全世界的劳动者都投入世界市场上的竞争,这种愿望已经大大地落后了。现在不仅是要把英国工资降到欧洲大陆工资的水平,而且是要在或远或近的将来,把欧洲的水平降到中国的水平。英国议会的议员斯特普尔顿在《未来的劳动价格》的演说[1873年——本文作者注]中,向他的选举人展示了这样一种前景:如果中国成了一个大工业国,那么欧洲的工业人口除非把生活水平降低到他们的竞争者的水平,否则,我就不知道他们怎样才能坚持竞争。"①

根据历史考证版编者的考证,恩格斯将上述有关中国的段落中的一小部分作为脚注收录在1883年德文第3版中,但他在1890年德文第4版中没有使用这段文字。② 上面列举的三个例子,只是1872—1875年法文版和由恩格斯确定的1890年德文第4版之间存在的几处文字差异。③

在马克思最重要的著作《资本论》第1卷第1版发表将近130年之后,许多标准的版本都没有向读者指出马克思亲自交付出版的不同版本之间存在的重大的文字上的差异,这真是令人不可思议。这个问题可以追溯到恩格斯以及他一劳永逸地确定定稿版本的想法,它也被官方的教条主义者的版本掩盖了几十年之久。尽管像杜纳耶夫斯卡娅和吕贝尔这

---

① 马克思《经济学著作》第1卷吕贝尔版第1106—1107页。最后的引文不得不从法文再译回为英文。另见《马克思恩格斯全集》历史考证版第2部分第10卷第757—758页;马克思《资本论》法文版中译本第633页。

② 《马克思恩格斯全集》历史考证版第2部分第10卷第539—540页。

③ 各种例子表明,在法文版与以恩格斯编辑的德文第4版为基础的其他版本之间,有着文字上的差异,见我以前的文章《"鲜为人知的"马克思的〈资本论〉:100年后看1872—1875年的法文版》,载于《激进政治经济学评论》1983年第15年卷第4期第71—80页。

样的独立的马克思主义学者多年来已经指出了法文版的重要性,但是这种掩盖还是得逞了。

然而,正如我在上面所指出的,新编历史考证版朝克服这个问题的方向迈出了一步,编者们并没有注明或指出所有在法文版和恩格斯编的德文第 4 版之间存在的文字上的关键差异。事实上,在我提到的上述三例文字差异中,历史考证版的编者们在其罗列的没有收入德文第 4 版的法文版的一些段落的附录中只提到了第三例。

得到《资本论》第 1 卷的全部正文,是个大难题:人们得从马克思之后自恩格斯开始的马克思主义者的著作中识别出马克思的著作。不仅要识别,还要理清他的著作中所有被曲解和被删节的部分。要认识到像马克思主义这种解放的哲学有可能会被曲解成它的反面,即像教条主义那样的一种极权主义思想。

上面列举的有关文字上的差异的后面两个例子同时指出了另一个具有时代意义的问题,即马克思在他生命的最后 10 年(1872—1883 年)中,越发关注非西方社会。如杜纳耶夫斯卡娅①在最近的著作中所说的,如果把马克思对 1872—1875 年法文版所作的一些改动同他后来有关俄国的著述以及他在 1880—1882 年所作的《人类学笔记》(中译本为《马克思古代社会史笔记》——译者注)联系起来考察,我们可以看出,马克思对与当代关于多元文化主义的辩论相关的问题已经有了初步的尚未定型的想法了。

[原载《马克思恩格斯研究论丛》(柏林) 1997 年新辑]

(沈延 译)

---

① 参见杜纳耶夫斯卡娅的前引书《罗莎·卢森堡,妇女解放与马克思的革命哲学》以及她的《妇女解放与革命的辩证法:追求未来》,新泽西 1985 年版。

马克思亲自校订的《资本论》第一卷法文版[*]

〔苏〕亚·马雷什

《资本论》第一版法文版是1872—1875年间分册出版的,即一部分一部分地出版的。除了1872年3月出版的有洛帕廷和丹尼尔逊翻译的俄文版以外,这是《资本论》用外文出版的第二个版本。马克思认为自己著作的翻译,特别是《资本论》的翻译具有巨大意义。这方面的每一条消息都使他格外高兴。他亲自参加了法译本的工作,既参加了翻译,也参加了编辑。保留下来的马克思的许多信件,以及与马克思接近的人的证明,都说明马克思为了使《资本论》更加完善,并且尽量做到使法国读者容易接受,曾进行了多么巨大的工作。

准备法文版的时期,正是作为无产阶级政权初次试验的巴黎公社失败之后,它的政治教训在著名的《法兰西内战》中得到了详细分析。马克思高度评价公社社员的革命英雄主义,以天才的洞察力揭示了他们的错误和失败的基本原因,并提出了理论结论的极端重要性,这些结论是各国革命者的后代,首先是列宁的共产党领导的俄国工人必须好好地加以利用的。

公社社员基本群众只是从革命的无产阶级本能说才是社会主义者,他们远远没有明确理解科学社会主义的最重要的原理。因此,例如在公社的经济领域内并未进行一系列的改造,而这种改造对于保持和巩固无

---

[*] 本文选自《马列著作编译资料》1980年第7辑。

产阶级专政是完全必要的。

公社社员的软弱在一定程度上是当时法国工人运动普遍软弱的反映。稍后,在1874年5月18日给库格曼的信中,马克思指出:"在法国,理论基础和实际的健全思想深感缺乏。"①《资本论》第一卷在克服这种缺点方面应当起特别的作用。把它的鼓舞思想变成在反动派进攻下暂时退却的群众的财富,是非常重要的。

马克思从内心深处特别同意拉沙特尔的建议,即《资本论》采用单行本的形式定期分册出版。马克思写道:"这本书这样出版,更容易到达工人阶级的手里,在我看来,这种考虑是最为重要的。"②

《资本论》第一卷法译本是鲁瓦完成的,他是费尔巴哈著作的译者。照马克思的说法,鲁瓦当然精通两国语言,但译文太死了,作者对此是不满意的。马克思自己承认,他对这个译本"确实付出了艰苦的劳动"③。1874年5月12日他写信给拉沙特尔说:"鲁瓦的稿子……从头到尾需要修改。"④ 马克思1872年5月23日在给左尔格的信中说:"我每天还要校对……巴黎译的法文本**校样**,为了使法国人懂得实质,我往往必须把法译文重新改写。"⑤

马克思尽管有第一国际总委员会的繁重工作和其他的著作要写,还有重病在身,但仍然承担了所有这些工作。

法文版同德文第一、二版有重大区别。此外,这个法文版同1890年恩格斯编的德文第四版也有很多不同之处。这些版本之间文字上不同

---

① 《马克思恩格斯全集》第1版第33卷第631页。
② 《马克思恩格斯全集》第1版第33卷第433页。
③ 《马克思恩格斯全集》第1版第33卷第492页。
④ 《马克思恩格斯全集》第1版第33卷第630页。
⑤ 《马克思恩格斯全集》第1版第33卷第470页。

的地方达几百处。

粗略地说，到底作者亲自校订的法文本在结构上和正文方面有哪些特点呢？

在作为目前各国流行的版本的基础的德文第四版中，包括七篇二十五章。而在法文版中包括八篇共三十三章。

德文版第二十四章《所谓原始积累》在法文版中构成独立的一篇，即第八篇，简单地称为《原始积累》。这二十四章的七节都扩展成章。此外，法文版的章数多，还因为德文版第四章《货币转化为资本》的所有三节都变成了独立的章。结构上的这种改变，显然是由于作者想强调这些节中的材料具有独立意义，把章节分得更小，从而使读者在一定程度上读起来容易些。

德文版第五章以及第五篇，在法文版中都是另外的章节和标题。第五章《劳动过程和价值增殖过程》在法文版中变成第七章，标题为《使用价值的生产和剩余价值的生产》。这一标题更简单和更易于了解。而且还应该说明，马克思自己在法文版的一个注释中指出，当时法文中没有确切的词能够表达作者用德文赋予"过程"这个词的含义。

德文第四版的第五章标题是《绝对剩余价值和相对剩余价值的生产》，可是第三篇的标题是《相对剩余价值的生产》。当然可能产生这样一个问题：为什么作者写第五篇时不避免逐字重复前两篇的标题呢，看来，马克思在校订法文版时也想到了这个问题。因此，他把第五篇的标题改了，改成《关于剩余价值问题的补充研究》。事实上，这一篇写的是新的事实和新的概括，而不是重复前两篇的内容。

内容论述上的差别，无论从篇幅来说还是从类型来说都是多种多样的。

读《资本论》，了解它的内容，必然会遇到不少困难。这并不奇怪，因为《资本论》是解决复杂问题的篇幅巨大的科学著作。马克思的同时代人和朋友之一李卜克内西就公正地说过："当然，《资本论》的风格是很难了解的，但这本书所阐明的论题难道是容易懂的吗？"①

马克思在校订法译文时，首先希望是自己的著作更为广大群众所了解，当然这不应当损害其科学质量，在很多情况下，特别是在前几章中，他有意地力求使论述简化。马克思1872年5月28日写信给丹尼尔逊说："我不得不对法译文整段整段地加以改写，以便使法国读者读懂。"②

现在举几个例子。

德文版第一章有这样一句话："苏格兰人麦克劳德，由于他的职责是用尽可能博学的外衣来粉饰伦巴特街的杂乱的观念，而成了迷信的重商主义者和开明的自由贸易贩子之间的一个成功的综合。"③

在法文版里，马克思在这句话后加了一个说明，指出伦巴特街是"伦敦各大银行所在的街"④。

在第一章《商品》中，分析价值的历史形式时，其中最早的一种形式是：简单的、个别的或偶然的价值形式，这是遥远的早期阶段交换过程还带有偶然性质时的形式，这时 X 商品 A =（或值）Y 商品 B。一个商品是表现另一个商品价值的材料。在法文版中，没有"个别的"这个词，因为实质上没有这个词也是完全可以的。

作者的"简化"不仅可以使人迅速地理解那里的意思和说法，而且还可以使这些意思和说明更确切，或者还可以比原文更扩大内容。

在商品拜物教一节中，马克思写道：例如，我们拿一个普通的桌子

---

① 《回忆马克思和恩格斯》1957年中文版第107页。
② 《马克思恩格斯全集》第1版第33卷第478页。
③ 《资本论》中文版第1卷第76页。
④ 《资本论》法文版第1卷第24页。

作例子，它是一种有用物，满足人的多种需要中的一种需要，在这种作为使用价值的性质上，它是一个可以感觉的物，具有一定的某种外在形式，大小、重量等，它是可感觉的物。但是这个桌子变成商品，变成通过市场关系来实现的价值的承担者，在这种性质上，它就不可能从物体上感觉到了。它变成一个可感觉而又超感觉的物了。马克思这个复杂的深刻的说法，从上下文来看，也可以理解为，它是一个超感觉的物——这个物对感觉发生独特的作用。在法译文中，据我们看来，找到了一个非常成功的、准确地表达作者意思的说法：â la fois et insaisissable——这个物既是可以感觉到的，又是不可以感觉到的。①

在第一章《商品》中，有一段话是："在古亚细亚的，总之古代②等等生产方式下，产品变为商品、从而人作为商品生产者而存在的现象，处于从属地位，但是共同体越是走向没落阶段，这种现象就越是重要。"③

在法文版中，这个地方进行了重大的修改："在古亚细亚的，总之古代④世界的生产方式下，产品变为商品，只起从属的作用，但是随着共同体走向解体，这种现象越来越重要。"⑤ 可见，第一，马克思把古代亚细亚看作整个古代世界的组成部分，第二，马克思取消了"等等"这样猜测性字眼，从而肯定。只有在古代，共同体还没有解体时，用于交换的产品才作为例外现象而存在。可是在这里马克思在某种程度上改变了他原来在《政治经济学批判》序言中提出的社会经济史划分为亚

---

① 《资本论》法文版第1版第28页。
② "古希腊罗马"和"古代"原文都是同一个字"antik"。——译者注
③ 《资本论》中文版第1卷第96页。
④ 《资本论》法文版第1卷第31页。
⑤ 《资本论》中文版第1卷第99—100页。

细亚的、古代的、封建的和资本主义的生产方式的看法，而认为亚细亚的和古代的都是同一个本质的表现形式。

在这一章中还有一个例子。在《商品的拜物教性质及其秘密》一节中有这样一段话："由于商品形式是资产阶级生产的最一般的和最不发达的形式（所以它早就出现了，虽然不像今天这样是统治阶级的、从而是典型的形式）因而，它的拜物教性质显得还比较容易看穿。但是在比较具体的形式中，连这种简单性的外观也消失了。货币主义的幻觉是从哪里来的呢？是由于货币主义没有看出，金银作为货币代表一种社会生产关系，不过采取了一种具有奇特的社会属性的自然物的形式。而蔑视货币主义的现代经济学，一当它考察资本，它的拜物教不是也很明显吗？认为地租是由土地而不是由社会生产的重农主义幻觉，又破灭了多久呢？"[①] 1890 年的德文第四版就是这样写的。显然，这里没有什么不正确的地方。但是，很多说法似乎都是仓促说出来的，因此比较难理解。马克思认为，所有这些说法在法文版中必须加以修改，要说的更明确，使工人读者更容易理解。现在让我们来对比一下两种版本的不同吧。

德文第四版中是"商品形式是资产阶级生产的最一般的和最不发达的形式"，在作者校订的法文版中是"在我们社会中，劳动产品所具有的最一般的和最简单的经济形式，是商品形式"[②]。可以看出，后面这一种说法比前一种说法更宽一些，也更简单一些。

在德文第四版中是"而蔑视货币主义的现代经济学，一当它考察资本，它的拜物教不是也很明显吗？"在法文版中这句话是另外的样子："而竭力夸耀自己观察敏锐和喋喋不休嘲笑重商主义的教条的现代政治

---

① 《资本论》法文版第 1 卷第 32 页。
② 《资本论》法文版第 1 卷第 32—33 页。

经济学，不也同样受到假象的欺骗吗？它的头一个教条不就是：物（例如劳动工具）按其本性是资本，而谁想要揭示它们的纯社会性质，谁就是违反自然罪吗？"①

法文版的这个论述比德文版好在哪里呢？

第一，马克思不无根据地不再说货币主义，而是说重商主义。重商主义是十五至十八世纪欧洲许多封建国家的经济政策，被上升的资产阶级用来加速资本的积累，并且也是为这种政策辩护的认识体系。按照重商主义的看法，财富只是货币。财富只发生在流通领域。利润的唯一来源是对外贸易。货币主义是重商主义的早期形式，它流行于十五世纪，力求达到货币收支的顺差，采用各种办法在国内尽量多集中金属货币。十七世纪，货币主义让位给更灵活和进步的政策——重商主义本身，后者的目的是保证商业收支的顺差。后来到了十九世纪初，重商主义观点已经过时，更为流行的则是自觉不自觉地把生产看作创造财富的原始过程的唯一领域。

第二，马克思在德文版中只是指出，现代政治经济学即庸俗政治经济学批评重商主义是货币拜物教的俘虏，而它自己实质上也是这种拜物教的牺牲品。在法文版中，马克思不只限于一种理解，而是简短地完全有说服力地说明了这种政治经济学拜物教的实质。

在德文第四版中说，"认为地租是由土地而不是由社会产生的重农主义幻觉，又破灭了多久呢？"②

在法文版中说，"最后，在许多方面十分高明的重农学派，不也是以为地租不是从人那里取走的贡赋，而是自然本身给予所有者的礼物

---

① 《资本论》中文版第1卷第100页。
② 《资本论》法文版第1卷第33页。

吗？"① 后一说法的好的地方也是没有疑问的。在这里，马克思给了重农学派应有的评价。对法国公众强调这一点特别重要。重农学派由于魁奈医生等人写的关于社会再生产的著作，使法国经济思想的重要成就闻名于世。但同时马克思又批判重农学派，指出他们关于地租来源的理论是错误的。这种批判在《资本论》第一卷法文版中比在别的版本中更为明确。

最后，还有一个例子表明伟大的马克思如何仔细关心自己的读者，他如何一版接一版地改进自己的著作。

在德文版第九章《剩余价值和剩余价值量》中，几乎刚一开始就举出了剩余价值量的公式：

$$M = \begin{cases} \dfrac{m}{v} \times V \\ k \times \dfrac{a'}{a} \times n \end{cases}$$

其中 M 表示剩余价值量，$\dfrac{m}{v}$ 表示剩余价值率，m 是每个工人平均一天所提供的剩余价值，v 是每天购买一个劳动力预付的可变资本；V 表示可变资本总额；k 表示平均劳动力的价值；$\dfrac{a'}{a}$ 表示劳动力受剥削的程度，a' 是剩余劳动，a 是必要劳动；n 表示雇佣的工人人数。在德文版中，这两个公式表述为："所生产的剩余价值量，等于预付的可变资本量乘以剩余价值率，或者说，是由同一个资本家同时剥削的劳动力的数目与单个劳动力受剥削的程度之间的复比例决定的。"

关于公式 $M = \dfrac{m}{v} \times V$ 前一部分，正文是很清楚的，但后一公式，

---

① 《资本论》中文版第 1 卷第 337 页。

从"或者说"开始,看来不能说很清楚。由于作者在法文版中的改进,$M = k \times \frac{a'}{a} \times n$作了另外的表述:"剩余价值量等于一个劳动力的价值乘以劳动力受剥削的程度和同时雇佣的劳动力死亡数目。"①

在准备法译文时,马克思在许多场合消除了德文正文中包含的明显的意思上的错误。典型的地方是第二十三章《资本主义积累的一般规律》中的一处改正。在叙述的过程中马克思指出,在生产过剩的危机时期,商品的价格通常下降而货币的价值上升,而在繁荣阶段情况正相反,根据这一事实,研究货币流通问题的所谓货币学派得出结论说,在价格高时流通渠道中的货币**太少**,而在价格低时流通渠道中的货币**太多**。情况是这样吗?根据资本主义国家日常的世俗的实践,人们观察的东西不超过现象的外表,人们习惯于把较低的价格看作购买手段不足的标志,人们说这时货币变贵了。反过来,高价格表明货币量有余,这时人们就说货币变贱了。货币数量学派托伦斯、诺曼、克莱等人正是这样认为的。这样就弄清楚了,为什么法文版和德文版不一样。说这些经济学家认为,价格高时货币**太多**,价格低时货币**太少**。②

应当指出,这样的相互条件只有在使用纸币的情况下,并且纸符号不能兑现黄金的条件下,才符合实际情况。在存在金标准的情况下,只有充当贵金属的价值保持不变,流通手段的扩大和缩小始终是商品价格波动的结果,而决不是波动的原因。马克思指出,货币流通只是反映商品市场状况的派生的运动。

除了为更加通俗和明确而对一些地方所作的修改以外,除了一些地方更加确切(我们上边只指出了一小部分)以外,《资本论》第一卷法

---

① 《资本论》法文版第1卷第131页。
② 《资本论》法文版第1卷第272页。

文版还包括作者本人对正文和注释所作的许多补充。特别是在《资本积累过程》这一篇中作的补充特别多。所有这些内容和篇幅各不相同的极端重要的补充，非常鲜明地表现了马克思高度的科学责任心，在一定程度上反映了马克思从来也不认为写作《资本论》的工作已经到顶。这些补充的大多数已经由恩格斯吸收进了德文第三版和第四版。但不能认为其余的补充是不重要的，可以忽视的。这一部分补充看来是德文版不宜吸收的，因为把这些补充吸收进来势必会破坏德语原有的本文和风格。我们现在谈几处"不宜吸收"的这种补充。

在第二十三章《资本主义积累的一般规律》的第三节，马克思在考察资本主义特有的生产过程的周期性时指出，"现代工业这种独特的生活过程"① 在人类过去的任何时代都是看不到的，即使在资本主义生产的幼年时期也是不可能的。在法文版中，对这个结论又作了解释，这在其他版本中是没有的。所加解释的是：

"当时，由于技术进步是缓慢的，普及起来更慢，社会资本构成的变化是很不明显的。然而，随着不久前建立的殖民地市场的扩大，需要以及满足这些需要的手段的相应增加，新的工业部门的出现，对劳动的需求随同积累一道增加起来了。"②

在这里，马克思比在德文版中更确切地说明了资本主义必然造成的失业，是保证在危机过后工业重新高涨的因素。接着揭露了资产阶级人口理论的错误。

"只有在大工业制度下，过剩人口的产生才成为财富生产的调整手段。

如果说这种制度使社会资本具有突然扩大的力量，具有惊人的弹

---

① 《资本论》中文版第1卷第694页。
② 《资本论》法文版第1卷第279页。

性，那么这是因为，在有利条件刺激下，信用使日益增长的社会财富，使新资本大量投入生产，这些新资本的所有者总是急于要利用这些资本，等待着合适时机；另一方面是因为，大工业的技术手段使得大量增加的产品能够非常迅速地变为追加的生产资料，并且更迅速地把商品从世界的一端运往另一端。如果说，这些商品的低廉价格首先为商品开辟新的销售市场和扩大旧的销售市场，那么商品的过剩会逐渐造成整个市场的缩小，直到这些商品被突然排挤出市场。这样，商业的盛衰和社会资本的交替变动结合在一起。这些社会资本在自己积累的过程中时而在构成上发生变动，时而在已经达到的技术基础上增大起来。所有这些影响都促使生产的规模突然扩大和突然缩小。

生产通过不规则的运动而扩大，是生产突然缩减的第一个原因；当然缩减又会引起扩大，但是，如果资本没有拥有后备军，如果没有不依赖人口自然增长的劳动者人数的增长，那么作为出发点的生产过渡扩大是可能的么？这种增长是借助于很简单的办法实现的，即应用一些能使劳动更具有生产能力的办法，减少对劳动的需求，每天把工人抛向街头。因此，不断地把工人阶级的一部分变成半失业或完全失业的工人，是现代工业运动的典型形式。"①

马克思的话直到今天仍然有效。现代垄断资产阶级通过他们的理论家的口断言，在资本主义范围内通过政府在政策上采取特殊措施就有可能消灭失业。但实际上，尽管有关于充分就业的大量理论和宣传，可是在资本主义各国大量劳动群众仍然没有工作保证。技术和生产工艺上的最新发现以及劳动强度的加强成了失业后备军增长的原因，这种原因甚至在军备竞赛和战争时期都未能完全消除。

马克思在自己的科学著作中往往使用文学和神话的形象，引用古典

---

① 《资本论》法文版第1卷第279—280页。

文学著作和民间传说。当然，他这样做不是为了文体的优美——虽然论述的形式本身所起的作用远不是为了文体的优美——虽然论述的形式本身所起的作用远不是最小的，然而对于科学家来说，马克思的著作是善于把严格的科学性同艺术性最好地结合起来的范例。马克思首先考虑的是，尽量使自己对复杂科学理论的通俗易懂和有说服力。

在法文版中，我们可以找到其他版本中所没有的鲜明的艺术论述。例如，在《所谓原始积累》①这一章的开头，马克思嘲笑了庸俗经济学家关于原始积累条件的虚构故事。全部事情描绘得就像原罪的传说一样。说在很久很久以前有两种人，一种人勤劳，一种人懒惰，一种人汗流满面地劳动，积累了很多财富，另一种人好吃懒做，终于耗尽了一切，被迫出卖自己劳动的双手。在法文版中，在这个地方②马克思作了一个脚注：

"歌德被这无稽之谈所激怒，用下列的对话作了嘲笑：

'小学教师：告诉我，你的财富是从哪里来的？……

孩子：祖父给的。

小学教师：祖父的财富是从哪里来的？

孩子：曾祖父给的。

小学教师：曾祖父的财富从哪里来的？

孩子：他是抢来的。'

(《教义问答讲授》)③"

---

① 《资本论》中文版第1卷第781页。
② 《资本论》法文版第1卷第314页。
③ 《歌德全集》1850年版第2卷第276页。

* * *

在《资本论》第一卷法文版的扉页上完全正确地写明："全部经作者校订。"马克思自己高度评价这一版本。马克思在给朋友们的书信中往往正是从《资本论》法文版中引用一些原理，而且说明，它们绝不是像别的版本那样顺便写上的。

马克思认真地向《资本论》第一卷的译者们推荐使用法文版。这里可以举出马克思1878年11月15日致丹尼尔逊的信，信中谈到如何搞好俄文第二版。马克思写道："（1）我希望**分章**——以及**分节**——按法文版处理。

（2）译者应始终细心地把德文第二版同法文版对照，因为后一种版本有许多重要的修改和补充。"①

马克思发表在《资本论》法文版第一卷上的、1875年4月28日写的跋中说道："不管这个法文版有怎样的文字上的缺陷，它仍然在原本之外有独立的科学价值，甚至对懂德语的读者也有参考价值。"②

作者亲自校订的《资本论》法文第一版，用马克思自己的话来说"加进了一些新的东西，而且有许多问题的阐述要好得多"③。这个版本是值得专门地仔细加以研究的。

（原载《马克思主义形成与发展史论丛》1959年俄文版）

（张钟朴 摘译）

---

① 《马克思恩格斯全集》第1版第34卷第276页。
② 《资本论》中文版第1卷第29页。
③ 《马克思恩格斯全集》第1版第34卷第273页。

法文版《资本论》第一卷出版经过*

冯文光　张钟朴

法文版《资本论》第一卷是马克思亲自校订改过的，它在德文版之外"有独立的科学价值"①。考察一下法文版《资本论》第一卷的出版经过，也可以看出这个版本的重要性和马克思对它的重视。

马克思本人以极大的热情参加了《资本论》第一卷法文版的准备出版工作。法文版的准备时期，正是巴黎公社失败后法国工人运动遭到了疯狂镇压、革命处于低潮的时期。马克思曾经高度评价巴黎公社的战士们的革命英雄主义，但是另一方面也不能不看到，当时革命的无产阶级并没有用科学社会主义的正确理论武装起来，这也是巴黎公社失败的原因之一。正像马克思1874年5月18日在给库格曼的信中所说："在法国，理论基础和实际的健全思想深感缺乏。"②

当时面临的任务是要使工人运动摆脱资产阶级思想和小资产阶级社会主义派别的影响，在马克思主义基础上建立无产阶级的革命政党。《资本论》法文版应当在这方面起特别重要的作用。早在1867年马克思就说过，他打算通过《资本论》的法译本来"使法国人摆脱蒲鲁东用

---

* 本文选自《〈资本论〉研究资料和动态》第1集，江苏人民出版社1981年版。

① 《马克思恩格斯全集》第1版第23卷第29页。

② 《马克思恩格斯全集》第1版第33卷第631页。

对小资产阶级的理想化把他们引入的谬误观点"①。

马克思特别同意法文版出版者拉沙特尔的建议,即《资本论》法文版以分册的形式出版,认为"这本书这样出版,更容易到达工人阶级的手里,在我看来,这种考虑是最为重要的"②。

法文版《资本论》第一卷有一段很长的翻译出版历史。马克思的《资本论》德文第一版是1867年出版的。早在1862年,德文版《资本论》还在加紧写作的过程中,马克思就曾给自己的朋友们写信说,这本书一用原文出版,就将译成法文。③ 在马克思同恩格斯、自己的亲戚和朋友们的通信中,不断地讨论法文版的翻译和出版问题,讨论挑选译者的问题。从这些信件中,我们可以大体上看到法文版出版经过的大致轮廓。

《资本论》德文版出版后不久,法国女新闻记者克·鲁瓦埃曾同意进行翻译。但拉法格(马克思二女儿劳拉的丈夫)同她交谈后得知,她知识贫乏,而且公开蔑视工人阶级。当然,这种人是不能翻译《资本论》的。

1868年初,波兰侨民、1863年波兰起义的参加者约·茨韦尔查凯维奇—卡尔德曾提出他愿意翻译。他曾参加过第一国际日内瓦支部的工作,但是可惜他在1869年就去世了。

从1865年起,通过在巴黎的国际会员维·席利的介绍,曾同埃·勒克律等人谈判过翻译的问题。这个谈判一直持续了三年,由于他们想把《资本论》搞成缩写本而没有最终谈成。勒克律曾参加过巴黎公社,公社失败后,流亡国外。后来发现勒克律加入了巴枯宁集团,是社会民

---

① 《马克思恩格斯〈资本论〉书信集》,第211页。
② 《马克思恩格斯全集》第1版第23卷第26页。
③ 参见《马克思恩格斯〈资本论〉书信集》,第170页。

主同盟的领导成员之一,翻译的事当然也就谈不上了。

1869年10月,第一国际巴黎支部的成员凯累尔着手把《资本论》译成法文,他的翻译工作进展得很快,到1870年4月就译了400页左右。据说译稿曾寄给马克思审阅,得到过马克思的赞扬。但巴黎公社失败后,凯累尔流亡国外,与巴枯宁集团关系密切,翻译的事当然也告吹了。先后提出过打算把《资本论》译成法文的,不止这些人,但都未成功。

为了《资本论》法文版的问题,马克思甚至曾考虑亲自从他当时的住地伦敦去巴黎一趟。他在1869年3月20日写信给恩格斯说:"我打算加入英国国籍,为的是能够安全地去巴黎。如果不去一趟,我的书的法文版永远也出不成。我到那里去是完全必要的。"[①] 但这个计划后来并没有实现。

法文版《资本论》第一卷由约瑟夫·鲁瓦翻译的。鲁瓦是费尔巴哈著作的出色的法文本译者,他的译文曾受到过费尔巴哈本人的赞扬。早在1868年,就有人向拉法格提到过约·鲁瓦能胜任翻译工作。到1872年1月又提出了此事,经龙格(马克思大女儿燕妮的丈夫)介绍,鲁瓦正式开始了翻译工作。他从1872年2月开始,到1874年底,用近三年时间完成了法文版第一卷的翻译工作。按照马克思的说法,《资本论》的译者应当精通德文和法文这两种语言,应懂得《资本论》研究的对象和它阐述的新理论。鲁瓦无疑精通两国语言,他的翻译是严肃认真的。但是马克思认为鲁瓦的译文译得过死,读者不易读懂,对此感到不够满意。另一方面,马克思亲自担任校订工作后,也深感原来的论述有的地方需要修改。马克思为这个法文版付出了很多的心血。马克思自

---

① 《马克思恩格斯全集》第1版第32卷第264页。

己曾经说过，他对这个译本"确实付出了艰苦的劳动"，①"为了使法国人懂得实质，我往往必须把法译文重新改写"②。所以，这个法文版并不完全是德文版的翻版，而是经作者亲自修订过的版本。

应当指出，作为这个法文版依据的，已不是《资本论》德文第一版，而是第二版。原来1867年出版的《资本论》德文第一版当时共印了一千册。到1871年秋，巴黎公社失败以后，国际工人运动迫切需要革命理论的指导，正好这时《资本论》第一版已经售完。马克思接受了出版社的建议，对第一版加以修改，出版了第二版。第二版从1872年7月至1873年6月用九个分册共印刷了三千册。第二版比第一版在篇章结构上有较大改动，局部的文字辞句也有修改，并且加了新的注释等。法文版就是按照这个第二版翻译的。马克思后来没有来得及完成德文第三版的修订工作就去世了。所以，这个法文版成了马克思生前亲自修订过的最后一个《资本论》版本。

法文版《资本论》第一卷的出版者是莫里斯·拉沙特尔。他是1871年底经拉法格介绍而同意出版的。拉沙特尔是进步的出版家，本人也是历史学家，写过反教权主义的著作等。他曾参加巴黎公社，公社失败后流亡国外。他曾因出版进步书刊而多次受到迫害。拉沙特尔非常尊重马克思，称马克思为导师。他尽力设法改善法文版的出版。例如，他曾提出法文版要刊登马克思肖像和简历等，以扩大影响。

法文版《资本论》第一卷是按分册出版的，每五个分册合成一辑出售，全卷共分四十四个分册，合成九辑，最后一辑只包括四个分册。按照合同规定，法文版第一卷共印一万册。第一辑是1872年9月发售的，最后一辑1875年底发售。这样，法文版的出版过程先后延续了近

---

① 《马克思恩格斯全集》第1版第33卷第492页。
② 《马克思恩格斯全集》第1版第33卷第470页。

三年半的时间。拖延的原因，除了巴黎公社失败后不利的政治局势以外，还有许多别的原因。马克思住在伦敦，译者住在巴黎，出版者流亡在国外，有时在西班牙，有时在瑞士等地，而印刷厂又在巴黎。译稿译完一部分以后寄给马克思，马克思再寄给出版者，出版者再寄回印刷厂。这样，手稿和校样往返一次就有一千多公里路程，而且有时校样要经过四次校阅，这就需要很长时间。马克思在校样上作了不少修改，有时三校样上改动的地方比一校样还多。另外，马克思往往由于其他紧迫的工作或由于生病而耽误了校订工作。第1辑（第1—5分册）1872年出版，第2—6辑（第6—30分册）1873年出版，而第7—8辑（第31—40分册）到1875年年中才开始出版，中间间隔了一年半。这一部分译稿，译者在1873年底就完成了，但马克思到1875年1月才校订完译文。到最后一辑在1875年底出版时，拉沙特尔已被迫离开了出版社。由于篇幅超过了合同规定的印张，马克思的简历等未能附在最后出版。

马克思自己曾高度评价法文版，他在给朋友们的书信中多次提到这个版本，并且向《资本论》的译者们推荐过这个版本，让他们作为重要参考。例如，马克思在1878年11月15日写给《资本论》俄文版的译者丹尼尔逊的信中，谈到如何搞好俄文第二版时说：

"（1）我希望分章——以及分节——按法文版处理。

（2）译者应始终细心地把德文第二版同法文版对照，因为后一种版本中有许多重要的修改和补充。"①

马克思逝世后，在他的遗物中发现了一个德文本，其中有些地方已作了修改，并标明某处应参看1873年的法文版。另外还发现了一个法文本，其中已经标出所要采用的地方。恩格斯根据这些材料，完成了马克思生前未竟的第三版德文的修订工作，于1883年出版了《资本论》

---

① 《马克思恩格斯〈资本论〉书信集》，第354页。

德文第三版。到1889年9月，恩格斯再一次对照法文版和马克思的笔记，把法文版的一些地方补充进去，增加了一些说明性的注释，又由马克思的小女儿爱琳娜根据英文的原著核对了大多数引文，订正了一些印刷错误，于1890年下半年出版了《资本论》德文第四版。现在全世界几乎都是根据恩格斯校订的这个第四版来翻译这一伟大著作，所以也可以说，它是世界通用的版本。但是，这个第四版并没有把法文版的每一处修改都吸收进去，篇章结构也不一样，因此，马克思亲自校改过的法文版《资本论》第一卷仍然具有自己的科学价值。

1872—1875年《资本论》第1卷法文版的科学意义和翻译难点[*]

〔德〕伯恩哈德·亨舍尔　韦尔讷·克劳斯
汉斯-曼弗雷德·米利茨

经马克思修改并由他认可的《资本论》第1卷法文版,"在原本之外有独立的科学价值,甚至对懂德语的读者也有参考价值"[①],马克思的这一评价无疑引起了译者的期待,并提出了该版本的具体特点问题。人们对它的政治意义几乎没有不清楚的,马克思本人不也在1867年德文第1版出版后立即使人们认识到,他为什么坚决要把《资本论》译成法文的原因吗?马克思过去曾多次为找一位合适的译者而作的努力以及马克思和恩格斯的很多信件都证明了这一点。当然,马克思希望在全世界尽可能广泛地传播他的主要著作,而同时他也努力争取出版英文版和其它译文版。但是出版法文版还有其特殊的方面。法国的政治状况、特别是蒲鲁东主义对法国和国际工人运动的影响以及法国对欧洲其他日尔曼国家的重要意义促使马克思对这一译本高度重视。

早在1862年和1863年期间,马克思就已计划出版1859年发表的《政治经济学批判》[②]的法文版,1867年他向国际工人协会的成员提出

---

[*]　本文选自《马克思恩格斯研究》1993年总第14期。
①　参看《马克思恩格斯全集》第1版第23卷第29页。
②　参看《马克思恩格斯全集》第1版第30卷第301、302、305页。

请求，帮助他寻找一位翻译《资本论》第1卷的译者。①

《马克思恩格斯全集》历史考证版第2部分第7卷的资料卷的题注介绍了马克思战胜了什么样的困难才最终实现这个计划的。从众多徒劳的尝试中应当特别强调一下沙尔·凯累尔所作的尝试，他从1869年10月德文第1版出版以后就开始翻译。凯累尔在等待马克思对第1章作彻底修改期间就首先开始翻译第2章。我们从格尔曼·洛帕廷的申述中得知，马克思也建议俄文版采用这种工作方法。

居住在波尔多的教师约瑟夫·鲁瓦（1830—1916年），1872年2月开始翻译马克思的著作。他曾毛遂自荐，把路德维希·费尔巴哈的著作译成了法文。马克思为法文版拟好了一份翻译范例，其中有经马克思修改过的第1章，鲁瓦就使用了马克思的这份翻译范例。这个手稿没有流传下来。在德文第2版的基础上，1872—1875年出现了一个《资本论》第1卷的改编本，因为对马克思来说，翻译是对原文作一些重要修改和增补的机会。法文版的完成是马克思创作活动中的一个重要阶段，它标志着马克思在继续发展他的经济学理论过程中又向前迈出了重要的一步。

在校订法文版初期，马克思利用了一个手写原稿，这个稿子以《对〈资本论〉第1卷的增补和修改（1871年12月至1872年1月）》为标题第一次发表于《马克思恩格斯全集》历史考证版第2部分第6卷中。② 手写原稿中有对第1版前三章不同段落的说明和马克思为德文第2版，部分也是为法文版准备的广泛的补充内容。

1872—1875年的《资本论》法文版在理论史上位于1872年德文第2版和1883年德文第3版之间。这也可以从马克思在1875年4月28日

---

① 参看《马克思恩格斯全集》第1版第31卷第545页。
② 参看《马克思恩格斯全集》历史考证版第2部分第6卷第1—54页。

为法文版写的跋中得知，在这篇跋中他称德文第 2 版是"依据的原本"①。因此，马克思在法文版中取得的一切进展必定是与德文第 2 版比较而言。恩格斯把法文版中的大部分修改和增补收进了 1883 年的德文第 3 版，后来又收进了 1890 年的第 4 版。从理解《资本论》的创作史来看，使法文版具有特色的一些具体细节问题仍然同 1875 年一样具有现实意义，当时马克思认为有必要强调这个译本的价值，因为该版本符合他的原则，即前一个版本总是成为后一个版本的依据。在计划出版美国版的工作中，马克思对如何利用法文版作了具体说明。② 在其中的一个手稿上恩格斯还在一些说明旁边标上"已照办"字样。马克思多次向其他译者指出，要对照法文版并利用其中重要的修改和补充。例如，他于 1878 年 11 月 15 日指导尼古拉·弗兰策维奇·丹尼尔逊按法文版准备俄文第 2 版。③

法文版同德文第 2 版相比，它所作的修改、补充、删节或新的阐述远远超过了改写的内容，因为改写的内容没有包括新的统计材料、新的引文出处、原始资料等等，而补充这些材料又显然是马克思的愿望。法文版确定了马克思直至 1875 年所达到的认识水平。由于法文版中包含了马克思所作的理论探讨，④ 所以它反映了马克思当时的观点。恩格斯后来虽然为德文第 3 版和第 4 版翻译了其中重要的段落，但有一部分并没有收进这两个版本中，所以唯有法文版才有这部分内容。同样，从这种独特性来看，法文版的独立的价值也就显而易见了。

因此，法文版不单纯是将人们已经了解的著述翻译成另一种语言。

---

① 《马克思恩格斯全集》第 1 版第 23 卷第 29 页。
② 参看《马克思恩格斯全集》历史考证版第 2 部分第 8 卷第 5—36 页。
③ 《马克思恩格斯全集》第 1 版第 34 卷第 332 页。
④ 《马克思恩格斯全集》第 1 版第 23 卷第 566 页。

译文是由马克思认可的，同时他还作了彻底的修改。当然，人们几乎不可能仅仅根据正文来准确地确定马克思参加了多少法文本的工作。修改过的长条校样或其它类似的证据都没有流传下来。马克思同鲁瓦的通信证明了他对法文版的完成所给予的全面帮助。他同恩格斯以及其他人之间的通信提供了马克思校订范围的一些依据的证明。例如，马克思于1873年11月29日写道，他不能用"这种拘谨的现代法语"作为英译本的基础。① 几天后他写道："到现在为止，我发现你加过工的确实比德文的好。"② 一个特殊的问题是解决翻译上的难点寻找一个合适的术语和容易理解的表达方式，而这个问题与著作的学术价值有密切的联系。

法文版中所作的大量的修改、插话和补充涉及不同的章节。修改的重点在这一卷的后半部分。这也许是因为马克思在准备德文第2版时特别注意了前半部分。现在，在准备法文版时马克思特别对《资本的积累过程》这一篇作了彻底的修改。改动比较多的还有《剩余价值率和剩余价值量》这一章。马克思在法文版中对这部著作的章节重新作了划分，③ 这也是德文第2版的特征。④ 德文第2版"表明研究方法和叙述方法的发展过程达到了一定水平，这一发展过程并没有随着第1版的出版而结束"⑤。在德文第1版完成后恩格斯立即建议马克思改进书的外部结构，并提出在计划出版的英文版中需要作的修改。⑥ 马克思显然赞

---

① 《马克思恩格斯全集》第1版第33卷第99—100页。
② 《马克思恩格斯全集》第1版第33卷第105页。
③ 参看《马克思恩格斯全集》历史考证版第2部分第7卷第768—775页。
④ 《马克思恩格斯全集》历史考证版第2部分第6卷第1124—1131页。
⑤ 《马克思恩格斯全集》历史考证版第2部分第6卷第17*页。
⑥ 《马克思恩格斯全集》第1版第31卷第329—330页。

成恩格斯的提示,而且为了有助于理解《资本论》的内容和方法,马克思早在德文第 2 版中就已将它们付诸实施。为准备法文版需要对书重新进行加工,这就促使他进一步修改书的结构。马克思为了达到逻辑上的连续,有时改变一章内的结构。一个突出的例子就是:法文版《剩余价值转化为资本》这一章同德文第 2 版相对应的一章(《剩余价值转化为资本》)相比作了很大修改。

在《资本的积累过程》这一篇中马克思对正文作了最重要的改动,它们对马克思经济学理论的发展具有较大意义。恩格斯 1883 年在谈到德文第 3 版的出版时强调,他接受了法文版中的修改和增补,它们绝大部分属于《资本的积累过程》这一篇。① 他对弗里德里希·阿道夫·左尔格强调说,马克思在这里对"整个理论部分几乎全部"② 作了加工。

马克思改变了法文版中有关资本的积累过程篇的开头。在德文第 2 版中,与法文版相应的一篇的开头是简要概括前面论述的剩余价值的生产和剩余价值的实现。马克思只是扼要地说明,资本积累的过程所必需的流通过程将在《资本论》第 2 卷中论述。③

法文版第七篇的导言是以更加强调资本所经历的不同阶段、扼要描述这些阶段开始的。其中,马克思强调了市场的作用。他指出,货币额转化为生产资料和劳动力是在市场上进行的。生产资料生产出的产品大于其组成部分的价值,这时生产资料就必须重新转化为商品,即重新在流通领域中运动。

因此,马克思在开始分析资本的积累过程时就立即强调了流通的意义,即促使资本家卖掉其商品,并把由此得到的绝大部分货币再转化为

---

① 《马克思恩格斯全集》第 1 版第 23 卷第 30 页。
② 《马克思恩格斯全集》第 1 版第 36 卷第 46 页。
③ 《马克思恩格斯全集》第 1 版第 23 卷第 619 页。

资本的意义。所以，在继续阐述之前马克思着重指出，下面对积累过程的分析假定资本是按正常的方式完成流通过程的。

对流通过程的详细分析是在《资本论》第2卷中进行的。而在第1卷最后一篇的开头所作的阐述看来起了一个与第2卷论题的连接作用。

同以前的德文版相比，马克思在《简单再生产》中作了一些明确的阐述。他回顾了第二篇的开头，在第二篇中马克思论述了货币向资本的转化。他通过文章的插入或修改强调了资本主义生产的连续性，清楚地显示了生产消费和劳动过程之间的联系。马克思在法文版中写道："劳动者的消费有两样。在生产行为中，**他通过自己的劳动消费**生产资料，以便把生产资料转化为价值高于预付资本价值的产品。"① 他有时也调整一章之内段落的位置。所以，为了能够更加完整、连贯地阐述对个人消费的见解，他对此作了调整。

通过修改，马克思强调，生产过程使货币转化为资本并保持了生产关系，在德文第2版中，他论述道：生产过程使货币转化为资本，使生产资料转化为价值增殖手段。他把这一论述改写为：生产过程不断使物质财富转化并使转化的范围扩展到资本家的消费品："一方面，生产过程不断把物质财富转化为资本和资本家的消费品。"他继续写道，在生产过程之后，工人所处位置与这之前一样，他在法文版中补充说，工人虽然是财富的源泉，但被剥夺了为自己实现这种财富的一切手段："……另一方面，工人像进入生产过程时那样走出生产过程：他是财富的人身源泉，被剥夺了他自己的实现［劳动］的手段。"②

马克思在《剩余价值转化为资本》一章中作了重要修改。通过对正文的修改，他强调了经济规律的客观性。资本主义生产方式的内在规

---

① 《资本论》法文版中译本，中国社会科学出版社版，第599页。
② 《资本论》法文版中译本，中国社会科学出版社版，第599页。

律迫使被致富欲望支配的资本家不断扩大他的资本。如果他想保存资本，就必须承受竞争的压力。马克思继续发挥他的思想。他强调指出，在货币贮藏者那里表现为个人狂热的东西在资本家那里都表现为社会机构的作用，而竞争迫使资本家去扩大资本，累进积累。马克思在对资本家和货币贮藏者作了比较之后写道："但是，在货币贮藏者那里，这表现为个人的狂热，在资本家那里，这却表现为社会机构的作用，而资本家不过是这个社会机构中的一个齿轮罢了。"① 除了这个补充外，"累进的积累"② 这个表述也被以后的版本所采用。

除此之外，这一章中的有些地方被处理得精练了，从而更清楚地论述了事实情况。这一章的第4节被作了重要的修改，它的标题为《几种同剩余价值分为资本和收入的比例无关但决定积累量的情况》。马克思在德文第2版中一开始就简要地提到，在论述剩余价值的生产那几章中论述了影响剩余价值量的情况，③ 而在法文版中，马克思则很清楚地论述道，如果假设剩余价值的分配是不变的量，积累的资本量就取决于剩余价值的绝对量。④ 然而，这一节中间所作的修改更重要。修改的内容涉及的是，在不变资本没有相应增加的情况下增加劳动力使用的问题。马克思指出，可以采用不同的方式来增加劳动力的使用，如：增加工人人数、延长劳动时间或提高劳动强度。在所有这些情况下，由于劳动力具有伸缩性，资本的积累不断扩大而无须扩大同一比例的不变资本。马克思认为，在工业部门中，劳动的追加使用是可能的，但是在相同范围内不需要更多的劳动资料。资本通过合并劳动力和土地获得了一种扩张

---

① 《资本论》法文版中译本，中国社会科学出版社版，第622页。
② 《资本论》法文版中译本，中国社会科学出版社版，第623页。
③ 《马克思恩格斯全集》第1版第23卷第657页。
④ 参看《资本论》法文版中译本，中国社会科学出版社版，第631页。

的能力，这种能力允许积累的要素扩展到超出由它本身的量所确定的范围，这个量是由生产资料的价值和数量表现的。①

在法文版中，《资本主义积累的一般规律》一章是以一篇新的文章开始的。在德文第2版中，马克思直接以一个论断开始，即资本的增长包括对劳动力需求的扩大②。在法文版中，马克思引导式地阐明，在这一章中将研究资本的增长对工人阶级的命运产生的影响。他提醒人们注意，在他的研究中最重要的因素就是资本的构成和它在积累过程中所起的变化。此外他还解释说，资本的构成要从双重的意义上去理解，即它的价值比例和它的技术的和物质的构成。接着他简短地说明了他所理解的资本的有机构成。③ 这一观点阐明了投放在一个生产部门中的单个资本的特点，这些单个资本的价值构成是不同的。为了说明价值构成和技术构成之间的相互关系，马克思把价值构成叫作资本的有机构成，因为价值构成由技术构成决定并反映技术构成的变化。马克思在这一章的开场白中清楚地表明，他是以一个国家的全部生产部门的平均构成为出发点的，从而使读者对后面要论述的资本主义积累的一般规律有一个思想准备。

在德文第2版中，马克思在稍后的地方，即第二节《在积累和伴随积累的积聚的进程中资本可变部分相对减少》中给资本的有机构成下了定义。

马克思对资本的有机构成这一节所作的新的表述和新的安排不仅是他的方法论的较好的表现，而且是对这个重要的经济学范畴的继续发展。在德文第2版中，马克思把资本的有机构成解释为资本的不变部分

---

① 参看《资本论》法文版中译本，中国社会科学出版社版，第637页。
② 参看《马克思恩格斯全集》第1版第23卷第672页。
③ 参看《马克思恩格斯全集》历史考证版第2部分第7卷第534页。

和可变部分的构成，也就是说，解释为资本投放在生产资料和劳动力方面的价值之间的比例，但是马克思却没有清楚地把资本的有机构成解释为技术构成和价值构成之间的相互关系。马克思在这里驳斥亚当·斯密的观点，在后者的分析中，生产资料的量和劳动力的量之间的不变比例被看作一个原理。① 在法文版中，马克思又向前迈出了一步，他不仅注意到，在积累的增进中这个比例大大变化了，而且他还明确指出，资本的有机构成就是价值构成，而价值构成是由资本的技术构成并因而反映技术构成的变化："从在生产过程中发挥作用的物质来看，每一个资本都分为生产资料和活的劳动力；这种构成是由所使用的生产资料量和为使用这些生产资料而必需的劳动量之间的比率来决定的。前一种资本构成是价值构成，后一种资本构成是技术构成。最后，为了表明二者之间的密切的相互关系，我们把由资本技术构成决定并因而反映技术构成变化的资本价值构成，叫做资本的有机构成。"② 在德文第 2 版中还没有包含的这个明确的定义后面，马克思指出了单个资本构成的区别，一个生产部门的总资本的构成是从单个资本构成的平均数中产生的。后面研究的出发点就是所有生产部门的平均构成的总平均数，也就是说一个国家的社会资本的构成。

马克思紧接着论述了在资本的构成始终不变的情况下，对劳动力的需求不断增加与积累之间的联系，从而对正文作了大量的补充并增加了新的表述。例如，他研究了资本积累的增加会引起对劳动力的需求，从而导致工资提高的情况，我补充说，如果这些假设成为持续的现象，就有可能出现这样的情况（也就是说，如果对工人的需求的增长不变）③。

---

① 参看《资本论》德文第 1 版中译本，经济科学出版社版，第 594 页。
② 《资本论》法文版中译本，中国社会科学出版社版，第 648 页。
③ 《资本论》法文版中译本，中国社会科学出版社版，第 649 页。

在第一节结尾处，马克思在他论述工资和资本积累之间的相互关系问题的地方作了一个特别重要的补充。他通过深入研究所谓的"自然人口规律"清楚地解释了难题。资本、积累和工资之间的依赖关系在工人运动中起着重要的作用。拉萨尔的"铁的工资规律"的信条造成了很多混乱，但是马克思没有直接去研究拉萨尔，他解释说：资本、积累同工资率之间的关系不外是转化为资本的无酬劳动和为推动追加资本所必需的有酬追加劳动之间的关系。① 马克思指出，工资只能在资本主义制度不受侵犯，而且在规模扩大的再生产得到保证的界限内提高。

马克思对第二节《在积累和伴随积累的积聚的进程中资本可变部分相对减少》也作了修改。在法文版中，马克思一开始就引用了资产阶级经济学家如亚当·斯密的观点，他们认为，工资的提高是由于积累的不断增长。虽然德文第2版中已经简短地提到了斯密，但是，法文版中的论战就更加尖锐了。马克思明确强调，劳动生产率成为积累的最强有力的杠杆。他在这时引用了斯密的话，后者已认识到资本积累能够提高劳动生产率。斯密的引文是马克思考察并论述技术发展的结果②的出发点。

通过补充说明，马克思强调了在积累不断增长的同时，资本有机构成增长的规律性。他指出，商品价格的比较分析证明了不变资本部分与可变资本部分相比不断增长的规律。稍后他又补充了一点看法：积累的增进决不排斥资本可变部分的绝对的增加。③

马克思在法文版中对资本"积聚"和资本"集中"这两个概念所做的精确的区分是他在其经济学说的发展中迈出的重要一步。"资本积

---

① 《资本论》法文版中译本，中国社会科学出版社版，第657页。
② 《资本论》法文版中译本，中国社会科学出版社版，第658页。
③ 《资本论》法文版中译本，中国社会科学出版社版，第660—661页。

聚"这个概念在1861—1863年手稿中就已作了明确的概述。例如当时马克思认为,要进行分工就必须集结可变资本和劳动工具。① 而马克思起初并没有坚持把"资本集中"这个概念视为和资本积聚有细微差别的范畴,而是认为,它是资本主义生产中产生的现象之一,② 或者认为,它是由于大资本家吞并小资本家而形成的大量资本。③

在《资本论》第1卷德文第2版中,马克思为了说明吸引分散资本的特点,使用了"积聚"这个概念。"这已不再是生产资料和对劳动的支配权的简单的、和积累等同的积聚。这是已经形成的各资本的积聚,是它们的个体独立性的消灭,是资本家剥夺资本家,是许多小资本变成少数大资本。"④

马克思在法文版的这个位置采用了"集中"这个概念,从而扩大了政治经济学的范畴体系:"这个对立的运动不再是与积累等同的积聚,而是根本不同的过程,是把不同的积累和积聚点结合在一起的吸引,是已经形成的各资本的积聚,是数量较多的资本合并为数量较少的资本,总之,这是本来意义的**集中**。"⑤ 马克思后来视具体情况用"集中"这一概念代替了"积聚"这一概念,而且使用这两个概念时根据他想说明哪一特殊过程的特点而定,是想说明向资本的连续再转化(它表现为进入生产过程的资本的增加量),还是说明对已有资本的吸引。

对后来进行的帝国主义研究来说,准确区分"资本积聚"和"资本集中"这两个概念是理论上分析资本主义的帝国主义阶段的一个重要

---

① 参看《马克思恩格斯全集》第1版第47卷第336—337页。
② 参看《马克思恩格斯全集》第1版第47卷第214页。
③ 《马克思恩格斯全集》第1版第26卷第3册第344页。
④ 《马克思恩格斯全集》第1版第23卷第686页。
⑤ 《资本论》法文版中译本,中国社会科学出版社版,第663页。

的出发点。①

如果说马克思在手稿中所作的修改的重点是在手稿第 2 部分的话，那么他在前几章中也是作了修改的。在第一章中，他把在考察等价形式时对三个特点的引人注目的论述改得更为紧凑了，并插进了一个使劳动产品成为商品的概括性规定。带有抽象结论的句子大大减少；他删掉了《商品的拜物教性质及其秘密》这一节中的若干处。

在《货币或商品流通》这一章中也有几处差异较大的地方。有些段落被重新表述或调换了位置，其目的显然是为了找到一种更简单的表达方式。在法文版中没有涉及斐·拉萨尔和马丁·路德的脚注。从第一章的形式我们可以看到，马克思的目的是要为读者找到一种更容易理解的语言。

第五篇《绝对剩余价值和相对剩余价值的生产》在法文版中的标题被改为《对剩余价值生产的进一步研究》，马克思在这一篇中作了重要的改动。论述以一种序言的形式开始，也就是说一开始就简短地回顾了第五章《劳动过程和价值增殖过程》中的一段内容。马克思清楚地表明；他现在开始从在第五章中对生产劳动展开的抽象的论述转向分析资本主义关系的特殊条件下的生产过程。

首先值得注意的是，马克思在法文版中对集体劳动者这个概念的补充使用以及在其它场合的使用。他扩大了对集体劳动者的阐述。在前两个德文版中涉及的劳动分工的作用问题，现在也转移到了生产的结果、转到了资本主义条件下生产出的产品和生产劳动的规定上。因此"集体劳动者"这个概念由于插入部分而没有被重新采用，② 为了证明劳动分

---

① 例如，鲁道夫·希法亭在他的《金融资本》一书中就以马克思的概念的定义为出发点。（参看鲁道夫·希法亭《金融资本》，1910 年维也纳版第 155 页）。

② 《资本论》法文版中译本，中国社会科学出版社版，第 523 页。

工的作用，马克思早在阐述协作、手工工场和机器的作用时多次反复地运用过这个概念。

在德文第 2 版中，马克思认为"社会总劳动"① 是私人劳动的总和。在法文版中这个概念被作为与私人劳动相对的概念即社会劳动来论述。在更多的章节中总体劳动者这个概念被用作**结合劳动者**（法文译为"travailleur collectif"）的同义词。马克思用这个概念来说明从事物质生产的全体劳动者的总体特点，也就是说在合作和技术分工条件下进行生产的一个企业的全体职工的特点。**结合的总体劳动者**构成了手工工场的有生命的机制，表现了一个由局部工人组合而成的新的质。这种组合符合生产工艺的需要，总体工人是一个由局部工人结合起来的工人。通过许多局部工人的结合，劳动效率大大提高。从社会生产力方面来讲，它使资本增加，从个人生产力方面来讲，它使劳动者变穷。马克思依据这个概念指出，社会化的协作和机器排挤单个劳动者。机器从根本上改变了总体劳动者的构成或结合的劳动人员的构成，分工显著扩大，结合的总体劳动者是先进的分工的产物。

在《国民工资率的差异》(《工资的国民差异》)这一章中有一个重要的补充。这里所论述的题目的出发点是确定劳动力价值量的因素的变化，因为这种变化反映国民工资率的差异。然后，马克思深入研究了世界市场上工资差异的作用；他写道，强度较大和生产率较高的国民工作日在世界市场上表现为更多的货币。所以，虽然同剩余价值相比工资较低，但是在一个国家里，劳动的绝对货币价格却会提高一些。②

在法文版中，马克思继续阐明他的思想：当劳动强度偏离国民平均数，偏离中等劳动强度时，它虽然改变价值的量，但在世界市场上起着

---

① 参看《马克思恩格斯全集》第 1 版第 23 卷第 89 页。
② 《资本论》德文第 1 版中译本，经济科学出版社版，第 537 页。

另一种作用。由于各国的平均劳动强度不同，各国的平均数就形成一个阶梯，结果是，强度较大的国民工作就生产出更多的价值，表现为更多的货币，资本主义生产的发达水平决定了劳动的强度和生产率超过国际水平。因此，不同国家在同一劳动时间内所生产的同种商品的不同量，有不同的国际价值，从而表现为不同的价格。①

马克思在这里准确地说明了价值规律如何改变的论述，因为在世界市场上生产效率较高的劳动被看作强度较大的劳动。另外，马克思在这一章中加进工厂报告的结果：大陆的劳动，尽管工资较低，劳动时间也长得多，但是同产品相比较，还是比英国贵。②

我们对法文版中值得注意的特点所做的这几点提示远远没有包括马克思在正文中作的所有修改。这些例子仅仅说明了法文版在经济学理论的发展史上的科学意义之所在。

在《马克思恩格斯全集》历史考证版第2部分第7卷中所刊出的正文对照分别指出了德文第2版和法文版之间的区别，也就是标出了增补、修改和删节的内容。③

在第一章中，这两个版本之间理论上的重大区别很少，这里大多只是修改或完全删去一些带有抽象表述的句子。

马克思在文体上对第一章第四节作了较大的改动，这一节论述了"商品的拜物教性质及其秘密"。他简化了措词，准确地阐明了一些定义并进一步解释了文章中的难点。从而在总体上使复杂的内容简单化了。有时整个句子在法译文中被删去了，从而压缩了正文。

马克思有时通过简化论述，有时通过不同形式的增补重新表达了一

---

① 《马克思恩格斯全集》第1版第23卷第614页。
② 《马克思恩格斯全集》第1版第23卷第615页。
③ 参看《马克思恩格斯全集》历史考证版第2部分第7卷第775—933页。

些思想。马克思在翻译草稿和书信中对译者鲁瓦作了一些提示,在这些提示范围内鲁瓦有足够的回旋余地可以进行独立创作。马克思在对照翻译结果时发现,译文并不总是符合他的想法,因而进一步对译文作了修改。鲁瓦翻译得过死,他显然在文章的理解方面吃不准,这一点我们可以从他1872年3月14日和5月2日给马克思的信中了解到。① 翻译中出现的问题也是因为原文反映的是新的科学领域。恩格斯后来在英文版的序言中对一门彻底变革了的科学要在语言上翻译成一个相应的术语这个问题的复杂性发表了意见。他解释说,英文版在大多数有疑难问题的地方都参考了法文本,"因为它指出了,原文中某些有意义而在翻译中不得不舍弃的地方,作者自己也是打算舍弃的",在这之后恩格斯继续写道:"可是,有一个困难是我们无法为读者解除的。这就是:某些术语的应用,不仅同它们在日常生活中的含义不同,而且和它们在普通政治经济学中的含义也不同。但这是不可避免的。一门科学提出的每一种新见解,都包含着这门科学的术语的革命。"他认为,这"不言而喻,把现代资本主义生产只看作是人类经济史上一个暂时阶段的理论所使用的术语,和把这种生产形式看作是永恒的最终的阶段的那些作者所惯用的术语,必然是不同的"②。

原文的作者使人们明显地看出他对手稿的影响,他选择的语言措辞在他看来是很有意义的。例如,马克思为由于剥削雇佣劳动而形成的剩余产品的特殊的社会形式创造了**剩余价值**这个概念。这样,译者的任务就是在外语中找到一个相应的措词。例如,在翻译**剩余价值**概念时鲁瓦使用了附加价值(Plus-value)这个词,马克思接受并同意了这种翻译法。不过,他们二人也可以像后来的法文版译者那样采用 survaleur 这个

---

① 参看1872年3月14日和5月2日约瑟夫·鲁瓦给马克思的信。
② 《马克思恩格斯全集》第1版第23卷第34、35页。

词。作者马克思虽然在思想上和语言上预先确定了他作为一种新的理论和与传统的惯用语相对的（但也同它相联系并符合语言的理解的）新的方法的创造者想要表达的东西，但是译者在用其他语言翻译时仍然有责任理解这种创造行为。

译者在选择术语以及在语言上理解概念的发展时必须尽可能地寻找合适性。鲁瓦也同在此之前曾将《资本论》的一部分译成法文的凯累尔一样，由于马克思在理论章中所采用的辩证的表达方式，无疑也有困难。凯累尔为他的译文加上了注释，因为他必须在法文中为概念 verwerten 和 verwertung（价值增殖）找到合适的词。1872 年 11 月 23 日，他告知马克思，他最后采用反身动词 se valorser 和名词 valorisation。我们从凯累尔的信中可对看出，他在作出这个决定后还是没有把握，他说，他很想知道，市民鲁瓦是怎样翻译 verwerten 这个词的。[1]

鲁瓦在翻译**剩余价值**这个概念时采用了 phus-value 这个词，这个例子表明他面临着和凯累尔同样的难题。尽管鲁瓦作为费尔巴哈著作的译者已有了翻译具有一定难度的文章的经验，但是他还必须重新积累翻译《资本论》的经验。出版者莫里斯·拉沙特尔在给马克思的信中说，这里需要熟悉一部著述，它受"前几章枯燥无味的经济材料"的影响。[2] "差异对照表"详细证明，马克思认为鲁瓦"译得过死"[3] 的看法并没有夸大。人们可以肯定，法文版中凡是没有译得过死的句子主要是受马克思的影响。此外，在文章开头提到的手稿《对〈资本论〉第 1 卷的增补和修改（1871 年 12 月至 1872 年 1 月）》也表明了马克思为法文版作了怎样细致的准备工作，从有些句子还可以看出马克思的语言上不易

---

[1] 参看 1872 年 11 月 23 日查理·凯累尔给马克思的信。
[2] 参看《资本论》法文版中译本，中国社会科学出版社版，第 2 页。
[3] 参看《马克思恩格斯全集》第 1 版第 33 卷第 478 页。

处理的措词所产生的直接影响。

在翻译分配（Distribution）、使用（Gebrauch）和资本（Kapital）时没有什么困难，它们均被译成了相等的词 distribution、usage 和 capital，但是在翻译生产者（Produzent）时就缺少贴切的译法，它有时被译为劳动者（travailleur），有时被译为生产者（producteur），甚至还被译为一般的人（homme），这些译法均要加上劳动者（dans leur travaux）这个词。这样做很可能是为了修辞上的变化。某些概念在法文版中根本没有出现，这也可能是由于修辞的原因：例如"**实物形式**"（Naturalform）或"**价值实体**"（Wertsubstanz）虽然它们也在其他地方出现了，却译为 forme naturelle 或 substance de la valeur。

但是也存在因翻译而出现的不清楚的情况。例如 kompliziertere Arbeit（比较复杂的劳动）被译为 travail comlexe（复杂劳动），却又用 travail qualifié（熟练劳动）这个词加以解释。这里涉及了英文 skilled labour（熟练劳动）的翻译，这个词被看作同 travail complexe（复杂劳动）是一回事。但是，不一定要把 complexe（复杂的）和 qualifié（熟练的）这两个词看作是意义相等的同义词。

更多的情况与上述情况相反：用一个词和同一种译法翻译意思截然不同的两个或多个名词例如，Ware（商品）和 Warenform（商品形式）在法文中的词是 marchandise（商品），而 Warenform（商品形式）同时也叫作 marchandise（商品形式），Geld 和 Geldform（货币和货币形式）这两个词都被译作 forme monnaie 或 forme argent（货币形式），Travail social（社会劳动）有时是**社会劳动力**的意思，有时又是社会总体劳动的意思。valeur（价值）这个词毫无区别地用于 Wert（价值）、Warenwert（商品价值）、Wertding（价值物）、Wertgegenständlichkeit（价值对象性）这些词的翻译。

这种情况时常出现在复合名词中，它们影响了术语的直观性。

Aqiuvalenzausdruek（等价表现）被简化为 équation（方程式），Arbeilsprodukt（劳动产品）被译作 produit（产品），同时也被译作 produit de travail（劳动产品）。Austausehakt（交换行为）和 Austauschbarkeit（可交换性）均同 Austausch（交换）一样被译为 échange（交换）。当然此外还把 Austausch（交换）译为 échange des produits（产品交换），把 Austauschbarkeit（可交换性）译为名词化的形容词 échangeable（可交换的）。正是这最后一个例子表明，不可能在所有方面都总是能保持翻译的相应性。这不仅涉及名称的意思，而且还涉及词类，例如，用形容词 échangeable（可交换的）来翻译 Austauschbarkeit（可交换性）这个名词。

克服翻译障碍的另一种方法是：如果没有合适的词可供使用，就把含义较广的词用于较专门的词。在翻译财富的物质内容（Inhalt des Reichtums）时适合用这种方法。它被译作 matiére de la richesse（财富的物质）。在这种情况下，物质（Matiére）除了有内容（Inhalt）的意思外，还包括对象的物质，所以，物质（Matiére）这个词包含了更广的意思。"交换比例"（Austauschverhältnis）这个词的正确译法为 rapport d'échange（交换比例），但是还是用意思更广泛的同义词 valeur d'éhange（交换价值）来翻译的。

如果译者没有现成的合适的词来翻译专门术语，他就通过解释词意来解决。法文版就采用了这种方法。例如，"商品生产者的社会"（Gesellschaft von Warenproduzenten）这个词的翻译是用一个关系从句来解释的，即 société outout producteur doit être marchand（一种社会，在这个社会中每个生产者必须是商人）。与此相似的还有"价值规定"（Wertbestimmung）这个词，它同样也是用一个关系从句来解释的：caratéres qui déterminent la valeur（规定价值的标志）。译者把与动词搭配的词"具有同一价值量"（dieselbe Wertgroeße haben）弱化为 être ègal，其意思是"相等"（gleich sein）。他把"商品物"（Warending）解释为"用于买卖的物品"（chose de vente et d'acht）。使他感到困难的是这个词中的复合部分 – ding，而简单词 Ware（商品）他可以毫无困难地译为 marchandise。

名称变化是一个特殊的困难。它们首先是复合名词，但也包括简单名词。"货币"（Geld）既被译作 forme monnaie 也被译作 forme argent，而"货币形式"（Geldform）也同样是这样翻译的。"等价形式"（Aquivalentform）甚至有四种译法：简单的译为 équivalent（等价物），名词和形容词结合在一起译为 forme équivalente（等价形式），两个名词组合在一起加介词或不加介词译为 formed d'équivalent 或 forme équivalent，这里可以启发性地断定，前三个译法很接近，可以视为同一类。"使用价值"（Gebrauhswert）也有四种译法：utilité, valeur utile, valeur d'utilité 和 valeur d'usage。"商品世界"（Warenwelt）有三种译法：monde des marchandises, monde marchand 和用同义词 ensemble 代替 monde（世界）：ensemble des marchandises。

更大量的名称变化是由名词和形容词组合成的词，这种词中的两个构成部分都可能有不同的译法。现在举一个变化的形容词的例子："抽象人类劳动"（abstrakt menschliche Arbeit），这个词既可译为 travail humain abstrait，也可译为 travail humain égal（相同的人类劳动）。在翻译"相对价值形式"relativer Wertform 一词时，基本词和合适的附加词均发生变化，特别要考虑附加词的位置。这个词在译了 forme relative（相对形式）的同时还译作 valeur relative（相对价值），除此之外还可译为 fome de valeur relative 和调换位置译为 forme relative de lavaleur（相对价值形式）。"社会的生产机体"（gesellschaftlicher produktionsorganismus）也是一个有趣的例子：这个词译成法文的几种译法从结构上就明显不同。在同一个上下文中，这个词被译为缩写的形式 organisme social（社会机体）是与字面翻译的 organisme producteur de la sociétè（社会生产机体）相对的。另外还有 forme de production sociale（社会生产形式）这个译法。这些实例都从总体上表明了术语翻译上的困难。

值得注意的是 prozess（过程）一词的翻译。就 gesellschaftlicher prozess（社会的过程）来说，基本词译作 rapport（相互关系）：rapport social（社会关系）。但是，在翻译 Entwieklungsprozess（发展进程）一词时"rapport"一词根本没有出现，而是译为 dèveloppement（发展）。同样，produktionsprozess（生产过程）一词也只是译为 production（生产）。这里还不能说明 procés 一词的"发展、进展"的意思。只是在后面的章节中，大概受到英文 process 的影响，procés 一词才包含了这层意思。在 100 年前，在法语中没有可利用的相应的词；在 13 世纪，procés 一词只是偶尔才表示 avancement，dèveloppement（继续发展、进展）这些相似的意义，只是从 19 世纪末开始这个词才在科学和哲学术语上作为 processus 的同义词。我们从马克思 1869 年 10 月 18 日给保尔·拉法格和劳拉·拉法格的信中可以看出，他确实研究过"prozess"一词的翻译："在德语中，我们使用'Prozess'（procés）['过程']一词是针对经济发展而言，就像你们说'化学过程'一样，如果我们没有弄错的话。他（凯累尔）把这个词译成'phenomena'['现象']，就没有意义了。如果他找不到另外的词，就让他统统译成'mouvement'['运动']或别的什么同义一词。"[①]

鲁瓦的译文显然处理的很得当。第一册书的书名《资本的生产过程》被译为《Dèveloppement de la production capitaliste》。而在其他几处还是译成"mouvement"，"Prozess"这个词经常找不到直接对应的词，例如在翻译"Austauschprozess"（交换过程）一词时就选择了"Des

---

[①] 参看《马克思恩格斯全集》第 1 版第 32 卷第 623 页。

échange"这个法文词。"Prozess"在同生产、劳动等等概念组合时，与不正确的解释性翻译相比删掉则显得更有意义，因为这个词不仅有结果的意思，也有过程的意思。《绝对剩余价值的生产》这一篇的开头一章里有一段文字，其中上下文要求"Prozess"这个词必须译成法文。《劳动过程和价值增殖过程》这个标题在法文版中被改变了一下，译为《Production de valeurs d'usage et production de la plus-value》（《使用价值的生产和剩余价值的生产》）。这就是通过说明两个因素的具体内容来代替两个辩证联系着的概念的抽象定义，而文章本身没有什么改变。在翻译劳动作为人和自然之间的过程时译者是这样解决的：它是"发生在人和自然之间的行为"[①]。直到翻译论述劳动过程的要素时"procés de travail"（劳动过程）这个概念才在一个脚注里被采用。[②]

这些例子是证明语言中意思演变的重要的同时代的明证。毫无疑问，马克思以其概念上的措词影响了词汇的发展，就像他的学术著作阐述了辩证思想这一方法论的工具一样。

[原载《马克思恩格斯年鉴》（柏林）第 12 卷]

（刘咏梅 译 佐海娴 校）

[①] 《资本论》法文版中译本，中国社会科学出版社版，第 165 页。
[②] 《资本论》法文版中译本，中国社会科学出版社版，第 166 页。

马克思对法文版《资本论》第一卷第一章的修订[*]

张钟朴　冯文光

法文版《资本论》第一卷是马克思生前亲自修订过的版本。他不仅把德文版第一卷的篇章结构改变了,把原来的七篇共二十五章改为八篇共三十三章,而且对内容也进行了相当多的修改,有的地方简直等于重新改写。马克思自己说过,法文版《资本论》"在原本之外有独立的科学价值"[①]。马克思在修订完法文版之后,感到有必要对德文版再做较彻底的修订,同时吸收法文版的一些内容。但马克思没有来得及实现这一打算就逝世了。所以,法文版成了马克思亲自修订过的最后一个版本,它体现了马克思研究的新成果。

《资本论》第一卷第一篇第一章《商品》共分四节:一,商品的两个因素;二,商品所体现的劳动的二重性;三,价值形式;四,商品拜物教。全章按中译文计算合计约三万五千字左右。如果把法文版的译文同现在通用的德文版的译文对照一下,就可以发现,法文版中这一章大大小小的修改共有五百多处。大多数的修改是为了使论述通俗化,但有

---

[*] 本文选自《马列主义研究资料》1982年第4辑。

原题注:《马列著作编译资料》1980年第7辑曾刊载《马克思亲自校订的〈资本论〉第一卷法文版》(亚·马雷什)一文,阐述了法文版《资本论》第一卷的特点。本文就第一卷第一章的修改情况作了一个概括的介绍,供参考。——编者注

[①] 《马克思恩格斯全集》第1版第23卷第29页。

的则是理论内容上的修改，有的是专为法国读者加的注释，等等。本文打算把马克思亲自修改的第一章作一个概括性的考察，举一些例子，以便从一斑来窥全豹，大体上了解一下法文版《资本论》的某些特点。①

法文版《资本论》的第一个特点，是有的地方作了理论内容方面的修改。

第一章第一节《商品的两个因素》的最后一段，对于这整个一节的分析作了一个小结。这段小结性的话在法文版中作了修改，变成这样："一个物可以是使用价值而不是价值，**这就使一个物可以对人有用而不必是人的劳动的产物**。例如，**空气、天然草地、处女地**，等等。一个物可以有用，而且是人类劳动产品，但不是商品。谁用自己的产品来满足自己的需要，他生产的就只是**个人的使用价值**。要生产商品，他不仅要生产使用价值，而且要为别人生产使用价值，即生产社会的使用价值。最后，没有一个物可以是价值而不是**有用物**。如果物没有用，那么其中包含的劳动也就**白白耗费了，因此不创造价值**。"（54）②

可以看出，这段话在法文版中改了好几个地方。其中"谁用自己的产品来满足自己的需要，他生产的就只是个人的使用价值"这一句话的改动，是较为重要的。原来德文版的提法"谁用自己的产品来满足自己的需要，他生产的就只是使用价值，而不是商品"，这当然也是对的。但在这里，这句话是同下面的话相对照的："要生产商品，他不仅要生产使用价值，而且要为别人生产使用价值，即生产社会的使用价值。"修改后就把"个人的使用价值"同"社会的使用价值"对照起来了。

---

① 法文版第一章的中译文已发表在《〈资本论〉研究资料和动态》第 1 集（1981 年 10 月）。

② 法文版和德文版不同的地方用黑体字标出；圆括号内的数字表示载有德文版相应内容的《马克思恩格斯全集》第 1 版第 23 卷中文版页码，下同。

可以看出法文版的修改使论述更严密了。

在第一章第二节"商品所体现的劳动的二重性"中，法文版作了多处修改。最重要的，是对这一节的最后一段总结性的话作了值得注意的补充。法文版中一开始就加了很重要的一段话："从以上的论述可以得出结论，即使严格地说在商品中不存在两种劳动，但是，随着把商品的使用价值看作它的产品，或者把这个商品的价值看作它的纯客观表现，同一种劳动在商品中就同自身相对立着。一切劳动，从一方面看，是**人的力量**在生理学意义上的耗费，**而**作为相同的人类劳动，它形成商品价值。从另一方面看，一切劳动是**人的力量**在某种**由特殊目的决定的生产形式**上的耗费，而作为具体的有用劳动，它生产使用价值**或效用**。**商品要成为价值，首先必须是效用；**同样，劳动要被看作抽象意义上的人的力量、人类劳动的耗费，首先必须是有用劳动。

现在，价值实体和价值量已经被规定，剩下的事情是要分析价值形式。"（60）

我们可以看到，法文版中开始时补充的那段话具有重要意义。它明确指出，所谓劳动二重性，是指随着商品一方面是使用价值，另一方面是价值，同一种劳动在商品中自己同自己对立起来，而不是存在两种劳动。这正是商品生产的矛盾的反映。

另一点值得注意的是，马克思在法文版中把"抽象的人类劳动"这种提法取消了，这显然是为了通俗。

第一章第三节《价值形式或交换价值》在法文版中改动最多，这毫不奇怪。因为在德文版《资本论》第一版中，关于《价值形式》有两种论述，即除了正文中的论述以外，马克思又接受库格曼和恩格斯的建议，写了一个关于价值形式的"更带讲义性的补充说明"放在书后作为附录。到准备德文第二版时，马克思才把这两部分合在一起，改写成了我们目前所见到的第一章第三节。关于这种情况，马克思在《资本论》"第二版跋"中说："第一章第三节（价值形式）全部改写了，第一版的双重叙述就要求这样做。"在紧接德文第二版之后出版的法文版中，马克思显然又在论述上进一步进行了加工。这也正是法文版的这一节改动特别多的原因。

马克思在本节中对于价值形式的发展是从逻辑上进行分析的。先是分析简单的或偶然的价值形式，进而分析总和的或扩大的价值形式，再进一步分析一般价值形式，最后是货币形式。

德文版中的第一项标题原来是"简单的、个别的或偶然的价值形式"，在法文版中改成了"简单的或**偶然的**价值形式"。这样修改后意思没有改变，但显得更简练、更明确了。

在本节众多的修改当中，有一处对于说明逻辑发展和历史发展的一致性具有重要意义。本节中对价值形式的发展是从逻辑上进行分析的，但是，价值形式的这种逻辑的发展同历史的发展是否一致呢？特别是同资本主义前的简单商品生产的历史发展是否一致呢？这是研究经济学方法论的人们常常争论的问题之一。人们总想从马克思自己的论述中找答案。在德文版"简单价值形式的总体"这一部分中，马克思讲了一段话，大意是，在一切社会状态下，劳动产品都是使用物品，但只是历史上一定的发展时代，也就是生产一个使用物所耗费的劳动表现为该物的价值的时代，才使劳动产品转化为商品。接着马克思作出结论说，"由此可见，商品的简单价值形式同时又是劳动产品的简单商品形式，因此，商品形式的发展是同价值形式的发展一致的。"有人认为，这句话不一定就表示逻辑和历史的一致，而只是从纯逻辑上所做的推论。

在法文版中，马克思把这段话扩大了，分成了两段，并且作了重要的补充。法文版是这样写的：

"在一切社会状态下,劳动产品都是**使用价值或使用物品**,但是,**在社会的历史发展中,只是一定的时代**,也就是生产使用物所耗费的劳动表现为**这些物固有的性质**即它的价值的时代,才使劳动产品**普遍**转化为商品。

一旦劳动产品的价值取得与它的自然形式相对立的价值形式,从而表现为包含这种对立的统一体,它就取得了商品形式。由此可见,商品价值采取的简单形式**也就是劳动产品表现为商品的最初的形式**,因此,商品形式的发展是同价值形式的发展一致的。"(76)

德文版中"商品的简单价值形式同时又是劳动产品的简单商品形式"这句话,在法文版中被改成"商品价值采取的简单形式也就是劳动产品表现为商品的最初形式"。这样,就不致使人误解为纯逻辑的推论,而是明确地指出了逻辑和历史的一致。

其次,法文版中"才使劳动产品**普遍**转化为商品"这句话加了"普遍"二字,也是很重要的。表明这时已进入真正的商品时代,所有的劳动产品都成了商品,它们一开始就是为市场而生产的。这和以前产品偶然地变成商品的时代有质的不同。与此相类似,在后面商品拜物教一节中,马克思也把德文版中的"在商品生产者的社会里……"这句话,改成"劳动产品**普遍**采取商品形式……的社会里"。(96)

马克思在《哲学的贫困》中批判蒲鲁东时曾指出交换经历了三个发展阶段,第一个阶段是人们只交换剩余物,第二个阶段是一切产品都纳入商业范围的阶段,第三个阶段是普遍贿赂、普遍买卖的时期。可以说,"产品普遍采取商品形式"的时期相当于上述第二个发展阶段。

最后,法文版中把"对象的属性"改成了"这些物固有的性质",这显然是为了通俗化。

第四节《商品的拜物教性质及其秘密》在法文版中也做了多处修

改。我们只举比较重要的地方。

马克思为了揭穿商品拜物教的秘密，设想了一个"自由人联合体"来同商品生产的社会作对比。我们通常都把这里所说的"自由人联合体"理解为马克思设想的社会主义社会。因为其中的生产资料是公有的，同时实行的是按劳分配。值得注意的是，马克思在法文版中加了一句话，清楚地说明这个"自由人联合体"是实行计划经济的。在法文版中，这段话被改成："最后，让我们设想有一个自由人联合体，他们用公共的生产资料进行劳动，**并且按照事先商定的计划**，把他们许多个人劳动力当作一个社会劳动力来使用。在那里，鲁滨逊的劳动的一切规定又重演了，不过不是在个人身上，而是在社会范围内重演。"（95）

在这里，明确地加上了"按照事先商定的计划"这句话，是值得注意的。德文版的这句话原来是"并且自觉地把他们许多个人劳动力当作一个社会劳动来使用"。到底怎样算是"自觉"呢？法文版的修改作出了明确回答：就是要有事先的计划。这样，马克思所设想的这个"自由人联合体"就有三个特点：生产资料公有制；计划经济；按劳分配。

在本节中，马克思论述了宗教和现实世界之间的关系，同时论述了宗教消亡的条件。在法文版中把有关的两段话改得更科学了。第一段话改成："**宗教世界只是现实世界的反映**。对于劳动产品普遍采取商品形式，因而生产者之间的最普遍的关系在于比较他们的产品的价值并在这种物的外壳下把他们的私人劳动作为等同的人类劳动加以比较的社会来说，崇拜抽象人的基督教……是最适当的宗教补充。"（96）

在这第一段话中，马克思一开始就加上了一句重要的定义性的话："宗教世界只是现实世界的反映。"这句话在德文版中是没有的。它简短而深刻地说明了宗教和现实的关系，说明宗教这种神秘的现象也是现实世界的反映，不过不是一种科学的反映，而是一种虚幻的反映而已。

第二段话被改成:"只有当劳动条件和现实生活条件,在人们面前表现为人与人之间和人与自然之间的明白而合理的关系时,现实世界的宗教反映才会消失。**物质生产和它所包含的关系是社会生活的基础,这种社会生活只有在它一旦表现为自由结合、自觉活动并且控制自己的社会运动的人们的产物时,它才会把神秘的纱幕揭掉。**"(96—97)

这段话论述了宗教消亡的条件,充满了历史唯物主义精神。第一句话在德文版中原来是"只有当实际日常生活的关系,在人们面前表现为……"看来,马克思认为原来说的"实际日常生活"这种提法不够科学,因为人的主要活动是生产,是劳动。只有物质生产方式改变了,日常生活才会随之改变。所以马克思把这句话改为"劳动条件和现实生活条件"。另外,把德文版中原来的"社会生活过程即物质生产过程"这种提法,改成"物质生产和它所包含的关系是社会生活的基础",这种提法更为科学,把物质生产是社会生活的基础交待清楚了。

本节中还有一段关于古亚细亚的和古希腊罗马(古代)的生产方式的论述。这段话在法文版中所做的修改引起了学术界的注意,并且产生出不同的理解。自从马克思在《政治经济学批判》的序言中提出,"大体说来,亚细亚的、古代的、封建的和现代资产阶级的生产方式可以看作是社会经济形态演进的几个时代"① 以来,人们一直在探讨亚细亚生产方式究竟是什么样的社会。

在法文版中有关的这段话改为:"在古亚细亚的,**一般说来**古代世界的生产方式下,产品变为商品,只起从属的作用,但是**随着共同体接近于解体**,这种作用越来越重要。……这些古老的社会机体在生产方面**比资产阶级社会简单明了得多,但它们或者以个人——可以说历史尚未**

---

① 《马克思恩格斯全集》第1版第13卷第9页。

割断把他同原始部落的天然共同体联系在一起的脐带——尚未成熟为基础，或者以专制制度和奴隶制度的条件为基础。"（96）

这段话在德文版中一开始是这样的："在古亚细亚的、古希腊罗马的等等生产方式下……"附带说一下，这里的"古希腊罗马"和法文版中的"古代世界"在原文上是一个词，只是译法不同。但是，在法文版修改过的这段话中，"古代世界"前面加了"一般说来"这样一个词，后面又取消了"等等"字样。这就引起了研究者们的注意。

苏联的马雷什由此得出结论说，马克思是把古亚细亚的生产方式包括进了整个古代世界，是古代世界的一个组成部分。取消了"等等"这样的猜测性字眼，就是肯定了古代社会中商品是例外现象，因此，古亚细亚生产方式和古代的生产方式本质上是一个表现形式。① 而日本的林直道则得出相反的结论，认为"古代世界"后面取消了"等等"，这句话就变成了并列的两类生产方式。再联系到后面的两种说法，它们"或者以个人尚未成熟为基础"，指的就是古亚细亚生产方式，这证明它是原始共同体，而"或者以专制制度和奴隶制度的条件为基础"，指的则是以古代世界为代表的各种生产方式，专制制度和奴隶制度。②

《商品拜物教》这一节的最后，还有一段话分别阐述了"货币主义"、"现代经济学"、"重农主义"各自表现出来的拜物教性质。（99—100）这段话在法文版中也做了很大的修改。对这段修改，马雷什的文章中已经作了较详细的说明，我们这里不再赘述。

---

① 见亚·马雷什：《马克思亲自校订的〈资本论〉第一卷法文版》，载《马列著作编译资料》第7辑。

② 《〈资本论〉法文版的科学意义》，载《经济学译丛》1979年第10期。

除了上述理论论述方面的这些改动以外，法文版《资本论》的另一个特点，是大多数修改都是为了通俗易懂。下面我们举一些这方面的例子。

马克思在德文版《资本论》的论述中用了一些黑格尔的术语，对于不熟悉黑格尔哲学的读者来说，是很不好理解的。例如"对象性"这个词就不好懂。在法文版中这个词都改了。如在本章第一节中分析价值的实体时，马克思指出，把劳动产品的特殊有用性抽掉，那也就把其中包含的各种劳动的有用性抽掉，剩下来的只是相同的人类劳动的结晶。接着，在德文版中是这样说的："现在我们来考察劳动产品剩下来的东西。它们剩下的只是同一的幽灵般的对象性，只是无差别的人类劳动的单纯凝结。"（51）而在法文版的这个地方，把这个"幽灵般的对象性"改成了"幽灵般的现实性"。

在本章第三节中，马克思曾拿"价值对象性"来同莎士比亚的名剧《亨利四世》中的人物"快嘴桂嫂"相对比。在德文版中的这段话有好几个"对象性"，在法文版中都作了修改。这段话修改后变成："**商品的价值所具有的现实性不同于福斯塔夫的情妇快嘴桂嫂**，你不知道对它怎么办。同商品体的**粗糙性**正好相反，在商品体的价值中连一个**物质原子**也没有……但是如果我们记住，**商品的价值只具有纯粹的社会的现实性**，而它们只有作为同一的社会单位即人类劳动的表现**才能获得这种现实性**，那么很明显，**这种社会的现实性只能在社会交换中**，在商品同商品的关系中表现出来……"（61）

这段话里的几个"现实性"在德文版中原来都是"对象性"。另外，"商品体的粗糙性"在德文版中是"商品体的可感觉的粗糙的对象性"，"在商品体的价值中连一个物质原子也没有"，在德文版中是"在商品体的价值对象性中连一个自然物质原子也没有"。这样修改以后，法文版就显得通俗了。还有，把快嘴桂嫂的身份也写明白了，说她是福斯塔夫的情妇。

　　为了通俗化，马克思还不惜把一些不好懂的地方删掉。如在《商品拜物教》这一节中，讲到桌子作为商品出现时具有谜一样的性质，这时从它的木脑袋里生出比它自动跳舞还奇怪的狂想。德文版中在"自动跳舞"这个地方作了一个脚注："我们想起了，当世界其他一切地方好像静止的时候，中国和桌子开始跳起舞来，以激励别人。"（88）这是很精采的一个脚注。马克思在这个脚注中用很有风趣的语言说明，欧洲当时进入了反动的黑暗时代，流行桌子跳舞这一类的"降神术"。而中国却暴发了太平天国革命运动，"以激励别人"。这表现了对中国革命人民的极大同情。但由于这样简单的几句话包含如此丰富的内容，很不容易读懂，所以在法文版中把这个脚注删掉了。

　　另外，在谈到总和的或扩大的价值形式的缺点时，马克思原来在德文版中是这样写的："第一，商品的相对价值表现是未完成的，因为它的表现系列永无止境。每当新出现一种商品，从而提供一种新的价值表现的材料时，由一个个的价值等式连结成的锁链就会延长。第二，这条锁链形成一幅由互不关联的而且种类不同的价值表现拼成的五光十色的镶嵌画。最后，像必然会发生的情形一样，如果每一种商品的相对价值都表现在这个扩大的形式中，那么，每一种商品的相对价值形式都是一个不同于任何别的商品的相对价值形式的无穷无尽的价值表现系列。"（79）

　　在这段话中看得很清楚，马克思指出了这种价值形式的三个缺点。可是"五光十色的镶嵌画"这种提法很不通俗，所以法文版中干脆把第二点取消了。论述也改得通俗化了。

　　法文版《资本论》的再一个特点，就是为了使读者容易读懂，马克思还把不好懂的专有名词、典故等等尽量做了解释和说明。

在第一节，从分析交换价值过渡到分析价值时，马克思指出交换价值表现为两个使用价值相交换的比例，接着说："因此，交换价值好像是一种任意的、纯粹相对的东西，也就是说，商品固有的、内在的交换价值似乎是一个形容语的矛盾。"（49）在法文版中马克思把这个"形容语的矛盾"前面加了说明："商品固有的、内在的交换价值似乎是**经院哲学家所说**的形容语的矛盾。"这样，读者就明白了，这是经院哲学家的一种说法，即"圆形的方"、"木制的铁"等等一类的矛盾。

第三节谈到简单价值形式的总体时，德文版中有一句话讲到"伦巴特街"，说苏格兰人麦克劳德的职责是用尽可能博学的外衣来粉饰伦巴特街的杂乱观念。（76）在法文版中加上了解释："伦巴特街——伦敦各大银行所在的大街。"

马克思还把英国的计量单位都改成了法国的计量单位。例如，价值形式的公式原来是"20 码麻布 = 1 件上衣"（8），法文版中改成了"20 米麻布 = 1 件上衣"。货币也都改成了法国单位。

此外，马克思在《商品拜物教》一节把脚注中的"一摩尔根土地"改成了"一阿尔潘土地"，并加以解释说"一阿尔潘土地的面积是按一天的劳动来计算的。因此阿尔潘又叫做一日的工作。"（88）我们知道，"阿尔潘"是法国人熟悉的古代土地单位。显然，这些修改都是为了法国读者好懂。

在法文版《资本论》中，马克思还设法把法国读者不熟悉的人物换成身份类似的法国人。如在《商品拜物教》一节中考察完孤岛上的鲁滨逊以后，马克思最后作了一个概括。他把这句话中的"维尔特"这个人改成了"博德里亚尔"："鲁滨逊和构成他自己创造的财富的物之间的全部关系是如此简单明了，连**博德里亚尔先生**用不着费什么脑筋也能了解。"（94）妙不可言的是，这两个人彼此是很相像的。维尔特是德国的资产阶级庸俗经济学家和政论家，自由贸易派，他除写有一些经济学著作外，还是德国自由贸易联盟的喉舌《国民经济和文化史季刊》的主编，以思想浅薄而著称。博德里亚尔（1821—1892）则是法国的资产阶级庸俗经济学家和政论家，也是自由贸易派，写有一些经济学著作和经济学教科书，同时，从1855年起还担任法国自由贸易派的刊物《经济学家》杂志的主编，也以思想浅薄而著称。把法国人不太熟悉的维尔特换成法国人熟悉的博德里亚尔，可以使法国人读起来更感亲切。单从这一人名的更换，也可看出马克思修订法文版时考虑得何等周密。

以上就是法文版《资本论》第一卷第一章的修订概况。

马克思亲自修订的法文版《资本论》*

冯文光

读过马克思《资本论》的人，都熟悉他的一句名言："在科学上没有平坦的大道，只有不畏劳苦沿着陡峭山路攀登的人，才有希望达到光辉的顶点。"马克思对于准备学习《资本论》的人的这个语重心长的嘱咐，是在一八七二年三月十八日写在《资本论》法文版序言里，专门对法国工人说的。正当巴黎公社一周年的时候，马克思对法国工人说这些话，并且在这前后积极筹备出版《资本论》第一卷法译本，是有重大意义的。这个法译本是马克思生前亲自修订定稿的唯一的外文译本，他当时寄希望于法国工人阶级，盼望这一著作"更容易到达工人阶级的手里"（法文版序）。他在亲自校改《资本论》第一卷法文版时，并不以核对译文为满足，而是进行了大量修改，不仅文字比原来的德文版更通俗易懂，而且在理论上也有不少新的发展，体现了马克思研究的新成果。正如马克思自己在法文版跋中所说，这个版本"在原本之外有独立的科学价值"。

这个在马克思主义文献中素受注意的法译本，已由马列著作编译局译出，现在正在排印，将于一九八三年出版，作为对马克思逝世一百周年的纪念。

---

* 本文选自《读书》1982 年第 5 期。

艰难的出版过程

早在一八六二年,当《资本论》德文本还在写作过程中,马克思就曾给自己的朋友们写信说,这本书一旦出版,就将译成法文。马克思还在同恩格斯等人的通信中,不断地讨论法文版《资本论》的翻译出版问题和挑选译者的问题。

为了法文版《资本论》,马克思甚至考虑亲自去巴黎。他在一八六九年三月二十日写信给恩格斯说:"我打算加入**英国国籍**,为的是能够安全地去巴黎。如果不去一趟,我的书的法文版永远也出不成。我到那里去是完全必要的。"但加入英国国籍的要求遭到了拒绝。他之这样重视法文版的工作,主要原因是想使法国工人摆脱蒲鲁东主义的影响。尤其是一八七一年巴黎公社失败后,马克思更加感到在法国工人阶级和革命人民中间传播科学经济理论的迫切性。

对马克思实现出版法文版愿望有很大帮助的,是他在一些同志和朋友的帮助下,找到了合适的译者和出版者。我们看马克思的书信知道,马克思经常在为他的著作译本的译者生气,因为他们不仅不懂马克思的思想,甚至连语言也不过关。至于出版者,更难得有把出版马克思著作不当作一件牟利的事来干的人。但是从马克思的许多书信言论看,这次他是满意的。

《资本论》法文版的译者是约·鲁瓦。马克思曾经希望胜任法译本翻译的人,应精通德法两种语言,同时又要对《资本论》中的思想有所了解。鲁瓦译过费尔巴哈的《宗教、死、不朽》,德、法文都精通,态度又认真,马克思看了他的译文后,是满意的。马克思在法文版跋中表彰他"非常认真地完成了自己的任务"。当然,即使这样,马克思还是对译文作了很多校正,看来他嫌鲁瓦译得拘泥了些。

一八七二年二月十五日，马克思同拉沙特尔正式签订了出版法文版《资本论》的合同。这位法国出版家拉沙特尔是个有心人，他在出版过程中极为认真负责。他劝马克思用更通俗的语言写作，因为法国工人的理论水平不像德国工人那样高，希望书籍通俗些。他坚持法文版《资本论》要刊登马克思的肖像，书后还要附上马克思的简历，以扩大影响。他还在法文版的扉页上采用了一幅古罗马的万神殿图案，象征着《资本论》这部书是一座宏伟的大厦。

法文版分九辑出版，第一辑于一八七二年九月问世，最后一辑于一八七五年十一月发行，先后延续了三年半以上的时间。拖延的原因，首先是因为巴黎公社失败后存在着极端不利的政治局面。这类革命书籍的出版不能登广告，不许发介绍文章，商店的橱窗也不陈列，处于几乎无人知道的状态。另外，作者、译者、出版者、印刷厂又分散在不同的国家或地方，手稿和校样往返一次就有几千公里的路程，校样有时要经过四次校阅，这就需要很长的时间。最后一辑的译文，马克思于一八七五年一月就已校改完毕，但这时拉沙特尔出版社的管理权由于拉沙特尔被判刑并流亡国外而被法国政府交给了阿道夫·凯。凯这个人十分反动，他仇视马克思的著作，不准付排最后一辑。当时的拉沙特尔出版社经理韦努伊埃也已被解职，但他在去职前对凯施加压力，说如果凯要禁止出版最后一辑，作者将诉诸法庭。最后，凯不得不表示，他作为法国人，将履行出版社同外国人签订的合同，但又借口资金不足而拖延了出版。

传播和影响

法国政府起初打算禁止法文版《资本论》的出版，但是经过考虑后，决定不予干涉，因为它愚蠢地认为，这本书是德国的形而上学，法国人看不懂，书不会有销路，出版商一定会赔本。但是正如拉法格在《驳对卡尔·马克思的批评》一文中所说的，"这部著作悄悄地传播着，而且使所有的人感到惊奇的是，终于有一天人们听到了法国社会主义者用马克思的名义来宣誓，把自己称作马克思主义者，同时可以看到，马克思的'令人不解的'理论是如何吸引着工人群众的"。尽管迫于当时的政治形势，法国的报刊不敢登消息，但罗曼语各国（比利时、瑞士等国）的进步报刊却做出了热烈的反响。比利时《自由报》在第一辑出版后写道："甚至这一著作刊出四十页，人们也不能保持沉默。"瑞士日内瓦出版的共产国际的报刊《平等报》也热情地报导了前几分册的出版，报纸写道："我们非常高兴地通知大家，论资本和劳动的不朽的政治经济学著作，已经译成法文版。"无政府主义者的机关报《群众科学》在一八七三年还发表了论工作日那一章的片断。在德国，《人民国家报》刊登了狄慈根翻译的法文版的跋。狄慈根在前面还加上了简短的说明，指出虽然法国政府设置了重重障碍，但法文版还是在巴黎公社失败后的恶劣环境下出版了。他希望这本书也会给法国社会主义者指出方向。

为了宣传和加快传播法文版《资本论》，马克思把出版社根据合同赠送给著者的一百册样书，分赠给世界各国的工人运动的活动家。从一些回信可以看出，人们把这些书传来传去，不但自己阅读，而且还设法在报刊上刊登摘录，有的人还利用这些书的内容在工人当中进行政治经济学的演说，在宣传马克思的革命理论方面起了很大的作用。正如狄慈根在他致马克思的信中所指出的那样，随着法文版《资本论》的出版，马克思的理论"占领了国际舞台"。

马克思的校改

马克思对法文版所作的校改，当恩格斯在准备英文版和后来的德文第四版时，吸收了一些。但是现在全世界通行的德文第四版（现行中文版《资本论》就是根据它翻译的）并没有全部吸收法文版的修改，法文版仍然具有独立的科学价值。法文版与德文第四版之间的不同可以归纳为以下几个方面：

一、篇章结构不同。德文版是七篇二十五章，法文版是八篇三十三章。

二、法文版中仍然有许多理论上的补充和修改，特别是商品和货币部分、资本积累部分。

三、法文版中相当数量的修改是属于通俗化性质的。这些和德文版的论述不同的地方，同样值得和德文版对照地加以研究。

四、法文版中还补加了德文版中所没有的一些注释、材料等等，这些同样是马克思留给我们的宝贵遗产，有助于我们理解和掌握这一伟大著作。

为了说明法文版《资本论》的独立的科学价值，在这里我们稍微列举一些理论上的改动。马克思在第一章第四节"商品的拜物教性质及其秘密"中设想了一个"自由人联合体"，其特点是生产资料公有，按劳分配，"并且自觉地把他们许多个人劳动力当作一个社会劳动力来使用"（《全集》第二十三卷第95页）。法文版把"自觉地"改为"并且按照事先商定的计划"。这样就明确地提出了马克思所设想的这个"自由人联合体"的另一个特点实行计划经济。

同一节中还有一处关于古亚细亚生产方式的修改。这一修改引起了国外学术界的注意，也存在着不同的理解。自从马克思在《政治经济学批判》的序言中提出"……亚细亚的、古代的、封建的和现代资产阶级的生产方式可以看作是社会经济形态演进的几个时代"（《全集》第十三卷第9页）以来，人们一直在探讨亚细亚生产方式究竟是什么样的社会。在德文版《资本论》中关于这个问题是这样说的："在古亚细亚的、古希腊罗马的等等生产方式下……"（《全集》第二十三卷第96

页）法文版此处改为"在古亚细亚的，一般说来古代世界的生产方式下……"这两段话中的"古希腊罗马"和"古代世界"在原文中是一个词，只是译法不同。修改之处是法文版在"古代世界"前面加了"一般说来"，后面又取消了"等等"字样。苏联的马雷什由此得出结论说，马克思把古亚细亚的生产方式包括进了整个古代世界，是古代世界的一个组成部分。取消了"等等"这样的猜测性字眼，就是肯定了古代社会中商品是例外现象，因此，古亚细亚生产方式和古代的生产方式本质上是一个表现形式。而日本的林直道则得出相反的结论，认为"古代世界"后面取消了"等等"，这句话就变成了并列的两类生产方式。再联系到后面紧接着这句话的论述，它们"或者以个人尚未成熟为基础"，指的就是古亚细亚生产方式，从而古亚细亚生产方式是一种原始共同体；而"或者是以专制制度和奴隶制度的条件为基础"，指的则是以古代世界为代表的各种生产方式，即专制制度和奴隶制度。

  法文版《资本论》关于重农主义的评价是值得研究者注意的。在德文版的第二十二章第二节的最后，马克思指出："重农学派最大的功劳，就在于他们在自己的《经济表》中，首次试图对通过流通表现出来的年生产的形式画出一幅图画。"法文版在这里紧接着加了一句："他们的论述在许多方面比他们的继承者更接近于真理。"在《资本论》第一章《商品拜物教》一节的最后谈到重农主义的幻觉时，法文版是这样说的："最后，在许多方面非常卓越的重农学派，不也是以为地租不是从人那里取走的贡赋，相反，是自然本身给予所有者的礼物吗？"马克思既高度评价了重农学派，又指出了重农主义幻觉的具体内容。一八七七年三月七日，马克思在给恩格斯的信中称重农学派为"**资本和资本主义生产方式**的最早有系统的（不像配第等只是偶然的）**解释者**"。(《全集》第三十四卷第41页）并指出，法文版《资本论》中对重农学派的评价比德文版好，因为德文版中只是"一带而过"。

德文版《资本论》直接提到蒲鲁东的地方有七处。法文版中有几处删掉了蒲鲁东的名字。有的人由此认为,这样的改动"对于理解马克思对蒲鲁东及其学派的态度,具有一定的意义"。言外之意,似乎马克思改变了对蒲鲁东的态度。持这种意见的人忽视了一个事实,即马克思在法文版中又恢复了《共产党宣言》中对蒲鲁东社会主义的提法,原来称他们为小资产阶级社会主义,现在改称成"资产阶级社会主义"。例如,《资本论》中文版第一卷第150页的一个注中说:"依此我们可以判断小资产阶级社会主义的滑头了。小资产阶级社会主义既想使商品生产永恒化,又想废除货币和商品的对立,就是说废除货币本身……"法文版把这段话改为:"依此我们可以评价资产阶级社会主义。资产阶级想使商品生产永恒化……"另外,马克思在同上书第84页的一个注中说:"……对于把商品生产看作人类自由和个人独立的顶峰的小资产者来说,去掉与这种形式相联系的缺点,特别是去掉商品的不能直接交换的性质,那当然是最好不过的事",并且指出,这是蒲鲁东社会主义对这种庸俗空想的描绘。这个注在法文版中改为:"商品的这种不能直接交换的性质,是资产阶级经济学家看作人类自由和个人独立的顶峰的现实生产形式的主要缺点之一……"这些改动表明,对蒲鲁东主义究竟是小资产阶级社会主义还是资产阶级社会主义的评价有了改变,这个问题是值得注意的。

  从以上几个例子可以看到,法文版《资本论》不仅更通俗易懂了,而且也包含着许多新的理论论述。

  法文版《资本论》出版到现在已有一百多年了。在这一个多世纪的时间里,国外出版了好几个不同的《资本论》法文版本,有了日文版,也出现了一些研究法文版《资本论》的专著。我们相信,无论是对于学术界的研究工作者还是对广大读者来说,法文版《资本论》的中译本的出版都是一件十分有意义的事。

读《资本论》法文版第一卷的几点心得*

冯文光

马克思在亲自担任《资本论》法文版第一卷的校订工作以后，不但认真校订了法译文，而且还对内容作了相当多的修改。因此，马克思《法文版跋》中告诉我们："不管这个法文版本有怎样的文字上的缺点，它仍然在原本之外有独立的科学价值。"① 马克思在 1878 年 11 月 15 日致丹尼尔逊的信中也说，"应始终……把德文第二版同法文版对照，因为后一种版本中有许多重要的修改和补充"②。

把法文版中的论述和现在通行的《资本论》（即《资本论》德文第四版）的论述对照来读，由于对同一原理存在着不同的论述，往往可以给我们新的启示。下面本着争鸣的精神，把我读法文版前几章的几点体会写出来，和同志们讨论。

一 关于价值和交换价值

马克思在《资本论》中有时说商品二重性，有时说商品二因素，这二者是一回事情还是有什么区别，关于这个问题经济学界存在着不同

---

* 本文选自《马列主义研究资料》1983 年第 2 辑。
① 《马克思恩格斯全集》第 1 版第 23 卷第 29 页。
② 《马克思恩格斯〈资本论〉书信集》，第 354 页。

的看法。一种看法是，二重性和二因素不完全是一回事，甚至有严格的区别，二重性是指使用价值和交换价值，二因素是指使用价值和价值。持这种看法的同志认为，马克思在《资本论》第一章第一节的标题中明确提出商品的二因素是使用价值和价值，在文中谈到二重性时则说："商品是一种二重的东西，即使用价值和交换价值。"① 另一种看法是，商品的二重性和二因素是一回事，可以同时并用，不仅可以把使用价值和交换价值称为二重物，而且也可以把使用价值和价值称为二重物。持这种看法的同志认为，《资本论》德文第一版附录中对商品的分析已经表明，"商品是一个二重物：使用价值和价值"。

持这两种不同意见的研究者各自对自己的观点作出了解释。第一种意见认为，价值和交换价值的关系是内容和形式的关系，商品的二因素是内在实质，商品的二重性是外在表现，马克思的分析是从形式到内容，从而从商品的二重性引出商品的二因素的。第二种意见认为，交换价值不仅仅是价值的表现形式，而且是必然的表现形式。如果离开商品的交换价值或交换关系，说"商品作为价值只是人类劳动的凝结，那么，我们的分析就是把商品化为价值抽象，但是并没有使它们具有与它们的自然形式不同的价值形式"②。因而还不能表明商品确实具有与它们的使用价值不同的价值。在弄清楚交换价值与价值的这种特殊关系的前提下，说商品是使用价值和交换价值就没有害处，"而只有简便的好处"③。

从马克思使用术语"价值"和"交换价值"的情况以及马克思自己的说明来看，我认为上述意见中的后一种意见是正确的。在《资本

---

① 《马克思恩格斯全集》第1版第23卷第54页。
② 《马克思恩格斯全集》第1版第23卷第64页。
③ 《马克思恩格斯全集》第1版第23卷第75页。

论》中，马克思用术语"交换价值"代替"价值"的地方还经常出现。这就是说，"交换价值"这一术语在马克思的著作中有时是指价值的表现形式，有时就是指价值本身。仔细考察一下《资本论》德文第一版、第二版和法文版中"交换价值"和"价值"这些术语的使用情况，尽管所有这些版本中都有"交换价值"同"价值"混用的现象，但我们仍然可以从中看出这样一种变化的趋势：马克思在《资本论》德文第一版中与使用价值并列时，使用术语"交换价值"，在德文第二版中与使用价值并列时则使用术语"价值"，而法文版中又改回来使用术语"交换价值"。下面举两个例子来说明。例一，《资本论》第一卷中文版第182页："但是，人们购买商品不是付二次钱；一次为了它的使用价值，一次为了它的价位"；例二，《资本论》第一卷中文版第211页："正如商品本身是使用价值和价值的统一一样，商品生产过程必定是劳动过程和价值形成过程的统一"。上述例句中的"价值"，在德文第一版中都是"交换价值"，在德文第二版中则改为"价值"，而在法文版中，这两个地方又改回"交换价值"了。此外，法文版还把德文第二版第一篇第一章第一节的标题"商品的两个因素：使用价值和价值（价值实体，价值量）"改为"商品的两个因素：使用价值和交换价值或价值本身（价值实体，价值）"。马克思从德文第二版起就指出："说商品是使用价值和交换价值，严格说来，这是不对的。商品是使用价值或使用物品和'价值'……只要我们知道了这一点，上述说法就没有害处，而只有简便的好处。"① 法文版把商品是"使用价值和价值"改成"使用价值和交换价值"，正是为了这种简便的好处。

区分交换价值和价值，是马克思经济学说中的一个重要的问题。马克思指出："古典政治经济学的根本缺点之一，就是它始终不能从商品

---

① 《马克思恩格斯全集》第1版第23卷第75页。

的分析,而特别是商品价值的分析中,发现那种正是使价值成为交换价值的价值形式。"① 这种区分是同劳动二重性的发现密切联系在一起的,古典政治经济学没有发现劳动的二重性,也就不可能区分价值和交换价值,不可能理解价值和交换价值之间的内在联系。例如,李嘉图由于不懂得抽象劳动,就不能区分价值实体和价值形式;他只是从形式上看问题,把由劳动时间决定的价值称为绝对价值或价值一般,把表现在另一个使用价值上的交换价值称为比较价值或相对价值。正因为李嘉图只注意价值量的分析,看不到价值的实体,因此他"把价值形式看成一种完全无关紧要的东西或在商品本性之外存在的东西"②,从而在一系列问题上得出了错误的结论。当然,正如马克思所指出的那样,李嘉图忽视价值形式的特殊性不仅仅是由于这一原因,还有更深刻的原因,那就是他把资本主义生产方式误认为是社会生产的永恒方式。

马克思对价值和交换价值的区分也经历了一个过程。这个过程大致可以分为如下几个阶段:一,在1850—1853年的《伦敦笔记》中马克思还把商品、货币、交换价值、资本看作等同的东西。二,在1857—1858年的《政治经济学批判大纲》中,马克思实质上发现了劳动的二重性,他写道:"一定的劳动时间物化在具有特殊属性并与需求发生特殊关系的一定的特殊商品中;而作为交换价值,劳动时间必须物化在这样一种商品中,这种商品只表现劳动时间的份额或数量而同劳动时间的自然属性无关,因而可以变形为——即交换成——体现着同一劳动时间的其他任何商品。"③ 由于劳动二重性的发现,生产价值和剩余价值的劳动的质的方面被揭示出来,从而它们的源泉也得到了科学的说明。因

---

① 《马克思恩格斯全集》第1版第23卷第98页。
② 《马克思恩格斯全集》第1版第23卷第98页。
③ 《马克思恩格斯全集》第1版第46卷上册第115页。

此,价值和交换价值的区分在这部手稿中实质上已经完成,作为术语来并用只是一个形式上的问题了。三,在 1859 年的《政治经济学批判》第一分册中,马克思明确地阐述了劳动二重性问题,突出地描述了抽象劳动的特征。商品既是具体劳动的产物,又是抽象劳动的产物。具体劳动的结果是使用价值,而抽象一般劳动的结果则是交换价值。因此,这部著作开头部分所说的"每个商品表现出**使用价值**和**交换价值**两个方面"①,其中的交换价值就是价值的同义语,例如,马克思说:"作为交换价值,一切商品都只是一定量的**凝固的劳动时间**。"② 四,在 1867 年《资本论》第一卷德文第一版中,使用"使用价值和交换价值"的提法,但在稍后写的附录"价值形式"以及德文第二版中使用了"使用价值和价值"的提法,法文版中又改回来使用"使用价值和交换价值"的提法。当然,这是一般的趋势。

  前面已经提到,马克思曾指出,在了解了价值和交换价值的区别的基础上,说商品是使用价值和交换价值只有简便的好处。首先,说商品是使用价值和交换价值,更能反映出马克思研究的顺序。马克思是采用从现象到本质,从形式到内容的方法进行分析的。他先分析使用价值、交换价值,接着从交换价值中引出了价值。马克思在《第二版跋》中着重指出,他在修订德文第二版时"第一章第一节更加科学而严密地从表现每个交换价值的等式的分析中引出了价值"。法文版在开篇第一章第一节的标题中加进"交换价值",正是为了强调这一点。其次,用"交换价值"来表示"价值",比较通俗易懂。"价值"比较抽象,对不熟悉这个词的读者来说,不如"交换价值"好懂。从词源学上来说,"value, valeur, Wert"这些词本来就是使用价值的意思。马克思在

---

① 《马克思恩格斯全集》第 1 版第 13 卷第 15 页。
② 《马克思恩格斯全集》第 1 版第 13 卷第 18 页。

1861—1863年手稿中指出："使用价值表示物和人之间的自然关系，实际上是表示物为人而存在。**交换价值**则代表由于创造交换价值的**社会**发展后来被加在 Wert（＝使用价值）这个词上的意义。这是物的社会存在。"① 总之，无论从表示马克思的研究顺序，还是从通俗易懂来说，说商品是使用价值和交换价值只有简便的好处。

二 关于简单劳动、复杂劳动和非熟练劳动、熟练劳动

"较高级劳动和简单劳动，熟练劳动和非熟练劳动之间的区别，一部分是根据单纯的幻想……"② 这是马克思在讲到资本主义社会中较高级劳动和简单劳动有时会互换位置时说的一段话。学术界对这段话有着不同的理解。一种意见认为，马克思在这里说到的"较高级劳动和简单劳动，熟练劳动和非熟练劳动"是两组并列的不同概念，例如："在活劳动耗费的过程中，既有复杂劳动和简单劳动的问题，同时也有熟练劳动和不熟练劳动、重劳动和轻劳动的问题。但是在理论分析上不应当把它们混淆。"③ 另一种意见认为，这不是两组并列的不同概念，例如："参加商品生产的有各种熟练程度不同的工作者，未受任何专门训练的工作者的劳动是简单劳动，需要专门训练的劳动是复杂劳动或熟练劳动。"④

---

① 《马克思恩格斯全集》第 1 版第 26 卷第 3 册第 326—327 页。

② 《马克思恩格斯全集》第 1 版第 23 卷第 224 页。

③ 孙尚清：《关于复杂劳动如何化为简单劳动的问题》，载《经济研究》1962年第 11 期。

④ 苏联科学院经济研究所编《政治经济学教科书》修订第 3 版，人民出版社1959 年版，第 49 页。

持第一种意见的人认为，简单劳动、复杂劳动和非熟练劳动、熟练劳动之间的区别，表现在以下两点上。一，简单劳动和复杂劳动是不同部门、不同工种的劳动之间的差别；熟练劳动和非熟练劳动是同一工种的劳动的差别。例如，马克思曾说："工场手工业在它掌握的每种手工业中，造成了一类所谓的非熟练工人，这些工人是手工业生产极端排斥的……在等级制度的阶梯的旁边，工人简单地分为熟练工人和非熟练工人。"① 二，达到复杂劳动的途径和达到熟练劳动的途径不同。复杂劳动只要通过一定时期的教育和训练就可以达到；而熟练劳动除教育和训练以外，还可在工作实践中提高。例如，马克思在《资本论》第三卷中说："工人的熟练程度会通过职能本身发展起来，而且分工越使它片面发展，它就发展得越迅速。"②

要真正弄清楚上述两种意见谁是谁非，首先得研究一下马克思所说的简单劳动和复杂劳动的含义。马克思曾用农民的劳动和裁缝的劳动来说明简单劳动和复杂劳动的区别，他写道："例如，一个农民的劳动力被看作是简单劳动力，因此它的耗费就被看作是简单劳动或人类劳动本身，相反，裁缝劳动被看作是发展程度较高的劳动力的耗费。因此，当农民的工作日例如体现为 $\frac{1}{2}$ 个商品的价值时，裁缝的工作日则体现为一个商品的价值。但是，这种区别只是量的区别。"③ 在这里我们清楚地看到，简单劳动即人类劳动本身，简单劳动和复杂劳动之间只有量的区别。社会上的工种很多，而且从事每一种劳动的人的熟练程度也不一样，还有劳动强度的差别等等，因此，在研究商品的价值和价值生产

---

① 《马克思恩格斯全集》第 1 版第 23 卷第 388 页。
② 《马克思恩格斯全集》第 1 版第 25 卷第 335 页。
③ 《资本论》德文第 1 版第 1 卷第 10—11 页。

时，必须把千差万别的劳动化为没有质的区别、在量上可以比较的简单劳动。"一个商品可能是最复杂的劳动的产品，但是它的**价值**使它与简单劳动的产品相等，因而本身只表示一定量的简单劳动。"① 因此，农民的劳动和裁缝的劳动固然是不同部门的不同种劳动，但在价值表现上，却只是同一种劳动即人类劳动本身的不同量。

现在我们再回过来看看持第一种意见的同志所提出的两个论点。关于第一个论点，即简单劳动和复杂劳动是不同部门、不同工种的劳动的差别，而熟练劳动和非熟练劳动是同一工种的劳动的差别，我们可以说，这种提法只是从使用价值生产的角度来考察问题，不是从价值生产的角度来考察问题。马克思所以要举不同生产部门的不同种劳动来说明简单劳动和复杂劳动，只是为了更鲜明地表示复杂劳动可以化为简单劳动。说到同一生产部门内的劳动，那么马克思一开始就假定它们都是平均劳动力的耗费。法文版《资本论》的一个脚注中说："在正文中不仅总是假定平均劳动力价值是不变的，而且还假定一个资本家所雇用的全部工人都是平均劳力。"② 确实，由于社会分工，总体劳动者中各个人的劳动有的比较简单，有的比较复杂，有的比较低级，有的比较高级，而且这种情况也会反映到同一生产部门中来；特别是工场手工业中，在等级制度的阶梯旁边，工人简单地分成了熟练工人和非熟练工人。但是，马克思在讲到工场手工业"造成了一类所谓的非熟练工人"的情况时，在上一段中是从分析简单劳动和复杂劳动讲起的，因此，马克思的这一段话不能说明熟练劳动与非熟练劳动是一对与复杂劳动和简单劳动相并列的概念。关于第二个论点，即达到复杂劳动的途径和达到熟练劳动的途径不同。为这个论点所引用的马克思《资本论》第三卷中的

---

① 《马克思恩格斯全集》第1版第23卷第58页。
② 这个脚注的位置相当于《马克思恩格斯全集》第1版第23卷第337页。

那段话并不能证明这个论点的正确。马克思在这里说的意思是，在商业事务所内，由于分工的发展，商业工人的职能片面发展，以致工人无须学习很快就可以担负这一职能，这同任何一种简单劳动一样，所需的技巧越少，就越是可以通过从事这种简单劳动本身来获得所需的技巧。由于分工的这种发展，商业工人的熟练劳动或者说高级劳动变成了简单劳动，它们所体现的价值就会减少，从而工资会下降，"甚至同平均劳动相比，工资也有下降的趋势"①。因此，马克思的这段话同样不能说明熟练劳动和非熟练劳动是同复杂劳动和简单劳动相并列的一组概念。

马克思在法文版《资本论》中所作的修改则非常清楚地说明，熟练劳动和非熟练劳动是复杂劳动和简单劳动的同义语。现在把这两处修改列举如下：

一、《资本论》第一卷第224页上说："较高级劳动和简单劳动，熟练劳动和非熟练劳动之间的区别，一部分是根据单纯的幻想……"法文版改为："复杂劳动和简单劳动（熟练劳动和非熟练劳动）之间的区别，常常是根据单纯的幻想……"这里很明显，复杂劳动和简单劳动就是熟练劳动和非熟练劳动，后者是前者的注解。

二、《资本论》第一卷第58页上说："比较复杂的劳动只是**自乘的**或不如说**多倍的**简单劳动。"法文版改为："复杂的劳动（熟练劳动）只是简单劳动的乘方或不如说是自乘的简单劳动。"这里也很明显，熟练劳动是复杂劳动的注解。

所以，法文版中的修改告诉我们，马克思自己所说的复杂劳动和简单劳动，也就是熟练劳动和非熟练劳动。

---

① 《马克思恩格斯全集》第1版第25卷第335页。

三　关于简单劳动、社会平均劳动和生产金银的劳动

马克思在法文版《资本论》中，对原来的第五章《劳动过程和价值增殖过程》最后一段话，即较高级的劳动化为简单劳动的那一段话作了修改，在这之后又增加了一大段论述。增加的文字如下："另一方面，当问题涉及价值生产时，较高级的劳动总是要化为社会平均劳动，例如一日复杂劳动化为两日简单劳动。如果某些有修养的经济学家反对这种'武断的言论'，那么用一句德国谚语来说，他们是只见树木不见森林！他们指责这是分析的诡计，但他们所指责的恰恰是在世界各地每个角落里天天都在发生的过程。极其不同的商品价值到处都无差别地表现为货币，即表现为一定量的金或银。因此，这些价值所代表的不同种的劳动，已经按不同的比例化为唯一的、同种的普通劳动即生产金银的劳动的一定量。"我们从马克思加的这段论述中可以得出两个结论：一，就价值生产而言，高级劳动化为社会平均劳动，也就是化为简单劳动；二，生产价值的各种不同的劳动，最终都化为生产金银的劳动，社会平均劳动在这里获得了具体而形象的表述。

首先，在马克思看来，简单劳动是平均的，这一点可以从下述事实中得到证实。《资本论》第一卷中有一个关于生产价值的劳动的定义性的说明："它（人类劳动本身——引者）是每个没有任何专长的普通人的机体平均具有的简单劳动力的耗费。"[①] 在《资本论》德文第一版中，这段话中的"平均"二字没有出现。紧接着的"**简单平均劳动**虽然在不同的国家和不同的文化时代具有不同的性质……"[②] 一句，在德文第

---

① 《马克思恩格斯全集》第 1 版第 23 卷第 57—58 页。
② 《马克思恩格斯全集》第 1 版第 23 卷第 58 页。

一版中被安排在前六页。马克思有时说"简单平均劳动",有时说"简单劳动",可见,说简单平均劳动和简单劳动是一个意思。在法文版中保留了"平均"和"简单平均劳动"这些字样,但马克思在1872年10月2日送给利沙加勒的法文版《资本论》的第一分册的页边注明"简单劳动"几个字,标明此处的"简单平均劳动"应改为"简单劳动"。这两个事实有助于我们更好地理解上面引的法文版中的那一段话。为什么马克思在讲了"较高级的劳动总是要化为社会平均劳动"之后,接着说"例如一日复杂劳动化为两日简单劳动"呢?原来在马克思看来,简单劳动也就是社会平均劳动。

其次,马克思指出了社会平均劳动等于生产金银的劳动。马克思在《资本论》第一卷开篇第一章第一节中讲到生产价值的劳动是抽象人类劳动。这种劳动没有质的区别,只有量的区别。这样就出现了一个问题,是否一个商品耗费的劳动时间越多,价值就越大呢?接着马克思提出了社会必要劳动时间的定义性说明。决定商品价值大小的不是个别的时间,而是平均必要劳动时间或社会必要劳动时间。也就是说,生产价值的有效劳动是社会平均劳动。可是社会上存在复杂程度不同的各种劳动,在计量它们时需要有一个单位,于是出现了简单劳动的概念。一切劳动都必须折算成简单劳动,如一日裁缝的劳动等于二日农民的劳动等等。当然,这里作为计量单位的简单劳动也应该是社会平均的劳动。无论是简单劳动,还是社会平均劳动,它们都是抽象劳动,因此也总是带有抽象的性质。为了更进一步说明简单劳动和社会平均劳动,马克思在法文版中把它们同生产金银的劳动等同起来。复杂劳动化为简单劳动或社会平均劳动;也就是化为生产金银的劳动。当然,这里所说的生产金银的劳动,不是指的个别场合的劳动,而是指的普遍的社会平均场合的劳动。社会平均劳动所实现的价值就是这种劳动在同一时间内所生产出来的金量。关于这一点,我们还可以从法文版的修改中找出另外两个例子来。第一个例子,《资本论》第一卷中文版第 196 页上说"假定半天的社会平均劳动又表现为 3 先令或 1 塔勒的金量,那么 1 塔勒就是相当于劳动力日价值的价格"。法文版中把这段话改为:"假定 6 小时的半个劳动日平均生产的金量是 3 先令或 1 埃巨,那么 1 埃巨的价格就表现了劳动力的日价值。"第二个例子,《资本论》第一卷中文版第 215 页上说"在劳动力出卖时,曾假定它的日价值 = 3 先令,在 3 先令中体现了 6 个劳动小时,而这也就是生产出工人每天平均的生活资料量所需要的劳动量。"法文版中把这段话改为:"在劳动力出卖时,曾假定它的日价值 = 3 先令,——体现着 6 个劳动小时的金量——,因此,为生产出每天维持劳动者的平均生产资料量需要劳动 6 小时。"

"生产金银的劳动"不仅使简单劳动、社会平均劳动这些概念具体化和形象化了,而且也使金充当价值尺度的职能具体化和形象化了。关于金充当价值尺度的职能,马克思的思想也有一个发展过程。在《哲学的贫困》这部著作中,马克思还采用了李嘉图的错误观点。李嘉图虽然曾说金银的价值由物化在金银中的劳动来决定,但是他一到流通领域就受到了现象的迷惑。由于金固定为货币以后,商品的价值在金上的表现就是想象的、观念的,而观念的金可以用纸币来代替,李嘉图由此就得出了错误的结论,认为作为货币的金银不是由生产费用来确定的商品,不存在货币的内在价值和名义价值之间的比例问题,只需在流通的需要和发行货币的数量之间保持一定的比例。他认为,流通中的货币增多,商品价格就上涨,金的价值就下降。后来,马克思在《政治经济学批判》中抛弃了这种看法,在《资本论》中则更进一步批判了李嘉图的错误。纸币是金的符号,它只是在金仅仅充当流通手段职能而被孤立出来时才代表金。如果发行的纸币过多,纸币就要贬值,商品的价格也就会提高,以便吸收流通中过多的纸币。但是,这种情况并不等于说金已经贬值。同样,金的价值的变动也不会妨碍金执行价值尺度的职能。如果采金的劳动生产率提高，金的价值下降，那么这同样会影响到其他一切商品。金之所以执行价值尺度职能，前提是"在一定时间内生产一定量的金要耗费一定量的劳动"[①]。马克思在法文版中把商品的价值直接同生产该商品的时间内所能生产的金量联系起来，这就使得金的价值尺度职能更好理解了。

总之，读法文版《资本论》能使我们得到多方面的启示，使我们可以从新的角度考虑我们长期以来争论的某些理论问题，从而得出新的结论。

---

① 《马克思恩格斯全集》第1版第23卷第117页。

《资本论》第1卷法文版和德文第4版"生产方式"概念比较研究[*]

赵学清

《资本论》第1卷法文版由约瑟夫·鲁瓦根据1872年出版的德文第2版翻译,马克思"付出了艰苦的劳动"亲自修订,法国莫里斯·拉沙特尔出版社于1872年9月至1875年11月以44个分册分辑出版。《资本论》第1卷法文版体现了马克思自1867年《资本论》第1卷德文第1版出版以来研究的新成果,"在原本之外有独立的科学价值"①。马克思在《资本论》第1卷法文版中所做的修改是多方面的,本文以《资本论》第1卷法文版和通行的德文第4版的中译本的对比为基础,仅就"生产方式"这一概念的修改作些分析,探讨"生产方式"这一概念在《资本论》中的真正含义,为深化《资本论》研究做些基础性的工作。

生产方式是《资本论》中最重要的概念之一,是《资本论》研究对象的重要组成部分。马克思指出:"我要在本书研究的,是资本主义生产方式以及和它相适应的生产关系和交换关系。"② 准确理解《资本论》中生产方式和资本主义生产方式的含义直接影响到《资本论》研究的深入。分析对比法文版关于生产方式一词的修改,对于深化《资本论》研究具有重要的意义。对比《资本论》第1卷法文版和德文第4

---

* 本文选自《马克思主义与现实》2011年第6期。
① 《马克思恩格斯文集》第5卷第27页。
② 《马克思恩格斯文集》第5卷第8页。

版的中译本,可以发现生产方式是修改得较多的一个概念。在《资本论》第1卷德文第4版中译本中,生产方式这一概念共使用了164次①,法文版第1卷中译本中该词使用了113次,减少了51次。其中,在法文版第1卷中,有7处是将其他概念改为生产方式,6处增用了生产方式,有64处是将生产方式改为生产、所有权、经济制度等概念或直接删去。根据初步分析,两个版本关于生产方式这一概念的修改与不修改,关键在于这一概念使用得贴切与否。如果很贴切,就不改;如果还有更好的表述,则修改。需要注意的是,即使是修改的地方,并不是说原有的使用有问题,而是说,原有的使用是对的,但有更好的表述方式。下面分三种情况分析生产方式这一概念在两个版本中的使用及修改。

一、马克思在《资本论》中将商品生产视为生产方式、生产形式,法文版将德文第4版中有些地方的"商品生产"改为"这种生产方式",进一步证明商品生产是一种生产方式,商品生产是物质生产在一定历史发展阶段所采取的社会形式。

马克思曾以人的相互关系的发展程度来区分社会发展的形态。他说:"人的依赖关系(起初完全是自然发生的),是最初的社会形态,在这种形态下,人的生产能力只是在狭窄的范围内和孤立的地点上发展着。以物的依赖性为基础的人的独立性,是第二大形态,在这种形态下,才形成普遍的社会物质变换,全面的关系,多方面的需求以及全面的能力的体系。建立在个人全面发展和他们共同的社会生产能力成为他

---

① 以法文第1卷的内容(除《德文第2版跋摘录》外)为准,对照德文第4版中译本的相同内容统计。

们的社会财富这一基础上的自由个性,是第三个阶段。"① 以物的依赖性为基础的人的独立性的社会发展阶段就是商品生产阶段。在商品生产阶段,物质产品的生产采取了商品生产这种社会形式,人们之间的关系表现为商品这种物之间的关系。一切产品和交换转化为交换价值,既要以生产中人的(历史的)一切固定的依赖关系为前提,又要以生产者互相间的全面的依赖为前提。每个人的生产,依赖于其他一切人的生产;同样,他的产品转化为他本人的生活资料,也要依赖于其他一切人的消费。商品生产存在于不同的社会,但在资本主义社会发展到了最高阶段。资本主义社会的财富"表现为'庞大的商品堆积',单个的商品表现为这种财富的元素形式"。② 商品生产是资本主义生产的最抽象最一般的形式,资本主义生产是资本主义形式的商品生产。分析资本主义生产,必须从商品的分析开始,必须以商品生产的分析为基础。

马克思在《资本论》第1卷第一篇中集中地分析商品和货币,揭示商品生产和流通的一般规律,并在其余的章节把商品生产和商品流通的一般规律作为分析资本的生产过程、资本的流通过程和资本主义生产的总过程的基础。马克思在《资本论》中明确地把商品生产看作是一种历史的社会的生产方式。在分析商品拜物教的时候,他说:"对于这个历史上一定的社会生产方式即商品生产的生产关系来说,这些范畴是有社会效力的,因而是客观的思维形式。因此,一旦我们逃到其他的生产形式中去,商品世界的全部神秘性,在商品生产的基础上笼罩着劳动产品的一切魔法妖术,就立刻消失了。"③ 这段论述明确指出,商品生产是历史上一定的社会生产方式。在接下来的分析中,马克思把商品生

---

① 《马克思恩格斯全集》第1版第46卷第104页。
② 《马克思恩格斯文集》第5卷第47页。
③ 《马克思恩格斯文集》第5卷第93页。

产视为和自由人联合体的生产、鲁滨逊的生产、古亚细亚的生产相并列的一种生产形式。这一论述在法文版中马克思校订为"资产阶级经济学的各种范畴,是具有客观真实性的理论形式,因为它们反映着现实的社会关系,不过这些关系只属于商品生产成为社会生产方式的这个一定的历史时期。因此,如果我们考察其他的生产形式,我们就会看到,在当前时期使劳动产品模糊不清的一切神秘性都立即消失了"①。马克思的这一校订则更为清楚地证明商品生产是一种生产方式,是马克思分析的自由人联合体的生产等生产形式中的一种。

在马克思亲自校订的法文版中,他还把"商品生产"这一概念修改为"这种生产方式"。德文第4版中有这样一段论述:"劳动产品一旦作为商品来生产,就带上拜物教性质,因此拜物教是同商品生产分不开的。"② 这段论述在法文版中被修改为"劳动产品一旦表现为商品,就带上拜物教的性质,拜物教是同这种生产方式分不开的"③。这一修改再次证明,马克思在《资本论》中使用的生产方式的一种含义指的是物质生产所采取的社会形式,在"以物的依赖性为基础的人的独立性"的社会发展阶段,这种生产方式就是商品生产。资本主义社会的生产即资本主义生产首先是商品生产,商品生产是资本主义生产所采取的形式。

二、马克思在《资本论》中将物质生产的条件、手段、方法、组织形式等看作生产方式,法文版将个别地方的"生产方式"改为"生产技术方式",说明物质生产的条件、手段、方法、

---

① 《资本论》第1卷,中国社会科学出版社1983年版,第56页。
② 《马克思恩格斯文集》第5卷第90页。
③ 《资本论》第1卷,中国社会科学出版社1983年版,第52页。

组织形式等是生产方式，协作、工场手工业、机器和大工业是资本主义商品生产随着技术发展所采取的生产方式。

"摆在面前的对象，首先是物质生产。"① 物质生产撇开每一种特定的社会形式来加以考察，首先是人和自然之间的过程，是人以自身的活动来中介、调整和控制人和自然之间的物质变换的过程。物质生产过程的三个要素是有目的的活动、劳动对象和劳动资料。"各种经济时代的区别，不在于生产什么，而在于怎样生产，用什么劳动资料生产。"② 各个经济时代的劳动者怎样组织起来用不同的劳动资料生产产品的形式表现为不同的生产方式。

在《资本论》中，马克思在分析资本主义生产时，用了相当的篇幅分析研究物质资料的生产方式变化对商品价值进而对剩余价值的影响。以《资本论》第1卷德文第4版中译本为例，在164处使用生产方式的地方，至少有60多处是在这种意义上使用的，尤其是在分析相对剩余价值生产时则更为集中。因此，马克思关于这种意义上的生产方式概念的使用需要引起我们的高度重视。

在分析相对剩余价值的生产时，马克思把生产方式视为劳动生产条件和生产方法。他曾举例说："一个鞋匠使用一定的劳动资料，在一个十二小时工作日内可以做一双皮靴。如果他要在同样的时间内做两双皮靴，他的劳动生产力就必须提高一倍。不改变他的劳动资料或他的劳动方法，或不同时改变这二者，就不能把劳动生产力提高一倍。因此，他的劳动生产条件，也就是他的生产方式，从而劳动过程本身，必须发生革命。劳动生产力的提高，我们在这里一般是指劳动过程中的这样一种

---

① 《马克思恩格斯文集》第8卷第5页。
② 《马克思恩格斯文集》第5卷第210页。

变化，这种变化能缩短生产某种商品的社会必需的劳动时间，从而使较小量的劳动获得生产较大量使用价值的能力。在研究我们上面考察的那种形式的剩余价值的生产时，我们曾假定生产方式是既定的。而现在，对于由必要劳动转化为剩余劳动而生产剩余价值来说，资本占有历史上遗留下来的或者说现存形态的劳动过程，并且只延长它的持续时间，就绝对不够了。它必须变革劳动过程的技术条件和社会条件，从而变革生产方式本身，以提高劳动生产力，通过提高劳动生产力来降低劳动力的价值，从而缩短再生产劳动力价值所必要的工作日部分。"① 这段论述使用了三次生产方式，其含义非常清楚，指的是劳动生产条件，包括技术条件和社会条件。这种生产方式的变革能提高劳动生产力，从而影响商品价值的降低，增加剩余价值的生产。

马克思在深入分析相对剩余价值的生产时，对这种含义的生产方式还有更深入、更具体的分析，他把协作、工场手工业、工厂制度看作是这种生产方式的具体形式。我们知道，"人数较多的工人在同一时间、同一空间（或者说同一劳动场所），为了生产同种商品，在同一资本家的指挥下工作，这在历史上和概念上都是资本主义生产的起点"②。劳动过程的社会形式表现为资本通过提高劳动过程的社会生产力来更有利地剥削劳动过程的一种方法。协作成为资本主义生产方式的基本形式。③ 在真正的工场手工业时期，"工场手工业成为资本主义生产方式的统治形式"④。大工业的起点是劳动资料的革命，而经过变革的劳动资料，在工厂的有组织的机器体系中获得了最发达的形态。工厂制度成

---

① 《马克思恩格斯文集》第 5 卷第 366 页。
② 《马克思恩格斯文集》第 5 卷第 374 页。
③ 参看《马克思恩格斯文集》第 5 卷第 388 页。
④ 《马克思恩格斯文集》第 5 卷第 425 页。

为适应机器和大工业的生产方式。"一旦工厂制度达到一定的广度和一定的成熟程度,特别是一旦它自己的技术基础即机器本身也用机器来生产,一旦煤和铁的采掘、金属加工以及交通运输业都发生革命,总之,一旦与大工业相适应的一般生产条件形成起来,这种生产方式就获得一种弹性,一种突然地跳跃式地扩展的能力,只有原料和销售市场才是它的限制。"① 在马克思看来,协作、工场手工业和工厂制度只是"以不同生产资料为基础的不同生产方式"②。社会的生产方式受生产资料改革的影响经历了"从工场手工业、手工业、家庭劳动过渡到工厂制度的变革"③。马克思不仅把工场手工业、手工业和家庭劳动、工厂制度看作是生产方式,而且把工场手工业、手工业和家庭劳动看作是"旧的生产方式"。在工厂制度面前,工场手工业、手工业、家庭劳动"这些旧的生产方式"都在解体或变得畸形。由于社会的生产方式的变革,劳动对资本形式上的从属让位于劳动对资本的实际上的从属。由于发生了劳动对资本的实际上的从属,技术层面上的生产方式具有了特殊的资本主义性质,因此,马克思把发生了劳动对资本的实际上的从属后的工厂制度称为"特殊的资本主义的生产方式"。"特殊的资本主义的生产方式一旦掌握整整一个生产部门,它就不再是单纯生产相对剩余价值的手段,而一旦掌握所有决定性的生产部门,那就更是如此。这时它成了生产过程的普遍的、在社会上占统治地位的形式。"④

《资本论》第1卷德文第4版在劳动生产条件意义上使用的生产方式在法文版的个别地方作了修改,最典型的一处是将"生产方式"修

---

① 《马克思恩格斯文集》第5卷第518页。
② 《马克思恩格斯文集》第5卷第438页。
③ 《马克思恩格斯文集》第5卷第546页。
④ 《马克思恩格斯文集》第5卷第584页。

改为"生产技术方式"。有一段话,马克思在德文第 4 版中是这样说的:"在农村和城市,雇主和工人在社会上是接近的。劳动对资本的从属只是形式上的,就是说,生产方式本身还不具有特殊的资本主义的性质。"① 而在法文版中这段话被修改为:"在农村和城市,雇主和工人在社会上是接近的。生产技术方式还没有特殊的资本主义性质,所以劳动对资本的从属只是形式上的。"这一修改清楚地证明,在马克思看来,生产方式的一种含义是从技术角度考察的。在马克思看来,一方面,生产力的发展引起生产方式的变化,进而引起生产关系的变化;另一方面,生产方式的变化引起生产关系的变化,进而促进生产力的发展。这种含义的生产方式处在生产力和生产关系的中介上。

三、马克思将以资本为基础的生产看作资本主义生产方式,法文版将有些地方使用的"资本主义生产方式"修改为"资本主义生产"或"资本主义经济制度",说明以资本和雇佣劳动为基础的资本主义生产或资本主义形式的商品生产就是资本主义生产方式,就是资本主义经济制度。

从人的经济联系的角度,资本主义社会的生产以发达的商品生产和商品流通为前提,商品生产是普遍的生产方式。商品作为资产阶级财富的元素形式,曾经是马克思研究的出发点,是资本产生的前提。但是从另一方面看,商品又是资本主义生产的产物和结果。在资本主义生产的基础上,商品成为产品的一般形式,所有产品采取了商品的形式,商品的买和卖不仅支配了生产的剩余,而且支配了生产的实体本身,各种生产条件本身也广泛地表现为从流通进入生产过程的商品。当劳动者和劳

---

① 《马克思恩格斯文集》第 5 卷第 847 页。

动实现条件的所有权之间的分离成为前提之后，一方面出现了货币、生产资料和生活资料的所有者，另一方面出现了一无所有的自由劳动者。只有在这个时候，即劳动人口不再出卖自己劳动的产品而出卖自己的劳动能力的时候，生产才在其整个范围内，在其整个深度和广度内，变成商品生产，变成资本主义生产。资本主义生产，不仅是发达的商品生产，更重要的是这种商品生产以货币转化为资本为基础，以资本和雇佣劳动为基础。资本主义生产方式，首先是资本主义形式的商品生产。资本主义生产过程的产物不仅仅是单纯的商品，而在于其独特的产物——剩余价值。资本主义生产过程的产物是这样一些商品，它们具有比投入的资本更多的交换价值，就是说，这些商品包含的价值比生产这些商品而以货币形式投入的价值更多。在资本主义生产过程中，劳动过程只表现为手段。"剩余价值的生产是资本主义生产的决定的目的。"①

从劳动技术条件的角度考察，资本主义社会的生产方式经历了从协作、工场手工业、手工业、家庭劳动到机器和大工业背景下的工厂制度的变革。最初，生产方式连同它的方法、手段和条件本身是在劳动在形式上从属于资本的基础上自发地产生和发展的。起初，是简单协作，然后是工场手工业、手工业和家庭劳动，最后才在机器和大工业的背景下发展起工厂制度，使劳动在实际上从属于资本。

资本主义生产方式不仅需要从生产的社会形式和技术层面去考察，更重要的是考察它的社会性质。在劳动力成为商品、货币转化为资本之后，商品生产不仅取得全面而充分的发展，而且发展成为以生产剩余价值为目的的资本主义商品生产。在劳动对资本的实际从属形成之后，技术层面的生产方式也已经具有了特殊的资本主义性质。这时资本主义社会的生产方式就是以资本和雇佣劳动为基础的生产方式，实际上就是资

---

① 《马克思恩格斯文集》第5卷第265页。

本主义经济制度。

资本主义生产方式是法文版第 1 卷修改比较多的一个概念。《资本论》第 1 卷德文第 4 版共使用资本主义生产方式或资本主义的生产方式概念 75 次，而在法文版第 1 卷中使用资本主义生产方式或资本主义的生产方式概念仅有 35 次，减少了 40 次。在《资本论》第 1 卷德文第 4 版中，有 18 处使用的资本主义生产方式在法文版中被修改为"资本主义生产"。如，德文第 4 版有这样一段论述："资本主义生产的发展，使投入工业企业的资本有不断增长的必要，而竞争使资本主义生产方式的内在规律作为外在的强制规律支配着每一个资本家。"① 而在法文版中，这段话被修改为："资本主义生产的发展，使投入企业的资本有不断增长的必要，而竞争使资本主义生产的内在规律作为外在的强制规律支配着每一个资本家。"② 有 8 处使用的资本主义生产方式被修改为资本主义经济制度，或资本主义制度，或社会生产制度。如，第 24 章《所谓原始积累》中有这样一段论述："所有这些方法都利用国家权力，也就是利用集中的、有组织的社会暴力，来大力促进从封建生产方式向资本主义生产方式的转化过程，缩短过渡时间。"③ 这段论述在法文版中被修改为："所有这些方法都毫无例外地利用了国家权力，也就是利用集中的有组织的社会暴力，来大力促进从封建经济制度向资本主义经济制度的转变并缩短过渡时期。"④ 其余的 13 处使用了代词或被删去。从法文版的上述修改来看，德文第 4 版中使用的"资本主义生产方式"在反映社会经济性质的层面上具有经济制度、经济关系、社会生产等多

---

① 《马克思恩格斯文集》第 5 卷第 683 页。
② 《资本论》第 1 卷，中国社会科学出版社 1983 年版，第 623 页。
③ 《马克思恩格斯文集》第 5 卷第 861 页。
④ 《资本论》第 1 卷，中国社会科学出版社 1983 年版，第 813 页。

种含义，法文版的修改使德文第4版资本主义生产方式在社会性质程度上的区分通过不同的概念反映出来，反映了马克思在这个问题上研究的新成果，具有独立的价值。

资本主义生产方式，从生产的社会形式看，采取的是商品生产这种生产方式或社会形式；从生产的技术形式看，经历了协作、工场手工业、手工业和家庭劳动到工厂制度的变革，采取的是工厂制度这种生产方式；从生产的社会性质看，以资本和雇佣劳动为基础，其目的是生产剩余价值。综合上述三层含义，资本主义生产方式指的是以资本和雇佣劳动为基础、以生产剩余价值为目的、以工场手工业和工厂制度为手段的商品生产。资本主义生产方式在《资本论》行文的语境中可以理解为资本主义经济制度，可以理解为资本主义生产，可以理解为资本主义商品生产，可以理解为资本主义工厂制度。马克思在《资本论》第1卷序言中指出："我要在本书研究的，是资本主义生产方式以及和它相适应的生产关系和交换关系。到现在为止，这种生产方式的典型地点是英国。"① 这段论述中的这种生产方式指代的是资本主义生产方式，但它并没有对资本主义生产方式做出更多的说明。德文版的这段论述在法文版中被修改为，"我要在本书研究的，是资本主义生产方式以及和它相适应的生产关系和交换关系。到现在为止，英国是这种生产的典型地点"②。在法文版中，德文版中的"这种生产方式"被修改为这种生产。这一修改对帮助我们理解《资本论》研究对象中的"资本主义生产方式"提供了一个十分重要的信息。结合马克思在法文版中将许多地方的"资本主义生产方式"修改为"资本主义生产"的情况，可以认为，《资本论》研究对象中的资本主义生产方式指的是资本主义生产，即以

---

① 《马克思恩格斯文集》第5卷第8页。
② 《资本论》第1卷，中国社会科学出版社1983年版，第2页。

资本和雇佣劳动为基础、以剩余价值生产为目的、采取工厂制度的商品生产。这种资本主义生产当然也就是资本主义商品生产，也就是资本主义经济制度，从某种角度看，也就是资本主义工厂制度。

四、《资本论》第 1 卷德文第 4 版和法文版"生产方式"概念比较研究的理论价值在于，可以更准确地理解《资本论》的研究对象和主要观点，启示我们更加深入地研究社会主义初级阶段的生产方式。

马克思的《资本论》研究的是资本主义生产方式以及与它相适应的生产关系和交换关系。能否准确把握作为《资本论》研究对象重要组成部分的"资本主义生产方式"，直接关系到《资本论》研究的深入。从《资本论》第 1 卷法文版和德文第 4 版生产方式概念使用的比较研究中，可以发现，我们过去对生产方式和资本主义生产方式的理解过于简单，没有从方法论的高度在运动中、体系中把握其多层次的含义，从而导致对《资本论》研究对象的争论和对《资本论》研究的浅尝辄止。深入研究《资本论》及其手稿以及《马克思恩格斯全集》中关于生产方式、资本主义生产方式的重要论述，可以有助于我们完整准确地把握马克思关于生产方式和资本主义生产方式的思想，从而完整准确地理解马克思主义。本文仅仅从《资本论》第 1 卷法文版和德文第 4 版的中译本出发做了些初步的工作，就发现其奥妙之揭示非一己之力所能掌握。有志于马克思主义研究的理论工作者应该系统阅读马克思主义著作，站在老一辈马克思主义研究专家的肩膀上奋力攀登，努力推进马克思主义研究的深入。

我国正处在并将长期处在社会主义初级阶段。中国人民在中国共产党的领导下，在改革开放的伟大进程中开辟了中国特色社会主义道路，形成了中国特色社会主义理论体系，确立了中国特色社会主义制度。中国特色社会主义经济建设在实践中取得了巨大的成功，但社会主义初级阶段政治经济学的理论研究却缺少时代化、大众化、体系化层面上的突破。《资本论》第1卷法文版对德文第4版"生产方式"概念的修改有助于我们思考社会主义初级阶段政治经济学的研究。作为中国特色社会主义制度之基础的社会主义初级阶段的生产方式是社会主义初级阶段政治经济学研究对象的重要组成部分。我们要研究社会主义初级阶段的生产方式以及与它相适应的生产关系和交换关系，把被我国社会主义经济建设实践证明的经验经过理论抽象概括为经济范畴，使之体系化，形成科学的社会主义初级阶段政治经济学。社会主义初级阶段的生产方式从它的社会形式看，仍然是商品生产，只不过这种商品生产的发达程度更高而已；从它的技术形式来看，是工业化、信息化、全球化、现代化背景下的现代企业制度；从它的社会性质来看，它既根本不同于资本主义社会以资本和雇佣劳动为基础的、以剩余价值生产为目的的生产，也区别于未来社会以自主联合劳动和生产资料社会所有为基础的、以满足人民日益增长的物质文化需要为目的的生产，而是以社会主义初级阶段基本经济制度为基础的，形式上采取商品交换实现劳动力和生产资料相结合、实质上通过先富带动后富最终实现共同富裕的生产。马克思研究资本主义生产方式的实践为我们研究社会主义初级阶段的政治经济学提供了方法论上的指导，我们可以也必须从马克思研究资本主义生产方式的实践中汲取智慧，用以指导我们的经济科学研究。以当代中国为样本，研究社会主义初级阶段生产方式以及与它相适应的生产关系和交换关系，通过经济范畴的体系将中国特色社会主义经济建设经验学科化、体系化、现代化、大众化，揭示中国特色社会主义经济运动的规律，用以指导当代中国的社会主义经济建设，这是我们学习研究马克思关于生产方式学说所获得的重要启示。

《资本论》第 1 卷英文第 1 版的历史[*]

〔德〕W. 法尔克　F. 察累尔

在《资本论》德文第 1 版问世后的第 20 年，即 1887 年，由伦敦的威廉·斯旺·桑南夏恩和劳里出版公司出版了《资本论》第 1 卷英文版。继法译本和俄译本出版之后，现在，马克思和恩格斯曾经生活和工作过的工业革命和资本主义的第一流国家中的工人阶级也有了直接作为政治斗争根据的政治经济学巨著。

《资本论》第 1 卷英文版由赛米尔·穆尔和爱德华·艾威林翻译。前者是马克思和恩格斯多年的朋友和战友，后者是英国社会主义运动的积极参加者和马克思主义的积极宣传者，马克思的女儿爱琳娜的终生伴侣。编者是最熟悉马克思的革命思想财富并在马克思逝世后成为无产阶级的最重要的领导人——弗里德里希·恩格斯。《资本论》英文版无论从时间顺序来说，还是从内容方面来说，所依据的都是德文第 3 版，因为德文第 3 版中注意吸收了法文版中所作的重要修改和马克思的有关指示。在英文版的编辑过程中，恩格斯作为马克思在政治和文献方面的遗嘱执行人遵循着自己提出的基本一要求，注意尽可能忠实地将马克思的原作译成外文。

现在，《资本论》第 1 卷英文版发表在《马克思恩格斯全集》历史考证版（MEGA）第 2 部分第 9 卷中了。负责编辑这一卷的小组由经济

---

[*] 本文选自《马克思恩格斯研究》1993 年总第 14 期。

史学家、语言文学家和图书馆学家组成，他们对德文第 3 版和英文版的文本作了详细的对照，对原文引文作了彻底的复查，对英文版的产生和传播史进行了广泛的研究。他们利用了马克思和恩格斯之间和他们与其他人之间的通信，分析了第二手的各种文献（其中尤其是安娜·乌罗吉娃、K. 托马斯、伊沃纳·卡普和菲力浦、S. 福奈尔发表的文章提供了大量的事实材料），另外，对在原苏共中央马列主义研究院的图书馆和档案馆、在阿姆斯特丹国际社会史研究所、在大不列颠各图书馆和档案馆以及在原德国统一社会党中央马列主义研究院的有关资料，他们都进行了研究，这一切使我们现在可以对《资本论》在大不列颠的翻译和出版的历史作近乎完整无缺的叙述。与此同时，我们还要回答英文版的特点和时间问题。

马克思早在 1859 年校订完《政治经济学批判。第一分册》时就考虑要出版这部著作的英译本①。在写作大部头的 1861—1863 年手稿期间，他也打算用英文出版这部著作。②

在对上述手稿作了彻底修改之后的两年半时间里，马克思完成了一部新的手稿，它就是《资本论》所有 3 卷的第一稿。在这种情况下，马克思从 1865 年起又一次考虑将他的著作译成英文。他打算在修改德文清样的同时，在恩格斯的协助下自己完成《资本论》的翻译工作。国际工人协会总委员会的报刊通讯员彼得·福克斯愿意帮助找一位出版商。③ 除了学术上和政治上的影响以外，马克思期望"从英文版中得到这项工作的真正报酬"④。马克思自己于 1865 年 6 月 20 日和 21 日在国

---

① 参看《马克思恩格斯全集》第 1 版第 29 卷第 371 页。
② 参看《马克思恩格斯全集》第 1 版第 30 卷第 354 页。
③ 参看《马克思恩格斯全集》第 1 版第 31 卷第 135 页。
④ 《马克思恩格斯全集》第 1 版第 31 卷第 136 页。

际工人协会总委员会会议上，在用英文作的报告中阐述了自己的经济学理论。这个讲话是对《资本论》第1卷中的基本理论论述的一个简短概述。保存下来的手稿由爱琳娜·马克思—艾威林以《价值、价格和利润》为题于1898年在伦敦发表并已在《马克思恩格斯全集》历史考证版中出版。①

客观形势要求尽快把《资本论》第1卷作为一部独立的著作出版，然而这需要对德文稿作最后的广泛的修改。马克思于1866年1月开始做这项工作，这使他不能同时进行英文的翻译。马克思对原稿作了根本性的改动，尤其是增加了现实的材料并加强了理论的成分，在这样作的时候他还考虑到了恩格斯的一些建议。

然而，将书译成英文的计划仍在继续进行，1867年6月，恩格斯建议让曼彻斯特的律师赛米尔·穆尔担任翻译，同时他还介绍了穆尔的理论修养、语言水平和可靠性，并且提出自己担任编辑。② 马克思立即试图在伦敦找到一位出版商，这表明他是同意恩格斯的建议的。③ 这时，他本人想翻译有关分析商品的论述和关于货币的那一章，恩格斯提醒他说，全书需要一套英文的术语来"翻译黑格尔用语……因为这是不容易的，但却是必须做的"④。

早在《资本论》出版之前，国际工人协会的英国会员（法学家和历史学家弗雷德里克·哈里逊就是其中之一）就表示希望研究英文的马

---

① 参看《马克思恩格斯全集》第1版第16卷第111—169页。再参看维·维戈茨基《〈价值、价格和利润〉在马克思的经济学遗产中》，载《马克思恩格斯年鉴》（柏林）第6卷第211—227页。
② 参看《马克思恩格斯全集》第1版第31卷第314页。
③ 《马克思恩格斯全集》第1版第31卷第322页。
④ 《马克思恩格斯全集》第1版第31卷第314页。

克思的政治经济学。① 恩格斯在同马克思的通信中，在涉及《资本论》的校样时还提到这一卷的英文版修改问题：它们首先涉及改善书的结构；他特别建议把近200页篇幅的第4章的"题目分得更细一些，主要部分更强调一些"②。总之，在这段时间，在《资本论》的所有外文版本中，马克思和恩格斯在英文版上用的精力最多。

早在1867年9月7日，即马克思看完《资本论》校样之后的几个星期，同时在《德国书报业行市报》发出这部著作的预告之前，伦敦的国际工人协会机关报《蜂房报》就发表了根据马克思的建议、由约翰·格奥尔格·埃卡留斯完成的一部分序言的英译文，这部分序言是出版商奥托·迈斯纳让德国报纸单独刊登的。③ 但是，由于译文中出现了一些语法错误，这篇译文的质量受到了影响。④ 尽管如此，英文依然是发表《资本论》的一部分内容的第一种外语，虽然那只是序言的一部分。后来，这部分序言又被译成了法语和意大利语。

当第1卷德文第1版于1867年9月在汉堡出版时，马克思和恩格斯就试图让英语区的人们也读到这部著作。他们继续为英文版寻找一位出版商，在这方面他们得到了国际工人协会会员和其他与他们关系亲近的进步力量的帮助。

在英国和美国，人们很快对《资本论》的出版作出了反应。例如，1868年1月18日，伦敦保守派的刊物《星期六评论》发表了一篇短评。为此，马克思于同月30日写信给路德维希·库格曼说："从下面的

---

① 参看《马克思恩格斯全集》第1版第31卷第322页。
② 《马克思恩格斯全集》第1版第31卷第330页。恩格斯所指的"第4章"，即现行版的"第4篇"，其中包括现行版的第10—13章。
③ 参看《马克思恩格斯全集》第1版第31卷第331、347页。
④ 参看《马克思恩格斯全集》第1版第31卷第346页。

一段话可以看出，我受到的待遇相对来说还是很不坏的：'虽然我们认为，作者的观点是危险的，但仍然不能不承认他的逻辑严密，文字有力，他甚至使最枯燥无味的政治经济学问题具有一种独特的魅力'。①马克思在《资本论》第1卷德文第2版的跋中也引用了这篇短评中的一段话。②

曾在国际工人协会成立大会上担任过主席的伦敦大学教授爱德华·斯宾塞·比斯利从马克思那里得到了一本《资本论》，他强调说，"他用"与马克思"相同的眼光看到了社会的病症"。③ 同时，由于他的德语水平有限不能完全读懂这部书，他表示遗憾并把这看作是促使他学会德语的最后推动力。

为了使英国读者，首先是工人阶级了解《资本论》的论述，马克思于1867年请恩格斯写一篇《资本论》的书评。④ 1868年5月22日至7月1日期间，恩格斯为伦敦的资产阶级激进的月刊《双周评论》写了一篇这样的书评。书评的手稿对书作了内容丰富的说明并介绍了它的结构和内容的主要部分。⑤ 恩格斯还同时加进了个别由他自己译成了英文的片断。这篇书评原定用赛米尔·穆尔的名字发表。但是杂志主编约翰·摩里拒绝发表它，马克思后来写信给查理·多布森·科勒特时说，退稿上注明："这对于《评论》的英国读者来说学术性太强了。"⑥ 恩格

---

① 《马克思恩格斯全集》第1版第32卷第522页。
② 参看《马克思恩格斯全集》第1版第23卷第19页。
③ 1871年6月13日爱德华·斯宾塞·比斯利给马克思的信（引文译自英文）。
④ 参看《马克思恩格斯全集》第1版第31卷第375、377页。
⑤ 参看《马克思恩格斯全集》第1版第16卷第326—350页。
⑥ 参看《马克思恩格斯全集》第1版第33卷第290页。

斯在1868年8月12日给马克思的一封信中说明了书评被拒绝采用的真正原因："如果摩里不顾比斯利的影响而拒绝采用这篇东西，那他是有原因的。这就是资产者的本质，而且摩里先生当然有一切理由不准你写的这类东西见报……正因为如此，我并不担心我们不能吸引英国公众来注意这本书，不过一条最简易的道路被截断了，目前我们必须另找新路。"①

马克思还把《资本论》德文第1版的书寄给了美国工人运动的代表们，首先寄给了德国的流亡者，如弗里德里希·阿道夫·左尔格。此外，迈斯纳还将一部分德文第1版卖到了美国，由在纽约的L. M. 施密特推销。这部书相对来说在大洋彼岸销售的比较多，这可能就是纽约的纳美尔（Ad·Nahmer）早在1867年10月中旬以前就向马克思提出愿意翻译《资本论》的原因。但是马克思没有利用这次机会，因为他在做了一些调查后没能得到有关纳美尔这个人以及他的翻译水平的任何消息。② 1868年和1869年，在美国出版的一些德文的工人报纸，例如纽约的《工人联合报》发表了《资本论》的摘录。

侨居美国（1863—1888年期间）的英国工人领袖乔治·朱利安·哈尼请马克思给他一本《资本论》，以便在纽约找到译者。③ 但是这些努力都没有任何结果。

马克思的这部书是在英国写成的，而且收入的首先是英国的资料，它的德文版在英语区产生的影响越明显，它在这里就一定会有更多的读者。当然，《资本论》中的基本理论论述，也像整个科学社会主义的论述一样，能长期地逐步深入到英国工人运动之中。这是因为，与基督教

---

① 《马克思恩格斯全集》第1版第32卷第128页。
② 《马克思恩格斯全集》第1版第31卷第370、566页。
③ 《马克思恩格斯全集》第1版第32卷第296页。

的和人道主义的传统有密切关系的英国社会主义工人运动更多地是凭直觉对资本主义社会进行批判,而不是对它作科学的分析。另外,英国资本主义在经济上的优势地位有利于工人贵族的过早形成。工联几乎完全放弃了政治斗争并最终成了资产阶级政党的附属品,这种状况促使恩格斯作出了如下评论:"实际上,这里运动的情况比任何时候都坏,由于工业的繁荣,也只能指望这样。"① 正因为如此,马克思和恩格斯认为迫切需要出版《资本论》的英文版。

1868年,国际工人协会布鲁塞尔代表大会的德国代表们一致通过一项决议,建议各国工人学习《资本论》,这就更加坚定了马克思和恩格斯的决心。代表们呼吁"协助把这部重要著作翻译成目前还没有翻译出来的各种文字。马克思有着不可估量的功绩,他是对资本进行科学分析并把它分为各组成部分的第一位政治经济学家"②。在德国工人协会联合会纽伦堡代表大会上,威廉·李卜克内西在其演说结束时评价了《资本论》的重要意义,1868年9月12日的《民主周报》对此作了报道。埃卡留斯把布鲁塞尔决议译成了英文;9月15日它被发表在有影响的英国报纸《泰晤士报》上。次日,恩格斯在给马克思的信中提到此事:"现在正是该书登新广告的最好时机……还应当把载有德国人在布鲁塞尔的决议的《泰晤士报》和昨天的《民主周报》等等寄给了迈斯纳……

《泰晤士报》刊登的埃卡留斯的报告提到的事实。对你很有利,摩里先生会注意的。"③

----

① 《马克思恩格斯全集》第1版第33卷第554页。
② 《布鲁塞尔代表大会就马克思的著作〈资本论〉的意义做出的决议》,载《德国第一国际(1864—1872)。文件和资料》1964年柏林版第262页。
③ 《马克思恩格斯全集》第1版第32卷第140页。

在美国，1872年争取8小时工作日的运动的结果是发表了一个题为《工人要求正常工作日的呼声》的传单，传单中摘录了《资本论》第1卷第8章中马克思对工作日界限的分析。① 这段未署名的《资本论》英译文起到了特别的宣传效果，它被译成多种文字，而且在若干年后还在一些国家流传。

这个时期，马克思正忙于德文第2版的准备工作（该版注意吸收了恩格斯为计划出版的英文版而提出的意见）和法译文的修订。马克思认为出版《资本论》法译本非常重要，因为他希望能够"使法国人摆脱蒲鲁东用对小资产阶级的理想化把他们引入的谬误观点"②。马克思同各个候选的译者进行了长期的谈判，沙尔·凯累尔曾翻译过一部分，但未能继续下去。在这种情况下，约瑟夫·鲁瓦从1872年2月起开始了法文版的翻译工作。马克思不仅非常认真地修改译文，他还首先花许多精力修改和扩充译文所依据的蓝本，从而使法文版"在原本之外有独立的科学价值"③。巴黎公社失败后不久，编辑工作在反动的政治条件下进行。因此第1卷法文版拖延了一些时间，于1872—1875年期间分为9辑出版。英文版的工作不得不先暂缓进行。

1872—1873年，《资本论》第1卷德文第2版在汉堡以分册的形式出版，马克思又将这个德文第2版合订本寄给英国的工人领袖和知识分子。人们在给马克思的回信中又几乎一致地要求，希望出版一个英文版。英国政论家托马斯·奥耳索普这样写道："我苦恼的是，过去和现

---

① 参看《马克思恩格斯全集》第1版第23卷第260—262页。
② 《马克思恩格斯全集》第1版第31卷第546页。
③ 《马克思恩格斯全集》第1版第23卷第29页。

在我都不能向我们英国人提供这部书。"① 资产阶级哲学家和社会学家赫伯特·斯宾塞也因自己德语知识贫乏不能完全理解他所感兴趣的著作的内容而表示遗憾,②而查理·达尔文则强调地写道:"我衷心希望自己能够通过政治经济学的重要东西的更多、更深刻的理解来获得它。我们各自研究的领域虽然截然不同,但我认为,我们二人都在为扩大知识而拼搏。而这最终是为了人类的幸福。"③

在工人运动的队伍中越来越多的人请求加速《资本论》的英文翻译,国际北美各支部联合会委员会总书记、国际工人协会总委员会委员弗里德里希·波尔特在1873年1月22日向马克思请求说:"如果您的书《资本论》能用英文出版,那它会在我们美国的鼓动宣传方面产生很大影响。"④马克思在同年2月12日的回信中说明了拖延的原因:"至于英文版,因为有了法文版,也就完全不成问题了。不过,我对它还有些担心。修改法译文需要我做的工作比我全部自己翻译还要多。因此,如果我找不到十分内行的英译者,那我就得自己担负这一工作,而法文版已经妨碍我完成第2卷的工作,而且还会妨碍下去,直到搞完为止。"⑤

1875年,英国女作家玛蒂尔达·贝瑟姆-爱德华兹打算用英文出

---

① 托马斯·奥耳索普1873年12月21日给马克思的信,藏于阿姆斯特丹国际社会史研究所(引文译自英文)。

② 参看赫伯特·斯宾塞1873年10月21日给马克思的信,藏于阿姆斯特丹国际社会史研究所。

③ 查理·达尔文1873年12月21日给马克思的信,载于阿姆斯特丹国际社会史研究所(引文译自英文)。

④ 弗里德里希·波尔特1873年1月22日给马克思的信,藏于莫斯科原苏共中央马列主义研究院档案馆。

⑤《马克思恩格斯全集》第1版第33卷第565页。

版《资本论》的删节本,她在1875年7月至9月的月刊《弗雷泽杂志》上发表了一篇分为3个部分的文章《国际工人协会》,文章表明,她对科学社会主义的理论和历史一无所知。例如她认为,马克思反对蒲鲁东的著作《哲学的贫困》是《资本论》中的篇幅很小的一章。马克思坚决拒绝了贝瑟姆-爱德华兹提出的要求,他很清楚,在这种情况下删节会很快导致对理论的歪曲:"因此,**未经我事先准许**,我当然要阻止任何这类删节本的发行。删节给**译者**变为**背叛者**提供了特别方便的条件。"① 显然这里说的话是从马克思对约翰·莫斯特1873年在德国出版的小册子《资本和劳动。卡尔·马克思〈资本论〉浅说》的经验中得出来的,因为该小册子在作理论概述时出现了错误。恩格斯曾就此事写信给马克思说:"这个人(我指莫斯特)竟能够既给整卷《资本论》写出概述,而又对此书一窍不通。"②

1876年,北美社会民主工党的报纸《社会主义者》发表了一篇未署名的关于《资本论》的连载文章,这篇文章在《社会主义者》改名为《劳动旗帜报》并作为美国工人党的机关报出版之后还一直连续发表。1877年12月底至1878年3月中旬,这家报纸再次分10次发表了一篇有关《资本论》的文章,题目是《卡尔·马克思的〈资本论〉的摘录》。这篇文章就是旅居美国、在理论上很有建树的工人领袖和马克思主义的传播者约瑟夫·魏德迈的儿子奥托·魏德迈翻译的莫斯特的小册子,它于1878年以单行本形式在美国出版。马克思和恩格斯曾在内容上作了修改的、1876年出版的第2版是它的蓝本。③ 马克思知道魏德

---

① 《马克思恩格斯全集》第1版第34卷第139页。
② 《马克思恩格斯全集》第1版第34卷第13—14页。
③ 参看《马克思恩格斯全集》第1版第34卷第172页;还可参看《马克思恩格斯全集》历史考证版第2部分第8卷第733—787、1368—1372页。

迈要翻译的打算，因为他曾于1877年9月底写信给左尔格说："如果**魏德迈**还没有把《资本和劳动》送去付印，我想检查一遍这本小册子，因为原书有许多极其令人气愤的印刷错误。"① 但是这个计划显然没有实现，马克思想对1878年出版的莫斯特小册子的英译本进行修订的打算也没有实现，他在另一封1878年9月4日给左尔格的信中提到这件事："我和恩格斯都及时收到了自己的一份。仅就它有数不清的印刷错误这一点来说，在英国就是不受欢迎的；此外，译文的某些地方在英国也不能令人满意。而我打算（等我回来后）在伦敦出版一个**修订本**，并写一篇简短的序言，用魏德迈的名义出书。"② 马克思在1879年7月底给卡洛·卡菲埃罗的信中也谈到了出版这个《资本论》简易本的困难："不久前我收到了……两本著作：一本是用塞尔维亚文写的，另一本是用英文写的（在美国出版）。不过这两本书都有一个毛病：虽然他们想对《资本论》作一个简明通俗的概述，但同时却过于学究式地拘泥于叙述上的科学**形式**。我觉得，由于这种毛病他们没有完全达到自己的主要目的——对公众产生影响，本来这类出版物就是为他们写的。"③

70年代末，翻译《资本论》的工作似乎在美国已经准备就绪。从1852年就开始侨居美国的记者卡尔·丹尼尔·阿道夫·杜埃表示愿意实现这个马克思和恩格斯长期以来就已设想的计划。起初马克思支持杜埃的想法。他在1877年9月27日给左尔格的一封信中谈了他对英文翻译的要求："他在翻译时除了德文第2版以外还必须**参照法文版**，因为我在法文版中增加了一些新东西，而且有许多问题阐述要好得多。"④

---

① 参看《马克思恩格斯全集》第1版第34卷第272页。
② 《马克思恩格斯全集》第1版第34卷第317页。
③ 《马克思恩格斯全集》第1版第34卷第358页。
④ 《马克思恩格斯全集》第1版第34卷第273页。

为了帮助杜埃，马克思于1877年9月27日至10月18日期间写了几份修改意见表，"指出哪些地方**用不着拿法文版同德文版相对照**，而是完全以法文本为准"①。除此之外，这三份"修改意见表"也包括少量对德文本的修改。② 它们表明，马克思为他的巨著译成英文做了大量细致的工作。10月19日马克思写信给左尔格，寄去他整理的"《资本论》第1卷美国版编辑说明"，请左尔格转交给杜埃。③ 从同一封信中可以看出：这个时期在伦敦有人试图不经作者允许就出版英译本。因此马克思指出，"杜埃应在序言中说明：除了德文第2版外，他还利用了后来出版并经我修改的法文版，但是无论如何不应当说，**美国版是作者同意的**。如果他要这样做，英国的书商立刻就会在英国翻印这本书，他们就有了这样做的**合法权利**……伦敦的书商已经几次试图不经我的允许，从而也不向我付钱就出版英文版，但是，都被我制止了。"④

但是，左尔格既没有把"编辑说明"交给杜埃，也没有把法文本交给他，因为在此期间人们发现杜埃"是一个粗制滥造的人，因此工作起来时常马马虎虎，不能深入"⑤。另外，事实证明，杜埃有时还给《前进报》撰稿，例如他是1877年10月一篇匿名文章《大崩溃的后果》的作者，而马克思从根本上否定了这篇文章。⑥ 这样一来，由杜埃

---

① 《马克思恩格斯全集》第1版第34卷第273页；还可参看第280页。
② 这三份修改意见表分别是：《资本论》第1卷德文第2版修改意见表，《资本论》第1卷美国版编辑说明草稿，《资本论》第1卷美国版编辑说明。参看《马克思恩格斯全集》历史考证版第2部分第8卷第5—36页。
③ 《马克思恩格斯全集》历史考证版第2部分第8卷第25—36页。
④ 《马克思恩格斯全集》第1版第34卷第280页。
⑤ 弗里德里希·阿道夫·左尔格1878年7月19日给马克思的信，藏于原苏共中央马列主义研究院档案馆。
⑥ 参看《马克思恩格斯全集》第1版第34卷第282页。

计划翻译的英译本就没有实现。

而且，深入研究《资本论》中阐述的马克思政治经济学的首先是英语地区的小资产阶级和资产阶级知识分子。1878年英国牧师摩里茨·考夫曼撰写了一篇有关《资本论》和马克思的生平的文章。他请求马克思审阅一下文章的手稿并订正某些错误。这一年的10月，马克思和考夫曼可能通过几次信，这一点可以从保存在草稿中的两封信看出。① 马克思只是指出了校样上的少数几处错误："我没有时间审阅阐述中的更为重大的错误，而且这样做也并不符合您的意图"②，这是他向考夫曼说明他在审阅校样时的做法。1878年12月，这篇文章发表在《余暇》杂志上。第二年，考夫曼出版了他的书《乌托邦，或社会发展略图。从托马斯·莫尔爵士到卡尔·马克思》，该书最后两章（《卡尔·马克思和他的最新理论》和《卡尔·马克思与国际》）的内容叙述的是有关马克思的生平和著作。关于《资本论》，考夫曼以明显的好感写道："这是一部受到他（马克思——译者注）的朋友和对手同样称赞的著作，它显示了有才智的活力、批判的洞察力和认真细致的研究工作，而一位马克思理论的反对者称它是'德国政治经济学最伟大的科学著作'。"③

70年代期间，工人阶级队伍本身还没有作出引人注目的反应。这是由上面简短论述过的英国工人运动的状况所决定的。1879年，恩格斯在致爱德华·伯恩施坦的一封信中再次对这一状况的特点作了如下描

---

① 参看《马克思恩格斯全集》第1版第34卷第321—323页。
② 《马克思恩格斯全集》第1版第34卷第322—323页。
③ 摩里茨·考夫曼：《乌托邦；或社会发展略图。从托马斯·莫尔爵士到卡尔·马克思》1879年伦敦版第230—231页（引文译自英文）。

述:"英国的工人运动多年来一直在为增加工资和缩短工作时间而罢工的狭小圈子里无出路地打转转,而且这种罢工不是被当做权宜之计和宣传、组织的手段,而是被当做最终的目的。工联甚至在原则上和根据章程排斥任何政治行动,因此也拒绝参加工人阶级作为阶级而举行的任何一般性活动。工人在政治上分为保守派和自由主义激进派,即迪斯累里(贝肯斯菲尔德)内阁的拥护者和格莱斯顿内阁的拥护者。……毋庸讳言,目前在这里还没有出现大陆上那样的真正的工人运动。"①

然而,70年代末和80年代初在局部地区开始出现工人运动的高潮。其原因主要是由于英国在世界工业生产中所起的作用逐渐变小,这就使社会矛盾尖锐起来。这样一来,在英国就形成了一场新的社会主义运动,成立了新的工会组织(新工联主义),它们有更广泛的政治和经济要求,这些组织的发起者和领导者通常都是一些同情工人阶级的小资产者和知识分子,他们对马克思的政治经济学感兴趣。杂志上发表的研究文章使人们清楚地看到,有更多的人转而研究马克思的学说,尤其是研究他对资本主义所作的分析,工人运动的基督教界也是如此。

表明上述情况的第一个明显的例子,是当时还和工人运动有联系的英国哲学家、历史学家和新闻工作者厄内斯特·贝尔福特·巴克斯写的一篇文章,这篇文章于1879年12月1日发表在《现代思想》月刊上,它是连载文章《现代思想领袖》的第23篇,论述的是马克思,文章中有译成英文的《资本论》的引文。这篇文章对于马克思主义在英国的影响来说是件重要的事情,因此马克思在1881年12月中旬给左尔格的一封信中作了这样的评价:"目前这是第一篇在英国发表的对新思想充

---

① 《马克思恩格斯全集》第1版第34卷第352页。

满真正的热情并勇敢地起来反对不列颠庸俗习气的文章。不过作者所提供的关于我的传记资料大部分是不真实的，等等。在对我的经济原理的阐述及其译文（即摘自《资本论》的引文）中，有许多错误和混乱的地方，虽然如此，用大号字印成的广告在伦敦西头的墙上到处张贴，宣传这篇文章的发表，这引起了很大的轰动。"①

这时又有一位英国人申请把《资本论》第1卷译成英文，此人叫卡尔·皮尔森，现代统计学的创始人之一，人们从他1881年与马克思的通信中可以得知这一点。②皮尔森这时虽然已经完全加入了无产阶级的斗争，但是他在原则问题上却维护截然对立的立场，这就使得马克思最终没能和他取得一致意见。

此时恩格斯是英国工人运动中马克思主义的宣传者。例如，1881年5月和8月期间他在工联的机关报《劳动旗帜报》上发表了11篇社论。英国工人运动有一句传统的口号："做一天公平的工作，得一天公平的工资"，恩格斯从这一口号出发以通俗的形式解释了马克思的劳动价值理论和剩余价值理论，揭露工联的右翼领导人的机会主义立场，要求无产阶级把工会变为政治斗争的组织，利用一切时机开展政治工作并创建作为领导力量的无产阶级政党。在英国工人运动即将觉醒时，恩格斯在最后一篇文章《必要的和多余的社会阶级》中用下面的话作为结束："由此，我们看到，我们不仅能够不要资本家阶级干预而把本国的大工业管理得很好，而且他们的干预愈来愈成为一种祸害了。"③

---

① 《马克思恩格斯全集》第1版第35卷第240—241页。
② 参看埃尔哈德·金鲍姆：《一封迄今不为人所知的马克思的书信》，载《马克思恩格斯年鉴》第9卷，1986年柏林版第305—312页。
③ 参看《马克思恩格斯全集》第1版第19卷第318页。

1881年6月，在伦敦成立了社会主义和激进民主主义的工人的联合组织——民主联盟，这是一个在数量上暂时弱小的组织，后来发展成了英国第一个社会主义政党。这个联盟的领袖是亨利·迈尔斯·海德门，他在自己于同年出版的书《大家的英国》中阐述了联盟的行动纲领。这里虽然重复的是宪章运动的要求，但是作者在第2章和第3章中还收进了《资本论》中的一些章节，它们都是作者自己翻译的，有不少错误。第2章《劳动》是劳动价值理论和剩余价值理论的删节本并用马克思从《工厂视察员报告》中摘引的例子来说明。在第3章《资本》中，海德门扼要地重复了马克思关于剥削机制、资本主义的历史发展和积累理论的论述。但是海德门却没有提到所采用的资料的出处，因为他认为，大多数英国人害怕马克思名义的社会主义，而且还不愿意让外国来教训他们。① 马克思不仅批评了剽窃他思想的行为，还批评了把他的思想写进一个组织的政党纲领中的做法，因为这个明确宣布了目的的纲领"与这些新发现毫无共同之处……把它们写进为建立一个独立自主的工人阶级政党的纲领的说明中，也许有某种意义"②。尽管如此，海德门的小册子还是为宣传马克思主义起到了一些作用，正如马克思向左尔格强调的那样："尽管如此，他的小册子——就它剽窃《资本论》来说——做了很好的宣传。"③

为了防止人们不完全地或者错误地把马克思的思想带进日益壮大的英国工人运动，一个经作者认可的《资本论》译本从来没有像现在这样不仅具有科学上的必要性，而且也是英国无产阶级成功地开展斗争的

---

① 参看《马克思恩格斯全集》第1版第35卷第194—195页。
② 《马克思恩格斯全集》第1版第35卷第195页。
③ 《马克思恩格斯全集》第1版第35卷第240页。

一种需要。这个国家的各界人士越来越急切地表示了这种愿望。资产阶级经济学家和社会学家约翰·雷伊,在其发表在1881年10月的自由派月刊《现代评论》上的文章《卡尔·马克思的社会主义和青年黑格尔派》中也这样断定:"英语大概是文明世界重要语言中唯一一种还没有这部著作译本的文字。"①

正忙于《资本论》第1卷德文第3版的马克思,在其有生之年极为重视将第1卷译成英文的工作以及这一版本的出版。马克思的健康状况越来越糟,这就使他不可能实现这个从写作经济学手稿开始近25年一再要完成的计划。

1883年3月马克思逝世,这样一来恩格斯作为他的政治和著作的遗产继承人,其任务就是将马克思的事业继续下去。4月初,自由派月刊《十九世纪》的创办人和编辑詹姆斯·诺尔兹就写信给恩格斯,请求给他寄一份英文的《资本论》简述,因为他想发表有关"这部值得注意的著作"②的文章。但是,恩格斯拒绝提供他写的《卡·马克思〈资本论〉第1卷提纲》,况且杂志早在70年代就暴露出它对科学社会主义的"理论和实践""完全无知"。在恩格斯给诺尔兹回信的结尾,有一句话表明了恩格斯这时对英文版《资本论》的一些想法:"我只认识一个英国人,他能正确阐述《资本论》的内容。他是曼彻

---

① 约翰·雷伊:《卡尔·马克思的社会主义和青年黑格尔派》,载1881年10月《现代评论》第15期,第585—607页(引文译自英文)。还可参看《马克思恩格斯全集》第1版第35卷第239页。

② 詹姆斯·诺尔兹1883年4月7日给恩格斯的信,此信藏于原苏共中央马列主义研究院档案馆(引文译自英文)。

斯特的一个律师。"① 他这里指的是赛米尔·穆尔。然而，恩格斯这时主要集中精力完成《资本论》德文第3版，这一版在马克思逝世不到一年的时候在汉堡出版。恩格斯在准备这一版的过程中"利用作者遗留的笔记……笔记注明第2版的哪些地方应当改成1873年法文版标出的文句"②。法文版修改的地方一般地说与马克思在1877年为美国版整理的"编辑说明"中的提示是一致的。

恩格斯把英文版看成是立即要完成的紧迫任务。在英国，社会主义运动和工人运动中发生了进一步的变化，对这些变化需要迅速作出反应。另外，这些变化也由于《今日》杂志在其1884年10月号上刊登了英国牧师和经济学家菲力浦·亨利·威克斯蒂德对《资本论》的批判文章而变得明显了。威克斯蒂德作为所谓工人教会的追随者，他代表了一种基督教社会主义的立场，这一点反映在他的文章中。所以，他虽然承认《资本论》，尤其是它最后的历史部分对于"解决人类的重要问题"所具有的意义，但是低估了马克思为创立无产阶级政治经济学所作出的理论成就。恩格斯认为；杂志决定发表这篇文章这一事实就进一步证明，机会主义正在向社会主义运动和工人运动渗透。他在给考茨基的一封信中对此作出评论说："《今日》变成了真正的'诸家论坛'，就是说变成了谁都可以在上面写文章表示拥护社会主义还是反对社会主义的杂志。"③

这些情况都证明，迫切需要出版一个由恩格斯编辑的《资本论》

---

① 《马克思恩格斯全集》第1版第36卷第9页。
② 《马克思恩格斯全集》第1版第23卷第34页。
③ 《马克思恩格斯全集》第1版第36卷第211页。

英译本。另外，恩格斯从赛·穆尔和迈斯纳那里得知，① 根据当时有效的著作权法的规定，不能阻止任何人出版未经作者同意的译本。

翻译工作特别费时间。1883 年 8 月恩格斯着手校订试译稿的前几章，他一方面认为这些译稿要"细心校订"②，但同时又称"大部分都译得很好、很活"③。这是赛米尔·穆尔的功劳，他通过前 20 年的学习已经使自己成为德语的出色专家并且在很大程度上掌握了马克思的政治经济学，所以他符合人们对翻译科学社会主义的巨著的翻译者所提出的要求。

英文版的出版过程也不是没有问题的。这时，同恩格斯最初找到的那个出版商基根·保罗以及英国工人运动中的改革力量发生了一些麻烦，因为他们试图在出作者同意的版本之前先出版一个自己的版本。海德门在这方面起了更加消极的作用。1884 年就有人传说海德门试图搞一个《资本论》的译本。恩格斯于 4 月把此事告诉了劳拉·拉法格，他说他从穆尔那里得知，"他在曼彻斯特听说什么海德门在忙于译《资本论》。这个莫名其妙的消息，我们暂且还无法仔细查证"④。

一年之后，1885 年 6 月 6 日，周报《正义报》报道，出版商威廉·多布森·里夫斯打算分册出版由约翰·布罗德豪斯译成英文的加布里埃尔·杰维尔的著作《卡尔·马克思的〈资本论〉。简述，兼论科学社会主义》。恩格斯认为，这个报道是针对他的计划的一个"诡计"⑤，

---

① 《马克思恩格斯全集》第 1 版第 36 卷第 43 页。
② 《马克思恩格斯全集》第 1 版第 36 卷第 54 页。
③ 《马克思恩格斯全集》第 1 版第 36 卷第 64 页。
④ 《马克思恩格斯全集》第 1 版第 36 卷第 140 页。
⑤ 《马克思恩格斯全集》第 1 版第 36 卷第 338 页。

他于7月底写信给劳拉说:"当然,杰维尔同海德门及其同伙的诡计毫不相干(因为据说,担任译者的'约翰·布罗德豪斯',不是别人,正是不朽的海德门本人)。"①

1885年10月,海德门开始用化名约翰·布罗德豪斯在《今日》上发表一篇未经作者同意的《资本论》译文,恩格斯在《公益》上发表文章批评了这一译文。《公益》是社会主义同盟的机关报,它日益发展成为宣传马克思主义的阵地,它必然也注重马克思政治经济学的宣传。1885年11月,恩格斯在《不应该这样翻译马克思的著作》一文中对海德门的译文作了全盘否定的批评。恩格斯这篇文章之所以重要,不仅仅因为他无情地揭露了海德门译文的歪曲和马虎之处,同时他还在文章中提出了对《资本论》译者普遍适用的要求:"翻译这样的著作,只是通晓标准德语是不够的。马克思精于使用日常生活用语和地方语言中的成语;他创造新闻,他举例时涉及一切科学部门,他援引十几种文字的书刊;要理解他的著作,必须彻底精通德语——口头语和标准语,另外还要知道一些德国人的生活。"② 由此,恩格斯认为:"但是,在这里,对翻译者还有更多的要求。马克思是当代具有最简洁最有力的风格的作家之一。为了确切地表达这种风格,不仅要精通德语,而且要精通英语。"③ 这些前提对马克思著作外语版本的出版是普遍有效的,显然由恩格斯本人完成的英文《资本论》的一些片断使上述前提得到补充,但是这些片断在某些文体的细节方面与后来出版的穆尔的译文不太一致。

---

① 《马克思恩格斯全集》第1版第36卷第340页。
② 《马克思恩格斯全集》第1版第21卷第266页。
③ 《马克思恩格斯全集》第1版第21卷第267页。

在这期间，由于工作量很大，有必要再培养一位翻译者。这就是爱德华·艾威林。恩格斯起初对他的工作成果不甚满意。"艾威林虽有极好的心愿，但他要译的东西，对他来说是生疏的题材，而且要从他所不熟悉的一种德文译成他同样所不熟悉的一种英文。如果这是自然科学，那对他来说是相当容易的，但这是政治经济学和工业方面的事实，在这方面他甚至连最普通的用语都不知道！"①

所以，翻译的主要工作就落在了赛米尔·穆尔的身上，艾威林承担近六分之一的工作。恩格斯在他为英文版写的序言中精确地指出了艾威林所翻译的几个部分。② 马克思的女儿爱琳娜负责核对引文。首先她将引文同原著进行核对并改正引文译成德文时出现的错误。从修改的情况来看可以肯定，她核对了大部分的英文引文。

1886年3月，穆尔和艾威林完成了他们工作的最主要的部分。3月中旬恩格斯写信给劳拉告知他已经开始修改译稿，他说虽然还要作一些校订工作，但是德文原著的前200（面）页已经可以付印。③ 6个星期以后，恩格斯谈了这项工作的艰巨："先由他们翻译。然后我来审查译文并用铅笔写上我的意见。再把译稿退给他们。然后进行协商，解决有争论的问题。然后我得再通看一遍，从文体和技术角度检查一下，看是否准备好可以付印，同时还要检查一下杜西在英文原著中找到的引文是否正确。到现在为止，我已经完成德文本的300页，不久还将完成大约100页。"④

---

① 《马克思恩格斯全集》第1版第36卷第155—156页。
② 《马克思恩格斯全集》第1版第23卷第33—34页。
③ 参看《马克思恩格斯全集》第1版第36卷第451页。
④ 《马克思恩格斯全集》第1版第36卷第464页。

1886年春天，因基根·保罗明显对出版《资本论》不再感兴趣，恩格斯被迫寻找一位新的出版商。大概是通过艾威林的介绍，于是与出版商威廉·斯旺·桑南夏恩进行了谈判，此人在伦敦培特诺斯特广场经营了一个当时颇有名气的斯旺·桑南夏恩和劳里出版公司。1886年5月22日，恩格斯告知伯恩施坦，"日内就签订合同，然后开始付印——每周至少5个印张。遗憾的是，我还没有校订完，不过原著的第1—450页已经搞好，可以付印；第450—640页也**差不多**搞好了。但是，请你眼下不要就此发表任何消息，因为合同还没有签订"。① 后来，又由于出版商要在苏格兰城市佩特城印刷这本书而使事情推迟了。

　　每一张校样恩格斯都要看三遍：条样、二校样和三校样，② 大部分校样是他在伊斯特勃恩休养期间看完的。恩格斯在1886年10月底给拉法格的一封信中清楚地说明了他在最后编辑过程中所做的大量工作："这是一项非常艰巨的工作，每一印张都要校对三次，行文要做相当多的改动，因为最后那一部分稿子在催促下交付印刷所时还根本没有定稿。在文字修饰方面，赛姆·穆尔是一个难能可贵的好帮手，他在这方面目光非常敏锐，人也十分机灵。"③

　　在这本书出版的准备阶段，由出版社发表了一个说明性的广告，并寄发给了一些人，其中一部分人显然是恩格斯本来就打算给他们寄一本英文第1版的人。④ 这个广告简短地介绍了马克思著作的内容并在它的

---

① 《马克思恩格斯全集》第1版第36卷第478页。
② 《马克思恩格斯全集》第1版第36卷第491页。
③ 《马克思恩格斯全集》第1版第36卷第538页。
④ 现在无法弄清恩格斯于1886年11月给出版社寄去的名单。在恩格斯1887年1月28日给保尔·拉法格的信中具体提到了这件事，参看同上，第557页。

后面加上了恩格斯序言中的话。同样，它还向读者说明了《资本论》的核心问题并强调了马克思的经济学著作对英国科学的特殊的重要性。至于恩格斯是否参与了这个广告文字的写作或整个起草过程，就不得而知了，因为存在这样的可能性，即出版商仅在广告中用了寄给他的序言。不久前，有人在美国一家图书馆里发现了上述这样的一份广告。

1887年1月初，英文版《资本论》第1卷以两卷本形式出版，① 印数是500册。以上就是出版的历史背景。

*　　*　　*

正如一开始就提到的，通过对《资本论》的版本进行的比较使我们深刻地了解了恩格斯在处理马克思原著时的那种责任感和审慎细心的态度。1884年1月28日，恩格斯在一封给彼得·拉甫罗维奇·拉甫罗夫的信中写道："对我……特别重要的是，我所出的应当是**马克思**的真正著作。"② 这就是他在出版马克思著作的新版或译文版时主要的编辑原则。因此，在出版《资本论》英文第1版时他特别注意的是，将德文第3版细心而准确地译成英文。对于整个的编辑工作来说，恩格斯除了使用译文的蓝本以外，还使用了大家知道的马克思为计划出版、但未能实现的美国版所制作的"编辑说明"。弗里德里希·阿道夫·左尔格告诉恩格斯说，他有一份马克思的手稿并于1886年春季把它寄给了恩格斯。③ 不过，恩格斯直到他已经拿到了《资本论》的英译稿并开始校订时才得到这个手稿。他在给左尔格的一封信中和在英文版的序言中都说明了他使用"编辑说明"的情况。在给左尔格的信中，恩格斯还只

---

① 《马克思恩格斯全集》第1版第36卷第578页。
② 《马克思恩格斯全集》第1版第36卷第97页。
③ 参看《马克思恩格斯全集》第1版第36卷第420、468页。

是有保留地谈到利用"说明"的情况:"手稿上的意见大部分就是马克思在第3版付排本上所写的那些意见。其他一些意见主要涉及对法文版的增补,我没有全部采用:(1)因为第3版的工作进行得晚得多,因而对我具有决定性的意义;(2)因为马克思当时考虑到书要在美国翻译,他无法关照,因此他宁愿让一些困难的地方根据简化了的法文本正确地译出来,而不愿根据德文本译错了,这个考虑现在已经成为过去。"① 恩格斯在英文版序言中的陈述就有些细微差别了:"手稿指出,还有一些地方应该按照法文版进行补充;但是因为这份手稿是早在马克思对第3版作最后指示的前几年写的,所以我不敢随便利用它,除非在个别情况下,并且主要是在它有助于我们解决某些疑难问题的情况下才加以利用。"恩格斯还明确说明他参考了唯一一个经作者认可并已经出版的译本——法文本,"因为它指出了,原文中某些有意义而在翻译中不得不舍弃的地方,作者自己也是打算舍弃的"。② 事实上,英文版只有少数几处是按照马克思在"编辑说明"中作了指示而在德文第3版中没有利用的意见修改的。这指的是在论述商品的形态变化时的一段较为准确的措辞③和把一个脚注中关于矿山工人的一段较长的评论移入了正文④,这些都显然是为了便于人们读懂。

---

① 《马克思恩格斯全集》第1版第36卷第467页。
② 《马克思恩格斯全集》第1版第23卷第34页。
③ 《马克思恩格斯全集》历史考证版第2部分第9卷第89—99页。分别参看《资本论》德文第1版中译本(经济科学出版社1987年版)第85页译注③④,并参看《马克思恩格斯全集》第1版第23卷第136页。
④ 《马克思恩格斯全集》历史考证版第2部分第433—439页。分别参看《资本论》德文第1版中译本(经济科学出版社1987年版)第476—480页译注②,并参看《马克思恩格斯全集》第1版第23卷第542—649页。

另一个重要改动是恩格斯作出的。他把关于1867年和1872年期间颁布的工厂法的评注插进英文本，而从德文第3版第508页上的脚注来看，① 马克思是打算将这一评注放在《资本论》第2卷当中的，这样就调整了正文的位置。② 恩格斯对正文所作的这一补充可能出自他在出版《资本论》第2卷时的一些考虑。上面所列举的几处改动是恩格斯在编辑时对马克思的正文所作的范围最大的手术。这些改动无论如何都是同马克思的具体指示或他表示过的意图一致的，也就是说，它们反映了当初由马克思自己所作的正文改动的设想。后来在德文第4版中，恩格斯也吸收了这几处的改动。

这样，由于英文版的出版，德文第3版就有了一个准确的译本，它的特点是语言质量比较高。在这里，译者不仅成功地将马克思的表述（它们对读者的理论理解能力提出了较高的要求）译成了文体上近似、术语准确的英语，他们还成功地保持了马克思强有力的文风。

除了上面提到的几处改动外，人们从两个版本之间的区别中和从收入"英文译文与德文原文的差异表"③ 中没有发现其他的重要改动，尤其是没有政治经济学的理论发展意义上的改动。根据已经提到的编辑原则，恩格斯本人强调了译本和蓝本的一致性："译稿将在后天准备好，

---

① 《马克思恩格斯全集》历史考证版第2部分第9卷第475页；参看《马克思恩格斯全集》第1版第23卷第539页注（319a）。

② 《马克思恩格斯全集》历史考证版第2部分第9卷第430—431页。参看《资本论》德文第1版中译本475页译注②；还可参看《马克思恩格斯全集》第1版第23卷第540页。

③ 《马克思恩格斯全集》历史考证版第2部分，第9卷第726—762页。参看《资本论》德文第1版中译本475页译注②；还可参看《马克思恩格斯全集》第1版第23卷第540页。

结尾部分，也将交给出版者。已经印好 320 页，几乎相当于德文的第 3 版。"①

我们可以把德文第 3 版和英文版之间的多数差异分为纯语言方面的差别和理论方面的差别这样两种。这些差异的产生首先是由于在维护作者文体原样的情况下将马克思的著作译成一种外文时的问题以及准确表达政治经济学术语的困难造成的。在序言中，恩格斯指出了《资本论》中的政治经济学范畴和政治经济学术语不同于英国政治经济学家的重要性。他说，"一门科学提出的每一种新见解，都包含着这门科学的术语的革命……政治经济学通常满足于照搬工商业生活上的术语并运用这些术语，完全看不到这样做会使自己局限于这些术语所表达的观念的狭小范围。"②

在正文中插入和省略的内容都首先是为了有利于更好地理解马克思的理论。在英文版第 166 页上补充收入的脚注中恩格斯说明了"work"[工作、劳动] 和"labour"[劳动] 这两个概念的不同用法，指出 work 是创造使用价值的劳动，labour 是创造价值的劳动，③ 而它们在英国政治经济学的术语中是普通的概念。当然，从正文对照中列举的几处可以看出，这一原则没有自始至终得到遵守。

由于《资本论》几个版本出版以来政治和经济情况均有所变化，恩格斯可能因此而增加了几个脚注来论证马克思的观点和预见。例如，第 328 页上的一个脚注就说明了这一点，脚注中提到了直至 1886 年基

---

① 《马克思恩格斯全集》第 1 版第 36 卷第 498 页。
② 《马克思恩格斯全集》第 1 版第 23 卷第 34—35 页。
③ 参看《马克思恩格斯全集》历史考证版第 2 部分第 9 卷第 162 页。

本实现的机械织布机替换手工织布机的事。①

在正文或脚注中的一些改动还有这样的情况：所引证的事例主要是德国历史方面的内容，而对英国读者来说同样的脚注会有不同的解释效果。有几处，马克思对个别阶级和阶层的人士或代表人物作了略带嘲讽性的评论，但这些地方并没有照原样收入英文版，这可能是英文版的文体所造成的。这里有几个例子：把"这种性质……出现在政治经济学家面前的时候，才为他的资产阶级的短浅的眼光所注意"②译成了不带色彩的句子"为资产阶级的政治经济学家所注意"③，用英文的"空想的思想"④替代了德文版中写的"平庸的空想"。⑤还有一些相反的例子。不过，虽然在这方面实际存在的问题比这里列举的多，它们还是属于个别情况，这些情况的出现可能是因为两位译者是分头进行工作的，而且采用了不同的风格。

英文版的质量之所以特别好，除了由于编辑和翻译的原因以外，还因为爱琳娜·马克思—艾威林所完成的引文核对工作。我们这一卷的编辑小组通过对引文进行广泛的核对，证明《资本论》英文版具有独立的文献价值。同德文第3版相比，英文正文根据爱琳娜的核对所作的改动是很多的。在通常情况下，是将英文的原著引文直接放在德文版中马克思翻译了的引文的地方作为代替。因为，如果将马克思译的引文再译

---

① 参看《马克思恩格斯全集》历史考证版第2部分第9卷第291页；还可参看《马克思恩格斯全集》第1版第23卷第374页注（26）。

② 《马克思恩格斯全集》第1版第23卷第72页。

③ 《马克思恩格斯全集》历史考证版第2部分第9卷第49页。

④ 参看《马克思恩格斯全集》历史考证版第2部分第9卷第81页。

⑤ 《马克思恩格斯全集》第1版第23卷112页注（50）。

回英文会造成更大的不准确，所以必须这样做。如果马克思在德文版的脚注中引用的是英文原著文字，英文版就直接吸收。法文引文和意大利文引文则保持原样，但凡是引自德国作者的摘录，不论是否已经有英译本，都一律重译。在英文版中，一般还注意保持马克思引用时的方式方法，详细标明引文的头尾以及省略之处。在不能查明出处的情况下，英文的措词严格同德文本吻合，有时几乎可以还原。这也证明了译者的能力和责任感。

英文第1版附加了一个文献索引，它包括马克思使用过的一部分文献。[①] 该索引肯定是在爱琳娜工作的基础上形成的，她可能汇编了一个内容丰富的引文手稿。在赠给赛米尔·穆尔的那本德文第3版上，有参看这个"杜西手稿"的标记，穆尔可能在翻译时使用了该手稿。

1887年1月11日，恩格斯在给左尔格和一位荷兰的工人领袖斐迪南·多梅拉·纽文胡斯[②]的信中通告了《资本论》英文版的出版。在给左尔格的信中已经谈到了书的销路情况（"《资本论》在这里抢购一空，我已设法把该书运往美国"[③]），所以，1月11日前几天的具体出版日期不能再详细地确定了。该书一出版，英国的出版机构就立即展开了讨论，人们在叙述书的内容时确切程度各不相同，对译文褒贬不一，对马克思的理论观点有人作了正面评价，有人加以肯定，有人加以指责。

正如恩格斯1888年年初写给尼古拉·弗兰策维奇·丹尼尔逊的信中所说，总的来看，书评"比一般本来就很低劣的水平还要低得多"，它们"或者只是序言的提要，或者即使想涉及该书本身，那也是贫乏得

---

① 《马克思恩格斯全集》第1版第23卷第671—692页。
② 《马克思恩格斯全集》第1版第36卷第580页。
③ 参看《马克思恩格斯全集》第1版第36卷第578页。

无法形容"。① 只有一篇文章评价了这部著作的意义。它于1887年3月5日发表在文学周刊《雅典神殿》上。这篇书评广泛介绍了马克思获得的成功，它证明了书评作者的专业知识和他对科学社会主义这一无产阶级革命理论的意义的理解。他认识到，马克思的政治经济学之所以不同于以前的政治经济学，是因为它始终以无产阶级的利益为出发点："从广泛的意义上，马克思是站在今天工人一边的，而斯密却总是和企业主站在一边。"②英文版在工人运动中引起的巨大反响可以由它的革命内容来解释。80年代，边际效用论开始猛烈地向社会主义和工人运动中渗透，这当然妨碍了马克思的政治经济学在英国的传播。

斯旺·桑南夏恩和劳里出版公司把英文版第一批印数的近一半，即约250册推销到美国。来自纽约的美国出版商和书商朱利叶斯·博尔多洛是伦敦出版商的代理人。出口到美国去的那部分书，在伦敦的出版社原来扉页的前面又加了一张扉页，上面有博尔多洛出版社的说明，该说明称《资本论》是"这个时代政治经济学方面最伟大的著作"。另外在扉页上还对参加翻译的穆尔和艾威林作了确切的介绍：说这本书是"唯一经作者同意的译本，由作者的终身朋友赛米尔·穆尔翻译，由爱德华·艾威林协助"。

直到1890年为止，伦敦的出版商还继续在美国销售《资本论》英文版的一部分书。1890年，第1卷美国版终于在纽约的洪堡出版社出版。它的印刷格式完全不同于英文版，但是没有改动穆尔和艾威林的译文，提到了恩格斯的作者身份，不过书的出版没有得到恩格斯的同意。

---

① 《马克思恩格斯全集》第1版第37卷第8页。
② 《〈资本论〉：对资本主义生产所进行的批判性分析》，载1887年3月5日《雅典神殿。文学、科学和艺术杂志》（引文译自英文）。

英文版出版后，恩格斯忙于《资本论》第1卷德文第4版和第3卷德文第1版的编辑工作。英文版也是德文第4版的有用的基础。1889年10月中旬，恩格斯写信给康拉德·施米特时谈到了此事："因为这时已经出了英文版，艾威林夫人把全部引文同原著作了核对，发现某些地方有技术性差错，实际材料中笔误和印错的则更多，所以，在所有这些错误没有纠正以前，我无论如何也不能出第4版。"① 由于第4版的工作，已不允许恩格斯再出版英文版的修订版了。恩格斯或穆尔在英文第1版的书中所作的订正标记证明，他们肯定有过出英文修订版的想法。能解释这一点的最好的例子，是穆尔所作的大量订正。② 它们主要是对译文文体所作的修改和对个别术语所作的准确的表达。

《资本论》第1卷英文版虽然由于印数较少，尤其是由于英国工人运动的历史发展原因，起初在客观上没能获得广泛的影响，但是马克思主义的这部主要著作即使在英国也对进步力量的形成，对认识无产阶级的过去和未来具有越来越大的意义，因为80年代后半期和90年代的特点，恰恰是社会主义和马克思主义的思想越来越深入到英国工人运动中去。

[原载《马克思恩格斯年鉴》（柏林）第12卷]

（佐海娴 译　张钟朴 校）

---

① 《马克思恩格斯全集》第1版第37卷第284页。
② 特利尔马克思故居藏有这一册书。

马克思《资本论》第一卷的美国版《编辑说明》简介[*]

刘焱

一、《编辑说明》的来龙去脉

1877年马克思的老朋友左尔格从美国写信给马克思，告诉他，杜埃想把《资本论》译成英文，在美国出版。马克思对左尔格的信很感兴趣，于9月27日回信，就此事谈了三点意见："**第一**，**杜埃**是否找到了**出版者**？""**第二**，法文版耗费了我很多的时间，我自己将永远不再参加任何翻译。你应了解一下，杜埃的**英文**水平是否足以**独立地**完成整个这项工作。""**第三**，他在翻译时除了德文第二版以外还必须参照**法文版**，因为我在法文版中增加了一些新东西，而且有许多问题的阐述要好得多。"此外，马克思告诉左尔格，"本星期我还要寄给你两件东西"，一件是"**给杜埃的一本法文版**"《资本论》，一件是"一份说明，指出哪些地方**用不着拿法文版同德文版相对照**，而是完全以法文版为准"。[①] 马克思原说"本星期我还要寄给你两件东西"，但实际上直到同年10月19日才寄出。马克思在10月19日寄给左尔格的信中说："随信寄上手稿，给杜埃翻译《资本论》时用。在手稿中，除了德文本中的某些改动以外，还指明了在哪些地方应当用法文版代替德文版。在给

---

[*] 本文选自《马列主义研究资料》1983年第4辑。
[①] 《马克思恩格斯全集》第1版第34卷第273页。

杜埃的、也是今天寄往你处的那个法文本中，也标明了手稿中所指出的地方。我在这件工作上所花费的时间比我设想的多得多。"①

从以上两封信中可以知道，第一，第一封信中说的"一份说明"和第二封信中说的"手稿"，就是我们在本篇文章中所要介绍的马克思《资本论》第一卷美国版《编辑说明》。这个《编辑说明》马克思共写了三稿，这三份手稿现收藏在荷兰的阿姆斯特丹国际社会史研究所里。第二，如上所述，马克思原想"本星期"就可将"说明"寄出，但实际上却拖了一个多月，原因是"我在这件工作上所花费的时间比我设想的多得多"。据统计，《编辑说明》所列举的《资本论》第一卷中需要修改的地方一共有119条，如按当时作为翻译的底本的《资本论》德文第二版的篇别（德文第二版的篇别与现在的《马克思恩格斯全集》第23卷的篇别相同）分别计算，其分配如下：第1篇两处，第2篇没有，第3篇7处，第4篇12处，第5篇9处，第6篇两处，第7篇87处。可见，需要修改的地方绝大部分集中在《第七篇资本的积累过程》中。在这119条中，应直接按照法文版修改的有68条，几乎占全部的60%（其余的51条是德文本身需要修改的内容，与法文版无关）。

后来，正如马克思一开始所担心的，杜埃根本无力胜任美国版《资本论》的翻译。1878年9月4日，马克思在给左尔格的信中写道："至于杜埃我完全同意你的意见：《资本论》不交给他。"② 这样，马克思特意为杜埃翻译时写的美国版《编辑说明》，由于当时美国版《资本论》翻译搁浅，一直收藏在左尔格手中。

1883年马克思逝世不久，恩格斯计划在英国翻译出版英文版《资本论》第一卷。但是翻译进度很慢，直到1886年1月才把译稿集

---

① 《马克思恩格斯全集》第1版第34卷第280页。
② 《马克思恩格斯全集》第1版第34卷第317页。

中到恩格斯手里。左尔格在得悉恩格斯正在校订《资本论》第一卷英译文后，在1885年8月3日写信给恩格斯说，他要把他保存的这个美国版《编辑说明》寄给恩格斯。但是直到1886年初，恩格斯才收到了这部手稿。在此之前，恩格斯已经根据马克思生前留下的供第三版付排用的意见和一些资料，整理出版了《资本论》第一卷德文第三版，那时他还不知道有这个《编辑说明》。恩格斯在收到这份《编辑说明》后，于1886年4月29日回信给左尔格说："手稿上的意见大部分就是马克思在第三版付排本上所写的那些意见。其他一些意见主要涉及对法文版的增补，我没有全部采用：（1）因为第三版的工作进行得晚得多，因而对我具有决定性的意义；（2）因为马克思当时考虑到书要在美国翻译，他无法关照，因此他宁愿让一些困难的地方根据简化了的法文本正确地译出来，而不愿根据德文本译错了，这个考虑现在已经成为过去。虽然如此，我还是从中吸收了一些很有益的指示，这些指示将来对于德文第四版也是有用的。"① 关于这个问题，恩格斯在1886年11月5日写的《资本论》英文版《序言》中再一次作了明确说明："手稿指出，还有一些地方应该按照法文版进行补充；但是因为这份手稿是早在马克思对第三版作最后指示的前几年写的，所以我不敢随便利用它，除非在个别情况下，并且主要是在它有助于我们解决某些疑难问题的情况下才加以利用。而大多数有疑难问题的句子，我们也参考了法文本，因为它指出了，原文中某些有意义而在翻译中不得不舍弃的地方，作者自己也是打算舍弃的。"② 这就是说，恩格斯在编《资本论》第一卷第四版时，虽然参考了但并没有完全采用马克思在这个《编辑说明》中的意见。

---

① 《马克思恩格斯全集》第1版第36卷第467—468页。
② 《马克思恩格斯全集》第1版第23卷第34页。

以上就是马克思为美国版《资本论》第一卷写的《编辑说明》的来龙去脉。

二、《编辑说明》中指出应吸收法文版的那些主要内容

现在我们来谈一谈另一个问题——马克思在这份《编辑说明》中主张哪些地方应吸收《资本论》法文版的内容。

1875年4月28日马克思在《法文版跋》中写道："在担负校正工作后，我就感到作为依据的原本（德文第二版）应当作一些修改，有些论述要简化，另一些要加以完善，一些补充的历史材料或统计材料要加进去，一些批判性评注要增加，等等。不管这个法文版本有怎样的文字上的缺点，它仍然在原本之外有独立的科学价值，甚至对懂德语的读者也有参考价值。"① 现在我们仅根据美国版《编辑说明》中一些较为重要的内容，来看一看马克思当时主张采用法文版的哪些论述，从一个侧面来了解一下法文版的"独立的科学价值"。

一、在法文版中，有一个非常值得注意的地方——第25章《资本主义积累的一般规律》的第一节的前三段（相当于《马克思恩格斯全集》第23卷第23章第一节的前三段）。这三段是马克思在法文版中新增加的，并由恩格斯吸收到了德文第4版中。

资本的构成可以从两个方面来理解。一方面，可以从价值方面来理解，这就是看全部资本按什么比例分为不变资本与可变资本。另一方面，可以从技术方面，或者说从物质方面来理解，这就是看生产资料和劳动力按照什么比例相结合。马克思虽然在德文第二版谈到了"资本的构成"（第637页）和"资本的工艺构成"（第599页），谈到了在积累

---

① 《马克思恩格斯全集》第1版第23卷第29页。

的过程中,生产资料量和推动这些生产资料量的劳动力的量的比例会发生一次"大的革命","这种革命又反映在资本价值由不变资本和可变资本组成的构成的变化中,或者反映在投在生产资料和劳动力上的价值部分的构成的变化中",并"把这种构成称为资本的有机构成"(第647页),不过,德文第二版没有像法文版论述得那样清楚,就是说,到了法文版,马克思才第一次全面地论述了资本的有机构成、价值构成和技术构成的相互关系,并给它们下了明确的定义。

马克思在法文版第25章第一节中指出:"资本的构成要从双重角度来看。从价值方面来看,资本的构成是由资本分为不变部分(生产资料的价值)和可变部分(劳动力的价值即工资总额)的比率来决定的。从在生产过程中发挥作用的物质方面来看,每一个资本都分为生产资料和活的劳动力;这种构成是由所使用的生产资料量和为使用这些生产资料而必需的劳动量之间的比率来决定的。前一种资本构成是**价值构成**,后一种资本构成是**技术构成**。最后,为了表明二者之间的密切的相互关系,我们把由资本技术构成决定并因而反映技术构成变化的资本价值构成,叫做资本的有机构成。凡是一般地说资本构成的地方,总是指资本的有机构成。"(法文版中译本第648页)接着马克思指出了什么是总资本构成、资本的平均构成、社会资本的构成。他说:"投入同一生产部门并在许多资本家手中执行职能的互相独立的许多资本在构成上多少不同,但是,它们的个别的构成的平均数就是这个生产部门的总资本的构成。各生产部门的资本的平均构成是大不相同的,但是,所有这些平均构成的平均数就是一个国家的社会资本的构成,后面的研究所涉及的归根到底就是这种构成。"(法文版中译本第648—649页)

由此可见,资本的有机构成以及资本的价值构成、资本的技术构成等等,是在法文版《资本论》中明确表述出来的。由于上述几个概念的形成,马克思才有可能科学地说明下面三点:第一,资本价值构成的变化通常是由技术构成的变化引起的，但是，这种变化并不一定非按同一比例进行不可，这是因为随着科学技术的进步，生产力的提高，生产资料量的增长比例同活劳动增长的比例是不同的。第二，由于同一原因，资本技术构成的变化，可能完全不与其价值的变化同时发生。第三，不变资本和可变资本的价值比例可能发生变化，但技术构成不变。马克思的这一思想可以说贯穿于论述资本积累问题的这一章的始终。

二、马克思在美国版《编辑说明》中请美国版译者完全按照法文版第25章第三节（《相对过剩人口或产业后备军的累进生产》）翻译德文版的相应章节（相当于《马克思恩格斯全集》第23卷第三节）。

那么，德文第二版同法文版的这一节有些什么不同呢？

读过《资本论》的人都知道，资本积聚的含义与资本积累一致，也就是说，资本随着积累而增大；资本集中是指资本的合并，大资本对小资本的吞并。马克思在《资本论》德文第一版和第二版中尚未将上述两个概念用两个术语分开，就是说在上述两种情况下均使用"资本积聚"这一术语。例如，在德文第一版第613页和第二版第651页上说："资本所以能在这里，在一个人手中大量增加，是因为它在那里，在许多人手中丧失了。这是不同于积累的本来意义的积聚。"法文版同上述德文第一和第二版的表述完全不同了，在这里，马克思已经科学地将资本积聚和资本集中分开了。例如，法文版将上面引证的那段话改成这样："社会资本分裂为许多单个资本或社会资本的各个组成部分的互相排斥运动，在经济发展的一定点上，会遭到各部分间的互相吸引的对立运动的阻碍。这个对立的运动不再是与积累等同的积聚，而是根本不同的过程，是把不同的积累和积聚点结合在一起的吸引，是已经形成的各资本的积聚，是数量较多的资本合并为数量较少的资本，总之，这是本来意义上的**集中**。"（法文版中译本第663页）一眼就可以看出，马克思在这里第一次把"资本积聚"和"资本集中"这两个概念用不同的术语科学地区别开了。

除此之外,我们在法文版中还第一次看到资本集中的定义。马克思在德文第一版第613页和第二版第651页上原是这样写的:"资本的积聚,或者它的吸引过程,是通过特殊的资本主义生产方式的发展这种关系得到了加强。从这方面讲,积聚是资本主义生产发展的巨大杠杆之一。它缩短并加速分散的生产过程向社会联合体的过渡,并在更大的规模上进行生产。"马克思在法文版中将这段话改写成这样:"随着资本主义积累和生产的发展,竞争和信用——集中的两个最强有力的动因,也获得了飞跃的发展。同时,积累的增进又使可以集中的材料即单个资本增加,而资本主义生产方式的发展,又替那些要有资本的预先集中才能建立起来的巨大企业,一方面创造了社会需要,另一方面创造了技术能力。因此,现在单个资本的互相吸引力和集中的趋势比以往任何时候都更加强烈。虽然集中运动的相对广度和强度在一定程度上由资本主义财富已经达到的数量和经济机制的优越性来决定,但是集中的进展并不取决于社会资本的实际增长量。这正是集中和积聚特别不同的地方,因为积聚不过是规模扩大的再生产的必然结果。集中只要求改变现有资本的分配,改变社会资本各组成部分的量的组合。"(法文版中译本第664页)接着马克思指出,资本之所以能集中在一个人或一个企业中,是因为资本从许多资本家手中被夺走了。只有当全部资本成为唯一的个别资本时,当全国的资本仅仅成为唯一的资本家手中的唯一资本时,集中就达到了极限。"集中补充了积累的作用,使工业资本家能够扩大自己的经营规模。不论经营规模的扩大是积累的结果,还是集中的结果;不论集中是通过暴力的方法吞并……还是通过建立股份公司这一比较温和的办法把许多已经形成或正在形成的资本融合起来,经济作用总是一样的。"(法文版中译本第665页)因此,在资本主义社会,集中的作用越来越重要,这是因为,"积累,即由螺旋形的再生产所引起的资本的逐渐增大,同首先只是改变社会资本各组成部分的量的组合的集中比较起来,不过是一个缓慢的过程。假如必须等待积累去使单个资本增长到能够修建铁路的程度,那么恐怕直到今天世界上还没有铁路。但是,集中通过股份公司转瞬之间就把这件事完成了。集中在这样扩大和加速积累作用的同时,又扩大和加速资本技术构成的变革,即减少资本的可变部分来增加它的不变部分,从而减少对劳动的相对需求。"(法文版中译本第665页)

我们从马克思在法文版中的论述可以清楚地看到,积聚和集中,如果单独地考察它们,不仅是两个不同的现象,而且甚至是两个对立面。然而,如果我们辩证地考察它们,就会发现,在资本主义积累的过程中,它们是互相补充,甚至是互相制约的,也就是说,没有积聚便没有集中,而集中又成为社会积聚的强大杠杆。这就是马克思在法文版中关于资本积累和资本集中的更科学的阐述。马克思的这些阐述,后来由恩格斯吸收到了《资本论》第一卷第四版中。

三、马克思在法文版中增加了对资产阶级古典政治经济学家的批判。当时,亚当·斯密和大卫·李嘉图等人的错误观点在社会上广为流行,人们往往把斯密的教条当成真理,当成政治经济学的基石。现在我们就来看一看马克思在法文版中是怎样批判资产阶级古典政治经济学家的。

马克思在法文版第24章《剩余价值转化为资本》的第二节《关于规模扩大的再生产的错误见解》中指出,资产阶级古典政治经济学家亚当·斯密一方面在积累理论方面前进了一大步,认为积累不应当与货币储藏和物品储藏混为一谈,积累只能是生产资料的生产消费和生产工人消费生活资料的结果,另一方面又犯了一个很大错误,认为唯有可变资本才是新资本,或者用他的话说,新资本只是用在工资的支付上。马克思认为,斯密的这个错误是同另一错误相连的,甚至可以说是由他的另一错误决定的。这另一个错误就是,商品的价值似乎只分成利润、地租和工资,在这里,他忽略了不变资本。或者说,他把资本和收入看成了一回事。因此,马克思在法文版这一节的最后,增加了两段话,严厉地批判了斯密的上述错误观点。马克思说:"既然亚当·斯密把执行资本职能的全部社会财富归结为可变资本或者说工资基金,他就不可避免地得出确实荒谬绝伦的教条,这个教条在今天仍然是政治经济学的基石:商品的必要价格由工资、利润(包括利息)和地租构成;换句话说,由工资和剩余价值构成。从这一点出发,施托尔希至少幼稚地承认:'把必要价格分解为它的最简单的要素是不可能的'。

不言而喻,政治经济学不会不利用亚·斯密的所谓纯产品中转化为资本的部分完全由工人阶级消费这一论点,来为资本家阶级的利益服务。"(法文版中译本第 621 页)

德文第四版没有吸收第一段,但吸收了第二段。①

另外,我们再来看一看法文版第 16 章《绝对剩余价值和相对剩余价值》的最后四页(法文版中译本第 530 页最后一段到第 533 页最后一段)。这四页都是马克思在法文版中新增加的对李嘉图学派的批判。

马克思在这里,首先肯定了李嘉图学派同重商主义者相比前进了一步,因为前者"公开宣称,劳动生产力是利润(应读作剩余价值)存在的原因",而后者"认为,产品的价格超过产品费用而形成的余额是从交换中,从商品高于其价值的出售中产生的"。但是,为什么"劳动生产力是利润存在的原因",也就是说,为什么劳动生产力不是生产者本身致富的源泉,而是资本家致富的源泉,李嘉图却没有回答。马克思批评李嘉图说:"李嘉图从来没有考虑到剩余价值存在的原因。他把剩余价值看作资本主义生产固有的东西,而资本主义生产在他看来是社会

---

① 《马克思恩格斯全集》第 1 版第 23 卷第 648 页。

生产的自然形式。他在谈到劳动生产率的时候，不是在其中寻找剩余价值存在的原因，而只是寻找决定剩余价值量的原因。"其实，关于剩余价值的起源问题，资产阶级的"大思想家"们不可能而且也不敢深入进行研究，因为这个问题可以说是个爆炸性的问题。所以马克思指出："这些资产阶级经济学家实际上本能地感觉到，如果过分深入地研究剩余价值的起源这个棘手的问题，用基佐先生的夸张的语言来说，那是'非常危险的事情'。"（法文版中译本第530—531页）

除此之外，马克思在这里还批判了古典政治经济学派的摹仿者约翰·斯图亚特·穆勒。写到这里，我们想起了1873年12月5日恩格斯给马克思的那封信，恩格斯在这封信中说，关于法译本"到现在为止，我发现你加过工的确实比德文的好……就文体来说，关于穆勒的评语写得最好"①。恩格斯讲的"关于穆勒的评语写得最好"就是指此处所增加的对穆勒的批判。

穆勒说："利润的原因在于，劳动生产的东西比维持劳动所需的东西多。"又说："把这个定理的形式改变一下，那就是：资本提供利润的原因在于，食物、衣服、原料和工具等存在的时间比生产它们所需要的时间长。"马克思批判穆勒说，前一句话"不过是旧话重提"，后一句话是他"把劳动时间的持续与劳动产品的持续混为一谈了"。马克思风趣地说："按照这种看法，面包业主不可能从他的雇佣工人那里取得同机器制造业主相同的利润，因为面包业主的产品只能持续一天，而机器制造业主的产品却能持续二十年或更长的时间。自然，如果鸟巢存在的时间不比造巢所需的时间长，鸟只好不要巢了。"这是穆勒的第一个错误。他的第二个错误是，认为交换不是利润产生的必要条件，就是说，在他看来，即使没有劳动力的买卖，利润依然存在。马克思说：

---

① 《马克思恩格斯全集》第1版第33卷第105页。

"在他看来，交换、买和卖这些资本主义生产的一般条件只是偶然的事情；并且没有劳动力的买和卖，利润依然存在！"他的第三个错误是，他把利润率和剩余价值率混为一谈了。最后，马克思揭露了穆勒的理论的反动本质，这就是他混淆了资本家同工人的界限，混淆了资本主义生产同非资本主义生产的界限。正如马克思所揭露的，穆勒认为工人完工以后再领工资，他就"在某种程度上成了资本家了，因为他把资本投入企业，提供了经营企业所需的一部分资金"。马克思在引证穆勒的这句话后接着说："穆勒先生还可以进一步断言，一个不仅为自己预付生活资料，而且为自己预付生产资料的工人实际上只是他自己的雇佣工人。他同样也可以说美国农民只是为自己服劳役而不是为主人服劳役的奴隶。穆勒先生在这样清楚地论证了资本主义生产甚至在它不存在的时候也总是存在的以后，又完全合乎逻辑地证明，资本主义生产在它存在的时候也是不存在的。"工人成了资本家了！资本主义生产成了非资本主义生产了！因此马克思说："平地上的一堆土，看起来也像座小山；因此，现代资产阶级的平庸，从它的大思想家的水平上就可以测量出来。"（法文版中译本第531—533页）

上述马克思在法文版第16章中新加的对资产阶级古典政治经济学家的批判，由恩格斯全部吸收到德文第四版第14章中。

四、马克思在美国版《编辑说明》中要求美国版译者在翻译时，将德文第二版第793页第二段即论述资本主义积累的历史趋势时谈到的否定的否定规律的那段著名的话[1]同法文版的相应地方（法文版中译文第826页）进行"比较"。这里和其他地方不同。在其他地方，马克思总是明确要求译者或者删去德文第二版某处，换成法文版某处，或者将法文版某处，插在德文第二版的某处，或者参照法文版某处，补写或改

---

[1] 参看《马克思恩格斯全集》第1版第23卷第832页。

写德文第二版某处，等等。然而在这里，马克思却要求译者不是照改或照删，而是要求"比较"德文第二版的原文和法文版的译文。据此，我们认为，马克思大概觉得上述两处各有千秋，因此他把翻译此段的主动权交给了译者。

鉴于论述否定的否定规律的这一段话可以说是对《资本论》第一卷的高度概括或总结，以及我国学术界对于这一段话有不同的理解，我们将这一段话的三种不同表述方式——德文第一版和第二版的第一种表述方式，法文版的第二种表述方式，德文第三版和第四版的第三种表述方式——一一加以介绍，以供读者推敲和比较。

德文第一版（第 744—745 页）和第二版（第 793 页）的译文如下："资本主义的生产方式和占有方式，从而资本主义的私有制，是对个人的、以自己劳动为基础的私有制的第一个否定。资本主义生产的否定是通过它自身，由于自然过程的必然性而造成的。这是否定的否定。这种否定虽重新建立个人所有制，然而是在资本时代的成就的基础上，是在自由劳动者的协作和对土地及靠劳动本身产生的生产资料的公有制的基础上建立的。"

法文版（法文版中译本第 826 页）的译文如下："同资本主义生产方式相适应的资本主义占有，是这种仅仅作为独立的个体劳动的必然结果的私有制的第一个否定。但是，资本主义生产本身由于自然变化的必然性，造成了对自身的否定。这是否定的否定。这种否定不是重新建立劳动者的私有制，而是在资本主义时代的成就的基础上，在协作和共同占有包括土地在内的一切生产资料的基础上，重新建立劳动者的个人所有制。"

恩格斯经过上述两种版本对比之后确定的德文第三版和第四版（第791 页，《马克思恩格斯全集》第 23 卷第 832 页）的译文如下："从资本主义生产方式产生的资本主义占有方式，从而资本主义的私有制，是对个人的、以自己劳动为基础的私有制的第一个否定。但资本主义生产由于自然过程的必然性,造成了对自身的否定。这是否定的否定。这种否定不是重新建立私有制,而是在资本主义时代的成就的基础上,也就是说,在协作和对土地及靠劳动本身生产的生产资料的共同占有的基础上,重新建立个人所有制。"

在谈到私有制的时候,顺便提一下,马克思要求美国版的译者把法文版第32章新增加的第二段吸收到美国版中,这一段话是:"私有制是集体所有制的对立物,它只存在于劳动工具和劳动的其他外在条件属于私人的地方。但是,私有制的面貌,却依这些私人是劳动者还是非劳动者而有所不同。私有制在最初看来所表现出的无数色彩不同的形式,只不过反映了这两极间的各种中间状态。"(法文版中译本第824页)恩格斯将这段话收进德文第四版中,但不尽相同。①

五、关于德文第二版第23章第四节(相当于法文版第25章第四节),马克思在《编辑说明》中要求全部按照法文版的相应章节翻译。在这里,我们只想介绍一下关于资本主义积累的绝对的、一般的规律这一段中所谓"反比"和"正比"问题,因为这个问题无论在国内或在国外都有不同看法。主张"反比"的人认为,马克思在世时出版的无论是德文第一版还是第二版都是"反比",马克思逝世的当年即1883年11月出版的第三版也是"反比",而恩格斯出版的这个德文第三版采用"反比",并非没有来由,如恩格斯在《第三版序言》中所说"在马克思的遗物中,我发现了一个德文本,其中有些地方他作了修改,标明何处应参看法文版"。② 因此,恩格斯之所以没有把"反比"改成"正比",可能是因为马克思在这个德文本中未将此处标出,也就是说,马

---

① 参看《马克思恩格斯全集》第1版第23卷第829—830页。
② 《马克思恩格斯全集》第1版第23卷第30页。

克思和恩格斯都认为此处的"反比"是正确的。主张"正比"的人认为，法文版是马克思在出版德文第一版和第二版后出版的，在马克思的手稿美国版《编辑说明》中又明确指出，此处要"按照法文版翻译"，而更为重要的是，法文版是马克思亲自修订的，也是马克思生前最后出版的一个版本，因此，法文版本最有权威。鉴于上述争论，我们想分别介绍一下德文第二版的译文和法文版的译文，以供读者研究。

我们先来看一看德文第二版的译文："社会的财富即执行职能的资本越大，它的增长的规模和能力越大，从而工人人口的绝对数量和他们的劳动生产力越大，相对过剩人口或产业后备军也就越大。可供支配的劳动力同资本的膨胀力一样，是由同一些原因发展起来的。因此，产业后备军的相对量和财富的力量一同增长。但是同现役劳动军相比，这种后备军越大，常备的过剩人口或工人阶层也就越多，他们的贫困同他们所受的劳动折磨成反比。"

法文版的译文如下："社会的财富即执行职能的资本越大，它的积累的规模和能力越大，从而工人阶级的绝对数量和他们的劳动生产力越大，产业后备军人数也就越多。发展资本的膨胀力的同一些原因，也会产生出可供支配的劳动力，因此，产业后备军必然会同财富的增长一起增大。但是同现役劳动军相比，这种后备军越大，常备的过剩人口也就越多，他们的贫困同劳动折磨成正比。"（法文版中译本第687页）

如果我们比较一下德文第二版和法文版的译文，便可看出有两处作了明显的改动，其第二点可以说是截然不同的修改。这两处是：一、把"产业后备军的相对量和财富的力量一同增长"改成"产业后备军必然会同财富的增长一起增大"；二、把"常备的过剩人口或工人阶层也就越多，他们的贫困同他们所受的劳动折磨成反比"改成"常备的过剩人口也就越多，他们的贫困同劳动折磨成正比"。（法文版中译本第687页）

另外，关于"但是同现役劳动军相比，这种后备军越大，常备的过剩人口或工人阶层也就越多，他们的贫困同他们所受的劳动折磨成反比"一句，除了上述正比和反比有不同论述外，关于这句中的"他们"也有两种不同理解。有人根据德文第二版认为，"他们"只能指"工人阶层"，这样，正确的译文应当是："但是同现役劳动军相比，这种后备军越大，常备的过剩人口或同他们所受的劳动折磨成正比而贫困的工人阶层也就越多。"有人根据法文版认为，因为法文版中把"工人阶层"几个字删掉了，"他们"只能指"常备的过剩人口"。然而，在德文第四版中，把"或工人阶层"几字删掉了，因此，按照第四版不可能像有人按第二版那样去理解这句话。

六、法文版同德文第二版比较起来，无论在正文中或在脚注中都增加了大量统计材料和历史材料。马克思是十分重视材料的，尤其是最新材料，因为就一定意义来说，没有材料，便没有充分的理论论据，理论若脱离材料，理论就会变得毫无生气，甚至是没有说服力的。在这篇文章中，我们只能列举其中之一二。

上面我们谈到的马克思对古典政治经济学派的摹仿者詹姆斯·穆勒的批判就是一例。1867年《资本论》德文第一版问世的第二年，即1868年，马克思看到了穆勒的《政治经济学原理及其对社会哲学的某些应用》一书的最新版本（1868年伦敦版）。马克思认为必须对穆勒的这个新版本进行批判。于是马克思在法文版中几乎用了2000字的篇幅对当时社会上风行一时的穆勒的错误理论进行了批判。

马克思十分重视最新材料，从法文版的另外一处也可以看到。法文版是从1872年起至1875年止以分册形式出版的，甚至就在分册出版期间，马克思仍然为法文版的修订继续收集最新材料，及时补充到译文中去。1874年6月13日，英国工程师的机关报《工程学》报刊登了一篇评论，批评了利用焦炭把铸铁变成锻铁的这种搅炼法的陈旧工艺，报纸说："手工操作的搅炼法的陈旧工艺不过是野蛮的残余……搅炼工艺几乎停滞不前……现在成了工业运动的不可容忍的障碍。"马克思看到这一评论后对搅炼法进行了一分为二的分析，既指出了它在当时的工业革命中所起的巨大作用，又指出了后来它在资本积累中成为生产进一步增长的障碍。马克思说："在大工业诞生时期，有人在英国发明了一种利用焦炭把铸铁变成锻铁的方法……因为铁和煤是现代工业的有力的杠杆，所以怎么评价这一革新的重要意义也不算过份。但是，搅炼工，即从事生铁精炼的工人是用手工操作的，所以他们能够生产的炉量仍然受到他们个人能力的限制。正是这种限制阻碍了冶金工业自1780年搅炼法发明以来所取得的令人惊异的飞跃发展……因此，搅炼法在完成了炼铁工业革命并引起了劳动资料和一定量劳动推动的原料总量极大扩张以后，在积累过程中成为一种经济上的障碍，它限制了物质生产资料比所使用的劳动进一步相对增长。现在，人们正在通过能够消除这种限制的新工艺来摆脱上述障碍。"他又说："这就是由积累而引起的一切发现和发明的历史。"（法文版中译本第659—660页）

上述马克思在法文版中增加的对搅炼法的评述，虽然马克思在《编辑说明》中主张吸收进德文版中，但后来未收进德文第四版中。

除了上述最新历史材料外，马克思也十分重视增加新的统计材料。

我们在读《资本论》第一卷第四篇时知道，资本家发展生产力，并不是为了工人的利益，而是为了更多地生产剩余价值。例如，机器的发明和运用本来可以大大减少工人的劳动时间，减轻工人的劳动强度，但机器的资本主义应用，并没有产生这样的结果，相反地却加重了工人的痛苦。为了更有力地揭露资本主义的这种罪恶，马克思在校订法文版第15章第五节（相当于第23卷第13章第五节）时，在正文中增加了1858—1868年英格兰和威尔士、苏格兰、爱尔兰的棉纺织工业的四项统计材料——工厂数、蒸汽织机台数、纱锭数和在业人数统计表。马克思根据上述统计指出，第一，纺织厂数减少了，生产效率较高、规模较大的机器进一步集中在少数资本家手中了；第二，蒸汽织机减少了，但产品却增加了；第三，纱锭增加了，但在业工人却减少了。马克思由此得出结论说："因此，棉业危机压在工人身上的'暂时的'贫困，由于机器体系迅速不断的进步而加剧和持久了。"（法文版中译本第441页）紧接着马克思在法文版中还增加了蒸汽锤的发明人奈斯密斯在1868年讲的一段话，这段话是他针对1851年机器制造业工人坚持长期大罢工而采用机器改良说的。奈斯密斯说："我们现代机械改良的特征，是采用自动工具机。一个机械工人现在要做的，并不是自己劳动，而是看管机器的出色劳动，这种活每一个男孩都能干。完全依仗自己技能的那类工人，现在全部被排除了。从前我用四个男孩配一个机械工人。由于这些新的机械联合，我把成年男工从1500人减到750人。结果，我的利润大大增加。"（法文版中译本第441—442页）这些材料后来由恩格斯吸收到了德文第四版中。

马克思除了在法文版正文中增加了一大批材料外，在脚注中也增加了不少材料。例如，在法文版第25章的注95（法文版中译本第724页，并见第23卷第23章注148）中，增加了如下统计材料："从1851年到1871年，英格兰20英亩以下的小租地农场减少了900多个，50—75英亩的租地农场由8253个减到6370个，所有100英亩以下的其他各类租地农场的情况也与此相仿。相反，在这20年间大租地农场的数目却增加了，300—500英亩的租地农场由7771个增加到8410个，500英亩以上的租地农场由2755个增加到3914个，1000英亩以上的租地农场由492个增加到552个，等等。"

上述这些材料后来也收到了德文第四版中。

以上只是马克思为翻译出版美国版《资本论》第一卷写的《编辑说明》中有关按照法文版进行修订的68处的内容的一小部分，这68处包括的内容极为广泛，限于篇幅，这里不能一一详细介绍了。①

---

① 这篇为美国版所写的《编辑说明》，已全文发表在江苏人民出版社出版的《〈资本论〉研究资料和动态》第5期上。——本文作者

《资本论》日文新译本的特点及意义[*]

冈本博之

前　言

《资本论》是马克思的主要著作,它为科学社会主义奠定了基础。在它出版后的一百多年中,它为工人阶级和广大人民的战斗道路指明了方向,它是掌握在工人阶级手中的最强有力的思想武器。今天的资本主义虽然同马克思生活的那个时代的资本主义相比,发生了很大的变化,但《资本论》仍然保持着它的现实性,仍然在不断增强其世界史的意义而在继续传播。

《资本论》的这种强大生命力在于:它不仅是一部由于历史发展趋势在一百多年前所提出的重要问题给予了解答的经典著作,而且也为我们提供了对把握现代世界所提出的各种问题的本质的基本观点,能够给我们提供如何正确解决这些问题的方法。

恩格斯指出,马克思的理论具有以下的显著特征:"马克思的整个世界观不是教义,而是方法。它提供的不是现成的教条,而是进一步研

---

[*] 本文选自《马克思恩格斯研究》1995年总第20期。
原题注:日文新译本是指由社会科学研究所主持,《资本论》翻译委员会翻译,新日本出版社出版的《资本论》1、2、3卷。——编者注

究的出发点和供这种研究使用的方法。"①

《资本论》的最重要、最宝贵之处，而且在现代仍然对许多人具有极大吸引力的，正是这一点。可以说，《资本论》的确是一部能为我们当前世界生活提供指针的名符其实的古典著作。

一、《资本论》传入日本及其翻译简史

《资本论》的德文原版本传入日本是相当早的，在第1卷第1版出版后仅十余年后，即19世纪80年代初期，日本大藏省文库已经收藏了1873年出版的《资本论》第1卷第2版，这件事记录在明治15年（1882年）12月太政官记录课刊印的《诸官厅所藏洋书目录经济之部》。接着，明治20年（1887年）前后，东京帝国大学图书馆也收藏了《资本论》第1卷第2版。可惜的是，这两部书都在"关东大地震"中烧毁了。

这期间，在欧美各先进资本主义国家中展开的社会思想和运动也开始介绍到日本来。在1893年出版的、由民友社编的《现时的社会主义》一书中，有一节的题目就是"社会主义的经典——马克思的《资本论》"，并对《资本论》进行了解说。

到了19世纪90年代后半期（明治30年代），随着中日战争后日本资本主义的迅速发展，日本工人运动也开始发展起来，开始组织工会（劳动组合），并在工会指导下，日本工人阶级向有组织的斗争迈进了。

日本工人运动的发展是同社会主义思想的研究相结合的，1898年（明治31年），片山潜、幸德秋水、安部磯雄等人组织了"社会主义研究会"。关于这个研究会的情况，与基督教会有关的《六合杂志》作过

---

① 《马克思恩格斯全集》第1版第39卷第406页。

介绍。研究会会长村山知至曾在研究会上作了题为《卡尔·马克思的社会主义》的发言,指出为了理解近代的社会主义,必须研究马克思。片山潜曾给《六合杂志》写了《〈资本论〉及其作者马克思》和《资本与劳动的关系》等论文。

当时日本的社会主义者由于受到明治初年的自由民权论、托尔斯泰思想、基督教社会主义、克鲁泡特金无政府主义等思想的影响,情况非常复杂。但后来,其重要成员都与科学社会主义思想逐渐接近起来。在日俄战争前夕发行的、展开"开战论"和"非战论"辩论的、由幸德秋水和堺利彦两人主持的《平民新闻》,于1904年整版刊载了《共产党宣言》。

日俄战争后日本工人运动高涨,1906年由堺利彦创办的《社会主义研究》发表了全译的《共产党宣言》和《社会主义从空想到科学的发展》。片山潜与西川光二郎在同年6月创刊的《周刊社会新闻》(于1908年改为月刊),在1908年5月号到1909年2月号上连续刊载了以《马克思〈资本论〉》为标题的法国劳动党员弗利耶尔·德维尔的著作(由片山潜选译)。接着又从5月号开始连载由早稻田大学教授安部磯雄翻译的《资本论》(这是日本最早的译文)。1910年1月号刊载到《资本论》第1卷第一章第三节时中断了。

从这里可以看出,把《资本论》翻译成日文的愿望增强了。但是,从1908年的"赤旗事件"以来,日本天皇制政府对社会主义运动加强了镇压,1910年通过所谓"大逆事件"使这种镇压达到了顶点。在这种情况下,《资本论》的翻译和出版就成为不可能的事了。

由于1917年俄国十月社会主义革命的胜利和受世界革命运动发展的影响,日本人民的解放斗争高涨起来,这就为在日本翻译和出版《资本论》提供了条件。1918年发生了全国性的"米骚动"。1919年工人的罢工次数达到第一次世界大战后的最高潮。正是在这一年,日本先后出版了两种《资本论》译本,即松浦要的译本和生田长江的译本。但前者只译到第 1 卷第三篇,后者只译到第 1 卷第二篇。与此同时,另一位日译者——高畠素之开始进行全译的工作。日本第一个《资本论》(1—3 卷)全译本是从 1920 年到 1924 年出版的。(高畠译本的底本是恩格斯版的第六版),这个译本以后又多次修订,它在日本人民群众中得到了广泛的传播。高昌对《资本论》的全译是具有开拓性的,他花费了大量的劳动。这个译本,就叙述具体事实来说,大体上是正确的,文体也是简洁流畅的。但是,如果从理论的角度来看,许多地方是不正确的,如术语的误译等。当然,当时的日本对马克思唯物辩证法的研究还处于未成熟的状态,对于《资本论》中所使用的唯物辩证法还完全不理解,因而译文有许多重大缺陷就不足为奇了。

1922 年日本共产党成立后,日本人民解放斗争的发展也反映在理论战线上。研究和传播马克思政治经济学的活动兴盛起来了。通过围绕关于马克思价值理论的论争,日本的《资本论》研究水平显著地提高了。同时,必须站在辩证唯物主义立场上去理解《资本论》。

野吕荣太郎及其他优秀理论家以《资本论》和列宁的《俄国资本主义的发展》、《帝国主义论》等著作为指针,批判地利用资产阶级的文献资料、官方统计,创造性地研究了日本资本主义。他们的研究成果,为以后科学地分析日本资本主义开辟了一个新时期,为提高日本的科学社会主义理论水平作出了很大贡献。

这就要求重新翻译能够正确理解辩证唯物主义和马克思所使用的术语和新语的《资本论》新译本。

1927 年河上肇、宫川实合译的《资本论》(岩波文库版)出现了。他们宣布能够站在"辩证唯物主义世界观"的立场上进行翻译。不久,这个译本(只译到第 1 卷第四篇)又由改造社出版了修订增补版。这个译本克服了高昌译本的根本性的缺陷。但由于河上肇参加地下革命活动,翻译和出版中断了。为了继续完成《资本论》新译本,河上肇的学生长谷部文雄担任了这一工作。他在1937年出版了《资本论》第1卷新译本(两个分册)(日本评论社版),但由于当时日本军国主义开始了对中国的全面侵略战争,当局宣布禁止《资本论》日译本的发行。

战后,1946—1950年长谷部文雄完成了《资本论》全三卷的翻译、出版工作,为《资本论》在日本传播起了很大作用。接着,于1947—1956年又出版了向坂逸郎的新译本(岩波文库版)。与此同时,冈崎次郎的新译本也于1947—1956年出版了(大月书店国民文库版)。进入70年代,宫川实又出版了他翻译的《学习版〈资本论〉》。

这样,在日本就出版了五种:《资本论》的全译本。这五种译本都是由一位经济学家或社会思想家独自完成的。他们都付出了巨大的劳动和心血。他们都为在日本传播《资本论》作出了贡献,我们对于他们的努力是衷心地表示敬意的。

然而,《资本论》不仅是一部完成了对资产阶级经济学的全面批判,并在这种批判中建立起来的实现科学变革的庞大的政治经济学体系的著作,而且还是一部哲学著作。在《资本论》中,以方法论为核心的唯物辩证法全面展开了,作为分析资本主义指导思想的历史唯物主义的正确性得到了验证。它不仅是一部阐明资本主义社会运动规律的书,而且还是照耀研究前资本主义社会结构的历史著作。因此,《资本论》中所包括的经济学的、哲学的、历史学的内容是相互有机地结合在一起的,并且从全书来看,除了上述内容外,还包括了文学、法学、马克思以前的社会思想以及政治学、神学等,它还涉及数学、化学、物理学、工程学、地质学、生理学等自然科学的诸多部门。可以说,这是一部百科全书式的光辉著作。

因为《资本论》包括了各方面的知识,又正像马克思自己所说,它又是"一个艺术的整体",所以要想把这样一部内容浩瀚的著作译成日文，是很难由一个人来完成的，这种负担是过重的，超过了个人能力的界限。那么，如何解决这个难题呢？

二、重新翻译《资本论》是如何组织的
—— 确立《资本论》新译本的集体组织体制

进入70年代，世界资本主义体制的各种经济矛盾陷入了严重状态。特别是当时的日本在70年代后半期被称为"第二个反动攻势时期"。日本人民为了确信社会的发展规律，对复杂的时代给以肯定的科学社会主义的理论展望。因此，痛感在广大群众中有必要深入学习《资本论》。

另一方面，也正值《资本论》第1卷出版10周年，马克思为写作《资本论》而准备的大量经济学手稿也公开出版了。借着新的《马克思恩格斯全集》历史考证版开始出版之际，不管是在国际上还是在日本国内，《资本论》的研究都取得了新的进展。利用这个机会，吸收最新的研究成果，重新翻译日文版《资本论》，出版一部更加正确和平易的日译本就成为迫切的任务了。

1978年秋，社会科学研究所决定重新翻译《资本论》。在大家讨论的基础上，首先决定采用集体的有组织的翻译体制，集结一批优秀的参加者，充分吸收《资本论》的研究成果。

响应社会科学研究所这一号召，全国有七十多名经济学家参加了这一工作。将《资本论》三卷分为十三分册，各分册组成了以研究该分册的知名经济学家为代表的翻译小组。从1979而年开始进行翻译，力求反映出该领域的最新研究水平。

为了适应《资本论》所包括的经济学以外的广博知识，还邀请了各学术领域的专家学者协助翻译。

对由各分册小组译完的译稿，再由战前就从事《资本论》研究的

数名年长的学者组成审查小组,作为统一编辑组同各分册翻译小组进行讨论,详细探讨各部分同整体的关系,统一文体和语调,再写出译注,最后形成完成稿。

我们就是采取这样的翻译体制,从1979年到1989年进行了10年工作,今年(1989年)9月终于完成了译稿。

关于翻译底本:

1)长谷部以来译本均采用苏联马克思列宁研究院德文大众版(通称阿多拉茨基版),

2)德国统一社会党马列研究院编的迪茨版,

3)但我们是以恩格斯编德文第4版为主要底本。同时还紧密对照德文第1、2、3版,马克思经济学手稿,马克思自己校对的法文版,还有恩格斯校订的英文版。

三、马克思、恩格斯论翻译和我们对这些论述的态度

凡是翻译文化、传统、语言结构、思维结构不同的他国的著作,如果单只是语言的变换,是难以达到目的的,还要花费很大力量去进行创作。在翻译《资本论》时,首先单是只从语言结构上来看,即使在属于同一语系的德语、英语、法语之间进行翻译也不是一件容易的事。例如,恩格斯就认为把《资本论》译成英文就是一件困难的事。而要将德文译成日文,由于语系上、文体上、文字结构上的显著差异,就会出现更大的困难。

马克思、恩格斯为了在国际上传播科学社会主义思想,特别关心《资本论》的翻译问题。他们在书信和论文中对此进行了种种论述。下边就这些论述中关于译者的任务这一基本问题作一综合介绍。另外,再就关于译者的语言条件问题的见解作些简要的介绍。最后就我们对这些

问题的态度作些说明。

（1）关于译者的任务

译者的任务，首先是要对原著有充分的理解，要正确抓住原作每句话、每段文字的内容含义，以及语言的细微差别。当然这不是说要按词典所解释的那样逐句翻译，而是要寻找与原文每句话最相贴切的"对应语"，要用本国语言"忠实地再现原文"、所以，这样的译文是要从文章的气势上、风格上、语言上，总之从文章的整体上再现原文。例如，原著的叙述是"强有力的充满了生命力的"，或者叙述是以"轻松快活的调子"出现的，这时的译文也必须体现出充满这种强有力的生命力或轻松快活的调子。又如，原文中能引起读者发笑的戏谑或讽刺、挖苦的语句，当然，译文也应当准确地传达出来。

总之，马克思、恩格斯对《资本论》译者的要求是，要深刻完整地理解原文，然后再用本国语言忠实地表达出来。我们认为，只有这样的译文才是正确的译文。马克思、恩格斯有关翻译问题的这些经典性的指示，在今天，当我们翻译他们的著作时，也应当成为我们每个译者的努力标准，也是应当加以实现的理想目标。

特别是《资本论》，它是被称为科学社会主义的经典的重要文献。整部著作都是用表现力很强的德文写成的，是一部格调极高的著作。因此，在我们翻译时也必须用格调很高的日文正确地加以表达，这就是我们奋斗的目标。

另外，马克思认为完成这部著作是他自己应负的主要任务。完成它，是对工人阶级解放事业应负的义务。他确信《资本论》是工人阶级进行战斗的强大思想武器。因此，当我们在翻译这部著作时，也必须学习马克思的这种革命气概。我认为在翻译工作中这是很重要的。

(2) 关于作为译者条件的语言学上的问题

1885年恩格斯就翻译《资本论》问题写了一篇有名的文章：《不应该这样翻译马克思的著作》。他指出。"翻译这样的著作，只是通晓标准德语是不够的。马克思精于使用日常生活用语和各地方言中的成语，他创造新词，他举例时涉及一切科学部门，他援引十几种文字的书刊；要理解他的著作，必须彻底精通德语——口头语和标准语，另外还要知道一些德国人的生活。"①

我认为译者必须具备这种才能，然后在对马克思原文努力全面彻底理解的基础上，再按着马克思那种"具有最简洁最有力的风格"，用本国语言再现这种风格。因此，要求译者必须是本国语言的精通者。恩格斯在论及英译者时指出："为了确切地表达这种风格，不仅要精通德语，而且要精通英语。"这是对《资本论》译者的严格要求，必须具备这种条件才有资格承担这种翻译重任。当然，他们要求译者对政治经济学也必须有充分的素养。

可是，寻找能精通两国语言，又对《资本论》的内容能够很好理解的译者是很难的。早在《资本论》德文第1版出版前，马克思就希望找到译成法文和英文的合适人选，在《资本论》出版后，按着上述条件寻找译者，马克思、恩格斯感到很困难。但是在第1卷出版后不久，马克思、恩格斯就发现了能把《资本论》译成俄文、法文、英文的优秀译者。于是，这些译者就在马克思、恩格斯指导下相继完成了俄文版、法文版和英文版的翻译工作。如按出版顺序来说，俄文版的译者先是洛帕廷，后为丹尼尔逊。法文版是鲁瓦。英文版是穆尔和艾威林。他们都同马克思进行了直接的交流，在译文上受到了马克思、恩格斯的

---

① 《马克思恩格斯全集》第1版第21卷第266页。

亲切指导。特别是法文版，在翻译过程中，马克思对译文进行了审校、修订。英文版也是经过恩格斯的仔细审阅后才出版的。

马克思、恩格斯对《资本论》译者提出的严格要求，决不是苛刻的。他们认为，如果译者不具备他们所说的条件和能力，那就不能正确理解德文原文，更不能用本国语言忠实地将原文再现出来。所以，他们对于这些外文版的翻译指导和帮助是尽了自己最大努力的。

现在，译者们所具备的条件，比起《资本论》第1版出版时的情况有了很大变化。现在看来，要求精通两国语言的指示还是有效的，但并不是每个人都能精通两国语言。但是，如果我们组织起来，发挥集体的力量，就能克服个人所无法克服的困难。

参加日文版新译本的译者都是德语专家，包括德语语法专家，他们在日本的德语学者中是第一流的，他们的日文也是十分熟练的。他们许多人都参加过《马克思恩格斯全集》（大月书店版）的翻译工作，以及其他翻译工作，所以是很有经验的。其中有几位具有充分经验能够知道运用什么样的语法去表达德语，他们也是文学专家。这些人既能不断提高翻译的技巧，又能在集体有组织的体制下，保证努力使译文达到我们所希望的最高水平。大家同心合力就能出智慧。我确信，在译者、编者的共同努力下，是能够逐渐接近马克思、恩格斯所指示的翻译水平的，是能按着这个方向来完成《资本论》的新日文版的。①

---

① 为了提高译文水平，达到译文的统一，提高译者、编者的德文水平，我们搜集到数种德文大辞典，也有其他各国文字的辞典。因为马克思使用的是一百多年前的德语，所以还应有现代德语大辞典。还有马克思准备《资本论》写作时即1858年出版的《格林大辞典》，共39卷，还有19世纪出版的涉及各个领域的辞书。这些工具书都为我们更加正确地理解马克思、恩格斯使用德语的方法提供了方便。此外，还有德国莱茵地方方言辞典，一套9卷，以便理解马克思对方言的使用，帮助寻找适当的译语。

(3) 马克思、恩格斯的翻译标准与译文的正确性和易懂性相统一的问题

许多《资本论》读者都要求它的译文要"正确而且易懂"。这完全是应有的要求。有一本虽然不是直接谈论如何翻译《资本论》，但却对我们的翻译有参考价值的文字体裁《翻译论》。这本书的作者认为，译者可能有两种态度，一种是要十分重视原作者，归根到底是要忠实于原著；另一种是重视读者，译文以读者的理解和兴趣为目标。倾向前一种态度的译者有时为了过于忠实原著而置读者于不顾。而倾向后一种态度的译者则往往过于照顾读者而牺牲原著。作者认为，最好的译者应是兼具上述两种态度，应在忠实于原著的同时，又十分诚恳地考虑到读者的要求。

我觉得，上述这种主张对于翻译《资本论》来说也是适用的。如果一个译者虽然正确地理解了马克思的原文，但在翻译时为了忠实，过分地拘泥于原文，逐字逐句地翻译（生硬的直译），致使读者难于读懂，给读者提供这种难读的译文是不对的。另一种是往往强调译文的易读性，而又容易偏向于使原文通俗化，甚至庸俗化，这也是要十分警惕的错误倾向。

我们这次重译《资本论》就是要求每位译者都抱这样一种态度：在真心忠实于原著的同时还要充分考虑到读者的易于理解，坚持使二者统一起来，即努力做到译文的正确性和易懂性的统一。这是新译本的第一个特征。

(4) 关于译者注

我们编者和统稿人为了帮助一般读者的理解，为了给研究人员和专家提供参考，我们在独立调查和研究的基础上，在译文的有关地方加了译者注。译者注可分为如下几种：1）关于政治经济学用语的解说；2）反映当前国内外研究成果的理论性的注释；3）《资本论》引用的有关各国文学、圣经、神话、谚语等的典故出处和解说；4）各种版本的异同；5）关于阿姆斯特丹国际社会史研究所收藏的《资本论》第2、3卷手稿的附注；6）引文与原文的对照；7）争论问题的附记；8）马克思、恩格斯的笔误，计算错误等的标出。

我们认为，新译本的这些译者注是新译本的第二个特征。

四、关于新译本的内容

新译本究竟新在什么地方？这涉及许多方面的内容，现在着重谈谈关于马克思用语的翻译问题。关于马克思所使用的术语、专门用语如何译成与日文相对应的概念，如：经济学上的用语，哲学上的用语以及从文学著作上引用部分的译注。

(1) **如何翻译术语和专门用语**。在翻译马克思所用术语、专门用语时寻找相对应（意思相同）的日文用语。马克思在使用术语和用语时总是同一切同类的用语严格加以区别。恩格斯说："一个术语始终应该用一个意思相同的词来表达。"① 因此，我们在译每一个词时，必须考虑周到，与同类用语加以严格区别，以避免以前的某些日译本出现过

---

① 《马克思恩格斯全集》第1版第21卷第267页。

的同一个词有两种不同的译法。例如：

①Größe　　　　　大（大小）
　Quantität　　　　量
　Quantum　　　　定量（特定的量）
　Masse　　　　　总量
　Menge　　　　　数量
②Beziehung　　　关连（关联）
　Verhältnis　　　　关系（关系）
　Zusammenhang　连关（互相关联）

①关于 Größe 和 Quantität 的区别，黑格尔《大逻辑学》（即《逻辑学》）是这样说的："大小（die Größe）这个词是定量（das Quantum）的意思，并不是量（die Quantität）。所以，这个量的名称不借用外国语是不行的。

关于在数学中大小的定义，也是相当于定量。一个大小通常定义为可以增减的某物。所谓增是使其较大一些，所谓减是使其较小一些。在这种场合，大小一般（die Größeüberhaupt）和大小本身（即其自身的大小）（die Größeselbst）的区别就成立了。因此，所谓大小就是能够使大小发生变化的东西。"（日译本为武市健人译《改译，大论理学》上卷之二第3页①。）

恩格斯也曾批判刊登在英国《今日》杂志上的布罗德豪斯翻译的《资本论》英译文时说："他把 Wertgröße〔价值量〕译成了'extent of value'，忽略了 Grösse〔量〕是固定的数学名词，意思和'magnitude'这个名词一样，或者是一定的数量，而'extent'除此之外还有很多别

---

① 参看黑格尔《逻辑学》上卷商务印书馆版第193—194页。

的含义。"①

我们这次新译第一章时就依据上述词的区别，将《资本论》第一章第一节的标题中的和本文中的 Wertgröße 译为"価値の大きさ"。（当然以前的日译本也有译为"价值量"的）。另外，法文版、英文版、俄文版也分别译为"大小"（Grandeur，Magnitude，Влечина）。

②恩格斯关于有必要对 Beziehung 和 Verhältnis 加以区别的论述。恩格斯于1884年8月22日给考茨基的信中说："rapports〔关系〕一词，我大部分不译为 Beziehungen，而译为 Verhältnis……来表达德文的 Verhältnis，反之亦然。加之，例如在 rapports de proportionalité〔比例关系〕中，rapports 指的是**量方面的**，这只能用 Verhältnis 来表达，因为 Beziehungen 主要指质方面的意思。"②

如上所述，我们在翻译马克思的术语时，提出了寻找与原文相对应的词和使用原则。但是语言本身是个"活的东西"，在将同一个原词译成日文时，还需要根据上下文中的脉络、语气等来寻找适当的日文词来表达原词。在这种情况下，又不能拘泥于一个原词必须用同一个日文词来表达了。所以我们必须下苦功夫，为了正确表达马克思的真意，使读者易于理解，来寻找适当的词。反之，不同的原词，有时也应慎重考虑用同一个日文词来表达它们。例如：

关于"Stoffwechsel"的翻译问题。这个词的意思当然是生物学用语"物质代谢"，我们需要找出与其相适应的词。可是马克思又往往将这个词与"Formwechsel"（形态变化）对比加以使用。在这种场合，并不是将"物质代谢"与"形态变化"进行词的对比。所以，我们认为在独立使用这个词时，同"物质代谢"相对比使用时则译为"素材变换"

---

① 《马克思恩格斯全集》第1版第21卷第267页。
② 《马克思恩格斯全集》第1版第36卷第202页。

(物质变换)。①

另外，马克思还使用一些合成的德语，这些词译成日文时，我们在日文词旁边标上德文原文的发音，如：

"原来的商品形式的**转换**是通过商品的**让渡**完成的。"②

"铸币的**金**存在变为**金**假象。"③

（2）**关于政治经济学用语的翻译**。对于一个日文译者来说，要想将《资本论》原文严谨、正确地译成日文，那就不仅要在整体上、体系上，而且还必须在每个细节上正确理解《资本论》。这是一个译者的必备条件，所以我们要求每位译者在进行翻译时必须研究《资本论》。

特别是，最近国内外相继出版了许多马克思、恩格斯经济学方面的文献遗产，如《政治经济学批判大纲》的再版，《剩余价值学说史》的新版本，以《马克思恩格斯全集》历史考证版的出版为背景，对《资本论》创作史的研究兴盛起来了。这样，产生《资本论》的马克思的经济学研究过程可以更详细地加以把握，对于过去研究中遇到的各种问题可以用新的眼光或从新的角度来研究。所以，对《资本论》本身的内容可以更深一层地加以把握了。

由此可见，我们在这方面的研究的进展，再加上国内外对《资本论》研究的新成果，都可以从新的译文和译音注中反映出来，使读者能

---

① 《马克思恩格斯全集》第 1 版第 23 卷第 122 页。日文"素材变换"，相当于中文"物质变换"。

② 《马克思恩格斯全集》第 1 版第 23 卷第 127 页。

③ 《马克思恩格斯全集》第 1 版第 23 卷第 145 页。"转换"一词日译为"脱皮"，并在"脱皮"一词旁边标上该词德文发音的日本语片假名"ユントオイセルンフ"。"让渡"一词标上"フユアオイセルンク"。日译本中的"金仮象"的"仮象"标上"シセイン"。

够更深刻地理解《资本论》的经济理论。从经济学研究领域来看，这一点也是我们新译本的一个特点。举例来说（关于新的译注）：

《资本论》第 1 卷第三章第三节标题《货币》加了一个译者注："这个'货币'并不是货币一般 Das Geld（第三章的标题）意义上的货币，而是没有定冠词的 Geld（英语 money），与价值尺度及流通手段的第一、第二两种职能相对，马克思把这个货币叫'货币的第三种规定'。在法文版中，这个标题是 La monnaie ou l'argent，而且对这一节的第一段原文也彻底地改写了。"

在《政治经济学批判》中，关于货币马克思这样写道："货币一旦由于货币贮藏而发展成为抽象社会财富的存在和物质财富的物质代表，它就在它这一个当作货币的规定性上，在流通过程内部取得特殊的职能。"① 前边的货币是货币一般，而后边的货币是第三节中的具有特殊规定性的货币。马克思在《1857—1858 年经济学手稿》中把这一货币称为："货币的第三种规定。"② 在日译文中 Das Geld 和 Geld 都译为"货币"，没有将二者的区别表示出来。这次我们在新译文中为了引起读者注意，加了译者注。在法文版中"monnaie"和"argent"（意思均为"货币"）两词并用，在其他外文版中也加了不同的标题，这些地方我们都加了译者注。

其次，恩格斯谈到马克思在创造相应的新的概念时指出："某些术语的应用，不仅同它们在日常生活中的含义不同，而且和它们在普通政治经济学中的含义也不同。"③ 他还说："把现代资本主义生产只看作是人类经济史上一个暂时阶段的理论所使用的术语，和把这种生产形式看

---

① 《马克思恩格斯全集》第 1 版第 13 卷第 128 页。
② 《马克思恩格斯全集》第 1 版第 46 卷上册第 166 页。
③ 《马克思恩格斯全集》第 1 版第 23 卷第 34 页。

作是永恒的最终阶段的那些作者所惯用的术语，必然是不同的。"① 所以，如何翻译马克思所使用的术语，是我们重新翻译《资本论》所面临的一个重要问题。

在日本，从高畠素之开始全译《资本论》以来，又经过以后几位译者的努力，对于翻译马克思所使用的术语，用相应的日文术语来表现，大体上已经固定下来了（如：剩余价值、不变资本、可变资本等）。但是，也有些术语，不能说翻译得完全合适。个别术语可以看出是明显的误译。因此，对这些地方就需要找到更合适的日文译语。下边试举一、二为例：

a. abstrakt menschliche Arbeit（新译本将这个词译为"抽象的人间的劳动"）。首先这个术语多次在第一章中出现，这是马克思政治经济学中的基础概念，它是创造商品价值的劳动，这个术语具有重要意义。但是，自从《资本论》日译本出版以来，这个术语却有许多不同的译法。

①高畠素之译本："抽象的人间劳动"或"抽象的な人间劳动"。

②河上肇、宫川实译本："抽象性にすけろ人间劳动。"

以后根据考茨基版改为："舍象的な・すなわち单纯に人间的な・劳动"。

③长谷部文雄译本："抽象的・人间的な劳动"（战前版），"抽象的・人间的劳动"（战后版）。

④向坂逸郎译本："抽象的に人间的な劳动"或"抽象的な人间劳动"。

在50年代初的日本，关于这个术语，在马克思主义经济学家和黑格尔研究专家之间曾发生过争论，但最后也未得出明确的结论。1961

---

① 《马克思恩格斯全集》第1版第23卷第35页。

年出版的"马恩全集刊行委员会"译本（以后又以大月书店的国民文库版发行，主译为风嵊次郎）对这个术语采用了长谷部文雄的译法，即"抽象的、人间的劳动"。这个译本再版时又在几个地方改为："抽象的人间劳动"。"抽象的"这个形容词是说明"人间劳动"四个字的，不是"劳动"前有两个形容词。

我们这次新译时则将这个词译为："抽象的人间的劳动"，这是我们重新讨论了长谷部文雄的译法之后加以采用的。

战后，围绕长谷部文雄的译本曾有过争论。某位经济学家曾认为："除了同狗和猫的劳动区别外，人类劳动并没有其他含义"，所以可以译为"人间の劳动"或"人间劳动"，而我们在翻译"menschliche Arbeit"时，如果也认为它是日常德语，正像上述那位经济学家所说的只是单纯的"人间の劳动"的含义的话，也许只译为"人间の劳动"或"人间劳动"。而不用"的"字也是可以的。同时，马克思只是在上述含义上使用这个词，在《资本论》中大约有十处之多。可是作为价值实体的"menschliche Arbeit"这一场合，如果不把这个词译为"人间的劳动"（中文译为人类的劳动），那恐怕就难于正确表达马克思所发现的这个严密的概念。

我们所以这样翻译这个词，还因为我们特别参考了马克思在《资本论》第1卷第1版为第一章所写的附录中的叙述。他是这样写的："上衣所以是价值，是因为它……是抽象的人类劳动（abstrakte menschliche Arbeit，日文译为抽象的人间的劳动。——译者）的凝结——抽象劳动（abstrakte Arbeit，日文译为抽象的劳动。——译者），是因为在上衣中包含的劳动的一定的、有用的、具体的性质被抽象掉了，人类劳动（menschliche Arbeit，日文译为人间的劳动。——译者），是因为劳动在这里只是被当作一般人类劳动力的耗费。"① 这个"abstrakte"并不是副词，而是形容词。"抽象的"和"人类的"两个形容词都是独立地形容"劳动"的。"抽象的ご人间的な劳动"（抽象的人类的劳动）的意思可以通过上述引文中的"抽象的劳动"和"人类的劳动"的各自说明得以明确起来。但是，在向坂逸郎的日译本中"抽象的"却是作为"人类的"的副词译的。另外，在"抽象的な人间劳动"一词的翻译中，"抽象的"当作"人类劳动"的形容词，有时在同一节中并用这两个译词，这就使人误认为好像这个词有两种表现似的。向坂译本的第2版以后几乎把这个词都译为"抽象的に人间的な劳动"。（宫川实的译本与高畠、冈崎译本相同，都译为："抽象的人间劳动"。）

另外，还有一个争论问题，就是《资本论》第1卷第1版中的"abstrakte menschliche Arbeit"一词，在第2版以后其中的"abstrakte"的词尾"e"被去掉了。如果将形容词"abstrakte"的词尾去掉，在普通的场合，认为是副词，像向坂译本那样必然把它译为"抽象的に人间的な劳动"。但是，长谷部文雄在翻译时曾就此向德文文法专家片山正雄先生请教，我们这次重新翻译时也向参加这次翻译的德文文法学者请教过，他们的意见相同，认为abstrakt作为副词是属于初级文法。在两个形容词各自独立形容一个名词时，一般是这样写的：**形容词，形容词＋名词**，即在第一个形容词（这时有词尾变化，例如abstrakte）之后，加上（,）点，但在两个形容词具有某种意义的联系的特殊情况下，要去掉（,），使第一个形容词的词尾不发生变化。马克思所以在第2版以后将abstrakte一词的词尾e去掉，就是为更明确地表现"抽象的に人间的な劳动"的含义，防止人们的误读。

---

① 《资本论》第1卷德文第1版第756页。"abstrakte menschliche Arbeit"，现中文译为"抽象的人类劳动"，按冈本博之的意见，应译为"抽象的人类的劳动"。

b. 关于 moralisch（日译为モラーリッシユ）的译法。这个词虽然不是政治经济学的术语，但马克思在论述他的经济理论时却经常使用它。(moralisch 相当于英语中的 moral 的形容词)，我们在翻译这个词时，在三个地方没有使用汉字，而是用片假名表示的。这三个地方是：

(1)"労働力の価値規定は、他の商品の場合とは対照的に歴史的がつモラーリシツユな一要素を含んごいる"。[中译文为："和其他商品不同，劳动力的价值规定包含着一个历史的和道德的因素。"]①

(2)"これらの純粋に肉体的な制限のほかにま、労働日の延長はモラーリシツユな諸制限に突きあたる。"[中译文为："除了这种纯粹身体的界限之外，工作日的延长还碰到道德界限。"]②

(3)"機械な、物質的摩滅のほかいわゆるモラーリシツユ摩滅をもこらむる。"[中译文为："机器除了有形损耗以外，还有所谓无形损耗。"]③

以前的日译本都把(1)(2)中的 moralisch 译为"精神的"或"道德的"，而把(3)译为"道德的"，或"无形的"。但是这个词除了有"精神的"、"道德的"、"无形的"的含义外，还包含有"社会的风俗和习惯"的意思。在《工资、价格和利润》一书中，在论述劳动力的价值规定时则有"社会的要素"的意思。所以，在新译本中把这个词译为"社会习惯的"。在(1)(2)场合，把这个词译为"道德的"是令人费解的，而在(3)中如果译为"机器的道德的磨损"的话，那就更是荒谬，只是与社会技术的发展水平相对照具有"陈腐化"的意思，所以，我

---

① 《马克思恩格斯全集》第 1 版第 23 卷第 194 页。
② 《马克思恩格斯全集》第 1 版第 23 卷第 260 页。
③ 《马克思恩格斯全集》第 1 版第 23 卷第 443 页。

们把它译为"社会标准上的"。在新译本中都赋与了"社会的"意思。（只有宫川实的译本把这三种情况下的"moralisch"都译为"社会的"，他是正确的。另外，moral 出自拉丁语 moralis，有"社会习俗"的意思，总之，有"行动的社会的制约"的意思。）

c. 关于混成的工场手工业的部分工人的工种名称的译语。在《资本论》第1卷第十二章《分工和工场手工业》中，马克思曾以钟表业的内部分工为例，举出局部工人40种，对这些工种的翻译是很难的，因为这些工种都是18世纪古代钟表业的分工，不能简单地同现代钟表的分工相比。所以，几种日译本对这些工种名称的翻译上都是不同的。为此，我们特向研究钟表历史的世界权威——桥大学教授山口隆二请教，在他的协助下，才一一确定了40个工种的翻译名称。（见新译本第5分册第505—596页）①

在翻译过程中，我们为了准确译出《资本论》中马克思所涉及的广博知识，我们曾向许多专家请教，有些人则自发地、积极地协助我们，许多难题就是在他们的帮助下解决的。

（3）**关于哲学用语的翻译**。在《资本论》中，马克思所创造的以方法论为核心的革命唯物辩证法得到了完全的、全面的贯彻。它是将马克思的方法运用于科学和实践的具体问题上的最高的典范。《资本论》也是应用历史唯物主义的模范，为这个理论的正确性提供了科学的论证。同时，历史唯物主义是马克思的政治经济学研究的方法论的基础。

马克思在《资本论》第2版跋中指出："人们对《资本论》中应用的方法理解得很差。"② 马克思明确表示他在《资本论》中是应用辩证唯物主义进行分析的。

---

① 参看《马克思恩格斯全集》第1版第23卷第380页。
② 《马克思恩格斯全集》第1版第23卷第19页。

恩格斯虽然不是直接谈《资本论》，但在给伯恩施坦的信中论及伯恩施坦、考茨基合译的《哲学的贫困》一书时说："我在等稿子。顺便说一下，如果第二章里的黑格尔用语使你们感到困难，那干脆在稿子上空着，由我来填；在德文本中，应当准确地沿用黑格尔的专门术语，不然就会不可理解。"①

在其他马克思和恩格斯关于《资本论》英译文的问题的往返书信中，也谈到了"需要一套翻译黑格尔用语的术语（英文的）"②，"用英语不需要削弱原作的表现力。在真正辩证叙述的某些地方不免要失去一些东西"③。科学社会主义的创始者很重视《资本论》的翻译中如何正确表现用于分析和综合的唯物辩证法，如何生动地再现以历史唯物论为指针对历史上和经济上的各种问题的说明。

列宁在他的《哲学笔记》中指出，马克思并没有遗留下逻辑学，但却留下了《资本论》的逻辑学，指出了《资本论》所具有的哲学意义的显著特征。我们的新译本要努力按照列宁所说的那样，正确地将哲学用语翻译出来。从战前开始，河上肇、宫川实的译文就特别重视体现马克思的方法论精神，以后长谷部文雄译本又继承了这种译风，努力使用科学的正确的译词与译文，以便正确地再现马克思的辩证法的叙述。这是长谷部的很大功绩。当然，另一方面，长谷部的译文也有不足之处，常把马克思的不是辩证法的用语而是日常的活生生的德语，机械地像译哲学的或专门用语那样译过来，因而往往使译文晦涩难懂。向坂逸郎的译本，在再现辩证法的叙述上就不如河上、长谷部的译文那样好，有时译得暧昧不清，如买和卖的"Identität"，译为"一致"，而不是译

---

① 《马克思恩格斯全集》第1版第36卷第138页。
② 《马克思恩格斯全集》第1版第31卷第314页。
③ 《马克思恩格斯全集》第1版第33卷第100页。

为辩证法的概念——"同一性"。

冈崎次郎的译本在重现黑格尔式的表现和辩证法的基本概念上，从整体上看是比较好的，但有些把马克思原意通俗化的倾向。

其次，关于辩证唯物主义的重要概念之一"aufheben"的译法问题。（我们的新译本译为"扬弃"或"废止"）。这个词是从古代到现代都使用的德文词，在古代，马丁·路德译的《圣经》中就有这个词。这个词的含义，一方面（1）有"丧失"、"废止"、"否定"的意思，另一方面（2）又有"高举"、"提高"、"保存"的含义。在哲学史上，例如康德是在"否定"的含义上使用的。但是，黑格尔却是当作具有两种含义的词来使用的。作为黑格尔辩证法的特有用语是这样的：在发展中旧的东西被否定，新的东西出现时，旧的东西不仅仅是被消灭，而是在事物本身中出现的积极的东西，在新的更高阶段上被保持下来并更加发展起来了。所以，它是一个表明辩证法的发展关系的用语。在日本，最初将黑格尔哲学介绍进来时，将这个词译为"止扬"（后来译为"扬弃"），这个译语是否合适，暂且不管。但有了这个词却是十分方便的。因为在英语和法语中，还没有用一个词来表现黑格尔用语的内容的。

马克思在将黑格尔的从唯心主义立场出发的辩证法改变为从唯物主义立场出发的辩证法时，否定之否定成了辩证法的基本规律之一。所谓否定，是作为发展的一个契机的否定，从而成为 aufheben 的内容。马克思在这一意义上使用这个词时，仍然应译为"止扬"。但是，马克思还在这个词的本来意义上的第一个方面，即与"beseitigen"（"除掉"、"除去"、"废止"、"丧失"）相同意义上使用它。因此我们在翻译时，必然根据这个词出现的场合和场所分别用不同的日语词汇译出。如在（1）的情况下，译为"止扬"，而在（2）情况下则译为"除掉"、"废止"。经过我们查证，aufheben 这个词在《资本论》全三卷中大约出现

过二十五次，其中，必须译为"止扬"的有七处，其他均译为"除掉"、"废止"，而且多数应译为"废止"。可是，在长谷部文雄的译本中除了一处译为"结算"外，其余均译为"止扬"，这就不妥了。例如，长谷部译本将下面这段话中的 aufheben 译为"止扬"："他面、大工業は、その資本制的形態において、旧式分業をその骨化した分立性とともに再生産するすごに見たように、この絶対的な矛盾は、労働者の生活状態のあらゆる静止・固定、を止扬する。のごあつて、労働者の手から、労働手段とともに絶えず生活手段をうち落し、彼の部分機能とともに彼じしんを剰ならしぬようとすろ。"[中译文为："大工业在它的资本主义形式上再生产出旧的分工及其固定化的专业。我们已经看到，这个绝对的矛盾怎样破坏着（aufhebt）工人生活的一切安宁、稳定和保障，使工人面临这样的威胁：在劳动资料被夺走的同时，生活资料也不断被夺走，在他的局部职能变成过剩的同时，他本身也变成过剩的东西。"①]

为什么要把工业和旧的分工的固定性及其绝对的矛盾对工人的打击，译为"止扬"？这是很含混不清的。我们的新译本则译为"丧失"。即"……労働者の生活状態のいつさいの平穏、堅固、および安全をくしてまい……"

这种情况表明，长谷部文雄一方面重视马克思的方法论使他的译文取得很大成绩，但同时在译文中又犯了这样的错误，究其原因是由于个人能力所限。

同长谷部文雄的译法完全相反的是冈崎次郎的译文。冈崎次郎将二十五处 aufheben 都无例外地译为"废止"、"废弃"、"解除"、"否定"，就是在应该译为"止扬"的地方也没有译为"止扬"。这样，他的译词

---

① 《马克思恩格斯全集》第 1 版第 23 卷第 534 页。

就难表现出：在废弃旧的同时在更高的层次上转化为新的事物。以《资本论》第 3 卷某段译文为例：

"これは、資本主義的生産様式そのまののなかごの資本主義的生産様式の廃止てあり、したがつてまた自分自身を解消する矛盾ごあつて、この矛盾は、一見して明らがに、新たな生産形態への単なる過渡点として現われるのである。"［中译文为："这是资本主义生产方式在资本主义生产方式本身范围内的扬弃，因而是一个自行扬弃的矛盾，这个矛盾首先表现为通向一种新的生产形式的单纯过渡点。"①］

在这里，好明显，"废止"、"解消"两处的 aufheben 都应译为"止扬"。

向坂逸郎的译本介于长谷部和冈崎译本之间，分别译为"止扬"和"丧失"。但他的译法是否妥当呢？例如：

"商品の交易過程は、矛盾したお互いに排除し合う関係を含んでいることを知つた。商品の発達は、これうの矛盾を止揚しないで、それが運動しうる形態を作り出している。てれがとりもなおさず、一般に現実の矛盾が解決される方法である。"［中译文为："商品的交换过程包含着矛盾的和互相排斥的关系。商品的发展并没有扬弃这些矛盾，而是创造这些矛盾能在其中运动的形式。一般说来，这就是解决实际矛盾的方法。"②］

但是如果把上述这段译文同《政治经济学批判大纲》Ⅰ中马克思说的："貨幣は直接的な物物交換の諸矛盾を止揚するが、しかし、それはただ、この諸矛盾を一般化することによつてごある。"［中译文为："货币所以能够克服物物交换中包含的困难，只是由于它使这种困

---

① 《马克思恩格斯全集》第 1 版第 25 卷第 495—496 页。
② 《马克思恩格斯全集》第 1 版第 23 卷第 122 页。

难一般化、普遍化了。"①]

把这段译文相对比,一方面是"止扬"しない(没有扬弃)。另一方面是"止扬"すろ。这样,是不是马克思说矛盾了。其实,向坂所译的"止扬",其德文原词 aufheben 是在"废弃"的意义上使用的。这次,我们重新翻译时则译为"取りのそくのごはな"(并没有除掉)。在这种场合,并不是商品的交换形态中包含的"没有扬弃的矛盾",而是"没有除掉",是把它在商品变态这种运动形式中"扬弃"的。

(4)**关于在引用的文字、圣经、谚语、词句中所加的译者注**。《资本论》的特征之一是,作为语言大师的马克思使他的才能极具感召力,使它充分地发挥了出来,其文学表现——尖锐的讽刺、挖苦、谐谑、比喻等,同马克思研究的透彻的逻辑结论二者有机地结合起来了。因此《资本论》的叙述使人容易理解又生动活泼,不仅知识界,就是一般读者也能理解,也能引起他们在情感上的共鸣。所以,为了正确地翻译《资本论》,就要求克服这样的困难:一方面要将马克思的革命精神和多彩的生动的艺术表现完全彻底地给再现出来,而另一方面又要使这种再现同严谨的逻辑的叙述统一起来。从这个标准来看,以前出版的几种日译本几乎都没有完成这个要求。因此,在日本人民中就有了把《资本论》当作一个艺术的整体加以翻译的迫切要求。

马克思在进行重要的理论叙述时常常利用世界文学宝库,引用莎士比亚、歌德、海涅、巴尔扎克以及古代作家的一些作品,把它融会到自己的理论叙述中去。就是说,马克思为了使读者对他的尖锐的理论结论有一个明晰的印象,常常利用世界文豪的话来说明自己的命题,通过这些天才的作家的参加来使读者更加容易把握《资本论》中所阐述的思想,以此来扩大自己的这一伟大著作的影响力。马克思在阐述他的经济

---

① 《马克思恩格斯全集》第 1 版第 46 卷上册第 95 页。

理论时，往往使文学作品中的人物登场。我们通过注解可以了解这些作品和人物。此外，马克思也经常使用欧洲人一看就懂的谚语、格言、名句以及从《圣经》上转引的句子，而在这些地方又往往不加括号，不注明出处，为此，我们也作了译者注。但为了不妨碍读者阅读《资本论》的理论内容，这些译注写得力求简短、扼要。

A. 从文学著作中的引用

（a）歌德　马克思在第1卷第一章第四节《商品的拜物教性质及其秘密》中，有这样一段论述：

"很明显，人通过自己的活动按照对自己有用的方式来改变自然物质的形态。例如，用木头做桌子，木头的形状就改变了。可是桌子还是木头，还是一个普通的可以感觉的物。但是桌子一旦作为商品出现，就变成一个可感觉而又超感觉的物了。"①

这段话中的"就变成一个可感觉而又超感觉的物了"（verwandelt er sieh in ein sinnlich übersinnliches Ding），引自歌德的《浮士德》第一章，是套用的，语气同原文是相反的。附带说一句，sinnlich一词既有"感性的"的含义，同时也有"肉感的"含义。马克思就是这样在他的难懂的叙述中采取这种形象的方式来促使读者深刻了解它的内容。

还有，对"它不仅用脚站在地上，而且在对其他一切商品的关系上用头倒立着，从它的木脑袋里生出比它自动跳舞还奇怪得多的狂想"②这段话，马克思还作了注解："我们想起了，当世界其他一切地方好像静止的时候，中国和桌子开始跳起舞来，以激励别人。"③ 为了使读者理解马克思的这个"注"，译注指出了马克思在另一篇《中国纪事》中

---

① 《马克思恩格斯全集》第1版第23卷第87页。
② 《马克思恩格斯全集》第1版第23卷第88页。
③ 《马克思恩格斯全集》第1版第23卷第88页。

说:"在桌子开始跳舞以前不久,**在中国**,在这块活的化石上,就开始闹革命了。"①

(b) 歌德 在有些段落尽管没有直接引证歌德作品的原话,但显然是套用了他的作品中的话(《浮士德》)。如"资本家……把价值,把过去的、物化的、死的劳动变为资本,变为自行增殖的价值,变为一个有灵性的怪物,它用'好像害了相思病'的劲头开始去'劳动'"②。

(B) 对谚语、格言、名句的引用

谚语:"工人只是把皮革当作自己的劳动对象。他不是鞣资本家的皮。"③

鞣皮业者为了锻炼徒弟的手艺,严厉地将徒弟打翻在地,俗称"鞣徒弟的皮",马克思套用这个谚语进行讽刺。

格言:"资本害怕没有利润或利润太少,就像自然界害怕真空一样。"④

这是古代物理学家的格言,可参看拉布雷的《卡尔冈丘瓦的故事》第1卷第五章以及拉布雷《帮达古留耶尔故事》第4卷第六十二章。根据这一原理,后来伽利略等人发明抽水机、水银柱,笛卡尔和斯宾诺莎都谈到过这一点。

(C) 引用《圣经》

(a)"铁的所有者遇见某种享乐商品的所有者……"⑤

这句话中的"享乐"二字是引自《圣经》(新约)彼得第二、一、

---

① 《马克思恩格斯全集》第1版第15卷第545。
② 《马克思恩格斯全集》第1版第23卷第221页。
③ 《马克思恩格斯全集》第1版第23卷第344页。
④ 《马克思恩格斯全集》第1版第23卷第829页。
⑤ 《马克思恩格斯全集》第1版第23卷第121页。

四，约翰第一、二、一七。以前的日译本均译为"享乐商品"，没注明出处。新译为："この世の欲さ満たす"（即"满足世俗欲望"），这是新约《圣经》中的话。

（b）"以后我们会看到，李嘉图学派是怎样被这块拦路石绊倒的。"①

"拦路石"这个词也是来自新约《圣经》给罗马人的信九、三一——三三，彼得第一信二·六一八。

附录：关于"彼得"与"保罗"的名字译法问题。

马克思在《资本论》第 1 卷第一章第三节注（18）说：

"名叫彼得的人把自己当作人，只是由于他把名叫保罗的人看作是和自己相同的。"②

这里的 Peter 和 Paul 是"人"的形容词，以前从高畠素之、河上肇译本开始直到今天差不多都认为"彼得"和"保罗"是耶稣基督的弟子。但是，我们现在认为，马克思在这个"注"中所说的彼得与保罗是同基督教毫无关系的。一般地说，德语中的 Peter 和 Paul 的第一含义是男子的名字，就像日本的"太郎"、"次郎"那种极普通的有代表性的男性名字。彼得与保罗即指一般人、一般男人，在翻译时说谁都行。所以，我们在新译本中只是音译为"ペーダ"和"パウル"。为什么要这样译？其理由如下：

（1）上述的彼得和保罗是第一义的含义。

（2）在马克思的注中彼得和保罗是人（Menschen）的修饰语。

（3）在经马克思修订的法文版中删掉了这两个名字，只是说"人"（homme）。法文版注（16）说："所以人起初是以别人来反映和认识自

---

① 《马克思恩格斯全集》第 1 版第 23 卷第 341 页。
② 《马克思恩格斯全集》第 1 版第 23 卷第 67 页。

己的。"①

（4）在《资本论》中只有两处使用了彼得和保罗，而且还都标上拉丁语：Petrus，Paulus。

（5）全部《马克思恩格斯全集》（大月书店版）共有三十七处提到彼得和保罗，其中只有一处写的是"der heilige Peter"，其他各处都是以拉丁语来表示，其中大部分又冠以 heilige，Saint（圣），Apostel（使徒）。

（6）协助我们翻译专门研究《圣经》的川瑞纯四郎教授也认为：大多数提到彼得和保罗的地方是同基督教的故事没有任何关系的。所以，不能把彼得和保罗译为基督的使徒。

[原载《经济》（日本）1990年3月号]

（赵洪 摘译）

---

① 《资本论》第1卷法文版第29页。

《资本论》传播史

《资本论》传播史和发展史之间的联系*

〔民主德国〕汉纳斯·斯康布拉克①

马克思和恩格斯在重新出版自己的重要著作和在把它们译成各种文字时一般不对它们进行修改和加工。因为他们始终认定一个原则,即认为这些作品是一种历史文献。马克思和恩格斯在为1872年《共产党宣言》德文版写的序言中甚至说:由于近年来资本主义的发展,特别是巴黎公社以后,"这个纲领在有些地方已经过时了"②,但他们已没有权利来加以修改。恩格斯在他72岁再版他在25岁写的第1部作品《英国工人阶级状况》时说,他不打算"抹去青年时期的痕迹"③。他只是把若干不十分清楚的地方表述得更明确些,并在一些地方加了脚注。《反杜林论》再版时,恩格斯因没有时间,并考虑到他的对手,几乎未作修改就照前一版重印了。与此明显不同的是马克思和恩格斯对《资本论》第1卷的态度。马克思在世时一直在为完善该著作而努力,亲自出了第1版,经过修订出了第2版和法文版。后来恩格斯继续从事这项工作,完成了第3版和修订了第4版。

不仅如此,马克思在《资本论》出版前的8年中为《资本论》写

---

* 本文选自《马克思恩格斯研究》1989年总第2期。
① 作者是民主德国马列主义研究院马恩室的科研人员。
② 《马克思恩格斯全集》第1版第18卷第105页。
③ 《马克思恩格斯全集》第1版第22卷第367页。

了3部篇幅巨大的著名手稿，每部手稿都对完善这部著作起了特殊的作用，1867年出版的第1卷已是第4稿，它是在一年多的时间里极紧张地完成的，马克思的1866年1月到1867年4月这段时间的书信对此作了说明，有一次他自己也说，他在进行"润色"工作，并乐于"舐净这孩子"①。和以往一样，马克思在这里也是超负荷地进行写作，因为他是完全从头来加工这一卷的，他研究并使用了1866年和1867年初的最新材料，他要使这第1卷成为详尽阐述他理论的最佳著作，带有鲜明性、思想性、论战性，并且文字也是完美的。

几乎在这第1卷还没有出版的时候，马克思和恩格斯就已经在考虑对它进行修改了。库格曼不理解价值形式这一章，恩格斯慎重地告诉马克思，为了让人明确理解，书的分章和分节还应再细些。第一批资产阶级学者的评论文章在沉默之后出现了。值得注意的是，这些评论文章使马克思看到了对他的著作的有意思的反应和别人在理论上很重要的看法（由于马克思同资产阶级的论证进行思想交锋）。因此，马克思对杜林先生的评论文章特别注意，他说："这个家伙并没有觉察到这部书中的三个崭新的因素。"② 这三个因素就是：（1）以前的一切政治经济学仅仅研究剩余价值的特殊形式即地租、利润和利息，并且在理论上得出了错误结论。与此相反，马克思研究剩余价值的一般形式。（2）第一次制定出生产商品的劳动的二重性。（3）工资被描写为隐藏在社会关系后面的一种不合理的表现形式。③

半年后，通过抨击《中央报》对价值理论的攻击及其提出必须加以证明的要求，马克思极其明确地进一步发展和陈述了上述这些思想。

---

① 《马克思恩格斯全集》第1版第31卷第181页。

② 《马克思恩格斯全集》第1版第32卷第11页。

③ 参看《马克思恩格斯全集》第1版第32卷第11—12页。

他在1868年7月1日写给库格曼的信中说，在《中央报》上写文章的人承认，如果设想价值这个概念一般来说还有点意义，就必须同意马克思的有关结论；这表示《中央报》的这位人士已作了尽可能大的让步。马克思接着说："这个不幸的人看不到，即使我的书中根本没有论'价值'的一章，我对现实关系所作的分析仍然会包含有对实在的价值关系的论证和说明。胡扯什么价值概念必须加以证明，只不过是由于既对所谈的东西一无所知，又对科学方法一窍不通。任何一个民族，如果停止劳动，不用说一年，就是几个星期，也要灭亡，这是每一个小孩都知道的。"① 在这个问题上情况是这样的，社会总劳动自然必须按一定的生产比例来分配，以便使相应的产品量满足相应的需求。这一点适用于任何生产方式，当然，其表现形式在不同的社会是完全不同的。而与资本主义生产方式相适应的形式，正是这些产品都具有交换价值。而庸俗经济学不去揭示事物的内部联系和表面现象不一致的原因，而是隐瞒这种关系，这是符合"统治阶级的绝对利益"的。因为洞察事物的本质，是推翻一切在理论上相信"现存制度的永恒必要性"②的第一步。马克思在这里讲清楚了：为什么资产阶级经济学家始终猛烈攻击马克思的价值理论，并且另一方面也证明了，为什么他们的一切尝试都必然失败。凡此种种情况，也是促使马克思在《资本论》第2版中修改和完善价值理论的原因。

马克思还非常注意并非常有兴趣收集来自工人运动的对他著作的反应。从这里他也获得了许多修改他著作的启发。随着《资本论》第1卷德文第2版在新出版的《马克思恩格斯全集》原文版第2部分第6卷中重新发表，我们可以看到马克思对其第1版发表5年后所作的一切修

---

① 《马克思恩格斯全集》第1版第32卷第540—541页。
② 《马克思恩格斯全集》第1版第32卷第542页。

改和补充以及 5 年来的影响和反响的最详尽的文献资料。关于《资本论》法文版和英文版的传播史和发展史的关系，也将随《马克思恩格斯全集》原文版的有关各卷的出版，而得到介绍。在这方面还有许多工作要做。但是，我们必须从更广阔的范围来看传播史。《资本论》从出版以来对整个精神生活和政治生活的深刻影响与日剧增。欧洲许多国家次数频繁的工人运动总的来看与这部著作的纲领性内容越来越趋于一致。工人革命运动的反对者，无论是个别领导人物，还是新形成的领导层，甚至国家当局，都越来越倾向一个共同的认识，即认为在马克思、《资本论》、工人运动、自觉斗争之间有一种"息息相关的联系"。有一份名为《关于小册子〈资本论〉》的普鲁士警察局文件，是在取消反社会党人法以后写成的。乍一看，内容长而乏味，都是一些按日期排列的报纸上常见的内容，不过很快就读到了如下的话："《资本论》第 2 卷还没有出版。3 个月以后再版。""始终还没有出版"这类内容甚至出现了好几次。因此，细看文件给人这样的印象：警方很担忧，而且不耐烦地等待着，始终在注意《资本论》出版这件事。他们不愿错过这本危险著作的出版时机，因为它是马克思思想的产物，是工人革命运动的纲领性文件。这还只是说明整个资产阶级世界注视马克思主义和工人运动发展和传播的个别例子。而在斗争的最前沿，在革命战士们那里，人们是不会忽视《资本论》的。

马克思和恩格斯无论从朋友，还是从敌人那里都感觉到了他们的著作所产生的巨大影响。更确切地说，他们在革命实践中亲身经历到了这一切。例如，在 1871 年和 1872 年期间，主要是在马克思的思想中，但也在恩格斯的思想中，第一国际、巴黎公社和《资本论》之间的联系是最明显的了。我们在研究时应尽可能接近他们的动机，力求了解他们在这个时间的愿望和目标。

按照我的看法，第一，马克思在第一国际工作的几年对《资本论》

第1卷最后成熟阶段的研究有着决定性作用。从第1卷的理论基础来看，这样说似乎不完全合适，因为理论基础在1864年前就已经建立了。但是还有两个其他因素：国际曾多次要求马克思考虑用最好的表达形式来阐述第1卷的内容，就像大家知道的那样表达不仅仅是一种方法，而在某种程度上是整个工作的后一半工作。只要回想一下1865年的《工资、价格和利润》一书就清楚了，在那里，马克思的几乎所有的理论，工人都能懂得。而且总委员会的记录表明，马克思曾多次在国际工人协会领导人员的会议上讲授政治经济学。因此，我敢断言，如果没有国际的影响，1867年出版的《资本论》第1卷就不可能在理论上和文学水平上都是如此出色的杰作。

第二，如果不是第一国际的作用，马克思在1864年和1865年能这么认真地研究第2和第3卷的问题吗？马克思关于平均利润和生产价格理论的科学论证，对工人运动有着非常重要的意义。在资本主义实践中，主要不是个别资本家剥削个别工人，而是整个资本家阶级剥削整个工人阶级，不管他们是愿意还是不愿意，或许某个资本家本人根本不是"阴险的家伙"。但在资本主义社会里，两大主要阶级之间的分裂在客观上是不容置疑的。马克思1865年花费很多精力起草第3卷的目的，不就是要从理论上阐明这些问题吗？

现在来谈谈巴黎公社和《资本论》的关系。我们可举出很多事例回答这个问题。马克思为什么对鲁瓦提交的《资本论》第1卷法译本的译稿花费如此多的精力和时间来进行修订，其根本原因究竟是什么呢？是鲁瓦的译文有不足之处吗？肯定是有的。是有的术语不确切吗？是因为在科学上有不完善之处吗？例如，马克思在出版德文第2版时为之苦恼的关于价值形式的论述就还有待完善。毫无疑问这都是对的。然而，最主要原因——也就是我们讨论这个问题的目的——是1871年春在巴黎发生的那个世界历史事件，即巴黎公社革命的巨大影响。它对马克思的思想也产生了很大影响。大家知道，马克思当时以国际工人协会总委员会贺信的形式认真研究了有史以来的第一次无产阶级革命。马克思以科学家和革命者的身份对这事件进行了清楚的、透彻的分析，这些理论成果具有深远的历史意义。马克思自始至终都热情地、立场鲜明地歌颂英勇的巴黎无产阶级战士，这些内容今天读起来还使人热血沸腾。马克思也对革命的不足之处进行了批评，但是鉴于起义被野蛮镇压下去这个悲剧，毫无疑问他说得比他心里想得要少。马克思认为，缺点主要是人们对资本主义客观发展规律缺乏认识，许多公社社员受了蒲鲁东思想的影响。而马克思修订法文版《资本论》，正是要在公社失败不到一年的时候，通过它在遭受失败的法国工人运动中传播正确的思想，为一次新的革命高潮的到来在理论上武装工人。在这里马克思为法国工人做了他所能做的一切，很了不起。从篇幅不大、用词谨慎的"序言"中，即与出版家拉沙特尔的通信中，我们能够悟出这方面的某些东西。第一，为什么序言用这种私人通信形式？马克思在这个时候自然不能对法国工人阶级进行情绪激昂的号召，不然这本书马上就会成为禁书。因此，"只是"致出版家的一封信。第二，马克思写信署的日期是"1872年3月18日"。这不是偶然的巧合，这是借巴黎公社一周年之际向为公社献身的英勇战士致以默默的问候。第三，马克思利用这本书分册出版的方式作掩护，以便清楚地表明他的书是给谁看的。马克思写道："这本书这样出版，更容易到达工人阶级的手里。"接着又说："在我看来，这种考虑是最为重要的。"① 第四，马克思几乎是在一个很随便的句子中像聊天似地对法国工人作了重要的提示，即他在书中写的内容与法国工人当前的困难处境有直接的联系："法国人……渴望知道一般原则同

---

① 《马克思恩格斯全集》第1版第23卷第26页。

他们直接关心的问题的联系。"① 后来，马克思为法国工人阶级的这本书又做了大量工作。他显然对这本书很满意，3年后他在德文"第2版跋"中第一次指出了法文版《资本论》具有独特的科学价值。②

《资本论》第1卷的问世对马克思和恩格斯创建的马克思主义的进一步发展和完善有巨大的影响和多方面的作用。《资本论》可以说是统一的马克思主义的决定性基础。因为《资本论》是在唯物史观的基础上产生的，并且用经济理论，特别是用剩余价值理论进行了全面理论论证。马克思关于工人阶级历史作用和关于共产主义社会的革命结论都是以此为基础的。马克思和恩格斯以后的一些重要著作都与《资本论》的理论有密切联系。例如，马克思在《法兰西内战》中研究了"从旧社会诞生新社会，从前者进到后者的过渡形式"③。在这里必不可少的理论基础，是马克思在《资本论》中对资本主义社会形态的广泛分析，是在那里逐渐形成的革命结论，即新社会将合乎规律地从旧社会中产生的理论。在《论住宅问题》一文中，恩格斯明显地依据《资本论》的学说，论证了资本主义制度的一个重要问题，即住宅问题仅仅想在其内部解决是不可能的。因为资本主义在客观上起作用的规律不允许做到这一点。《对德国工人党纲领的几点意见》一文在更大程度上运用了《资本论》学说：批判了拉萨尔的经济观点和社会哲学观点，分配不仅取决于生产，而且主要取决于生产方式的性质。因此，在剥削关系下实行社会主义的分配原则是不可能的。在《反杜林论》中，《资本论》的影响和对《资本论》的领会在所有3篇中都达到了高峰，恩格斯的这部巨著就整体而言只是因为有了马克思的《资本论》才可能出现。这主要

---

① 参看《马克思恩格斯全集》第1版第23卷第26页。
② 《马克思恩格斯全集》第1版第23卷第14页。
③ 《列宁全集》中文第2版第31卷第45页。

还根本不是指具体的行文和引文;《反杜林论》这本书的整个思想证明恩格斯彻底领会和运用了《资本论》。新版《雇佣劳动与资本》在术语方面和《资本论》的许多认识相一致,这就使该书达到了一个最新的高度。对此,恩格斯在导言中作了明确的强调和详细的论证,① 如此等等。

那么,《法德农民问题》与《资本论》的关系怎样呢?还有《路德维希·费尔巴哈》和《欧洲能否裁军》的情况怎样呢?最后,还有恩格斯为再版马克思的著作而写的十几篇前言的情况呢?

随着这许多研究题目的提出,本文现在就结束了。这些题目我们肯定要进行深入地研究。这些题目研究得越深入,越能看清《资本论》传播史同发展史的联系。

(原载《马克思恩格斯研究论丛》第23辑)

(章丽莉 摘译 张仲朴 校)

---

① 参看《马克思恩格斯全集》第1版第22卷第234—243页。

马克思恩格斯生平遗著流传史*

〔德〕罗尔夫·黑克尔

[**编者按**] 2010 年 8 月—9 月，国际著名马克思、恩格斯著作编辑学家、《马克思恩格斯全集》历史考证版第二版（MEGA）编辑促进会主席、MEGA 第二部分（《资本论》及其准备著作）的主要编者、《马克思恩格斯研究论丛·新辑》主编、中央编译局德籍专家罗尔夫·黑克尔（Rolf Hecher）教授在我局举办题为"马克思恩格斯遗著：历史、出版和接受"的系列讲座，集中讲授马恩逝世以来马恩遗著的流传情况和马恩著作的出版情况以及在编纂马恩著作的过程中许多鲜为人知的细节和最新的研究成果。本刊将独家刊发全部六讲的主要内容，以飨读者。本期刊发第一讲："关于马克思和恩格斯以及马恩遗著流传史的传记材料"。

马克思和恩格斯传记的几个新视角

卡尔·马克思于 1818 年出生于特里尔，一座经历了古罗马、法兰西和德意志历史的走过了两千年的古城。1801 年特里尔的市民获得了法国国籍，法国民法典的民主的、拿破仑式的民主裁判权开始生效。在所谓的解放战争过程中，特里尔于 1814 年被普鲁士军队占领。信仰天

---

* 本文选自《国外理论动态》2010 年第 10 期。

主教的市民对新教持反对立场。当时这座城市有1万居民，现在超过了10万。

马克思出生于一个拉比家庭，也就是一个信仰犹太教的家庭。特里尔的统治者的更迭对他的童年有直接影响。他的父亲亨利希·马克思在拿破仑统治之下成为一名司法顾问，而在普鲁士统治下他要想保住这个职位就只能从信仰犹太教转变为信仰新教。他于1816年皈依了新教。卡尔·马克思和家里的其他孩子在1824年皈依了新教。然而马克思很早就与宗教脱离了关系，他称宗教为"人民的鸦片"①。

每年也有几万人到摩泽尔河畔这座著名的德国城市特里尔朝圣，其中约1万人来自中国，许多人还在马克思诞生的房屋（不要将它和黑门附近马克思家的住宅混淆）前拍照留念。特里尔的卡尔·马克思故居（在莫斯科的马克思博物馆于1991年关闭之后，它是全世界唯一专门纪念马克思的博物馆）2005年以新设计的展览重新开馆。在这里须做一简要回顾。1928年，德国社会民主党购得这座建筑，本应于1933年开始举办展览。但纳粹占领了这座房子，直到"二战"结束后的1947年，它才向公众举办了第一次展览。1968年和1983年分别举行了新的马克思生平和著作展览。在最近一次展览落成典礼上，当时的德国社会民主党主席弗兰茨·明特费林（Franz Müntefering，这是他第一次在这座房子逗留）说，他是联邦共和国长大的，因此对他来说"马克思不是导师"。他还说："在卡尔·马克思和德国社会民主党之间如今存在着哥德斯堡纲领和142年的政治实践。这个政党和这位过去的工人运动的思想领袖之间的关系一直很棘手，也很鼓舞人心，但不具有决定性影响。"

许多德国城市都有以马克思命名的街道，这里或那里也能时不时看到纪念像，比如著名的开姆尼茨马克思头像和德国首都市中心的马克思

---

① 《马克思恩格斯文集》第1卷第4页。

恩格斯广场。几年前电视观众在回答谁是最伟大的德国人这个问题时，马克思当选第三名。

马克思和他的朋友恩格斯的生活历程被人们研究得很透彻。德国社会民主党一位领导人弗兰茨·梅林在"一战"刚结束时就出版了一本马克思主义的马克思传记。从那以后出版了大量描述其生平和事迹的材料。几十年来，马克思的敌人也没有改变自己的立场，他们咒骂他的学说，一再宣称马克思主义已经死亡。在合适的地方我还会谈到马克思对资本主义的批评和他对未来无剥削社会的预言。

《马克思恩格斯全集》历史考证版（MEGA）的出版始于1975年，至今计划中的114卷已出版一半，这极大地促进了对马克思恩格斯的研究。在讲座中我将逐步表明，马克思和恩格斯的文献遗产在其流传史中是如何被对待和接受的。尽管即使到了马克思诞辰200周年也肯定不能出齐所有卷次（要完成这个版本也许要靠第三代人了），然而在已出版的各卷中有不计其数的有关马克思和恩格斯的著作、文章、摘录笔记本、笔记本和信件的新研究成果。同时这个版本还有一个重要的贡献，它使得马克思和恩格斯研究过或引用过（有时甚至是间接引用）的作者摆脱了"被遗忘"状态，使他们的著作和传记再次引起注意。而这个版本也使得马克思恩格斯的传记本身获得了新的重点，这些重点本文献中有时接受起来非常迟缓。因此我们柏林MEGA协会给自己提出一个任务，到2018年马克思诞辰纪念日时重新编制马克思的生平年表。

最近在国际上很出名的一部马克思传记的作者是英国记者弗朗西斯·惠恩（Francis Wheen，德文版出版于2001年）。该书对德国马克思恩格斯研究的上述成果的无知显得很"英国"。这尤其涉及马克思反映在摘录笔记中的研究，这些研究不仅为主要著作《资本论》，也为报刊文章、论文和纲领文件理出了思想线索。问题还涉及纯粹的私人细节。

我有幸于2005年和一名俄罗斯同事及两名日本同事共同出版了一本名为《马克思的家庭私事》的书。这本书不仅完整出版了马克思女儿劳拉的相册中的照片，而且第一次完整地将女儿燕妮相册中的"自白"问答公布于众，这使我们对马克思家同他的两个大女儿的朋友之间的关系有了新的认识。《法兰克福评论》上有一篇评论表扬了这本书，说它"是一件善事，读起来很有趣，提供了很多信息，甚至对研究马克思的专家也是一个宝库"；而《新苏黎士报》上一位女评论家则将这本书放到政治背景中评论："迄今为止的马克思研究都批评说，几乎没有关于《资本论》作者的个人信息。事实上并非如此。只不过一个完全按照资产阶级方式生活、穿着燕尾服的大胡子男人怎么看也不像一个无产阶级的英雄。因此很明显，这两本具有独特个人美学的相册对后来的研究者来说就像来自长毛绒布和塞夫勒瓷器时代的古董，他们不适合当作马克思主义个人崇拜的招牌。"从出版者的角度出发，我们既不想用这本书来描述马克思的"理想形象"，纵容马克思主义的个人崇拜，也不想将马克思贬低为"资产者"。对我们来说，重要的是在历史环境和各种私人事务中展示马克思的家庭。我们在书中首次向公众展示了马克思女儿的许多朋友。还有，我们小心地核对了所有照片及摄影师，并有一些惊人的发现。

在开篇时我已经提到了英国哲学家格雷林和他在《法兰克福星期日汇报》上的报道。他在文中还提到了一张大家熟悉的马克思和他的夫人燕妮·冯·威斯特法伦的照片，照片中燕妮站在马克思右边，将手放在他的肩膀上。"这张照片显示了和海格特纪念碑上相同的马克思：浓密的胡子，后退的发际和深邃的目光。这张照片肯定出自马克思住在伦敦樱草丘的时期，因为它将马克思表现为一个被人们纪念的人。"这位作者甚至懒得去查对一下尽人皆知的东西，即这张照片上是马克思和他的女儿燕妮。她戴着波兰十字纪念章。这张照片是由格尔曼·费伦巴赫于

1869年拍摄于哈佛斯托克小山,它并不是新发现的,但有两个版本,其中一张马克思目光朝向照相机后面,另一张他直接注视照相机。

但注意照片!首先必须对流传下来的马克思家庭的照片抱着怀疑精神进行整理。总是有一些据说描绘马克思夫人和女儿燕妮的照片被人们翻印。这些照片却拍摄于她们从未去过的汉诺威。这两个人其实是格特鲁德·库格曼和她的女儿弗兰齐斯卡。照片原件自1963年起保存于莫斯科,但却没有人注意到拍照者弗里德里希·文德尔居住在汉诺威。1990年这个错误几乎不为人注意地纠正了。当我们扫描劳拉相册中所有的照片时,才发现一张被认为是海伦·德穆特的照片上面根本不是她,而是后来和罗舍(Rosher)结婚的恩格斯的内侄女玛丽·艾伦·白恩士。马克思的女管家从未到过这张照片的拍摄地海德堡,尤其是根本没有19世纪50年代马克思家的任何照片。

除了照片的事情,还有一系列马克思生平的其他重要细节自1990年以来得到了仔细研究,或者确切地说,发现了新的细节。应提到的是马克思的家庭关系的细节研究,马克思波恩学习时代的细节研究,或者涉及他1858—1860/1861年同柏林的联系的细节研究。特别是后一种研究显示出MEGA书信部分的巨大意义,而通过出版通信双方的往来信件,也开辟了新的研究领域。

我们总是会发现一些有关马克思的材料,尽管这里也会涉及恩格斯。比如马尔库斯·比尔吉最近报道了新发现的涉及恩格斯和他的苏黎世的亲戚博伊斯特的书信和材料。不久前(2008年),柏林一家旧书店以5.2万欧元的价格拍卖了马克思1864年10月16日给索菲娅·冯·哈茨费尔特的一封信(迄今人们只见到过这封信四分之一的内容,见MEGA第Ⅲ部分第13卷第16页)。马克思在信中赞扬了死于一次决斗的全德工人联合会的创建人斐迪南·拉萨尔。

马克思和恩格斯的文献遗产

现在我们来看马克思和恩格斯的文献遗产。在谈到事实之前，让我们先回顾一下遗嘱方面的内容。马克思1883年3月14日去世，他没有对他的文献遗作作出明确规定。他的自然继承人是在巴黎附近生活的劳拉·拉法格和伦敦的爱琳娜·马克思。在恩格斯的询问下，爱琳娜（也称杜西）在马克思去世不久告诉他，她的父亲"对她说，要她和我处理他的全部文稿，并关心出版那些应该出版的东西"①。几个月后恩格斯在给劳拉的信中就是这样写的。恩格斯和女管家海伦·德穆特一起翻阅了马克思的遗著。他迫切需要找到《资本论》（第一卷在1883年要准备出版第三版）的后续手稿。这是因为，正如他向拉甫罗夫写道的，马克思"总是瞒着我们不讲他的工作情况"②。因此当他在朋友的遗著中找到这部著作第二卷和第三卷的手稿时非常高兴。他松了一口气，宣布说："今天尼姆［海伦·德穆特］在摩尔的手稿里找到了一个大包，里面是《资本论》第二卷，即使不是全部，也是大部分，共有500多页对开纸。"③ 他和拉甫罗夫说的是"1000多页对开纸"。由此他清楚地意识到，他可以从这一大捆手稿中搜集材料编辑剩余的两卷《资本论》；它们分别出版于1885年和1894年。

全部手写材料都被搬到了恩格斯的住处。书信的情况则有所不同。自然他保留了自己写给马克思的书信，除了那些马克思又将其寄给朋友

---

① 《马克思恩格斯全集》第1版第36卷第42页。
② 《马克思恩格斯全集》第1版第36卷第3页。
③ 参见恩格斯1883年3月25日给劳拉·拉法格的信，MEW 35，465；中译文见《马克思恩格斯全集》第1版第35卷第463页。

和战友的信。他自己请求马克思的几个熟识的朋友和通信人将马克思写的信寄回来。而所有的家庭书信在浏览后他都移交给了马克思的两个女儿。一些特殊的私人信件在当时和后来被分拣出来销毁掉了。因此书信往来只是有选择地流传了下来。

当马克思逝世的时候,恩格斯没有能力接收他这位朋友的全部藏书。在征得杜西同意后,他处理了图书馆藏书。① 据此,一部分书籍寄给了保尔·拉法格,俄语书籍给了拉甫罗夫(后来归属于俄国社会革命党图书馆,到1939年又和M. R. 郭茨及E. E. 拉扎列夫的藏书一起卖给了阿姆斯特丹的国际社会史研究所),复本书籍寄往苏黎世的德国社会民主党档案馆,许多所谓的通俗书籍移交给了伦敦工人教育协会。很自然恩格斯留下了所有那些对计划出版的《资本论》第二卷和第三卷必不可少的书籍。

恩格斯自然对自己的去世做了更充分的准备。他1895年8月5日去世时,留下了如下的遗嘱规定:1893年7月29日的一份遗嘱,1894年11月14日给他的遗嘱执行人的一份指示,还有1895年7月26日的一份遗嘱的补充规定。② 这里我们只对涉及文献遗著的规定感兴趣。规定很明确:所有文献手稿和所有马克思写的或寄给马克思的家庭通信都应该移交给爱琳娜·马克思—艾威林;所有书籍都交给了作为德国社会民主党代表的奥古斯特·倍倍尔和保尔·辛格尔;家里所有其他手稿和书信(上述提到的除外)应该移交给奥古斯特·倍倍尔和爱德华·伯恩施坦。在给遗嘱执行人的指示中,恩格斯进一步明确:他的家族成员的来信以及马克思女儿们的来信均归还给写信人。在对遗嘱的补充中恩格斯取消了关于马克思的家庭通信的规定,将其扩展到马克思所写或所

---

① 参见《马克思恩格斯全集》第1版第36卷第104—105页。
② 参见《马克思恩格斯全集》第1版第39卷第483—489页。

收到的书信，除了恩格斯收到的信，规定这些书信应该归还给各自的写信人。

总的情况如下：

1. 笔记本和日历本

马克思大约有250本笔记本摘录本和日历本流传下来，出版它们需要MEGA第四部分引卷的篇幅，每卷约40个印张。其中的笔记本、日历本在几十年里一直属于龙格的后人所有，后来一部分逐渐移交给了莫斯科马克思恩格斯研究院，后来是马列主义研究院，如今保存于俄罗斯国家社会政治史档案馆（RGAS–PI）。当然国际社会史研究所也拥有个别这种笔记本。

2. 手稿和摘录笔记本

所有的文献手稿都交给了爱琳娜·马克思—艾威林，在她于1898年自杀后这些手稿又交给了住在德拉韦依的劳拉·拉法格和保尔·拉法格。其中有直接是《资本论》的准备著作的几大捆手稿，还有不是直接为出版而写的手稿（《德意志意识形态》、《巴黎笔记》或《数学手稿》），以及大约20个摘录笔记本。

手稿和摘录笔记本的大部分（约三分之二）如今保存于阿姆斯特丹的国际社会史研究所，例外情况是《资本论》手稿和一些被俄罗斯国家社会政治史档案馆（RGASPI）收藏的摘录笔记本（约占三分之一）。

3. 书信

马克思和恩格斯的书信往来现在包括约4200封他们所写的信和约10000封他们收到的信。到目前为止MEGA书信部分已经进展到1865年（第1—11卷，第13卷；还有20多卷需要编辑）。

4. 书籍

马克思是一个狂热的读书人，他自己说"啃书"是他最喜欢的活动。他是伦敦大英博物馆图书馆的常客。他不仅读德文书籍，同样也阅读法文和英文书籍，后来也读过俄文书籍。他的私人藏书至少收集了2100种3200册书籍（MEGA第Ⅳ部分第32卷第23页），其中1450册流传了下来。这些书籍现在有693册在柏林，617册在莫斯科，81册在阿姆斯特丹，世界上其他地方有59册。马克思如饥似渴地搜寻每一本自己可以找到的书；他在许多书上面都写下了边注。

截至1945年的马克思恩格斯遗留书籍和著作的流传史

正如已经提到的，马克思恩格斯的一部分遗留下来的藏书在1895年直接被寄往柏林德国社会民主党党部。10月底寄给两位党主席的27个箱子抵达柏林。然而党的办公场所具有很大的临时性，地方还不够大。因此执委会很高兴看到他们总计约4000册藏书能被一家公共图书馆单独保存。直到1901年第一个全部藏书目录才被编制出来，它包括大约8000种书籍（原来马克思和恩格斯的藏书被编入其中）。

但那些手写遗著情况如何？上面已经提到，它们根据恩格斯的遗嘱规定寄给了劳拉·拉法格，但不是全部。爱德华·伯恩施坦是三个遗嘱执行人之一，他当时住在伦敦。他非常仔细地通读了遗著，肯定也为自己后来的出版工作保留了这部或那部手稿。除此之外，奥古斯特·倍倍尔、弗兰茨·梅林和卡尔·考茨基也都能接触到文献遗著。这也是最初考虑出版马恩著作集的社会民主党人的圈子。

俄国人达维德·梁赞诺夫在马克思恩格斯遗著的流传史中起了重要作用，我会在第三讲开始时较为详细地介绍他的生平。梁赞诺夫从

1907年到1917年在西欧生活，和社会民主党人有各种接触。他在1910年有机会在巴黎拉法格夫妇处"通读了所有材料，编制了一份清单"。他不仅将马克思给丹尼尔逊的信收集起来，而且还将马克思给他的夫人和女儿的一些信集中了起来，这些信"为马克思的传记特别是1881年和1882年这段时间提供了令人感兴趣的内容"。这些是梁赞诺夫向卡尔·考茨基介绍的情况。1911年，保尔·拉法格和劳拉·拉法格结束了自己的生命。受德国社会民主党执委会委托，梁赞诺夫赴巴黎的德拉韦依取回马克思恩格斯遗著并带回柏林。这样一来虽然计划出版著作集的条件有了改善，但要在"一战"之前实现这个计划仍然面临其他问题。下一讲将介绍有关情况。

于是在20世纪20年代初期，马恩遗著的主要部分就保存于柏林的党档案馆。当然马克思女儿和她的丈夫沙尔·龙格的大儿子让·龙格占有一部分私人遗著（拉法格的孩子在他们夫妻在世时就夭折了）。与此同时，20世纪20年代初期形势发生了变化：1911年的各项出版计划搁浅了，而且变化了的德国社会民主党不再可能考虑出版马恩著作集。此外工人运动发生了分裂：在德国社会民主党之外成立了共产党。国际形势也发生了变化：随着"一战"结束，俄国革命取得了胜利，建立了新的苏维埃政府。1921年俄国革命领袖列宁委托梁赞诺夫建立马克思恩格斯博物馆，搜集马克思和恩格斯的原始材料。梁赞诺夫和列宁在瑞士流亡时期就已经认识。

实际上到1922年梁赞诺夫才开始担任马克思恩格斯研究院的领导职务。俄国政府赋予他合法地位，提供资金支持，以便创造出所有前提条件，实现出版一部大型马克思恩格斯著作集的计划。最重要的前提条件是搜集马恩遗著的复制件或原件，招募胜任工作的人员。梁赞诺夫打算和法兰克福社会研究所联手创造这些前提。当维也纳的教授卡尔·格律恩贝格被任命为社会研究所的所长时，梁赞诺夫发现他有了一位内行的商谈对象,他在世纪初1905年革命前第一次流亡时跟随格律恩贝格学习过。

莫斯科研究院和法兰克福研究所之间、法兰克福研究所和德国社会民主党执委会之间签订了有关协议,这使得复制全部马恩遗著成为可能。于是从1924年到1928年,对现有材料的整理和复制工作得以系统展开。俄国流亡者鲍里斯·尼古拉耶夫斯基作为莫斯科马克思恩格斯研究院的柏林通信员开展工作。

此外梁赞诺夫还建立了一个国际通信员网络。在科隆、特里尔、巴黎、布鲁塞尔和伦敦,都有专业人员在收集国际工人运动的文件和材料。他们成功地在各个档案馆和图书馆中购得或复制大量这类材料。另外他们还参加各种书籍和手稿的拍卖会,以收购其他材料。而且在20世纪20年代初期发生急剧通货膨胀的情况下,有些德国工人运动史文献的收藏者被迫出售他们的藏品以换得金卢布。格律恩贝格就是其中的一位。这样一来,梁赞诺夫就能够为在莫斯科建立一座独特的大型图书馆奠定基础。

梁赞诺夫自己也再度和住在巴黎的让·龙格进行接触,从他那里获得了若干私人材料。让以个人理由拒绝了访问莫斯科的邀请,他以狐疑的态度关注着俄国的政治进程。

弗兰茨·席勒是马克思恩格斯研究院档案馆的负责人,他在有关该院的一篇文章中总结了研究院在国外的通信员的调查研究和复制工作,这篇文章同时也是梁赞诺夫60岁生日之际对梁赞诺夫工作的一种肯定。文章写道:"如今档案馆拥有15000份原始手稿和175000份照像复制件,它们被分为五个部分:1. 马克思和恩格斯;2. 关于第一国际和第二国际的历史;3. 有关日耳曼国家的社会主义和工人运动的历史;4. 有关罗马国家的社会主义和工人运动的历史;5. 有关斯拉夫国家的社会主义和工人运动的历史。……马克思和恩格斯部分集中了二人的全部遗著（复制件），有55000张照片。"

我们回到德国社会民主党档案馆这个马恩遗著的宝藏。目录编制和照相复制的工作带来的结果是，伯恩施坦和考茨基私人收藏的材料也被收入档案馆。此外尼古拉耶夫斯基还负责的事情是，将原马恩藏书中的书籍，特别是带有边注的，再从普通馆藏中挑选出来（找到了1130种）。当然不能不注意到，档案馆负责人有时对自己的馆藏是相当慷慨的。流传下来的查阅者登记册记录了哪些国际友人探访了档案馆，其中还有几个日本教授。他们当中还有人得到了有马克思题词和边注的书籍。因此毫不奇怪，一些日本大学如今也拥有这样的珍品。

此外还要提到，莫斯科研究院的复制工作中断以后（这里由于时间关系我不能分析原因），还有其他人为出版若干手稿而使用档案馆。编目工作也在继续。据说波兰籍历史学家马雷克·克里格（Marek Kriger）在从事这种工作过程中获得了马克思的一些手稿笔记本作为"报酬"。

1933年国家社会主义者在德国掌权后，这就需要保护手稿免于落入他们之手。人们果断地将马恩遗著装进两个箱子，暂时存放到一位社会民主党负责人那里，后来他的儿子伺机将箱子偷运过边境，运往丹麦。到那以后在丹麦社会民主党人的帮助下箱子被存进银行保险库。在柏林，纳粹分子1933年6月（在德国社会民主党被禁之后）查封了该党的图书馆，将其转移到柏林的普鲁士国家秘密档案馆和其他图书馆。自然后来也查明了，马恩遗著不见了，于是纳粹分子开始对马恩遗著专门进行追查。

20世纪30年代中期，德国社会民主党面临资金严重不足的问题。许多党员被关押在德国的集中营中，或者流亡国外。设在布拉格的流亡执委会在国家社会主义者统治下掌握着党的命运。在这种困境之下，执委会决定出售马恩遗著。为此巴黎的一个专门工作小组和莫斯科的马克思恩格斯列宁研究院进行了谈判。1935年谈判启动，马克思恩格斯列宁研究院方面参与谈判的除了院长弗·维·阿多拉茨基,还有党的领导人尼·伊·布哈林。在此次行程中,代表团还借机在哥本哈根对遗著进行了鉴定,发现缺少经济学手稿的笔记本。谈判最终在 1936 年破裂,原因不仅是德国社民党开价过高、斯大林没有批准这个数额,而且还因为社会民主党的代表鉴于莫斯科的政治决定(公审)而不再相信自己是在和恰当的伙伴在谈判。比如 1938 年对布哈林的公审这样描述他直接受斯大林委托的巴黎之行:似乎他和孟什维克/托洛茨基分子一起编织了一个反对斯大林的国际阴谋网络。

不过 1936 年马克思恩格斯列宁研究院的一个行动还是大有收获,几十年来人们对此一直讳莫如深。早在 1935 年,上面提到的马雷克·克里格就从维也纳通过苏联使馆与马克思恩格斯列宁研究院取得联系。他承认自己拥有马克思的手稿,愿意将其卖给莫斯科的研究院。作为"证明",他附上了德国社会民主党档案馆管理人员出具的 1933 年 12 月的"事后证明"。他以 1.8 万美元(他开价 2 万美元)的价格将一小一大两部经济学手稿(1857—1858,1861—1863)以及几部篇幅较小的手稿转让给了马克思恩格斯列宁研究院。该研究院的负责人对此肯定是非常满意,因为他们现在拥有了两部著名手稿的原件。当然他们有全部遗著的复本。

在和马恩列研究院的谈判中止以后,德国社民党执委会把目光转向了 1935 年成立的阿姆斯特丹国际社会史研究所,有意向其出售德国社民党档案馆的马恩遗著和其他材料(不过售价远低于向马恩列研究院提出的价格)。1938 年 5 月,在有一家荷兰银行参与的情况下,出售合同得以签订,此后不久档案馆的藏品被运抵阿姆斯特丹。工作人员对收到的材料和书籍进行了编目和分类。

但到 1940 年夏天,遗著再次面临危险。德国占领荷兰以后,纳粹一支专门的行动队搜查了研究所大楼。不过他们没有找到马恩遗著。遗著已经再次及时地被运往英国,受牛津一位历史学家保护。接着"二战"开始了。

1945年以后马恩遗著的保护和利用

在经历德国纳粹专政时期拯救马恩遗著的惊心动魄的历史和将它卖给阿姆斯特丹的社会史研究所以后,战后时期位于两个不同政治阵营中的研究机构对马恩遗著的保存、保护和利用产生了影响:阿姆斯特丹国际社会史研究所(IISG)和莫斯科马克思恩格斯列宁研究院(后来改称马克思恩格斯列宁斯大林研究院,然后又改称苏共中央马列主义研究院)。

我们先简单了解一下阿姆斯特丹国际社会史研究所。1945年之后该研究所重新获得阿姆斯特丹老城区的办公场所,转移他处的包括马恩遗著在内的收藏资料被运回。1946年春天,收藏多达16万册书籍的图书馆的大部分图书和其他东西在温德海姆(明登以北)附近威悉河(一条小河,在不来梅港附近注入北海)上的两只驳船上被人们发现。收集和重新编目进行了十余年。研究所作为私人机构无法获得大笔资金支持,工作人员也很少。直到1979年,研究所才隶属于荷兰皇家科学院。

西欧的马克思恩格斯研究者,大部分是作为个人,可以使用阿姆斯特丹国际社会史研究所的藏书。他们为出版各种材料,特别是为出版欧洲工人运动代表人物的书信进行准备工作。东欧学者直到MEGA第二版开始准备工作时才可能利用这些藏书。最开始全部是莫斯科的工作人员在阿姆斯特丹开展工作,两家研究机构达成协议交换马恩遗著的复制件。直到莫斯科和柏林的作为出版者的研究院同社会史研究所为支持出版新的《马克思恩格斯全集》历史考证版订立协议(1970年),以及荷兰在外交上承认德意志民主共和国（1972—1973年），民主德国的学者才获得了使用权。这一点对于能够就原件基础进行文本比较和证人描述尤其是必不可少的。在20世纪70年代和20世纪80年代，柏林的马恩室的许多工作人员都得以前往阿姆斯特丹。

阿姆斯特丹国际社会史研究所如今是一家受人尊敬的学术机构，是全世界历史学家和社会科学研究人员的天堂。这家研究所出版了或大或小各种版本的著作集、书籍，还出版一本杂志。如今的研究所位于阿姆斯特丹港东部一个昔日的仓库里，它的工作条件非常好。目录索引目前已经数字化，可以在互联网上进行检索。

"二战"后莫斯科研究院也很难重新开始工作。战争期间被转移到乌法的藏书从1944年中起又被运回莫斯科。在这里也是过了一段时间，甚至是过了几年以后，才可以考虑开展连续的编辑工作。

1945—1946年，马恩列研究院利用苏联占领东欧（包括东德）的机会，没收档案馆和图书馆的藏书。研究院委派了一名代表前往柏林，让他和苏联军管会的文化官员专门搜寻同德国工人运动史有关的藏书。于是原德国社会民主党图书馆有超过1000本书（其中243册盖有"特里尔卡尔·马克思故居"印章），还有一些文献资料比如拉萨尔的遗物，都被运往莫斯科。此外他们还在英国占领区内找到了恩格斯家的一名后代，并从他那里获得了一捆恩格斯的文献资料。

从20世纪50年代初期开始，新成立的德国统一社会党中央委员会马列主义研究院开始在柏林专门搜寻原马克思和恩格斯的藏书。有出自德国社民党图书馆的另外600种图书被找到，根据德国统一社会党中央委员会的决议，这些书籍分别在1953年和1961年作为礼物被运往莫斯科的党档案馆。后来柏林的研究院图书馆增添了另外300册图书，其中122种出自恩格斯收藏的军事图书。

此外20世纪40年代末期，莫斯科的研究院又与在法国的龙格家取得了联系。我已经谈到过的让·龙格逝世于1938年。他的弟弟埃德加·龙格步其后尘,在1948年就已经移交了家庭遗著中的其他材料,龙格家的下一代又交出了其他文献材料:1960年马塞尔·沙尔(Marcel Charles)和1963年弗雷德里克·龙格(FredericLonguet)分别在访问莫斯科时也移交了文献材料。莫斯科档案馆的工作人员到巴黎拜访龙格一家,并浏览了尚存的材料。迄今还有22本原马克思和恩格斯的藏书保存在西蒙·龙格的手里。所有其他材料,书信(包括马克思和威廉·李卜克内西的通信)、笔记本和日历本都在这期间交给了莫斯科方面。

所有的马克思恩格斯文献资料都保存在如今的俄罗斯国家社会和政治史档案馆的1号全宗中。它包括超过8000个架号。自然马恩著作编辑工作的原始文献资料占基础地位。不过国外学者使用这些馆藏并不总是很容易。甚至柏林的"兄弟研究院"也得不到编目的副本,结果来自柏林的同志们只能费力地编写了手工目录。甚至《马克思恩格斯全集》德文版(MEW)也只能"一点一点地"使用那些必要的文献资料的副本。直到开始编辑MEGA,使用馆藏材料才"比较自由了",也就是说,不仅是柏林中心的同志们拿到了原件,而且民主德国大学中的合作者也能看到他们编辑MEGA各卷必要的原件。现在由于日本方面的一个建议,全部马克思恩格斯藏品都进行了数字化处理,莫斯科的同事们还制作了一个书信数据库。

这样我就结束了第一讲,下一次我将仔细考察编辑原则的演变。

(张红山 译)

《资本论》第一卷的传播史*

〔苏〕M. M. 米哈依洛娃

马克思制定的经济学说，特别是《资本论》第一卷的问世及其思想的广泛传播，对马克思和恩格斯在第一国际宣传科学共产主义起了巨大作用。《资本论》是马克思和恩格斯及其战友同蒲鲁东主义、拉萨尔主义、改良主义和无政府主义的小资产阶级思想进行斗争的理论基础。

马克思早在写作《资本论》的过程中，就努力设法使它的最重要的原理成为国际工人协会委员们的财富。马克思 1865 年 6 月 20 日和 27 日在国际总委员会会议上所作的报告《工资、价格和利润》，具有很大的意义。他以极为通俗易懂的形式叙述了自己的经济学说的原理，指出了无产阶级从这一学说中对于自己的革命斗争应该作出什么样的结论。报告直接针对国际总委员会委员欧文主义者韦斯顿的错误观点，马克思认为这些观点，"在理论上是不正确的，在实践中是危险的"①。他在自己的报告中反对诸如庸俗经济学家尤尔和西尼耳类型的人物，他们"从理论上"企图论证无产阶级对抗资本家的压迫是毫无结果的。马克思指

---

* 本文选自《马列主义研究资料》1984 年第 1 辑。

原题注：本文作了一些删节，作者是苏共中央马列主义研究院研究人员。——译者注

① 《马克思恩格斯全集》第 1 版第 16 卷第 113 页。韦斯顿断言，为提高工资的斗争是没有作用的，因为国民产品量和工资是一个常数。

出，只有在阶级斗争的过程中，工人阶级才能达到消灭雇佣劳动的目的。他从自己的经济学说的基本原理出发，启发工人懂得同资本主义进行顽强斗争的必要性。马克思的报告同样也反对拉萨尔分子和蒲鲁东主义者，前者对建立工会持否定态度，后者拒绝罢工。

《资本论》第一卷的出版，对于科学共产主义奠基人在第一国际为争取社会主义纲领所进行的斗争具有很大的意义。社会主义纲领是在国际代表大会和总委员会的激烈辩论中制定的。

总委员会和代表大会的许多决议是直接以马克思的经济学说的原理为根据的。关于为争取缩短工作日而斗争的必要性问题和关于在资本主义制度下使用机器问题的讨论，就是实例。例如，日内瓦代表大会（1866年）通过的一项决议，就宣布"从法律上限制工作日是今后任何一种社会改革所不可缺少的先决条件"①。

第一国际的洛桑代表大会（1867年）讨论了资本主义制度下使用机器对工人阶级状况的影响。

1868年1月28日，国际总委员会又提议把在资本主义制度下使用机器问题列入即将召开的布鲁塞尔代表大会的议程。虽然马克思没有参加1868年9月6—13日召开的代表大会，但是他直接参加了大会的准备工作。1868年7月28日和8月4日，在总委员会的两次会议上预先讨论了这一问题。关于在资本主义制度下使用机器的后果的长篇发言中，马克思叙述了《资本论》第一卷相应段落的基本原理。② 他的发言记录发表在1868年8月1日《蜂房报》上。

1868年8月11日，在总委员会会议上讨论关于缩短工作日的决议草案时，马克思发言反对委员会委员詹·米尔纳所说的以下不正确论

---

① 《马克思恩格斯全集》第1版第16卷第359页。
② 《马克思恩格斯全集》第1版第16卷第640—642页。

点：似乎缩短工作日会导致缩减生产。在总委员会提交代表大会的决议草案中确定，不缩短工作日，工人阶级的状况便不能在社会上得到改善；国际各支部应采取措施在实践中去实现这一决议。在布鲁塞尔代表大会上，马克思的观点被采纳了，并根据它起草了关于在资本主义制度下使用机器的后果和关于缩短工作日的决议。讨论这些决议被马克思的战友埃卡留斯列入1868年9月9日和12日的大会会议的议程。在9月9日会议上，列斯纳发了言，为了论证关于在资本主义制度下使用机器的决议，他朗读了《资本论》第一卷的一些片断。列斯纳以德国代表团的名义向代表大会提出一项决议案，其中写道："代表大会建议各国的所有工人学习卡尔·马克思的题为《资本论。政治经济学批判》的著作，号召他们尽一切可能把这部重要著作译成还没有出现过的两种语言，并指出，卡尔·马克思……是对资本作出科学分析的第一位经济学家……"[①]

代表大会也通过了马克思的战友约·菲·贝克尔提出的决议，在决议中《资本论》第一卷被说成是"工人阶级的圣经"。[②]

在布鲁塞尔代表大会上，经过马克思及其战友的努力，科学共产主义的许多根本性原理被作为第一国际的纲领性原则加以承认。公开宣布生产资料国有化的社会主义原则是战斗的无产阶级的主要任务之一，并通过了关于把耕地、地下资源、铁路及其他等等转为公有的经济合理性的决议。这些决议的通过标志着马克思主义在工人运动中的重大胜利。

官方资产阶级政治经济学企图"没有发现"《资本论》第一卷的出版，并对它采取像对马克思的较早的著作那样的策略——用"沉默阴谋"扼杀伟大的著作。

---

① 《先驱》1869年11月第2期第24页。
② 《回忆马克思恩格斯》，人民出版社1957年版，第85页。

为了结束资产阶级科学和报刊对《资本论》预谋的沉默，同时为了在群众中普及它，恩格斯采取了许多办法，列宁把这些办法说成是"恩格斯从**资产阶级**观点出发抨击**《资本论》**的计划"①。关于这个计划，恩格斯对马克思说道："我深信，书出版后立刻会产生很大的效果，但是，极其有必要稍微推动一下有学问的市民和官吏们的热忱，并且也不要看不起小小的手腕。"②《资本论》出版后，1867年11月恩格斯也对路·库格曼谈起这一点："那些勇敢的庸俗经济学家毕竟是相当聪明的，他们对这本书小心翼翼，不强迫他们，他们就绝口不谈它。因此，我们必须强迫他们发表意见。"③ 恩格斯1867—1868年为德国各种报刊写了许多关于《资本论》第一卷的书评。

1867年10月，在德国资产阶级民主派报纸——人民党的机关报《未来报》上发表了恩格斯关于《资本论》的第一篇书评。该报还发表了《资本论》德文第一版的序言。④ 随后，恩格斯的一些书评又发表在德国自由派报刊——资产阶级的机关报《爱北斐特日报》⑤、德国自由派报刊《杜塞尔多夫日报》⑥、斯图加特报纸《观察家报》⑦、德国周报即德国工商界机关报《维尔腾工商业报》⑧、德国资产阶级民主派报纸

---

① 《〈马克思恩格斯通信集：(1844—1883年)〉提要》，人民出版社1983年版，第433页。
② 《马克思恩格斯全集》第1版第31卷第296页。
③ 《马克思恩格斯全集》第1版第31卷第569页。
④ 《马克思恩格斯全集》第1版第16卷第232—235页。
⑤ 《马克思恩格斯全集》第1版第16卷第241—242页。
⑥ 《马克思恩格斯全集》第1版第16卷第243—245页。
⑦ 《马克思恩格斯全集》第1版第16卷第254—256页。
⑧ 《马克思恩格斯全集》第1版第16卷第257—259页。

《新巴登报》①和德国工人报纸《民主周报》上。②

从各种报刊登载广告和由熟人分别寄书开始,到发表关于《资本论》的短评以及在口头演说和刊物上发表意见普及它的内容,在这个时期《资本论》第一卷的宣传极为丰富多采。在这项活动中和恩格斯同时起了巨大作用的有马克思主义奠基人的最亲密的朋友和战友:保·拉法格、路·库格曼、威·李卜克内西、约·菲·贝克尔、弗·阿·左尔格以及卡·济贝耳、奥·迈斯纳和其他为反对这一"沉默阴谋"作出一些贡献的人。

还在《资本论》出版以前,许多工人的、民主派的、自由派的机关刊物上就出现了即将出版的预告;在一些报纸上还刊登了马克思为《资本论》写的序言。《资本论》的出版者奥·迈斯纳告诉马克思,他在一个月内就登了五十次出版《资本论》的预告。③他甚至把《资本论》的序言部分印成单页,以便把它分送给各个报纸。④序言在出书前就部分地刊载在《未来报》和《观察家报》上。⑤

由约·菲·贝克尔出版的、国际在瑞士的德国支部正式机关刊物《先驱》,经常在它的广告专栏里刊登《资本论》第一卷即将出版的预告。⑥在一期杂志上登载的一篇文章(看来是约·菲·贝克尔写的)中写道:

---

① 《马克思恩格斯全集》第1版第16卷第260—262页。
② 《马克思恩格斯全集》第1版第16卷第263—267页。
③ 1867年11月19日迈斯纳致马克思的信。(本文中同时代人致马克思恩格斯的信,均藏于苏共中央马列主义研究院。——译者注)
④ 1867年8月13日迈斯纳致马克思的信。
⑤ 《未来报》,柏林,1867年9月4日;《观察家报》,斯图加特,1867年9月7日。
⑥ 《先驱》1867年4月、6月、7月第4、6、7期。

"马克思……把研究政治经济学问题作为一生的主要任务……他的研究成果在经济学著作中构成一个时代。马克思接着指出,解决社会问题不能靠单独实验,要求联合起来的无产阶级为了结束资本的统治采用一种手段,报酬较高的无产阶级的职责就是捍卫工人阶级的普遍利益……马克思谈到雇佣劳动和资本时,非常明确地证明,工人的劳动怎样创造资本,他们如何……陷入从属于资本的奴隶地位和资本如何不断地强制工人把资本的镣铐锻造得更加坚固。马克思指出,所谓自由工人完全依属于资本,是因为为了微薄的工资被迫出卖自己的劳动,以便取得最起码的生活资料……工人阶级用不着废除私人所有制,因为它早就被消灭,并且每天都在消灭。而应当加以消灭的东西,则是资产阶级的所有制……"①

杂志号召国际各支部和国际下属协会送交订书单。② 第一卷问世后,约·菲·贝克尔在三期《先驱》上刊载了马克思写的《资本论》序言。③ 贝克尔认为,《资本论》的出版有很大的实际意义。他给弗·列斯纳写道:"《资本论》——这是我们的利剑,我们的铠甲,进攻和防御的武器。"④

《资本论》的发表对德国工人运动的发展有很大意义。1863 年,斐·拉萨尔在德国创立了全德工人联合会。然而,联合会的领导人采取改良主义立场,支持拉萨尔的有错误的理论和策略。拉萨尔主义已成为

---

① 《先驱》1867 年 3 月第 3 期。
② 《先驱》1867 年 4 月第 4 期。
③ 《先驱》1867 年 9 月、10 月、11 月第 9、10、11 期。
④ 1867 年 10 月 11 日贝克尔致列斯纳的信。引自 И. М. 西涅里尼科娃的学位论文《弗·列斯纳是十九世纪四十至七十年代的国际工人运动活动家》,1955 年莫斯科版第 197 页。

德国革命工人运动和马克思主义发展的障碍。随着第一国际影响的加强，在马克思和恩格斯的学生奥·倍倍尔和威·李卜克内西的周围聚集着德国工人阶级的最先进部分。由于他们的活动，1869年在爱森纳赫代表大会上创立了以马克思主义原理为基础的社会民主工党。党的刊物是《民主周报》，后改名为《人民国家报》。

《资本论》的出版、《民主周报》和《人民国家报》对它的宣传和工人小组对它的研究，帮助巩固了民主工党的理论基础。《资本论》也帮助全德工人联合会里的革命分子找到走向科学共产主义的道路。

马克思经济学说的最积极的宣传者之一，是德国和国际工人运动的著名活动家威廉·李卜克内西。他对《资本论》的命运和写作进程极为关心。李卜克内西认为，把《资本论》的许多基本原理灌输到工人中去，具有很大的意义，建议马克思出版通俗读物，并答应竭力帮助宣传。李卜克内西对恩格斯说，他认为，在帝国国会上捍卫马克思的经济学说是自己的义务。[①] 李卜克内西在工人中进行口头宣传，为普及《资本论》做了许多工作。早在1867年底他就准备了关于《资本论》的一系列系统演说稿，在大会上和小组中让工人熟悉马克思的天才著作[②]。李卜克内西编辑的《民主周报》上刊登了《资本论》的序言，在编辑部的引言中评价《资本论》在政治经济学中构成一个时代，"首先把工人阶级的社会意图放在牢固的科学基础上"。[③] 在报纸的最后几号上刊

---

① 1868年3月29日李卜克内西致恩格斯的信。
② 1867年12月11日和1868年1月20日李卜克内西致恩格斯的信。
③ 《民主周报》1868年1月4日和11日第1—2号第2—3、13—14页。

登了摘自有关章节的关于爱尔兰的片断,题为《爱尔兰问题之光》。①

在《民主周报》,随后又在《人民国家报》上,发表了制革工人、自学成才的哲学家约瑟夫·狄慈根的关于《资本论》的一组文章。狄慈根年轻时就注意研究马克思的著作,用他自己的话来说,"被它们俘获了"。② 他细心研读1859年问世的马克思的著作《政治经济学批判》,并非常兴奋地欢迎《资本论》第一卷的出版。

狄慈根认为自己有责任宣传和普及马克思的伟大著作。他发表了许多篇文章,表明对《资本论》有深刻的理解。他不止一次地起来捍卫《资本论》,以免遭到不正确的、庸俗的解释。狄慈根在四号《民主周报》③ 中发表了评论,用他的话说,"在评论中作了转述《资本论》出色内容的尝试"。④ 狄慈根想要通过自己的一些文章帮助德国工人研究《资本论》,理解它的意义。狄慈根竭力给予马克思各种道义上的支持。1868年9月,他从圣彼得堡写信给马克思说:"请允许我祝您在完成任务中发挥坚忍不拔的精神;要知道,无论是谁在您以前或以后都做不到这一点。这部著作将给您带来成果。科学的力量是不可战胜的。在我眼前流逝的短短岁月里,您的思想已经产生了巨大影响。它产生的圆形波浪变得日益明显,日益巨大,它的强大力量变得更加可畏。须知时间也

---

① 《民主周报》1868年4月11日第15号第116—117页;4月18日第16号第127—128页;4月25日第17号第134—135页(见《马克思恩格斯全集》第23卷第764—780页)。

② 1867年10月24日(11月5日)狄慈根致马克思的信(《哲学问题》1958年第3期第137页)。

③ 《民主周报》1868年8—9月第31、34—36号:约·狄慈根:《资本论。卡尔·马克思的政治经济学批判。1867年汉堡版》。

④ 〔1868年7月初〕狄慈根致马克思的信(《哲学问题》1958年第3期第11页)。

在帮忙。乌云密布,雷声轰隆,有时出现闪电。暴风雨就要来临。大自然的暴风雨是雄壮的,有什么能够和世界历史暴风雨的伟大相比呢!"①

狄慈根的话有预见性。马克思的《资本论》日益得到更多人的承认。早在1868年10月《民主周报》就写道:

"尽管资产阶级经济学家先生们对待马克思的**《资本论》**(他们已经驳不倒它)采取'沉默阴谋'的策略,但这部著作日益获得广泛的传播和普遍的承认。很快在彼得堡出现了俄译本,正如报道的消息说,也准备出英译本。"②

在同封锁《资本论》的"沉默阴谋"进行的斗争中,年轻的诗人、恩格斯的远亲卡·济贝耳和汉诺威的医生路·库格曼给予了很大支持。他们帮助在许多德国报纸上刊登关于《资本论》出版的预告③和恩格斯的许多篇书评。库格曼本人把有关《资本论》的出版事宜告知大家;他在研究第一卷时,经常就一些不理解的问题向马克思质疑。马克思也听取了库格曼的意见。根据库格曼的建议,马克思给第一章第一节关于价值形式写了附录。④ 诚然,库格曼对《资本论》的理解并不完全正确,有时理解错误,但基本上能评价《资本论》的世界历史意义,并真心实意地去努力完成依靠他为书的宣传所做的事。在汉诺威出版的

---

① 1868年9月12(24)日狄慈根致马克思的信(《哲学问题》1958年第3期第143页)。

② 《民主周报》1868年10月31日第44号第346页。

③ 例如《总汇报》1867年9月30日第273号;《德国书报业行市报》1867年8月和9月。

④ 《马克思恩格斯全集》第1版第31卷第554页。

《德意志人民报》上刊登了库格曼关于《资本论》第一卷的短评。① 德国工人对《资本论》的兴趣非常大,以致全德工人联合会的领导人不得不发表关于这本书的意见。在联合会主席施韦泽主编的拉萨尔分子的机关报《社会民主党人报》上用10号报纸刊载了题为《卡尔·马克思的著作》的一组关于《资本论》的文章。② 马克思和恩格斯严厉斥责这个机关报的总的倾向,早在1865年就拒绝为它撰稿。③ 然而,1868年在它的版面介绍《资本论》的内容,马克思基本上仍作为肯定的事实加以评价。

左派拉萨尔分子公开承认《资本论》。1868年8月25日,威·白拉克(后为德国社会民主工党的创始人和领导者之一)在全德工人联合会会议上作了关于《资本论》的报告。④

庸俗的经济学家洛贝尔图斯不得不承认,德国工人"购买并研究《资本论》,并且听了关于《资本论》的专题报告"。⑤

---

① 《马克思恩格斯全集》第1版第31卷第391—392页。路·库格曼作为马克思《资本论》第一卷宣传者的活动载于 A. B. 乌洛耶娃《路德维希·库格曼——卡尔·马克思著作的宣传者》。

② 《社会民主党人报》1868年1月22、24、26日第10—12号;1月31日第14号;2月2日第15号;2月23日第24号;2月26日第25号;3月8日第30号;3月29日第39号。

③ 1867年《社会民主党人报》刊载了关于全德工人联合会会议的详细报道,会上《社会民主党人报》负责人、拉萨尔分子霍夫斯泰滕发了言。当时,马克思被迫在《未来报》上发表了《剽窃者》一文,指出霍夫斯泰滕引用《资本论》的一些段落,既没注明书名,又没有提到作者,而且歪曲了它们的意思(《社会民主党人报》1867年11月29日第139号附刊。见《马克思恩格斯全集》第1版第16卷第248—253页)。

④ 《社会民主党人报》1868年8月30日第101号,附刊第445页。

⑤ 《实证哲学》1865年11—12月第3号第507—509页。

德国和其他国家的先进工人在为迫切的要求，特别是为限制工作日而进行的斗争中，引证了马克思在《资本论》中表述的原理，在这部"工人阶级圣经"中，对反映无产阶级的真正利益作了最好的论证。

例如，1871年5月德国社会民主工党委员奥古斯特·盖布在《人民国家报》上直接援引了马克思的《资本论》，认为这部著作中关于必须缩短工作日的问题研究得非常深刻，"在这方面再作进一步的考察都将是多余的"。① 他特别注意《资本论》第三章第四节《工作日》（在德文第一版中它不是章而是节。——作者），并指出德国工人阶级斗争的目标之一就是在法律上规定八小时工作日。在谈到在法律上限制工作日的必要性时，援引了马克思有关的话。②

《资本论》第一卷在英国的宣传情况，和德国相比有些不同。这是由这个国家工人运动发展的特点决定的。十九世纪五十年代，英国在经济发展方面大大超过其他国家。英国资产阶级的财富急剧增加，对英国无产阶级的一部分人产生了很大的影响。英国资产阶级对世界市场的统治，对无数殖民地民族的残酷剥削以及由此获得的大量的超额利润，使英国资产阶级有可能去收买英国无产阶级的上层，让其在工人阶级中充当他们意识形态的传播者。自由派工联主义的意识形态日益影响着英国无产阶级的广大群众。

在资本主义这样发达的国家英国，工人阶级有很大力量，但是处于改良主义幻想的统治之下，科学共产主义思想的宣传具有特殊重要的意义，当时却遇到巨大困难。对这一点应加以补充的是：马克思和恩格斯著作的英译本数量不多，而《资本论》第一卷的全译本也只是在八十

---

① 《人民国家报》1871年5月24日第42号：奥·盖布：《正常的工作日》。
② 《人民国家报》1871年5月24日第42号（见《马克思恩格斯全集》第1版第23卷第267—268页）。

年代下半叶才出版。

马克思和恩格斯的最亲密的朋友和战友、第一国际总委员会委员弗里德里希·列斯纳，是英国工人中科学共产主义的不倦的宣传者之一。列斯纳看来是流亡英国的许多德国工人和英国工人中间的联接环节。①

《资本论》第一卷出版后，列斯纳立即对它进行研究②，从那时起他便是第一国际一些支部的《资本论》最积极的宣传者之一。1868年2月列斯纳出席了伦敦德意志工人教育协会成立二十八周年庆祝会，他谈到应用机器对无产阶级地位的影响时，把《资本论》当作首次研究工人感兴趣问题的书来加以引用③。由于即将召开第一国际布鲁塞尔代表大会，列斯纳在《海尔曼》报上发表了他写的并经马克思审阅的《告伦敦德国工人书》。在呼吁书中论证了规定八小时工作日的要求。列斯纳写道："不应当忘记，在北美合众国八小时工作日已经被宣布为所有国营企业应当遵守的法律。我们还想起了卡尔·马克思于1867年在他

---

① 见 И. M. 西涅里尼科娃的文章《弗里德里希·列斯纳》（《马克思恩格斯和第一批无产阶级革命家》文集，三联书店1973年版，第119—162页）和《弗里德里希·列斯纳——德国和国际工人运动活动家》（《新时代的德国工人运动》文集1962年莫斯科版第52—83页）。

② 1867年10月8日列斯纳致马克思的信（《历史学家——马克思主义者》1935年第5—6期第154页）。

③ 关于庆祝伦敦德意志工人教育协会二十八周年的报告，刊登在伦敦德国小资产阶级民主派机关报《海尔曼》（1968年2月22日第477号第3818—3819页）上。

在《海尔曼》报1867年9月14日第454号第3634页上刊登了出版《资本论》的预告；预告提醒人们注意序言，马克思在那里谈到美国独立战争对欧洲资产阶级的影响以及美国南北战争对欧洲工人阶级的影响。该处还刊载了《资本论》序言的大段摘录。

的著作《资本论。政治经济学批判》的序言中所写的具有深刻历史意义的话！'正像十八世纪美国的独立战争给欧洲资产阶级敲起了警钟一样，十九世纪美国的南北战争又给欧洲工人阶级敲起了警钟'。"①

国际和德国工人运动著名活动家、国际总委员会委员、裁缝约翰·格奥尔格·埃卡留斯在英国报刊发表意见，对宣传《资本论》的思想具有很大意义。马克思帮助埃卡留斯写了一组经济论文，批驳英国资产阶级经济学家和实证论哲学家约·斯·穆勒，后者对工人阶级上层有很大影响。这些文章载于英国报纸、国际总委员会机关报《共和国》，题目是《一个工人驳斥约翰·斯图亚特·穆勒的政治经济学理论》。②1869年这些文章用德文出了单行本③。《资本论》出版后，埃卡留斯把《资本论》序言译成英文，并载于英国工联机关报《蜂房报》④。1872年埃卡留斯写了小册子《工作日》，书中叙述了《资本论》第一卷某些原理⑤。埃卡留斯的这一活动对于给英国革命工人和社会主义分子介绍科学社会主义的思想起了很大作用。

在美国工人运动中宣传《资本论》的思想，是通过德国流亡者、原共产主义者同盟和第一国际的委员们进行的。

1857年在纽约成立了共产主义俱乐部，积极参加俱乐部活动的有：

---

① 《海尔曼》报1868年8月15日第502号（见《马克思恩格斯全集》第1版第16卷第64—645页和第23卷第11页）。

② 《共和国》报1866年11月10、17、24日和12月1、25日第192—195、198号；1867年1月5日和26日，2月2、16和23日，3月2、9、16和23日第200、203、204、206—211号。

③ 约·格奥尔格·埃卡留斯：《一个工人驳斥约翰·斯图亚特·穆勒的政治经济学理论》，1869年柏林版。

④ 《蜂房报》1867年9月7日：《政治经济学新著》。

⑤ 格奥尔格·埃卡留斯：《工作日》〔1872年〕伦敦版。

弗·阿·左尔格、齐·迈耶尔和奥·福格特等人。他们熟悉马克思的许多著作，并对《资本论》有所了解。马克思曾告诉住在纽约的奥·福格特不久就要出版《资本论》第一卷的消息①。1867年8月马克思把《资本论》序言的摘要寄给迈耶尔②。恩格斯也写信让他注意《资本论》的巨大意义，特别是对于当时工人运动的发展即在美国开展的争取八小时工作日的斗争，有巨大意义："由于在美国现在展开了争取八小时工作日的运动，因此这本书及其关于**工作日**的章节非常合乎时宜，而且总的来说，在许多方面将使人头脑清醒。您在这方面的每一进展，都将是对争取我党在美国的前途的斗争立下的巨大功劳。"③

美国工人运动著名活动家弗·阿·左尔格后来回忆说："在数以百计的从1869年至1874年属于同盟的盟员中间，几乎人人读过马克思的著作（《资本论》），当然，有多于一打的人掌握并彻底弄懂了最困难的地方和术语，这样一来就武装起来反对来自大小资产者、激进派和改良主义者的各种攻击。"④

《资本论》第一卷给美国争取八小时工作日运动的组织者之一埃尔·斯图亚特带来深刻印象。他赞叹地向左尔格谈到马克思的《资本论》："我希望把马克思的这一著作译成通俗本。因为，我经常思考这个问题，令我非常发窘的地方，说英国话的人是弄不懂的。受过中等教育的读者了解这些地方并不常常发生困难。马克思博士的天才使我想到，用他的祖国语言阅读这些地方是很容易的。假如我有可能从我的私

---

① 《马克思恩格斯全集》第1版第31卷第544页。
② 《马克思恩格斯全集》第1版第31卷第558页。
③ 《马克思恩格斯全集》第1版第31卷第568页。
④ 弗·左尔格：《美国工人运动》文集，1907年圣彼得堡版第163页。指的是纽约出版的《论工人联合会》，联合会改组第一个支部后加入了国际。

人工作中抽出时间来,那么我就按照我的计划把《工作日》以前的章节加以简述或摘录,特别是因为手稿的第一部分是最难读的。我从[马克思]博士的著作中摘出了一些引文,介绍给我们的读者,使他的名字和我们更加亲近。我有时对《工作日》谈得不是很多的。"①

六十年代末,特别是七十年代初,美国在缩短工作日的口号下掀起了示威游行和罢工的汹涌浪潮。在六十年代,争取八小时工作日运动具有群众运动的性质,几乎波及全国。马克思在《资本论》中指出:"南北战争的第一个果实,就是争取八小时工作日运动,这个运动以特别快车的速度,从大西洋跨到太平洋,从新英格兰跨到加利福尼亚。"②

美国工人阶级能够争得在国家企业中规定八小时工作日,并为保持斗争中争得的权利而经常进行斗争。为了实现八小时工作日法,1871年9月13日在纽约举行了第两万次示威游行,当时在示威游行者中间散发了一千份传单,传单的英文原文就是《资本论》第一卷第八章的片断。传单开头的话是:"我卖给你的商品和其他的普通商品不同,它的使用可以创造价值,而且创造的价值比它本身的价值大"等等。传单结尾的话是:"我要求正常的工作日,因为我和任何别的卖者一样,要求得到我的商品的价值。"③

1871年9月25日《人民国家报》上发表的纽约通讯透露,国际的支部在纽约以篇幅为二百页的传单形式刊载了马克思的《资本论》第

---

① 引自Ф.佛涅尔:《美国工人运动史》1949年莫斯科版第415页。《资本论》第一卷英文节译本,1877年在美国首次出版,译者是约瑟夫·魏德迈的儿子奥托·魏德迈。
② 《马克思恩格斯全集》第1版第23卷第333页。
③ 《马克思恩格斯全集》第1版第23卷第261—262页。

一卷的英译文①。

示威游行的人高举红旗,沿着城市的主要街道行进;游行持续了三个半小时;示威游行的口号是:"八小时劳动,八小时休息和教育,八小时睡眠!"、"实行八小时工作日,否则请当心!"、"如有可能,用和平方式争取八小时工作日,必要时,采取暴力方式去争取!"等等。

保尔·拉法格回忆马克思时关于这次示威游行写道:"……在美国,在纽约的一次大罢工中,有人从《资本论》中摘录一些片断,印成传单,用来鼓励工人们坚持斗争,向他们证明他们的要求是正当的。"②

这篇传单后来在英国载于国际不列颠支部机关报《国际通报》③。

法国、比利时和意大利的民主派和工人的刊物对《资本论》第一卷的出版作出了反应。劳拉·马克思和保尔·拉法格为国际在法国的机关报《法兰西信使报》翻译了《资本论》序言④。比利时报纸、国际比利时支部机关报《自由报》发表了法译文序言。在编辑部前言中谈到:"……卡尔·马克思是伟大的德国思想家,有一次比利时政府把他驱逐出布鲁塞尔,因为他在汉堡发表了……光辉的著作,工作二十年和耐心思考的结晶。"⑤

1871年《自由报》发表了从《人民国家报》借用的并译成法文的

---

① 见《人民国家报》1871年10月14日第83号。这篇传单的全文得以发表,标题是:卡·马克思:《工人关于正常工作日的要求》。

② 《摩尔和将军》1982年人民出版社版第111页。

③ 《国际通报》1872年11月30日第35号第5页:《工人关于正常工作日的要求。摘自卡尔·马克思的〈资本论〉》。《资本论》的这一片断在英国也以传单形式翻印。

④ 《法兰西信使报》1867年10月1日第3页:《欧洲社会主义》。

⑤ 《自由报》1867年10月13日第15号第4页:《资本论。政治经济学批判》。

文章《卡尔·马克思的〈资本论〉》。该报写道："我们翻译了取自《人民国家报》上的论述著名社会主义经济学家**卡尔·马克思**的近著的文章。这部著作在德国引起了强烈反应,我们发现,它很快被译成法文。"①

第一批用外文刊载的《资本论》片断之一,是发表在那不勒斯工人组织(在这一组织基础上很快成立了国际的支部)的机关报《自由和正义》上的部分序言。片断发表时署名是卡尔·马克思,标题是《欧洲社会主义》。报纸编辑部给译文写了下述前言:"在德国出版了社会学说方面的最伟大的著作,卡尔·马克思的**伟大而严格**的天才著作,社会思想在欧洲的不倦的宣传者之一。我们有幸向我们的读者介绍摘自作者盛情寄来的著作的片断。我们相信,在蒲鲁东著作之后,马克思的著作在社会著作年鉴中标志着一个光辉的时代。该书加了《资本论》的标题。"②

* * *

正是因为《资本论》第一卷在工人的和民主派的刊物上获得生动的反应,并在工人中间引起很大兴趣和得到理解,资产阶级学者逐渐被迫谈到马克思的《资本论》。

资产阶级学者的最早反应之一是德国柏林大学副教授,后成为马克

---

① 《自由报》1871年6月6日第47号;6月9日第50号:《卡尔·马克思的〈资本论〉》。

② 《自由和正义》1867年10月27日第11号:《欧洲社会主义》。见 Н. Ю. 科尔宾斯基的文章《关于第一次用意大利文发表的〈资本论〉第一卷德文第一版序言》,并见 L. 巴索:《〈资本论〉片断首次译成意大利文(1867年)》(《社会主义史评论》1962年第17期第555—590页)。

思的公开敌人的欧·杜林所写的评论①。马克思基本上肯定了这篇评论,但是他指出,杜林不了解与先前的资产阶级政治经济学相比较《资本论》给政治经济学加进的新东西②。马克思在一封信中让路·库格曼注意波恩的德国政治经济学教授黑耳德的反应。黑耳德写道,马克思是"……社会主义领域所能提供的最科学、最博学的著作即《资本论》的作者"③。

被迫谈到《资本论》的大部分资产阶级评论者们,企图用造谣中伤的办法对它进行猛烈的抨击。1868年先后在《国民经济和文化史季刊》④和《德国中央文学报》⑤杂志上发表了匿名文章,作者非难马克思,说什么他似乎用社会必要劳动时间来确定价值量是从法国庸俗经济学家巴师夏那里抄袭来的。他们声称,马克思不仅"剽窃"巴师夏,而且还对他作了歪曲。资产阶级一伙人对《资本论》的反应,一方面表明马克思的敌人在本质问题上所作反驳的无能;另一方面他们也知道,《资本论》——它是射向资产者的炮弹。《德国中央文学报》上的文章作者写道:"驳倒价值理论是反对马克思的人的唯一任务,因为如果同意这个原理,那就必然要承认马克思以铁的逻辑所作出的差不多全部结论"⑥。

在英国刊物上也出现了一些书评。保守派周刊《星期六评论》写

---

① 《现代知识补充材料》1968年第3期第182—186页。
② 《马克思恩格斯书信选》1953年莫斯科版第197—198页。
③ 《马克思恩格斯全集》第1版第32卷第577页。
④ 《国民经济和文化史季刊》1868年第5年卷第20册。
⑤ 《德国中央文学报》1868年7月4日第28号。
⑥ 引自马克思的著作《我对弗·巴师夏的剽窃》一文的脚注(《马克思恩格斯全集》第1版第16卷第353页)。此文在马克思生前未能发表。

道:"虽然我们认为,作者的观点是危险的,但仍然不能不承认他的逻辑严密,文字有力,他甚至使最枯燥无味的政治经济学问题具有一种独特的魅力。"①

美国资产阶级报纸、共和党人机关报《纽约先驱报》被迫谈到马克思的《资本论》,说许多人都认为它是一部最有价值的书,"李嘉图时代以来的政治经济科学作出了贡献"②。

在许多报纸,诸如巴黎的《画报》、意大利的《资本》、德国的《画报》以及其他报纸上,刊登了关于卡尔·马克思的传记性文章,并附有《资本论》第一卷的评论。③

路·费尔巴哈对马克思的《资本论》作出了极好的评价。④

马克思的反对者,曾是青年黑格尔分子,1866年后是民族自由党人,阿·卢格被迫对《资本论》作出客观的评述。他在1869年1月25日致施泰因塔耳的信中指出:"这是一部**划时代的**著作;它清楚地、往往是尖锐地阐明了社会的各个时期的发展、灭亡、分娩时的痛苦和可怕的苦难日子。

对来自无偿劳动的**剩余价值**的阐述,对原先是为自己劳动的劳动者的剥夺的阐述以及对即将发生的**剥夺剥夺者**的论证,都是经典性的。"⑤

* * *

---

① 《马克思恩格斯全集》第1版第32卷第522页;并见《星期六评论》1868年1月18日。

② 《纽约先驱报》1871年9月5日第4页。

③ 《画报》1871年11月11日第1498号;《资本》1871年11月30日;《画报》1871年12月2日;并见《日内瓦报》1871年9月27日第228号。

④ 路德维希·费尔巴哈:《……全集》1911年斯图加特版第10卷。

⑤ 《马克思恩格斯全集》第1版第32卷第684页。

各国工人对《资本论》的日益增长的兴趣，更加广泛宣传科学共产主义的必要性，在马克思面前提出了再版《资本论》并把它译成其他语言的任务。马克思早就考虑出版德文第二版，特别是出版法译本。但是，当时，特别是1871年，马克思的注意力贯注于工人阶级的直接的革命斗争。巴黎公社和国际的事业要求他花费很大精力。马克思写道："总委员会给我增添了很多工作，使我不得不把理论工作停下来。"① 马克思还继续校订《资本论》的法译文②，谈到出版《资本论》第一卷德文第二版和俄译文。

马克思认为《资本论》法译文具有巨大的意义，认为它的出版对于法国无产阶级意识的发展是极为重要的。他写道："我的时间都用于我的那本关于资本的书的德文第二版和我根据德文第二版准备的法文版以及我不得不作种种修改的俄文版。"③

十九世纪法国的经济发展要比英国缓慢得多。工业革命是在保持小商品生产的条件下进行的。由于这个缘故，法国无产阶级的形成过程和摆脱小资产阶级民主党人的影响也较晚。正是这种经济发展的条件，使空想社会主义的各种小资产阶级流派对工人阶级产生很大影响。马克思经常同蒲鲁东主义者对法国工人，特别是对国际法国巴黎支部的影响进

---

① 《马克思恩格斯全集》第1版第33卷第410页。
② А.В.乌洛耶娃：《马克思的〈资本论〉第一卷法文第一版出版经过》（载《马克思主义的形成和发展史论丛》1959年莫斯科版第369—390页）一文中，包含《资本论》第一卷法文版翻译经过的大量实际资料。
关于《资本论》法文版的特点，它和德文版的区别，见А.И.马雷什：《作者赞同的〈资本论〉第一卷法文版》（载《马克思主义的形成和发展史论丛》第351—368页）。
③ 《马克思恩格斯全集》第1版第33卷第400页。

行斗争,指出使法国工人摆脱小资产阶级思想意识的必要性。①

《资本论》第一卷法文版头几分册问世后,在用法语发行的国际机关报上刊登了专为这个版本写的文章。这些文章证明,《资本论》第一卷的法文版对于还深受蒲鲁东主义影响的法国和比利时的无产阶级多么重要。

例如,由于《资本论》法文第一辑问世,1872年12月比利时的《自由报》用两号篇幅刊登了《卡尔·马克思和他的价值分析》一文。该文的作者指出法文版《资本论》的出版对于工人具有很大意义,同时完全不理解马克思和蒲鲁东给商品价值下的定义在原则上的区别。②

正是由于《自由报》上的这篇文章,1872年12月23日燕妮·马克思写信给路·库格曼说:"这些比利时聪明人能发现马克思和蒲鲁东完全解决了"价值结构"["价值构成"——作者注]问题。原来所谓的比利时精神——淡而无味的布鲁塞尔啤酒。"③

由于争取缩短工作日斗争的高涨,许多文章的作者求教于《资本论》,不仅是为了从理论上论证缩短工作日的必要性,并且也求助于关于这个问题所拥有的大量实际资料。由于法译文第三辑问世,国际罗曼语区联合会机关报、瑞士的报纸《平等报》在《为争取九小时工作日而斗争》一文中写道:"我们满怀喜悦的心情告诉大家,这部政治经济学方面的内容非常丰富的著作,关于劳动和资本的著作,译成了法文。我们的法文读者能很快着手研究我们时代的这部举世无双的著作,他们从中能汲取对于劳动和资本的报告的事实和有价值的议论。"④

---

① 《马克思恩格斯全集》第1版第31卷第546页。
② 《自由报》1872年12月8日第49号,12月22日第51号。
③ 《历史文库》1959年第2号49页。
④ 《平等报》1872年12月18日第22—23号。

比利时杂志《大众科学》刊登了第十章的第一部分（根据法文版或德文第二版第8章），即《工作日的界限》的整个一节。在编者注中说道，这是卡尔·马克思关于资本的非常好的书的第十章片断。①

不久，《资本论》片断的西班牙文第一个译本也问世了。1871—1873年在马德里出版的工人报纸《解放报》，对在西班牙工人中间宣传《资本论》第一卷起了很大作用。②马克思和恩格斯按时将分册出版的第一卷法译本寄给西班牙国际委员，报纸编辑霍赛·梅萨。梅萨是把《资本论》的序言和部分内容译成西班牙文的第一个译者，他收到法译本头几分册后，致信给恩格斯说，为了使报纸读者对马克思的著作有广泛了解，还由于《资本论》对于同西班牙工人中间的蒲鲁东主义思想和无政府主义思想的传播进行斗争具有特殊重要的意义，他想翻译《资本论》序言。梅萨请求恩格斯多寄一些《资本论》，以便通过《解放报》传播这部著作。③对于西班牙马克思主义宣传者来说，《资本论》是同巴枯宁进行斗争的最重要的武器。

1872年10月《解放报》刊载了《资本论》法译本问世的预告。在预告中也谈到，无政府主义者的同盟的拥护者将在这部著作中得到对他们观点进行的深刻的科学批判。④

还在1872年10月，《解放报》刊登了1872年3月18日马克思致拉沙特尔的信，即《资本论》法文版序言的西班牙译文，也发表了德

---

① 《大众科学》1873年3月9日第19期第147—150页。
② 见 Н. Ю. 科尔宾斯基:《〈解放报〉在西班牙宣传马克思主义思想中的作用(1871—1873年)》，载《社会主义学说史》1962年莫斯科版第352—375页。
③ 1872年10月5日梅萨致恩格斯的信。
④ 《解放报》1872年10月13日第69号。

文第一版序言。① 在这一号上还刊载了由报纸发行处出售《资本论》的预告。② 1873年3—4月,报纸发表了第四章《货币转化为资本》的译文。③

1872年9月底,马克思向意大利恩利科·比尼亚米寄了《资本论》的头几分册。1872年10月在意大利报纸——国际支部的机关报《人民报》上刊登了《资本论》法文本问世的预告。报纸编辑部写道:"我们直接从伦敦著名作者那里收到最有价值的著作——卡尔·马克思的《资本论》的头几分册……我们把著名经济学家的这本书推荐给我们的朋友。"报纸还声称,发行处出售法译本。④

比尼亚米就《资本论》译成意大利文一事同马克思交换了意见,⑤但他未能实现自己的愿望。侨居伦敦的意大利流亡者、国际的委员、巴黎公社的将军拉·赛西利亚,曾从事《资本论》的翻译。1872年10月译好了一部分,因为无人出版,后来的工作遂告中断。⑥

那不勒斯的报纸《资本》也发表了《资本论》第一卷法文版问世的预告。⑦

* * *

---

① 《马克思恩格斯全集》第1版第23卷第7—13、26页;《解放报》1872年10月26日第71号第2页。

② 出版预告又重登在报纸1872年第77、78号和1873年第83和85号上。

③ 《解放报》1873年3月1日第87号;3月22日第90号;4月12日第91号(《马克思恩格斯全集》第1版第23卷第167—200页)。

④ 《人民报》1872年10月12日。

⑤ 1872年10月10日比尼亚米致马克思的信。

⑥ 《资本论》意大利文的第一个译本,是由卡·卡菲埃罗完成的,但作了很大删节。

⑦ 1872年11月27日卢恰尼致马克思的信。

如果说《资本论》德文第一版问世后，不得不同资产阶级政治经济学，特别是德国的资产阶级政治经济学的代表人物封锁《资本论》的"沉默阴谋"进行斗争，那么在1871—1872年避而不谈《资本论》已经行不通了。对这部最伟大著作的承认，迫使这样一些教授如瓦格纳、黑耳德、朗格、谢夫莱、亨·济贝耳等人开始谈论《资本论》。他们对《资本论》所作的庸俗的、荒谬透顶的解释，"推翻"它的根本原理的企图，在德国工人报刊上遭到应有的驳斥。

由于1872年《科伦日报》发表了著名的资产阶级历史学家、后为自由党在普鲁士下院的议员亨·济贝耳的演说《现代社会主义和共产主义学说》①，约瑟夫·狄慈根又在《人民国家报》上发表文章，捍卫马克思的经济学说。在《致亨利希·冯·济贝耳的公开信》② 中，他把济贝耳作为庸俗政治经济学观点的典型代表（马克思《资本论》选定的批判对象）加以批判。狄慈根证明，济贝耳既不懂马克思的研究方法，也不懂他的价值理论。他在自己的演讲中断言，商品的交换价值是"以好处和需要带来这样一种满足的能力，这种满足同生命力的量是相适应的"，并把马克思的价值理论归结为效用理论。在反驳济贝耳时，狄慈根举了无数例子证明，马克思确定商品的价值，不是以物的效益，而是以为了进行生产所要求的社会必要劳动的数量。狄慈根写道："社会主义原理，生产价值和增加价值，是人类劳动本性的特色。你们，作为统治阶级的辩护人，不认为有任何意义。神学家反对自然科学，而你们则反对政治经济学原理。在这一科学的历史发展进程中，已有无数的东西

---

① 《科伦日报》1872年3月29日第89号第3版；3月30日第90号第1版；4月2日92号第3版；4月3日第93号第3版；4月4日第94号第3版；4月5日第95号第3版。

② 《人民国家报》1872年4月17日第31号。

多次被推翻，而你们则把它们拿出来冒充一种新货色。"①

德国社会民主党人卡·奥·施拉姆在《人民国家报》发表文章《交换价值》②，反驳济贝耳的这些讲演稿。他在文章中批判济贝耳和谢夫莱用效益给商品价值下的庸俗定义。在这篇文章和柏林民主主义者工人联合会上所作的并载于《人民国家报》③的报告中，施拉姆详细阐述了《资本论》第一卷的一些原理，这些原理涉及商品、劳动、价值和交换价值、劳动力、剩余价值、剩余价值的生产、工作日和工厂立法、资本剥削妇女和儿童的劳动等这样一些范畴。关于卡·奥·施拉姆的这篇文章，恩格斯写道："……直接驳斥济贝耳，但这种驳斥方法首先要求对问题有独立的和完全正确的思考。马克思和我看到这篇文章都很高兴，尽管有些地方不够精确。施拉姆在其他方面如何，我当然不可能了解，但不管怎样，他对经济问题是有相当研究的。"④

1872年12号《人民国家报》上，刊载了奥·盖布关于《资本论》德文第二版的文章。他指出，在社会民主主义运动同小资产阶级社会主义和工人阶级为争取自己的经济权利的斗争中，《资本论》日益成为社会民主主义运动手中的武器。盖布写道，《资本论》俄译文和法译文的问世，清楚地证明它日益为工人阶级所易于理解。⑤

* * *

---

① 《人民国家报》1872年4月17日第31号。

② 《人民国家报》1872年10月12日第82号。

③ 《人民国家报》1872年1月3、6、10和13日第1—4号：卡·奥·施拉姆：《国民经济契约》。

④ 《马克思恩格斯全集》第1版第33卷第553页。后来，施拉姆转到改良主义立场。

⑤ 《人民国家报》1872年7月3日第53号；8月31日第70号；9月7日第72号。

根据所引用的取之不竭的资料可以说,《资本论》第一卷的传播史似乎有两个阶段。第一阶段是 1867 年至 1871—1872 年这个时期。在这个时期,一方面同资产阶级政治经济学代表人物封锁《资本论》的"沉默阴谋"进行斗争,而另一方面马克思恩格斯及其最亲密的战友积极宣传《资本论》的思想。工人和民主派的报刊的反应证明,《资本论》第一卷中包含的最复杂的问题,在工人阶级的先进代表中间得到充分理解。这些材料也证明,由于有了马克思的《资本论》,工人阶级在为争取劳动人民的利益而进行的斗争中获得了强有力的武器。《资本论》是反对工人运动中各种小资产阶级、改良主义和宗派主义的流派的理论基础。科学共产主义思想广泛深入到工人群众中去,特别是在巴黎公社以后,同小资产阶级思想影响进一步作斗争的迫切需要,要求马克思完成《资本论》德文第二版,并把它译成俄文本和法文本。关于《资本论》第一卷的传播史中的第二个时期,本文只作了部分考察,因为这个时期范围要广泛得多。

马克思的天才著作被当作从俄国到美国的国际工人阶级活动的战斗纲领而加以承认。历史发展的进程证明,马克思的《资本论》是在反对各种机会主义流派、在工人运动中争取科学共产主义理论胜利的斗争中强大的和不能摧毁的武器,是各国无产阶级在为必胜的社会主义革命和社会主义社会的建设而进行的斗争中的思想武器。

(原载《马克思主义和国际工人运动史论丛》
1963 年莫斯科版第 415—443 页)

(晓鸣 译)

马克思恩格斯和《资本论》的翻译*

林 放

《资本论》是马克思牺牲了"健康、幸福和家庭",花了四十年的心血写成的。这部不朽的著作,深刻地揭示了资本主义发展的基本规律和科学地论证了资本主义灭亡的必然性。它具有鲜明的党性,向资产者头上发射了最厉害的炮弹。《资本论》第一卷在德国汉堡出版以后,恩格斯曾向世界宣告:"自地球上有资本家和工人以来,没有一本书像我们面前这本书那样,对于工人具有如此重要的意义。"① 无产阶级热烈欢迎这部著作,认为它是自己的强有力的斗争武器。1868年国际布鲁塞尔代表大会通过了一项特别决议,也指出了这部著作的意义,并建议将它译成各国文字。

马克思非常重视《资本论》各种外文本的出版。1872年1月23日,燕妮对丹尼尔逊说:"根据爸爸的意见,您不要以任何方式拖延俄文版的工作,而要尽快地继续下去。我很希望《资本论》法文版一问世,紧跟着就出版英文版。"②《资本论》俄文本是在马克思和恩格斯的关怀和帮助下译出的,它的法文本经过马克思亲自校订并作了重大修改,它的英文本主要是由恩格斯组织翻译并亲自校订的。《资本论》的

---

* 本文选自《马列主义研究资料》1983年第2辑。
① 《马克思恩格斯全集》第1版第16卷第263页。
② 《马克思恩格斯全集》第1版第33卷第679页。

俄文本、法文本和英文本是马克思和恩格斯生前出版的三个主要外文版本。本文仅就它们的翻译和出版的经过，谈谈马克思恩格斯和《资本论》的翻译，供学术界和翻译界研究《资本论》的理论和翻译经验时作参考。

关于《资本论》俄文版的翻译

《资本论》德文版第一卷在1867年9月出版后，到1871年该书几乎销售一空。该书出版者迈斯纳说，俄国读者是最积极的购书者。这些俄国的积极读者，就是那些当时立志改造俄国社会的先进知识分子。1867年他们在彼得堡组织了一个革命小组，领导者是格·亚·洛帕廷，成员有尼·弗·丹尼尔逊、M.Φ.涅格列斯库尔、尼·尼·柳巴文和Φ.B.沃尔霍夫斯基等人。《资本论》引起了他们的极大兴趣，他们不仅细心研读它，而且还想把它译成俄文。1868年沃尔霍夫斯基和涅格列斯库尔开始着手翻译《资本论》。同年9月18日，丹尼尔逊以俄国出版商尼·波利亚科夫的名义写信给马克思，告诉马克思说他们准备出版《资本论》俄文本，并且希望同时出版第一、二两卷，并要求马克思寄去有关资料。

马克思得知这一消息后，非常高兴，立即给他们寄去所要的东西，并且在10月7日的复信中告诉丹尼尔逊，不要等待第二卷，它可能要推迟出版，并说第一卷"已经是一个完整的部分"。同时，马克思还把这一振奋人心的消息告诉了恩格斯和其他朋友。10月8日恩格斯也怀着喜悦心情向马克思建议，出俄译本是非常可喜的现象，只要事情稍有进展，就应在报上加以报道。10月6日列斯纳回信说："你的著作被译成俄文并准备付印这一消息……较之拥有世界的全数英镑更加使我兴奋……但愿此举能促使其他民族感到惭愧。"①

不久,革命小组遭到破坏,洛帕廷、沃尔霍夫斯基和柳巴文等人相继被捕。1869年洛帕廷在流放期间,小组的《资本论》的翻译工作,委托给流亡国外的巴枯宁去做。当时,巴枯宁生活贫困。根据巴枯宁的要求,柳巴文委托波利亚科夫给他寻找文字工作,波利亚科夫决定让巴枯宁翻译《资本论》,并寄去翻译所必需的书籍,同年9月还预付给巴枯宁三百卢布稿费。年底巴枯宁才着手翻译,他借口翻译工作遇到困难,进度很慢,最多只译了两个印张,后来他干脆就拒绝了这项工作。巴枯宁作为马克思的思想敌人,自然不会热衷于翻译《资本论》,何况他也并不熟悉经济学专著,结果他的少得可怜的译文,质量很差。《资本论》后来的译者丹尼尔逊看过他的第一章部分译稿,认为译文很糟,根本就不能用。

1870年春,巴枯宁无耻地授意涅恰也夫假借一个革命组织的名义威胁柳巴文,叫他解除巴枯宁所承担的把《资本论》第一卷译成俄文的责任,否则就要制裁他。1872年柳巴文把这封恐吓信连同说明一起寄给了马克思,后来马克思把它交给了海牙代表大会,作为秘密同盟活动调查委员会的文件之一。

《资本论》的第一个译者洛帕廷(1845—1918)是俄国革命家,尼·加·车尔尼雪夫斯基的学生,民粹派,国际总委员会委员(1870),马克思和恩格斯的朋友。他从高加索的一个要塞逃出后,于1870年1—6月侨居巴黎,研究理论并翻译《资本论》。他了解到工人运动的意义,参加了第一国际的一个支部。他结识了许多国际的活动家,其中就有拉法格和沙·凯累尔,后者当时正在从法文翻译《资本论》。为了取得马克思的同意,同年7月洛帕廷带着他们的介绍信,到伦敦几

---

① 《马列主义研究资料》1982年第6辑第206页。

次拜访马克思。

马克思一家热情接待了这位俄国客人。马克思同意由他担任该书的俄文本译者。马克思和洛帕廷相处之后，对他评价很高："他头脑很清醒，**有批判力**，性格开朗，坚毅，像一个俄国农民一样知足。"① 后来，他又说，"像他这样使我爱戴和尊敬的人是不多的。"② 马克思同他多次讨论过《资本论》的俄文翻译问题。洛帕廷认为第一章最难理解，建议对它进行改写。马克思同意他的意见，答应把第一章及其附录合并在一起，把它表达得更通俗易懂。洛帕廷接受马克思的意见，先从第二章开始翻译。他还考虑到同马克思接触是译好《资本论》的必要前提，并能向马克思质疑，便搬到离伦敦马克思家较近的地方居住。洛帕廷在英国博物馆图书馆埋头于翻译工作。他对拉甫罗夫说过，他翻译《资本论》，发疯似地干了一个星期。他认真研究马克思在《资本论》中所引的许多作者的原著，往往直到深夜。他进一步发现了马克思指出过的上述著作中的概念的混乱。在许多场合，马克思接受了他的意见，并对有关地方作了相应的补充说明。例如，对英国庸俗经济学者西尼耳的概念混乱，马克思就是根据洛帕廷的意见，在第三篇第 32 注后边又作了补充。这一补充首次见于俄文版。马克思还根据洛帕廷的意见，增加了第三篇的脚注 30a。在许多场合，洛帕廷还在一些地方加了脚注。在货币作为流通手段这一篇，他对"Geldlarve"［金蛹］加脚注说道："Geldlarve 的原意是处于自身变态的某一阶段上的货币。作者把它同昆虫的变态加以对比。"

洛帕廷的德文掌握得很好。他对《资本论》理论上的准备比较充分，这得益于他同马克思的交往，经常向马克思质疑，并聆听他的教诲

---

① 《马克思恩格斯全集》第 1 版第 32 卷第 505 页。
② 《马克思恩格斯全集》第 1 版第 33 卷第 479 页。

和对《资本论》内容的解释。洛帕廷创造性地翻译了《资本论》第一版第一卷的第二至五章,相当于该卷德文第二版的第二、三、五、六篇。洛帕廷的功劳在于,他最先用俄语制定了科学的政治经济学术语,如"Mehrwert"正确地表达为Прибавочная стоимость[剩余价值]。后来,丹尼尔逊在《资本论》三卷中沿用了他确定的这一术语。

1870年底,他为了营救流放中的车尔尼雪夫斯基,而奔赴西伯利亚。1871年2月初,他营救未成,反而身陷伊尔库茨克监狱。然而,《资本论》翻译工作并未停止,它由丹尼尔逊接替了。

丹尼尔逊(1844—1918)是俄国经济学著作家,八十至九十年代为民粹派思想家之一。洛帕廷去西伯利亚后,他接受了洛帕廷留下的全部译文。关于《资本论》翻译问题,他同马克思多次通信。1868年10月7日马克思给他寄去了有关写作和政治活动简况的资料。丹尼尔逊在写俄文版序言时使用了这些资料。他过去曾听洛帕廷说过,马克思打算为俄文版重新改写第一章。所以,1871年6月13日丹尼尔逊写信给马克思,请他把新的校订本寄来。马克思11月19日复信指示说:"用不着再等待重新修订第一章,因为最近几个月来忙得很……根本不能从事理论工作。"①他只给丹尼尔逊在信中附去《资本论》第一卷第一版需要改动和更正的《勘误表》,供出版时参考。

柳巴文(1845—1918)是俄国化学家,1867年毕业于彼得堡大学,1886—1906年任教授,六十年代曾参加一些革命大学生团体,六十年代末参加《资本论》俄文版的部分翻译工作。洛帕廷和丹尼尔逊没有翻译的该书第一章,是由他完成的。马克思本来打算改写这一章,但一直没抽出时间。这一章虽然写得抽象,但它是书中出色的一章。为了使读者能阅读这一章的精采内容,柳巴文把它译了出来,同时还译了这一

---

① 《马克思恩格斯全集》第1版第33卷第317页。

章的附录。后来，为了《资本论》第一卷第二版及其以后各卷的需要，马克思把第一章中关于价值形式那部分的正文和上述附录重新作了修改，并且把二者合并在一起，附录被删去了。

1871年10月，丹尼尔逊译完第一卷，它是《资本论》第一卷的第一个俄译本，也是第一个外国版本。该书于1872年4月8日（俄历3月27日）在彼得堡问世。马克思收到新出版的《资本论》后，欣喜异常，称赞该书装订得很美观，翻译得很出色。恩格斯也认为，这个译本很好。当时该书极受欢迎，印数二千册，很快就销售一空。彼得堡书商打算在1873年出第二版。这件事出乎沙皇书报检查机关的意料之外。他们原以为该书是严谨的科学著作，非常难读，绝非所有的人都能接受和理解，它在俄国不致为害，所以允许出版。俄文版《资本论》产生了巨大影响，使他们大为震惊。1894年颁布了不准发行《资本论》新版的命令，并采取了限制借阅的办法。

丹尼尔逊把许多时间花在《资本论》三卷的俄文翻译工作上、他在翻译期间，得到了马克思的具体指示和帮助，同时他也不断地把有关俄国的政治和经济以及其他方面的资料寄给马克思。1872年8月15日，马克思在信中对丹尼尔逊说："但愿您已经收到我前几天寄给您的德文第二版（《资本论》第一卷——笔者）的第一部分。我还要寄给您不久即将出版的法文版的前六分册。**两种版本**必须加以对照，因为我在法文版中作了许多补充和修改。"①

1878年10月28日，丹尼尔逊在信中对马克思说，六七个月前《资本论》第一卷已经脱销了，应考虑出版第二版问题。他询问马克思是否要对该书作新的修改，并请马克思在《资本论》第二卷付印后把校样随印随寄给他。11月15日马克思复了信，关于第一卷，马克思

---

① 《马克思恩格斯全集》第1版第33卷第513页。

说，如果出的这卷书的俄文第二版，他希望在分章节时按照法文版处理，并再一次强调把德文第二版同法文版对照。关于第二卷，马克思说，它一旦付印，你就将像你希望的那样得到手稿。这封信的一部分内容，丹尼尔逊在写《资本论》第二卷俄文第一版序言时引用过。

丹尼尔逊的《资本论》翻译工作，也得了恩格斯的帮助。1885年2月，恩格斯写信给丹尼尔逊，同意把《资本论》第二卷德文版校样寄给他翻译，以便加速这卷书的俄文版的出版。同年6月3日恩格斯对丹尼尔逊说，他已经寄去《资本论》第二卷的结尾部分的校样，即第27—33印张。8月8日他就丹尼尔逊要求为《资本论》第二卷的俄文版写序言一事①说，如果你认为最好根本不要涉及洛贝尔图斯，那我建议你把序言整个第二部分删去。当时，丹尼尔逊已把《资本论》第二卷译完，但出于书报检查方面的考虑，他不得不对序言作了一些删节。1885年，丹尼尔逊译的《资本论》第二卷俄文第一版在彼得堡出版了。恩格斯称赞他为该书写的序言写得很出色。

丹尼尔逊译完《资本论》第二卷后，就盼望着恩格斯能把第三卷整理出来。恩格斯决定这卷书的俄译本将和第二卷的译本一样，由他把校样寄给丹尼尔逊。1894年3月20日，恩格斯开始把《资本论》第三卷的第一批校样寄出来，直到1895年1月9日，他已为丹尼尔逊准备好该书其余的一批校样。由于沙皇书报检查机关对具有社会主义倾向的书籍进行严格检查，上述校样都是通过秘密方式寄往俄国的。但是，沙皇的书报检查是前后不一贯的。1896年它许可出版丹尼尔逊译的《资本论》第三卷，理由是：马克思的结论"现在已经进入一切被人阅读

---

① 恩格斯没有专为第二卷俄译本写序言，该版用的是恩格斯为德文第一版写的序言的俄译文，最后还是删去了批判洛贝尔图斯的后半部分。

的政治经济学教程"。①

《资本论》俄译本的出版，当时在俄国反映很好。第一卷问世后，1872年5月23日马克思告诉左尔格，俄国的社会主义报纸《新时报》不久前用五栏篇幅发表了一篇社论，对他的书大加赞扬。4月20日《圣彼得堡消息报》也说："除了少数太专门的部分以外，叙述的特点是通俗易懂，明确，尽管研究对象的科学水平很高却非常生动。在这方面，作者……和大多数德国学者大不相同，这些学者……用含糊不清、枯燥无味的语言写书，以致普通人看了脑袋都要裂开。"② 伊·伊·考夫曼在彼得堡出版的《欧洲通报》五月号中专谈《资本论》的研究方法时认为，马克思的"研究方法是严格的现实主义的，而叙述方法不幸是德国辩证法的"③。

马克思和恩格斯的好友列斯纳回忆《资本论》俄译本出版时的情景说："这一事件是时代的一个重要标志，使马克思、他的家人以及他的朋友们都感到无比欣喜。"④

关于《资本论》法文版的翻译

早在1862年，《资本论》还在写作过程的时候，马克思就有过将它译成法文的念头。1867年5月，马克思在写给路·毕希纳的信中又提到：等《资本论》在德国出版后，就用法文在巴黎出版。他希望《资本论》在法国的传播，能够"使法国人摆脱蒲鲁东用对小资产阶级的

---

① 《马克思恩格斯著作的发表和出版》，人民出版社1976年版，第147页。
② 《马克思恩格斯全集》第1版第23卷第19页。
③ 《马克思恩格斯全集》第1版第23卷第20页。
④ 《回忆马克思恩格斯》，人民出版社1957年版，第188页。

理想化把他们引入的谬误观点"①。

1867年11月27日,席利向马克思介绍:赫斯对《资本论》的评价很好,他想同埃·勒克律一起把《资本论》第一卷译成法文,予以出版。同年11月30日,马克思复信时认为:"勒克律在有一个德国人协助的条件下,是完全合适的法文译者。在翻译中我将对个别地方作某些修改,同时保留最后的审稿权。"②

马克思同选定的未来译者关于《资本论》翻译的谈判,持续了三年而毫无结果。这期间马克思认为,"赫斯由于受过哲学教育并且掌握了辩证法的飞跃和平衡的艺术,因此要胜过许多其他纯粹文字上的译者",但另一方面,又觉得他"不大可靠","往往是粗心大意的",③希望换一个合适的译者。以后他弄清楚,原来勒克律是巴枯宁的社会主义民主同盟的领导人之一,于是就取消了勒克律当法译者的候选人资格。

1868年初,约·卡尔德(1822—1869,笔名茨韦尔查凯维奇)写信给马克思,表示愿意为翻译《资本论》法文本效劳。他是1863年波兰起义的参加者,起义失败后流亡日内瓦。他在第一国际曾为日内瓦代表大会的代表。他的理论观点和部分活动,受了蒲鲁东的影响,不承认罢工是无产阶级斗争的最重要的形式。马克思拒绝了他,认为"他当译者是不合适的"。

后来,马克思又物色到第一国际巴黎支部成员沙·凯累尔(1843—1913),让他担任译者。1869年10月28日,马克思对凯累尔的部分试译稿评价说,虽然文字不漂亮,译得又太马虎,但总的说来,是满意

---

① 《马克思恩格斯全集》第1版第31卷第546页。
② 《马克思恩格斯全集》第1版第31卷第574页。
③ 《马克思恩格斯全集》第1版第32卷第678页。

的，希望他继续译下去。凯累尔于1869年10月着手工作，并把译稿寄给马克思作了修改。翻译的进度很快，到1870年4月已译出大约四百页，当时并没有找到出版者。由于他要翻译《路易·波拿巴的雾月十八日》以及其他原因，《资本论》的翻译工作，曾多次中断。1871年他在巴黎街垒战中负伤，巴黎公社失败后，流亡瑞士。后来，他和巴枯宁派关系密切，因而马克思同他断绝了来往，翻译工作没有能够完成。

保·拉法格和劳·拉法格也帮助马克思物色法文译者。1868年他们曾同法国女作家鲁瓦埃商谈关于把《资本论》第一卷译成法文一事。因为鲁瓦埃的资产阶级观点，商谈遭到失败。马克思读过她为达尔文的著作所写的序言后，曾对保·拉法格说过，她是资产阶级的代表。因此商谈不会成功，早已在马克思的意料之中。

1871年12月，巴黎的出版商拉沙特尔写信给马克思，请求允许他出版《资本论》法文本。拉沙特尔说："亲爱的导师，您的《资本论》一书使德国工人阶级对您这样地同情，法国的出版者自然希望将这部有重大意义的著作翻译过来，介绍给自己的国家。诚然，俄国在翻译这部重要著作方面走在法国前面。但是我国将幸运地优先得到译自经过作者校订的德文第二版手稿的译本，甚至还在这一版在德国问世之前。法国将最广泛地参与您的思想的传播，因为法译本将成为在英国、意大利、西班牙、美国……翻译这部著作的蓝本。"[①]

沙·龙格对《资本论》法文本的翻译也很关心。他把约·鲁瓦推荐给马克思。鲁瓦精通法语和德语，曾以极为严谨的形式成功地译过几部费尔巴哈的著作。所以，马克思同意由他翻译。1872年2月马克思同拉沙特尔正式签订《资本论》法文本出版合同后，鲁瓦就开始了翻译工作。但是，鲁瓦译得过死，译文不那么理想，马克思怕法国读者不

---

① 《马克思恩格斯著作的发表和出版》，人民出版社1976年版，第67页。

易接受，对译文进行了全部校订。他说："虽然法文本（翻译费尔巴哈著作的鲁瓦先生的译本）是由精通两种语言的大行家翻译的，但是他往往译得过死。因此，我不得不对法译文整段整段地加以改写，以便使法国读者读懂。"①

马克思尽管有国际的繁重工作，要写其他著作，还身患各种疾病，但仍然进行了艰巨的修改译文工作。1872年5月初，马克思校完了前两分册的初校样，同年7月，他修改了头几个分册的二校样，11月他在沙·龙格家里两人共同研究某些译文问题。1873年3月底，他又就译文的一些问题同拉法格相互磋商，6—7月他修订了第六篇。1874年5—6月校改了最后三册。这一年他由于头痛、失眠和肝病加重，这项工作先后中断了好几个月。1875年1月，完成最后三册的校改工作。法文版是以分册形式出版的，全书有九辑，共四十四分册。1872年9月第一辑开始发行，直到1875年11月出齐。《资本论》法文版受到读者的欢迎，它的第一分册印了一万册，其中八千册在它出版前就预售出去了。在法文版《资本论》第一卷扉页上写着"全部经作者校订"，决不是一句空话，马克思确实"付出了艰苦的劳动"。

马克思进行的艰巨工作，不只是校订法译文，而法译文的修订实际上等于全部改写。1875年1月20日，他说："我在书中作了很多修订和补充，尤其是法文版的最后几部分；"② 他又在另一封信中说："我每天还要校对……巴黎译的法文本**校样**，为了使法国人懂得实质，我往往必须把法译文重新改写。"③ 显然，鲁瓦的法译本不完全是德文版的复制本，可以被认为是马克思用外文写的另一种《资本论》原文版，它

---

① 《马克思恩格斯全集》第1版第33卷第478页。
② 《马克思恩格斯全集》第1版第34卷第115页。
③ 《马克思恩格斯全集》第1版第33卷第470页。

带有独创性，很多地方体现了马克思研究的新成果。他在《〈资本论〉法文版跋》中说，"不管这个法文版本有怎样的文字上的缺点，它仍然在原本之外有独立的科学价值，甚至对懂德语的读者也有参考价值。"

马克思认为，《资本论》能得到广大的工人阶级迅速理解，是对他的劳动的最好报酬。《资本论》法文版在国际工人运动中产生了很大影响。1873年8月30日，国际葡萄牙各支部的领导者之一若·诺布雷-弗朗萨谈到法文版《资本论》时说，这部著作对于在葡萄牙工人中间宣传共产主义思想和使他们摆脱蒲鲁东主义的影响，具有很大的意义。1887年1月10日，恩格斯在《论住宅问题》第二版序言中谈到了马克思著作，特别是《资本论》对罗曼语地区工人运动的影响。他说："在罗曼语地区的工人中间，蒲鲁东的著作已经被遗忘而由《资本论》、《共产主义宣言》以及马克思学派的其他许多著作代替了；马克思的主要要求——由上升到政治独占统治地位的无产阶级以社会的名义夺取全部生产资料，——现在也成了罗曼语各国一切革命工人阶级的要求。"①

马克思非常重视他修订的法文版本，希望别人把《资本论》第一卷译成其他文字时要参照这个版本。1877年9月27日，关于美国版《资本论》的翻译，他指示说，"在翻译时除了德文第二版以外还必须参照**法文版**，因为我在法文版中增加了一些新东西，而且有许多问题的阐述要好得多。"② 1880年8月，马克思还对约·斯温顿说过，《资本论》翻译成英文时要根据法文本。斯温顿在回忆时写道：马克思说过，"他的德文原文往往含糊，把它译成英文时会感到非常困难。"《资本论》法译文"就清楚得多，文风也比德文原文好。应该根据这个版本译成英文。如果纽约有人试图把这本书译成英文，我希望你就这样告诉

---

① 《马克思恩格斯全集》第1版第21卷第374页。
② 《马克思恩格斯全集》第1版第34卷第273页。

他。我在修订约·鲁瓦译的这个法译本时确实花了不少心血;我认真推敲了法文译稿上的每个字,许多很难从德文译成英文的文字和段落,可以容易地按照法译本译出"。他再次说道:"把它译成英文时,就用法译本吧。"①

马克思校订法文本,根据的是德文第二版。他生前曾想改写德文版的大部分内容,使原来的某些论点更加明确,并增加一些批判性评注,补充一些新的历史和统计材料。马克思的这个想法未能实现。后来,恩格斯发现了马克思遗留的一本德文版《资本论》和鲁瓦的一本法文版《资本论》,前者准确地标明德文第三版应参考法文版的哪些段落,后者标出拟在第三版所要采用的地方。马克思还留下一个《〈资本论〉美国版编辑指示》,其中标明德文版哪些地方应按法文版修改。恩格斯根据马克思的意见,把鲁瓦的法译本有关部分译成了德语,加到德文第三版相应的地方。恩格斯经过辛勤的劳动,1883 年在汉堡终于出版了德文第三版《资本论》。1889 年秋,恩格斯在准备德文第四版《资本论》时,再一次对照法文版和马克思写的《美国版编辑指示》等笔记,又把法文版的一些地方补进德文版;另外,还按照《资本论》第一卷法文版和英文版把一个很长的关于矿工的注释移入正文。

马克思在垂暮之年精心校订和修改法文版的工作,历尽了艰辛,克服了重重困难。这表明了他高度的科学精神和尽量使革命理论为法国读者所接受的良苦用心。马克思在他亲自校订的法文版《资本论》序言中写下了千古名言:"在科学上没有平坦的大道,只有不畏劳苦沿着陡峭山路攀登的人,才有希望达到光辉的顶点。"这句告诫《资本论》读者的光辉遗言,显然也是马克思亲自写作和反复修改法文版《资本论》的最好写照。

---

① 《马列著作编译资料》第 3 辑第 178—179 页。

关于《资本论》英文版的翻译

《资本论》第一卷在1867年9月出版后，经过了五年该书第一个外文本——俄译本问世，经过了八年法译本出版，经过了二十年又出了英译本。为什么这个英译本推迟到二十年后才出版呢？主要原因是当时找不到出版者，也物色不到合适的译者。

早在1863年，马克思打算出版法译本时，也考虑要出版英文版。1865年7月31日马克思告诉恩格斯，国际总委员会委员福克斯能找到出版商出版《资本论》第一卷英文本。他请恩格斯承担翻译工作，并让汉堡出版商近期之内把《资本论》德文第一卷校样都寄来，以便德文的校对和英文的翻译同时进行。因找不到出版者，这项计划未能实现。1867年4—6月马克思恩格斯在报刊上报道《资本论》第一卷即将出版的消息，并研究了翻译和出版英译本问题。同年9月，侨居美国的德国人纳美尔写信给马克思，表示愿意把《资本论》第一卷译成英文。马克思接到信后，曾向几个人打听，这些人都对纳美尔不了解。马克思决不愿意把这项重要工作，交给一个不相识的人去做，于是回绝了他的请求。1869年英国宪章运动领导人乔·哈尼写信给马克思，请求寄给他一本《资本论》，他想在纽约寻找译者和出版者，此事并未办成。1877年9月27日马克思准备让杜埃担任该书译者。他委托左尔格帮助了解杜埃的英文水平，能否独立完成这项工作，并指示翻译时要参照法文版。10月19日马克思又寄去《资本论》第一卷的手稿，以便杜埃把它译成英文。马克思在手稿中指明了准备出美国版时正文应修改的地方。1878年左尔格把杜埃难以完成这项工作的情况告诉了马克思，9月4日马克思采纳了左尔格的意见，决定不把这卷书交给杜埃进行翻译。

马克思不只一次地劝说劳拉把《资本论》译成英文。劳拉觉得做好这项责任重大的工作，还须广泛阅读很多东西才能胜任。1882年劳拉去伦敦马克思家时，马克思又建议她住在文特诺尔，以便能在他的指导下工作。劳拉表示同意，但由于姐姐燕妮病逝，以及后来发生的事情妨碍了这一计划的实现。

在物色英文版译者期间，马克思根据法文版的翻译经验，认为实在找不到合适的译者时，就决定自己翻译。1873年2月12日，他在一封信中说："至于英文版，因为有了法文版，也就完全不成问题了。不过，我对它还有些担心。修改法译文需要我做的工作比我全部自己翻译还要多。因此，如果我找不到十分内行的英译者，那我就得自己担负这一工作，而法文版已经妨碍我完成第二卷的工作，而且还会妨碍下去，直到搞完为止。"①

1867年9—10月期间，把《资本论》第一卷第一版序言的摘要发表在《未来报》、《观察家报》和《先驱》等几家德文报纸上。此外还用法文和英文分别登在《法兰西信使报》和《蜂房》报上。序言的法译文是劳拉和拉法格译的，英译文是埃卡留斯译的。马克思原想让恩格斯把序言译成英文，但《蜂房》报撰稿人埃卡留斯一开始就表示愿意翻译，马克思只好同意由他担任这一工作。恩格斯对他的译文质量不够满意，他说："《蜂房》上发表的可耻的、文理不通的译文是谁译的？……我担心这会损害你在比斯利等人的心目中的威信，他们会以为，这篇译文是你自己译的。"②

1883年马克思逝世后不久，恩格斯就迫切明显地感到《资本论》确实需要一个英文版本。他说："只要英国目前的运动，不因本身的空

---

① 《马克思恩格斯全集》第1版第33卷第565页。
② 《马克思恩格斯全集》第1版第31卷第346页。

虚而像戳破的皮球那样泄气，这部译著是绝对需要的。"① 当时，有几个人想插手英文本的翻译工作，都被拒绝了。恩格斯认为，最不适当的就是出版商里夫斯。他觉得，里夫斯虽有良好的愿望，但没有资本，并缺乏业务修养。他把希望寄托在资金雄厚的基根·保罗公司和勤勉可靠的穆尔身上。赛姆·穆尔律师是第一国际的会员，马克思和恩格斯的朋友，曾竭力帮助他们搞好国际协会中的工作。恩格斯非常器重他，曾极力向马克思推荐，让他作为《资本论》的英译者。恩格斯说："我解决了由谁把你的书译成英文的问题：这就是穆尔。他现在的德文水平能够毫不费劲地阅读海涅的作品，并且会很快地熟悉你的风格（价值形式和术语除外，这我必须大力给以帮助）。自然，全部工作将在我的直接监督下进行。"又说"这个人勤勉可靠，而且具有人们对一个英国人所能期待的理论修养"。②1883年9月，恩格斯看过穆尔的试译稿，虽然觉得稿子还要"细心校订"，但总的说来是满意的。他认为："大部分都译得很好、很活。"③

《资本论》的主要译者穆尔工作很扎实，态度很认真，非常注重质量，译得比预料的要好，但所花的时间太多，再加上他本身的法律工作特别繁忙，所以英文本的翻译进度很慢。当时，亨·迈·海德门也在忙于从英文抢译这部著作，这样一来，就出现了竞争者，更增加了加快翻译《资本论》的紧迫性。同时基根·保罗公司也在催稿，恩格斯希望能早一天同该公司达成出版协议。于是恩格斯殷切希望劳拉也参加工作，以便加快翻译速度。1884年4月18日，恩格斯在信中对劳拉说："如果像我期待的，你接受我们的建议，给自己选择一篇，那我们一定

---

① 《马克思恩格斯全集》第1版第36卷第141页。
② 《马克思恩格斯全集》第1版第31卷第314页。
③ 《马克思恩格斯全集》第1版第36卷第64页。

能实现（哪怕是部分地）摩尔的遗志。"① 同年5月26日，恩格斯又对劳拉说："你不想参加翻译《资本的积累过程》这一篇，我感到很遗憾。请再好好考虑一下。我担心，我们没有外援不行。"② 由于某种原因，劳拉没有参加这项工作。

艾威林对《资本论》英译工作非常热心。为了加快翻译进度，恩格斯和穆尔商量，邀他试译第八章《工作日》。这一章是叙述性的，困难的理论性的段落比较少。恩格斯对艾威林信心不足，认为他"在目前没有仔细研究和弄懂全书的情况下，是完全不能胜任的"，又说："艾威林虽有极好的心愿，但他要译的东西，对他来说是生疏的题材，而且要从他所不熟悉的一种德文译成他同样所不熟悉的一种英文。如果这是自然科学，那对他来说是相当容易的，但这是政治经济学和工业方面的事实，在这方面他甚至连最普通的用语都不知道！"③ 所以恩格斯认为，校订他的译文，将要花很大的劳动。此外，爱琳娜也协助进行了英文的修订工作，她对马克思的引文作了复核，以免重新译成英文时发生错误。

《今日》杂志主编海德门（笔名约翰·布罗德豪斯）是社会民主联盟的领导人之一。他把所领导的组织变成一个宗派团体，把马克思的学说庸俗化并使之成为死的教条。他妄自尊大，厚颜无耻，靠剽窃马克思的著作，捞取金钱、名誉和政治资本。他在《英国社会主义的历史基础》一书中，时时想刺刺马克思，同时他抢译《资本论》，对恩格斯的《资本论》英译工作"暗中进行破坏"。1885年10月他将其拙劣的英译文发表在《今日》杂志上，使恩格斯与出版商签定合同时处于非常不

---

① 《马克思恩格斯全集》第1版第36卷第141页。
② 《马克思恩格斯全集》第1版第36卷第155页。
③ 《马克思恩格斯全集》第1版第36卷第155—156页。

利的地位。海德门的译文错误百出，歪曲了《资本论》的理论。为了捍卫《资本论》的光辉思想，恩格斯撰写了《不应该这样翻译马克思的著作》一文，对海德门《资本论》第一卷第一章第一节和第二节的一部分译文进行了尖锐的批评。

恩格斯在这篇文章中首先指出，海德门"远远没有忠实地表达原文"，因为他"完全没有具备一个马克思著作的翻译者应该具备的才能"。他认为，翻译这样的著作只是通晓标准德语是不够的。要理解他的著作，必须彻底精通德语，另外还要知道一些德国人的生活。而海德门只是一个马马虎虎懂得一点书面德语的人，着手翻译一个最难翻译的德国作家的作品，只能成为"捉螃蟹"的能手。①

恩格斯接着又指出，翻译《资本论》对译者还有更多的要求。马克思是当代具有最简洁最有力的风格的作家之一。为了确切地表达这种风格，不仅要精通德语，而且要精通英语。富有表现力的德语应该用富有表现力的英语来表达，必须使用最好的词汇，新创造的德文名词要求创造相应的新的英文名词。海德门碰到这些问题，不仅缺乏词汇，而且缺乏勇气。

恩格斯还举了许多例子对海德门的错误进行了分析。他批评译者根本不懂所读的东西，说海德门用比较含混的用语来表达难译的德文词，把不同概念的名词混为一谈，把德文名词的概念译成英文后变得绝无意思，甚至一个相同的术语，在短短十页中就译成了四种不同的名词等等。

---

① 有一次，几个牛津大学毕业生划着一只四桨小船横渡多维尔海峡。报纸报道说：其中有一个人"catch a crab"（直译是：捉住了一只螃蟹；转意是：桨入水过深而难举）。记者理解错了，把它说成是"螃蟹夹住了一个划船人的桨"。这里，恩格斯讽刺海德门为"捉螃蟹"的能手。

恩格斯最后作结论说，海德门无论在哪一方面都不是一个能够翻译马克思著作的人，特别是因为他显然根本不了解什么是真正老老实实的科学工作。① 恩格斯这篇文章不但树立了捍卫马克思恩格斯思想纯洁性的榜样，而且提出了许多重要的翻译原则。

恩格斯写了这篇文章后，海德门仍继续在《今日》杂志上发表他的英译文，到1889年5月共刊载了第一卷中的七章和第八章的大部分。但是，后来正如恩格斯所说的那样，"这个译文为害不大。"恩格斯在谈判签定合同时，基根·保罗公司连提都没有提到海德门的译文。

1883年恩格斯着手校订《资本论》第一卷的头几章，整个工作达三年之久。他确实花了很大的心血和劳动。当时，他还在整理《资本论》德文版第二、三卷，校订其他著作的英、德、法译文等，忙得不可开交。他每天要伏案八至十个小时，有时还抱病工作。他在校订译文时，利用了马克思1877年为将在美国把这部著作译成英文所作的批注，从中吸取了有益的意见。校订工作常常被其他工作所干扰，不得不一再推迟。由于出现了竞争者的威胁，1886年3月恩格斯觉得英译文的校订工作不容拖延，决定把它放在首位，而把其他工作搁下来，以便把海德门糟糕的译文排挤掉。同年5月22日，恩格斯说未能同基根·保罗公司签订理想的合同，而同斯旺·桑南公司达成了协议。6月他把英译稿搞好了一半，已开始付印。8月5日全部校完，拿到清样。他非常仔细地看了三遍校样（条样、二、三校样）恩格斯抽时间校订英译文，花了近一年时间。他认为，"这是绝对必要的，我并不对此感到懊悔"。② 11月29日，他把英文版序言的最后一次校样送交出版社，高兴

---

① 《马克思恩格斯全集》第1版第21卷第266—276页。
② 《马克思恩格斯全集》第1版第36卷第523页。

地说："我终于卸下了一副千斤重担。"① 1887年1月初，《资本论》第一卷的英译本终于在伦敦出版了，第一版印了五百册，很快销光，因而需要再版，同年4月又出了第二版。

1886年8月21日，《纽约人民报》第200号上刊登的一篇短评《需要和耻辱》认为，《资本论》第一卷没有一部完整的英译本是一种耻辱。显然，"卓越的翻译家们"所译的《资本论》，终于把这种"耻辱"一扫而光。1887年3月5日英国《雅典神殿》发表了一篇评论，开头的一句话引人注目："长期以来，人们一直盼望有一部较好的《资本论》英译本，现在这个译本正是十分优秀的。"② 马克思和恩格斯的朋友列斯纳满怀喜悦之情欢呼说：马克思《资本论》第一卷译成英文，对于英国以至整个社会主义运动来说，这无疑是"最伟大的事件之一"。③

---

① 《马克思恩格斯全集》第1版第36卷第565—566页。
② 《马列著作编译资料》第8辑第83页。
③ 《马列主义研究资料》1982年第6辑第208页。

《资本论》在美国的传播[*]

庚 欣

《资本论》在美国的传播,是美国工人运动史上的大事件,同时又是《资本论》传播史中的重要一页。本文仅就马克思、恩格斯在世时《资本论》在美国的出版和传播,作一个简要的介绍。

马克思从未到过美国,然而他非常熟悉美国的经济和政治生活,敏锐地洞察到这个国家的发展趋势及其在资本主义世界中所占的地位。1878年11月15日,马克思在致尼·弗·丹尼尔逊的信中说:"现在,经济学研究者最感兴趣的对象当然是美国……在英国需要整整数百年才能实现的那些变化,在这里只有几年就发生了。"[①] 马克思通过各种方式搜集美国的经济资料,以进一步完善他的经济学著作,可惜他没有做完这件事就与世长辞了。恩格斯在整理马克思的遗稿时说过:"要不是有那么多美国和俄国的材料……第二卷早就印出来了。"[②] 在《资本论》前三卷中,直接提到美国或引用美国的资料近五十处。这部科学巨著在美国理所当然地受到了工人阶级的欢迎,为美国的工人运动开辟了一个崭新的阶段。

当时的美国,由于黑人奴隶制的存在,无产阶级意识很不发展,社

---

[*] 本文选自《马列主义研究资料》1984年第5辑。
[①] 《马克思恩格斯全集》第1版第34卷第333—334页。
[②] 《马克思恩格斯全集》第1版第36卷第47页。

会主义运动成长缓慢。马克思在《资本论》中曾一针见血地指出:"在北美合众国,只要奴隶制使共和国的一部分还处于残废状态,任何独立的工人运动都是瘫痪的。"① 尽管1861—1865年的南北战争使奴隶主势力大大减弱,资本主义显示出广泛发展的可能性,工人运动也开始勃起,但是工业无产阶级的基干本队伍尚未形成(这支队伍是十九世纪末才形成的),资产阶级利用美国民族成分复杂的特点分裂工人运动,使美国工人运动在指导思想上处于严重的混乱之中。一部分外籍工人(以德国移民为主)虽然与马克思、恩格斯持有联系,但也不乏狭隘的宗派主义等错误倾向;另一部分美国本土的工人,则接受了拉萨尔主义和无政府主义等反马克思主义的思潮,蜕变为资产阶级的代理人。为了使美国工人群众从种种错误思潮的影响下解脱出来,马克思非常关心《资本论》在美国的出版和传播。早在《资本论》德文版第一卷问世前,马克思就同出版商迈斯纳就《资本论》在美国的销路作过商议。当时,有许多德国革命者流亡美国,其中包括约·魏德迈②、阿·左尔格③等国际工人运动卓越的活动家,这对于《资本论》在美国的传播,是一个很好的条件。左尔格很崇敬马克思,他一听说马克思在写作《资本论》,就对此表示了极大的兴趣。他热情地期待这部著作的出版,积极地组织宣传《资本论》的工作。1857年10月,左尔格和他的同志们一起成立了"纽约共产党人俱乐部",参加者都是德国移民。1867年6、7

---

① 《马克思恩格斯全集》第1版第23卷第333页。
② 魏德迈(1818—1866),马克思、恩格斯最忠实的朋友和战友之一,德国1848—1849年革命的参加者,后移居美国,为马克思主义在美国的传播奠定了基础。
③ 左尔格(1825—1906),马克思、恩格斯的朋友和战友,德国1848年革命的参加者,1852年侨居美国,在纽约郊外定居。

月间，左尔格就把《资本论》即将出版的消息告诉了参加俱乐部例会的人们，并通过纽约的施密特出版社为大家订购了《资本论》德文第一卷。① 他们后来还直接从马克思那里得到关于《资本论》的消息和赠书。这种由著者直接赠书的做法，对于《资本论》的传播有着很明显的效果。这不仅使接受赠书的人，而且使他们的朋友们也读到了这本书并听到许多关于马克思的写作的消息。著名的工人运动活动家海·迈耶尔就是从这个"情报网"得到关于《资本论》的消息——费尔巴哈把有关《资本论》的消息告诉了流亡美国的德国历史学家弗·卡普，卡普又转告了迈耶尔。

美国的进步报刊对马克思经济学说的反映也是比较敏感的。早在1859年，《资本论》的初篇——《政治经济学批判》（第一分册）刚刚发表，在美国"从新英格兰到加利福尼亚的许多德文报纸都转载了"这篇著作的"序言"，"并加上种种按语"。② 在《资本论》德文第一卷问世前夕，马克思寄给迈耶尔一份《资本论》第一卷序言的摘要，请他设法刊登在美国的报刊上，并把登载这份摘要的所有报纸都寄给马克思一份。《资本论》发表以后，迈耶尔通过在圣路易斯市发行的小资产阶级民主派机关报《西邮报》刊载了《资本论》关于工作日的那部分章节，同时在《太阳报》上也刊载了《资本论》的部分内容。《太阳报》是由查·安·德纳编辑出版的。德纳是一个新闻记者，从1868年转向进步。他从马克思发表在《纽约每日论坛报》上的文章中看到了一个伟大人物的深刻思想，高度赞赏马克思的博学（德纳也是《纽约

---

① 这个出版社具有在美国销售《资本论》的权利。关于这一点，《资本论》德文第一版扉页上在发行人"迈斯纳"之后，记有："纽约：L. W. 施密特 巴克雷街24号。"

② 《马克思恩格斯全集》第1版第29卷第455页。

每日论坛报》编辑之一)。此后,美国全国工人联合会机关报《工人联合报》也从1868年10月至1869年6月定期连载了《资本论》的一系列摘要文章(后来为翻译《资本论》曾同马克思进行过联系的小资产阶级民主主义者卡·丹·阿·杜埃就是这家刊物的编辑之一)。马克思很关心在美国报刊上发表《资本论》摘要的情况,他于1869年9月14日写信给迈耶尔说:"您用英文从我的书里摘译的段落在美国报刊上发表得越多越好。请把摘译的段落寄给我!"①1871年5月13日和27日,纽约发行的《新时代》刊载了《资本论》的摘要。1873年,《工人联合报》先后刊载了《资本论》摘要、德文第二版跋及通俗解说马克思经济理论的文章。以后,《纽约人民报》和《正义》等刊物也登载过《资本论》摘要。

十九世纪六十至七十年代的美国,奔涌着一股巨大的革命洪流——"争取八小时工作日运动"。这个运动是美国工人阶级的一个伟大的历史性创举。马克思高度评价这个运动的伟大意义,并在《资本论》中以振奋的笔调描绘道:"南北战争的第一个果实,就是争取八小时工作日运动,这个运动以特别快车的速度,从大西洋跨到太平洋,从新英格兰跨到加利福尼亚。"②马克思把缩短工作日的问题提到了第一国际日内瓦代表大会的议事日程。并于1866年8月亲自起草了《临时中央委员会就若干问题给代表的指示》,指出:"我们建议**通过立法手续**把工作日**限制为八小时**。这种限制是美国工人的共同要求;代表大会的决定将使它成为全世界工人阶级的共同行动纲领。"③身处斗争热潮之中的美国工人阶级,迫切需要科学的革命理论指导。《资本论》正是在这样

---

① 《马克思恩格斯全集》第1版第32卷第549页。
② 《马克思恩格斯全集》第1版第23卷第333页。
③ 《马克思恩格斯全集》第1版第16卷第216页。

的形势下,在美国无产阶级中广泛地传播开来。恩格斯在1867年11月写给迈耶尔的信中就曾指出:"由于在美国现在开展了争取八小时工作日的运动,因此这本书及其关于**工作日**的章节非常合乎时宜,而且总的来说,在许多方面将使人头脑清醒。"① 被美国报刊称作"八小时工作日的发起人和创造者"的艾拉·斯图尔德,就曾对马克思的《资本论》表示过崇高的敬意。斯图尔德是波士顿的一个机械工人,他于1863年动员机械工和铁工工会及波士顿行业工会发起了伟大的八小时工作日运动,并提出了相应的理论和策略。虽然至今还无证据可以说明马克思与斯图尔德在这一时期有什么联系,② 但从这位美国八小时工作日运动之父写给左尔格的一封未填日期的信中,却足以说明他对马克思和《资本论》的崇拜之情。他写道:读了《资本论》,特别是读了其中有关工作日的章节,心里感到很兴奋。但同时又感到英文译者译得有些难解。他说:"马克思博士的才能使我相信,他用自己的语言写成的原著一定是清楚易懂的。要是我能够在我自己写作之外,还能抽出一些时间来,我一定要按照自己的意思,将'论工时'一章及前面的几章重新编写成一种内容摘要或内容概述的东西……我以后将多引用几段马克思博士的文章,以便把他介绍给我国读者,使他们更熟悉他的名字。"③

1871年9月13日,纽约爆发了争取八小时工作日斗争的大示威。在示威的群众中散发了一个小册子,上面对工人们非常关心的许多现实问题作了明确的回答,论证了这场斗争的必要性,鼓舞了他们的士气。用拉法格的话说:这本小册子"极大地激励了工人阶级,证明了他们的

---

① 《马克思恩格斯全集》第1版第31卷第568页。
② 马克思曾在1879年9月19日致左尔格的信中提到过斯图尔德,见《马克思恩格斯全集》第1版第34卷第386页。
③ 原信存威斯康星州历史学会"艾拉·斯图尔德文稿"中。

要求是正当的"①。它的内容就是从《资本论》第一卷第八章第一节上摘引下来的。在那里，马克思指出：在资本主义条件下，关于工作日的限界问题，只有靠斗争才能解决。根据左尔格的提议，第一国际纽约支部将这本小册子以德英两种文字发行了一万三千余册，后来又多次重印，在纽约、伦敦、莱比锡、贝尔格莱德、维也纳等地广为传播。在纽约，第一国际的活动家们还经常在工人集会上引用《资本论》的材料，积极宣传马克思的经济学说。左尔格曾这样描绘道："在1869年至1874年参加同盟的几百名会员中，没有读过《资本论》的几乎一个没有。对于书中疑难点作了深入研究的人，至少有一打以上。这样，他们就有了锐利的武器来对付大小资产阶级、激进主义者、改良主义者们从各方面发动的一切攻击。"②

　　美国是一个多民族的国家，在这样的国度中宣传《资本论》，特别是面向工人阶级进行宣传，翻译工作是非常重要的。早在1869年，马克思的朋友、著名的英国工人运动活动家、宪章派左翼领袖之一乔·朱·哈尼，（当时住在美国，任马萨诸塞州内政部助理秘书）就给马克思写信要《资本论》，并谈到想在纽约翻译、出版《资本论》英文本。《资本论》法文本的出版，使美国工人阶级很振奋，但他们更迫切地期待着《资本论》英文译本的问世。为此，左尔格曾多次向马克思、恩格斯询问，并积极地在美国进行活动。1876年，经左尔格提议，国际工人运动著名活动家约·魏德迈之子奥·魏德迈把约·莫斯特的小册子《资本和劳动》译成了英文（莫斯特的《资本和劳动。卡尔·马克思〈资本论〉浅说》）③ 1873年发行第一版，1875年马克思、恩格斯对这本

---

① 《拉法格著作集》日文版第1卷第358页。
② 左尔格：《美国工人运动》1907年圣彼得堡版第163页。
③ 见《马列著作编译资料》第15辑第1—60页。

书作了修改，1876年发行第二版。魏德迈是根据第二版进行翻译的），最初是作为《资本论》的十一篇摘要，刊登在1877年12月30日至1875年3月10日的美国进步刊物《劳动旗帜》上。发表时曾说明："这是经卡尔·马克思允许专门为《劳动旗帜》翻译的。"1878年8月，在左尔格的倡议和资助下，这一著作以单行本形式出版。左尔格就这个单行本与马克思商谈过，马克思和他校阅了译文，对于书中有许多印刷上的错误感到很气愤，并约定搞"**一个修订本**，并写一篇简短的序言"，① 在伦敦以奥·魏德迈的名义发行。后来因时间关系，未能实现。魏德迈的译文还在芝加哥发行的《社会主义者》和纽黑文发行的《工人拥护者》上刊登过。1878年夏，波士顿的一家刊物曾发表书评指出，这个译本对于美国工人阶级理解《资本论》的基本理论内容发挥了不可磨灭的作用，无论内容还是价格都很适合工人的要求。

  《资本论》摘要本在美国广泛传播的事实说明，美国的无产阶级革命运动已发展到了急需向工人群众宣传科学共产主义的阶段。特别是进入八十年代之后，美国劳工联合会成立了；1886年5月1日，美国工人阶级发动了全国规模的争取八小时工作日的历史性行动。斗争需要马克思主义，翻译《资本论》的工作也在加速进行。1886年6月9日，美国的一个社会主义者弗·凯利－威士涅威茨基夫人给恩格斯写信，准备要把《家庭、私有制和国家的起源》译成英文。恩格斯于同年8月13—14日写了回信，劝她不要译《起源》，同时谈到对于美国工人阶级来说，最主要的斗争武器是《资本论》。"如果出一套用通俗的语言解说《资本论》内容的小册子，那倒是件很好的事情。"他还提出了具体的分册方案："第一册——剩余价值理论；第二册——榨取剩余价值的各种形式的历史（协作、工场手工业、现代工业）；第三册——积累和

---

① 《马克思恩格斯全集》第1版第34卷第317页。

原始积累史；第四册——殖民地的剩余价值生产的发展（**最后一章**）。"并指出："这在美国也许是特别有教益的，因为这会提供一种可能来探索这个国家的经济史，研究它如何从一个独立农民的国家变为一个现代工业的中心，同时，在解说中还可以补充一些美国所特有的事实。"①威士涅威茨基夫人在1883年就研读过德文《资本论》，为作者不可抵抗的逻辑力量所征服。她懂得这本书对于工人阶级所具有的重大意义。1887年，她响应恩格斯的提议，在纽约的工人集会上进行讲演，宣传马克思的经济学说，受到与会者的热烈欢迎。主持讲演的工人团体与她约定出版这份讲演稿。后来，她把一份讲演稿送给了恩格斯。

为了在美国出版《资本论》的全译本，左尔格等人从七十年代中期起，就开始奔走和准备。当时侨居纽约的德国新闻记者阿·杜埃想把《资本论》译成英文在美国出版。左尔格从中联系，得到了马克思的同意。1877年9月27日，马克思在给左尔格的信中专门谈到了"关于《资本论》和杜埃"的问题。他说：由于"法文版耗费了我很多的时间，我自己将**永远**不再参加任何翻译"。如果杜埃的英文水平足以独立地完成这项工作，"那我就对他表示完全同意并祝他成功"。信中还谈道："翻译时除了德文第二版以外还必须参照法文版，因为我在法文版中增加了一些新东西，而且有许多问题的阐述要好得多。"② 不久，马克思寄给左尔格一本法文版《资本论》和一份编辑说明——上面"指出哪些地方**用不着拿法文版同德文版相对照，而是完全以法文本为准**"③。但是，后来由于某种原因，马克思没有把《资本论》的翻译工作交给杜埃。1889年，《资本论》英文本在美国正式出版。这个版本是

---

① 《马克思恩格斯全集》第1版第36卷第495页。
② 《马克思恩格斯全集》第1版第34卷第273页。
③ 《马克思恩格斯全集》第1版第34卷第273页。

由英国法学家赛·穆尔和马克思的女婿爱·艾威林翻译、恩格斯最后审核定稿的。恩格斯校订译稿时，利用了马克思在1877年寄给左尔格的那份"说明"。1887年1月，《资本论》英译本在伦敦问世。1889年，这个英译本的照相复制本在纽约出版，这是美国出版的最早的《资本论》全译本（1890年再版）。

当《资本论》英译本刚刚在伦敦书市上与人们见面时，恩格斯就给左尔格写信说："《资本论》在这里抢购一空，我已设法把该书运往美国。"① 根据恩格斯的记录，1887年前后发行的一千五百部英文版《资本论》中，有七百九十四部是在英国出售的，余下的七百部都是在美国出售。当时美国有两个书商订购《资本论》，其中一个名叫朱·博尔多洛，是北美社会主义工人党成员。

1889年在美国出版的《资本论》（复制本），被恩格斯称作"海盗版"——违反版权法的版本。1891年2月，左尔格把这个版本的情况告诉了恩格斯。恩格斯表示："关于《资本论》的美国版，我无可奉告，因为我从未见过，也不知道是个什么样子。那里的人有权翻印我们的作品……他们运用这个权利，正说明此事他们有利可图；这是十分可喜的……"② 同年夏天，左尔格寄了一套美国版《资本论》给恩格斯。1891年5月11日，原德国社会民主党人、1889年侨居美国的海·施留特尔曾告诉恩格斯一段关于"海盗版"的"趣闻"：这个出版人不仅未经恩格斯许可就出版此书，而且胡作广告，大吹特吹，称《资本论》为"关于怎样能迅速积累资本的书"。③ 难怪这个版本虽然发行了五千册，但在美国一下子就卖光了。当时有一家法文小报曾形容说：《资本

---

① 《马克思恩格斯全集》第1版第36卷第578页。
② 《马克思恩格斯全集》第1版第38卷第28页。
③ 《马克思恩格斯全集》第1版第38卷第106页。

论》美国版的最初一千册,"犹如刚出锅的小面包,飞也似地就卖光了"①。这个出版人非常希望以后各卷的译文也能作为自己的书来发行。

出版者以欺骗手段招揽生意,当然是不足道的。然而,《资本论》销路如此之好,并不全然是这个骗术的作用。恩格斯指出:《资本论》英译本的出版,"对美国来说是非常适时的"②。他殷切希望"美国的干劲和充沛的活力"能够同"欧洲的理论上的鲜明性结合起来"。③ 十九世纪八十至九十年代,是美国历史上一个伟大的革命时代。美国工人阶级以冲天的干劲推动着革命事业,取得了一个又一个重大的、历史性的进展。马克思主义的普遍真理越来越被美国工人群众所认识、所接受,成为他们改造世界的强大思想武器。《资本论》对于美国工人阶级来说,既是一把分析资本主义制度矛盾结构的利刃,又是一盏照耀共产主义未来图景的明灯,随着革命的深入发展,将越发显现出它不衰的战斗力和不灭的光芒。

---

① 《公民法庭》巴黎版,1889年2月16日号第4页。
② 《马克思恩格斯全集》第1版第36卷第580页。
③ 《马克思恩格斯全集》第1版第36卷第48页。

《资本论》的通俗版和普及版*

〔德〕罗尔夫·黑克尔

[编者按] 2011 年 6 月 27 日上午，中央编译局马恩列斯著作编译部举办 2011 年第 8 期马列著作编译论坛，德国著名马恩著作编辑学家、MEGA 编辑促进协会主席罗尔夫·黑克尔教授作题为《〈资本论〉的通俗版和普及版》的报告。此次报告是黑克尔教授的系列讲座"《资本论》的产生、编辑及传播史"的第四讲，即最后一讲。黑克尔教授在报告中分别介绍了莫斯特和考茨基的《资本论》通俗版、考茨基和梁赞诺夫的《资本论》普及版以及莫斯科马列研究院的《资本论》普及版的编辑过程和主要特点。

《资本论》第 1 卷出版之后，一再有人尝试用一种更方便广大人民群众理解的形式来阐述政治经济学批判的难题。恩格斯曾请马克思用"教学"法叙述研究的对象，尤其是第一篇《货币与资本》。《资本论》德文第 2 版尽管对篇章结构进行了细化，但对于该书的读者群，即工人来说，仍然很难理解，这样便产生了对《资本论》予以概述或进行简单阐释的书籍。

第一个出版题为《〈资本论〉浅说》的单行本的人是约翰·莫斯

---

* 本文选自《国外理论动态》2012 年第 2 期。

特。从此,"通俗版"这一概念开始流行,之后又有了"普及版"这个概念。所谓"通俗",无非就是"为人民群众所普遍理解"。这两种形式之间存在编辑上的区别吗?如果有,那么"普及版"主要有哪些编辑原则,这方面是否有过争论?

一、《资本论》的通俗版——从莫斯特到考茨基

首先,约翰·莫斯特的职业是书籍装订工,1871年起成为德国社会民主党党员,他是怎么想起研究《资本论》的。1873年,他因在开姆尼茨组织了一场声势浩大的反战游行而坐了几个月的牢,服刑期间研读了《资本论》并写下了《资本和劳动。卡尔·马克思〈资本论〉浅说》一书,该书不久之后出版。1874年1月,莫斯特当选帝国国会议员,从2月起定居柏林。1874年3月,他为柏林工人作了有关巴黎公社的报告,因此,4月底他再次被捕;一直到1876年7月,也就是26个月之后,他才获释,此后任柏林社会民主党机关报《柏林自由新闻报》的编辑。

在莫斯特被监禁期间,威廉·李卜克内西和尤利乌斯·瓦尔泰希作为德国社会民主工党爱森纳赫派和全德工人联合会统一的纲领草案起草委员会的代表,于1875年夏天请求马克思审定莫斯特的《资本和劳动》一书。

马克思最初打算以加脚注的方式对该书进行润色和补充,他和瓦尔泰希在书信中就这个问题交换了意见。马克思大概在按商定的意思开始审定《商品和货币》这一篇以后发现,必须进行彻底的调整,有些地方甚至需要重写,而这是脚注无法办到的。马克思虽然承担了这个任

务，但他从一开始就明白，在这个修订版出版时，不能署他的名字。马克思在给国际工人协会会员、当时定居纽约的弗里德里希·阿道夫·左尔格的几封信中曾抱怨说，印刷工作太慢，特别是这个版本中的印刷错误太多。有马克思手迹的一本保存下来了，上面有马克思修改的墨迹35处。

当然，马克思对该书的内容还是满意的，因为几年之后他同意将该书译成英文并在美国出版。奥托·魏德迈的英译本1877年12月30日—1878年3月10日第一次在美国的周刊《劳动旗帜》上分11篇连载。1878年8月这本著作以《卡尔·马克思〈资本论〉摘要》为标题作为小册子匿名出版。

这本小册子的内部结构基本依据《资本论》的各篇。莫斯特在划分章节时所依据的原则是"最大程度地根据理解的需要来进行"。《摘要》具有特色，首先是因为详细选录了《资本论》第1卷中的重要段落或进行了概括性复述。莫斯特在对经济学理论进行简要的和鼓动性的叙述时，没有引用"描述工人阶级状况的大量材料"[①]，也没有选录马克思对资产阶级经济学理论的批判性分析。马克思没有反对莫斯特叙述的这些特点，也没有改动总体布局和表面的章节划分。

马克思所作的文本修改主要是为了证明商品价值的本质、剩余价值的形成和工资这三者之间的密切联系。马克思从工人的直接利益，尤其是保障其生存的利益出发，揭示了剥削的本质。同时，马克思特别注重价值和交换价值、劳动和劳动力以及劳动力的价值和价格这些经济学范畴的准确运用。马克思在给左尔格的信中谈到，他主要重新撰写了"涉

---

① MEGA^{2}第二部分第8卷第738页。

及到价值、货币、工资"① 的几篇。

《商品和货币》这篇的叙述对理解经济学理论具有重要意义。价值理论，即对商品价值、价值形式和价值规律的阐释，是剩余价值理论的基础。因此，马克思为了定义价值实体和价值量，采用了《资本论》第1卷的表述，没有使用抽象劳动或劳动的二重性这一类范畴和概念。马克思认为，必须指出：社会平均劳动是价值实体，而社会平均劳动的量决定价值量。对价值形式的叙述也有别于第一卷中的叙述，马克思在此指出了产品交换向商品交换转化这一历史发展，从而指出了一般等价物，即货币的形成。

经证实是马克思审定的莫斯特的这部著作现收入了《马克思恩格斯全集》历史考证版第二部分第8卷。对于1887年出版的卡尔·考茨基的著作《卡尔·马克思的经济学说》，也提出过是否应收入《马恩全集》历史考证版的问题。这个通俗的《资本论》导读本在有组织的工人中流传最广。考茨基告诉伯恩斯坦，恩格斯在这本书付排之前审读了手稿，但只是口头发表了意见，在给尼古拉·弗兰策维奇·丹尼尔逊的信中倒是对该书有一段评价："尽管不总是十分准确，但是还不坏。"② 由于没有恩格斯编辑这本书的证据，因此该书未收入《马克思恩格斯全集》历史考证版第二部分第10卷。莫斯特和考茨基的这两本《资本论》的入门书籍采用了马克思的术语，在群众中影响很大，因而可以说很"通俗"。下面我们谈谈普及版。

---

① 《马克思恩格斯全集》第1版第34卷第172页。
② 《马克思恩格斯全集》第1版第37卷第9页。

二、《资本论》——卡尔·考茨基编辑的普及版

通常提到的1911年维也纳编辑计划将《资本论》第1卷的普及版定为广大工人群众阅读的马恩著作的核心版本。它被称为"党的崇高利益",是"党的需要"。党的执行委员会看好这个短期便能初见成效的项目,于是决定,在1913年纪念马克思逝世20周年之前,由迪茨出版社出版这个普及版,并将这项工作具体交由考茨基负责。只有社会民主党的出版社能够出版《资本论》的普及版,这对党的干部来说是理所当然的。

《维也纳编辑计划》写道,这个版本应该将"所有外文名称和引文翻译成德文,在注释中要继续沿用马克思的论断,例如有关工人的保护。这个版本应编制一个索引、撰写一篇附带有人物生平的序言和一篇《资本论》第1卷导读"。阿道夫·布劳恩,这项计划的积极倡议者之一,把自己的厚望寄托在一个内容全面的索引上,他在给卡尔·考茨基的信中写道:希望这个索引既要指明重要的联系,又要承担评注的功能。

决定刚一作出,梁赞诺夫和考茨基立即就《资本论》第1卷普及版的编辑原则交换了意见。他们都认为注释和索引极其重要。梁赞诺夫比布劳恩晚两天,即在1911年1月20日,给考茨基写信说:"对这个普及版有必要作一些补充:编一个文献索引,注明马克思引用的表明'当代'技术发展水平的著作;增加关于工厂立法、技术和大工业的历史的新数据……以及写一篇导言,引导人们如何以最好的方式阅读《资本论》。"此外,梁赞诺夫还主张编一个"兼顾理论问题和实践问题的"

名目索引和一个人名索引。最后梁赞诺夫请考茨基撰写序言，阐明"《资本论》对于科学和工人运动的意义"。

最后出版的《资本论》第1卷普及版有些方面不符合梁赞诺夫的设想。考茨基在序言中总结了自己的编辑过程。其中提到，保证文本的正确性对他来说是一个重要的"技术"任务，即首先要订正前几版中的所有印刷错误。考茨基选择的文本基础是马克思1873年修订过的德文第2版，同时参考了恩格斯在德文第3版和第4版中所作的改动，并在理解方面参考了法文版的改动。考茨基没有拘泥细节，即没有标注出处便收录了法文版中的恩格斯没有收录的、而他认为很重要的添加内容。此外他还核对了引文和出处，翻译了外文表述，替换了部分外来词。在注释方面，考茨基没有采纳梁赞诺夫的建议，他得出的结论是，注释不能代替百科全书，对马克思的事实材料不可能做到全新的补充。

考茨基也没有满足梁赞诺夫写一篇全面评价《资本论》的前言这个愿望。他只是向"一般读者"提了一些建议，引导他们如何克服开始阅读时的困难。因为，"越往下读，就越能理解这些理论的出发点，即价值理论；而越理解价值理论，就越能明白整个运行机制，其过程受价值规律的支配"[①]。不管关于普及版的考虑多么具有不确定性，不管梁赞诺夫有多么明确的表示，但在某些方面是不谋而合的。总的考虑都是：让尽可能多的工人读者了解马克思的思想历程。这里有两层意思：一是应该更加明白易懂，即比恩格斯所编辑的《资本论》三卷本更加容易理解，或者说应该做到这一点；大家认为关键的一点是，让普通读

---

① Vgl. Jürgen Rojahn, *Aus der Frühzeit der Marx-Engels-Forschung*, a. a. O., S. XXXIV。

者能够从经验上把握所阐述的对象；二是要做到让普通人手头都有一本《资本论》，梁赞诺夫对此有一个令人信服的解释：工人实际上根本没有时间坐在图书馆里阅读《资本论》。

三、莫斯科马克思恩格斯列宁研究院编辑的普及版

按照共产国际领导层的长期设想，马克思恩格斯列宁研究院编辑的《资本论》计划在马克思逝世50周年纪念日之际，即1932—1933年出版。早在1924年，共产国际第五次代表大会就决定，在出版MEGA的同时，还要用几种主要的语言出版马克思恩格斯选集。4年后，在共产国际第六次代表大会上，美国代表团重新提起这个尚未实现的决定并主张出版马克思恩格斯著作普及版。这对于莫斯科马克思恩格斯列宁研究院来说不是唯一的指标。在德国共产党的催促下，梁赞诺夫于1929年6月接到任务，必须在1933年4月以前编辑完成20卷本的"通俗性、战斗性的德文版"。与此同时，也就是1930年，根据红色教授学院的要求，《资本论》俄文新版纳入马克思恩格斯列宁研究院1931年的工作计划。马克思恩格斯列宁研究院在1931年遭到"大清洗"，127名员工被指控犯有孟什维克主义的错误而遭解雇和迫害，上述全部工程因而陷入停滞。

在人员重组过程中，德国人卡尔·施米特成为《资本论》这一版本的责任编辑。1932年6月，《在马克思主义的旗帜下》发表了施米特为考茨基编辑的《资本论》两卷本袖珍版所写的书评，对"社会民主党的歪曲行为"提出了尖锐批评。这篇书评是莫斯科普及版在准备阶段对社会民主党编辑的马克思著作以及其他马克思著作的版本发起的系列

宣传攻势的一个重要的部分。施米特可能接受了这样的任务：为批判梁赞诺夫进一步找寻把柄。当时梁赞诺夫已被扣上叛党的大帽子，说他为了社会民主党的利益将那些揭露卡尔·考茨基思想状态的马克思恩格斯文献藏而不发。施米特声称，卡尔·考茨基编辑的版本"为了资产阶级和社会民主党的利益，试图对马克思的著作断章取义，甚至有意歪曲"。他说，对付这种为资产阶级利益而进行的歪曲和交易，莫斯科的《资本论》普及版将是一个有力的武器。①

考茨基的版本与马克思恩格斯列宁研究院的版本在计划方面存在根本的区别。考茨基最初只计划和设想出版《资本论》第1卷的普及版，以此结束自己对马克思著作的编辑工作。考茨基这样编辑有较为可靠的原因：马克思审定后出版的第1卷不是一个版本，而是三个版本。由于普及版不可能作出综合性的叙述，因而以马克思审定的德文最后一版即德文第2版，而不是以马克思打算审定的下一版为依据，是合理的；对于这个想象中的德文版，恩格斯用自己编辑的德文第3版提供了一个可靠的模式。同样，采用法文版中的一些段落，也是合理的，因为已经证实，由于法文版独立的科学价值，马克思原就打算将这些段落收入新的德文版。因此，我们不能指责考茨基对文本的选择具有随意性或者说他的抉择是对恩格斯的否定。

考茨基编辑的《资本论》第2卷和第3卷的普及版是后来才完成的，也就是说，他在1914年考虑的只是第1卷的普及版，但他在准备第2卷和第3卷的时候，只能二者择一，要么以恩格斯的文本为基础，要么从头再来，也就是重新编辑马克思的手稿。而莫斯科则计划把《资

---

① Siehe Schmidt, *Eine sozialdemokratische Fälschung des "Kapital"*, S. 106 – 111.

本论》三卷本编辑成相辅相承的统一整体，因此不太可能。一方面在编辑第2卷和第3卷时以恩格斯的版本为文本依据，另一方面在编辑第1卷时放弃恩格斯1890年编辑的版本，而采用马克思的最后一版即德文第2版；这种做法从纯粹编辑学的角度看也是行不通的。当然，这个问题由于对马克思和恩格斯的教条主义看法，即把他俩视作科学和政治的统一体，在研究院发生权力更替之后没有再进行讨论。

凡是看过莫斯科的《资本论》版本的人，很容易发现这个普及版的重要的意思上的改动：宣扬马克思、恩格斯、列宁之间的连续性和统一性已成为评注中的一个主要特征，而这首先是作为政治上合法性的证明。阿多拉茨基在第1卷序言中划定了一个总的框架，之后第3卷序言就引用了列宁1915年的评论：《资本论》第3卷最主要的理论是地租理论，并解释说，地租理论这一篇与其他各篇相比，是最具有独立意义的一篇，还说，马克思对级差地租和绝对地租的分析为马克思主义关于土地问题的立场提供了理论基础；列宁在同民粹派和修正主义者的论战中把马克思的地租理论应用于俄国的土地关系，并据此为农民阶级制定了无产阶级的政策和策略；因而马克思的地租理论是1929—1933年农业集体化的合法性依据。为了给这一点作铺垫，序言专门引用了斯大林1929年在苏联土地专家大会上的一段著名讲话。这个版本的附录收录了恩格斯1894年的文章《法德农民问题》中的一篇和列宁1901年的著作《土地问题和"马克思的批评家"》中的一篇《地租理论》。

莫斯科马克思恩格斯列宁研究院编的这个版本不仅收录了列宁的文章，选录了马克思恩格斯关于《资本论》的通信，而且还收录了恩格斯对《资本论》第3卷的两个增补，即《价值规律和利润率》以及《交易所》。考茨基的普及版没有收录两篇增补中的任何一篇；因为考茨基认为，对于普及版来说，将恩格斯1894年的文章与马克思的手稿相提并论，没有意义，考茨基显然也没有深入研究恩格斯的编辑材料，否则他就会发现《交易所》。至于《价值规律和利润率》这一篇，他是在伯恩施坦1896年将它发表于《新时代》上以后知道的。

考茨基只适度地收录马克思的文稿，这被莫斯科马克思恩格斯列宁研究院理解为，他一方面试图割裂马克思和恩格斯，另一方面试图割裂马克思恩格斯和列宁。读者得到的解释是，《交易所》这篇文章很重要，是向列宁关于帝国主义的分析的"直接"过渡，而且恩格斯与列宁两人的研究过程和研究结果也惊人的一致："恩格斯（不是像考茨基、希法亭和伦纳支等人一样从流通出发），而是像后来的列宁一样，从生产出发，恩格斯指出生产的集中、资本的积聚和集中已进入一个新阶段，并从中产生出股份公司这一形式的普遍化；工业垄断以托拉斯的形式出现，工业的'交易所'化，即交易所与工业资本相结合（继而是银行资本与工业资本相结合），列强对殖民地的资本输出和垄断化（瓜分非洲）。"

《交易所》第一次用原文发表于第3卷，同时它还发表在1933年的德文杂志《在马克思主义的旗帜下》，在此之前，即1932年已用俄文发表。这是一系列宣传性质的首发活动和翻译活动的一部分，莫斯科马克思恩格斯列宁研究院借此不仅想展示自己1932—1933年继"大清洗"之后编辑队伍不但没有减弱，而且编辑能力在政治上有所加强。莫斯科马克思恩格斯列宁研究院将1933年《在马克思主义的旗帜下》首次发表的《交易所》用于全面反击各种无视列宁的马克思主义。阿·列昂捷夫写道："这篇手稿再次证明，马克思主义创始人的著作与列宁的著作之间存在密切的、不可分割的联系。"而这个列昂节夫可能就是第3

卷《编辑说明》的作者和这卷名目索引的最后审稿人，该卷名目索引被赋予了极其重要的意义。

马克思的《资本论》第 3 卷文稿与恩格斯的增补材料在编辑上的整体性就这样确定了，并一直沿用了几十年之久。恩格斯的这篇手稿被冠以《增补》这个总标题插入德文版《资本论》第 3 卷。《增补》这一名称源于恩格斯 1895 年 5 月 21 日给考茨基的信，从这封信中可以看出，他打算让《新时代》刊登他对《资本论》第 3 卷的《增补》。①《编辑说明》中写道，这个增补将直接放在恩格斯的《序言》之后，类似于马克思的《跋》在第 1 卷中的位置，《增补》在内容上与他的《序言》有直接的联系，是读者阅读第 3 卷，特别是该卷的第一部分，即前五篇不可多得的指南。

阿多拉茨基本人在 1932 年称莫斯科的这个《资本论》版本是马克思的三卷主要著作的"第一个真正的普及版"。这是一个预期的目标，但却没有取得实际成效。由于法西斯恐怖在德国肆虐蔓延，德文的普及版根本没有任何去进行普及宣传的机会。

第二次世界大战结束后，《资本论》普及版获得了新生，柏林迪茨出版社多次重印，当然去掉了《编辑说明》和列宁的文章，但保留了恩格斯对第 3 卷的《增补》。直到 1962—1964 年，随着《马克思恩格斯全集》德文版的出版，《资本论》全部三卷才有了新版本，这一版直到今天仍然是不可多得的研究版。

（朱毅 译）

---

① 参看《马克思恩格斯全集》第 1 版第 39 卷第 461 页。

《资本论》在世界上的传播[*]

杨国昌

伟大的革命导师马克思,把自己的毕生精力献给了人类最壮丽的共产主义事业,献给了无产阶级。他所创立的革命学说像一盏不息的明灯,照亮了无产阶级解放和全人类走向光明的大道。《资本论》是马克思的主要著作,当《资本论》第一卷在德国汉堡出版以后,恩格斯曾向全世界宣告:"自地球上有资本家和工人以来,没有一本书像我们面前这本书那样,对于工人具有如此重要的意义。"[①] 1868年9月,第一国际在布鲁塞尔召开的代表大会上,一致通过了德国代表团提出的关于《资本论》的决议案,建议所有国家的工人都来学习马克思的《资本论》,并呼吁把这部重要著作译成各种文字出版。如今已过了一百多年,《资本论》在世界上传播的情况怎样呢?本文仅就它在世界上影响较大的德文版、俄文版、法文版、英文版和日文版的情况作个介绍。

德文版

马克思从十九世纪四十年代中期开始研究政治经济学,经过二十多年的刻苦钻研,于1865年底初步写完《资本论》的草稿,从1866年1

---

[*] 本文选自《北京师范大学学报》1980年第1期。
[①] 《马克思恩格斯全集》第1版第16卷第263页。

月开始对第一卷作最后的文字润色和誊写工作，时经一年多，于1867年3月27日誊清完毕。4月中旬，马克思亲自带着手稿到达汉堡，商谈出版事宜。由于当时汉堡没有足够的熟练的排字工人来排印《资本论》这样复杂的著作，出版商奥·迈斯纳就把手稿寄到莱比锡奥·维干德印刷所排印。4月29日开始排稿，9月14日在汉堡出版，印数为一千册，这是《资本论》最早的版本。它的出现是国际共产主义运动史上一个极其重大的事件。马克思认为，"这无疑是向资产者（包括土地所有者在内）脑袋发射的最厉害的炮弹。"① 德国反动政府曾企图阻止《资本论》的出版，后来未能禁止的原因是当局认为书中谈的是英国的事情，而不是德国。关于这件事，恩格斯在给马克思的信上说："幸而书中'上演的'可说几乎全是英国的事情，不然普鲁士刑法典第一条'谁……挑拨国家臣民互相仇恨或鄙视'等等就会生效——并且引起没收的后果。"②

当《资本论》第一卷第一版还在排印的时候，马克思已考虑到出第二版的问题了。1867年8月24日马克思给恩格斯的信中写道："请把你的要求、批评、问题等等都写到清样上。这对我非常重要，因为我预期迟早会出第二版的。"③ 1871年秋，巴黎公社失败以后，工人运动迫切需要革命理论的指导，也正好在这时，《资本论》已经售完，出版商向马克思提出了准备在1872年1月出第二版的建议，马克思非常高兴，他在给二女儿劳拉·拉法格的信中说："由于各种情况的巧合，正是现在需要出德文第二版。我正全力以赴地忙于准备工作。"④ 为了便

---

① 《马克思恩格斯全集》第1版第31卷第542—543页。
② 《马克思恩格斯全集》第1版第31卷第340页。
③ 《马克思恩格斯全集》第1版第31卷第331页。
④ 《马克思恩格斯全集》第1版第33卷第365页。

于工人群众购买，马克思同意用分册的形式出版，全卷共出九个分册，从1872年7月至1873年6月出齐，每分册印数为三千册。

马克思为德文第二版作了大量的工作，新版和第一版相比，"很明显的是，篇目更加分明了"①，如把原来的"章"改成了"篇"，原第五章划分为两篇（即"工资"部分独立出来作为第六篇）。就正文来说，第一章改动较大，特别是原第一版中的附录"论价值形式"合并在第一章；其次，第三章第一节和第七章第二节也作了较大的修改；至于局部的、辞句上的修改则全书各处都有；此外，还增加了注释，又写了长篇的"跋"。这是作者生前亲自修订的最后一版。

《资本论》第一卷第二版出版后，马克思在校订法译本时，发现德文第二版某些部分还要彻底修改，原想把大部分改写一下，把某些论点表达得更明确一些，把新的论点增添进去，并且把若干历史材料和统计材料补充进去。但是由于马克思的健康状况恶化和急于出版第二卷，因而放弃了这个打算。1881年10月底，马克思接到汉堡出版商关于准备出《资本论》第一卷第三版的建议，这时，马克思已患极其危险的胸膜炎，不能完成这项工作。但是他表示愿意"对第三版只作尽量少的修改和补充"，"将来作为第三版的这一千册售完的时候，我也许能够对该书作出目前如换一种情况本来要作的那些修改"。② 后来在他逝世前几个月，在英国南部海岸的文特诺尔疗养期间，马克思仍在进行《资本论》第一卷第三版的修订工作，遗憾的是他没有完成这项工作就与世长辞了。

马克思逝世后，在他的遗物中，发现一个德文本，其中有些地方已

---

① 《马克思恩格斯全集》第1版第23卷第14页。
② 《马克思致尼·弗·丹尼尔逊》（1881年12月13日），《马克思恩格斯全集》第1版第35卷第238页。

作了修改，并标明某章某节某段应参看1873年的法文版。另外还发现一个法文本，里面已标出某段某段应被采用。恩格斯根据这些材料，完成了第三版的修订工作，还写了"编者第三版序"，1883年在汉堡出版，印数为三千册。

1889年9月，恩格斯又着手准备出《资本论》第一卷第四版，1月就送出付印，1890年下半年出版。这次修订，是根据再一次对照法文版和根据马克思的笔记，把法文版的一些地方补充到德文原文中去，又根据英译本重新核对引文，使占引文绝大多数的英文引文不再是德文的转译，而是它原来的英文原文，从而订正了一些错误和印错的地方。此外，还增加了若干说明性的注释，并写了序言，这样便使得《资本论》第一卷更加完美和精确。这是恩格斯主持修订的第一卷最后一版，现在全世界都根据这一版重印和翻译这部著作。《资本论》第二卷是在马克思逝世后，由恩格斯编辑出版的。恩格斯在序言中写道："要完成《资本论》第二卷的付印工作，使本书既成为一部联贯的、尽可能完整的著作，又成为一部只是作者的而不是编者的著作，这不是一件容易的事情。"的确是这样，恩格斯从1884年6月开始，用了一年多的时间才完成这项工作。首先是抄写手稿，那时恩格斯正在病中，不能伏案工作，只好照原稿口述，秘书笔录，然后从马克思在1861年至1880年左右不同时期写成的各种类型的原稿中，选择了最成熟的稿本，最后对全文进行总编校，并写了序言，于1885年7月在汉堡出版。恩格斯在评价这一卷的内容时指出：这册书"是对资本家阶级内部发生的过程作了极其科学、非常精确的研究"，"理论阐发得确实是精辟高深"，"这是异常出色的研究著作"。[①]

1893年又刊行第二版，这一版基本上是按初版翻印的，只是订正

---

① 《马克思恩格斯全集》第1版第36卷第63、375、168页。

了一些印刷上的错误，纠正了若干文体上不讲究的地方，删掉了若干短的、内容重复的段落，恩格斯还写了简短的序言。

第三卷手稿的整理工作，从1885年2月开始。起初仍然是辨认和誊清原稿，由恩格斯口授，秘书笔录，这项工作进行得还比较顺利，到1885年7月就完成了。原设想第二年就可以公刊于世，但由于恩格斯年事已高，疾病缠身，加以国际工人运动的领导工作和其他事务的繁忙而耽搁下来了，所以直到他逝世的前一年才完成《资本论》第三卷的出版准备工作，于1894年12月在汉堡出版。恩格斯在编辑第三卷时曾预言："这个包含着最后的并且是极其出色的研究成果的第三卷，一定会使整个经济学发生彻底的变革，并将引起巨大的反响。"[①] 事实也正是这样，为此，恩格斯在逝世前两个多月又带病写出了《〈资本论〉第三卷增补》，批判了资产阶级学者对《资本论》的攻击，捍卫了《资本论》的理论体系。

以上各卷都是由奥·迈斯纳出版社（Otto Meissner）出版的，故通称为"迈斯纳版"。恩格斯逝世后，迈斯纳出版社继续发行新版，从1903—1922年，第一卷出版了第五至十版，第二卷出版了第三至七版，第三卷出版了第二至六版。此外，还有"考茨基版"（Karl Kautsky）1914年出第一卷，1926年出第二卷，1929年出第三卷；苏联"马克思恩格斯列宁研究院版"（Marx-Engels-Lenin-Institut）1932年出第一卷，1933年出第二卷，1933—1934年出第三卷两个分册，柏林"古斯塔夫欺喷豪版"（Gustav Kiepenheuer）1932年出版了第一卷。

第二次世界大战后，除了苏联以外，还有东德柏林"迪茨出版社"（Dietz Verlag）、西德斯图加特"哥达出版社"（Cotta Verlag）、法兰克福"欧洲出版社"（Europâische Verlagsantalt）和"乌儿斯坦出版社"

---

① 《马克思恩格斯全集》第1版第36卷第288页。

(Ullstein)等出版《资本论》德文版。其中以"迪茨版"的发行量最大,它从1947—1949年刊行第1版以来,至1975年已出了第21版。

俄文版

《资本论》第一卷出版后,在俄国进步的知识分子中间受到极大的注意。当时有个俄国经济学家尼·弗·丹尼尔逊(Н. Ф. Даниелъсон 1844—1918)积极寻找出版社和译者,希望尽快把《资本论》译成俄文出版。1868年9月18日,丹尼尔逊代表彼得堡出版商尼·彼·波利亚科夫写信给马克思,联系出版《资本论》俄文本。马克思感到非常高兴,于10月7日给丹尼尔逊写了回信,随信寄去一份俄文版需用的自己的简历并附去照片。恩格斯对出版《资本论》俄译本也十分关心,当他得知俄国有人打算出版俄译本的消息后,写信给马克思说:"出俄译本是个非常可喜的现象;只要事情稍有进展,就应在报上加以报道。"①

俄译本的翻译工作,起初由巴枯宁担任,经过长时间的拖延后,至1869年底只翻译了第一章的头几页就不干了。1870年初,俄国革命家格·亚·洛帕廷(Г. А. Лопатин 1845—1918)逗留伦敦,担任了翻译工作,由于马克思准备修订第一卷第一章(第二版的第一篇),所以他从第二章开始翻译,他译了第二至五章(相当于现在第一卷的第二至六篇)以后,因为要去西伯利亚营救被沙皇流放的车尔尼雪夫斯基,1870年底就把这项工作搁下了。最后由丹尼尔逊译完第一卷其余的部分,1872年4月8日(俄历3月27日)在彼得堡出版,印数为三千册。这

---

① 《恩格斯致马克思》(1868年10月8日),《马克思恩格斯全集》第1版第32卷第167页。

是《资本论》的第一个外文译本。

反动的沙皇政府曾企图禁止《资本论》俄译本的发行,后来未予禁止的原因,是书报检查机关认为《资本论》是很少人能理解的著作,而且"作者的论证方法又处处具有严谨的数学科学形式,委员会认为不能对该著作提出司法上的追究。"①因而不得不准予出版。但书上印有马克思的像片,他们却不放心,认为这会形成对作者的特别敬仰,故将《资本论》上刊印的马克思的像片一页一页撕下去才让发行。

《资本论》第一卷俄译本出版后,马克思对这个译本给予很高的评价。他在给译者丹尼尔逊的信中写道:"这本书装订得很美观。翻译得很出色。"② 马克思在世时曾经常同《资本论》的俄译者通信,对《资本论》的俄译工作给予热情的支持和必要的帮助。马克思逝世后,恩格斯继续和译者保持联系,在俄译《资本论》第二、三卷时,恩格斯及时地把校样随印随寄给丹尼尔逊,因而《资本论》第二卷能在原版问世的当年(1885年)译成俄文出版,第三卷也在原版问世只一年多于1896年出版。

俄国十月革命前,《资本论》的俄译本有好几种版本。除了丹尼尔逊的译本外,还有柳比莫夫教授主编的《资本论》第一卷和第二卷俄译本(1898年,阿斯卡尔汉诺夫出版社出版)、彼·别·司徒卢威主编、叶·阿·古尔维奇和札克翻译的《资本论》第一卷俄译本(1899年,波波娃出版社出版)、伊·伊·斯切潘诺夫主编的全译本(莫斯科书籍出版社1907年出版第二卷,1908年出版第三卷,1909年出版第一卷)等。特别要提到的是列宁曾参加斯切潘诺夫译本的准备工作,亲

---

① 转引自丹尼尔逊1972年6月4日给马克思的信,见《马克思恩格斯全集》第1版第33卷第493页。

② 《马克思恩格斯全集》第1版第33卷第478页。

自校订过1907年出版的《资本论》俄文版第二卷第一章（约三个印张），然而由于地下工作的革命环境，列宁无法将这项工作全部做完。

十月革命后，比较通行的《资本论》俄文版是斯切潘诺夫的全译本（发行了第1—8版），《马克思恩格斯全集》俄文第二版中的《资本论》就是在这个译本的基础上进行修订的。"《马恩全集》版"于1960年出第一卷（即"全集"第23卷），1961年出第三卷（即"全集"第24卷），1961—1962年出第二卷（即"全集"第25卷两册）。这个译本的卷末附有注释、本卷中引用和提到的著作索引、人名索引和名目索引等资料，这是目前比较通行的《资本论》俄译本。

法文版

马克思对出版《资本论》法文译本非常重视，当《资本论》德文版第一卷还在排印的时候，就有过将它译成法文在巴黎出版的打算，并着手物色译者。特别是，他希望这样一来，能够"使法国人摆脱蒲鲁东用对小资产阶级的理想化把他们引入的谬误观点"①。在第一卷出版后不久，有人告诉马克思，法国的埃·勒克律等人想把它译成法文，而马克思就通过在巴黎的国际会员维克多·席利同他们商谈，由于他们想把《资本论》搞成缩写本，谈判拖了将近三年毫无结果，后来发现埃·勒克律是巴枯宁的社会民主同盟领导成员之一，马克思最后不同意他参加《资本论》的翻译工作。后来，马克思曾考虑亲自去巴黎联系法文版问题，他在1869年3月20日写给恩格斯的信中说："我打算加入英国国籍，为的是能够安全地去巴黎。如果不去一趟，我的书的法文

---

① 《马克思恩格斯全集》第1版第31卷第546页。

版永远也出不成。我到那里去是完全必要的。"①但是这个计划没有实现。1869年10月,国际巴黎支部成员沙·凯累尔着手《资本论》的法译工作,至1870年4月,译了四百页左右的译稿,曾寄给马克思审阅,马克思也作了修改,但在巴黎公社失败后,凯累尔流亡瑞士,与巴枯宁阴谋集团关系密切,马克思就和他断绝了来往。

1871年底,经保尔·拉法格(马克思二女儿劳拉的丈夫)的介绍,找到了一个巴黎的出版者莫·拉沙特尔(M. lachâtre 1814—1900),此人是巴黎公社的参加者,他很愿意出版《资本论》,又经沙尔·龙格(马克思大女儿燕妮的丈夫)的介绍,找到了一个曾经成功地翻译费尔巴哈著作的出色的翻译——约瑟夫·鲁瓦(Joseph Roy),由他完成了《资本论》第一卷的法文翻译工作。

尽管译者"非常认真地完成了自己的任务"②,但是马克思对他的译文质量仍感到不满意。一方面是译者"逐字逐句地进行翻译"③,"往往译得过死"④,使读者不易读懂;另一方面是马克思亲自担任校正工作之后,感到作为依据的原本(德文第二版)应当作一些修改。所以,马克思为法文版的校订工作付出了很多的心血,"不仅个别的句子,而且整页整页的译文都得重新改写"。⑤ 经过马克思加工之后,有些论述

---

① 《马克思恩格斯全集》第1版第32卷第264页。

② 马克思:《〈资本论〉法文版跋》(1872年4月26日),《马克思恩格斯全集》第1版第23卷第29页。

③ 马克思:《〈资本论〉法文版跋》(1872年4月26日),《马克思恩格斯全集》第1版第23卷第29页。

④ 《马克思致尼·弗·丹尼尔逊》(1872年5月28日),《马克思恩格斯全集》第1版第33卷第478页。

⑤ 燕妮·马克思(女儿):《致路·库格曼》(1872年5月3日),《马克思恩格斯全集》第1版第33卷第681页。

简化了,有些说明更完全了,还增加了若干补充的历史材料和统计材料以及一些批判性的注解,等等。所以,《资本论》法文版不完全是德文版的翻版,马克思说:"它仍然在原本之外有独立的科学价值,甚至对懂德语的读者也有参考价值。"① 后来恩格斯在校订德文版第一卷第三、四版时,均参照法文版作了修改。

马克思为《资本论》法文版写了序和跋。在序里说明了采取分册出版的原因,主要是为了"更容易到达工人阶级手里"。根据出版合同共出四十四个分册,每分册一个印张,五个分册为一辑。1872年9月开始发行第一分册,至1875年11月出齐。每分册印了一万册,其中八千册在第一分册出版前就预售出去了。1885年又在巴黎重印一万五千册。

《资本论》德文版第二卷和第三卷出版后,晚年的恩格斯仍十分关心它的法译工作,他说:"第二卷和第三卷的法文版,很难找到合适的译者。从事这项工作,既要有愿望、有能力,又要能坚定不移地干到底,这样的人不多。"② 当时有人写信给恩格斯,请求恩格斯协助把《资本论》译成法文,③ 但是未能实现。直到恩格斯逝世后,由布鲁塞尔社会科学院的于连·保尔沙尔茨和席波利特·万德里茨共同完成了这两卷的翻译工作,于1900—1902年由巴黎纪阿尔出版社(V. Giard)出版。

1922—1930年,巴黎科斯特出版社(Alfred Costes)出版了《资本论》法文全译本,共14个分册,其中第1—4分册为第一卷,第5—8分册为第二卷,第9—14分册为第三卷。第二次世界大战后,巴黎社会出版社(Editions Sociales)出版了新译本,从1948年开始发行第一分

---

① 《马克思恩格斯全集》第1版第23卷第29页。
② 《马克思恩格斯全集》第1版第39卷第92页。
③ 参见《马克思恩格斯全集》第1版第39卷第62页。

册，至 1960 年出齐，共计八个分册。1976 年的新版改为三卷三册本。

英文版

《资本论》是在英国写成的，而且"在理论阐述上主要用英国作为例证"[①]，所以马克思希望英译本能早日出版。恩格斯对这项工作也非常关心，当《资本论》还在排印的时候，就写信给马克思，推荐国际会员、英国法学家赛·穆尔担任《资本论》的英文翻译，恩格斯还答应"全部工作将在我的直接监督下进行"[②]。但这项工作还是拖延了很长时间，虽然有许多人作过英译的尝试，都未能进行到底。直到马克思逝世后，由于英美出版的书刊上经常提到马克思这部著作，马克思主义理论日益成为工人阶级运动的基本原则，因而迫切需要有一个《资本论》的英译本，恩格斯说："只要英国目前的运动，不因本身的空虚而像戳破的皮球那样泄气，这部译著是绝对需要的"[③]，这时在恩格斯的指导下，穆尔才开始《资本论》的英文翻译工作。但是由于穆尔职业上的事务太多，无法在必要的期限内把它全部译完，于是由马克思的女婿爱·艾威林博士担任一部分翻译工作，马克思的小女儿爱琳娜担任引语的校正，她把引自英文原著并由马克思译成德文的许多文句恢复成原文，《资本论》的英译工作才初告完成。

恩格斯为《资本论》的英译工作付出了艰苦的劳动，"担负了最后审核的责任"。他在给劳·拉法格的信里写道："把《资本论》翻译成英文是一项非常艰巨的工作。先由他们翻译。然后我来审查译文并用铅

---

① 《马克思恩格斯全集》第 1 版第 23 卷第 8 页。
② 《马克思恩格斯全集》第 1 版第 31 卷第 314 页。
③ 《马克思恩格斯全集》第 1 版第 36 卷第 141 页。

笔写上我的意见。再把译稿退给他们。然后进行协商,解决有争论的问题。然后我得再通看一遍,从文体和技术角度检查一下,看是否准备好可以付印,同时还要检查一下杜西在英文原著中找到的引文是否正确。"① 恩格斯在校订译稿时,对于疑难问题,除参考法文本外,还利用了马克思在1877年为准备在美国出版英译本时所作的一些批注,这个批注写在该卷手稿的页边上,"指明了在哪些地方应当用法文版代替德文版","大部分就是马克思在第三版付排本上所写的那些意见"。② 这部手稿当时是马克思寄给左尔格的,左尔格在得悉恩格斯正在校订英译文时,于1886年初把手稿寄给了恩格斯。恩格斯还为英译本写了序言。1887年1月,第一个英译本终于在伦敦出版了。第一版问世仅两个月就已全部售完,同年4月又发行第二版。恩格斯在世时,《资本论》第一卷英译本先后在伦敦和纽约出版过六个版本。

目前国内已收藏1887年伦敦出版的"桑南夏恩版"(Suan Sonnenschein)。另外还有(1)芝加哥"克尔版"(C. H. Kerr & Co.1),1906年出版第一卷,1907年出版第二卷,1909年出版第三卷。(2)莫斯科"外文出版社版"(Foreign Language Publishing House),1954年出版第一卷,1957年出版第二卷,1959年出版第三卷,后来改由进步出版社出版。(3)伦敦"劳伦斯—威沙特版"(Lawrence & Wisart),1954年出版第一卷,1974年第8次重印。1956年出版第二卷,1974年第4次重印。1959年出版第三卷,1974年第4次重印。(4)纽约"国际出版社版"(International Publishers)1967年出版全三卷。以上是几种比较重要的全译本,还有一些零散译本就不一一列举了。

---

① 《马克思恩格斯全集》第1版第36卷第464页。
② 《马克思恩格斯全集》第1版第34卷第280页;第36卷第467页。

日文版

《资本论》传入日本是在二十世纪初。1909—1910年，《社会新闻》第55—59号连载的安部矶雄的译文，目前认为是《资本论》最早的日本译文，总共翻译了第一卷第一章的前三节。而以单行本出版的最早的日译本是松浦要翻译的，1919年9月、12月由东京经济出版部出版，共两个分册，译了第一卷的头三篇。同年12月，东京绿叶社出版了生田长江译的《资本论》第一分册。次年3月东京中央出版社又出版了山本义人译本。以上三种日文本都不是全译本，它们只译了第一卷的一部分。

第一个日文全译本是由日本著名的社会思想家高畠素之翻译的。1920—1924年由东京大镜阁和而立社出版，共计10个分册。1925—1926年由东京新潮社出修订版（三卷四册）。1927—1928年由东京改造社出新修订版（三卷五册）。此外，在第二次世界大战前，还有河上肇和宫川实合译的《资本论》第一卷第1—5分册（1927—1929年岩波书店出版）、冈林辰雄翻译的《资本论》第1—3分册（1936年白杨社出版）、长谷部文雄翻译的《资本论》第1、2分册（1937年日本评论社出版）等。

第二个日文全译本是长谷部文雄翻译的，1946年10月发行第一分册，1950年8月出齐，三卷共出十一个分册。这个译本是战后首先出现的全译本，在当时的条件下，发行量是相当大的，例如第一分册在10天内就售完三万册。① 1951年10月发行修订版，改为三卷十四册，至1954年8月出齐；后来经译者再次修订，由河出书房于1964—1965

---

① 参见日本朝日新闻社《现代人物事典》1977年版第1034页。

年出版三卷四册本，编入《世界の大思想》第18—21卷。

第三个日文全译本是由向坂逸郎翻译的，1947年9月发行第一分册，历时近十年，至1956年9月才出齐，共计十二个分册，1967年的修订版改为三卷四册本。

第四个日文全译本是日本《马克思恩格斯全集》刊行委员会的译本，1961年5月开始发行，至1964年9月出齐，共计十一个分册。1965—1967年出版"马恩全集"日文版第23、24、25卷时，改为三卷五册本。1967年经过译者修订后，由大月书店出版《资本论》一百周年纪念版。1868年2月开始发行普及版，至1977年9月普及版重印了二十四次。这个"马恩全集"版的三卷都是由冈崎次郎翻译的，从1972年起又以冈崎次郎译本的名义发行新版，至1975年出齐，共三卷九册。

近年来，又出现宫川实译本（学习版），它的特点是在译文的页边上有译者的眉批，标出要点，在每章、节后面还附有学习资料，卷末附有注释，目前只出了第一卷。

*　　*　　*

以上便是《资本论》在世界上影响较大的五种文字译本的出版情况。至于在全世界《资本论》被译成了多少种文字，一时难有精确的统计，仅在国内所见到的译本就有26种文字之多。除了上述五种外，还有中文版[①]、西班牙文版[②]、意大利文版、瑞典文版、罗马尼亚文版、亚美尼亚文版、格鲁吉亚文版、拉脱维亚文版、摩尔达维亚文版、

[①] 《资本论》中文版的出版情况见《北京师范大学学报》1979年第2期。

[②] 《资本论》西班牙文版包括马德里"Akal版"，阿根廷"卡尔塔戈出版社版"、古巴"我们必胜出版社版"、墨西哥"经济文化基金出版社版"、哥伦比亚"黑绵羊出版社版"等。

立陶宛文版、爱沙尼亚文版、捷克文版、波兰文版、保加利亚文版、南斯拉夫马其顿文版、匈牙利文版、阿尔巴尼亚文版、朝鲜文版、越南文版、阿拉伯文版等。

　　《资本论》的出版情况表明，它的传播是和工人运动的发展情况紧密联系的。在《资本论》问世的头半个世纪里，它主要在欧美比较发达的资本主义国家出版发行，第一次世界大战后，在俄国十月社会主义革命的影响下，《资本论》不仅在欧美得到进一步广泛和深入的传播，在亚洲的日本、中国等地也先后出现东方文字的译本；第二次世界大战后，国际工人运动和阶级斗争进入了一个新的历史时期，《资本论》已遍及全世界，在欧洲、亚洲、北美洲、拉丁美洲和非洲都出版了它的译本。正如恩格斯在《〈资本论〉英文本的序》中说的，"本书所得的结论，一天多似一天的，成为工人阶级伟大运动的基本原理"。一百多年来，世界资本主义虽然发生了许多变化，但《资本论》的基本原理无论在实践方面还是理论方面都经受住了考验，真不愧为一部伟大的科学著作，它的光辉思想必将千秋万代地鼓舞着无产阶级和全人类为实现共产主义而英勇奋斗的灿烂事业。

《资本论》在中国[*]

耿睿勤

一、中国人开始知道《资本论》

十九世纪末二十世纪初,正当西方各种社会主义学说在日本获得广泛传播之际,我国关心国家命运的留日学生在日本创办了许多刊物,抨击清廷专制,宣传新文化,新思想。他们在输入最新思潮时,也把马克思主义介绍到了中国。

1903年,改良主义者冯镜如开办的上海广智书局,翻译出版了日本人福井准造的著作《近世社会主义》。书中《德意志之社会主义》一文介绍了马克思的简历和学说:"其学理具于其《资本论》。大耸动于学界,为社会主义定立确固不拔之学说,为一代之伟人。"从现有的文字记载来看,这是首次在中国介绍马克思和《资本论》。

著名资产阶级革命民主主义者、同盟会的理论家和活动家,在1906年1月的《民报》第2号上,用蛰伸的笔名发表了《德意志社会革命家小传》。其中写道:"马尔克(即马克思。——作者)之他述作固甚多,常与嫣及尔(即恩格斯。——作者)共著,学者实宝之。而且学理上论议,尤为世所宗者,则《资本史》及《资本论》也。"蛰伸译的日本人煮尘重治的《社会主义大家马儿克之学说》,1912年发表于

---

[*] 本文选自《马列主义研究资料》1982年第4辑。

上海的《新世界》第二期，文中有一节介绍了《资本论》的梗概。

1920年10月，《国民》杂志第2卷第3号发表了费觉天翻译的《资本论自叙》。这是马克思1867年7月25日写的《资本论》第一卷第一版序言的第一个中译文。

总之，辛亥革命前后，开始在国内介绍马克思和《资本论》的，还只是少数革命知识分子。由于思想上的局限性，他们当时还分不清马克思主义和其他流派的社会主义之间的差别，也不可能正确地理解马克思的思想实质。尽管如此，他们毕竟为长期闭关自守的中国打开了一扇窗子，为中国人开阔了政治视野。他们为马克思主义在中国的传播起了启蒙作用。

二、《资本论》第一卷中译本的诞生

五四运动以后，以李大钊等同志为代表的具有初步共产主义思想的革命知识分子，从俄国十月革命的胜利中看到了马克思主义的威力。他们从我们党成立时起，就格外注意在报刊杂志上介绍马克思主义基本原理，并且有计划地出版马列主义经典著作的中译本。此后，在黑暗的旧中国涌现出一批又一批自觉宣传马克思主义的革命者和左翼知识分子。他们翻译的《共产党宣言》、《工钱劳动与资本》等著作在二十年代初已相继出版。大革命前后，马克思主义经济学和《资本论》已引起社会的广泛注意。许多用外文啃过《资本论》的知识分子，决心把它译成中文，献给自己的同胞。

郭沫若早在1924年底就曾同商务印书馆洽商过翻译出版《资本论》的事宜，并且预定了一个五年译完的计划。他认为自己如能为译完《资本论》而死，要算是一种光荣的死。但是，由于当时商务印书馆不敢承印，他的计划未能实现。不过，几年以后他根据德文翻译的《政治经济学批判》出版了。

1930年2月，李一氓翻译的《马克思论文选译》由社会科学研究会在上海出版了。《选译》中有一篇《资本积蓄的历史倾向》，就是《资本论》第一卷第二十四章第七节的中译文。这是中文版《资本论》问世前最早的一段译文。它的结尾就是"剥夺剥夺者"这一有名的革命结论。

1930年3月，上海昆仑书店出版了陈启修①翻译的《资本论》第一卷第一分册。这是我国最早的一本《资本论》中译本。他是根据1928年考茨基编的德文版并参考了河上肇的日译本。这一分册包括《资本论》第一卷第一篇，即前三章，以及马克思写的德文第一、二版的序言。为了便于读者理解《资本论》，他在《译者例言》后面特辑了考茨基和河上肇的三篇解释性文章，冠以《资本论旁释》的标题。这一分册出版后，陈启修没有继续翻译。

继陈启修之后，潘冬舟续译了《资本论》第一卷第二、三分册，先后于1932年8月和1933年1月由北平东亚书局出版。这个译本的第二分册包括《资本论》第一卷的第二、三两篇，即第四章至第九章；第三分册包括第四篇，即第十至十三章。《资本论》第一卷虽已出版了三个分册，但第十四至二十五章仍未译成中文。

与此同时，吴半农和千家驹迟迟不见陈启修续译的《资本论》，商量利用工余时间，从头翻译这部重要著作。他们向中华教育文化基金董事会编译委员会提议翻译出版《资本论》。获准后决定由吴半农译第一卷，千家驹译第二卷，译完两人互校。第一卷是根据恩格斯修订的英译本第四版译的，千家驹从德文校对。他们开划把第一卷分三册出版，第

---

① 陈启修原名陈豹隐，是我国较早研究《资本论》的学者之一，曾被聘在北京大学"马克思学说研究会"讲解《资本论》。——作者注

二卷分两册出版。1932年他们译完两卷交商务印书馆。1934年商务印书馆只出版了吴半农译的第一卷第一分册。这个分册包括第一和第二篇，即前面四章。

1932年9月—1936年6月，侯外庐和王思华根据恩格斯修订的德文第四版合译了《资本论》第一卷，分上、中、下三册出版。1936年6月还出版了《资本论》第一卷的合订本。这是中国首次出版《资本论》第一卷的全译本。

中文版《资本论》第一卷全译本的诞生也是颇费周折的。该书译者之一侯外庐在学生时代就受李大钊的影响，决心要研究和翻译《资本论》。1926—1930年他在法国学习期间自学德文，并着手翻译这部著作。他当时德文水平不够高，就参照英文、法文、日文等版本进行翻译。回国前已译完《资本论》第一卷的前二十章。为避免过境时被查抄，他把手稿留在柏林成仿吾处。

侯外庐回国以后，因一时拿不到旧译稿，只好又准备重新翻译《资本论》。这期间他结识了原里昂中法大学经济系的学生王思华。1932年春，他便和王思华合译这部巨著。为了互相熟悉彼此的文风和特点，两人分头译出《资本论》的第一至九章，然后共同磋商修正。从第九章以后才改为按章分译。王思华通过党组织把侯外庐原来的二十章译稿找回后，翻译的速度更加快了。当年夏天第一卷就全部译出。

为了逃避国民党的查禁，1932年9月以虚构的"国际学社"名义出版了《资本论》第一卷上册。译者署名王慎明（即王思华）、侯外庐。此后，侯外庐被捕入狱。他在狱中继续翻译了《资本论》的第二、三卷。王思华则承担了中下两册的出版事宜。在他的努力下，该书的中下两册终于在1936年6月出版。同时还出版了《资本论》第一卷的合订本。译者改成了玉枢（侯外庐）、右铭（王思华）合译；出版机构改为"世界名著译社"。

《资本论》第一卷德文第一版问世七十年以后,在许多译者的不断努力下,《资本论》第一卷中译本终于在北平诞生了。

三、《资本论》三卷中译本的问世

1928年,当侯外庐在法国动手翻译《资本论》时,进步青年在杭州大佛寺的青灯古佛之畔也着手翻译《资本论》。当年他译完第一卷后,发现不熟悉古典政治经济学不可能译好《资本论》。因此他并没有急于翻译《资本论》的第二卷,而是和新结交的王亚南一起学习和翻译古典政治经济学的著作。他们先合译了李嘉图的《政治经济学及赋税原理》和亚当·斯密的《国富论》。接着,郭大力又译出了马尔萨斯的《人口论》、穆勒的《经济学原理》、洛贝尔图斯的《生产过剩与恐慌》等等,这些译著分别由神州国光社和世界书局出版。

1934年,郭大力和王亚南又回过来翻译《资本论》。由于郭大力第一卷的译稿被"一·二八"的炮火烧毁,他们只好又从第一卷开始翻译,当时,在国统区坚持斗争的地下书店和进步书店,继续坚持出版马列著作和进步书刊。上海读书生活出版社的负责人黄洛峰、艾思奇和郑易里等,由于当年留学日本时曾在地下党领导的社会科学会研读过《资本论》,早已商议过出版一部较好的《资本论》全译本。他们几经周折,最后找到了郭大力和王亚南。于是上海读书生活出版社于1937年初正式决定出版郭、王合译的《资本论》。但是,当第一卷译稿送到书店时上海已经沦陷,该出版社大部分人员跟随黄洛峰迁往重庆,艾思奇又去了延安。1938年春,郑易里和重庆总店决定,趁当时上海租界暂时平静抓紧在上海出版《资本论》。于是,郑易里打电报约郭大力来上海。当时处于秘密状态下的读书生活书店,在法租界仅有两间平房,一间当书店门面,一间供译者使用。郭大力就在这仅有一桌一凳一床的方寸之地赶译未完的书稿，修改王亚南离沪时留下的草稿，看付排清样等等。书店负责人郑易里亲自校正全书。当时在反动派和日本帝国主义包围着的租界里，书店只有编辑、财会、校对等十余人，他们齐心协力，前后仅用了半年时间，出齐了中国第一部完整的《资本论》三大卷中译本。1938年8月31日，《资本论》第一卷正式印出。9月15日，第二卷又出版了。9月30日，《资本论》第三卷又送到读者手里。这就是马克思的巨著《资本论》中文全译本出版的日程表。

郭大力、王亚南合译的《资本论》，不仅是第一个完整的中文全译本，而且译文质量也超过了以前所有的中译本。同时，这个译本还注意了保留原本的特色，就连封面设计也尽量做到和德文原版一致。在细纹米色布封面上，居中套印三厘米宽的红带，上面醒目地印着"资本论"三个大字。

随着革命形势发展的需要，这部《资本论》中译本的纸型在1940年经香港转运到重庆再版。1948年，又被辗转运到东北解放区哈尔滨再次重印。解放以后马列主义著作的出版工作受到党的重视。为了广大干部更好地学习《资本论》，这个译本又大量重印出版。译者为了进一步提高译文质量，又根据德文新版本并参照俄文版在1953年和1963—1966年作了两次认真的修订。

1953年，党中央集中了一批外语干部，成立了马恩列斯著作编译局，专门翻译和编辑马列主义经典著作。中央编译局根据德文翻译了《资本论》第一、二、三卷，编入《马克思恩格斯全集》第23、24、25卷，先后于1972年9月、12月和1974年11月出版。1975年6月，人民出版社又按照这三卷的译文排印出版了单行本《资本论》第一、二、三卷。这个译本是由编译局里一些多年从事马恩经济著作翻译的同志集体翻译、讨论定稿的。为了保证译文质量，他们认真研究了原著的理论，并参考了各种中外文版本。在翻译过程中，他们还就某些理论、译名等问题组织了讨论会，并向有关部门的专家质疑。译文最后还请郭大力同志提了意见。这个译本不仅文字比过去译本流畅，而且书后附有《注释》、《人名索引》、《本卷中引用和提到的著作索引》、《名目索引》和《计量单位和货币名称表》等大量参考资料，是目前流传最广的版本。

谈谈《资本论》在我国的传播

杨国昌

《资本论》是无产阶级伟大的革命导师马克思用毕生心血写成的光辉文献。这部划时代的科学巨著,第一卷出版于一八六七年,第二卷出版于一八八五年,第三卷出版于一八九四年。这是人类社会思想史和国际共产主义运动史上极为重大的事件。

《资本论》出版之后,就立即受到广大无产阶级和其他劳动群众的喜爱,被称为"工人阶级的圣经"[①]。一八六八年九月,第一国际在布鲁塞尔召开的代表大会上,一致通过决议,建议所有国家的工人阶级都来学习马克思的《资本论》,并希望将它译成各种文字。一百多年来,《资本论》传遍了全世界,在欧洲、美洲、亚洲、非洲和拉丁美洲都有它的译本,被翻译成几十种文字,出版了数以百计的版本,成为全世界无产阶级进行革命斗争的强大的思想武器。本文对《资本论》在我国的传播情况作个简单的介绍。

---

* 本文选自《北京师范大学学报》1979年第2期。

① 恩格斯:《英文版序言》,《资本论》第1卷,人民出版社1975年版,第36页。

一、五四运动前后《资本论》在我国的传播

《资本论》的思想介绍到中国,是在俄国十月革命以后。在此以前,只有少数追求真理的民主主义革命家因反对清朝政府而被迫逃亡到日本和欧洲,在那里受到工人阶级解放运动的影响而接触到社会主义,并为《资本论》这部著作的威名所震动。一九〇六年一月出版的同盟会机关刊物《民报》第二号,刊载了蛰伸(即朱执信)所写的《德意志社会革命家小传》,这是现在所知中文刊物上第一次提到《资本论》这部巨著的名字。一九一二年上海出版的《新世界》第二期,刊载了势伸译述,煮尘重治:《社会主义大家马儿克之学说》,在这篇文章里有专门一节介绍"资本论之概略"。但在当时我国的社会条件下,只有少数资产阶级、小资产阶级知识分子接触到《资本论》,由于他们的思想局限,还不可能理解马克思思想的实质,也不可能成为《资本论》的积极传播者。

一九一七年,俄国爆发了伟大的十月社会主义革命,深刻地震动了全世界被压迫人民,"这时,也只是在这时,中国人从思想到生活,才出现了一个崭新的时期。中国人找到了马克思列宁主义这个放之四海而皆准的普遍真理"。①中国共产党的创始人之一李大钊同志于一九一九年在《新青年》第6卷第5、6号上发表的《我的马克思主义观》,首先宣传了《资本论》的基本思想。这篇论文在当时国内进步的知识分子中产生了很大的影响,在他的倡导下,一批革命知识分子在组织社团,创办刊物,翻译原著,书写文章,发表讲演,尽力扩大马克思列宁主义的影响。

---

① 毛泽东:《论人民民主专政》。

特别要提到的,是周恩来同志在狱中坚持学习和宣传《资本论》的事迹。一九二〇年一月,周恩来同志在率领群众向北洋军阀展开面对面斗争的时候被捕,在反动政府的监狱里,他亲笔写下了记叙狱中生活的《检厅日录》①,其中有这样的记载:

"六月四日。晚上聚会。……讲演会仍由周恩来续讲马克思主义——经济论中的余工余值说。"

"六月七日。晚上会议。……先开讲演会,周恩来续讲马克思学说——经济论中的《资本论》,同《资产集中说》。今天马氏学说已讲完了。"

这段珍贵的历史记载说明,我们敬爱的周恩来同志早在"五四"运动的火热斗争中,已经成了《资本论》的热心宣传者了。在反动派的监狱中宣讲被反动派视为洪水猛兽的《资本论》,这是多么坚定的无产阶级立场啊!

在《资本论》中译本出版以前,它的思想主要是通过资本论入门等通俗读物来传播的。有的同志提到"在我国,一九二二年有《资本论入门》翻译出版"②。但这不是最早的。我校图书馆就收藏有一九二〇年九月社会主义研究社出版的《马克思资本论入门》一书,著者是马尔西(Mary E. Marcy),由李汉俊根据日文版重译。同年九月,上海商务印书馆还首次出版了考茨基著的《马克思经济学说》(译者陈溥贤根据日本高畠素之译的《资本论解说》重译)。一九二〇年毛泽东同志在长沙创办文化书社,我们从该社的"销售目录"可以看到《马克思资本论入门》、《马克思经济学说》均有代售。此外,据有关史料的记

---

① 周恩来:《检厅日录》,连载于1921年冬的天津《新民意报》。
② 见《光明日报》1978年9月16日胡培兆《〈资本论〉在我国的翻译和出版》。

载，一九二一年九月，党在上海成立了地下的"人民出版社"，出版了《共产党宣言》、《资本论入门》和《工钱劳动与资本》等书。为了避免反动当局的迫害，他们出版的图书都印有"广州人民出版社"的字样。

在报刊上登载《资本论》的入门书还要更早一些。北京《晨报》副刊"马克思研究"专栏从一九一九年六月二日至十一月十一日，共计一百三十八次连载了柯祖基的《马氏资本论释义》（现在通译：考茨基《马克思的经济学说》）。同年十一月至一九二〇年六月，《建设》杂志也连载了《马克思资本论解说》（即同上书的另一种译文，该文没有登完）。考茨基在他成为修正主义者以前（一八八六年）写的这本书，基本上是正确的；虽然有缺点，仍能比较忠实地保持原著的精神。正如列宁指出的："我们从考茨基的很多著作中知道，他是善于做一个马克思主义的历史学家的，虽然他后来成了叛徒，他的那些著作始终是无产阶级的可靠财富。"①所以，当时介绍、出版这样的通俗著作，对于在我国早期传播《资本论》是有意义的。

二、一九二〇年——一九四九年《资本论》在我国的传播

一九二〇年十月，上海出版的《国民》月刊第2卷第3号刊载了一篇署名费觉天译的《资本论自叙》（即《资本论》第一卷德文第一版序言）。这是现在所知关于《资本论》最早的部分中译文字。

一九三〇年三月，上海昆仑书店出版了《资本论》第一卷第一分册，译者陈启修据一九二八年德文版、参照日本河上肇的日译本译出。陈启修是我国较早研究《资本论》的学者之一，二十年代初，北京大

---

① 列宁：《无产阶级革命和叛徒考茨基》，《列宁全集》第1版第28卷第249页。

学成立"马克思学说研究会",曾聘请他为"《资本论》研究组"的"导师"。他翻译的《资本论》是我国最早的一个中译本,但他只译了第一卷的第一篇。其后由潘冬舟继续翻译,于一九三二年八月和一九三三年一月由北平东亚书局出版了第一卷的第二、三分册,包括《资本论》第一卷的第二、三、四篇。

这个时期,侯外庐和王思华合作,翻译了《资本论》第一卷,他们根据恩格斯修订的德文第四版译出,分上、中、下三册出版。一九三二年九月出版了上册,这本书的封面上印有"国际学社出版"的字样,是由出版者虚构的一个名义,实际上是通过关系,由北平新华印刷厂秘密排印的。据译者侯外庐同志回忆:"那时,我们不但没有稿费,而且印刷费也是自筹自办的。"①一九三六年出版中、下册和一卷合订本时,出版者改为"世界名著译社",译者改为玉枢和右铭,即侯外庐同志和王思华同志的笔名。

此外,一九三四年上海商务印书馆出版了《资本论》第一卷第一分册,由吴半农译,千家驹校,它虽然只译了第一卷第一、二篇,后来没有继续出版,但是,由于商务印书馆是当时国内最大的出版社之一,因而这个译本也产生了一定的影响。

以上几种译本都不是《资本论》的全译本,它们只翻译了第一卷或其中的若干篇。第一个中文全译本是由我国著名的两位经济学家郭大力和王亚南翻译的。郭大力同志于一九二八年在一个寺院里开始翻译这部著作,当年译完第一卷,不幸这个译稿在一次战火中毁灭了。后来他与王亚南合作,根据德文原版,并参考了两种英译本,两种日译本,投入全付精力,夜以继日地埋头工作,终于将三卷《资本论》全部译完,

---

① 侯外庐:《关于〈资本论〉翻译工作二三事》,《文汇报》1957 年 3 月 20 日。

共九十八章，一百八十多万字，于一九三八年八、九月间全部出齐。他们两位是忠实、认真的译者，他们的译本，不但文字比较流畅、口语化，而且在格式上也力求保留原本的特色。这个译本的出现，大大帮助了广大读者对《资本论》的学习。

这个全译本的出版工作是由上海读书生活出版社担任的。有的文章介绍该社出版《资本论》的经过时说："当时，在该书店工作的艾思奇同志曾亲自处理。"①我觉得既然提到了艾思奇同志，也不妨提一下郑易里等同志。郭大力在"译者跋"里，两处提到郑易里同志在出版《资本论》方面所作的贡献。其中一处说："我们应当感谢的，是郑易里先生，他不仅是这个译本的出版的促进者和实行者，且曾细密为这个译本担任校正的工作。黄洛峰，艾思奇，汉夫诸先生也都有很大的帮助。"②事实也是这样。上海沦陷后，读书出版社已迁往重庆，留下艾思奇和郑易里两同志主持工作，艾思奇同志不久就到延安去了，后来处理《资本论》的稿件，约请郭大力同志到上海续译余稿，校对清样以至发行，都曾由郑易里同志经手。③

在革命战争的艰苦年代里，党中央和毛泽东同志十分重视马克思列宁主义经典著作的学习，其中包括对马克思的主要著作《资本论》的学习和研究。一九三七年，毛泽东同志在《矛盾论》一文中，号召中国共产党人必须学会《资本论》中所运用的方法，"才能正确地分析中

---

① 见《光明日报》1978 年 9 月 16 日胡培兆《〈资本论〉在我国的翻译和出版》。

② 郭大力：《译者跋》，载《资本论》第 3 卷，读书生活出版社 1938 年版，第 766 页。

③ 参看郑易里：《最早的中文全译本〈资本论〉》，载《革命文物》1978 年第 3 期。

国革命的历史和现状,并推断革命将来。"一九四一年,毛主席在《关于农村调查》一文中,又号召革命党人要学习运用对立统一、阶级斗争的观点进行分析和综合,指出"马克思的《资本论》就是用这种方法来写成的,先分析资本主义社会的各部分,然后加以综合,得出资本主义运动的规律来。"(1978年12月13日《人民日报》)一九四二年,毛泽东同志在《反对党八股》一文中还指出:"或者有人要说:《资本论》不是很长的么,那又怎么办;这是好办的,看下去就是了。"一九四三年,党中央根据毛泽东同志的提议,作出了《关于翻译工作的决定》并成立了专门翻译和校阅马克思列宁主义经典著作的机构。一九四七年读书生活出版社在上海重印的二千部《资本论》,大部分送往解放区。一九四八年,随着革命形势发展的需要,《资本论》纸型转到解放区,在哈尔滨印行东北版三千部。

解放前介绍《资本论》的通俗读物,多数是从国外翻译过来的,除了本文第一部分提到的两种外,还翻译出版了(德)博洽德著:《通俗资本论》(1926),(英)恩麦特著:《资本论概要》(1929),(日)河上肇著:《资本论入门》(1929),(日)高岛畠之著:《资本论大纲》(1930),(日)山川均著:《资本论大纲》(1930),(苏)聂奇金纳著:《〈资本论〉的文学构造》(1937),(苏)亚尔帕里著:《怎样研究〈资本论〉》(1940)以及大家所熟悉的《恩格斯论〈资本论〉》《〈资本论〉提纲》,《〈资本论〉通信集》,等等。我国广大理论工作者在翻译介绍国外研究成果的同时,(如王思华著的《资本论解说》,等等)也写了不少介绍《资本论》的专著和文章,为在我国传播《资本论》作出了巨大的贡献。

三、解放后《资本论》在我国的传播

"工人阶级和其他人民群众在马克思列宁主义的指导之下赢得革命，赢得国家政权，而革命的胜利和革命政权的建立又为马克思列宁主义的发展开拓无限广阔的道路。"①中华人民共和国成立后，为了适应广大干部和群众学习马克思主义理论的需要，一九五〇年一月，北京三联书店在上海重印郭大力、王亚南的《资本论》全译本，印数达一万部，分别在北京、上海、沈阳、广州、天津、济南、西安、长沙、开封、大连、哈尔滨、重庆、汉口等大城市发行。后来又经郭大力同志对初版进行一次全面校订，有些段落整段地重新翻译，有些名词译得更确切了，有些文句也作了细致的修改，尽可能周密地把初版中一些疏漏的地方作了修订，于一九五三年由人民出版社出版三卷三册本。自一九五三年三月至一九六三年十二月，第一、二卷重印了九次，第三卷重印了七次，每卷均发行十五万九千五百册。从一九六三年起，译者根据德文原本并参照《马克思恩格斯全集》俄文第二版及英文译本，对中译文作了又一次的校订，由人民出版社出修订第二版。这个修订版的第一卷出版于一九六三年十二月，第二卷出版于一九六四年十一月，第三卷出版于一九六六年六月。为了满足广大人民的不同需要，除出版平装本，还出版了精装本、大字铅印本和线装本等。

一九七五年六月，人民出版社又出版了中共中央马恩列斯著作编译局译的新版本。这个版本是根据《马克思恩格斯全集》德文版第23、24、25卷，并参照俄文版译出，在翻译过程中也参考了郭大力、王亚南中译本。新版的卷末附有注释、人名索引、本卷中引用和提到的著作

---

① 引自《关于无产阶级专政的历史经验》，《人民日报》1956年4月5日。

索引、名目索引、计量单位和货币名称表等参考工具和资料，这是目前比较通行的一个《资本论》中译本。

总之，我国解放后翻译和出版《资本论》是有成绩的。广大理论工作者和工农兵群众学习和研究《资本论》写出了许多专著和文章。但在另一方面，也要看到林彪和"四人帮"的干扰破坏。

一九六六年，资产阶级野心家、阴谋家林彪跳出来攻击《资本论》"过时了"，应该"废弃"了。他说什么："有人说《资本论》是理论的基本阵地，其实《资本论》只解决资本主义社会的规律问题。我们国家，资产阶级已经打倒了，现在是解决社会主义社会的规律问题。"① 王张江姚"四人帮"也和林彪唱一个调子，认为《资本论》解决不了实际问题，反对广大干部和群众学习《资本论》，反对理论工作者运用《资本论》的基本原理探索社会主义政治经济学一系列重大问题。由于他们的干扰破坏，从一九六六年下半年到"四人帮"垮台这十年间所发表的有关《资本论》的专著和文章寥寥无几。现在，林彪和"四人帮"已被扫进了历史的垃圾堆，理论战线出现一派大好形势，学习和研究《资本论》的专著和文章日见增多，我们相信，《资本论》在中国的传播必将日益广泛，日益深入。

---

① 转引自《河南日报》1975 年 8 月 12 日第 3 版。

马克思把《资本论》通俗化的尝试

资本和劳动。卡尔·马克思《资本论》浅说[*]

（经马克思和恩格斯改正和修订）

〔德〕约翰·莫斯特

[**编者按**] 马克思《资本论》第一卷出版以后，德国社会民主党人约翰·莫斯特写了一本小册子，标题是《资本和劳动。卡尔·马克思〈资本论〉浅说》，于1873年在开姆尼斯出版。这是《资本论》的第一部通俗本。

约·莫斯特生于1846年，卒于1906年。他在十九世纪六十年代参加工人运动，曾加入爱森纳赫派，自称是马克思的拥护者。他曾多次被当局逮捕，因而在工人中博得一定名声。然而，他不是一个马克思主义者。1878年反社会党人非常法颁布后，他投入无政府主义者阵营，并于1880年被开除出社会民主党。他于1882年侨居美国，继续进行无政府主义宣传。

莫斯特对《资本论》缺乏理解，他的小册子对马克思的理论有所歪曲。但是，由于当时对这种通俗著作极感需要，而他的小册子又是仅有的一部，读者很感兴趣，所以李卜克内西曾再三建议马克思对这本小册子进行修订，以便再版。马克思最终接受了这一建议，于1875年8月，在恩格斯的参与下，带病修改莫斯特的原作。马克思后来在一封信中谈及此事时说："一切涉及价值、货币、工资以及其他许多问题的地

---

* 本文选自《马列著作编译资料》1981年第15辑。

方，我已不得不全部删去并换上自己的话。"（马克思1876年6月14日致弗·阿·左尔格的信）除这些删掉重写的部分外，还有其他多处修改。小册子修订后，马克思没有署名。

经马克思修订的《资本和劳动》第二版，于1876年4月在开姆尼斯出版。此后，小册子第二版又曾作为《资本论》的十一篇摘要，由奥·托·魏德迈译成英文，从1877年底在美国《劳动旗帜》周刊上连载。发表时曾注明："本文承卡尔·马克思惠允特为《劳动旗帜》而译。"后来，译文又以小册子形式印行。

本文正文的中译文，系根据《资本和劳动。〈资本论〉浅说》西德祖尔坎普出版社1972年版译出。脚注中的文字是依据苏联《苏共历史问题》杂志1968年第2期发表的俄译文迻译的。文中黑体字是马克思补充的或删节小册子原文后重写的文字。脚注中的文字是马克思删节的小册子中相应段落的原文。

商品和货币

资本主义生产方式占统治地位的社会的财富，表现为庞大的商品堆积，单个的商品表现为这种财富的元素形式。

一个适于满足人的某种需要，充当使用对象的物，是使用价值。这个物要成为商品，还必须具有另一种属性——交换价值。

交换价值是有用物借以相互比较，从而相互交换的量的关系，例如300米麻布＝（等于）1吨铁。但是，不同的物只有当它们是同名量，也就是同一单位的即对它们来说是某种共同东西的倍数或份额时，才是可比量。因此，在我们的例子中，300米麻布能够等于1吨铁，只是因为麻布和铁表示某种共同的东西，而且在300米麻布中和在1吨铁中所包含的这种共同东西的量一样多。① 这第三种东西,即对两者来说是共同的东西,就是它们的价值,两者中的每一方都独立于另一方而具有这种价值。由此可以得出结论:商品的交换价值只是商品价值的表现方式,只是使商品的价值存在表现出来,因而充当商品实际交换媒介的形式。我们以后还要回过来考察这种价值形式,不过现在先来研究它的内容,也就是商品价值。

在商品的交换价值中表现出来的商品价值无非是由生产商品所花费的或物化在商品中的劳动构成的。然而,必须弄清楚,从什么意义上说劳动是价值的唯一源泉。

在不发达的社会状态下,同一个人要交替从事各种不同种类的劳动;他时而耕作,时而织布,时而打铁,时而做木工活等等。但是,不管他的劳动怎样多种多样,终归都是他运用自己的头脑,自己的神经、肌肉、手等等,一句话,耗费他自己的劳动力的各种不同的有用方式。他的劳动始终是力量的耗费——直接意义上的劳动——,而这种力量耗费的有用形式,即劳动方式,则依照这种耗费要达到的效果而有所不同。

随着社会的进步,同一个人要依次完成的有用劳动的不同方式越来越少;这些不同的劳动方式日益变成由不同的人和集团所从事的各种独立的、相互并存的职业。在资本主义社会,生产者从一开始就不是为自己的需要,而是为别人的需要,即为市场而生产的;生产者的产品从生产时起就预定要起商品的作用,从而对生产者本人来说只充当交换手段。然而,只有当生产已经发展成为独立的、互相并存的有用劳动方式

---

① 在本书1972年德文版中,原版采用的币制和度量衡制改为现行的新制,与此相适应,有关数字也有个别改动。——译者注

的多支体系,发展成为社会分工的多支体系的时候,资本主义社会才是可能的。

以前由交替从事各种不同劳动的个人来完成的工作,现在由实行多支分工的社会来完成了。各种劳动的特殊有用性,反映在劳动产品的特殊使用价值中,也就是反映在这样一种独特的形式变化中,通过这种形式变化,劳动使某种自然物质成为可满足人类一定需要的物品。但是,这无限多样的有用劳动中的每一种劳动的独立进行,丝毫也不改变它们同样都是人类劳动力的耗费这一情况;而且它们正是由于具有这种耗费人的力量的共同属性,才形成商品价值。商品价值无非表明,制造这些物品耗费了人类劳动力而且是社会劳动力,因为在发达的分工条件下,每个人的劳动——就耗费力量而言——都是由社会平均劳动决定的,也就是由社会劳动力的平均耗费决定的。在一个商品上物化的平均劳动越多,这个商品的价值就越大。

制造一个商品所必需的平均劳动如果始终保持不变,该商品的价值量也就不变。然而实际情况并不是这样,因为劳动生产力是由工人的平均熟练程度、科学发展程度、科学技术应用程度、生产过程的社会结合、生产资料的规模和效率以及自然状况所决定的,因而,情况可以是多种多样的。劳动生产力越高,制造一个物品所需要的劳动时间就越少,凝固在其中的劳动量就越少,该物品的价值也就越小。相反,劳动生产力越低,制造一个物品所需要的必要劳动时间就越多,该物品的价值也就越大。不言自明,这里所说的只是某一时期的正常的社会生产力和与之相适应的社会必要劳动时间。例如,为生产一定米数的布,手工织工比机器织工要花费更多的劳动。尽管如此,只要机器织布业已经出现,手工织工就没有生产出较多的价值。相反,为生产同量商品用手工织布比用机器织布所多花费的全部劳动,都是无效的力量耗费,因而不形成价值。①

不经过劳动而形成的东西，例如空气、野生林等等，可以有使用价值，但是，没有价值。另一方面，有些物是人类劳动的产物，却不是商品，因为它们仅仅满足它们的直接生产者的需要。物要成为商品，必须满足别人的需要，因而必须具有社会使用价值。②

现在我们再回过来谈交换价值，也就是商品价值借以得到表现的形式。这种价值形式是从产品交换中并同产品交换一起逐渐发展起来的。

在生产完全用于满足自己的需要的时候，交换只是偶然发生的，而且交换的物品是交换者恰好有剩余的东西。例如，用兽皮换盐，而且起初完全是按偶然的比例交换的。由于交易经常重复，交换的比例便进一步确定下来，于是一张兽皮只能换一定量的盐。在产品交换的这一最低阶段上，对每一个交换者来说，其他交换者的物品都充当等价物（价值相同的东西），即价值物，这个价值物本身不仅能同他所生产的物品交换，而且是表现他自己的物品价值的镜子。

甚至今天我们仍然可以看到稍有发展的交换阶段，例如在西伯利亚的狩猎部落中，那里人们可以说只有一种物品可供交换，这就是兽皮。人们能得到的全部其他商品，刀子、武器、烧酒、盐等等，对他们来说都是他们自己的物品的同样多种类的等价物。兽皮的价值所取得的表现

---

① 只要机器织布成为正常的社会劳动，手工织布的较小的生产力所产生的价值，就不可能大于机器织布的较大的生产力所生产的价值。相反，为生产同量商品用手工织布比用机器织布多花费的全部劳动，都应被看作是没有价值的劳动。

② 有些物是人类劳动的产物，却并不总是具有交换价值，当它们仅仅满足它们的直接生产者的需要的时候，它们具有的便仅仅是使用价值。物要成为商品，必须具有社会使用价值，不仅必须满足自己的生产者的需要，而且必须满足一般人类的需要。

的多样性，使人们形成一种习惯，以为兽皮的价值同这一产品的使用价值已经分离开来，另一方面，由于同一价值必然要用越来越多的各不相同的等价物来计量，就使这一价值量成为不变的确定的东西。因此，同早期只是偶尔进行产品交换的时候相比，在这里兽皮的交换价值已经具有更加明确的形态，并且这些物本身现在已在更加高得多的程度上具有商品的性质。

现在我们从其他商品所有者的角度来考察这种交易。他们当中的每个人都必须同西伯利亚的猎人相对立，用兽皮来表现自己的物品的价值。这样，兽皮成为一般等价物，它不仅能直接交换所有别人的商品，而且充当所有这些商品的共同的价值表现，从而充当价值尺度和价值比较物。换句话说，在产品交换的这一范围内，兽皮成为货币。一般说来，像这样在或大或小范围内起货币作用的，可以时而是这一商品，时而是另一商品。随着商品交换的普遍化，这种作用转移到金银上，即转移到天然最适于承担这种职能的商品种类上。它们成为能直接交换其他一切商品的一般等价物，而其他一切商品则在其中表现、计量和比较自身的价值。用货币表现的商品价值，叫作商品价格。例如，假定300米麻布＝800克金，而800克金的货币名称是4000马克，那么，300米麻布的价值量就表现为4000马克的价格。

货币和其他商品一样，只能在其他商品上表现它自己的价值量。货币的价值是由生产它所必需的劳动时间决定的，并且通过任何另一个可从中获得同样多劳动时间的商品量来表现自己。只要倒过来读一下价格表上的各个项目，就会发现，货币的价值量可以在一切可能的商品上表现出来。

由于以货币为媒介，产品交换便分裂为两个不同的、相互补充的阶段。商品（其价值已在商品价格上表现出来）转化为货币，然后又从自身的货币形式再转化为另一种具有同样价格的可供使用的商品。至于说到进行交易的人,情况是这样:商品所有者首先把自己的商品让渡给货币所有者,即卖;然后,他用得来的货币交换另一个商品所有者的物品,即买。他为买而卖。商品的总运动叫作商品流通。①

乍一看来,在一段时间里流通的货币量似乎完全是由在空间上并存的全部待售商品的价格总额决定的,然而事实上并不是这样。例如,假定有四个不同的卖者分别以20马克同时向四个不同的买者出售他们的三磅黄油、一部圣经、一瓶烧酒和一枚战争纪念铸币,那么,为了实现这四次卖的行为,实际上总共需要80马克。但是,如果其中之一卖了他的黄油以后用换得的马克去买圣经,卖圣经的人用换得的20马克去买烧酒,而酿酒的人又用这笔钱去买一枚战争纪念铸币,那么在这种情况下,价格总共为80马克的商品,只须用20马克就可以实现流通了。数量小的情况下是这样,数量大的情况下也是这样。因此,流通的货币量取决于空间上并存的待售商品的价格总额除以同一些货币同时流通的次数。

为了使流通过程简便易行,被公认为货币的那种物的一定重量部分被赋以特定的名称,并被铸成固定的形状,也就是说制成铸币。

但是,由于金币或银币在流通中会磨损,所以它们部分地被价值更低的金属所代替。例如,最小金币的最小分数部分用铜等等制成的记号(辅币)来代替;最后,人们在几乎毫无价值的物上,比如小纸片上,

---

① 当商品让渡给以货币即价值形式存在的价值承担者,并从这种价值形式又让渡出去,换成其他商品,商品交换便实现了。为买而卖。形式变换是这样的:商品——货币——商品。

打上货币的印记，象征性地表示一定量的金和银。① 在通行强制流通的国家银行券的场合，就存在着这种情形。

把货币从流通中取出来并且存放起来，就形成货币贮藏。谁卖掉商品后不再购买别的商品，他就是货币贮藏者。在生产不发达的民族中，例如在中国人那里，货币贮藏既是孜孜以求的又是无计划的，人们把金银埋藏在地下。

在存在着资本主义生产方式的社会里，货币贮藏也是必要的。因为流通的商品量、价格和流通速度经常发生变动，商品流通所需要的货币也就时多时少。因此，就需要有蓄水池（贮藏库），货币可以从流通中流入这个蓄水池，也可以根据需要重新进入流通。排出和引入货币的这种渠道或金库的最发达的形式，就是银行。② 在发达的资产阶级社会中，商品流通，即商品——货币——商品的实现越来越不需要使用直接可感觉形态的货币，所以银行之类机构也就越来越成为必要。相反，撇开本来的小额贸易不说，货币在这里主要是充当单纯的计算货币，而归根到底是充当支付手段。买者和卖者成为债务人和债权人。债务关系用证书确定下来，各个时而购买时而售卖的商品流通参与者，通过这种证书把他们彼此间的债务总额相互抵消。只有差额才用实际的货币逐渐偿

---

① 但是，由于贵金属在交易中易于损坏，于是就用价值较小的物制造出贵金属的代用品。为了表现微量贵金属，出现了用非贵金属制造的符号（辅币）；此外，还在一些毫无价位的物上，比如小纸片上打上货币的印记，象征性地表示一定量的贵金属。

② 货币必须有足够的数最，才能使商品流通的经常过程成为可能，但是商品永远不会均衡地流通，而是会在市场上急剧地增减，因此需要有货币蓄水池，从这个蓄水池中引出一些灌水渠通入商品流通体系，并有一些排水渠从流通体系中通入这个蓄水池。例如这样的金库就是银行。

还。一旦在这一过程中出现某种普遍的停滞,我们就把这叫做货币危机。当每一个人都要求真正的货币,拒绝观念的货币时,就可以感知货币危机已经来临了。

货币贮藏对世界性交往具有特殊的重要性,因为世界货币通常以金银条块的形态出现。

资本和劳动

货币是怎样转化为资本的呢?

一个社会中只有存在着商品生产、商品流通和贸易,那里才谈得上有资本。只有在这样的历史前提下资本才能产生。在十六世纪,近代世界贸易和世界市场的创立,揭开了资本的近代生活史。

资本在历史上起初到处是以货币形式,以货币财产、商人资本和高利贷资本形式与地产相对立。作为货币的货币和作为资本的货币的区别,首先只是在于它们具有不同的流通形式。

除商品流通的直接形式即为买而卖(商品——货币——商品)以外,还有另一种流通形式即为卖而买(货币——商品——货币)。在后一种形式中,货币已经起资本的作用。在简单商品流通中商品通过货币的媒介换成商品,而在货币流通中货币通过商品的媒介换成货币。

如果人们通过这种途径用货币去交换同量的货币,例如100马克交换100马克,那么,这是一种荒唐的行为;还不如一开始就把100马克存起来,那倒是更理智些。但是,从来没有人会进行这种无目的的交换,人们是用货币去交换更多的货币,即买是为了贵卖。

在简单商品流通中,无论起初出现的商品,还是最后出现的商品,只要从流通中一退出,就要被消费;相反,如果货币成为流通的起点和终点，这最后出现的货币便可以不断重新开始同一运动。货币只要进行这种运动，它就是资本。货币所有者只要把自己的货币投入这种流通，他就成为资本家。

可见，决不能把使用价值看作资本家的直接目的。他的目的也不是取得一次利润，而只是谋取利润的无休止的运动。这种绝对的致富欲，这种交换价值追逐狂，是资本家和货币贮藏者所共有的，不过货币贮藏者是发狂的资本家，资本家是理智的货币贮藏者。为了贵卖而买这种趋势在商业资本中表现得最明显，但是产业资本也具有同样的趋势。

人们通常认为，剩余价值来自于资本家高于商品本身的价值出售商品。但是，出售商品的同一资本家也要购买商品，因而同样不得不高于商品价值买进商品。可见，如果上述看法是对的，资本家阶级就决不能达到他们的目的。但是，如果我们撇开资本家阶级，只去考察单个资本家，就可以看到这样的结果：**一个资本家确实可以用比如 800 马克的葡萄酒去交换 1000 马克的谷物，在出售中赚取 200 马克；但是，这两种商品的价值总额仍和以前一样是 1800 马克**，只是分配情况不同了。① 如果一个人直接从另一个人那里偷去 200 马克，岂不也会发生同样的情形。富兰克林说："战争是掠夺"，"商业是欺骗"。可见剩余价值不能通过这种方式产生。**甚至高利贷者也不生产剩余价值**，虽然他用货币换取更多的货币。**他只是把现成的价值从别人口袋里转移到自己口袋里。**② 因而，即使单个资本家可以相互欺骗，剩余价值也决不能单纯通过买卖而产生。相反，剩余价值是在流通领域以外产生的，不过它在流

---

① 一个资本家确实可以用比如 40 塔勒的酒去交换 50 塔勒的谷物，因而在出售中赚取 10 塔勒，但是，这两种商品的价值总额仍和以前一样是 90 塔勒。

② ……高利贷者也不生产剩余价值，因为他所获得的追加额必须由别人偿付。

通中实现，镀上银。

货币和商品不管多么频繁地转手，货币也不能自己下仔，商品不能由自身增殖。因此，商品在买回来和再卖出去以前，必定发生某种变化，使商品价值增大。这一商品必定在中间阶段被消费。

要从自己商品的使用上取得交换价值，货币所有者就必须在市场上找到这样一种商品，这种商品具有一种特殊属性，即它在使用中可以转化为价值，从而它的使用就是价值的创造。货币所有者在市场上确实找到了这种商品，这就是劳动力。

我们把劳动力或劳动能力，理解为人的活的身体中存在的、每当人生产某种使用价值时就运用的体力和智力的总和。

人要把自己的劳动力当作商品出卖，他首先就必须能够支配它，是一个自由人。这种关系要保持下去，他必须始终把劳动力只出卖一定时间。如果他把劳动力一下子永远卖出去，他就从自由人变成奴隶，从商品所有者变成商品。

一个自由人只有当他没有可能出卖有自己的劳动物化在内的其他商品时，才不得不把自己的劳动力带到市场上当作商品出卖。① 一个人要把自己的劳动体现在商品上，他必须占有生产资料（原料、工具等等），同时还要有足够的生活资料供他消费到卖出自己的商品时为止。如果他没有这些东西，就决不能进行生产，就只能出卖他自己的劳动力。

---

① 劳动力要作为商品出现，他的所有者首先就必须能够自由地支配它。如果劳动力的所有者把劳动力一下子永远卖出去，他就从自由人变成奴隶，从商品所有者变成商品。他要想继续成为自由人，就始终只能把自己的劳动力出卖一定的时间。

只有当劳动力的所有者没有可能出卖有自己的劳动物化在内的任何商品时，人们才能在市场上找到作为商品的劳动力。

可见，货币所有者要把货币转化为资本，就必须在商品市场上找到自由的工人，这里所说的自由，具有双重意义：一方面，工人是自由人，能够把自己的劳动力当作自己的商品来支配，另一方面，他没有别的商品可以出卖，自由得一无所有，没有任何实现自己的劳动力所必需的东西。换句话说，工人不应当是奴隶，但是除了自己的劳动力以外他不应当有任何财产，他应当是一无所有者，只有这样，货币所有者才能发现工人是不得不出卖自己劳动力的人。

这种关系无论如何不是建筑在自然规律之上的关系，因为地球并没有在一方面创造出货币所有者和商品所有者，在另一方面创造出仅仅拥有劳动力的人。只有历史的发展和一系列经济与社会变革，才造成这种关系。

劳动力商品同任何其他商品一样，具有价值，这种价值是由生产——在这里也是再生产——这种物品所必需的劳动时间决定的。因而，劳动力的价值等于维持劳动力的所有者所需要的生活资料的价值。所谓维持，这里自然指的是不断的维持，包括繁殖后代在内。劳动力的交换价值就是这样决定的，而劳动力的使用价值在劳动力的使用中才表现出来。

劳动力的消费，像任何其他商品的消费一样，是在商品流通领域以外进行的。① 因此，让我们离开这一领域，跟着货币所有者和劳动力所有者一道进入生产场所。在那里，不仅可以看到资本是怎样进行生产的，还可以看到资本是怎样被生产出来的。

如果说我们以前看到的只是自由的、平等的，一句话，社会地位相同的人相互进行交往，他们可以随意支配自己的物品，进行买卖，那

---

① 劳动力的消费，是在商品流通领域以外进行的。

么，现在我们一离开先前的舞台，跟随剧中人来到生产场所，就会看到，我们的剧中人的面貌已经起了变化。原来的货币所有者成了资本家，昂首前行；劳动力所有者成了他的工人，尾随于后。一个笑容满面，雄心勃勃；一个战战兢兢，畏缩不前，像在市场上出卖了自己的皮一样，只有一个前途——让人家来鞣。

资本主义生产方式的基础

劳动力的使用就是劳动本身。劳动力的买者消费劳动力，就是叫劳动力的卖者劳动。

劳动过程首先在于：人使自然物按照自己的目的发生形式变化。自然物本身是原来就有的。所有那些人可以使之直接同土地脱离的东西，都是天然存在的劳动对象。相反，已经有人的劳动作用其上，并只须进一步加工的物，则是原料。例如，正在从矿藏中进行开采的矿石属于劳动对象，而已经开采出来正在洗的矿石则属于原料。

劳动资料是劳动者用来加工劳动对象的物。劳动资料可以是单纯的自然产物，也可以有人的劳动已经包含在其中；土地本身始终是一般的劳动资料。

劳动过程的结果就是产品。产品可以以各种形式从劳动过程中产生出来。它们可以只适用于消费，或者只适于用作劳动资料，或者只适于用作有待进一步加工的原料（半成品），或者可用于不同的用途，例如，葡萄既可用作消费品，又可用作葡萄酒的原料。**一旦产品被用来制造其他产品，它们就变成生产资料。**①

---

① 一旦产品被用来制造其他产品，它们就不再是产品，而成为劳动资料。

现在，让我们搁下一般的阐述，回过来考察一下资本主义生产过程吧！

货币所有者购买了生产资料和劳动力以后，就让劳动力消费生产资料，也就是把生产资料变为产品。工人消费生产资料，可以说也就是改变生产资料的形式，这个过程的结果是生产资料改变了形式，而在这种改变形式的过程中，有新的劳动加到生产资料中来，也就是有新的劳动物化到生产资料中来。

这个发生变化的物，即产品，并不属于生产产品的工人，而是属于资本家。因为资本家不仅购买了生产资料，也购买了劳动力，并且把后者并入到前者中去，使前者可以说处于发酵状态。在这种情况下，工人只不过起独立发挥作用的生产资料的作用。

资本家生产产品不是为了自家的需要，而是为了市场的需要，也就是说他生产的是商品。但是单纯这样做对于他是没有任何好处的。他要生产这样的商品，这种商品的价值大于生产该商品所需要的生产资料和劳动力的价值总和，一句话，**他追求剩余价值**。①

实际上，对剩余价值的追求是推动货币所有者去把货币变为资本和进行生产的唯一动机。让我们来看看，这一目的是怎样达到的！

前面已经说过，每个商品的价值都是由生产该商品的必要劳动时间决定的，因此我们也应当把资本家所生产的商品分解为商品中所体现的劳动时间。

---

① 因为资本家不仅购买了生产资料，也购买了劳动力，使它们相互结合起来，并且可以说强迫它们发酵。对于资本家来说，工人实质上不过是独立发挥作用的生产资料，只须加以监督而已。不言而喻，资本家生产的是商品，即他本身并不需要的东西。但这不是他的唯一意图，因为他想……获得剩余价值。

我们假定，生产一个物品所使用的原料值60马克，消耗的劳动资料值20马克；再假定，这80马克代表2个12小时工作日的价值产品，于是就得出：制成品中首先物化了2个工作日。**但是，原料和劳动资料不会自行成为商品，只有通过劳动才能成为商品。因此，我们应当考察一下该生产过程需要多少劳动时间。假定生产过程只延续6小时，而补偿所使用的劳动力的价值恰好也需要6小时。劳动力的日价值，是由生产或维持劳动力每天所消费的商品的价值决定的。因此，既然劳动力的生产要花费6个劳动小时，那么，劳动力的日价值在6小时中就可以得到补偿，按照我们上面的假定，也就是表现为20马克的价格。可见，在制成品中总共包含 $2\frac{1}{2}$ 个工作日，或者说它的总价格为100马克；但是，资本家本身为此支付了20马克，80马克用于原料和劳动资料，20马克用于劳动力。**① 显然，在这种情况下，不会有剩余价值产生出来。但这是不符合资本家的愿望的；他要得到剩余价值，否则是不会为此出力的。原料是不讲情面的，劳动资料也是这样。它们包含一定时间的劳动，具有一定的价值，资本家必须支付这一价值。然而它们不能自行增殖。现在要考察的，只剩下购买来的劳动力了。资本家看到，工人每天

---

① 原料和劳动资料不会自行成为商品，只有通过劳动才能成为商品。因此，我们应当考察一下，在该生产过程中会耗费多少劳动力，为此需要多少时间。假定需要6小时的劳动。如果按6劳动小时等于半个工作日来计算，那么，在制成品中就包含了整整 $2\frac{1}{2}$ 个工作日。我们已经知道，劳动力的交换价值同劳动力的生产费用相符合；因此，从事全日劳动的劳动力的交换价值，就同再生产或维持劳动力所消费的物的交换价值相等。如果这些物代表比如说6个劳动小时，那么劳动力的日交换价值就是6个劳动小时。这6个劳动小时如果用货币来表现，那么按照我们上面的假定，就等于1塔勒。可见，制成品应该值5塔勒。

消费的生活资料量可以在6小时中生产出来，也就是说工人消费价格为20马克的生活资料。但是他看不出有什么理由只让他这样购买来的劳动力每天只劳动6小时；相反，他要求工人每天劳动12小时，也就是说，劳动这样一段时间，这段时间按照我们假定可生产40马克的价值。谜解开了。我们看到，在6小时中，60马克的原料和20马克的劳动资料，通过价值20马克的劳动力转化为价值100马克的产品，也就是包含有$2\frac{1}{2}$个工作日的产品。但是，资本家这些机灵鬼，只须支付给劳动力20马克而不必有任何增加，就可以让他们不是劳动6小时，而是劳动12小时，在这段时间里消耗的原料不是60马克，而是120马克，消耗的生产资料不是20马克，而是40马克，并通过这种方法获得一个物化着5个工作日，因而价值200马克的产品。但是，资本家支付的只是：原料120马克，劳动资料40马克，劳动力20马克，总共180马克。因此，现在制成品包含一个20马克的剩余价值。

我们看到，只有当劳动力所达到的程度，高于补偿劳动力价值所必需的程度的时候，剩余价值才能产生。更明确些说，剩余价值来自于无酬劳动。

为了弄清楚劳动力生产剩余价值所达到的程度，必须把用于生产的资本分为两个部分，其中一部分投在原料和劳动资料上，另一部分投在劳动力上，例如，在一项生产中支出100000马克，其中82000马克用于原料和劳动资料，18000马克用于劳动力，而制成的商品的价值是118000马克。在这种情况下，如果人们产生一种错觉，以为所取得的剩余价值来自支付的全部资本，那就会得出一种印象，似乎这里生产了一个18%的剩余价值。但是，82000马克的原料和劳动资料从它们的价值来看无变化地保留了下来，发生变化的只是它们的形式；劳动力则不然，资本家为它预付了18000马克，而在原料和劳动资料的使用过程中，它往原料和劳动资料上添加了36000马克，因而生产了18000马克剩余价值。可见，资本家从劳动力中赚得了100%的剩余价值，因为劳动力加倍地补偿了它的生产费用，可是得到的只是一半；劳动力在一半的劳动时间内是白白地耗费的。

资本家和他的哲学家们尽可以随意支吾搪塞，胡说什么"节制的报酬"，"风险"等等，然而，这是徒劳的。劳动材料和劳动资料始终是劳动材料和劳动资料，它们本身不创造任何新的价值；能够生产剩余价值的，是劳动力，而且仅仅是劳动力。

工作日

在生产条件不变的情况下，工人为补偿资本家支付给他的劳动力价值即劳动力价格而需要的必要劳动时间，是一个受这种价值本身制约的量。例如，生产一个工人每天平均的生活资料量如果要花费6个劳动小时，那么必要劳动时间就是6小时。如果接下来为资本家提供剩余价值的剩余劳动分别为4小时、6小时等等，那么整个工作日就是10小时、12小时等等。在这种条件下，剩余劳动越长，工作日也就越长。

但是，剩余劳动以及包括剩余劳动在内的工作日，只能在一定限度之内延长。例如，一匹马平均每天只能使役8小时，同样，一个人每天也只能劳动一定的时间。在这里，不仅要考虑身体条件，而且要考虑道德条件。问题不仅在于一个人睡觉、吃饭和盥洗需要多少时间，而且还在于他必须满足何种精神的和社会的需要，而这些需要是由社会的一般文化状况决定的。但是，决定工作日长度的这些界限终归有极大的伸缩性，因此我们看到同时存在有8小时、10小时、12小时、14小时、16

小时、18小时以及更长的工作日。

可见,工作日无论如何必须短于一个生活日24小时。但是这里要问:短多少呢?对此,资本家有他自己的看法。作为资本家,他只是人格化的资本。他的灵魂就是资本的灵魂。而资本只有一种生活本能,这就是增殖自身,获取剩余价值,用自己的不变部分即生产资料吮吸尽可能多的剩余劳动。资本是死的剩余劳动,它像吸血鬼一样,只有吮吸活劳动才有生命,吮吸的活劳动越多,它的生命就越旺盛。资本家把劳动力当作商品购买进来,他和任何别的买者一样,想从他的商品的使用价值中取得尽量多的利益。但是,劳动力所有者即工人最终也开了口,对资本家说了以下的话:

我卖给你的商品和其他的普通商品不同,它的使用可以创造价值,而且创造的价值比它本身的价值大。正是因为这个缘故你才购买它。在你是资本价值的增殖,在我则是劳动力的过多的支出。你和我在市场上只知道一个规律,即商品交换的规律。商品不归卖出商品的卖者消费,而归买进商品的买者消费。因此,我一天的劳动力归你使用。但是我必须依靠每天出卖劳动力的价格来逐日再生产劳动力,以便能够重新出卖劳动力。如果撇开由于年老等等原因造成的自然损耗不说,我明天得像今天一样,在体力、健康和精神的正常状态下来劳动。你经常向我宣讲"节俭"和"节制"的福音。好!我愿意像个有理智的、节俭的主人一样,爱惜我唯一的财产——劳动力,不让它有任何荒唐的浪费。我每天只想在它的正常耐力和健康发展所容许的限度内使用它,使它运动,变为劳动。你无限制地延长工作日,就能在一天内使用掉我三天还恢复不过来的劳动力。你在劳动上这样赚得的,正是我在劳动实体上损失的。使用我的劳动力和劫掠我的劳动力完全是两回事。假定在劳动量适当的情况下一个中常工人平均能活30年,那你每天支付给我的劳动力的价值就应当是它的总价值的$\frac{1}{365 \times 30}$或$\frac{1}{10950}$。但是如果你要在10年内就消费尽我的劳动力,可是每天支付给我的仍然是我的劳动力总价值的$\frac{1}{10950}$,而不是$\frac{1}{3650}$,那就只支付了我的劳动力日价值的$\frac{1}{3}$,因而每天就偷走了我的商品价值的$\frac{2}{3}$。你使用三天的劳动,只付给我一天的代价。这是违反我们的契约和商品交换规律的。因此,我要求正常长度的工作日,我这样要求,并不是向你求情,因为在金钱问题上是没有情面可讲的。你可能是一个模范公民,也许还是禁止虐待动物协会的会员,甚至还负有德高望重的名声,但是在你我碰面时你所代表的那个东西的里面是没有心脏跳动的。如果那里面仿佛有什么东西在跳动的话,那不过是我自己的心。我要求正常的工作日,因为我和任何别的卖者一样,要求得到我的商品的价值。

我们看到,资本家和工人都是以商品交换规律为依据的;在他们的相对抗的权利要求之间,只有力量才能起决定作用。[①] 因此,在资本主义生产的历史上,工作日的正常化过程表现为规定工作日界限的斗争,这是全体资本家即资本家阶级和全体工人即工人阶级之间的斗争。从英国工厂视察员的报告中可以看到,工厂主为了逃避和破坏规定正常劳动时间的法律,不惜采取任何手段。他们贪得无厌地侵占他们所能抓到的每一分钟,以致于视察员甚至指责他们"偷占几分钟时间"。某些有关的报告的揭露确实令人发指。保健委员会的委员们大多表示,如果对资本的剥削行为不作坚决限制,必将造成身体和精神的普遍畸形化。

---

① 我们看到,劳动力提出对自己的价值的权力,于是发生了斗争。

对资本家来说,如果能把工作日确定为24小时,那该多好呵。大受欢迎的日工和夜工制就说明了这一点。资本根本不过问劳动力的寿命。它感兴趣的只是劳动力在一天中能流动的最大量。诚然,它完全明白,它的杀人行为必然带来可怕的结局,但是它设想这个结局也许不会来得那么快。在每次证券投机中,每个人都知道暴风雨总有一天会到来,但是每个人都希望暴风雨在自己发了大财并把钱藏好以后,落到邻人的头上。因而,资本是根本不关心工人的健康和寿命的,除非社会迫使它去关心。

从十四世纪中叶到十七世纪末,在英国曾通过立法程序延长工人的工作日;至少就像现在社会有理由去缩短工作日一样。

大工业时期以前的劳动时间是怎样的呢?从下面这种情况就可以找到答案:例如,在上一世纪末,人们抱怨的是,好多工人每周只劳动四天。1770年,一个维护资本专制的热诚的先锋斗士建议为那些依赖社会慈善事业的人建立一种工作场所,这种场所应成为恐怖之所,在这种恐怖之所里,每天应当劳动12小时。可见,当时从事12小时劳动的场所,就成为恐怖之所,而在六十三年以后,当国家把四种工业部门的13—18岁的儿童的劳动时间缩短为12小时的时候,在资本家中间却掀起了一阵不满的恶浪!

英国工人从1802年起就为缩短劳动时间展开了顽强的斗争。三十年来,工人取得的成绩是有名无实的,虽然他们强迫通过了五个工厂法,但是在这些法令中没有作出任何保证来强制地实施这些法令。只是从1833年起,正常工作日才逐渐获得地盘。

首先,童工和18岁以下的少年工的劳动受到了限制。工厂主们疯狂地反对有关的法令,后来,当他们的反抗毫无效果时,他们发明了合法的制度来逃避这些法令。

1838年以来，工厂工人要求实行10小时正常工作日的呼声越来越响亮，越来越广泛。1844年，所有18岁以上的妇女的劳动时间也被限制为12小时，并禁止做夜工。同时，13岁以下的儿童的劳动时间也缩短为$6\frac{1}{2}$—7小时。为了尽可能防止（？）资本家逃避法令，规定妇女和儿童都不得在劳动场所用饭。

对妇女和儿童的劳动的限制，使那些受强制调整的工厂普遍实行12小时工作制。1847年7月8日的工厂法规定，13岁到18岁的少年和所有女工的工作日暂定为11小时，从1848年5月1日起减为10小时。于是资本家掀起一场真正的叛乱。由于克扣工资等等办法并没有能够驱使工人去反对"限制工人的自由"，由于对抗监督的一切可能的阴谋诡计都落了空，人们就来公开违反法令。常常出现这样的法院，它们由资本家自己组成，来为他们的弟兄们，也就是资本家们进行辩护，尽管他们有明显的违法行为。最后，四个高等法院之一，甚至宣布法律的词句毫无意义。

工人终于忍无可忍，他们采取威胁的态度，迫使资本家做了某种妥协，这种妥协在1850年8月5日的补充工厂法中固定下来了。这样，换班制度就永远结束了。

从这时起，工作日逐渐受到法律调整，虽然经常有相当重要的工人类别被排除在外。

在英国，在资本主义生产的这个摇篮里，在资本家的最疯狂的反抗下和在工人的令人钦佩的坚持下，正常工作日可以说是逐步实现了，与此同时在法国这方面却没有什么进展，直到1848年爆发了二月革命，那里才一举为所有的工人规定了12小时正常工作日。在北美合众国，在农奴制废除以后，才掀起争取正常工作日的斗争。1866年8月16日在巴尔的摩召开的全国工人代表大会要求实行8小时正常工作日,从那以后这种要求几乎从未中断过,但成效甚微。同年,国际工人代表大会也宣布要求实行8小时工作日。社会主义社会形态的前提是工人有较高的生活需要,因此,它不能把工作日限定在生产必要生活资料所必需的时间内。但是,在这里,生产者劳动只是为了自己,而不是为资本主义的土地所有者和高贵的游手好闲者。工作日将比在现代社会中大大缩短,因为每一个有劳动能力的人都将参加劳动,资本主义经济中那种不可避免的力量浪费将得以避免,并且随着工人的全面成长,社会劳动生产力将取得前所未有的发展。

分 工

如果劳动力的全部价值都得到支付,并且与资本家一有机会就要采取的作法相反,从中不作任何扣除,那么在工作日量已定的条件下,除去为补偿这一价值所使用的时间以外,剩下的就是某一确定的小时数,在这一时间里才能生产剩余价值。在这样的情况下,要增加剩余劳动,从而增加剩余价值,就必须缩短维持劳动力的必要劳动时间。这一点只有当劳动生产率已经提高,从而工人有能力在较短时间内生产同量生活资料的时候才能够做到。

在生产必要生活资料或为此种生产制造所必需的生产资料的生产部门里,劳动生产率的提高,不仅降低所生产的产品的价值,同时也降低劳动力的价值,因为后者由前者来调节。在所有其他生产部门里,劳动力的价格至少相对说来也降低了,也就是同它所生产的商品的价格相比降低了,而且这会保持一段时间,直到竞争迫使这些商品逐步降到由于劳动生产率增长而降低了的新的价值水平上。因此,资本的不可抗拒的欲望和始终不变的趋势，就是提高劳动生产力，以便使商品变便宜，并通过使商品变便宜使工人本身变便宜。

（为了避免误会，这里我补充一下。这里不是要强调货币表现。现在几乎每种商品都比以前便宜，尤其是劳动力商品。但是，以货币来表现的商品价格，却从来没有像今天这样高。看起来似乎是这样！然而这只是一种假象，因为货币价值同样大大下降了。）

在资本主义生产内部，发展劳动生产力的目的是为了缩短工作日中工人为自己而必须劳动的部分，从而延长工作日中工人可以为资本家无偿地劳动的其余那一部分。

现在，我们来考察能够达到这一目的的各种特殊生产方法。

这种生产方法首先是协作。**协作以工业企业家手中已经握有相当大一笔资本为前提，并且本身就是从一个师傅雇用许多雇佣工人这一现象中发展起来的。**

共同劳动的生产力，由于许多单个人的力最集中在同一地点和同时发挥作用而提高了，并且生产资料变便宜了。① （供100个工人使用的工作场所所需的花费，大大低于50个仅供两个工人使用的场所的花费。仓库、其他场所以及各种工具的情况也是如此。）

协作赋予资本家以管理作用，这种作用在资本家手中获得专制性质；协作的应用规模越是大，这种专制性质也就表现得越强烈。

由简单协作产生出工场内部的分工，这种分工是工场手工业时期的特征。

或者是使各种不同行业的手工业者，如马车匠、铁匠、钳工、马具

---

① 协作在一定的程度上以资本为前提，而资本本身也利用劳动协作。共同劳动的生产力，由于许多单个人的力量的集中而提高了，并且生产资料变便宜了。

匠、油漆匠等等联合在一个工作场所里,去生产一种总产品,比如说马车。于是,这些独立的手工业从前各自从事的多种多样的劳动,最终变成马车工场的局部工作。或者是使同一行业(例如制针业)的许多手工业者同时在同一个工作场所并行地进行工作,但是各部分工人很快便只去制造相应产品的各个部件,劳动是"同心协力"地进行的。① 大家知道,在总劳动分为上百种操作的一些生产部门里,实行的就是这种劳动方法,这可以使生产力大大提高。

在这种分工下,不仅以前从一种局部操作转到另一种操作所需要的时间被大大节约,而且由于不断重复同一种劳动,工人的熟练程度和速度也难以置信地提高了。

这种生产方法也使手工业中用来从事不同操作的工具为专用工具所代替,后者因而更为合用,可以减轻劳动,就是说可以提高劳动生产率。这样,同时也就创造了机器的物质条件,因为机器就是由许多简单工具结合而成的。

在手工工场中,一个商品的不同组成部分是由相应多的不同种类的工人制造的,而每一部分所需要的劳动并不相等,因此,生产某一部分所需要的工人自然必定会多些,而另一部分所需要的会少些。一个企业

---

① 由于协作,资本也就有可能发挥自己的真正作用,即管理作用,同时它获得专制性质,协作的应用规模越是大,这种专制性质也就表现得越强烈。

简单协作导致分工,后者在工场手工业时期起主要作用。

简单分工的形式可以是各种各样的。或者是不同的手工业者联合在一个企业中,制造一种产品,而这种产品往常是在许多企业中分成许多部分制造的。例如马车生产的情况就是这样,在这种生产中,马车匠、铁匠、钳工、马具匠、油漆匠等等联合在一起了。或者是使许多工人在共同的工作场所从事同样的劳动,这种制度导致各类工人只制造相应产品的各个部件,因此劳动是"同心协力"地进行的。

中集中的工人越多,在这方面就越容易达到正确的比例。这就是资本尽可能实行大规模集中的原因之一。

在工场手工业时期,已经出现几种简单的机器,用来从事需要花费很大力气的操作,例如在造纸业中用纸浆磨磨碎破布。不过,工场手工业时期的专用机器无非是由许多局部工人结合成的总体工人。

就单个工人来说,有的人力量大些、有的人熟练程度高些,有的人精神注意力能更加集中,每个人在能力上各有特点。**相反,总体工人具有从事各种局部操作所需要的全部性能,并且运用各种专用器官从事各种局部操作。**①

一切工场手工业工人的培养费用,都比手工业者的培养费用低些。因此,同手工业相比,工场手工业中的劳动力的价值要低些,从而资本的增殖要多些。

为了完整起见,这里我们还要说一下工场手工业分工和社会分工的关系。就劳动本身来说,可以把生产分为农业、工业等大类,叫作一般的分工;把这些大类分为不同的生产部门,叫作特殊的分工;工场内部的分工,可叫作个别的分工。一切发达的和以商品交换为媒介的分工的基础,都是城乡的分离。

工场手工业的分工以已经发达的社会分工的存在为前提。另一方面,社会分工由于工场手工业的分工而向前发展。

这两种类型的分工的差别主要在于:各独立生产部门生产的是商品,而手工工场中的各个局部工人生产的则不是商品;他们的共同劳动的产品才转化为商品。工场手工业分工以资本家对人的绝对权威为前

---

① 相反,总体工人具有从事各种独立操作所需要的全部性能,并运用自己的可以说是独立的器官,专门从事适合于自身个性的操作。

提，人只是资本家所占有的总机构的部分；社会分工则使独立的商品生产者互相对立，他们不承认任何别的权威，只承认竞争的权威，只承认他们互相利益的压力加在他们身上的强制。工厂制度的热心的辩护士们在斥责社会劳动的任何一种普遍组织时，只会说这种组织将把整个社会变成一座工厂，这一点是很能说明问题的。

行会的规章严格规定了一个师傅所能雇用的帮工的最高人数，以及一个行会所能从事的全部活动。在这种规章下，不可能出现工场手工业的分工。不如说，这种分工完全是资本主义生产方式的独特创造。

工场手工业分工越发展，单个工人的劳动力就被训练得越是片面，以致只有当他们被资本家购买并被安置在一定地方后，才能进行生产。单个工人没有能力生产某种产品，他沦为资本家工场的附属物。正像耶和华的选民的额上写着他们是耶和华的财产一样，分工在工场手工业工人的身上打上了他们是资本家的财产的烙印。此外，这种劳动方法造成工人精神上和身体上或多或少的畸形化。身体上的畸形化表现在一系列的职业病上，精神上的畸形化则表现为普遍的萎靡不振，精力缺乏，甚至完全迟钝。

工场手工业的技术基础仍旧是手工业技能，虽然已经是片面化的技能。然而工场手工业本身创造了机器，机器则使生产方式从根本上发生变革，并创造出大工业。[①]

---

① 但是，对于资本主义生产方式来说，单有工场手工业是不够的，为了在生产领域中取得完全的统治地位，它还必须创造出机器，并通过机器创造出大工业。

大工业

生产过程的变革,在工场手工业中以劳动力为起点,在大工业中以劳动资料为起点。在大工业中,日常使用的工具被机器所代替。

所有发达的机器都由三个本质上不同的部分组成:发动机,传动机构,工具机或工作机。发动机是整个机构的动力。它或者产生自己的动力,如蒸汽机、电磁机等;或者接受外部某种自然力的推动,如水车受落差水推动,风车受风推动等。传动机构由飞轮、齿轮、蜗轮、杆、绳索、皮带、联结装置以及各种各样的附件组成。它调节运动,在必要时改变运动的形式(例如把垂直运动变为圆形运动),把运动分配并传送到工具机上。机构的这两个部分的作用,仅仅是把运动传给工具机,由此工具机才抓住劳动对象,并按照一定的目的来改变它,机器的这一部分——工具机,是十八世纪工业革命的起点。在今天,每当手工业或工场手工业生产过渡到机器生产时,工具机也还是起点。

在工具机上,大体上还能重新辨认出手工业者和工场手工业工人所使用的工具,然而区别在于:手工业者和工场手工业工人使用工具的数量和规模受人的器官的限制,而使用工具机则不存在这种限制。较早的纺纱机就已经能推动1—18个纱锭,织袜机同时可用几千枚织针,等等。

最初,工作机是用人来推动的,后来常用牲畜等等,间或也用变化不定的风,但后来越来越多地用水当动力。不过使用水力也有种种缺陷,这些缺陷只是由于发明了蒸汽机才被克服。工厂的位置,现在不再受地点即流动的落差水的限制。动力的大小,过去一直依赖于既有的自然条件,现在则完全受人调节;从此以后,使用一台发动机就可以推动最庞大的传动机构和大量的工作机。①

工厂有两种主要形式。或者是把许多同样的工作机集中在一起，其中每台机器都生产完整的产品，或者是拥有一种机器体系，即许多不同的机器，其中每台机器只完成产品的一部分，也就是说同一产品必须顺序经过不同的机器才能完成。通过传动机由一个中央自动机推动的自动工作机的有组织的体系，是机器生产的最发达的形态。在这里，代替单个机器的是一个庞大的机械怪物，它的躯体充满了整座整座的厂房，它的魔力先是由它的庞大肢体庄重而有节奏的运动掩盖着，然后在它的无数真正工作器官的疯狂的旋转中迸发出来。

机器本身最初是由手工业者和工场手工业工人制造出来的，只是当这种生产看来已不能令人满足的时候，才用机器来生产机器。

大工业引起的生产方式的变革，也逐渐波及交通运输业。② 铁路、轮船、电报等等出现了。

资本把一切发现和发明都可以说是完全无偿地据为己有。资本家为了利用科学，只须使用一套昂贵的装置就够了，而这种装置同那么多的工具比较起来，毕竟要便宜得多。

机器由于磨损而丧失的价值部分，转移到产品上。此外，这一价值部分在机器生产条件下比在手工业生产条件下要小得多，因为它分布在大得多的产品量上，同时劳动资料的使用更为节约，它们是由更耐用的

---

① 动力也从此立即增大了；并且由于采用飞轮，动力变得更加均匀了；最后，发明了蒸汽机，它不仅使工业不再依赖水流，而且使发动机能够推动许多工作机，因此传动机构也扩展成为庞大的装置。

② 但是，大工业没有也不可能仅仅满足于生产方式的变革；它还需要完善的交通运输工具。

材料制成。①

使用一台机器所节省的劳动应大于制造该机器所需要的劳动。因此，机器的生产率按照它节省人的劳动的程度来计量。例如，用一台自动纺纱机在150个劳动小时（使用机器的总计劳动时间）中所纺的纱，等于手摇纺车在27000劳动小时中所纺的纱。就机器使肌肉力成为多余的东西来说，机器成了一种使用没有肌肉力或身体发育不成熟而四肢比较灵活的工人的手段。因此，资本主义使用机器的第一个口号是妇女劳动和儿童劳动！这样一来，这种代替劳动和工人的有力手段，就立即变成了这样一种手段，它使工人家庭全体成员不分男女老少都受资本的直接统治，从而使雇佣工人人数增加。为资本家进行的强制劳动，不仅夺去了儿童游戏的时间，而且夺去了家庭本身在家庭范围内从事的自由劳动的时间。

劳动力的价值不只是决定于维持成年工人个人所必需的劳动时间，而且决定于维持工人家庭所必需的劳动时间。机器把工人家庭的全体成员都抛到劳动市场上，就把男劳动力的价值分到他全家人身上了。因此，机器使男劳动力贬值了。从前工人出卖他作为形式上自由的人所拥有的自身的劳动力。现在他出卖妻子儿女；他成了奴隶贩卖者。

妇女劳动造成怎样的危害，从下述情况就可以看出来：在英国一些处境最好的区，每100000个不满一周岁的儿童中平均死亡人数是9000人，而在最坏的区，也就是工业区，死亡人数达25000—26000人。妇女无力照料孩子，用一些劣质的、有损健康的混合物代替乳汁，为了强

---

① 机器在生产过程中耗损的东西，转移到产品上。但是，在使用机器的条件下，劳动资料的消耗比在手工业生产条件下要小得多，因为在前一种场合劳动资料的使用可以更为节约，它们是由耐用的材料制成。

迫孩子睡觉,甚至喂食鸦片剂。

机器使儿童和妇女以压倒的多数加入集合劳动人员中,终于打破了男工在工场手工业时期还进行的对资本专制的反抗。工人越来越受奴役了。

机器不仅由于使用而磨损;当机器不使用时,自然作用会使它们遭到损害。机器的每一改进,都依照这种改进的范围和作用而使不够完善的机器贬值。因此,资本家力图在尽可能短的时间内充分利用自己的机器,即在每一段既定时间内榨出尽可能多的劳动时间。① 这样,他不仅避免了缺点,而且发挥了真正的优点。

工作日的延长,不管是直接了当的延长还是以"额外劳动时间"的名义延长,对资本家都是有利的,因为他投在厂房和机器上的资本部分不必增加,就可以生产出更多的商品,从而生产出更多的剩余价值。

当机器在某一生产部门里仅仅为个别资本家采用时,这些资本家拥有垄断地位,自然"生意兴隆";然而,一旦机器生产普遍化,剩余价值量就取决于同时雇用的工人人数和对工人的剥削程度。由此就产生了资本力图延长工作日的强烈欲望。

因此,机器的资本主义应用,一方面延长了工作日并迫使大量新劳动力(妇女,儿童)参加生产,另一方面又不断地使工人成为"多余的",产生出所谓过剩人口,而这种过剩人口的竞争则迫使劳动力价格下降。

机器使工人能在较短的时间里生产较多的产品,因而在资本手中成了无限延长工作日的手段。但是,一旦自己的生命根源受到威胁的社会

---

① 机器不仅在它们使用的时候以及由于自然作用而磨损;机器如果闲置不用,也会成为不能使用的东西……因此,资本家力图尽可能快地使用自己的机器,即尽可能延长劳动时间……

在法律上规定了正常工作日，资本便力图尽可能强化对劳动力的剥削，即迫使工人在较短的劳动时间里拼命加强劳动，其强度是工人在较长的劳动时间里所达不到的。

怎样达到这个目的呢？通过各种各样的方法，同时有一定的支付方式，如计件工资，被当作这些方法的杠杆。①

英国的工场手工业工人在缩短劳动时间以后普遍地表现出较高的劳动效率。在劳动状况由机器决定的工厂中，人们起初以为，劳动时间缩短后不可能提高劳动力的紧张程度，但结果表明，这种想法是错误的。在缩短了的工作日中，一方面机器的速度加快了，另一方面每个工人分担的看管范围扩大了。这两者都要求改进和革新机器。

马克思用数字表明，在英国自从通过法律缩短工作日以来，单个工人的劳动力高度紧张化，以致几年来的在业工人人数同工厂的巨大增长和扩展比较起来，竟大大减少了。可见，从每个工人身上榨取的劳动比以前多得多。

---

① 当机器在某一生产部门里仅仅被一部分人采用时，使用机器的人便成为垄断者，自然生意兴隆。然而，一旦机器到处开始使用，剩余价值就取决于……

因此，机器造成大批新劳动力（妇女，儿童）涌入生产，另一方面，使许多工人成为"多余的"，产生出所谓过剩人口，而这种过剩人口由于竞争而妨碍了劳动力价位的提高。

机器减轻劳动，当然应该导致劳动时间的缩短；然而它们不仅没有缩短，反而延长了劳动时间。但是，如上所述，工作日的无限延长威胁着社会的生命基础，因而迫使社会规定正常工作日。这样一来，资本便力图使劳动力发挥尽可能大的生产力。资本迫使工人在较短的劳动时间里拼命加强劳动，其强度是工人在较长的劳动时间里所达不到的。

然而，这样拼命的劳动是怎样引起的呢？通过各种各样的方式，特别是通过一定的报酬方法，例如计件工资等等。

发达的工厂生产的后果

在工场手工业时期,整个工人阶层的熟练程度是各不相同的,而在工厂中这种差别消失了;在工厂中一般说来只有平均工人,他们仅有年龄和性别的差别,因而是按照体力,而不是按照熟练程度支付报酬的。

工厂实质上只使用两类工人:一类是真正在机器旁操作的工人(蒸汽机维修工人等等也包括在内),另一类是把原料供给机器的下手(大部分是儿童)。① 除了这两个主要类别以外,还有一些负责检查和修理机器的人,如工程师、机械师等等。

在工场手工业中,一个工人必须终生使用一种工具,可是现在工厂却处罚他终生服侍一部机器。人们竟来滥用机器,以图使工人本身从小就变成局部机器的一部分。劳动的生产费用降低了,从而它的价格降低了,工人对资本家的依赖达到顶点。由于劳动资料转化为自动机,它本身就在劳动过程中作为资本,即作为统治和吮吸活劳动力的死劳动与工人相对立。

在工厂中,体力劳动和智力劳动是完全分离的:分为体力劳动者和监工。起支配作用的是一种兵营式的纪律,一种专制管理制度。资本家就像一个专制君主进行着统治,各种各样的军官(经理、车间主任等等)发号施令,而士兵即工人则沉默地服从着。奴隶监督者的鞭子被监工的罚金簿代替了。自然,一切处罚都简化成罚款和扣工资,而且熟悉劳动法的内行们立法的英明,使犯法也许比守法对他们更有利。

---

① 对工人来说,以可感触的形式存在的工厂内部的分工,只在于实质上有两类工人……

但这并不是工厂唯一有害的方面；相反，工人在工厂中遭到各种各样的危害。高温、噪音、灰尘对人体一切感官都是极为有害的，更不用说工人濒于随时发生的生命危险之中。年复一年不断发生的无数不幸事故就证明了这一点。在这种情况下，资本主义生产不仅成为剥削手段，而且变成了对工人在劳动时的生活条件系统的掠夺，如对空间、空气、阳光以及对保护工人在生产过程中人身安全和健康的设备系统的掠夺，至于工人的福利设施就根本谈不上了。傅立叶称工厂为"温和的监狱"难道不对吗？

当一个新的生产部门从手工业或工场手工业生产转为工厂生产时，工人要经受多少痛苦呵！这种过渡或者是逐渐发生的，因而手工劳动力同机器劳动进行竞争，或者是迅速发生的，因而把大量工人一下子抛向街头。在前一种情况下，整整一类工人不得不在几十年时间里为免于饿死而挣扎，例如英国手工织布工人在本世纪初就遭到了这样的命运（今天，萨克森、西里西亚、波门等等的手工织工也演出类似的惨剧）；在后一种情况下，往往有成千的人立即饿死。因此，1834—1835年东印度总督在谈到英国的机械棉纺织业突然一下子排挤掉当地的手工织品时写道："这种灾难在商业史上几乎是绝无仅有的。织布工人的尸骨把印度的平原漂白了。"

机器的每一次改进都把一部分工人抛向街头，或使男人受妇女排挤，使妇女受儿童排挤。**为了使工人不能进行任何反抗和为了更牢固地建立起奴隶制，资本不断想方设法借助新的机器使工人的技巧成为多余的**。①

---

① 为了使工人不能进行任何反抗……资本不断想方设法借助新的机器来使工人人数的重新缩减成为可能。

因此，毫不奇怪，工人曾长时期对机器即工厂的基本条件进行暴烈的反抗，甚至常常捣毁机器。（他们的错误只在于，他们没有看到，机器对人类本身是有利的，弊病只在于被颠倒了的、占统治地位的财产关系，这种关系使个人有可能把这种东西仅仅用于满足自己的利益。）

工厂制度的巨大的跳跃式的扩展能力和它对世界市场的依赖，必然造成热病似的生产和市场商品充斥同普遍停滞现象交替出现。因而，工人的就业和生活状况极不稳定。

除了营业特别有利的时期以外，资本家之间总是进行十分激烈的斗争，以争夺销售区域，这种斗争是通过使商品尽可能便宜这一武器来进行的。如果机器的改进等等不能使商品价格降低，那工人不得不再次受欺负；他们的劳动力价格被降低。

在一个生产部门中引进机器生产，大多会直接引起这样的后果：在该生产部门中工人人数减少了，而在其他生产部门中，即为上述部门提供原料或进一步加工上述部门产品的那些部门中，工人人数却增加了。

除了工场手工业劳动和工厂劳动外，还有所谓像家庭劳动，在这种劳动方式下，工人遭受的剥削是最厉害的。由于家庭工人的分散，他们的反抗能力远比不上工场手工业工人和工厂工人。此外，他们大多使用陈旧的工具进行劳动，而且在他们和资本家之间还介入各种代理人来榨取他们。

然而，家庭劳动通常会逐渐转化为工场手工业劳动，而工场手工业劳动又转化为工厂劳动。**法律强制规定的正常工作日埋葬了家庭劳动**，因为一般说来只有在可以毫无限制地剥削工人的条件下，家庭劳动同工

厂劳动才能并存。①

工厂法引起无数的发明,通过这些发明不仅使劳动的突然开始和停顿成为可能(这是正常工作日所要求的),而且使整个生产过程变便宜了,例如陶器业、壁纸业、火柴业等等就是这样。在大多数情况下都规定了法律开始生效的日期,工厂主们就利用生效前的一段时间,指定从事科学的无产者去想出新的发明,以便使某些设施能在有关的法律,也就是缩短的工作日生效时一起发生作用,而这些设施则使资本家比以前能获取尽可能更多的利润。

就平均情况来看,在这方面较小的资本家不可能和大资本家并驾齐驱,于是破产了。由此而产生的一个结果就是资本不断集中。

资本对每一项新的工厂法都报以大喊大叫,直到被迫执行以前,一直叫嚷法律的执行是绝对不可能的。这种情况暴露了资本的吸血鬼本性。然而工厂立法是资本主义的自然产物,这种立法是资本主义本身继续存在的一个条件。

同时要记住,这种法律大多是很容易规避的,并且事实上被规避的情况是数不胜数的;对工人健康和儿童教育依然没有采取什么措施,还存在着大量的弊端,对此工厂立法根本不予过问。(马克思在这里谈的主要是英国的情况,在大多数其他国家里对工人的剥削可以不受任何限制。)

大家知道,在手工业行会时期,人们致力于顽固地保持各种商品的生产方式,使之避免发生变动。大工业就不一样了,它不把任何一种生产过程形式看作是最终的,相反,它使所有的生产部门不断发生革命。

---

① 一旦通过立法程序实行正常工作日,家庭劳动便立即遭到毁灭,因为只有在工作日不受任何限制的条件下,家庭劳动同工厂劳动的并存才是可以想象的。

不但旧的机器不断被新机器排挤,社会分工同样也不断发生变革。

如果说,作为工人阶级的身体和精神的保护手段的工厂立法的普遍化已经不可避免,那么,另一方面,正如前面讲到的,这种普遍化使小规模的分散的劳动过程向大规模的结合的劳动过程的过渡也普遍化和加速起来,从而使资本的积累和工厂制度本身也普遍化和加速起来。它破坏一切还部分地掩盖着资本统治的陈旧的过渡的形式,而代之以直接的无掩饰的资本统治。这样,它也就使反对这种统治的直接斗争普遍化!

大工业使农业发生的变革所带给工人的,虽然不是工厂劳动所遭受的那种身体上的损害,但是这种变革使工人更加"过剩",不能被用来从事任何别的事情。

大工业在农业领域内所起的最革命的作用,是消灭旧社会的堡垒"农民",并代之以雇佣工人。**这样,城市和乡村之间的对立缓和了,两者的社会变革需要趋于一致。**①

农业越是以大工业方式进行经营,不仅对工人,而且对土地的掠夺就越是厉害。因此,资本主义生产方式发展了社会生产过程的技术和结合,只是由于它同时破坏了一切财富的源泉——土地和工人。

工　资

资本家从工人那里得到的东西是一定量劳动,他为此支付一定量货币,就像为一定量其他东西,如一吨铁、一米布、一担小麦等等支付一定量货币一样。因此,工人得到的作为报偿的货币,就像一切其他商品的场合一样,看来好像是对所提供的商品的价位或价格的补偿,从而也

---

① 这样,农村中社会变革的需要和对立,就和城市相同了。

就是对劳动的价值或价格的补偿。因此,人们把这种货币叫作劳动报酬。如果我们想一想,直接从日常交往过程中产生的那些深入人心并被人们看作不言而喻的真理的观念是多么牢固,那就很容易明白,为什么资本家和工人,经济学家和社会主义者甚至从来没有提出过这样的问题:劳动的价值或价格,从而也就是作为所谓劳动价值或价格的货币表现的工资,是否真正存在?

我们的读者已经知道:工资无非是用来偿付劳动力价值或价格,而不是偿付劳动价值或价格的那一等价物的单纯表现形式,即一种颠倒的表现方式;实际上,劳动力本身所以有价值,只是因为它也是劳动的产品,它的生产和维持需要花费劳动。但是,人们必定知道,所有检察官、警察和士兵加在一起对"社会"所提供的服务,也不像工资这种形式那样大。

我们已经看到,工人只有为资本家从事强制劳动,他才被允许从事劳动,从而得以生活下去,因为一个人如果在饥饿威胁下或者仅仅由于作为流浪汉面临被关进监狱的危险而不得不为别人无偿地从事劳动,那么这种劳动自然就是强制劳动。这种劳动表明,这个人处于从属于其他个人或其他人所构成的一定阶级这样一种关系之中,因而事实上他是奴隶,而不是自由人。现在我们看到,这种真实关系被工资这种日常的形式掩盖起来了。

我们再来看看我们前面所举的例子。在这个例子里,工人每天必须劳动12小时,前6小时是为了取得生活维持费,也就是为了补偿资本家支付给他的20马克的劳动力日价值,后6小时则向这个资本家提供20马克的剩余价值。既然他的劳动力的日价值或日价格20马克现在表现为他一日劳动的价值或价格,那么,20马克就代表12小时劳动的工资,而且是完全符合这一劳动量价值的工资,分毫不差。因此,工人所从事的劳动似乎没有一分钟是无酬的。这样,他的劳动的强制性质,从而他所处的从属关系,连一点影子也看不见了。这还不是全部。如果劳动不是价值的创造者,反之它本身就是一个价值物,那它就会像任何其他生产资料一样,在因耗费了它而生产出来的产品上追加这样一个价值,这个价值不会大于它本身所具有的价值,在我们的例子中也就是不会大于 20 马克的价值。在这一前提下,产品中所增添的并作为剩余价值转入资本家口袋中的另外 20 马克,绝对不可能产生于已经由 20 马克的工资按劳动的十足价值补偿了的工人 12 小时的劳动,它必定产生于其他的来源,或者是产生于资本的神秘的自我繁殖,或者是产生于资本家的艰苦操劳,而在后一种情况下,这 20 马克不过是资本家自己的工资的另一名称而已。

在徭役劳动下情况是一目了然的。徭役劳动者在若干天内为自己劳动,并在若干天内从事强制劳动。在奴隶劳动下,连奴隶单纯为补偿他本身的生活资料价值而完成的那一部分劳动时间,也表现为无偿劳动。在那里,奴隶所处的所有权关系掩盖了奴隶为自己的劳动,而在雇佣劳动下,货币关系掩盖了雇佣工人的无偿劳动。

但是,人们即使识破劳动价值或价格的秘密,从而识破工资的秘密,仍然可以用这种颠倒的表现方式来表示确定劳动力价值或价格的规律。工资的两种主要形式是计时工资和计件工资。因为劳动力总是只出卖一定的时间,所以工资首先具有日工资、周工资等等形式。计件工资则不同,在这里劳动不是按照时间的量,而是按照工人提供的产品的比例支付的。①

---

① 工资的两种基本形式是计时工资和计件工资。前者是由下述情况造成的:劳动力总是只出卖一定的时间,因此人们就说日工资、周工资等等。计件工资则不同,在这里工资从形式上看同所耗费的劳动量是相符合的。

实行计时工资时,要准确估价所谓劳动价格,必须以小时为计量单位,① 因而日工资必须除以工作日的小时数。如果不这样做,就会产生错误的结果。例如,假定一个工人每天劳动 10 小时,另一个工人劳动 12 小时,每人都得到 20 马克,那么,虽然他们的日工资相同,但是他们的劳动价格不一样,因为一个人每小时得到 2 马克,而另一个是 1.66 马克。

在所谓小时工资占支配地位的情况下,工人很容易面临一种危险状况。这就是说,资本家时而要求工人每天从事异常多小时的劳动,时而又让他们从事很少几小时的劳动,以致有时过度紧张,有时所挣得的工资甚至达不到单纯度命所绝对必需的数额。

如果工作日有一定长度,超过这一长度还有所谓额外劳动时间(这是人们非常爱用的一种办法),那么,全部日工资,包括额外劳动时间的报酬在内,将不会多于劳动力的日价值,而且往往少于劳动力日价值。②

工作日越长(不管其中是否有一部分属于额外劳动时间),工资就越低。一个工人的生产效率越高,生产一定量商品所需要的工人就越少,于是劳动力的供给必然增多,而劳动力的价格则下降。**在有些生产部门中,工作日特别长,资本家因而既扩大了剩余劳动,又压低了正常工资,从而获得异常高的利润。然而在这样的生产部门里,商品价格由于竞争也逐渐降到正常价格水平以下,**③ 正因为这样,资本家才双倍疯

---

① 要知道劳动力的价格,必须以小时为计量单位。
② 如果工作日有一定长度,超过这一长度还有所谓额外劳动时间……那么,工资连同额外时间的报酬,将不会多于满足最必要的生活需要所必需的数额。
③ 竞争所带来的是,随工作日的延长和由此造成的工资下降,商品价格也降低……

狂地反对恢复较短的劳动时间和较高的工资。

计件工资只是计时工资的转化形式，尽管在这种工资形式下，劳动价格看起来似乎是由所提供的产品量决定的。在确定计件工资时总是出现这样的问题：通常的工作日应该是多长？在这段时间里，一个达到平均勤劳程度和平均熟练程度的工人应该完成多少件商品？在这种情况下，日工资应该多高？例如，如果一个工人在12小时的工作日中平均生产20件某种商品，工人的日工资是20马克，那么，1件这样的商品的计件工资是1马克，20件就是20马克。工资形式的这种变换对工人来说没有任何好处；但是资本家懂得可以从中获得某些益处。

实行计时工资时，一个工人所生产的商品有时可能少于应达到的平均量，因而用资本的语言来说工人往往可以"欺骗"资本家，而在实行计件工资的情况下，要取得一定工资额无论如何必须完成一定商品量。就商品的质量来说情况也是这样；这些商品应达到一定的质量。对商品肆意挑剔和克扣工资，同计件工资是紧密联系在一起的，并被资本家用作系统的骗人形式。资本家还能节省很大一部分监督费用。

在上面已经提到的家庭劳动中，一般都采用计件工资，因为计件工资代替了在这里无法进行的监督。

在工场手工业和工厂中，资本家按计件工资同所谓工头（组长等等）签订合同，这些工头在一定数量的工人帮助下为一定工资额生产一定量商品。自然，这些工头会尽可能地欺骗他们的帮手。这样一来，工人被工人剥削，但对资本家来说，剥削也变得更容易了。

计件工人为了提高收入，便使他的劳动力处于最紧张的状态，并且力求延长劳动时间，其结果和实行计时工资的场合一样，由于同样的原因最终导致工资的下降。在计件工资占支配地位的情况下，工人劳累成疾，过早死亡，结局比他们在计时工资下从事较为适度的劳动而造成的后果还要惨痛。工人对资本主义生产方式的各种规律认识不清，是造成以上情况的主要原因。

计件工资在十四世纪就已经在个别地方出现，但是普遍的采用是推广大工业以后的事情。在大工业首次冲击的时期，计件工资主要是被当作延长劳动时间和压低工资的杠杆来使用。

资本的保存和积累过程①

一个社会不能停止消费，同样，它也不能停止生产。每一个社会生产过程从经常的联系和它的不断更新来看，同时也就是再生产过程、保存过程。生产过程具有资本主义的形式，再生产过程也就具有同样的形式。

生产过程是以购买一定时间的劳动力作为开端的，每当劳动的售卖期限届满，从而劳动的一定生产期间（如一个星期、一个月等等）已经过去，这种开端就又更新。工人只是在自己的劳动力发挥作用以后，才得到报酬。工人自己所生产的产品的一部分，不断以工资形式流回到自己手里。

现在我们假定，一个资本家最初拥有比如说20000马克（这些马克的来源我们不去追究），现在他把这些马克按资本主义方式加以利用，结果它们每年给他带来4000马克的剩余价值供他消费，那么他在五年内所消费的总额就恰好等于最初的预付资本。尽管资本家认为，他所消费的只是利润，而他最初的资本简单地保存下来了，尽管这笔资本的一部分，如厂房、机器等等还显然保持着它们最初的形式，但是这一切丝

---

① 资本的增加和积累过程。

毫改变不了事情的本质。资本家消费的是20000马克的预付资本价值。如果资本家不用无偿劳动来补偿这笔资本价值,他的资本就全部耗尽,或者为弥补同额资本而成为第三者的债务人。① 因此,在这种情况下,资本在五年中就再生产出来了。预付的资本价值除以每年消费的剩余价值,就得出年数,或再生产期限,经过这一期限后,最初预付的资本价值被资本家消费了,从而消失了。即使资本来源于自己的劳动,或者始终是最初那笔资本,它迟早也会成为别人无酬劳动的化身。

货币转化为资本的最初前提不仅仅是商品生产和商品流通。在商品市场上还必须有价值或货币的所有者和创造价值的主体的所有者,生产资料和生活资料的所有者和劳动力的所有者,彼此作为买者和卖者相对立。资本主义生产过程的这一既定基础,由这一过程本身不断保持下去。因而,工人本身不断地把物质财富当作资本,当作同他相异化的、统治他和剥削他的权力来生产,而资本家同样不断地把劳动力当作单纯人身的、同它本身借以物化和实现的资料相分离的、只存在于工人身体中的财富源泉来生产,一句话,就是把工人当作雇佣工人来生产。

甚至工人的个人消费也从属于资本的生产和再生产,只要他还保持着劳动力,正像机器通过加油、擦洗而保持完好一样。工人个人为了能够劳动而必须进行消费,这是有利于资本家的,正像役畜吃料是有利于它的主人的。

因此,从社会角度来看,工人阶级,即使在直接劳动过程以外,也

· ① 现在我们假定,一个资本家最初拥有比如说1000塔勒……现在他把这些塔勒按资本主义方式加以利用,结果它们每年给他带来200塔勒的剩余价值供他消费,那么他在五年内所消费的总额就恰好等于最初的预付资本。尽管资本家认为,他所消费的1000塔勒是利息,而资本仍然以原有的形式存在着,然而下述情况毕竟是事实:他攫取了1000塔勒,这1000塔勒是无酬劳动的结果。

同死的劳动工具一样是资本的附属物。罗马的奴隶是由锁链，雇佣工人则由看不见的线系在自己的所有者手里。

以前，资本在它认为必要的时候，就通过强制的法律来实现对"自由工人"的所有权。例如在1815年以前，英国曾以刑罚来禁止机器工人向国外迁移。在美国爆发南北战争的时候，英国的棉纺织业完全崩溃，工人要求国家为方便向国外迁移而给予帮助。于是棉纺织业巨头们发狂似地喊叫起来，认为固然应给予工人稍许支持，以使之胜任某些劳役（碎石等等），免于死亡，但决不应给予向国外迁移的方便。他们相当露骨地宣称，工人是他们以后还要利用的奶牛，因为没有这些工人就不能设想会增殖出任何剩余价值。资本家议会决不会看错自己的使命，它按照纺织业骑士的愿望来采取行动。

因此，资本主义生产过程在本身的进行中，再生产出劳动力和劳动条件的分离。这样，它就再生产出剥削工人的条件，并使之永久化。它不断迫使工人为了生活而出卖自己的劳动力，同时不断使资本家能够为了发财致富而购买劳动力。现在资本家和工人作为买者和卖者在商品市场上相对立，已经不再是偶然的事情了。过程本身必定把工人不断地当作劳动力的卖者投回商品市场，同时又把工人的产品不断地变成资本家的购买手段。实际上，工人在把自己出卖给资本家以前就已经属于资本了。工人的隶属地位是由他的卖身行为的周期更新、他个人的雇主的变换和劳动的市场价格的变动造成的，同时又被这些事实所掩盖。把资本主义生产过程联系起来考察，或作为再生产过程来考察，那么，它不仅生产商品，不仅生产剩余价值，而且还生产和保持资本关系本身：一方面是资本家另一方面是雇佣工人。

我们以前考察了剩余价值怎样从资本产生，现在我们考察资本怎样从剩余价值产生。

假定，有一笔资本200000马克，每年取得40000马克的剩余价值，后者继续以同样的比例重新投入生产，结果从这40000马克中每年又产生8000马克剩余价值。现在我们尽可不必追究最初的200000马克是怎样产生的。我们可以假定它的所有者（他本人也许是一个现代的海格拉斯）是通过自己的劳动创造出这笔资本的。但是毕竟可以清楚地看到，这40000马克剩余价值是怎样产生的，它们原来是他人的转化为货币的无酬劳动。8000马克就是这样来的！资本家只是为了生产这些马克，才把他在光天化日下从他人劳动那里已经占有的东西预付出去（去冒风险？）。因此，资本家占有的无酬劳动越多，他往后就越能占有无酬劳动。换句话说，资本家越无耻地剥削工人，他就越能剥削更多的工人。威克菲尔德说："在资本使用劳动以前，劳动就已经创造了资本。"

我们最初假定，资本家把全部剩余价值都用于享受的目的，后来又假定，他把全部剩余价值都转化为新的资本。但在实际中发生的既不单纯是前一种情况，也不单纯是后一种情况，而是剩余价值被用于这两种方式。

因此，一国所生产的可转化为资本的剩余价值总量，总是大于事实上转化为资本的量。资本主义生产方式越发展，生产的剩余价值越多，资本家就越奢侈和挥霍浪费。

但是，资本家只有尽可能少地消费已生产出来的剩余价值，尽可能多地使之资本化，他才有历史的价值和历史存在权。资本家这样做了，他也就迫使人类去为生产而生产，去创造这样一些生产条件，只有这些条件才能为一个更高级的社会形式创造基础。此外，竞争迫使资本家不断扩大自己的资本。随着资本的增殖，资本家的统治也扩大了，因此，统治欲和致富欲是连在一起的。

在资本主义生产方式的历史初期，——而每个资本主义的暴发户都个别地经过这个历史阶段,——致富欲和贪欲作为绝对的欲望占统治地位。

但资本主义生产的进步不仅创立了一个享乐世界。随着投机和信用事业的发展,这种进步还开辟了千百个突然致富的源泉。在一定的发展阶段上,已经习以为常的挥霍,作为炫耀富有从而取得信贷的手段,甚至成了资本家营业上的一种必要。

因此,贪欲和享受欲在资本家的胸中成为双重的灵魂。贪欲本身并没有促使资本家实行有名的"禁欲"而放弃享受,倒是促使他们尽可能加强对工人的剥削,降低工资等等。

资本主义的人口规律

我们已经看到,剩余价值的一部分总是追加到资本中去,也就是用于生产过程,因此,资本——从而生产规模——不断增大,用于购买劳动力的资本部分即工资基金也不断增大。

如果我们注意到,资本主义生产方式不断再生产出资本关系本身,在一方面再生产出资本家,在另一方面再生产出雇佣工人,我们也就知道,随着资本的扩大再生产,一方面必然出现更多的和更大的资本家,另一方面必然出现更多的雇佣工人。有时还会出现一些情况,如开辟了新的市场,出现了新的生产部门等等,使得资本大幅度增长,以致劳动的供给不敷需要,工资提高;然而这种例外情况丝毫改变不了规则。(甚至在这种例外情况下,资本家也不会坐等工人通过繁殖来大量增加,以迫使劳动力价格降低。资本家心安理得地让理论家们期望他会去发挥这种耐性;作为狡猾的实践家,他宁愿发放奖金给发明机器的人,因为机器可以腾出工人。)

前面已经指出，提高劳动生产率的方法，要以生产不断扩大为前提，不言而喻，在生产资料是私有财产的社会中，生产资料和生活资料在单个资本家手中有怎样程度的积累，生产才能有怎样程度的扩大。①

因此，一般来说，手工业和小生产向资本主义生产方式的过渡所以能够实现，只是因为在真正资本主义生产时期开始以前，在单个商品生产者手中已经积累有一定资本。这种可以叫作原始资本形成，它是怎样完成的，以后再说。②

可见，有了资本积累才可能出现资本主义生产方式，而资本主义生产方式又使资本积累成为可能。但是单个资本家彼此不断进行竞争，他们的武器就是商品便宜化。资本越大，用于生产就越占优势。因而较小的资本家在竞争中必然逐渐屈从于较大的资本家。较小的资本被较大的资本吞并，资本越来越集中，生产规模越来越大，生产过程本身不断发生变革，一切生产部门都逐渐按资本主义方式进行经营，这一切使生产率不断提高。

但是，随着资本的增长，资本中一个越来越大的部分用于生产资料，即固定部分，一个较小的部分用于劳动力，即流动部分。

资本的两个组成部分的量比例就这样不断地发生变动，其必然结果是，社会劳动生产力的增长达到怎样的程度，工人阶级增殖资本财富达

---

① 前面已经指出，怎样才能提高劳动生产力，已经指出，只有尽可能扩大生产才能适合这一要求。不言而喻，在容许生产资料成为私人财产的社会制度的条件下，单个资本家手中的生产资料和生活资料积累得越多，这一点就越能有力地实现。

② 可以肯定，构成资本主义生产方式的前提的，或构成由手工业向资本主义生产过程过渡的手段的，是这样一种情况：早在真正的资本主义生产时代开始以前，在单个商品生产者手中就已有一定程度的资本积累。从这种观点出发，可以把这叫作资本的原始积累……

到怎样的程度，工人阶级同时也就在同一程度上创造出一种手段，来使自己的数量不断增大的一部分成员成为过剩，被游离出来，转化为所谓过剩人口。①

这就是资本主义生产方式所特有的人口规律，事实上，每一种特殊的、历史的生产方式都有其特殊的、历史地起作用的人口规律。天然不可改变的繁殖规律只存在于动植物界。

但是，如果说资本积累使工人过剩，那么这种过剩反过来又成为资本积累的杠杆。由于大工业处于不断变革之中，由于它必须常常是突然地扩大已有的活动领域，并不断征服新的活动领域，所以它绝对需要有大批被游离的，即在或大或小程度上失业的，可供支配的工人。②

因此，资本不仅需要现役工人，还需要一支产业后备军，以便根据需要能够随时投入生产和重新排除出去。当然，这支后备军不会总是由同一些工人组成；每一个暂时失业的工人在失业期间都属于这支后备军。

因此，现代工业的整个运动形式来源于一部分工人人口不断地转化为失业的或半失业的"人手"。这一特殊的资本主义的人口规律即过剩人口规律，是资本主义生产的生活条件。

我们已经知道，资本主义生产方式和劳动生产率的发展——同时也是资本增殖的原因和结果——使资本家能够通过加强对单个劳动力的剥削，在支出同样多流动资本的情况下推动更多的劳动。其次我们还知

---

① 但是，随着资本的增长，增长额的大部分总是用于生产资料……小部分用于劳动力……其结果是，一定量工人不断被游离出来。

② 但是，如果说资本积累使工人过剩，那么这些过剩的工人也是增殖资本的杠杆。由于资本主义生产方式经常处于变革过程中，由于工人随这种变革而被迫从一个活动领域转移到另一个活动领域，所以大量被游离的工人是绝对必要的。

道，资本家在越来越大的程度上用不大熟练的劳动力排挤较熟练的劳动力，用未成熟的劳动力排挤成熟的劳动力，用女劳动力排挤男劳动力，用少年劳动力排挤成年劳动力，这样，他就用同样多的资本价值买到更多的劳动力。由此可以得出：工人的游离，比生产过程随着资本的扩大而加速的技术变革，比与此相适应的资本固定部分（投在劳动资料上的部分）的增大和资本流动部分（投在劳动力上的部分）的减少所绝对要求的，更为迅速。

一部分工人的劳动超过平均劳动时间，他们的力量消耗大于平均水平；他们由此使过剩人口增加，而过剩人口又迫使前者（通过竞争）从事过度劳动。这种关系成了各个资本家致富的有力手段，同时又按照与社会资本增殖的增殖相适应的规模加速了产业后备军的生产。

大体说来，工资的一般变动规律仅仅由产业后备军的服役和退役情况来调节，而这种变动情况是同中等生产状况、生产过剩、停滞、危机、中等生产状况等等的周期性的（按一定时间不断重新进行的）更替相适应的，这种更替随大工业的进步而越来越快，它本身又会被较小的不规则的波动所打断。①

因此，决定工资的提高和下降的不是工人人口总量的运动，而是工人阶级分为现役军和后备军的比例的变动，是过剩人口就业规模的增减。

如果劳动的供求不是按照资本当时的增殖需要来调节，而是相反，资本的运动依存于绝对的人口量，那现代工业也是会很糟糕的。

---

① 大体说来，工资的一般变动规律仅仅由产业后备军的服役和退役情况来调节，而这种变动情况是同固定的工业周期（生产亢进，停滞，生产亢进）相适应的，这种周期随资本主义生产的不断扩大而运转得越来越快……

然而，经济学教授们正是这样想的。他们认为，资本增殖会引起工资提高，而工资的提高又会使工人人口猛烈增长，以致资本增殖不能持久地保持相同的步伐，结果许多工人不得不失业，工资又降下来。反过来，工资的下降引起工人人口的逐渐减少，以致对劳动的需求超过劳动的供给，或者说，降低工资和同时加强对劳动力的剥削会加速资本增殖，而低工资又会抑制工人的增长。最后，这两种情况又会引起工资的提高——直至这种提高又导致工资的下降。

但是，工人人口从来没有因为工人贫困——这种情况在某些地区表现得确实十分严重，而且常常延续几十年——而减少到不得不把工资的提高提到议事日程上来。人可以忍受几乎难以置信的事情，直到彻底毁灭为止。我们可以到纺织业区去转一转，就会看到，不是有几乎数不胜数的家庭在忍受着极其悲惨的困苦生活吗！必要时可以领到济贫费，穷人中的最穷者就靠这点费用在死亡线上挣扎。工人不足也不会引起工资的提高。当工人缺少时，就出现了改进劳动手段的迫切需要，于是发明出新机器等等，简言之，生产过程发生变革，现有工人就足够用了，甚至还有一部分工人变成过剩人口。资本从来不会，而且永远不会去做那种无聊的事情，例如去等待优厚的报酬诱使工人迅速繁殖，从而随着时间的推移创造出众多的劳动人口，直到工资不得不重新下降。如果需要更多的工人，那也是马上需要，而不是要等到十年或二十年以后。

就业工人人数的增长，并不和资本的增长保持同一比例，而是随着大工业的进步处于不断降低的比例。资本积累一方面扩大对劳动的需要，另一方面由于它推动了资本主义生产方式的扩大和进一步的发展，也就扩大了"被游离的"工人的供给和他们对在业工人的压力。① 供求规律在这个基础上的运动成全了资本的专制。

资本主义条件下人口增殖的各种形式。大众的贫困

过剩工人是以各种不同的形式产生的。

在大工业的许多部门中，需要大量尚未达到一定年龄的男工，达到一定年龄后，便只剩下一小部分人能够被原生产部门继续雇用，而大多数的人通常要被解雇。这种"流动的过剩人口"一部分移居国外，或者说跟着外流的资本流出去。由此造成的后果之一，是女性人口比男性人口增长得快。

工人不足，同时又过剩，这种表面上的矛盾可由资本主义生产方式的特性来解释。一方面资本需要的少年男工的数量多于成年男工的数量，另一方面，分工又把工人束缚在一定的生产部门。因此，1866年在伦敦有8万到9万工人失业，但同时在工厂区又抱怨"人手"不足。

在资本消费劳动力十分迅速的情况下，工人到了中年通常就已经衰老了，落入过剩者的队伍，或者不得不放弃以前的较高级的劳动，而去从事较低级的（报酬较差的）劳动。资本的利益要求工人一代一代地迅速更替，这样，尽管劳动力迅速耗损，却始终有足够数量的新劳动力存在着。这是通过早婚达到的，而早婚是大工业工人生活条件的一个必然结果，这也是通过下面这种情况而达到的：工人子女很早就被人剥

---

① 对工人的需求不是按资本增长的比例增长的，因为在资本主义生产方式扩大和进一步发展的同时，总是会出现这样的意向：使相对说来数量更大的工人成为过剩，而不是按资本增长的比例增加就业工人人数。

削，帮助"挣钱"，这又鼓励工人生孩子，或者至少不怕生孩子。

资本主义生产一旦占领农业，就会随着这一领域中资本增殖的扩大而以相同的程度减少对农业工人人口的需求。**农业中越是使用机器来耕作，那里需要的工人自然就越少；而且那里的情况不像制造业中那样，被游离的工人至少有一部分会在新建的工厂中重新就业。相反，按工厂方式进行经营的农业会把越来越大的一部分土地变成牧场。因此，一部分农业工人经常处于从农业转到工业的过渡状态中，因而形成扩大城市工人的长流不息的源泉。**①

自然，这要以农村中有经常的，尽管是隐蔽的工人过剩为前提，而这种过剩的全部规模只有在工业不寻常地暂时需要大批劳动力的时候才能看得到。（农业工人的人口过剩和不断流入工业的现象，目前只是在英国才能异常明显地看到，但随着资本主义生产方式的扩大，在所有的地方都必然会逐渐以同样的方式显示出来。）

实际上，过剩人口形成现役劳动军的一部分，但是就业极不规则。他们的生活状况降到了工人阶级的平均状况以下，正是这种情况使他们成为资本的特殊剥削部门的广泛基础。这里的普遍现象是劳动时间最长而工资最低。这种劳动的主要形式，我们在所谓家庭劳动一节中已经看到了。

正是工人阶级中的这一成分增长得最快。然而，令人奇怪的是下面这种情况竟是事实：这类工人家庭人口最多，可是全家工资也最低。这

---

① 农业中越是使用机器来耕作，那里需要的工人自然就越少，而且那里的情况不像制造业中那样，被游离的工人至少有一部分会在新建的工厂中重新就业，因为土地只能在极其有限的范围内增加。因此，一部分农业工人处于从农业转到工业的过渡状态中。

让人想起各种软弱的、经常受到追捕的动物的大量增殖。'

过剩人口的最底层是完全的贫困化即赤贫。撇开流浪者、罪犯、妓女等等不说,就会发现这里主要有三类不同的人。第一类是有劳动能力的人,他们时而能找到工作,时而要靠救济生活,就是说沦为乞丐。第二类是孤儿和需要救济的贫民的子女。他们是产业后备军的候补者,在营业好的时期,他们被大量地卷入生产。第三类是衰败的、流落街头的、没有劳动能力的人。其中一部分是因分工造成片面性而被淘汰的人,一部分是超过工人正常年龄的人,一部分是随着带有危险性的机器、采矿业、化学工厂等等的发展而人数日益增多的工业牺牲者,如残废者、病人、寡妇等等。

这些赤贫者的产生以及永久化都包含在过剩人口的生产中,而且它和过剩人口一起,形成财富的资本主义生产和发展的一个存在条件。然而,资本知道怎样把维持那些因资本剥削而造成的赤贫者的担子转嫁到劳动人口的肩上。

在讨论剩余价值的生产时已经表明,在资本主义形式下,一切提高社会劳动生产率的方法都是靠牺牲工人个人来发展的,一切充实生产的手段都变成统治和剥削生产者即工人的手段,都使工人畸形发展,成为局部的人,把工人贬低为机器的附属品,使工人受劳动的折磨,从而使劳动失去内容,并且随着科学作为生产的力量被并入劳动过程而使劳动过程的智力与工人相异化;这些手段使工人的劳动条件变得无规则性,使工人在劳动过程中屈服于最卑鄙的可恶的专制,把工人的生活时间变成劳动时间,并且把工人的妻子儿女都抛到资本的车轮下。但是,一切生产剩余价值的方法同时就是积累的方法,而每一次资本积累又反过来成为发展这些方法的手段。

由此可见:不管工人的报酬如何(即使表面看来有所改善),工人的状况随着资本的增长而日益恶化。产业后备军同资本扩大的规模和能力始终保持平衡的规律把工人钉在资本上,比赫斐斯塔司的楔子把普罗米修斯钉在岩石上钉得还要牢。这一规律制约着同资本积累相适应的贫困积累。因此,在一极是财富的积累,同时在另一极,即在把自己的产品作为资本来生产的阶级方面,是贫困、劳动折磨、受奴役、无知、粗野和道德堕落的积累。

现代资本的产生①

我们已经知道,货币怎样转化为资本,资本怎样产生剩余价值,剩余价值又怎样产生更多的资本。但是,资本的形成以剩余价值为前提,剩余价值以资本主义生产为前提,而资本主义生产又以商品生产者握有较大量的资本为前提。因此,这整个过程看起来好像以资本的形成为前提,这种资本的形成不是资本主义生产方式的结果,而是它的起点,即原始的资本聚集。

资产阶级经济学家通常把事情说得很容易。他们的解释很简单:很久很久以前,有一些勤劳的人,他们通过劳动逐渐取得财富,而其余的人都是懒汉,不久就陷入困境,以致除了劳动力以外不拥有任何别的东西,他们为了生活最终不得不出卖劳动力,由此陷入一种依赖关系之中。这种关系一直延续到今天。一切同经济发展有关的东西,看起来就像田园诗中所描述的东西一样,可是在历史上,大家知道,征服、奴役、劫掠、杀戮,总之,暴力起着决定作用。

读者已经明了资本主义生产方式的前提。我们知道,一方面必须有

---

① 现代资本主义的产生。

生产资料的所有者,另一方面必须有能够自由支配自己劳动力的劳动力所有者。此外我们还知道,劳动力的所有者不仅从他们的身体不属于任何人这一点来说是自由的,而且他们已自由得一无所有,因为不然的话,他们是不会被迫自愿出卖自己的劳动力的。最后,我们知道这种关系是怎样保持下来的。这种关系的产生,无非就是劳动者同生产资料的分离。因此,"原始"资本的形成就是靠了这一过程。它包括了整整一系列历史过程,而且是具有双重性质的过程:一方面,使劳动者本身成为第三者财产的那种关系解体了,另一方面,使直接生产者对自己的劳动资料的所有权解体了。

如果史学家不仅想说明劳动者从封建压迫下获得解放的过程,而且想说明封建剥削方式转化为现代剥削方式的过程,那么,这个分离过程也就包括了现代资产阶级社会的全部发展史,而这一历史本身就把问题说清楚了。劳动者的奴役状态是这一发展过程的起点。这一发展过程就是这种奴役状态的形式变换。

虽然在十四和十五世纪,在地中海沿岸的一些地方已经一度具有资本主义生产方式,但是资本主义时代是从十六世纪才开始的。在这个时代开始的地方,农奴制早已废除,中世纪的城市已处于衰落阶段。

在分离过程的历史中具有划时代意义的各种要素是:大量的人突然被强制地同自己的生存资料和生产资料相分离,被当作不受法律保护的无产者抛向劳动市场。强制消灭劳动者的地产,形成全部过程的基础。这种消灭过程是以各种不同的形式实现的。我们拿英国作例子,是因为在那里这个过程表现得最明显。

在英国,农奴制在十四世纪末就不存在了。**居民的绝大部分从事农业。其中大多数是自耕农,只有很少一部分是雇佣工人,但这些工人同**

时得到几摩耳根土地供自己耕种，并共同利用公有地。① 对封建主来说，农民仍然处于臣民关系之中。

在十五世纪末和十六世纪初，王权追求绝对权力，就命令解散封建家臣，由此把许多人抛向劳动市场。但这只是变革的一个小小的序幕。封建主随后通过把农民从土地上赶走、吞并公有地和随意窃取土地的办法，造成了人数更多得无比的无产阶级。

当时弗兰德毛纺织工场手工业的繁荣引起羊毛价格上涨，封建主为此把大面积的耕地变成牧场。无数的农民住房倒塌或被拆除，可是养羊业却繁荣起来。

就这样，工人阶级没有经过任何过渡阶段就从黄金时代陷入了黑铁时代。立法被这一变革的后果吓住了，但是它所采取的对策，既是无效的，也是不恰当的。

在宗教改革的时候，教会地产也被盗窃，住在上面的人被赶走并被抛进了无产阶级的行列。随着奥伦治的威廉三世上台，资本制造者也取得了统治地位，使以前只是有节度地进行的对国土的窃占达到了巨大的规模。最后，甚至通过法令把公有地判给了强盗般的地主；也就是说，炮制这些法令的人把人民财产赠送给了自己！

代替独立的自耕农的，除了少许大的租地农场主外，还有许多小的独立的、奴隶般的租地农民。对土地的不断的窃占，使大地主得到巨大的财产，同时使农村居民变成无产阶级，把他们"游离"出来投向工业，而且农村经济从小生产变革为大生产的过程越是同对土地的盗窃绝对保持一致，这种"游离"就越迅速。农业人口被成群地赶走，这就

---

① 在英国……居民的绝大部分从事农业，其中大多数是自耕农，只有很少一部分是雇佣工人，不过这些工人通常共同利用公有地。

叫"清扫"！在十八世纪，还禁止被驱赶者移居国外，以便强制他们流入工业。

掠夺教会地产（这种地产其实最初也完全是通过欺骗和敲诈获得的），欺骗性地诈取国有土地，窃占公有地，把封建财产变为现代私有财产，连同驱赶农业人口——这就是资本原始形成的高尚办法。通过这些办法，为资本主义农业夺得了地盘，使土地与资本合并，为城市工业造成了不受法律保护的无产阶级的必要供给。

由于封建家臣的解散和土地被窃占而从土地上被驱逐的人，即这个不受法律保护的无产阶级，不可能像它诞生那样快地被新兴的工场手工业所吸收。另一方面，这些突然被抛出惯常生活轨道的人，也不可能一下子就适应新状态的纪律。他们大批地变成了乞丐、盗贼、流浪者等等。因此，十五世纪末和整个十六世纪，整个西欧都颁布了惩治流浪者的血腥法律。这些从土地上被驱逐的人由于"害怕劳动"被打上烙印，遭鞭打，受酷刑，成为奴隶，甚至被处死。但是窃占土地的人却是受人尊敬的人！单是在一极有劳动条件作为资本出现，在另一极有除了劳动力以外没有东西可出卖的人，还是不够的。这还不足以迫使他们"自愿地"出卖自己。在资本主义生产的进展中，工人阶级日益发展，他们从诞生之日起就生活在从属关系中。资本的组织粉碎一切反抗，过剩人口的不断产生使工资保持在尽可能低的水平上。这样，资本家对工人的统治通过资本主义生产的"自然规律"而保持下来。在资本主义生产刚刚形成的时期，情况则不同。新兴的资产阶级为了"规定"工资，即把工资规定得尽可能低些，为了延长工作日并使工人本身处于臣民状态，曾需要并运用了国家权力。这也是所谓原始资本形成的一个重要因素。

在十四和十五世纪，雇佣工人的数量还不很多，他们和雇主在社会上是相当接近的。但是，关于雇佣劳动的立法始终是与工人为敌的，并且是为了剥削工人的。

关于强制延长工作日问题，前面已经讲过了，因此这里只须指出一点：在资本主义生产的初期，工资也是通过法律"规定"了的。那时规定了最高工资率，每一个支付高工资和接受高工资的人都要受到严厉的处罚；但是支付低工资或接受低工资则任听其便。在英国从十四世纪到1825年，工人结社被看作严重的犯罪行为。

我们考察了不受法律保护的无产者怎样通过暴力产生，考察了使他们转化为雇佣工人的血腥纪律，考察了君主和国家用警察手段加强对劳动的剥削程度来提高资本增殖的无耻行为。现在要问：资本家最初是从哪里来的呢？因为对农村居民的剥夺只是直接地产生了大土地所有者。

代替农民的租地农民，大多是纯粹的一无所有者，他们由地主贷给种子、牲畜和农具，因此约定让给地主一定份额的土地产品。一旦租地农民通过剥削雇佣工人和利用土地所有者所窃据的公共牧场，能够自行筹集一笔经营资本时，上述收入的最初分配方式，便让位于由契约确定下来的地租。各种有利情况使这种新型的租地农民逐渐富裕起来。例如，直到十六世纪还通行以33年为期的租约，而与此同时，贵金属价值下降，农产品价格随之提高，工资下降，等等。① 最后，大工业通过机器为资本主义农业提供了牢固的基础，使农业和工业完全分离。租地

---

① 代替农民的租地农民，大多是纯粹的一无所有者，他们由地主贷给种子、牲畜和农具，因此，这些租地农民起初在一定程度上分得他们所租地块的收获量的一部分，后来地租代替了这种分配方法。各种有利情况使某些租地农民地位逐渐上升。例如，直到十六世纪还通行以33年为期的租约，而与此同时，工资下降，并且存在着对雇佣工人进行空前剥削的各种可能性。

农民中的一部分转变为"资本租地农场主",另一部分转变为无产者。

工业资本家不是逐渐产生的。毫无疑问,有些小行会师傅、独立小手工业者或雇佣工人变成了小资本家。小资本家拼命剥削雇佣工人,从而扩大自己的资本,最后,成为名副其实的资本家。在中世纪城市的幼年时期,逃跑的农奴中谁成为主人,谁成为仆人的问题,多半取决于他们逃出来的日期的先后,在资本主义生产的幼年时期,情形往往也是这样。但是这种方法的蜗牛爬行的进度,无论如何也不能适应十五世纪末各种大发现所造成的新的世界市场的贸易需求。而中世纪已经留下两种不同形式的资本,它们几乎存在于我们在历史上所知道的每一种社会中,这就是高利贷资本和商人资本。

高利贷、商业以及各种欺诈行为所形成的货币资本在转化为工业资本时,曾受到农村封建制度和城市行会制度的阻碍。这些限制随着封建家臣的解散,农村居民土地的被剥夺和一部分被驱逐,行会城市的崩溃而消失。工场手主业建立在港口和行会无力加以控制的内陆地区。

美洲金银产地的发现,土著居民的被剿灭、被奴役,对东印度的征服和掠夺,非洲变成商业性地猎获黑人的场所:这一切标志着资本主义生产时代的曙光。这些清白无瑕的过程对资本原始形成做出了重大贡献。接踵而来的是欧洲各国以地球为战场而进行的商业战争。资本原始形成的这些方法,多少是按历史顺序特别分配在西班牙、葡萄牙、荷兰、法国和英国。在英国,这些方法在十七世纪末系统地综合为殖民制度、国债制度、现代税收制度和保护关税制度。这些方法一部分是以最残酷的暴力为基础,例如殖民制度就是这样,但所有这些方法都利用国家权力,也就是利用集中的有组织的社会暴力,来加速从封建生产方式向资本主义生产方式的转化,缩短过渡时间。暴力是每一个孕育着新社会的旧社会的助产婆。

殖民制度使贸易和航运业大大发展，为正在产生的工场手工业保证了销售市场以及较高的商品价格。在欧洲以外直接靠掠夺、奴役和杀人越货而夺得的财宝，源源流入宗主国，在这里转化为资本。

随着国债同时产生了国际信用制度，后者常常掩盖了某一特定国家原始资本形成的源泉。例如，由于没落的威尼斯以巨额货币贷给荷兰，威尼斯的劫掠制度的卑鄙行径就成为荷兰资本财富的这种隐蔽的基础。十八世纪的荷兰和英国的关系也是这样。现在英国和北美合众国之间也发生了类似的情形。今天出现在美国的许多身世不明的资本，仅仅在昨天还是英国的资本化了的儿童血液。

保护关税制度是制造工厂主、剥夺独立劳动者的财产、使国民的生产资料和生活资料变成资本、强行缩短从旧生产方式向现代生产方式的过渡的一种人为手段。在欧洲大陆上，工业家的原始资本有一部分直接来自国库。米拉波喊道："为什么要追溯到那么远去寻找七年战争以前萨克森工场手工业繁荣的原因呢？只要看看18000万国债就够了！"

殖民制度、国债、重税、保护关税制度、商业战争等等——所有这些真正工场手工业时期的嫩芽，在大工业的幼年时期都大大地成长起来了。大工业是以希罗德王式的大规模掠夺儿童来庆贺自己的诞生的。贫苦家庭和孤儿院的儿童被成群地卖给工厂主，其中一部分由于黑夜白天长时间不间断地劳动而累死了，一部分饿死了。随着资本主义生产方式的发展，舆论逐渐丧失了一切羞耻心。**一切促进资本增殖的东西，甚至卑鄙的贩卖黑人的行为，都受到称赞**。[①] 要完成劳动者同劳动条件的分离，要在一极使社会的生产资料和生活资料转化为资本，在另一极使人民群众转化为一无所有的雇佣奴隶（"自由工人"）这一现代历史的杰

---

① 一切促进资本增殖的东西，那怕是极端卑鄙的行为，都受到称赞。

作,就需要经受这种苦难。如果按照奥日埃的说法,货币"来到世间,在一边脸上带着天生的血斑",那么,资本来到世间,从头到脚,每个毛孔都滴着血和肮脏的东西。

那么,原始的资本形成究竟是指什么呢?既然它不是奴隶和农奴直接转化为雇佣工人,因而不是单纯的形式变换,那它事实上就意味着以自己劳动为基础的私有制的解体。

结束语

劳动者对他的生产资料的私有权是小生产的基础,而小生产又是发展社会生产和劳动者本人的自由个性的必要条件。但是,小生产又逐渐成为由它本身所引起的生产发展的障碍;它不得不让位于大工业。大工业不能使用分散的生产资料,它要求把生产资料积聚起来,并且它也做到了这一点。多数人的小财产转化为少数人的财产,而且这是最冷酷无情地运用各种暴力手段来达到的。

这种转化过程一旦达到一定的程度,对私有者的剥夺就开始采用新的形式。这种剥夺是通过资本主义生产的规律而实现的。一个资本家打倒许多资本家。数量越来越少的大资本家代替了许多小资本家。

在此同时,贫困、压迫、奴役、退化和剥削的程度不断加深,而日益壮大的、由资本主义生产过程本身的机构所训练、联合和组织起来的工人阶级的反抗也不断增长。

资本的特权成了与这种特权一起并在这种特权之下繁盛起来的生产方式的桎梏。生产资料的集中和劳动的社会化,达到了同它们的资本主义外壳不能相容的地步。这个外壳就要炸毁了。资本主义私有制的丧钟就要响了。占有他人财产的人就要被剥夺了。将出现的,是共同占有土地以及靠劳动本身生产的生产资料的自由劳动者的联合。

分散的所有制转化为资本主义所有制要持续很长的时间,因为这里发生的是少数当权者侵占人民群众的财产;而资本主义所有制转化为公有制则将实现得快一些,因为这里发生的是人民群众取代少数当权者。

(王福民、章莉莉 译　王锡君 校)

马克思修改过的约·莫斯特小册子《资本和劳动》中关于价值形式问题的论述[*]

〔苏〕A. Ю. 切普连科

马克思对约·莫斯特的小册子《资本和劳动》第二版所作的修改和补充,引起了马克思经济学说史家很大的兴趣。《资本和劳动。卡尔·马克思〈资本论〉浅说》于1876年在开姆尼斯(今日的马克思城)出版。

这些修改和补充的重要性取决于多种情况。第一,它们提供了《资本论》第一卷在上一世纪70年代传播史的补充材料。第二,它们能够表明马克思对他的主要著作的通俗化的最初尝试。第三,马克思在修改小册子第二版时对一些问题的解决和在《资本论》本身中有所不同。

在本文中,我们只考察上述第二个和第三个方面,并试图说明马克思在小册子里考察价值形式的对象和性质的假设,并从这一点出发来回顾《资本论》本身。

恩格斯在《资本论》英文版序言里,在谈到《资本论》在欧洲大陆上的传播时写道,在接近80年代中期,这一伟大著作对无产阶级智慧的影响如此巨大,以致开始把它称为"工人阶级的圣经"。但是在70年代初到70年代中期,《资本论》远不是那样普及的。

---

[*] 本文选自《马列主义研究资料》1982年第6期。莫斯特这本小册子的中译文和马克思对它的修改情况,刊登在《马列著作编译资料》1981年第15辑。

《资本论》是有重大价值的理论研究著作。马克思本人意识到他的经济观点的完整体系不见得会为没有修养的、"不懂辩证唯物主义的"读者所易于理解。当他得知盖·库格曼即他的朋友的妻子想读《资本论》,但开头难以理解时,马克思在给路·库格曼的信中提供了读他的书的下述"处方":"请告诉您的夫人,她可以先读我的书的以下部分:《工作日》、《协作、分工和机器》、最后再读《原始积累》。"①

这几章在**实践**方面对于了解马克思阐述的资产阶级社会的最重要经济现象,具有极为重要的意义。这几章是《资本论》理论体系的必不可少的环节,但是它们的特点在于,这里的叙述主要带有历史叙述的性质,这里广泛利用了英国经济史中的经验材料,来作为这些和那些理论原理的例证。显然,正是由于这种叙述的性质,马克思认为这几章最适宜于想学《资本论》的读者阅读,但是,开头的困难吓住了读者;马克思曾亲自不止一次地指出过这种情况。②

但是,第一,按照那种读法,马克思体系的主要优越性——它的辩证结构没有了;第二,开头的困难并没有因此而被克服,主要是关于价值形式那一节。无论在《资本论》第一版里两次叙述(除这一节外,还有专门的"附录"),还是在《资本论》第二版已修改过的正文里,都没能彻底解决这些困难。不过这是合乎规律的,因为在科学上"万事开头难"。

在《资本论》第一版的序言里,马克思写道:"除了价值形式那一

---

① 《马克思恩格斯全集》第1版第31卷第577页。
② 例子见《资本论》第1版序言和第2版跋(《马克思恩格斯全集》第1版第23卷第8、14页)。

部分外，不能说这本书难懂。"① 但是过了几年，无论在工人的报刊上还是在资产阶级的报刊上，都出现了对《资本论》出版的第一批反应。很明显，这些困难具有更深刻的和普遍的性质，并且是和不懂得这一著作所使用的方法本身有关的。马克思在第二版跋中做出结论说："人们对《资本论》中应用的方法理解得很差，这已经由各种互相矛盾的评论所证明。"②"德国庸俗经济学的油嘴滑舌的空谈家"的主要攻击正是指向《资本论》的方法的，因为对于知识浅薄的读者来说，马克思的辩证方法和黑格尔的思辨的方法是一样的（黑格尔当时常被蔑视为"死狗"），这样的读者在读《资本论》的时候，摆在他们面前的好像是一个"先验的结构"。

这种情况特别在著作的开头是如此，特别是"价值形式"是这样，因为辩证发展的科学体系的出发点是最抽象的、未展开的规定，对于这种规定来说，在现实中是最少可能找到类比的（正是应当在这个意义上理解马克思所说的在科学中万事开头难的话）。

由此可见，《资本论》主要的优点，即对象和方法的统一，研究的内容和叙述的科学形式的统一，变成了自己的"反"面：《资本论》按照作者的想法，本来首先是为了使工人阶级的先进的、有觉悟的部分易于理解而写的。

---

① 还应当注意接着这句话的后一句话："当然，我指的是那些想学到一些新东西、因而愿意自己思考的读者。"（《马克思恩格斯全集》第1版第23卷第8页）
② 《马克思恩格斯全集》第1版第23卷第19页。

因此，马克思决定用通俗的形式来阐述自己的学说。① 一系列其他的情况也促使马克思这样做。

第一，在德国社会民主党成立的那些年代，在党的出版社和其他出版社出版的以及为工人自学而推荐的著作中，主要是拉萨尔、杜林、蒲鲁东的著作，很少见到马克思和恩格斯的著作；较早期的大的理论著作实际上没有再版，也不是广大读者所易于理解的，实际上《共产党宣言》是唯一通俗的著作。

第二，早在1873年就出版了莫斯特的"通俗"阐述《资本论》的小册子，这本小册子使马克思的经济学说带上了庸俗的色彩。因此，1875年马克思修改了莫斯特的这本小册子。

但是，不以莫斯特的精神来"简化"它又怎样用通俗的形式来阐述《资本论》的内容呢？这一出版物的任务将是什么呢？

马克思在给出版《卡尔·马克思的〈资本论〉》小册子的卡洛·卡菲埃罗的信中，阐明了自己关于这个问题的观点，马克思谈到类似的小册子的缺点时说："……这两本书都有一个毛病：虽然他们想对《资本论》作一个简明通俗的概述，但同时却过于学究式地拘泥于叙述上的科学形式。我觉得，由于这种毛病他们没有完全达到自己的主要目的——对公众产生影响，本来这类出版物就是为他们写的。

……不应过分加重所要教育的人们的负担。您完全可以在适当的时候再来谈这个题目……"②

---

① 马克思有过这样的打算，例如，1878年11月4日给弗·阿·左尔格的信提供了间接的证明（《马克思恩格斯全集》第1版第34卷第316—317页）。不过这种打算并没有实现。

② 《马克思恩格斯全集》第1版第34卷第358—359页。

在着手分析马克思在莫斯特的著作里所作的修改以及把它们和《资本论》中关于价值形式问题的阐述作比较的时候,必须考虑到所有这一切。

马克思写道:"……一切涉及到价值、货币,工资以及其他许多问题的地方,我已不得不全部删去并换上自己的话。"① 在莫斯特小册子的第一版里,在阐述价值形式时主要缺点是什么呢?

莫斯特的最主要缺点是,在他的阐述里恰好是价值形式的特点完全消失了,马克思把它看作是《资本论》体系中具有完全确定的内容和意义的范畴。

在《资本论》中(以及在小册子的第二版中),从价值过渡到价值形式,是返回到原先作为交换价值来确定的那种关系。但是这种返回是在更具体的水平上实现的,因为在这里,作为"交换价值"来规定的商品所具有的偶然的、纯粹外部的相等关系,现在表现为由自己的价值决定的、从而表现为显示价值的形式。同时价值形式的发展和扩大是价值和使用价值之间矛盾的运动,是表现价值这个能动因素同它的对立面使用价值的扩大系列。

而在莫斯特那里,由于他不懂得为什么辩证地考察对象会造成似乎回到早先已确定的关系上去的现象,所以交换价值和价值形式之间的差别被抹掉了。实际上在谈价值形式的时候,他只把价值形式看成是商品在某一方面相等,即把价值形式和交换价值混为一谈。

因此,莫斯特阐述这一问题和《资本论》中考察这个问题的相似之处时,纯粹是表面上的。但是,莫斯特就是这样也犯了许多错误。例

---

① 《马克思恩格斯全集》第1版第34卷第172页。

如，关于价值的货币形式的起源和货币的职能固定在金上，他作了如下的解释："为了简化这种估价的方法（指把一切商品的价值表现在'一种商品的一定的量上'。——作者注）并使它服从于一定的规则，便把一种商品从其他商品中分离出来并使它成为价值的共同标准，现代社会推出商品金充当货币的角色。"① 也就是说，莫斯特遵循的是古典资产阶级的"社会契约"论，这种社会契约论来源于洛克。

在马克思修订的小册子里，这些错误和不准确的地方被消灭了。在关于商品和货币的那一篇叙述中，他坚持了《资本论》的结构，而同时，在这里也表现出通俗地考察问题的特点，因而和基本著作中所作的考察存在某些区别。这些区别主要与方法有关。

在研究《资本论》里的哲学问题和政治经济学方法论问题的著作中，占主导地位的意见是：在这一著作中，价值形式的研究反映了交换形式从最古的时代到典型的资本主义时代的历史发展过程。但是在近几年来，无论是在苏联还是在国外的著作中，都出现了更确切地论述这个问题的文章。

"在马克思的《资本论》中，资本主义生产方式本身诸范畴的辩证体系的特点是，它反映出研究对象（成熟的资本主义）是处在不断转化中的：商品（价值）转化为货币（独立的价值形式），货币转化为资本（自我增殖的价值）等等。与这一点相适应，对象在诸范畴体系形式上的真正反映表现为过程。显然这一点也涉及到资本主义制度下商品和货币的分析。

---

① 约翰·莫斯特：《资本和劳动。卡尔·马克思〈资本论〉浅说》，1873年开姆尼斯版第3、9页。

商品和货币不被看作现成的、凝固的形式,而是被看作处在不断形成中的、作为一定客观过程的结果的、在成熟的资产阶级社会条件下不断完善的形式。因此,**货币表现为资产阶级社会条件下商品交换过程的结果**。因此,价值的货币形式不是一下子就以现成的形式出现的,而是表现为从上述的过程中发展起来的(形成的)。这一过程的不同的因素也反映在思维从简单的货币形式到现成的货币形式的运动中。"①

同时,一系列著作指出,对价值形式的辩证性质的考察最明显地反映在《资本论》第一版里(既反映在正文里,也反映在附录里),而在作为所有后来版本的基础的第二版即修订版中,要了解这种情况就困难了,因为上述辩证性质已表现得不那么明显了。

造成这种情况的原因,第一,是由于任何科学体系叙述形式的完善化,都会使研究者得出一定结果的思维运动"消失"在这一结果中,消失在研究者所复制的对象的思维图景中,所以对读者来说,很难再见到得出这种结果的方法了。

第二,马克思在第二版里有意尽量使叙述简化,以便帮助读者克服"开头难",不再强调注意转化细微的辩证性质和"黑格尔的叙述方式"。

但是,这里对于我们来说重要的只是,在《资本论》中(无论在第一版还是在以后的各版中)根据上述观点中的后一种观点,价值形式是辩证地考察和解释的,论述的改变不影响这种方法的实质。

但是,在小册子中对价值形式的通俗阐述究竟是怎样的呢?马克思

---

① В. П. 什克列多夫:《马克思〈资本论〉第一版中价值形式的研究》,载《莫斯科大学学报》第 8 辑(哲学),1976 年莫斯科版第 6 期第 21—22 页。

在这里完全是按照写作《资本论》第一版的时候恩格斯提出的建议来解释价值形式的。恩格斯当时建议:"用辩证法获得的东西,从历史上……加以证实。"①

历史地考察价值形式须从最古老的时候开始分析商品交换的历史事实。马克思在这里就是那样作的。在小册子里,在阐述这一问题时他就是用"价值形式是从产品交换中并同产品交换一起逐渐发展起来的"②这句话开头的。产品交换的前提是专为满足自己需要的生产,因此,交换具有短暂的、偶然的性质:"例如,用兽皮换盐,而且起初完全是按偶然的比例交换的。"③ 价值量在这里也是偶然的。

与产品交换的这一低级阶段在外表上相适应的是简单的或偶然的价值形式。但是马克思没有使用这一概念,他只是指出,对每个进行交换的人来说,他人的物品是价值物,"是表现他自己的物品价值的镜子"。④

接着描述了交换的更高的阶段。这便是一个部落和其他一些部落用某一种物品进行交换,通过它从其他部落获得其他物品,这些物品在这种场合充当该部落用来交换的物品的"**同样多种类的等价物**"。同时,等价物的多样性,即该物品的价值表现在许多使用价值上,使得人们有

---

① 《马克思恩格斯全集》第 1 版第 31 卷第 308 页。
② 约翰·莫斯特:《资本和劳动。卡尔·马克思〈资本论〉浅说》,1876 年开姆尼斯版第 9—10 页(译文见《马列著作编译资料》1981 年第 15 辑第 5 页)。
③ 约翰·莫斯特:《资本和劳动。卡尔·马克思〈资本论〉浅说》,1876 年开姆尼斯版第 9—10 页(译文见《马列著作编译资料》1981 年第 15 辑第 5 页)。
④ 约翰·莫斯特:《资本和劳动。卡尔·马克思〈资本论〉浅说》,1876 年开姆尼斯版第 9—10 页(译文见《马列著作编译资料》1981 年第 15 辑第 5 页)。

可能把这一物品的价值和它的使用价值区别开来,表现为和"使用价值已经分离开来的"价值。而价值在大量不同等价物上的表现,使"价值量成为不变的确定的东西"。这两种情况——使用价值和价值之间矛盾的更大程度的发展和确定价值量的客观性——使人们可以得出结论:"这些物本身现在已在更加高得多的程度上具有商品的性质。"①

从这一交换形式即总和的或扩大的价值形式向往后的形式即一般价值形式的过渡,是怎样实现的呢?

这一过渡并不表现为某种漫长的历史过程:马克思直接把这一关系颠倒过来,并且"从其他商品所有者的角度"来考察这同一交易。② 由于这一思维过程,以前表现为主动方面的物品,即兽皮,被固定为关系的消极方面,变成一般等价物,现在成了一切其他物品的"一般价值表现"、"价值尺度"和"比较价值的方式"。"换句话说(!):在产品交换的这一范围内,兽皮成为**货币**"③,随着商品交换的发展和它的普遍推广,货币的角色便转到贵金属上。

分析小册子的正文能够得出什么结论呢?第一,马克思在这里考察了价值形式的**历史**形成过程,这一过程只不过是**质**上不同的交换形式相更替的连续性。使用价值和价值之间矛盾的发展程度是区分出新质的标准,正是在这种新质的基础上,才能够把这种或那种交换过程评定为特

---

① 约翰·莫斯特:《资本和劳动。卡尔·马克思〈资本论〉浅说》,1876年开姆尼斯版第9—10页(译文见《马列著作编译资料》1981年第15辑第6页)。

② 约翰·莫斯特:《资本和劳动。卡尔·马克思〈资本论〉浅说》,1876年开姆尼斯版第9—10页(译文见《马列著作编译资料》1981年第15辑第5页)。

③ 约翰·莫斯特:《资本和劳动。卡尔·马克思〈资本论〉浅说》,1876年开姆尼斯版第9—10页(译文见《马列著作编译资料》1981年第15辑第6页)。

殊的和这一过程的特殊发展阶段。

第二，由于使用价值和价值之间矛盾的发展，在历史的现实中表现为产品交换向商品交换的逐渐转化，由于这些质上不同的交换形式单纯表现为产品交换的量的变化—它的空间范围的扩大，从这一观点出发，可以区分出交换形式发展的三个阶段：（1）交换很少发生和只在有剩余物的领域发生；（2）交换经常进行，但限于较小的范围，（3）交换全面展开并具有普遍的性质。

第三（这似乎纯粹是术语上的区别），马克思根本没有提到"简单价值形式"，"总和的价值形式"，"一般价值形式"，"货币价值形式"，尽管从熟悉《资本论》的读者的观点来看，似乎自然会想到使用这些术语。

在我们看来，这就是从分析小册子的正文中可以得出的最初的、最"明显的"结论。

历史地考察价值形式其正确程度如何呢？这种考察和《资本论》中从辩证方法的观点解释这一问题的关系怎样呢（假定这后一种认识是符合实际的）？

首先（如果始终遵循这一前提），历史地考察和辩证地考察价值形式是以不同的社会过程作为自己的对象的：在前一种场合，是产品发展为商品和货币的出现；在后一种场合，是商品规定的发展，去解决商品的内部矛盾，使商品二重化为商品和货币。可见，在一种场合研究的是某种历史现实的**形成**过程，是商品流通这种**已经形成**的、存在于完全适合的基础上的社会过程的**形成**过程。

这便是上述两种过程的区别。但是区别只能在某一方面表现为相同的各物之间被确定下来。对于两个过程来说，这种关系可以被分离出来，因为它们是**同一**对象即商品流通的形成过程，相应地，则是在**同一**对象即商品流通本身基础上的发展过程。

大家知道，马克思认为把资本形成的条件和资本存在的条件混为一谈，是资产阶级政治经济学非历史主义的主要原因之一。① 商品流通，贸易，既是第一过程的条件也是第二过程的条件。如果从一切具体规定来考察，它们之间有原则区别，这种区别归结为，充当资本主义生产方式形成的出发点的贸易，是封建社会的产物和表现，而表现为已经存在的资本主义生产方式的出发点的商品流通，则是由这一生产方式本身产生的条件，是它的结果，因而是**自身**的条件。

但是，如果从商品流通身上抽象掉它在历史上是其因素的那些社会结构，那么占首位的便是它同自身等同。这完全是客观情况，这种情况只是再一次强调，这一或那一社会体系的特征仅仅是生产方式造成的②，同时，交换是关系的更表面的范围；正因为这样，"价值形式……是极无内容和极其简单的"。③

这表明，如果我们抽象地描述资产阶级社会商品流通的历史形成过程和它自己的发展，那么历史原则和发展原则的**统一**便归结为**相同**。

通常的意识，形而上学的思维，把这种相同变为绝对的东西。马克思在《资本论》中指出，这种相同只有在一定范围内才是相同。它实质上带有外在的性质。例如，就其最简单的方面来说，资产阶级社会的商品流通，如果最表面地来考察，是和发生在原始社会里的产品同产品的直接交换相一致的。但是马克思写道："直接的产品交换一方面具有

---

① 《马克思恩格斯全集》第1版第46卷上册第457—458页。
② 参看《马克思恩格斯全集》第1版第3卷第34页。
③ 《马克思恩格斯全集》第1版第23卷第7页。

简单价值表现形式，另一方面还不具有这种形式。"① 交换过程在其产生时期**既是又不是**商品流通过程，价值既同使用价值分离，又不分离："A 物和 B 物在交换之前不是商品，它们通过交换才成为商品。"② 因为生产本身并不是必然以交换为目的，所以在生产中并不必然创造价值，而只是偶然地，只是由于产品进入带有偶然性的交换过程，才创造价值。实质上，在交换产生的过程中，价值在此以前并不存在，而是由这种交换本身创造的。价位同它的表现形式之间的关系带有不合理性：不是价值在外表上表现为价值形式，而是价值形式"创造"或形成价值本身。③ 严格地说："交换物还没有取得同它本身的使用价值相独立的价值形式"④，也就是说，不仅还不存在价值和使用价值的矛盾，而且还不存在它们之间的对立，只存在着差别。因此，也没有作为范畴的价值形式本身，这一范畴使使用价值和价值之间矛盾的发展固定下来。

由此可以得出结论："由于交换处于萌芽状态，而产品刚刚开始具有交换价值的性质，在这样的客观基础上，不可能找到马克思在分析简单价值形式时所指出的一切因素。要在原始的交换中找到这里所具有的内容和形式的完善是不可想象的……"⑤ 因此正像我们在上面已经提到的，马克思在小册子里考察古代的产品交换形式的时候，根本没有说他是在分析简单价值形式，这不是偶然的。

---

① 《马克思恩格斯全集》第 1 版第 23 卷第 105 页。

② 《马克思恩格斯全集》第 1 版第 23 卷第 105 页。

③ 关于这一点，详见 B. A. 瓦留金：《马克思〈资本论〉的逻辑》，1968 年莫斯科版第 1 章第 2 节。

④ 《马克思恩格斯全集》第 1 版第 23 卷第 106 页。

⑤ B. П. 什克列多夫的上述论文第 25 页。

由此可见，研究价值形式发展的历史和研究价值形式发展本身的辩证法，是以不同的过程作为对象的。这些过程只有在它们被抽象考察的阶段上才表现为相同的。这便是为什么一个过程的规定可以被挪用到另一个过程上去的原因之一。

但是，还有与这一方面有关而又不是归结为这一方面的另一方面。我们指的是商品拜物教。马克思写道："商品生产这种特殊生产形式所独具的这种特点，在受商品生产关系束缚的人们看来……是永远不变的……"①这一点首先涉及对价值形式实质的理解。

西德的研究者豪格曾试图通俗地解释分析价值形式时的商品拜物教表现在哪里，他说："在分析价值形式时，困难之处是……对于我们这些资本主义社会的公民来说，用非交换的概念来思考几乎是不可能的。"②

马克思在《资本论》第一版里并没有把商品拜物教划分为第一章里的单独一节，而是把它作为在阐述简单价值形式的问题时就作了解释的等价形式的特点之一来考察。这一点是有代表性的。等价形式的拜物教在于："因为在商品 A 的价值表现中，等价形式是商品 B 天然具有的，所以即使在这关系之外，等价形式也似乎是天然属于商品 B 的。"③劳动产品的社会性质表现为它天生的、自然的性质，这种自然的性质仿佛不取决于使这一劳动产品成为商品的生产方式。

拜物教不只是存在于资本主义生产的当事人的意识里。这种错觉既是不正确的，又是客观的，资产阶级古典政治经济学是无力克服它的，

---

① 《马克思恩格斯全集》第 1 版第 23 卷第 91 页。
② W. F. 豪格：《〈资本论〉序言讲解》，1974 年科伦版第 36 页。
③ 《马克思恩格斯全集》第 1 版第 49 卷第 163 页。

古典政治经济学的"最优秀的代表人物,像亚·斯密和李嘉图,把价值形式看成一种完全无关紧要的东西或在商品本性之外存在的东西"①。既然价值和价值形式不是表现为从属的东西,而是表现为并列的东西,所以就为形式脱离构成它的深处基础的关系,即价值形式脱离价值,创造了前提条件。在这种情况下,价值形式归结为偶然的关系,归结为抽象的量的比例。这样理解的价值形式就和商品存在以前的交换形式完全没有区别了。

古典政治经济学的这一缺点成了庸俗政治经济学的出发点,庸俗政治经济学把商品流通和产品的直接交换混为一谈,力求证明相反的论点:从断定古代世界存在商品流通,转而断定古代世界存在完全成熟的价值关系。这样,他们企图把资本主义说成是永恒的和自然的制度。

马克思在《资本论》中指出了这种观点的错误。在谈论亚里士多德为什么未能看到使商品成为可以相互比较的那一基础的原因时,马克思说,这是由于"缺乏价值概念",由于商品本身不发达。

在希腊的巴力斯里,具体劳动还不是抽象劳动的表现形式,而使用价值是价值的表现形式。生产不是必须以交换为目的,政治经济学家所以把资产阶级以前的交换关系看做是存在发达的商品流通关系,正是由于,"在他们看来,商品的价值和价值量只存在于由交换关系引起的表现中……"② 即只存在于流通中。

*　　*　　*

在给上述的内容作小结的时候,应当指出下面各点。

---

① 《马克思恩格斯全集》第 1 版第 23 卷第 98 页。
② 《马克思恩格斯全集》第 1 版第 23 卷第 76 页。

第一，对价值形式的辩证考察和历史考察是以不同的过程为对象的：一方面是在自己的基础上发展起来的对象，另一方面是产生和形成这一对象的前提条件本身的确立和形成。我们尽量说明这两个过程在内容上有什么区别，也尽量说明原因（客观性质的和主观性质的），由于这些原因，这些过程可以被认为是相同的。这两个过程都是随商品流通产生的过程，这一点是这种看法能够存在的主要根据。这一点使马克思有可能在小册子里对货币价值形式即货币的来历给予**历史**的解释。

第二，马克思没有把历史的叙述方法和辩证的叙述方法混为一谈。在《资本论》中，他使用辩证的方法，而在小册子中，为了使叙述更通俗而使用了历史的方法。

第三，从上述的情况就已得出马克思叙述方法的从属性。历史的叙述带有从属的性质，因为要正确地理解产生的历史过程，只有在已经弄清楚**什么东西**产生时才有可能，只有在研究和揭示已成熟的对象的联系和关系时，即作为已形成和占统治地位的制度的资产阶级生产方式的联系和关系时，才有可能。"资产阶级社会是历史上最发达的和最复杂的生产组织。因此，那些表现它的各种关系的范畴以及对于它的结构的理解，同时也能使我们透视一切已经覆灭的社会形式的结构和生产关系。资产阶级社会借这些社会形式的残片和因素建立起来，其中一部分是还未克服的遗物，继续在这里存留着，一部分原来只是征兆的东西，发展到具有充分意义，等等。人体解剖对于猴体解剖是一把钥匙。反过来说，低等动物身上表露的高等动物的征兆，只有在高等动物本身已被认识之后才能理解。"①

---

① 《马克思恩格斯全集》第1版第46卷上册第43页。

同时，历史的解释具有一定的优越性：它可以用通俗的形式向"不懂辩证法的"读者介绍《资本论》体系所反映的真实社会关系，而不是单纯的辩证思想。

由此可见，马克思对莫斯特小册子的修改，尽管这本小册子的篇幅较小，他给正文所作的改动的性质似乎并不非常重要，但却给我们提供了补充材料，使我们能较深刻地理解英明的思想家和革命家的创作活动。虽然"在浅薄的人看来"，这篇文章里考察的问题用马克思的话来说"好像是斤斤于一些琐事"，但对于马克思列宁主义哲学和政治经济学来说，就是在今天这个问题也具有很大的实践意义。

（原载苏联马列主义研究院编《卡·马克思诞生 160 周年纪念文集》1978 年莫斯科版第 33—53 页）

（长清 译）

马克思把《资本论》理论通俗化的尝试*

——马克思对约·莫斯特的小册子《资本和劳动》第2版的修改

《资本论》第Ⅰ版出版后,人们多次要求马克思对他的经济学理论作一个简明通俗的叙述。马克思对这些要求持肯定的态度,但主要是由于时间关系,他未能满足这些要求。然而,为了向社会民主党的先进代表传播《资本论》,冲破资产阶级经济学家的沉默的封锁,①马克思和恩格斯并不是没有利用机会。

第一个致力于这一任务的是约翰·莫斯特,他在研究了《资本论》第1卷第Ⅰ版后,于1873年发表了此书的概述。题为《资本和劳动》。这本小册子有助于理解马克思的政治经济学,战胜德国工人运动中的拉萨尔主义的观点。这本书的广泛传播,促使威·李卜克内西和卡·尤·瓦耳泰希请求马克思对这本小册子加以修改,准备出第2版。

马克思极其留心地注视着各种以小册子形式使他的著作通俗化的计划,他对这些小册子的作者的愿望表示赞同,但另一方面,他对有关

---

* 本文选自《马克思恩格斯研究》1991年总第6期。

原题注:本文是《马克思恩格斯全集》原文版第2部分第8卷前言的一部分。标题是我们加的。马克思对莫斯特的小册子《资本和劳动》第2版的修改中译文见《马列著作编译资料》1981年第15辑。——编者注

① 参看《马克思恩格斯全集》原文版第2部分第6卷第14—16页。

《资本论》中最重要的基本理论观点的阐述持批判的态度。① 马克思之所以同意修改莫斯特的小册子，是因为这本小册子已经为《资本论》的通俗化打下了较好的基础。他也把这看作是抵制被吸收到哥达纲领中的拉萨尔教条，在统一社会民主党中宣传《资本论》的一个机会。正如他后来所说的，他首先考虑到，一个简短扼要的概述不能过于学究式地拘泥于叙述上的科学形式。② 把莫斯特小册子的第1版同马克思修改过的第2版正文加以比较就可以看到，马克思是如何按照《资本论》的论述修改内容的。

从内部结构来说，这本小册子基本上是按照《资本论》的章节来安排的。在划分章节时，莫斯特以"为了更加容易理解"③ 为准则。简述的特点主要表现为，《资本论》第1卷中的重要片段都被详尽地引用了，或者被概括地复述出来了。莫斯特在简要而鼓动性地叙述经济学理论时，未能引用很多的"说明最近工人阶级状况的统计资料"，④ 马克思对资产阶级经济学理论的批判分析也没有被莫斯特采纳。马克思并不反对莫斯特的叙述特点，对著作的总体结构和外部章节划分也未作修改。莫斯特不理解《资本论》中某些片段的科学内容，因此，为了出版这本小册子的第2版，马克思花了很大力气，按照《资本论》的基本论述，对这些片段作了表述。

马克思对正文的修改主要与证明商品价值的本质、价值构成和工资之间的密切联系有关。他以工人的主要是旨在保障生存的直接利益为出

---

① 参看《马克思恩格斯全集》第1版第34卷第230—231、358—359页和第35卷第152—155页。
② 参看《马克思恩格斯全集》第1版第34卷第358—359页。
③ 《马克思恩格斯全集》原文版第2部分第8卷第738页。
④ 《马克思恩格斯全集》原文版第2部分第8卷第738页。

发点,揭示了剥削的实质。同时,他特别重视诸如价值和交换价值,劳动和劳动力,劳动力的价值和价格之类的经济学范畴的精确运用。马克思主要是对"涉及到价值、货币、工资"① 的篇目进行了重新论述。

《商品和货币》篇中的叙述对理解经济学理论有决定性意义。价值理论,即对商品价值和价值规律的解释,构成剩余价值理论的基础,构成分析资本和劳动的关系的基础。因此,马克思在给价值实体和价值量下定义时,采纳了他在《资本论》第1卷中的表述。然而对马克思来说,在他的叙述中,重要的是在没有利用诸如抽象劳动或劳动二重性之类的范畴和概念的情况下证明,社会平均劳动构成价值实体,它的量决定价值量。

莫斯特的小册子的第2版第1部分中的许多片段说明,马克思是如何生动地阐述价值规定的。他以下面这段话来开始他对作为价值源泉的劳动的论证:"在不发达的社会状态下,同一个人要交替从事各种不同种类的劳动;他时而耕作,时而织布,时而打铁,时而做木工活等等。"② 同时,马克思还说明了分工如何随着社会进步而发展。他写道:"只有当生产已经发展为独立的、互相并存的有用劳动方式的多支体系,发展成为社会分工的多支体系的时候,资本主义社会才是可能的。"③ 通过这些论述,说明了商品价值取决于平均劳动。

在莫斯特的小册子《资本和劳动》的第2版中,有几个段落对价值形式的叙述作了新的表述。在这几个段落中,马克思简明扼要地概括了价值形式的四个发展阶段,而且没有运用"资本"这一术语。他把价值形式的历史起源看作是质上不同的交换形式的连续,在历史的发展中,价值与使用价值之间的矛盾的发展是随着产品交换转变为商品交换

---

① 参看《马克思恩格斯全集》第1版第34卷第172页。
② 《马克思恩格斯全集》原文版第2部分第8卷第739页。
③ 《马克思恩格斯全集》原文版第2部分第8卷第740页。

而进行的。马克思明确指出:"这种价值形式是从产品交换中并同产品交换一起逐渐发展起来的。"①

产品交换的前提是只生产用于自身消费的物品,因此交换具有偶然性,例如"一张兽皮只能换一定量的盐"②。从表面上看,这些交换关系与简单的或偶然的价值形式相符,但马克思有意不采用这一概念。交换的下一个形式是从下列这种情况发展而来的,即一个部落(马克思写的是"西伯利亚的符猎部落")向另一个部落提供一种产品,并为此而获得别的不同的产品。接着,马克思"从其他商品所有者的角度来考察这种交易",③ 也就是说,他并没有对较长的历史过程进行说明,就实现了向下一个形式的过渡。适用于任何其他产品的一般等价物通过"共同的价值表现"而得到确定。"换句话说,在产品交换的这一范围内,兽皮成为货币。"④ 在《资本论》第 1 卷中,马克思在论述商品的交换过程时(而不是在分析价值形式时),对产品交换的历史作了以下说明:"只要不是两种不同的使用物品相交换,而是像在野蛮人中间常见的那样,把一堆混杂的东西当作一种东西的等价物,那么,连直接的产品交换也还处于它的初期阶段。"⑤ 此外,马克思规定了产品交换转变为商品交换的时刻,即"在共同体的尽头,在它们与别的共同体接触的地方开始的"⑥。从历史的角度来看,价值形式就是这样发展为"一般等价物的表现物即货币"⑦ 的。

---

① 《马克思恩格斯全集》原文版第 2 部分第 8 卷第 741 页。
② 《马克思恩格斯全集》原文版第 2 部分第 8 卷第 741 页。
③ 《马克思恩格斯全集》原文版第 2 部分第 8 卷第 741 页。
④ 《马克思恩格斯全集》原文版第 2 部分第 8 卷第 741 页。
⑤ 《马克思恩格斯全集》原文版第 2 部分第 8 卷第 114 页。
⑥ 《马克思恩格斯全集》原文版第 2 部分第 8 卷第 114 页。
⑦ 参看《马克思恩格斯全集》原文版第 2 部分第 8 卷第 742 页。

在莫斯特这本小册子的第 2 版中，通过研究产品交换的发展，并没有把马克思在《资本论》第 1 卷中在分析价值形式时探讨过的所有多种多样的规定都包括进去，同时也表明，历史因素在叙述方法中具有优先权。

正如马克思在 1876 年 6 月 14 日写给左尔格的一封信中所强调指出的那样，《工资》篇是他几乎完全重新进行论述的另一个部分。马克思是通过劳动报酬的下列定义引申出工资的："工人得到的作为报偿的货币，就像一切其他商品的场合一样，看来好像是对所提供的商品的价值或价格的补偿，从而也就是对劳动的价值或价格的补偿。因此，人们把这种货币叫作劳动报酬。"① 马克思特别指出，工资应该理解为劳动力商品的价值表现形式，而不是劳动的价值表现形式。他用包含在《资本论》第 1 卷第 17 章《劳动力的价值或价格转化为工资》中的论述来代替莫斯特的阐述。② 其中，他解释了表现形式和隐藏在它后面的基础之间的区别所在。表现形式是作为"流行的思维形式"再现出来的，而本质只有通过科学才能揭示出来。③ 因此，对工资的实质的说明是重点。只有这样，马克思才能说明，工资的形式"掩盖"④ 了工人和资本家之间的关系。他的这一论断对更好地理解工资的实质大有帮助。

除了上述这两篇为了按照《资本论》的认识通俗地阐述经济学理论而局部地进行了重新论述之外，马克思还对其他片段作了一些重要的修改。这些重要修改主要涉及莫斯特对拉萨尔经济学观点的分析，涉及与此有关的社会主义观念，也就是说，涉及在工人运动中引起激烈争论的问题。

---

① 参看《马克思恩格斯全集》原文版第 2 部分第 8 卷第 764 页。
② 参看《马克思恩格斯全集》原文版第 2 部分第 8 卷第 764—765 页。
③ 参看《马克思恩格斯全集》原文版第 2 部分第 8 卷第 512 页。
④ 参看《马克思恩格斯全集》原文版第 2 部分第 8 卷第 764 页。

长期以来，在工人运动以及工人运动的代表们中间，对以拉萨尔为代表的关于不折不扣的劳动收益的公平分配这一论题存在着糊涂看法。马克思在给"必要劳动时间"和"剩余劳动时间"下定义时，提出了正常工作日的问题，在论述这一问题时，他密切联系资本主义生产的发展①和工人阶级为争取"工作日界限"的斗争。② 莫斯特从《资本论》中引用的例子证明，工人"首先必须有一个正常工作日"。③ 莫斯特在他的小册子第1版中认为，这些前景主要在"一个更高级的社会形态"中展现出来。马克思对全段作了修改，④ 并强调指出，社会主义社会形态也不能"把工作日限定在生产必要生活资料所必需的时间内"，然而不同的是，"生产者劳动只是为了自己"，"社会劳动生产力将取得前所未有的发展"。⑤

这一论述可能是以在此之前几个星期写下的《对德国工人党纲领的几点意见》为基础的。在那里，马克思详细地研究了拉萨尔的论题，并明确指出，每一个生产者在"扣除了他为社会基金而进行的劳动后"，获得了他在"社会"工作日里的一份。⑥ 马克思在他的《哥达纲领批判》中强调指出，在共产主义社会的更高阶段里，就可以把"各尽所能，按需分配"⑦ 作为目标。马克思在他的《几点意见》中详细地研究了这些问题，而在莫斯特小册子的第2版中，他概述了这一问题的要点。

---

① 参看《马克思恩格斯全集》原文版第2部分第8卷第751页。
② 《马克思恩格斯全集》原文版第2部分第8卷第750页。
③ 《马克思恩格斯全集》原文版第2部分第8卷第752页。
④ 参看《马克思恩格斯全集》原文版第2部分第8卷第752页。
⑤ 参看《马克思恩格斯全集》原文版第2部分第8卷第752页。
⑥ 参看《马克思恩格斯全集》第1版第19卷第21页。
⑦ 参看《马克思恩格斯全集》第1版第19卷第23页。

莫斯特在马克思对资本主义人口规律的阐述的基础上，研究了拉萨尔的"铁的工资规律"。马克思认为不必删去莫斯特的有关说明，他只是把这些说明归结为实质性的内容。①

《资本和劳动》的结尾部分是对资本主义积累的历史趋势的论述。马克思对其中一些论述作了如下修改："**资本主义私有制的丧钟就要敲响了，占有他人财产的人就要被剥夺了。**"② 马克思以此为出发点，解释了社会主义的一些原理，其中有"**人民必须完全支配政权**"，③ 社会主义是"一种更高级的**集体**（莫斯特：社会）生产方式"，因此，"更确切地说，人民的**自我管理**（莫斯特：直接立法）必须取代被统治的状况"。④ 马克思的这一修改是以他的《几点意见》中的表述为起点的，在这些表述中，他把社会主义说成是一个"集体的、以共同占有生产资料为基础的社会"⑤。

莫斯特的小册子《资本和劳动》的结束语，是马克思和恩格斯在《共产党宣言》中的号召："全世界无产者联合起来！"

（原载《马克思恩格斯全集》原文版第 2 部分第 8 卷前言）

（裘挹红 译　张念东 校）

---

① 参看《马克思恩格斯全集》原文版第 2 部分第 8 卷第 772 页。
② 参看《马克思恩格斯全集》原文版第 2 部分第 8 卷第 783 页。
③ 参看《马克思恩格斯全集》原文版第 2 部分第 8 卷第 784 页。
④ 参看《马克思恩格斯全集》原文版第 2 部分第 8 卷第 784 页。
⑤ 《马克思恩格斯全集》第 1 版第 19 卷第 20 页。

图书在版编目(CIP)数据

《资本论》版本及传播研究／郑锦主编.
—北京：中央编译出版社，2013.12
（马克思主义研究资料／杨金海主编；8）
ISBN 978-7-5117-1992-8

Ⅰ.①资…
Ⅱ.①郑…
Ⅲ.①《资本论》-马克思著作研究
Ⅳ.①A811.23

中国版本图书馆 CIP 数据核字（2013）第 309287 号

《资本论》版本及传播研究

出 版 人：	刘明清
出版统筹：	薛晓源
责任编辑：	王忠波
责任印制：	尹　珺
装帧设计：	田晗工作室
排版制作：	北京宏章文化发展中心
出版发行：	中央编译出版社
地　　址：	北京西城区车公庄大街乙 5 号鸿儒大厦 B 座（100044）
电　　话：	（010）52612345（总编室）　　（010）52612335（编辑室）
	（010）52612316（发行部）　　（010）52612315（网络销售）
	（010）52612346（馆配部）　　（010）66509618（读者服务部）
传　　真：	（010）66515838
经　　销：	全国新华书店
印　　刷：	北京尚唐印刷包装有限公司
开　　本：	787 毫米×1092 毫米　1/16
字　　数：	613 千字
印　　张：	49.25
版　　次：	2013 年 12 月第 1 版第 1 次印刷
定　　价：	298.00 元

网　　址：www.cctphome.com　　　　邮　　箱：cctp@cctphome.com
新浪微博：@中央编译出版社　　　　　微　　信：中央编译出版社（ID：cctphome）

本社常年法律顾问：北京市吴栾赵阎律师事务所律师　闫军　梁勤
凡有印装质量问题，本社负责调换。电话：010-66509618